KB260550

전염성 탐욕

INFECTIOUS GREED

이 도서의 국립중앙도서관 출판시도서목록(CIP)은 e-CIP홈페이지(http://www.nl.go.kr/
cip.php)에서 이용하실 수 있습니다. (CIP제어번호 : CIP2004000044)

Infectious Greed: How Deceit and Risk
Corrupted the Financial Markets

전염성 탐욕

기만과 위험의 금융활극과 시장의 부패

프랭크 파트노이 지음 ─ 이명재 · 이주명 옮김

필맥

| 일러두기 |

이 책은 2003년 4월 미국에서 발간된 《Infectious Greed: How Deceit and Risk Corrupted the Financial Markets》를 번역한 것이다. 저자인 프랭크 파트노이(Frank Partnoy)는 이 책의 집필을 위해 월스트리트 트레이더 및 세일즈맨으로서 자신의 경험을 활용하는 외에 투자은행의 임직원, 정부의 규제당국자, 주요 기업의 임원, 언론사 취재기자 등 150여 명을 인터뷰했다고 밝혔다. 그는 또한 1980년대 후반부터 2003년 초에 이르기까지 파생상품 및 금융부정 사건과 관련된 재판기록, 정부문서, 언론보도 등을 샅샅이 훑었다. 저자는 원서에서 이들 출처를 밝히기 위해 많은 분량의 각주를 일일이 붙였으나, 본 번역서에서는 그 가운데 책 내용의 이해에 반드시 필요한 것들만 본문 안에 적절히 흡수시키고 나머지 단순한 출처 표기는 대부분 생략했다. 원서의 제목인 '전염성 탐욕(Infectious Greed)'은 미국 연방준비제도이사회(FRB)의 앨런 그린스펀 의장이 2002년 7월 상원 금융위원회에서 한 증언 중에서 따온 것이라고 저자는 밝혔다. (옮긴이)

전염성 탐욕이 우리의 경제계를 휘어잡은 것 같다. 인간의 욕망이 과거보다 더 커진 것은 아니다. 거리낌 없이 욕망을 추구할 수 있는 공간이 엄청나게 넓어졌다.

－앨런 그린스펀

차 례

2막 | 증식

1990년대는 지속적인 상승장의 연대였다. 10년간 경제팽창이 이어졌고, 투자자들은 엄청난 돈을 주식시장에 투자해 해마다 두 자리 수의 수익률을 올렸다. 이때의 주식시장은 2차 세계대전 이후 가장 긴 호황을 누리고 있었다. 일부 종목이나 업종이 일시적으로 약세를 보이기는 했지만, 1990년대 내내 주식을 팔지 않고 보유한 사람들은 모두 돈을 벌었다.

1990년대에 사람들은 금융시장을 믿었다. 종교에 견줄 수 있는 믿음이었다. 일상 대화에서 주식이 화두가 됐고, 주식시장 참여자들은 기업의 출범과 퇴출, 구조개혁에 관한 뉴스들을 투자에 호재라며 반겼다. 1990년에 미국 10대 기업 명단은 엑손, 제너럴 모터스 등 제조업체들로 가득했지만, 10년 뒤인 2000년에는 테크놀로지 기업들로 빼곡히 채워졌다. 한 세대전에는 존재하지도 않았던 마이크로소프트와 시스코 시스템스가 재계 1, 2위를 다투었다. 그들의 주가는 항상 오르기만 했다. 마이크로소프트는 연속 40분기 가운데 39분기에 걸쳐 애널리스트들의 실적 예상치를 충족시켰고, 금융시장에 진입해 금융기업의 요소를 많이 갖게 된 제너럴 일렉트릭은 51분기에 걸쳐 전분기 대비 실적이 계속 증가했다.

때때로 금융 스캔들이 발생해 시장을 뒤흔들어 놓았고, 그에 따른 피해 규모가 갈수록 커졌다. 하지만 금융 스캔들이 일으킨 충격과 분노는 시장 참여자들의 머릿속에 오래 남아있지 않았다. 1990년대에 일어난 대규모 금융 스캔들과 그 주역으로는 오렌지 카운티 사건의 로버트 시트론(Robert Citron), 베어링스 사건의 닉 리슨(Nick Leeson), 롱텀 캐피털 매니지먼트 사건의 존 메리웨더(John Meriwether) 등을 꼽을 수 있다. 새로운 금융 스캔들이 일어날 때마다 그 규모와 수법이 사람들로 하여금 혀를 내두르게 했지만, 시장의 반응은 순간적이었다. 시장은 잠시 딸꾹질을 한 뒤 다시 아무 일도 없었다는 듯 상승 질주를 계속했다. 뭔가 심각하게 잘못된 것은 없는 듯했고, 스캔들이 발생해도 곧바로 극복됐기에 사람들은 시장이 통제되고 있다는 생각을 더욱 더 굳게 가졌다.

2001년 후반에 일어난 엔론의 파산은 시장에 대한 일부 투자자들의 신뢰를 흔들었고, 몇몇 주식들의 가격을 추락시켰다. 그러나 불과 몇 달이 지나자 투자자들이 엔론 이야기를 듣는 데 싫증을 냈고, 시장은 또 한번의 타격을 견뎌냈다는 확신에 빠져들었다. 엔론을 파산에 이르게 한 문제들이 다른 기업들에도 광범하게 존재할 수 있고, 따라서 엔론 사태는 빙산의 일각일 뿐일 수 있다는 점을 곰곰 생각해보는 사람은 별로 없었다. 투자자들은 엔론 사태에 따른 손실을 잊어버리고, 손에 쥐고 있는 다른 주식들의 시세를 알아보기 위해 시장 속보를 전하는 경제방송 〈CNBC〉를 다시 들여다보기 시작했다.

그런데 이번에는 글로벌 크로싱과 월드컴이 파산을 선언했다. 그리고 주요 주가지수들이 20% 이상 떨어지면서 수십 건의 기업 스캔들이 발생했다. 의회는 분노를 표시하고, 핵심에서 벗어난 곁가지 회계 개혁을 통해 손실로 분노한 투자자들을 달래려고 했다. 하지만 대부분의 투자자들은 확신을 갖지 못한 채 혼란스러워했다. 애덤 스미스가 말한 '보이지 않는 손'이

나쁜 기업들을 징벌하고 좋은 기업들을 보상해줄 것으로 생각하고, 시장의 상승 반전을 끈질기게 기다려야 하는가? 아니면 더 기다리지 말고 비상출구를 향해 내달려야 하는가?

통상의 상식대로라면 시장은 법규의 지배를 받고, 소수의 부패한 악당들은 징계되고, 금융 시스템은 전반적으로 심각한 위협을 받지는 않는다. 그러나 이 책《전염성 탐욕》은 이런 상식은 잘못된 것이라고 본다. 오늘날의 금융 시스템이 마치 통제되고 있는 듯한 모습으로 보이는 것은 환상이며 현실과는 다르다.

실제로 지난 10여 년 동안 시장은 여러 차례 벼랑 끝으로 내몰렸다. 엔론 사태와 롱텀 캐피털 매니지먼트 사태로 빚어진 시장 붕괴가 그 대표적인 예다. 오늘날 시스템의 전체적인 붕괴 위험은 그 어느 때보다도 심각하다. 소수의 감독 당국자와 월스트리트 펀드 매니저들은 시스템적인 문제에 대해 알게 됐지만, 개인투자자들은 그들이 한 방의 총알을 피한 게 아니라 원자력 발전소 누출 사고를 피한 것이라는 사실을 알아차리지 못하고 있다. 진실을 말하자면, 시장은 그동안 통제에서 점점 더 벗어났고, 지금도 계속 벗어나고 있다.

시장이 통제에서 벗어나 제어될 수 없게 됐다는 증거는 무엇인가? 시장은 어떻게 그리 됐는가? 1980년대 후반 이래 시장을 위태롭게 만든 금융적, 법률적, 문화적 변화는 어떤 것들이었나? 투자자들은 왜 잠재돼 있는 파국을 인식하지 못하는가? 지난 10여 년간 발생한 대규모 이익과 그에 못지않은 붕괴를 하나로 꿰어 설명해주는 요인은 무엇인가? 위기를 피하기 위해서는 무엇을 해야 하는가? 이 책이 답하고자 하는 질문은 바로 이런 것들이다.

1980년대에 금융경제학자들이 상찬했던 시장은 효율적이고 자기교정 능력을 갖고 있는, 비교적 단순한 시장이었다. 그러나 이런 시장은 이제 존재하지 않는다. 뉴욕 증권거래소의 폐장을 알리는 종은 무의미해졌다. 왜냐하면 이제 증권 거래는 전 세계에 걸쳐 하루 24시간 쉬지 않고 계속되기 때문이다.

여러 가지 시장들 가운데 가장 큰 시장은 사적 거래가 이뤄지는 곳들이다. 이런 시장들은 규제되는 증권거래소를 경유하지 않는다. 금융 파생 상품은 주식이나 채권만큼 폭넓게 거래되고 있다. 장부에 반영되지 않고 이뤄지는 자산과 부채의 부외거래 규모는 기장되는 거래 규모와 맞먹는다. 기업들이 보고하는 이익은 허구였고, 그들의 재무보고서는 보통의 투자자들에게 충격을 줄 내용들이 가득했다. 다만 투자자들은 물론 금융 담당 기자들과 애널리스트들도 그런 내용들에 주목하지 않았을 뿐이다. 시장의 변동성(Volatility)은 대단히 커졌고, 과거에는 서로 연관성이 없던 시장들이 이제는 밀집대열로 행진하듯 서로 상승작용을 하며 같은 방향으로 움직이고 있다. 그만큼 시스템적인 붕괴의 위험이 증가한 것이다.

불과 몇 년 만에 규제당국은 금융회사들에 대한 통제력을, 금융회사들은 기업 경영진에 대한 통제력을, 기업 경영진은 피고용자들에 대한 통제력을 잃어버렸다. 속박에서 벗어난 기업들은 대중의 눈길이 미치지 않는 곳에서 엄청난 모험을 감행했다. 간단히 말해 통제되는 금융시장이라는 말은 허구가 돼버렸다.

투자자들이 이런 허구의 통제를 믿고 진실을 도외시하는 한 시장은 계속 상승세를 유지할 수 있다. 1990년대의 10년간이 바로 이런 상황이었다. 보다 최근에는 투자자들이 자신들이 품었던 신념을 의심하고 출구를 향해 내달리기도 했다. 그럴 때면 시장은 길고 험난한 하강국면에 접어들었다. 투자 전문가 제임스 그랜트(James Grant)는 "사람들은 본래부터 탐욕스러운 게 아니라 주기적으로 탐욕스러워진다"고 말했다. 탐욕의 한 시대가 최근 종료됐다. 그러나 언젠가는 반드시 그 다음 차례 탐욕의 시대가 시작될 것이다.

　이 책은 20세기 말과 21세기 초의 15년 동안 금융시장에서 발생한 세 가지 주요 변화를 추적한다. 그 첫 번째 변화는 금융수단들이 더욱 더 복잡해지고 지하화됐다는 것이다. 이익을 조작하고 규제를 피하기 위해 금융공학이 점점 더 많이 활용된 탓이었다. 두 번째 변화는 기업에 대한 통제와 소유가 서로 더욱 더 괴리됐다는 점이다. 통제와 소유 사이의 괴리는 시간이 흐를수록 점점 더 확대돼 현명하고 노련한 투자자마저도 기업 경영자의 행태를 감시할 수 없게 됐고, 성실한 경영자도 직원들의 부정을 간파할 수 없는 지경에 이르렀다. 세 번째 변화는 시장의 탈규제가 진전돼 금융부정이 별로 징계를 받지 않게 됐다는 점이다. 이런 변화들은 바이러스처럼 금융시장에 퍼져나갔다.

　1990년 이전까지만 해도 시장에서는 비교적 단순한 자산들만 거래됐고, 그 가운데 주식과 채권의 거래가 주종이었다. 1980년대에는 정크본드의 거래가 두드러졌지만, 이것도 단순한데다 확정된 소득이 보장된 금융수단이었기에 주식보다 더 위험한 것은 아니었다. 기업 사냥꾼이 많은 돈을 빌려 그 돈으로 인수대상 기업의 주식을 사들이는 차입매수(LBO: Leveraged Buyout) 방식이 대거 동원된 1980년대의 기업인수 열풍도 따지고 보면 그저 채권과 주식을 거래하는 수준에서 벗어나지 않았다.

　돌이켜 보면 개인투자자들은 주식도 기피했다. 사람들은 여유 자금을 대부분 은행 저축예금에 넣어두거나, 1990년대의 거의 대부분의 기간 동안 연 10% 이상의 수익률을 내주던 양도성 예금증서를 사놓고 있었다. 뮤추얼펀드가 잠시 인기를 모으기는 했다. 투자회사인 피델리티 인베스트먼츠의 마젤란 펀드를 운영했던 전설적인 주식 족집게 도사 피터 린치가 수십억 달러의 투자 자금을 유치해 화제가 되기도 했다. 그러나 1968년부터 1990년까지 통틀어 보면, 개인투자자들은 사들인 주식보다 더 많은 주식을 내다 팔았고 이로 인해 오히려 시장에서 돈이 빠져나갔다. 주가가 주당 기업이익의 20배가 넘는 종목은 사려는 사람이 거의 없었고, 이익을 내지 못하는 기업의 주식은 외면당했다.

다른 자산으로부터 그 가치가 파생되는 금융수단인 파생상품(Derivatives)은 지금은 악명이 높지만 당시에는 사람들에게 별로 알려지지 않았다. 파생상품의 두 가지 기본적인 형태인 옵션과 선물은 규제되는 거래소에서 거래됐고, 위험을 줄이거나 재조정할 목적으로 주로 거래돼 경제의 전반적인 효율성을 개선하는 방향으로 작용했다. 바람직하지 못한 목적으로 종종 활용되곤 하는 장외 파생상품 시장은 규모가 크지 않았다. 지금의 장외 파생상품 시장 규모에 비하면 1%에도 미치지 못했다. 게다가 대부분의 복잡한 파생상품들도 아직 시장에 등장하기 전이었다.

이런 상황이었기에 1980년대의 금융시장을 다룬《문에 서있는 야만인(Barbarians at the Gate)》의 찾아보기에 파생상품이라는 단어는 들어있지도 않았고, 스톡옵션은 그저 364페이지의 각주로 설명됐을 뿐이다. 몇몇 기업들이 파생상품을 활용하긴 했다. 그러나 당시 기업들이 거래한 파생상품은 한쪽에서는 고정금리, 다른 한쪽에서는 변동금리를 지급하기로 하는 단순한 금리스왑과 같은 것들이었을 뿐이다. 훗날 수백 개 기업들을 파산의 구렁텅이에 몰아넣은 구조화 금융이나 장외 파생상품 변종들은 당시에는 아예 존재하지도 않았다. 일부 투자자들이 환율 관련 파생상품을 매매했지만, 이것도 고대 그리스인들이 고안해 활용했던 금융수법과 그다지 다르지 않은 것이어서 위험한 종류가 아니었다.

1990년대의 주된 경영자 보수 지급수단이었던 스톡옵션도 1980년대에는 보편적으로 활용되지 않았다. 당시의 경영자들은 월급이나 보너스를 주로 현금으로 받았고, 일부 주식을 받기도 했지만 그 양도 적었고 어떤 옵션이 붙어있는 것도 아니었다.

이 시기에 법률적 환경은 엄격했다. 1980년대의 시장 분위기가 들뜨자 검사들은 증권부정을 강력히 단속했는데, 1989년 1월에만 거의 100명을 기소하는 등 금융시장에서 부정행위를 저지른 자들을 적극적으로 기소했다. 〈월스트리트 저널〉은 당시 "'기소'가 '채권'이나 '주식'만큼이나 중요한 월스트리트의 용어가 됐다"고 보도하기도 했다. 금융감독 당국과 검찰이 엄격하게 금융범죄를 감시하고 응징했기에 투자자들은 금융범죄에 관한 한 전혀 불안감을 느끼지 않았다.

몇몇 대형 사건에서 재판부는 기업의 이사들과 은행가, 회계사, 변호사 등 자신들의 행위가 범죄임을 인정하게 된 사람들에 대해 중형을 부과했다. 규제당국은 내부자거래를 비롯한 금융부정을 막기 위해 규칙을 강화했다. 당시 증권거래위원회(SEC; Securities and Exchange Commission) 위원이던 조지프 그룬트페스트가 1988년 초 신년연설에서 "기소되지 않은, 이렇게 많은 금융시장 참여자들 앞에 설 수 있게 되어 기쁘게 생각한다"고 인사했을 정도다. 1980년대는 킴바 우드 판사가 드렉셀 번햄 램버트(Drexel Burnham Lambert)의 악명 높은 금융업자 마이클 밀켄(Michael Milken)에게 10년 징역형을 언도하는 것으로 마감됐다. 이때까지는 월스트리트가 검사들의 일거수일투족에 주목했다.

1980년대의 대기업 최고경영자들은 또 하나의 두려움을 갖고 있었다. 기업 사냥꾼들이 바로 그들이 두려워했던 존재들이다. 이반 보에스키(Ivan Boesky), 칼 아이컨(Karl Icahn), 로널드 페럴먼(Ronald Perelman), 분 피킨스(T. Boon Pickens)와 같은 기업 사냥꾼들은 먹잇감이 되는 기업의 지분을 대거 사들인 다음 주가를 띄우기 위해 무능한 기존 경영자들을 갈아치우곤 했다. 시장의 탐욕은 기업 사냥꾼들에게는 기회를 안겨주었고, 경우에 따라서는 주주들에게도 좋은 것이었다. 하지만 기업 경영자들에게는 그렇지 못했다. 경영자들은 자리를 지키기 위해 사냥꾼의 공격을 막기 위한 방어막을 쳐야 했다. 1980년대의 복잡한 금융거래라고 해봐야 기업인수 공격을 방어하기 위한 여러 가지 장치들에 집중된 것들이었다.

이 시대에는 대부분의 금융 전문가들, 심지어는 많은 보수를 받는 투자은행 임직원들도 기술적으로 볼 때 원시적이었다고 말할 수 있다. 그들은 인터넷이나 이메일이 무엇인지도 몰랐다. 그들은 오늘날의 스프레드시트나 통계 프로그램 대신 휼렛패커드가 만들어낸 'HP12C'라는 계산기를 사용했다. 그들 가운데 금융 분야의 공식 교육을 받은 사람은 거의 없었고, 수학이나 금융 분야의 박사학위를 갖고 있는 사람도 드물었다. 아마도 1980년대의 트레이더들 가운데 오늘날에도 트레이더로 고용될 수 있는 사람은 거의 없을 것이다. 그들이 사용했던 휼렛패커드의 계산기는 오늘날에는 증권거래소 시장에서 주판 정도의 용도로만 사용될 수 있을 것이다.

개인투자자들도 기술적으로 원시적이기는 마찬가지였다. 당시 개인투자자들은 편지나 전화로 매매 주문을 냈다. 요즘처럼 컴퓨터의 마우스를 클릭하는 것만으로 매매 주문을 내는 것은 상상할 수 없는 것이었다. 당시 투자자는 기껏해야 하루에 한 번 정도만 주식 시세를 확인할 수 있었다. 다음날 아침 신문의 증권면을 펼쳐 봐야 시세를 확인할 수 있었다. 텔레비전을 통해 실시각으로 시세를 확인할 수는 없었다. 애널리스트의 분석자료도 돈을 내고 우편으로 받아봐야 했다. 인터넷을 열기만 하면 무료 금융정보가 쏟아지는 시대가 아니었다.

정리하면, 1980년대 월스트리트는 21세기 현재와 견주어 원시적이라고 할 수 있었고, 그 시대 사람들의 행태는 공격적이긴 했지만 복잡하지는 않았다. 동시에 금융시장은 점점 더 경쟁적인 곳이 되어갔고, 이익의 크기는 줄어들었다. 1987년 10월 27일의 주식시장 붕괴도 상황을 개선시키지 못했다. 다우지수가 단 하루 만에 554포인트나 떨어져 7% 이상의 하락률을 기록하자, 투자자들은 신경질적으로 변했고, 애널리스트들은 폭락의 원인을 설명하느라 여념이 없었으며, 투자은행과 증권사들은 비명을 질렀다. 그 날 이후 1980년대의 마지막 몇 년간은 시장이 별 볼일 없을 것 같았고, 미래는 암울해 보였다. 월스트리트에서 일하기에는 좋지 않은 시절인 듯했다.

그러나 이 모든 것이 곧 변할 참이었다.

1막
감염

1장

탐욕 바이러스의 발생

앤디 크리거

앤디 크리거(Andy Krieger)는 무엇이든 할 수 있을 것 같은 아이였다. 고등학교 시절에는 똑똑한 우등생이었고, 고교를 졸업한 뒤에는 명문 펜실베이니아 대학에 진학했다. 대학 시절에는 미국의 우수 대학생 모임인 파이 베타 카파(Phi Beta Kappa)의 회원으로 선발됐다. 공부뿐 아니라 운동도 잘해, 잠시 프로 테니스 선수로 유럽 서키트 대회에 참가할 정도였다. 그는 가난한 사람의 권익 보호를 주장하는 청년이었고, 특히 인도 나병 환자들의 곤궁한 삶에 대해 남다른 관심을 갖고 있었다. 1970년대 후반에는 대학원에 진학해 인도 철학을 전공했고, 채식주의자로 살면서 산스크리트어를 영어로 번역하기도 했다. 그는 학자의 길을 가려고 했다.

어느 날 크리거는 논문 지도교수로부터 이러 말을 들었다. 아무리 우수한 논문을 쓰더라도 그가 선택한 분야에서는 몇 안 되는 현직 교수들 가운데 한 명이 세상을 떠나기 전에는 교수로 임용되기 어렵다는 것이었다. 그는 가난한 사람들을 돕고자 했지만, 가난한 사람이 되기는 싫었다. 그래서 트레이더의 길을 선택했다. 그는 6년 동안이나 계속해온 대학원 공부를 중단하고 비즈니스 스쿨에 등록했다.

순식간에 그의 삶은 변했다. 그는 와튼 비즈니스 스쿨에서 금융을 공부했다. 와튼은 오늘날보다는 단순했던 1980년대의 정크본드 및 기업 인수 합병 분야에서 두각을 나타낸 마이클 밀켄과 도널드 트럼프를 배출한 학교였다. 그는 국제금융 시간에 통화옵션(currency option)에 관한 강의를 들었다. 미래의 특정 시점에 특정 가격으로 각국 통화를 사고파는 통화옵션의 매력은 그를 사로잡았다.

와튼의 2002년도 교과 과정을 보면 20개가 넘는 금융과정이 들어 있지만, 크리거가 이 학교에 다닐 때는 통화옵션을 제대로 다루는 과정이 없었다. 하지만 통화옵션 연구의 선구자였던 젊은 금융학자 올린 그라브가 크리거의 지도교수가 되어, 통화옵션에 대한 그의 호기심을 부추기고 충족시켜 주었다. 크리거는 통화옵션 전문가로 다시 태어나기로 마음먹었다. 그는 결국 1984년에는 통화옵션의 가치를 산정하는 컴퓨터 프로그램을 만들어낼 정도로 발전했다.

그즈음 크리거는 뉴욕에 있는 투자은행 살로먼 브라더스에서 통화옵션 거래를 맡길 직원을 뽑기 위해 와튼의 학생들을 인터뷰할 것이라는 얘기를 들었다. 그는 망설임 없이 이력서를 제출했다.

와튼에서 크리거는 과거 금이나 미국 달러화에 연동되던 각국 통화의 가치가 이제는 외환시장에서 자유로이 변동하게 됐음을 알게 됐다. 미국의 연방준비제도이사회(연준)를 비롯한 세계 각국의 중앙은행들은 그들의 통화를 고정된 양의 금이나 달러화로 교환해주는 제도를 버리고, 시장에서 그 가치가 변동되도록 허용했다. 이렇게 되자 통화 거래 규모가 기하급수적으로 늘어났다. 기업과 금융회사들은 이제 단순히 미국 달러화를 일본 엔화로 바꾸거나 독일 마르크화를 영국 파운드화로 바꾸는 정도에 그치지 않고, 온갖 종류의 새롭고 환상적인 방식으로 수십 가지 통화들에 베팅을 했다.

크리거는 비즈니스 스쿨 재학 중 시카고에 있는 옵션 거래회사인 오코너 앤드 어소시에이츠에서 인턴으로 잠시 일한 적이 있다. 그는 통화 거래를 할 때 "세계에서 가장 기민한 두뇌를 가진 인물들과 경합하고 있다"는 느낌을 받았다. 통화시장(외환시장)은 대단히 경쟁적이었고, 그곳에서는 매일같이 수천억 달러가 거래되고 있었다. 통화옵션을 비롯해 좀더 이색적인 거래를 하는 회사들은 한순간에 큰돈을 벌어들이고 있었다. 몇몇 트레이더들이 보너스로 수백만 달러씩을 번다는 사실을 알게 된 크리거의 마음속에 충동이 일어났다. 과연 자신은 이 시장에서 얼마나 잘 할 수 있는가를 확인해보고 싶은 충동이었다.

크리거는 테니스 선수로 쌓아온 경력을 포기하고 학문에 대한 관심도 밀쳐두었다. 그는 살로먼 브라더스에서 나온 면접 담당자 앞에서 인턴생활 중 트레이더로 일해 본 경험, 통화옵션에 대한 지식, 외국어 능력과 외국 문화에 대한 이해를 과시하면서 왜 자신이 적임자인지를 설명했다. 살로먼은 그를 채용하기로 결정했고, 크리거는 학교를 졸업하고 살로먼에 출근하기 시작했다.

4년 뒤인 1988년 초반에 크리거는 월스트리트에서 유명 인사가 됐다. 불행하게도 그의 명성은 오래가지 못했고, 오늘날에는 그의 이름을 기억하는 사람이 거의 없다. 하지만 금융혁신에 따르는 리스크와 관련해서는 지금도 그의 이야기가 하나의 사례로 거론되고 있다.

통화옵션

1984년 당시에 통화옵션에 대해 제대로 아는 투자은행가는 거의 없었다. 시카고 상품거래소가 통화옵션을 도입한 지 얼마 안 된 시점이었고, 필라델피아 증권거래소에서는 불과 1년여 전부터 통화옵션이 거래되고 있었다. 크리거가 비즈니스 스쿨을 다닐 때 잠시 경험했던 통화옵션 거래는 바로 이 필라델피아 증권거래소를 통해 이뤄진 것이었다.

하물며 옵션가치 평가이론을 아는 투자은행가는 거의 없었다. 그로부터 11년 전인 1973년에 피셔 블랙, 마이런 숄스, 로버트 머튼 등 3명의 경제학자들이 옵션가치 평가모델을 발표했고, 공교롭게도 같은 시점에 시카고 상품거래소의 자회사인 시카고 옵션거래소(CBOE; Chicago Board Options Exchange)가 개설돼 가동에 들어갔다.

그 뒤 6개월 만에 텍사스 인스트루먼츠는 '블랙-숄스 모델'로 알려지게 된 옵션가치 평가공식을 활용해 옵션의 가치를 간편하게 산출할 수 있는 계산기를 개발했다고 광고했다. 불행하게도 머튼은 이때 이 모델의 명칭에서 이름이 빠졌다. 그로부터 20년이 흐른 뒤 이 모델은 사실상 거의 모든 기업들이 옵션 평가에 사용하기에 이르렀고, 비즈니스 스쿨에서도 그 공식을 기본과정에서 가르치게 됐다.

투자은행 사람들의 행동은 굼떴다. 옵션 이론이 시카고에서 금융의 본거지인 월스트리트의 투자은행들에게 전파되는 데는 10년 이상의 세월이 걸렸다. 1980년대 초반의 시티은행 트레이딩 룸에서 컴퓨터를 갖고 있는 트레이더는 단 한 명뿐이었다. 그러나 그가 가진 컴퓨터는 당시의 기술 수준에 비추어도 원시적이라고 할 만한, 묵직한 '라디오 섀크 TRS-80'이라는 것이었을 뿐이다. JP 모건에서는 한 고객이 당시 재무 담당자였고 나중에 이 회사의 회장이 되는 데니스 웨더스톤에게 통화옵션 거래를 하라고 설득했다. 그러나 JP 모건은 당시 옵션가치 평가를 어떻게 해야 하는지를 아는 트레이더가 전혀 없었고, 결국은 손실을 보고 말았다.

그만큼 옵션은 투자은행가들에게 생소한 것이었다. 새롭게 부상하는 옵션 시장에 대해 그들은 경계심을 갖고 있었다. 지금 독자들이 옵션에 대한 다음과 같은 짧막한 설명만 읽어도, 옵션에 관한 한 1984년 당시 보통의 투자은행 직원들과 같은 수준의 지식은 갖게 된다고 할 수 있다.

쉽게 말해 옵션이란 미래의 어느 시점에 어떤 물건을 사거나 팔 수 있는 권리를 가리킨다. 살 수 있는 권리를 콜 옵션, 팔 수 있는 권리를 풋 옵션이라고 한다. 1980년대에는 모든 종류의 1차산품에 대한 옵션이 주로 시카고 거래소에서 거래됐지만, 필라델피아 거래소에서도 일부 거래됐다. 이렇게 거래된 옵션은 단순하고 표준화돼 있었다. 통화옵션도 별로 다를 게 없었다. 당시의 통화옵션은 단순히 각국 통화를 특정 시점에 특정 환율로 사거나 팔 권리에 관한 것이었을 뿐이다.

통화옵션이 어떤 것인지를 알기 위해, 독자 자신이 지금부터 한 달 뒤에 멕시코로 휴가여행을 갈 계획을 갖고 있다고 가정해 보자. 한 달 뒤의 페소화 가치가 지금보다 떨어진다면 같은 돈으로 더 많은 페소를 환전해 받을 수 있기 때문에 멕시코에서 환상적인 만찬을 즐길 수 있을 것이다. 그러나 불행하게도 페소화의 가치가 상승한다면 그런 꿈을 접고, 길거리 카페에서 선 채로 식사를 때워야 할 것이다.

이처럼 페소화 가치가 상승할 가능성에 대비하기 위해 오늘부터 한 달 뒤에 미리 정해진 환율로 페소화를 살 수 있는 권리를 누군가로부터 사둘 수 있다. 예를 들어 오늘의 환율이 1달러당 10페소일 경우 한 달 뒤에도 이 환율로 환전할 수 있는 권리를 오늘 사두는 것이다. 다만 이런 환전의 권리를 사려면 그 대가로 '프리미엄(premium)'이라고 불리는 수수료를 외환 브로커에게 지급해야 한다. 여기까지 했다면 그것은 바로 '페소 콜 옵션'

을 매입한 것이다.

페소 콜 옵션은 환율 변동에 따른 손실을 막아준다는 점에서 보험계약과 같은 성격을 지닌다. 만약 한 달 뒤 페소화 가치가 하락해 1달러로 10페소보다 많은 11페소를 살 수 있게 된다면 페소 콜 옵션을 행사할 필요가 없다. 페소 콜 옵션을 매입했다고 해서 반드시 페소화를 사야 할 의무가 있는 것은 아니다. 콜 옵션을 행사해 실제로 페소화를 살 것인지 말 것인지는 전적으로 페소 콜 옵션 매입자가 선택할 수 있다.

실제 환율이 달러당 11페소가 된다면 달러당 10페소짜리 콜 옵션은 행사하지 않고 그냥 놔두면 된다. 이렇게 하면 콜 옵션은 만기가 지나 그냥 사라진다. 대신 멕시코 여행 경비는 외환시장에서 달러당 11페소로 환전하면 될 것이다. 반대로 페소화의 가치가 상승해 1달러로 9페소 밖에 살 수 없게 된다면 미리 사둔 달러당 10페소짜리 페소 콜 옵션을 행사하는 게 유리하다. 이 예에서 페소 콜 옵션은 페소화 가치가 상승할 경우에 대비하는 보험의 역할을 하는 셈이다.

휴가여행을 가는 보통 사람이 환율 변동에 따른 손실을 예방하기 위해 옵션을 거래하는 데는 비용이 너무 많이 든다. 외환 브로커들이 통화옵션 거래에 대해 매우 높은 수수료를 부과하기 때문이다.

통화옵션은 휴가여행을 가는 보통 사람보다 훨씬 큰 금액을 거래하는 대형 은행이나 기업들이 주로 활용한다. 통화옵션의 가격은 여러 가지 변수에 따라 달라지지만, 가장 중요한 변수는 통화의 변동성이다. 여기서 변동성이란 특정한 통화옵션에 관련된 통화의 가치가 얼마나 크게 변동하느냐를 말한다. 해당 통화 가치의 변동성이 클수록 그 통화의 옵션 가격이 더 비싸진다.

크리거는 보통의 투자은행가들보다 통화옵션의 메커니즘을 더 잘 알고 있었다. 그는 블랙-숄스 모델을 알고 있었다. 이보다 더 중요한 점은, 그가 이 모델의 한계도 알고 있었다는 점이다. 이 때문에 그는 와튼에서 컴퓨터 프로그램을 만들 때 블랙-숄스 모델과는 다소 다른 가정을 토대로 했고, 그 결과 그의 프로그램은 다른 트레이더들이 보유하고 있었던 프로그램들보다 통화옵션의 가치 평가를 더 정확하게 해냈다. 그는 특히 트레이더가 통화의 변동성을 계산할 때 과거의 환율 변동 기록만 살펴서는 안 된다는 점을 잘 알고 있었다.

크리거는 살로먼이 실시한 고도의 수량적 교육훈련 과정을 어렵지 않게 마쳤고, 아주 적절한 시점에 통화옵션이라는 새로운 세계에 발을 들여놓았다.

살로먼 브라더스 시절

앤디 크리거가 입사했을 때 살로먼 브라더스는 그 전성기에 있었다. 이 시기의 살로먼 브라더스는 마이클 루이스의 저서 《라이어스 포커(Liar's Poker)》(1990)에 아주 잘 묘사돼 있다.

전설적인 살로먼의 트레이딩 룸은 규모가 작았다. 크리거의 자리는 수석 트레이더였던 존 메리웨더로부터 두 좌석 아래였다. 메리웨더의 바로 옆에는 회장인 존 구트프로인트(John Gutfreund)와 부회장인 톰 스트라우스가 앉아 있었다. 크리거의 바로 왼편에는 1990년에 2300만 달러의 보너스를 받게 되는 공격적인 트레이더인 로렌스 힐리브랜드가 앉아 있었고, 그 옆 자리에는 하버드 비즈니스 스쿨의 교수 출신이자 옵션 전문가인 에릭 로젠펠트가 앉아 있었다. 크리거의 자리에서 몇 걸음 떨어진 곳에는 애널리스트인 빅터 해거니가 자리 잡고 앉아 크리거를 지원했다. 그리고 건너편에는 나중에 살로먼을 거의 침몰시킬 뻔한 스캔들의 주역이 되는 폴 모저(4장 참조)가 앉아 있었다.

그 가운데 메리웨더, 힐리브랜드, 로젠펠트, 해거니는 1990년대 후반 롱텀 캐피털 매니지먼트의 성장과 몰락 과정(8장 참조)에서 주요 역할을 하게 된다. 그러나 1980년대 중반에는 그저 세계에서 가장 수익을 많이 내는 트레이더들이었을 뿐이다. 크리거는 바로 이들 그룹의 한가운데 앉아 있었고, 그곳은 곧 금융세계의 중심이었다.

크리거는 모두들 공격적이며 정력적으로 일하는 환경에서 성장해갔다. 살로먼의 트레이더들은 햄버거로 아침식사를 대신하면서 하루 일과를 시작했다. 대식가들이 많은 그곳에서 동물을 해치는 데 대해 양심의 가책을 느낀다는 것은 바보스러운 일이었다. 크리거는 채식주의를 버리고 다시 고기를 먹기 시작했다.

살로먼은 크리거에게 이상적인 훈련장이었다. 그는 처음부터 성공적인 트레이더였다. 그는 런던 증시가 문을 여는 이른 아침부터 뉴욕 증시가 마감하는 초저녁까지 하루 종일 거래를 했고, 퇴근 후에는 집에서 전화로 도쿄 증시에서 거래를 계속했다. 입사 첫 해에 그는 살로먼에 3000만 달러를 벌어주었지만, 회사는 그에게 17만 달러의 보너스를 주는 데 그쳤다. 이런 그의 보너스 금액은 다른 신참 트레이더들에 비해서는 많은 금액이었다. 하지만 그는 자신이 응당 받아야 할 몫을 받지 못했다고 생각했다.

월스트리트의 트레이더들이 얼마나 치열하게 경쟁을 벌였는지를 감안하면 신출내기인 그가 회사에 3000만 달러의 수익을 올려주었다는 것은 놀라운 실적이었다고 말할 수 있다. 1970년대와 1980년대에는 대다수의 경제학자들이 금융시장은 기본적으로 효율적이라고 믿고 있었다. 다시 말해 시장가격에는 그 순간 이용가능한 모든 정보가 반영된다는 것이었다.

경제학자들은 길가에 떨어져 있는 20달러짜리 지폐를 줍기를 거부한 한 금융학 교수의 이야기를 즐겨 인용했다. 그 금융학 교수는 20달러짜리 지폐가 진짜로 길가에 떨어져 있었다면 누군가가 벌써 그것을 주워갔을 것이기 때문에 그것이 길가에 떨어져 있을 리가 없다고 주장했다는 것이다.

20달러짜리 지폐를 공짜로 주울 수 있다면 그것은 수지맞는 일임에 틀림없다. 하지만 모든 트레이더들이 "한 푼이라도 벌 수 있다면 자기 어머니라도 판다"는 말을 내뱉을 정도로 치열하게 경쟁하는 월스트리트에서 공돈을 벌 기회가 기다려 준다는 것은 가능하지 않았다. 노벨 경제학상을 받은 폴 새뮤얼슨은 이렇게 말한 바 있다. "도박의 도시인 라스베이거스, 경마의 거리인 처칠 다운스, 그리고 메릴 린치의 지점에서 돈을 벌어 부자가 되기란 쉽지 않다." 새뮤얼슨의 이 말을 신봉하는 사람은 아주 많다.

경제학자인 유진 파머는 1967년 미국 금융학회 회의에서 시장의 효율성을 입증하는 증거들을 많이 제시했다. 그 후 경제학자들은 이용 가능한 정보에 근거한 거래 전략은 시장평균 수익률을 능가하지 못한다는 가설을 수용해 왔다.

이 가설은 일리가 있는 것이었다. 어쨌든 시장수익률을 능가한다는 것은 실제로 어려웠다. 통화옵션 시장을 비롯한 그 어떤 새로운 시장들에서도 월스트리트의 트레이더들은 조그마한 가격왜곡이라도 있으면 그것을 이용해 돈을 버는 데 매우 신속했고, 이 때문에 시장의 가격왜곡은 오래 지속되지 않았다. 특정한 주식, 채권 또는 통화가 지나치게 싸면 트레이더들이 너도나도 그 주식, 채권 또는 통화의 가치가 적정한 수준이 될 때까지 계속 그것을 사들인다. 이는 마치 운전자들이 휘발유를 가장 싸게 파는 주유소에 몰려드는 것과 같다.

그러나 시장의 비효율성을 드러내는 사례가 있기 마련이다. 살로먼 등에서 일하는 트레이더들은 이런 시장의 비효율성을 포착하고, 그것을 적극적으로 활용해 최대한 수익을 짜내는 데 능숙했다. 특히 살로먼 안에서도 비밀에 쌓여있던 존 메리웨더의 팀은 시장의 비효율성을 활용하는 데 능수

능란했다. 메리웨더 팀이 시장의 비효율성을 이용해 해마다 수익을 올린다는 사실은 시장의 효율성을 신봉하는 경제학자들을 당혹스럽게 했다. 메리웨더 팀의 실적은 그들의 효율적 시장 이론의 근거를 뒤흔드는 것이었다. 1980년대 중반부터 몇몇 소수의 금융경제학자들이 이단이라는 소리를 들으면서, 시장이 실제로 효율적인가 하는 의문을 제기하기 시작했다.

그러나 만약 효율적인 시장이 실제로 존재한다면, 그 시장은 분명 통화시장일 것이다. 통화시장은 세계에서 가장 큰 시장이며, 그 거래 규모는 주식시장을 훨씬 능가한다. 그리고 통화옵션이 아무리 새로운 것이라고 하더라도 그것은 통화시장에 근거를 둔 시장이다. 대부분의 트레이더들은 장기적으로는 그들이 통화시장을 넘겨짚거나 영향을 끼칠 수 없다는 점을 인정한다.

그렇다면 크리거는 어떻게 해서 그토록 많은 돈을 벌 수 있었을까? 한 가지 가능한 답변으로 행운을 들 수 있다. 크리거는 다양한 통화들의 가치에 대해 한 방향으로 베팅을 했고, 때로는 자신의 육감만을 믿고 한 방향으로만 돈을 건 적도 있었다. 그는 다양한 통화들의 과거 기록을 살펴본 뒤 추세를 신봉하기에 이르렀고, 자기 생각에 통화의 가치가 움직여갈 것으로 보이는 방향으로 돈을 걸었다.

그의 통화옵션 매도와 매수를 비교하면 항상 매수 규모가 더 컸다. 그는 "개인적으로 옵션을 파는 것을 싫어한다"고 말하기도 했다. 제3자가 보기에 그는 수익을 지속적으로 낼 수 있을 만한 특별한 전략을 갖고 있지는 않는 것으로 보였다. 그럼에도 그는 베팅에 성공해 돈을 버는 경우가 많았다.

통화 가치의 과거 추세를 보여주는 그래프는 크리거뿐 아니라 다른 트레이더들도 이용할 수 있었다. 그리고 어느 투자은행이든 추세에 근거를 둔 거래를 할 수 있었다. 1980년대에 한 금융경제학자는 크리거가 초기에 거래이익을 낸 것은 순전한 행운 덕분이라고 말하기도 했다.

그러나 크리거의 전략에는 뭔가가 있었다. 그는 나름대로의 분석과 컴퓨터 모델의 신호에 의해 특정 통화의 변동성이 너무 낮아져 옵션 가격이 크게 떨어진 상태라는 판단이 서는 순간 그 통화의 옵션을 과감하게 사들였다. 이런 베팅은 할 만한 것이었다.

크리거는 '변동성의 장인'이 됐다. 그는 통화시장의 추세를 평가하는 기술과, 옵션 모델을 활용해 최선의 통화 베팅 방법을 결정하는 과학을 결합했다. 그의 눈에 비친 통화시장은 결코 효율적인 시장이 아니었다. 왜냐하면 트레이더들과 그들의 컴퓨터 모델들이 특정 통화의 변동성을 종종 낮게 평가하는 탓에 그 통화의 옵션가치를 실제보다 낮게 보기 때문이었다. 시장이 이런 상황이라고 판단되면 크리거는 즉각 뛰어들어 통화옵션을 사들였다. 그런 그의 모습은 마치 경마장에서 한 장 값으로 두 장의 경마 티켓을 살 수 있는 방법을 발견한 도박꾼과 같았다.

통화옵션을 사는 데 드는 비용은 해당 통화의 가치에 비하면 아주 낮은 수준이다. 이 때문에 통화옵션을 활용할 줄 아는 크리거는 그렇지 못한 통화 트레이더들에 비해 훨씬 큰 규모의 베팅을 할 수 있었다. 3000만 달러어치의 옵션 포지션은 수십억 달러어치에 이르는 해당 통화를 좌지우지할 수 있다. 크리거는 경쟁자들보다 더 나은 모델을 사용한데다 옵션을 활용해 더 큰 규모의 베팅을 했다는 점에서 경쟁상 우위에 있었다. 그 스스로도 다른 트레이더들이 "핵무기의 세계에서 여전히 재래식 무기를 사용하고 있다"고 말했다.

크리거가 비록 메리웨더 사단의 바로 옆에 앉아서 거래를 하긴 했지만, 살로먼에서 가장 많은 보수를 받는 '아비트리지 그룹(Arbitrage Group)'이라는 메리웨더의 이너서클 멤버는 아니었다. 그런 가운데 크리거의 능력을 알게 된 월스트리트의 다른 투자은행들이 그에게 스카우트의 손길을 내밀기 시작했다. 크리거는 살로먼에서 성공적인 트레이더로 인정받고 있었지만, 다른 곳으로 직장을 옮기면 더 많은 돈을 받을 수 있을 게 분명했다.

1986년에 크리거는 살로먼을 떠나 뱅커스 트러스트로 옮겼다. 당시 미국 투자은행업계 8위였던 뱅커스 트러스트가 살로먼과 경쟁하기 위해 통화옵션 거래에 나서기로 하고 크리거를 스카우트했던 것이다. 뱅커스 트러스트는 점점 더 숙련된 투자은행의 면모를 갖춰나가고 있었지만 간부들이 통화옵션에는 거의 전문성이 없었다. 크리거는 최소 45만 달러 이상의 보너스를 문서로 보장받고, 그가 거래로 올린 이익 중 5%를 지급받는다는 구두약속도 받았다. 이때 그의 나이는 불과 29세였다.

장외시장 거래전략

뱅커스 트러스트에서 크리거는 심각한 도전에 직면했다. 1986년에는 다양한 통화들에 대한 옵션 거래로 돈을 벌기가 이미 어려워졌다. 외환에 근거를 둔 거래들 대부분이 그렇듯이 통화옵션도 무자비한 경쟁이 펼쳐지는 업무였다. 통화옵션 시장은 단 1년 만에 트레이더들이 넘쳐나는 곳이 됐고, 그에 따라 수익률이 크게 낮아졌다. 게다가 뱅커스 트러스트는 이 시장에 뒤늦게 뛰어든 후발 주자였다.

설상가상으로 옵션을 취급하는 거래소에서 뱅커스 트러스트가 거래할 수 있는 규모와 그 방식에는 제한이 가해지고 있었다. 이에 따라 시카고 거래소와 필라델피아 거래소에서는 표준화된 소수의 옵션들만 거래할 수 있었다. 이들 거래소에서 뱅커스 트러스트의 트레이더들과 그들의 고객들은 좀 색다른 베팅을 하고 싶어도 할 수 없었다.

두 거래소는 특히 통화옵션의 두 가지 핵심 변수인 행사가격과 만기를 고정시켜놓고 있었다. 행사가격은 통화옵션 보유자가 실제로 해당 통화를 사거나 팔 수 있는 가격을 말한다. 예를 들자면 앞에서 얘기한 멕시코 휴가 여행자가 산 콜 옵션의 행사가격은 달러당 10페소였다. 시카고 거래소와 필라델피아 거래소는 행사가격을 제한하고 있었기 때문에 달러당 9.43페소의 행사가격으로 옵션을 사고 싶어도 이 두 거래소에서는 그런 옵션을 살 수가 없었다.

게다가 두 거래소는 옵션 보유자의 권리가 소멸되는 만기도 매월 세 번째 금요일 하루만으로 정해놓고 있었고, 12개월이 넘는 만기는 존재하지 않았다. 따라서 4월의 첫 번째 화요일에 페소화를 사야 하는 사람은 바로 그 날 팔 수 있는 옵션이 없기 때문에 환율 변동에 따른 리스크를 헤지(hedge)할 수가 없었다. 또 몇 개월 뒤에 외화를 지급받게 될 사람도 옵션으로 환율 변동 위험을 피할 수 없었다. 그런 옵션은 거래소에서 구할 수 없었기 때문이다. 자동차 제조업체에서부터 금융회사에 이르기까지 다양한 기업들이 다양한 통화들의 가치 변동에 장기간 노출돼 있었지만, 거래소에서 취급하는 옵션은 이들 기업의 수요에 응하기에는 신축성이 없었다.

게다가 시카고 거래소와 필라델피아 거래소는 여러 연방 기관들에 의해 규제되고 있었고, 정보 공시와 보증금 예치에 관한 의무도 부과됐다. 그리고 두 거래소는 거래조작을 금지했다. 이런 모든 요소들로 미루어 1986년에는 통화옵션 거래자들이 정직한 거래를 하기가 어려웠을 것이다.

크리거는 통화옵션 시장의 경쟁이 더 치열해지더라도 통화옵션 거래로 돈을 벌 수 있다고 장담했다. 다른 트레이더들이 통화의 변동성에 대한 평가에서 계속 오류를 범하고 있기 때문이라는 것이었다. 특히 그는 다른 트레이더들이 계산한 통화의 변동성 수치가 만기별로 차이가 있다는 점을 간파했다. 예를 들어 6개월 만기와 1년 만기 옵션의 변동성은 20%인 데 비해 9개월 만기 옵션의 변동성은 10%에 지나지 않는 식이었다.

크리거는 이런 변동성 수치의 만기별 차이를 꼼꼼히 비교해봄으로써 적정가치보다 가격이 낮은 통화옵션을 찾아낼 수 있었다. 그는 이런 방식으로 통화옵션을 싼 값에 사들여 1986년에 5600만 달러를 벌었다. 거래 이익의 5%를 보너스로 받기로 했으니 5600만 달러 중 280만 달러는 그의 몫이었다. 당시에 이 금액이 얼마만한 거금이었는지는 키더 피바디(Kidder Peabody)의 마틴 시걸과 견줘보면 알 수 있다. 제임스 스튜어트의 저서 《도적들의 소굴(Den of Thieves)》(1991)에 묘사된 대규모 내부자거래 스캔들의 중심에 있었던 마틴 시걸도 그의 절정기에 받은 보너스가 200만 달러 수준이었다.

해가 바뀌어 1987년 초에 크리거는 통화옵션 거래로 돈을 벌 수 있는 엄청난 기회가 눈앞에 펼쳐지고 있다고 생각했다. 미국 연준과 유럽 중앙은행들이 각자 자국의 통화 가치를 일정한 변동범위 안에 유지하기 위한 정책을 폈다. 이에 따라 몇 년간 하락세를 보여 온 달러화 가치도 이 해에는 안정세를 보였고, 가을에 이르면 트레이더들이 통화옵션의 가치를 평가하기 위해 계산해낸 달러화의 변동성 수치가 아주 낮아졌다. 그 결과 통화옵션의 가치는 엄청나게 낮아졌다.

그러나 크리거는 속으로 다른 트레이더들을 비웃었다. 최근의 낮은 변동성 수치를 근거로 통화옵션의 가치를 평가하는 그들의 방식은 어리석은 것이라고 크리거는 생각했다. 과거 통화 가치의 역사를 살펴본 사람이라면 누구든 당시의 환율 움직임이 비정상적으로 조용했다는 사실을 알 것이다. 불과 2~3년 전만 해도 통화들의 가치 변동폭은 훨씬 더 컸다. 크리거는 달러화 가치가 떨어질 것으로 예상하고, 그런 쪽으로 베팅하는 통화옵션을 사들이기 시작했다.

게다가 크리거에게는 나름대로의 비법도 있었다. 살로먼에서 일하던 시절에 그는 다른 투자은행들로 하여금 자신과의 거래 규모를 키우도록 유도하는 기법을 개발했다. 그것은 다른 트레이더들의 탐욕을 이용하는 것이었다.

예를 들어 크리거가 당장 영국 돈 10억 파운드를 팔아야 하는데, 그 시점의 시장에서는 어느 누구도 그렇게 큰 돈을 거래할 의사가 없다고 가정해보자. 이런 경우 크리거는 우선 다른 투자은행의 트레이더들에게 10억 파운드를 시세보다 낮은 가격에 매입하겠다는 주문을 낸다. 막대한 규모의 매수 주문이 나온 것을 알아챈 다른 트레이더들은 파운드의 상승을 예상하고 크리거에 앞서 시세차익을 얻기 위해 수억 파운드씩의 매수 주문을 서둘러 낸다. 크리거는 수많은 트레이더들이 자신이 설치해 놓은 덫에 걸려든 것을 확인한 뒤 파운드화를 사기는커녕 오히려 팔기 시작한다. 크리거는 이런 함정 전략을 사용해 거래를 더 쉽게 하면서 돈을 벌었다.

각국 중앙은행이 자국 통화를 거래하면서도 일관되게 잃기만 한다는 사실과, 단기적인 수요공급 변화에 영향을 주는 변수들은 한정돼 있다는 사실도 크리거에게는 돈을 벌 기회였다. 많은 트레이더들은 많은 양의 통화를 단 하루 만에 사거나 파는 시장조작으로 이익을 올릴 수 있다고 생각했다. 만약 이런 트레이더들이 통화가 아닌 주식을 사고팔았다면 적발돼 처벌을 받았을 것이다. 그러나 규제되지 않는 통화시장에서 이런 시장조작은 일상적으로 활용되는 전략 중 하나였고, 법률적으로도 문제될 것이 없었다. 통화시장이 아무리 효율적이라고 해도 시세조작으로 이익을 챙기는 트레이더들은 존재하기 마련이다. 금융시장을 연구하는 학자들은 이런 사실을 간과하고 있지만, 트레이더들은 이를 즐긴다.

특히 미국 서부개척 시대의 서부와 같은 장외시장에서는 이런 시세조작이 흔하게 벌어졌다. 거래소가 모든 트레이더들의 거래 상대방이 되는 중앙집중적인 거래소에서 통화옵션을 사고파는 대신 트레이더들은 주로 다른 투자은행들이 구매자나 판매자가 되는 사적 거래계약을 체결하기를 좋아했다.

이런 거래들이 이루어지는 시장을 장외시장(over-the-counter market)이라고 한다. 이 용어는 사적 거래에서는 통화옵션 매입자가 마치 가게의 카운터에 가 돈을 주고 물건을 건네받는 사람과 비슷하다는 뜻에서 붙여진 것이다. 이런 거래에서는 거래소나 규제당국은 아무런 역할도 할 수 없으며, 거래가 이뤄지고 있다는 사실도 알지 못한다. 장외시장에서는 거래 당사자들이 거래의 조건을 정하고, 거래 계약에 따라 지켜야 할 규칙도 정한다. 거래소 시장에서는 거래소가 시세조작을 감시하지만, 장외시장의 거래자들에 대해서는 누구도 감시하지 않는다.

거래소와 장외시장의 차이는 아주 크다. 거래소는 라스베이거스의 스포츠 도박장과 비슷하다. 스포츠 도박장에서 도박꾼은 어느 팀이 이길 것인지, 점수 차가 얼마나 날 것인지 등 몇 가지 한정된 항목에 대해서만 베팅을 할 수 있으며, 이보다 더 구체적인 사안들에 대해서는 베팅할 수가 없다. 거래소와 마찬가지로 도박장도 스스로 리스크를 부담하는 사업을 하는 곳이 아니어서 쌍방의 도박꾼들이 나서면 그들을 위해 베팅을 관리해주는 역할만 한다. 다시 말해 도박장과 거래소는 표준화된 베팅의 중개자일 뿐이며, 그 과정에서 스스로 위험을 부담하는 것이 아니라 단순히 베팅 건당 몇 퍼센트씩의 수수료를 수입으로 챙길 뿐이다.

따라서 도박장과 거래소는 몇 가지 베팅 항목을 정해놓고, 그것들에 대해서만 베팅을 하도록 한다. 물론 슈퍼볼 선데이에는 도박장이 이색적인 베팅 행사를 기획하기도 한다. 예를 들면 어느 팀이 첫 번째 필드골을 성공시킬 것인가, 어느 선수가 공을 들고 가장 많이 달릴 것인가 등을 놓고 베팅을 하게 한다. 그러나 어떤 특정한 선수가 공을 골대에 맞출 것인지, 그가 총 126야드 이상 달릴 것인지 등 더욱 세분화된 조건을 내건 베팅 행사는 없다.

그러나 장외시장에는 이런 제약이 없다. 장외시장에서는 도박꾼과 거래자들이 스스로 원하는 모든 종류의 베팅 항목을 만들어낸다. 감독자도 심판도 없는 도박장에서는 도박꾼들의 상상력만이 유일한 제약조건이 될 것이다.

앤디 크리거는 강력한 상상력을 갖고 있었다. 그는 1987년에 거래소 시장에서는 찾아볼 수 없는 다양한 종류의 통화옵션을 장외시장에서 거래했다. 그가 거래한 통화옵션들은 여러 가지 통화들을 활용해 거래 상대방의 요구에 들어맞게 만든 맞춤형이었다. 예를 들어 그는 뉴질랜드 달러의 옵션을 개발해 장외에서 게임을 벌였다. 트레이더들은 흔히 뉴질랜드 달러를 '키위'라고 불렀다. 이는 뉴질랜드 달러 동전 표면에 키위(무익조)가 새겨져 있기 때문이었다. 크리거는 이런 키위 옵션을 이용한 큰 거래를 여러 건 했고, 나중에 그가 '추잡한 거래 경험'이라고 말한 거래들도 바로 이 키위 옵션과 관련된 것이었다.

트레이더가 자신의 전략을 감추기 위해 옵션을 사용한다면 정규 거래소 시장보다 장외시장에서 더 많은 수익을 챙길 수 있었다. 크리거는 뱅커스 트러스트에서 일하는 동안 이 점을 십분 활용해 장외에서 하루에 수백 건씩의 옵션 거래를 했다. 하지만 그가 올린 거대한 수익은 그 가운데 불과 5~6건의 대규모 게임에서 주로 거둬들인 것이었다.

그는 위험 헤지도 없이 단순히 옵션을 매도하는 거래를 여전히 싫어했다. 그는 주로 옵션을 사는 쪽이었다. 금융 용어로 표현하자면 그는 '롱 포지션(매수 포지션)'을 취했다. 그는 자신의 자서전 《머니 바자(The Money Bazaar)》(1992)에서 이렇게 밝혔다. "옵션 거래에서 나는 항상 롱 포지션을 유지한다. 따라서 손실은 입어봐야 제한적이다."

중요한 사실은, 상대 트레이더들은 말할 것도 없고 뱅커스 트러스트의 고객 투자자들도 크리거의 매수 포지션에 대해 전혀 몰랐다는 점이다. 이 투자은행 주주들은 뱅커스 트러스트는 융자나 하며 좀더 한다고 해봐야 정 크본드를 매입하는 정도일 것으로 생각했다. 만약 자신들의 투자금이 키위에 대한 베팅과 같은 주사위 놀음에 사용되고 있다는 사실을 알았다면 그들은 기절하고 말았을 것이다.

크리거는 자신의 성공 요인은 일종의 성동격서 전략이었음을 밝혔다. 그는 자신이 어떤 포지션을 취하고 있다는 메시지를 시장에 퍼뜨려놓고 사실은 그와 반대 방향의 포지션을 취하곤 했다. 만약 다른 시장에서였다면 어느 한 방향으로 가는 척 해놓고 사실은 다른 방향으로 가는 그의 전략은 시장조작의 혐의를 받았을 것이다. 그러나 크리거는 자서전에서 "그렇게 했다고 해서 법을 어긴 것은 전혀 없다"고 주장했고, 통화옵션 시장에서는 사실 그의 이런 주장은 맞는 말이었다. 크리거의 이런 속임수 전법은 그의 베팅 판돈이 수십억 달러에 이를 때까지 계속됐다.

크리거는 통화옵션 거래와 다른 종류의 거래들을 동시에 벌임으로써 그의 실제 베팅 방향과 다른 방향으로 베팅하는 듯 보이게 했다. 이런 전략은 마치 유도 기술과 같았다. 먼저 다른 트레이더들을 잘못된 방향으로 가도록 유도한 뒤 자신의 거래 포지션이 자연스럽게 그들과 다른 방향으로 힘을 받도록 하는 식이었다. 때때로 그의 거래 포지션은 뱅커스 트러스트의 다른 거래들 전체를 압도하는 규모로 커지기도 했다.

그는 뉴질랜드 달러에 대해 이 나라 중앙은행의 전체 통화 공급량과 맞먹는 규모로 매도 포지션을 취하기도 했다. 그리고 그때마다 뉴질랜드 달러에 대해 비슷한 규모의 콜 옵션을 사들였다. 이 두 가지 베팅을 동시에 걸어놓음으로써 그는 두 가지 가능성을 갖게 됐다. 우선 뉴질랜드 달러의 가치가 상승할 경우에는 매도 포지션에서 발생하게 될 손실이 콜 옵션의 수익으로 상쇄되기 때문에 본전이 된다. 반대로 뉴질랜드 달러 가치가 하락하면 막대한 수익을 올릴 수 있다. 왜냐 하면 이 경우에는 매도 포지션에서 이익이 발생하지만, 콜 옵션은 만기까지 행사하지 않고 그대로 보유하고만 있으면 소멸돼 버리기 때문이다. 콜 옵션 보유자는 매입할 권리는 있지만 그 권리를 반드시 행사할 의무가 있는 것은 아니다. 달리 말해 크리거는 뉴질랜드 달러화에 대해 보호된 형태의 풋 옵션을 샀던 셈이다.

크리거의 기법은 현대 금융학의 핵심적인 개념 중 하나인 패리티(parity), 보다 정확히 말하면 '풋-콜 패리티' 개념을 활용한 것이었다. 여기서 이 개념을 좀더 자세히 알아두는 게 좋을 것이다. 왜냐 하면 이 개념은 환각 효과를 일으키는 현대 금융학 용어들 가운데 하나로, 이것을 아는 투자자가 모르는 투자자보다 유리하기 때문이다. 패리티는 금융시장에서 중요한 주제로 부각돼 왔으며, 앞으로도 계속 더 부각될 것이다.

패리티의 개념이 지닌 뜻을 간단히 말하면, 각각의 총 가치가 동일한 베팅을 만드는 방법은 아주 많다는 것이다. 이 개념은 '가격 무차별 법칙(Law of One Price, 일물일가의 법칙이라고도 함)' 으로도 불린다.

예를 들어 어떤 사람이 슈퍼볼에 참가한 뉴잉글랜드 팀에 100달러를 베팅하려 한다고 가정해보자. 그는 단순히 100달러를 뉴잉글랜드 팀에 걸 수 있다. 그러나 100달러를 상대 팀인 세인트루이스 팀에 걸면서 동시에 200달러를 뉴잉글랜드 팀에 걸어도 된다. 이 경우 그는 내용상 차액인 100달러만큼 뉴잉글랜드 팀에 건 것이지만, 다른 사람들 가운데 일부는 그가 세인트루이스 팀에만 100달러를 걸었다고 착각할 수 있다. 그는 자신이 실제로 거는 쪽을 속인 것이다. 그러나 어느 쪽 방식으로 돈을 걸었든 결과적으로는 뉴잉글랜드 팀에 100달러를 건 것이라는 점에서 동일하다. 이럴 경우 두 가지 베팅 방법은 '패리티' 의 관계에 있다고 볼 수 있다.

이런 패리티의 원리는 통화옵션 거래에도 적용될 수 있다. 크리거는 뉴질랜드 달러 가치가 하락하는 쪽에 돈을 거는 방법으로 우선 풋 옵션 매입을 할 수 있다. 풋 옵션을 매입하면 뉴질랜드 달러 가치가 하락할 경우에 미리 정해진 가격으로 풋 옵션을 팔아 차익을 취할 수 있다. 크리거는 두 가지 베팅을 동시에 하는 것을 통해서도 이와 똑같은 효과를 거둘 수 있다. 그것은 뉴질랜드 달러에 대해 매도 포지션을 취하는 동시에 콜 옵션을 사두는 것이다. 뉴질랜드 달러 가치가 상승하면 크리거는 미리 정해진 가격에 뉴질랜드 달러를 살 수 있기 때문에 이익을 거두게 된다.

두 번째 전략이 좀더 복잡하지만 결과는 같다. 뉴질랜드 달러의 가치가 상승하면 어느 쪽으로 베팅을 했어도 본전이다. 이 경우 풋 옵션은 가치가 없어지고, 매도 포지션과 콜 옵션은 손익이 서로 상쇄되기 때문이다. 반대로 뉴질랜드 달러의 가치가 하락하면 크리거는 어느 쪽으로 베팅을 했더라도 돈을 벌게 된다. 풋 옵션과 매도 포지션은 그 가치가 상승함으로써 돈을 벌게 해주고, 콜 옵션은 가치가 없어지는 것이다.

요약하자면 크리거는 어느 쪽으로 베팅을 하더라도 뉴질랜드 달러 가치가 하락하면 돈을 벌고, 뉴질랜드 달러 가치가 상승하더라도 걱정할 게 없다. 이 경우 풋 옵션을 사는 것은 매도 포지션을 취하는 동시에 콜 옵션을 매수하는 것과 같다. 따라서 이 둘은 '패리티' 관계이며, 서로 같은 가치를 갖는다.

그런데 왜 크리거는 단순한 첫 번째 베팅 방식을 도외시하고 더 복잡한 두 번째 베팅 방식을 구사했을까? 크리거의 진술에 따르면 그 이유는 이렇다. 통화옵션은 그 기초자산인 통화가 거래되는 통화시장(외환시장)과는 다른 시장에서 거래된다. 따라서 두 시장을 다 관찰하지 않고 어느 한 시장만 보는 트레이더들도 있었다.

게다가 통화시장과 옵션시장에는 소수의 딜러 은행들만 참여하고 있고, 트레이더 한 명이 소속 은행의 고객, 다른 은행들의 트레이더, 중앙은행 등을 상대로 직접 매매를 벌인다. 특히 장외시장에는 중앙 집중의 거래소가 없기 때문에, 이 시장 참여자들은 하루 종일 전화로 거래 상대방과 매매 계약을 체결한다. 이런 가운데 그들은 모두 싸게 사서 비싸게 팔아 이익을 올리려고 하기 때문에 모든 트레이더들이 서로 경합하게 된다. 어떤 은행은 통화옵션 거래를 담당하는 트레이더와 통화시장에서 현물을 거래하는 트레이더를 따로 두고 있기도 하다. 장외시장의 메커니즘이 이렇기에 일부 트레이더들은 크리거의 두 가지 베팅 중 매도 포지션만을 보고 그가 뉴질랜드 달러의 가치가 하락하는 쪽으로 돈을 걸었다고 잘못 판단하기도 했다.

장외시장에서 트레이더들은 다른 은행의 트레이더와 정반대 방향으로 시장을 조작해 돈을 벌려는 시도도 종종 한다. 예를 들어 어떤 트레이더가 뉴질랜드 달러의 가치가 하락하는 쪽에 돈을 걸었을 경우, 다른 트레이더가 거꾸로 뉴질랜드 달러의 가치를 상승시키기 위해 이 통화를 대거 사들이는 작전을 벌이는 것이다. 이런 작전은 상대방이 손실의 고통을 견디지 못하고 그의 베팅을 해소하면서 떨어져 나가는 순간까지 계속된다. 그러면 작전에 나섰던 트레이더는 자신이 보유하고 있는 뉴질랜드 달러를 팔아 이익을 실현하는 것이다.

불행하게도 크리거의 거래 상대방이 된 다른 트레이더들은 매도 포지션이 그의 베팅 전부가 아니라는 사실을 알아채지 못했다. 그는 매도 포지션을 취함과 동시에 뉴질랜드 달러의 가치가 오를 것을 대비해 콜 옵션도 사놓고 있었다. 때문에 다른 트레이더들이 뉴질랜드 달러 가치를 끌어올리는 시장조작을 한다 하더라도 크리거에게는 아무런 문제가 없었다. 그의 매도 포지션에서 손실이 발생하더라도 콜 옵션에서 나오는 이익이 상쇄해 주기 때문이었다.

크리거는 여기서 더 나아가 다른 트레이더들이 뉴질랜드 달러 가치를 끌어올리고 있다는 사실을 확인한 뒤에는 자신이 보유하고 있는 뉴질랜드 달러를 팔아 이익을 실현하는 방식으로 다른 트레이더들의 시장조작을 역이용했다. 그리고 다른 트레이더들이 그들에게 무익한 시장조작을 계속 하느라고 쌓인 손실의 부담을 못 이겨 그들 자신의 베팅을 해소하기 시작하면 크리거는 자신의 매도 포지션을 풀어내며 또다시 이익을 실현했다. 이런 전략은 효과만점이었다. 마치 유도에서 상대방의 공격을 피하면서 안다리를 거는 척하다가 업어치기 한판으로 게임을 끝내는 것과 같았다.

크리거는 이런 자신의 전략을 자랑스럽게 여겼으며, 실제로 여러 차례 자신의 속임수 거래를 떠벌이기도 했다. 다른 트레이더들은 "파운드를 팔려고 했던 것 아니었어?" 하는 등 놀라움을 표시했다. 이와 관련해 크리거는 자서전에서 이렇게 설명했다.

"나의 현금 포지션이 시장에 대한 나의 견해와 일치하는 경우는 거의 없었다. 내가 살로먼 브라더스, 뱅커스 트러스트, 소로스 헤지펀드 등에서 일할 때 다른 은행들은 나의 거래 현황과 현금 포지션을 살피곤 했다. 그들은 그게 시장에 대한 나의 견해와 일치한다고 생각했다. 그러나 실제로는 그렇지 않은 경우가 많았다. 내 현금 포지션은 옵션 쪽의 위험에 대한 헤지인 경우가 많았다. 때로는 옵션 포지션을 가리기 위해 현금 포지션을 사용하기도 했고, 겉으로 보이는 것과는 반대 방향으로 취해놓은 포지션에 대한 헤지의 수단으로 현금 포지션을 만들어 놓기도 했다. 달리 말해 내가 현물시장에서 파운드에 대해 매도 포지션을 취한 것만 보고 내가 파운드 가치가 떨어질 것으로 생각하고 있다고 판단했다면 오산이다. 실제로는 파운드 가치가 상승할 것으로 기대하면서도 옵션 쪽의 더 큰 베팅을 완충시키기 위해 파운드를 팔아서 얼마간의 이득을 취하는 것일 수도 있었다."

앤디 크리거는 참으로 교활했다. 다른 트레이더들이 통화시장과 통화옵션 시장 사이의 연계관계를 알아차리기 이전에 크리거는 패리티 개념을 활용해 막대한 수익을 챙겼다. 장외시장은 규제되지 않는 곳이기에 크리거의 시장조작은 불법이 아니었다. 다른 트레이더들도 일부 시장조작을 하려고 했지만 성공하지 못했다.

크리거는 자신의 전략이 위험도가 낮다고 주장했지만, 그의 전략이 완벽한 것은 아니었다. 크리거는 자기 시간의 25~30%만 제대로 투자하면 상당한 수익을 거둬들일 수 있다고 주장했다. 또 보유 자금의 10~15%만 옵션 매입에 투자하기 때문에 시장이 예상과 달리 움직이더라도 손실을 일정 규모 이내로 제한할 수 있다고 주장했다. 그는 "따라서 내가 모든 거래에서 잘못한다 하더라도 손실은 감내할 수 있는 수준에 머물 것"이라고 말했다.

그의 전략은 대부분의 보통 투자자들에게는 적합하지 않은 것이었다. 보통의 투자자가 그와 같은 전략을 구사하려면 저축할 돈이나 해외여행 경비를 털어 통화옵션을 매입해야 한다. 크리거가 이런 식의 모험을 감행해 성공할 수 있었던 데는 두 가지 이유가 있었다.

첫째 이유는, 그가 시장의 비효율성을 활용해 싼 값에 옵션을 매입할 수 있을 만큼 옵션의 가격 결정 메커니즘을 잘 알고 있었다는 점이고, 두 번째 이유는 그가 은폐작전을 써서 자신의 베팅 내용을 숨겼다는 점이다. 물론 행운도 한몫 했다.

그는 영리하기는 했지만, 그의 영리함이 절대적이었던 것은 아니다. 다른 트레이더들이 이내 그의 수법을 간파했다. 그러자 크리거는 좀더 신중하고 믿을 만한 전략을 채택했다. 그는 낮은 변동성을 활용하는 전략을 구사했는데, 이는 개인투자자들도 참고할 만한 것이었다. 그러나 그의 이런 전략 수정은 나중 일이고, 그 전까지는 그의 속임수 전략이 마치 길에 떨어진 20달러짜리 지폐를 줍는 것과 같았다. 그러나 20달러짜리 지폐는 거기에 오래 놓여있지 않았다.

뱅커스 트러스트의 머니게임

1987년 뱅커스 트러스트의 새 회장 겸 최고경영자인 찰리 샌포드(Charlie Sanford)는 트레이더들에게 은행의 자본으로 투기적인 거래를 하도록 허용했을 뿐 아니라 부추기기까지 했다. 그는 크리거의 전략이 성공적이라고 믿었다. 그는 크리거에게 7억 달러까지 거래 밑천으로 사용할 수 있도록 했다. 이는 다른 어느 트레이더에게 배분한 금액보다 많은 액수였다.

충분한 자본을 확보한 크리거는 수십억 달러의 통화 포지션을 구사할 수 있게 됐다. 불과 29살밖에 안 된 트레이더가 다른 어느 트레이더보다 더 많은 자본을 운용할 수 있게 된 것이다. 심지어 그는 여러 나라의 중앙은행들과도 베팅 경쟁을 벌일 수 있었다. 1987년에 그가 한 베팅은 상당히 복잡하기는 했지만, 전체적인 방향은 달러화의 가치 하락 쪽에 맞춰졌다.

크리거가 뱅커스 트러스트에 자리 잡은 뒤 그의 베팅 규모는 점점 더 커졌고, 돈을 벌면 그 돈을 다시 굴림으로써 거래 규모는 더욱 더 늘어났다. 1987년 6월에 크리거는 마르크화에 대해 달러화 가치가 상승할 것으로 예상하고 모두 10억 달러어치의 마르크와 마르크 옵션을 매각했다. 그는 이 베팅으로 7000만 달러 이상을 벌어들였다. 그는 이때 마르크에 대한 포지션을 30억 달러 규모까지 가져가면서 그만큼 많은 위험을 부담했다.

그는 투자전문지인 〈인스티튜셔널 인베스터(Institutional Investor)〉와의 인터뷰에서 이렇게 말했다. "외환시장에서 단순한 현물 포지션 투자로 7억 달러 이상을 걸면 안심하기가 어려웠다. 그런 경우에는 1000만~1500만 달러를 투자해 2% 정도를 잃을 수 있는 수준에서 거래하는 데 만족했다. 그러나 진지한 게임을 벌일 경우에는 옵션 투자에 나섰다. 그럴 때는 투자 규모가 400만 달러나 500만 달러부터 시작하며, 결국은 10억 달러 내지 20억 달러의 통화를 좌우하는 수준까지 포지션이 늘어났다." 그는 이 거래에 10

억 달러, 저 거래에 10억 달러 하는 식으로 투자 규모를 늘려갔다. 얼마 지나지 않아 뱅커스 트러스트는 엄청난 규모의 베팅을 하는 상황이 됐다.

크리거는 1987년 뉴질랜드 달러 가치의 하락에 막대한 금액을 베팅했는데, 이는 뉴질랜드의 수도 웰링턴에 일대 소동을 불러일으켰다. 한 트레이더의 말대로 "키위의 가치는 날개 꺾인 비둘기처럼 추락했다." 뉴질랜드의 은행들은 대부분 뉴질랜드 달러 표시로 자산을 보유하고 있었기에, 키위의 가치 하락으로 순식간에 엄청난 손실을 봐야 했다. 처음에 그들은 누가 그렇게 자국 통화 가치의 하락을 유도하고 있는지를 파악할 수 없었다.

막대한 손실을 입은 뉴질랜드 은행들은 장외시장에 대한 비공식 조사에 나섰고, 결국 자국 통화의 가치를 떨어뜨린 '범인'을 찾아냈다. 언론 보도에 따르면 당시 뉴질랜드 정부는 뱅커스 트러스트로 연결된 거래의 흔적을 찾아냈고, 뉴질랜드 재무장관이 직접 뱅커스 트러스트의 샌포드 회장에게 전화를 걸어 항의했다. 하지만 뉴질랜드의 관리들은 뱅커스 트러스트 사람들과 사석에서 만난 자리에서는 "크리거의 작전임을 알고 있었다"면서 "덕분에 환율이 올라 수출이 늘어나고 경제성장이 촉진됐다"고 말했다고 한다. 어쨌든 샌포드는 뉴질랜드 정부의 항의에 개의치 않았다. 크리거가 아주 많은 돈을 벌어주고 있는 상황에서 발끈한 뉴질랜드 중앙은행쯤은 그다지 걱정거리도 아니었다.

1987년 10월 27일 미국 주식시장이 붕괴한 뒤 달러 가치가 일시적으로 상승했다. 증시 폭락으로 불안해진 외국인 투자자들이 '가장 안전한 자산'으로 간주되는 미국 재무부 채권을 매입하기 위해 앞 다투어 달러를 매입하기 시작했기 때문이었다. 기묘한 것은 달러 가치가 올라갈수록 미국 재무부 채권에 대한 수요가 더 많이 늘어났다는 점이다. 이는 경제학의 기본 상식과 반대되는 현상이었다. 경제학자들은 대개 가격이 상승하면 수요가 줄어든다고 믿고 있는데, 이와 반대되는 상황이 벌어졌던 것이다.

이때 크리거는 달러 가치가 조만간 급락하는 것은 피할 수 없다고 판단했다. 그는 이렇게 생각했다. "그것은 선물과 같은 것이었다. 그런 거래로 돈을 버는 것은 명예롭지 못한 일이었지만, 어쨌든 그것은 내가 그 전에 본 다른 어떤 거래보다 쉬운 것이었다. 아주 특별한 기회였다." 크리거는 달러 가치 하락에 돈을 걸었고, 결과는 성공이었다. 그는 달러화 하락을 예상하고 파운드와 마르크에도 베팅했고, 이들 베팅에서도 상당한 수익을 올렸다. 그는 나중에 이 즈음의 시장에 대한 자신의 감각에 대해 "초자연적이었다"고 회상했다.

그는 특히 증시 붕괴 직후의 패닉 상황 속에서 거래를 함으로써 이익을 거둘 수 있을 것이라는 데 확신을 갖고 있었다. 당시 그의 포지션을 모두 더하면 무려 400억 달러에 이르렀고, 그 가치의 하루 변동폭은 2000만 달러 수준이었다. 그러나 그는 이런 정도의 가치 변동은 '사소한 잡음' 정도일 뿐이라고 생각했다. 5000만 달러 정도의 손실쯤은 단 한 건의 거래만으로도 쉽게 만회할 수 있다고 생각했던 것이다.

1987년 12월에 크리거는 그 해의 모든 거래를 마감하고, 영국령 버진 아일랜드로 휴가를 떠났다. 당시 그의 포지션 규모는 매우 컸고, 그 자신도 자기가 이 해에 얼마나 벌었는지를 정확하게 파악하지 못했다. 다만 1987년 한 해 동안 자신이 2억 5000만 달러 정도는 벌어들였을 것으로 확신했다. 이 해는 그에게 최고의 해였다.

1987년 후반에 뱅커스 트러스트는 '원맨쇼'로 굴러갔다. 당시 크리거가 벌어들인 이익은 다른 수천 명의 직원들이 벌어들인 이익을 능가했다. 크리거가 없었더라면 뱅커스 트러스트의 이 해 실적은 매우 좋지 않았을 것이다. 이 투자은행의 다른 많은 사업부문들은 손실을 기록했고, 제3세계에 대한 대출에서도 큰 손실을 보고 있었다. 게다가 증시가 폭락하는 바람에 입은 손실도 컸다. 외부에서는 이 투자은행이 설립된 지 50년 만에 처음으로 적자를 낼 것으로 보였다.

해가 바뀌자 주주들은 이 투자은행의 실적 발표를 기다리면서 불안해했다. 드디어 뱅커스 트러스트는 1988년 1월 20일 전년도 실적을 가집계한 결과를 언론에 공개했다. 이익 실적이 얼마였을까? 120만 달러 흑자였다. 과거 실적과 견주면 적은 액수였지만 주주들은 환호했다. 여러 사업 분야의 적자가 통화 트레이딩 부문에서 올린 5억 9300만 달러의 이익으로 상쇄되고도 남는 기적이 일어났던 것이다. 게다가 4분기의 통화 트레이딩 이익만 3억 3800만 달러였다.

뱅커스 트러스트의 설명에 따르면 이 해에 기록된 통화 트레이딩 이익 중 절반 이상인 3억 달러가량이 크리거라는 단 한 명의 직원에게서 나온 것이었다. 뱅커스 트러스트가 이 해에 통화 거래에서 거둔 이익의 규모는 전 세계의 다른 어느 은행에 비해서도 컸다. 그것은 대단한 실적이었고, 뱅커스 트러스트의 직원들 사이에서 크리거는 영웅으로 떠올랐다. 크리거가 오기 전에 이 투자은행의 통화 트레이더가 올린 이익 중 최대치는 1800만 달러였다.

주주들은 조마조마했던 마음을 가라앉힐 수 있었다. 그러나 뱅커스 트러스트의 일부 직원들은 그토록 경쟁적인 시장에서 서른 살밖에 안 된 젊은이가 어떻게 그렇게 많은 돈을 벌 수 있었는지 의아해했다. 그들은 크리거가 그 많은 돈을 벌기 위해 과연 얼마나 큰 리스크를 감수했는지 궁금해했다. 애널리스트들도 의구심을 가졌다. 대부분의 경제학자들이 효율적이라고 생각하는 통화시장에서 한 사람의 트레이더가 3억 달러라는 수익을 올리는 게 가능한 일인가?

크리거가 실제로 3억 달러를 번 게 아니라 뱅커스 트러스트 내부에서 크리거의 통화옵션 가치를 잘못 평가한 것이라는 소문이 나돌았다. 그러나 뱅커스 트러스트의 임원들은 소문에 대해 사실이 아니라고 일축하고, 가장 중요한 연례행사인 보너스 지급액 산정에 나섰다. 1988년 1월에 이 투자은행 임직원들에게는 크리거의 거래가 지닌 위험성과 적법성 여부는 관심의 대상이 아니었다. 크리거가 받게 될 보너스가 얼마나 될지에 모든 눈과 귀가 쏠렸다.

투자은행 직원들은 매년 1월에는 보너스에 관한 이야기를 하면서 보내게 마련이다. 트레이더들의 화제는 오직 보너스 액수에 관한 것이다. 때문에 1월에는 투자은행 트레이더와 제대로 거래를 하기가 어렵고, 심지어는 말을 붙이는 것조차 쉽지 않다.

당시의 일반적인 거래 커미션 비율은 순수익의 5% 정도였다. 따라서 어떤 트레이더가 1000만 달러의 이익을 올렸다면 50만 달러의 보너스를 기대할 수 있었다. 크리거도 뱅커스 트러스트로 자리를 옮길 때 5%의 커미션 비율을 적용한다는 약속을 받았다. 약속대로만 받는다면 크리거의 보너스 금액은 1500만 달러에 이를 것이었다. 뱅커스 트러스트가 설립된 이래 이만큼 거액의 보너스를 받은 사람은 단 한 명도 없었다. 샌포드 회장은 위험을 감수하는 데 대해서는 얼마든지 보상을 해줄 생각이었지만, 과도한 위험 부담에 대해서는 보상하지 않으려 했다. 그는 크리거에게 1500만 달러의 보너스를 주는 것은 위험한 선례가 될 것이라고 생각했다.

게다가 크리거의 직속상관인 제이 폼렌즈도 1500만 달러의 보너스 지급에 찬성하지 않았다. 크리거와 폼렌즈는 사실 절친한 친구였다. 크리거가 태어난 지 얼마 안 된 딸의 이름을 지어주는 날 폼렌즈는 크리거의 자택을 방문해 축하해 주기도 했다. 폼렌즈는 "크리거는 내가 그동안 본 그 누구보다도 위력적인 트레이더라고 생각한다"고 말한 적도 있다.

폼렌즈는 그러나 크리거의 어마어마한 거래 포지션 규모에 신경을 곤두세웠던 것으로 알려졌다. 크리거가 대규모 거래 이익을 계속 반복해 낼 것이라는 보장이 없기 때문이었다. 어쨌든 다른 트레이더들도 그의 전략을 간파하고 따라하기 시작했다. 그의 거래 이익이 단순한 행운 덕분이었는지도 몰랐다. 설사 그의 이익이 전적으로 능력에 의한 것이었다 해도 다음 해에는 시장의 경쟁이 더 치열해질 수도 있었다. 그의 실적이 계속 반복될 것으로 보이지 않음에도 불구하고 엄청난 보너스를 줄 수는 없었다.

게다가 크리거는 '팀 플레이어'가 아니라는 데 대한 염려도 있었다. 그는 수십억 달러를 거래해 시장을 움직이면서도 그 내용을 혼자만 알고 다른 트레이더들에게는 알려주지 않는다는 불만을 샀다. 다른 트레이더들은 그들이 거래하는 통화의 가치가 크리거 때문에 생각지도 못한 방향으로 등락함에 따라 손실을 입었다고 주장했다. 사실 그들은 크리거의 전략에 편승해 이익을 올리기도 했다. 그러나 그렇게 얻은 이익의 규모도 크리거에 비해서는 훨씬 작았다.

아무리 크리거가 회사를 위해 3억 달러를 벌어주었다고 해도 그에게 보너스로 1500만 달러를 준다는 것은 당시 상황을 고려할 때 너무 큰 액수였다. 결국 경영진은 크리거에게 300만 달러의 보너스를 지급하기로 결정했다. 이 정도의 금액이라도 월스트리트 전체가 침체에 빠져있던 당시 상황에서는 대단히 큰 돈이었다.

300만 달러는 크리거가 애초에 약속받은 지급액의 5분의 1에 지나지 않은 금액이었지만 전해에 받은 보너스에 비해서는 7배, 살로먼 브라더스에서 받았던 보너스에 비해서는 20배, 오코너에서 인턴 생활을 하며 받았던 보수에 비해서는 6만 배였다. 뿐만 아니라 뱅커스 트러스트의 최고경영자 샌포드가 받기로 한 보너스보다도 2배 많은 액수였다. 회사에서 아무리 깎아낸다 해도 이 해에 크리거는 월스트리트에서 일하는 그 누구보다 더 많은 금액의 보너스를 받게 될 터였다.

크리거에게 이런 결정을 통고하는 일은 폼렌즈의 몫이었다. 그는 1988년 1월 말 크리거에게 회사의 결정을 통보했다. "크리거! 자네는 이제 겨우 30살일 뿐일세. 이 액수보다 더 많은 돈은 필요하지 않을 거야." 크리거는 한마디도 대꾸하지 않았다. 회계사의 아들로 태어나 불과 4년 전까지만 해도 500달러짜리 수표를 보너스로 받았던 그가 300만 달러에 불만을 품을 것으로는 생각되지 않았다. 하지만 월스트리트 트레이더들의 생각은 다르다. 게다가 크리거는 애초 수익금의 5%를 자기 몫으로 약속받았던 사실을 잊지 않았다.

1988년 2월 23일 크리거는 자신이 지난해 회사를 위해 벌어준 돈에 비해 보너스가 너무 적다고 말하며 뱅커스 트러스트를 떠나겠다고 밝혔다. 훗날 그는 뱅커스 트러스트가 약속한 대로 1500만 달러를 자신에게 주었어야 했다고 말했다. "나는 회사가 제시한 액수 자체에 실망했다기보다는 보너스 지급 원칙이 흔들렸다는 데 대해 너무나 실망했다. 300만 달러는 내게 필요한 금액보다 훨씬 큰 돈이었다. 하지만 회사의 조처는 불공정했다"고 말했다.

크리거는 뱅커스트 트러스에서 주당 120시간씩 일하는 데 지쳐버렸다고 말했다. 그동안 자신은 가족과 시간을 함께 보내지 못했고, 이제 휴가가 절실하다고 말했다. 그는 회사를 떠나기 전 몇 주 동안에 걸쳐 그동안 정리하지 못했던 포지션들을 정리했다. 그가 떠난 뒤 뱅커스 트러스트가 그의 거래로 인한 통화 관련 위험에 노출되지 않도록 정리해준 것이다. 1988년 초 그의 포지션은 5000만 달러가량 더 늘어난 상태였다. 그러고 나서 그는 카리브해로 떠났다.

통화옵션 트레이더들은 그의 사임에 큰 충격을 받았고, 통화옵션 시장에서는 몇 시간 동안 거래가 중단되기도 했다. 크리거의 사임과 관련된 갖가지 소문들이 소용돌이쳤다. 뱅커스 트러스트가 대규모 손실을 보았다는 말도 나돌았다. 심지어 손실 규모가 1억 달러에 이른다는 말도 있었다. 뱅커스 트러스트의 대변인이 나서 이런 루머들을 적극 부인했으나, 그의 부인은 오히려 뱅커스 트러스트에 과연 무슨 일이 벌어졌느냐는 데 대한 각종 추측만 부추겼다.

크리거는 생애 처음으로 잠시나마 월스트리트의 주인공이 되었고, 〈월스트리트 저널〉의 1면에 다뤄졌다. 그러나 시장은 금방 잠잠해졌고, 트레이더들은 그를 잊어버렸다.

증발된 8000만 달러

앤디 크리거가 떠난 뱅커스 트러스트에는 악몽이 시작되고 있었다. 놀랄 만한 사실이 새로 밝혀지면서 그 후 10여 년에 걸쳐 전 세계 금융시장에 퍼져나간 바이러스가 활동을 시작한 것이다. 크리거는 자신도 모르는 사이에 이 바이러스를 전파시킨 첫 번째 사람이 됐다.

뱅커스 트러스트는 다소 성급하게 1988년 1월 20일에 전년도 실적을 언론에 발표했다. 투자은행 경영진은 흔히 개인투자자들과 마찬가지로 연말 기준으로 집계한 거래 포지션의 내역을 보고받는다. 다른 대부분의 투자은행들과 마찬가지로 뱅커스 트러스트도 손익을 집계할 때 트레이더들이 스스로 산출한 손익계산 결과에 의존했다. 뱅커스 트러스트에는 트레이더들이 활용할 수 있는 회사의 결산 시스템이 없었다. 때문에 크리거는 1987년 결산을 하면서 자신의 스프레드시트 프로그램을 이용했다.

금융회사에서는 재무통제 부서에 정산팀이 따로 있어, 트레이더들의 포지션 가치를 매일매일 자체 프로그램을 활용해 시가로 평가한다. 1987년 연말에도 금융회사의 정산팀들은 트레이더들의 포지션을 시가로 평가하고 그 결과를 토대로 연례 보고서를 작성했다.

그런데 1988년 1월 뱅커스 트러스트의 경영진은 정산팀에서 크리거의 거래 내용에 대한 점검을 마무리하기도 전에 전년도 실적을 가집계한 내용을 언론에 공표해 버렸다. 크리거의 거래에 대해 그동안 평가해온 실적에 오류가 있었을 것이라고 생각할 이유가 전혀 없었다. 그러나 재무통제 부서 정산팀이 크리거의 포지션에 대한 평가를 해나가면서 그의 실적이 경영진에서 생각해온 것만큼 크지 않다는 사실을 드러났다.

정산팀에서 트레이더의 옵션 포지션 가치를 평가하기 위해서는 각각의 거래가 얼마의 시장가치를 지니는지에 대한 추정치를 결산 프로그램에 입력해야 한다. 이 추정치는 공개적으로 구할 수 있는 관련 정보, 경쟁 은행들의 평가치, 그리고 결산 프로그램의 종류에 따라 달라진다. 정산팀이 이런 시가평가 작업을 하는 것은 각각의 거래들에 대해 가능한 한 정확한 시장가치를 결산에 반영하기 위해서다.

블랙-숄스 모델이 보여주듯이 통화옵션의 가치 결정에 가장 중요한 요소는 해당 통화의 변동성이다. 예를 들어 뉴질랜드 달러의 하루 변동성이 아주 높다면, 이 화폐를 기초자산으로 한 통화옵션의 시장가격은 높을 수밖에 없다. 왜냐하면 변동성이 큰 통화는 미리 정해진 어떤 특정한 가격에 실제로 사거나 팔 수 있는 확률이 높기 때문이다. 반대로 뉴질랜드 달러의 가치 변동성이 작다면 그 옵션의 가격은 낮다.

거래소에서 거래되는 통화옵션의 가치는 수요와 공급에 따라 결정되며, 가격 결정이 어렵지 않게 이뤄진다. 투자자들이 기꺼이 지급하려고 하는 수준에서 통화옵션의 가격이 결정되며, 이렇게 결정된 가격은 매일 공시된다. 그러나 크리거는 거래소가 아닌 장외시장에서 통화옵션을 거래했고, 장외시장에는 공시되는 가격도 없고 다수의 구매자가 존재하지도 않았다. 따라서 장외시장에서는 누구나 동의하는 가격이란 존재하지 않는다.

뱅커스 트러스가 실적을 공개할 때만 해도 크리거의 포지션 가치를 의심하는 사람은 아무도 없었다. 하지만 그 뒤에 정산팀은 크리거가 자신의 포지션 가치를 산정할 때 적용한 변동성 수치가 과도하게 높았다는 결론에 이르렀다. 한 보고서에 따르면 크리거가 사용한 변동성 수치는 적정 수준보다 25% 정도 높았다고 한다. 이를 달리 말하면 크리거의 포지션 가치는 그동안 8000만 달러 정도 과대평가됐다는 뜻이다. 즉 크리거가 올린 거래이익 실적은 3억 달러가 아니라 2억 2000만 달러였다는 것이다. 그렇다면 크리거는 더 이상 그동안과 같은 영웅 대접을 받을 수 없었다. 뱅커스 트러스트의 1987년 이익 실적이 마이너스가 되기 때문이었다.

1988년 2월 말 뱅커스 트러스트 경영진은 심각한 곤경에 빠졌다. 1월 말에 성급하게 내놓은 실적 발표문에는 유령실적 8000만 달러가 포함돼 있었다. 그것은 부정확한 발표였다는 게 그 뒤에 확인된 것이다. 게다가 증권거래위원회에 연례보고서를 제출해야 할 마감일이 다가오고 있었다.

1월 말에 언론을 통해 발표한 1987년도 실적이 8000만 달러가 부풀려진 것이었다고 사실대로 보고할 경우에는 보나마나 주주들이 소송을 제기하고 나설 가능성이 높았고, 언론도 가결산 실적 공개에 부주의했다고 비난하고 나설 게 뻔했다. 더욱 심각한 문제는 8000만 달러를 제외하고 나면 1987년 실적이 흑자에서 적자로 돌아설 것이라는 점이었다. 그렇게 되면 뱅커스 트러스트는 1930년대 이후 처음으로 적자를 낸 셈이 된다.

그런가 하면 8000만 달러의 이익을 제하지 않고 언론에 발표했던 내용대로 증권거래위원회에 보고한다면 고의적으로 증권사기를 저지르는 셈이 된다. 당시에는 연방 증권당국이 증권범죄 행위를 적극적으로 색출해 처벌하는 분위기였다. 올리버 스톤 감독의 1987년도 영화 〈월스트리트〉에는 젊은 증권 브로커 버드 폭스가 손에 수갑이 채워진 채 연방 수사요원에 의해 연행되는 장면이 나온다. 당시 월스트리트의 투자은행 직원들은 대부분 이 장면을 기억하고 있었다. 이 장면은 실제로 일어난 증권사기 사건을 토대로 그려진 것이었다. 뱅커스 트러스트의 임직원들 가운데 어느 누구도 자신이 그런 신세가 되기를 원하지 않았다.

뱅커스 트러스트에 관한 갖가지 소문들이 월스트리트를 떠돌았고, 뱅커스 트러스트의 경영진은 소문의 내용을 부인하느라고 바빴다. 그들은 크리거의 사임이 회사 실적에 미치는 영향은 미미하다고 주장했다. 그러나 일부 애널리스트들과의 사적인 전화 통화에서는 회사 안의 누군가가 일본 엔, 독일 마르크, 뉴질랜드 달러와 관련된 1년짜리 통화옵션 계약의 가치를 잘못 산정한 것 같다고 털어놓았다. 그러면서 그들은 통화옵션의 가치를 정확하게 산정한다는 것은 여간 어려운 게 아니라면서 이해를 구했다. 누구든 포지션 가치를 산정할 때 실수를 저지를 수 있다는 말이었다. 이런 전화조차 받지 못한 주주들은 뱅커스 트러스트가 이익을 낸 것으로 생각하고 있었다.

크리거는 그의 통화옵션 포지션의 가치가 산정되는 시점에 자신은 미국 밖에 있었다고 말했다. 그리고 뱅커스 트러스트에서 자기 혼자서 거래한 경우는 거의 없었다면서 이렇게 말하기도 했다. "뱅커스 트러스트에서 내 자리는 전 세계 외환시장 거래를 총괄한 폼렌즈의 옆이었고, 그는 내 보스였다. 그는 손실 한도를 정해놓고 있었고, 아무 문제가 없었다."

경영진과 크리거의 주장을 그대로 받아들인다면, 뱅커스 트러스트 내부에서 누군가가 크리거의 포지션 가치를 산정하는 데 이용되는 변동성 데이터를 틀리게 입력했을 가능성이 가장 높았다. 뱅커스 트러스트의 다른 트레이더들도 이와 비슷한 문제를 겪은 적이 있었다. 이는 컴퓨터 시스템이 실제의 데이터가 아니라 추정된 데이터를 적용하는 경우가 많기 때문이었다. 무엇이 문제였는지에 대해 크리거는 이렇게 말했다. "어떤 문제가 있었는지 나로서는 잘 모르겠다. 그러나 아마도 뱅커스 트러스트에서 컴퓨터 시스템을 만들 때 살로먼의 빅터 해거니와 같은 인재를 쓰지 않았던 것 같다."

정확한 원인이 무엇이었든 뱅커스 트러스트의 경영진은 8000만 달러의 이익이 증발해버린 사실을 공개할 것인지 여부를 곧 결정해야 했다. 크리거는 이미 회사를 떠난 뒤였기에 이런 의사결정에 관여할 입장이 아니었고, 경영진 가운데 어느 누구도 책임을 지려고 하지 않았다.

뱅커스 트러스트는 어떻게 결정했을까? 선택이 쉽지 않았다. 경영진은 회계법인 아서 영(나중에 인수합병으로 언스트 앤드 영이 된다)의 자문을 먼저 받기로 했다. 아서 영은 뱅커스 트러스트에 대해 연례 회계감사를 실시하고, 그 재무제표가 적정하게 작성됐다는 의견을 낼 참이었다. 이 의견은 연례보고의 핵심 부분이었다.

문제는 증발해버린 8000만 달러를 어떻게 메울 것인가에 있었다. 뱅커스 트러스트의 거래 이익이 애초 발표보다 8000만 달러만큼 줄어든 것을 알고서도 은행 전체로 170만 달러의 이익을 올렸다고 주장할 수 있는 방법은 없을까?

여기서 잠시 1988년이 어떤 해였는가를 돌이켜 볼 필요가 있다. 이 해는 센던트, 엔론, 월드컴 등 수십 개 기업들이 수입을 부풀리고 비용을 줄여 분기별 이익 목표치를 맞춘 분식회계로 기소된 때로부터 무려 10여 년 전이었다. 몇몇 고위 경영자들이 다가오는 분기의 회사 실적을 애널리스트들에게 몰래 귀띔해 주기도 했겠지만, 회사의 회계장부를 기대치에 맞추기 위해 조작할 생각까지 한 사람은 거의 없던 때였다. 그렇게 하는 것은 어쨌든 사기 행위였고, 올바른 경영자라면 그런 짓은 하지 않았다.

그런데 누군가가 보수 지출액을 정확히 8000만 달러만큼 줄이면 문제가 해결된다는 꾀를 냈다. 뱅커스 트러스트의 경영진에게 이런 꾀를 준 사람이 누구인지는 아직도 밝혀지지 않았으나, 어쨌든 그렇게 하면 1월 말에 언론을 통해 발표한 내용을 뒤늦게 수정할 필요도 없었다. 그렇게 하는 게 과연 가능할까? 8000만 달러의 손실로 인해 보너스 지급액이 줄어들었다고 주장하고, 허구의 이익 8000만 달러를 보너스 감소액 8000만 달러로 정확히 상쇄시키는 게 가능할까? 이게 가능하다면 뱅커스 트러스트의 경영진은 고의적인 회계조작은 하지 않았다고 변명할 수 있는 근거를 갖게 된다. 회계사들은 회사의 보수 지출액을 줄이는 것은 이치에 닿는 조처라는 조언을 했고, 뱅커스 트러스트의 경영진은 이런 조언을 받아들이는 방식으로 문제를 해소하기로 했다.

아서 영의 회계사들은 직원들의 보너스 지급 예정액으로 기록된 항목에서 8000만 달러를 줄였다. 그리고 뱅커스 트러스트는 1월 말에 발표한 이익과 똑같은 금액의 이익을 실현한 것으로 연례 보고서를 작성해 증권관리위원회에 제출했다. 아서 영은 물론 이 회계보고서에 적정 의견을 달아주었다. 주주들은 이런 내막을 알지 못했다. 결국 뱅커스 트러스트의 경영진은 증발한 8000만 달러의 허구의 이익을 장부에서 삭제하는 대신 직원 보너스 지급액을 8000만 달러만큼 줄였다는 점을 어느 누구도 알아차리지 못할 것이라는 데 도박을 건 것이다.

그러나 연준의 몇몇 예리한 감독 당국자들이 뱅커스 트러스트의 회계보고서에서 8000만 달러의 금액 처리에 이상이 있다는 사실을 발견해냈다. 그들은 뱅커스 트러스트에 관련 자료 제출을 요구했고, 이에 대해 뱅커스 트러스트가 비공식적으로 제출한 자료는 이런 사실을 뒷받침했다. 그들이 보기에 뱅커스 트러스트의 회계장부는 모호하기 그지없었다. 보너스 지급 예정액을 준비금 계정에서 덜어내는 것은 불법이었고, 그 금액이 거래 이익에서 줄어든 8000만 달러와 일치한다는 점도 우연이라고 보기 어려웠다. 게다가 뱅커스 트러스트의 보너스는 이미 지출이 끝난 항목이었기 때문에 그것을 삭감한다는 것은 불가능했다. 특히 보너스 지급 대상자 중 한 명인 앤디 크리거는 이미 회사를 떠난 뒤였다. 한마디로 보수 지급액을 8000만 달러만큼 줄인 회계처리는 전혀 말이 안 되는 것이었다.

　문제가 불거졌으니 뱅커스 트러스트로서는 어쨌든 증권거래위원회에 제출한 연차보고서를 수정해 다시 제출해야 했다. 그리고 그렇게 하면 증권거래위원회는 물론 주주들도 진상을 알게 될 터였다.

　뱅커스 트러스트는 1987년의 가결산 결과를 성급하게 내놓은 지 6개월 뒤, 크리거가 회사를 떠난 뒤로는 5개월 만인 1988년 7월 20일에 1987년도의 이익 실적에서 8000만 달러를 줄인다는 내용의 수정공시를 발표했다. 뱅커스 트러스트는 그러나 언론사에 돌린 보도자료를 통해 "회사와 회계법인은 이번에 수정한 내용이 그다지 중요한 사항은 아니라고 본다"고 발뺌했다. 뱅커스 트러스트의 경영진은 이 문제를 최대한 희석시키려 했다. 샌포드 회장은 "뭐 그리 대단한 일은 아닙니다. 물론 나쁜 의도가 있었던 것도 아닙니다. 이익에는 아무런 영향이 없고, 회사의 기업가치는 수정공시 이전과 똑같습니다. 그저 회계처리상의 문제였지요"라고 말했다.

　애널리스트들은 이미 사실을 알고 있었지만, 회계조작이 실제로 확인되자 분통을 터뜨렸다. 그들은 뱅커스 트러스트의 포지션 가치 평가절차가 아주 느슨해 트럭도 뚫고 지나갈 수 있을 정도라고 비난하며 "언젠가 뱅커스 트러스트는 그 대가를 지불하게 될 것"이라고 으름장을 놓았다. 한 애널리스트는 "나는 카지노 같은 회사에 투자하지 않을 것"이라고 했고, 또 다른 애널리스트는 "온 세상 사람들이 뱅커스 트러스트가 수치심을 느끼고 어디론가 숨어버리기를 바랄 것"이라고 했다.

　다른 은행들은 뱅커스 트러스트의 위험한 거래로부터 거리를 두기 시작했다. 체이스 맨해튼의 대변인은 "우리 회사의 사업들은 대부분 고객에 의해 움직여진다"며 "우리는 다른 은행들처럼 거금을 걸고 도박을 하지 않는다"고 말했다.

　그러나 놀랍게도 증권거래위원회와 검찰은 아무런 조처도 취하지 않았다. 뱅커스 트러스트에 대해서는 물론 이 투자은행의 경영진, 앤디 크리거, 그 외의 전현직 임직원들에 대해 아무런 소송도 제기하지 않았다. 두 기관이 이처럼 소송 제기를 하지 않은 것은 증권사기를 처벌할 의사가 없었기 때문은 아니었던 것으로 보인다. 두 기관은 수십 건의 내부자거래 사건을 기소하고 있었고, 마이클 밀켄 사건도 막 재판에 회부될 참이었다. 그런데 왜 뱅커스 트러스트 사건에 대해서는 법적인 조처를 취하지 않았을까?

그 첫 번째 이유는 통화옵션의 가치 평가와 관련된 사건을 기소한다는 것은 전례가 없는데다 매우 복잡한 것이었다는 점이다. 당시 검사들 대부분은 블랙-숄스 모델이라는 말은 들어본 적도 없었다. 두 번째 이유는 1988년은 선거가 있는 해였다는 점이다. 검찰로서는 선거판이 벌어지는 해에 정치자금 기부를 대표적으로 많이 하는 일류 투자은행과 일류 회계법인을 둘 다 기소한다는 것은 그리 좋은 생각이 아니었을 것이다. 두 연방 기관은 뱅커스 트러스트와 아서 영이 문제점을 시인하고 실수를 수정하면 그것으로 충분하다는 태도를 취했다.

이 사건의 세부적인 내막은 3년 이상 공개되지 않고 묻혀 있다가 1992년 9월 경제지 〈포천〉이 폭로기사를 내보내면서 다시 표면화했다. '뱅커스 트러스트는 8000만 달러에 대해 어떻게 거짓말을 했나' 라는 제목의 이 기사는 뱅커스 트러스트가 회계조작으로 덮어버리려 했던 장부상 숫자의 불일치를 다시 문제 삼았다. 기사의 논조는 가혹했다. 〈포천〉은 뱅커스 트러스트의 회계조작은 "공분을 불러일으키는 것" 이었고, 규제당국이 이 사건을 기소하지 않기로 한 결정은 "기업들이 회계장부의 숫자를 위조해도 처벌되지 않을 것이라는 메시지를 준 것" 이라고 지적했다. 그러나 이 기사에 대해서도 정부 당국은 아무런 반응을 보이지 않았다.

이 사건을 기소하지 않기로 하는 결정에 관여했던 한 전직 연방정부 관리는 이 사건 관련자들에 대한 기억이 희미해진 2002년에도 익명을 조건으로 "당시의 상황에 비춰볼 경우 그때의 판단은 합리적이었다" 고 말했다.

파운드 게임

1988년 카리브 해변에서 휴가를 즐기던 앤디 크리거는 트레이더의 길을 접고 애초 자신의 계획대로 학교로 돌아가 산스크리트어를 가르치거나 나병 환자를 돕는 일을 하는 게 좋지 않을까 하는 생각을 했다.

그러나 일곱 자리수의 보너스를 맛본 은행가가 돈과 이별하기는 어려운 법이다. 게다가 그는 통화옵션 거래가 주는 재미를 잊지 못하고 있었다. 크리거는 결국 4월에 다시 통화옵션 시장에 모습을 드러냈다. 이번에는 조지 소로스의 트레이딩 룸이었다. 당시 소로스의 퀀텀 펀드는 20억 달러의 자산을 운용하고 있었고, 그 가운데 약 6억 달러는 소로스의 개인 재산이었다.

소로스가 크리거를 영입한 데 대해 퀀텀 펀드의 모든 트레이더들이 환영한 것은 아니었다. 트레이더들이란 새로운 트레이더의 영입을 달가워하지 않는 법이며, 특히 그가 거액의 보너스를 약속받고 영입되는 인물이라면 더더욱 그렇다. 퀀텀 펀드의 기존 트레이더들은 "이제 산스크리트어를 배워야겠다"거나 "나병 환자들과 일하는 게 그의 인생 목표라는 것을 알고 있다"는 등으로 비꼬았다. 한 정보통에 따르면 크리거는 소로스가 자신의 자리를 물려줄 수 있는 아홉 번째 후보자로 영입한 인물이었다. 따라서 그는 '스승'인 소로스가 어떻게 투자를 하는지를 배울 수 있다는 기대감을 가졌다. 크리거에 따르면 소로스는 그에게 기본 연봉 200만 달러와, 실적의 10%에 해당하는 보너스를 지급하기로 약속했다.

크리거는 서둘러 거래에 나섰다. 뱅커스 트러스트에서 중도하차한 바로 그 지점에서부터 거래를 재개하기 시작했다. 전해에 소로스의 실적은 변변치 않았다. 크리거는 통화시장에서 대규모 베팅을 하기 시작해 잇달아 성공함으로써 돈을 벌었다. 소로스는 영국 파운드화에 거의 10억 달러를 걸어놓고 있었다. 그러나 크리거는 소로스와 반대로 파운드화의 가치가 하락할 것이라고 보고, 투자 포지션의 방향을 뒤집었다. 케미컬 뱅크와의 거래 한 건에 18억 달러 이상을 걸기도 했다.

언론 보도에 따르면 크리거의 거래 규모가 워낙 엄청났기 때문에 영국의 중앙은행인 영국은행(The Bank of England)의 관리들이 걱정이 돼 소로스에게 자제를 요청했다. 뉴질랜드 중앙은행 총재가 뱅커스 트러스트의 찰리 샌포드 회장에 항의 전화를 걸었던 것과 비슷한 일이 다시 벌어진 것이다.

하지만 크리거에 따르면 자신은 영국은행 관계자들과 매일 전화통화를 했으며, 파운드화의 가치가 과대평가돼 있다고 생각했던 그들은 시장에서 누군가가 파운드화 가치 하락 쪽으로 베팅을 하고 있다는 것을 은근히 반겼다는 것이다. 통화 가치가 떨어지면 수출품 가격이 저렴해져서 수출이 늘어나면서 경제 활성화에 도움이 된다는 것이었다.

영국의 언론은 크리거의 거래 규모에 대해 보도하기 시작했다. 불과 몇 달 뒤 소로스와 크리거는 파운드화 게임을 통해 충분히 벌만큼 벌었다. 크리거는 소로스에게 4200만 달러를 벌어주었고, 따라서 애초 약속대로 그 가운데 10%는 그의 몫이 될 터였다. 그러나 그는 1988년 연말까지 계속 소로스를 위해 일하고 싶지 않았다. 그는 결국 보너스 420만 달러를 포기하고 유유히 소로스와 헤어졌다. 그는 다시 한번 잠시 명성을 얻었다. 이번에는 그가 "개인적인 관심사" 때문에 퀀텀 펀드를 떠난 것으로 알려졌다.

로스 페로

앤디 크리거가 1987년에 기록한 이익은 그 후 그뿐 아니라 누구도 재현할 수 없는 수준이었다. 조지 소로스를 포함해 일부 통화 트레이더들이 1990년대 초에 특정 통화들의 가치 하락에 베팅해 돈을 벌긴 했지만, 그들도 결국은 그런 행운을 되풀이 누리지는 못했다. 따라서 효율적 시장 이론가들은 적어도 부분적으로는 그들의 이론을 입증 받은 셈이다. 통화옵션을 거래해 대규모 이익을 올릴 수 있는 기회는 한때는 많았지만 결국은 사라지고 말았다.

1990년대에 크리거는 자신의 회사인 '디어허트스 매니지먼트 앤드 노스브리지 캐피털(Deerhurst Management & Northbridge Capital)' 을 위한 자금유치에 적극 나섰다. 그는 자신의 펀드를 운영하면서도 통화옵션의 포지션을 전체적으로 매도가 아닌 순매수 쪽으로 유지한다는 전략을 고수했다. 그는 경제지 〈포브스〉에 종종 칼럼을 기고했고, 〈펜션스 앤드 인베스트먼츠〉라는 잡지의 독자들에게 "통화옵션 거래는 아주 쉽다"고 말하기도 했다.

한편 1991년에 미국 대통령 선거에 나선 로스 페로는 바쁜 일정 중 잠깐 시간을 내어 크리거와 만났다. 그는 크리거에게 통화시장의 리듬을 활용하는 컴퓨터 프로그램에 의한 거래를 같이 해보자고 제안했다. 페로의 동업자가 된 크리거는 자신의 거래 전략을 바꾸기 시작했다. 과거와 달리 아주 낮은 리스크만 부담하면서 10~15% 수준의 수익률만 추구하는 쪽으로 거래 전략을 수정한 것이다.

물론 그 뒤에도 크리거는 가끔씩 통화시장에서 한 방향만으로 베팅하는 전법을 구사하기도 했다. 그 결과 멕시코 사태가 발생한 1994년에는 적잖은 손실을 보았으나, 아시아 금융위기로 여러 아시아 국가 통화들의 가치가 동시에 급락한 1997년에는 무려 40%가 넘는 수익을 올리기도 했다. 그러나 많은 투자자들이 주식시장에서 고수익을 올리던 1990년대에 페로와 크리거가 운용한 프로그램 매매는 평균적으로 10%를 약간 웃도는 수준의 수익률을 내는 데 그쳤다.

크리거는 끈질기게 자신의 새로운 전략을 고수했고, 페로는 그런 크리거를 믿었다. 크리거는 컴퓨터 전문가들을 여러 명 고용하고 그들에게 외환시장에서 비효율성이 존재하는 지점을 찾아내도록 요구했다.

크리거는 최근에도 4억 달러 정도의 자금을 굴리면서 10~15% 수익을 내고 있다. 특히 수많은 사람들이 증시에서 엄청난 손실을 본 2001년과 2002년에도 이 정도의 수익률을 유지한 것으로 알려졌다. 크리거의 저위험 거래전략이 시장평균 수익률을 능가하는 수익실적을 내고 있다는 사실을 많은 투자자들이 알게 됐고, 이에 따라 크리거의 사업은 번성하고 있다.

2002년 말 현재 크리거는 금융 스캔들로 들끓는 월스트리트에서 한 걸음 떨어져 다소 한적한 뉴저지주의 포트리(Fort Lee)에서 조용히 머니게임을 계속하고 있다.

세 가지 변화

앤디 크리거는 최근 15년 동안 금융시장이 밟아온 궤적을 추적하는 첫 단서가 된다. 그의 통화옵션 거래는 금융수단이 점점 더 복잡해지면서 트레이더들이 새로운 거래전략을 얼마나 신속히 습득해 활용했는지를 보여준 초기 사례다.

크리거의 경험은 또 금융회사 경영진이 금융수단을 거래하는 트레이더들에 대한 통제력을 얼마나 쉽게 잃어버리는지를 보여준다. 크리거는 통화옵션 거래에서 엄청난 규모로 리스크를 부담했지만, 뱅커스 트러스트에서 어느 누구도 그가 복잡한 거래에서 거둔 이익을 제대로 평가하지 못했다. 게다가 정부는 뱅커스 트러스트의 회계조작 스캔들과 관련된 사람을 아무도 기소하지 않음으로써, 규제되지 않는 장외시장에 대해서는 세밀하게 감시하지 않을 것이라는 메시지를 금융산업 종사자들에게 전달했다.

이 같은 복잡성의 증가, 통제의 상실, 규제의 부재 등 세 가지 변화는 그 후 금융시장에 서 가장 중요한 이슈가 된다. 금융수단들은 점점 더 복잡해져서 법규를 피하는 데 활용된다. 기업의 소유와 통제는 서로 점점 더 멀리 격리돼 개별 경영자는 점점 더 공격적이 되는 직원들을 통제하지 못하게 된다. 감독당국과 검찰이 복잡한 금융사건을 계속 기피하고 회계법인과 은행들이 점점 더 민사소송에 휘말릴 가능성이 적어지면서 시장에 대한 규제는 점점 더 약화된다.

이런 변화들은 바로 앤디 크리거로부터 시작됐으며, 곧 이어 뱅커스 트러스트, CS 퍼스트 보스턴, 살로먼 브라더스를 거쳐 수많은 금융회사들과 그 고객들로 번져갔다. 많은 은행가들에게 크리거에 관한 뉴스는 하나의 경종이었다. 그들은 컴퓨터와 스프레드시트 프로그램을 이용하는 법을 익히기 위해, 그리고 옵션가격 결정모델과 금융이론을 좀더 자세히 배우기 위해 학교로 돌아가야 했다.

뱅커스 트러스트는 1988년의 분식회계 스캔들에도 불구하고 장외시장에서 그 위상을 유지했다. 장외시장은 그 뒤 비약적으로 커져 뉴욕 증권거래소를 훨씬 능가하는 세계 최대의 시장이 됐다.

이런 새로운 시장과 수단들로 인해 기업의 불량배 직원들은 거래 이익을 부풀리거나 불과 몇 초 사이에 회사 자본 중 상당 부분을 위험에 처하게 할 수 있게 됐다. 은행가들은 규제당국의 눈을 얼마든지 피할 수 있게 됐고, 이 게임에서 규제당국은 한수 아래로 처졌다. 정치인들은 유효적절한 로비만 들어가면 시장을 심한 감시 아래 밀어 넣을 법규 제정을 하지 않았다.

이러한 새로운 세계에서 주주들은 말할 것도 없고 이사들도 혼란에 빠져 회사의 재무제표를 제대로 해독해내지 못하게 됐다. 사실 기업 내부에서 일선 직원들에 대한 감독과 통제가 이뤄지지 못하는 마당에 주주들과 이사진이 그 이상의 역할을 할 것으로 기대하기는 어렵다.

앤디 크리거가 뱅커스 트러스트에서 일할 당시만 해도 엔론 사태와 같은 최근 몇 년간의 주요 금융사건들은 상상하기조차 힘들었다. 1988년만 해도 금융시장의 메커니즘이 지금에 비해서는 단순했기 때문이다. 그러나 뱅커스 트러스트가 크리거의 거래 포지션 평가와 관련해 취한 방법과 태도는 그 이후에 벌어질 것들을 예고하는 일종의 선례가 됐다. 일단 뿌려진 씨앗이 뿌리를 내리게 되자 이전에는 생각도 하지 못했던 것들이 금세 상식처럼 돼버렸다.

시장은 점점 더 통제에서 벗어났다. 그러는 가운데 크리거의 뒤를 따르는 뱅커스 트러스트 직원들이 크리거가 간 길과는 다르면서도 더 거친 길에 나선다.

2장

중독성 질환

찰리 샌포드

앤디 크리거가 뱅커스 트러스트를 떠난 1988년 초 시장은 하락세였다. 뱅커스 트러스트의 신임 회장인 찰리 샌포드는 크리거의 통화옵션 거래를 둘러싼 불길을 분식회계라는 수단을 동원해 신속하게 진화했다. 그러나 이는 시작에 지나지 않았다. 회장 겸 최고경영자로 선임된 지 2년째인 이 해 그의 앞에는 훨씬 더 큰 문제가 기다리고 있었다. 그것은 뱅커스 트러스트뿐만 아니라 금융회사들 모두의 앞날이 달린 문제였다.

월스트리트는 1980년대 중반의 활황이 끝나고 침체기에 들어섰다. 기업 인수합병 시장도 침체의 증세를 보이기 시작했고, 일반 투자자들은 주식시장에서 자금을 빼내갔다. 이에 따라 많은 은행들이 적자를 냈다. 뱅커스 트러스트는 1987년에 비록 적은 액수나마 순이익을 보고했지만, 8000만 달러라는 허구의 거래 이익을 제외하면 사실은 적자나 다름없었다.

샌포드는 더 이상 크리거처럼 막대한 수익을 내주는 트레이더를 발견할 수 없었다. 그리고 뱅커스 트러스트의 어느 누구도 '제2의 크리거'에 의

존하게 되기를 원치 않았다. 그러나 샌포드는 이 해에 또 다시 적자를 내서
는 안 된다고 생각했고, 따라서 믿을 만한 수익원을, 그것도 신속히 찾아야
했다.

크리거와 마찬가지로 샌포드도 와튼 비즈니스 스쿨을 나왔다. 그리고
그는 20여 년 동안 금융계에서 일한 경력이 있었다. 그는 조지아주의 사바
나 출신으로 조지아 대학 총장을 지낸 사람의 손자였다. 대학 시절에는 자
기 할아버지의 이름을 딴 '샌포드 미식축구 스타디움'과 가까운 교실에서
전공인 역사와 철학을 공부했다. 대학원을 졸업한 후 교직생활을 시작했으
나 1년을 넘기지 못했다. 그가 나중에 말한 바에 따르면, 그는 자신의 능력
이 측정되지 않는 직업에서 인생을 낭비하고 싶지 않았다. 그는 조지아를
떠나 와튼 비즈니스 스쿨에 들어갔고, 이 학교를 졸업한 뒤 뱅커스 트러스
트에 취직했다. 당시만 해도 뱅커스 트러스트는 철학과 역사학을 전공한
사람도 채용했다.

처음부터 그는 뱅커스 트러스트를 단순히 하나의 상업은행으로 여기
지 않았다. 1961년 남부지역의 한 지점에서 대출담당 행원으로 금융인의
첫발을 내디딘 그는 주어진 임무에 충실한 상업은행 행원으로서가 아니라
마치 투자은행의 트레이더처럼 일하기 시작했다. 그는 빠른 승진을 거듭해
채권 거래의 책임자가 됐다. 부하 직원들에게는 월스트리트의 트레이더들
을 본받을 것을 요구했다. 또 연봉 상한을 폐지하도록 경영진을 설득해, 우
수한 실적을 낸 직원은 투자은행 직원만큼 많은 보너스를 받을 수 있도록
했다.

샌포드의 최대 강점은 리스크에 대한 직관 능력이었다. 예를 들어 그
는 뱅커스 트러스트의 부사장이던 1975년 정치적 압력에 굴하지 않고 뉴욕
시 채권 인수단에서 탈퇴했다. 뉴욕시의 재정이 취약해 채권의 리스크가
너무 높다고 판단했기 때문이다. 그의 판단은 적중했다. 뉴욕시는 결국 파

산 상태에 몰렸다. 1978년에는 최고경영자를 설득해 뉴욕지역의 지점 80개를 매각처분하도록 했다. 이를 계기로 뱅커스 트러스트는 전통적인 상업은행의 영역인 예금수취 업무의 비중을 축소하게 됐다. 늘 트레이더의 자세로 일하던 샌포드는 이때 회사 자본으로 금리가 오를 것인지 내릴 것인지에 대해 베팅을 했고, 이 베팅에서 돈을 벌었다. 경영진은 그를 '핵심을 꿰뚫어볼 줄 알고 열정적으로 일에 전력투구하는 사람'으로 보고 총애했다. 그는 분명 뱅커스 트러스트의 장래 회장감이었다.

동료들의 눈에 비친 그는 '무슨 일에서든 2등 하기 힘든 천성을 지닌 인물'이었다. 당시 샌포드의 상사였던 알프레드 브리튼은 "찰리, 자네는 이 회사를 월스트리트의 투자은행으로 변신시킬 거야"라고 말했다.

샌포드는 1983년 뱅커스 트러스트의 사장으로 선임됐고, 브리튼의 예상대로 은행의 변신을 추구하기 시작했다. 그는 금융기술, 임직원들에 대한 인센티브, 탈규제 등 세 가지에 초점을 두었다. 또 정교한 리스크 측정 시스템을 개발했고, 트레이더와 세일즈맨들을 몰아붙였다. 그가 사장이 된 뒤 수학과 과학을 전공한 사람들이 트레이더나 세일즈맨으로 점점 더 많이 채용됐다. 그는 기존의 규제완화를 완벽하게 활용했고, 더 많은 규제완화를 위해 로비를 벌이기도 했다.

샌포드는 1987년 모든 사람들의 예상대로 뱅커스 트러스트의 회장 겸 최고경영자로 선임됐다. 50살이 된 해에 마침내 경영 사령탑에 오른 것이다. 당시 뱅커스 트러스트는 전 세계에서 기술적으로 가장 앞선 은행이었다. 이제 그의 지휘 아래 뱅커스 트러스트는 수익성에서도 세계 1위의 은행이 될 터였다.

장기 주가지수 옵션

샌포드는 다른 금융회사들은 돌아보지도 않던 사람들을 채용했다. 수학이나 기술 지식을 금융 업무에 적용하는 데 흥미를 갖고 있던 이른바 '퀀트(quant)'나 '로켓 과학자들(rocket scientist)'들을 적극 채용했다. 가문이나 연줄의 배경이 없어 JP 모건과 같은 일류 금융회사에는 명함도 내밀지 못하던 사람들도 받아들였다.

신입 직원이 은행 업무를 잘 알지 못하더라도 크게 문제될 게 없다는 점을 제일 먼저 간파한 사람은 샌포드가 아니었다. 이미 수십 년 전부터 일류 투자은행들은 은행 업무는 잘 모르지만 연줄이 있는 사람들을 채용해왔다. 하지만 미래의 금융시장에서는 수학적인 능력이 뛰어난 사람이 능력을 발휘할 것이라고 믿은 최초의 은행 경영자는 바로 샌포드였다.

대학에서 역사나 철학을 전공한 사람들은 1980년대 후반에는 뱅커스 트러스트에 취직하기가 어려웠다. 이 시기에 뱅커스 트러스트는 금융 지식은 없더라도 체스의 달인이거나 물리학 박사 학위를 가진 사람들을 뽑아 금융인으로 훈련시켰다. 면접 담당자들은 "은행의 자산과 채무가 무엇이냐"고 묻기보다 "1에서 500까지 모두 더하면 합계가 얼마냐"고 물었다.

이런 식으로 채용된 사람들은 입사 후 은행 업무가 체스 게임이나 일반 상대성 이론에 비해 훨씬 쉽다는 사실을 깨달았다. 게다가 뱅커스 트러스트의 교육훈련 프로그램은 완벽한 것이었기에 누구라도 몇 개월 동안 이 교육훈련 과정을 거치면 화술이 뛰어난 세일즈맨으로 변신했고, 다른 곳의 경쟁자들을 이기려는 의욕으로 가득 찼다.

어떤 이는 이 시기의 뱅커스 트러스트에 대해 "촌뜨기 기술광들의 정신병동"이라고 부르기도 했다. 뱅커스 트러스트의 한 임원은 나중에 "그들은 아주 괜찮은 녀석들이었고, 기본적으로 스마트한 젊은이들이었다. 그들은 대부분 여자친구도 없이 주로 사무실에서 시간을 보냈고, 밤을 새워가며 일을 했다"고 회상했다.

샌포드는 그런 젊은이들 수백 명을 본사 33층에 있는 한 방에 몰아넣었다. 그 방은 컴퓨터 단말기로 가득 차있었고 갖가지 소음으로 시끌벅적했다. 당시 뱅커스 트러스트에서 일했던 한 사람은 이 방에 대해 "천정이 아주 낮았고, 통풍이 제대로 되지 않아 공기가 탁하기 이를 데 없었다"고 말했다. 하지만 젊은이들은 그곳을 좋아했다. 샌포드는 그들에게 뱅커스 트러스트가 머지않아 역사상 가장 위대한 금융회사가 될 것이라는 확신을 심어주었다.

금융업계의 경쟁이 치열해지고 수익률이 떨어지던 시점에 샌포드는 본사 33층의 똑똑한 젊은이들을 활용해 재빨리 새로운 사업 분야로 뛰어들었다. 뱅커스 트러스트는 열정적으로 움직였다. 1986년에 뱅커스 트러스트는 '플레인 바닐라 스왑(plain-vanilla swap)'으로 불리는 단순한 스왑 거래에 집중했다. 플레인 바닐라 스왑이란 금리를 비롯한 각종 지수를 근거로 현금흐름을 맞교환하기로 하는 계약을 말한다. 뱅커스 트러스트는 스왑 거래 규모가 300억 달러로 늘어나 시티코프에 이어 두 번째로 덩치가 큰 스왑 딜러가 됐다.

하지만 금리스왑 거래의 수익률이 크게 낮아짐에 따라 뱅커스 트러스트는 다른 분야의 수익 기회를 모색하기 시작했다. 1987년에 뱅커스 트러스트는 통화 거래로 눈을 돌렸다. 그러나 앤디 크리거는 회사를 떠났고, 통화시장 자체도 거래 참여자가 늘어나면서 포화상태로 변해 수익률이 축소되고 있었다.

1988년 샌포드는 또 한번 재빠른 변화를 시도했다. 그는 새로 채용한 젊은이들 3명을 '장기 주가지수 옵션(long-term stock-index option)'이라는 새로운 사업 분야에 투입했다. 이 옵션 거래는 뱅커스 트러스트가 이미 취급해온 여러 가지 종류의 옵션 거래와는 달랐다. 이 옵션은 만기가 1년 또는 그 이상이고, 개별 주식이 아닌 증시의 지수들에 근거해 거래가 이뤄지는 것이었다. 바꿔 말하면 그것은 통화가 아닌 주식 관련 지수들에 근거를 둔다는 점 외에는 앤디 크리거가 거래했던 장외시장 옵션과 비슷한 특성을 갖고 있었다.

뱅커스 트러스트의 경영진은 1988년 한 해에 이 새로운 장기 주가지수 옵션 사업으로 500만 달러 정도의 수익을 올릴 수 있을 것으로 기대했다. 그런데 대박이 터졌다. 특히 일본 시장에서 큰 성공을 거두었다. 이에 따라 장기 주가지수 옵션 거래는 뱅커스 트러스트의 파생상품 부문의 핵심으로 떠올랐고, 관련 트레이더 인력도 수십 명으로 늘어났다. 이 옵션 거래가 어떻게 이루어지고, 왜 그것이 돈을 벌어주는 것인지를 살펴보자.

특정 주식 종목을 대상으로 하는 옵션은 그 구매자에게 미래의 특정 시점에 미리 정해진 가격으로 그 종목을 팔거나 살 수 있는 권리를 부여한다. 예를 들어 '6월 100 IBM 콜'은 6월에 주당 100달러에 IBM 주식을 살 수 있는 권리를 말한다. 이와 달리 주가지수 콜 옵션은 특정한 주가지수에 편입돼 있는 종목들을 모두 살 수 있는 권리다.

예를 들어 어떤 투자자가 닛케이 225 지수를 구성하는 종목인 일본의 225개 우량주들을 내년에 1만 엔을 주고 살 수 있는 권리를 지금 500엔을 주고 샀다고 가정해 보자. 만약 닛케이 225가 내년에 1만 2000엔까지 상승한다면 이 권리를 행사해 225개 우량주들을 1만 엔에 사서 시장에 내다팔아 2000엔의 시세차익을 올릴 수 있다. 애초 이 권리를 살 때 지불한 500엔을 빼면 실제 이익은 1500엔이 되는 셈이다.

그런데 닛케이 225 지수의 구성 종목들의 가치가 닛케이 225 지수와 다를 경우에는 뱅커스 트러스트의 트레이더들과 같은 월스트리트의 트레이더들이 끼어들어 시장에서 저평가돼 있는 주식들을 사고 닛케이 225 지수를 팔거나, 시장에서 고평가돼 있는 주식들을 팔고 닛케이 225 지수를 산다.

이처럼 상대적으로 저평가된 것을 사는 동시에 고평가된 것을 파는 것과 같은 거래를 차익거래(아비트리지, Arbitrage), 이런 거래를 하는 트레이더들을 차익거래자(아비트리저, Arbitrageur)라고 부른다. 아비트리지는 시장의 효율성을 보장하는 가장 핵심적인 요소다. 개별 종목의 주가가 관련 정보를 제대로 반영하지 않은 상태라면 거래자들이 그 종목을 매매해 이익을 올릴 수 있으며, 그 과정에서 트레이더들이 부담해야 할 위험은 전무하거나 거의 없다. 이런 아비트리지의 기회를 포착하는 것은 쉽지 않은 일이다. 이는 길에 버려져 있는 20달러를 줍기가 어려운 것과 같다.

닛케이 225 지수에 대해 아비트리지를 하는 것도 처음에는 어렵지 않았으나, 트레이더들이 너도나도 싸게 사서 비싸게 파는 아비트리지에 나서면서 이 지수에 대한 아비트리지로 이익을 거둘 기회는 아주 빨리 사라졌다. 샌포드는 이 새로운 거래 사업으로부터 이익을 뽑아내기 위해 뭔가 다른 방법을 찾아야 한다고 생각했다.

뱅커스 트러스트 사람들은 일본 투자자들이 자기 나라 주식시장에 대해 낙관적이라는 점을 알고 있었다. 특히 일본의 생명보험회사 경영자들은 일본 주식시장에서 주가가 상승할 것이 뻔한데도 생명보험회사에 대해 주식 매입을 금지한 법규 때문에 주식에 투자하지 못한다는 데 대해 불만을 품고 있었다. 일본 주식이 상승하면서 누구나 주식투자로 돈을 벌고 있는 상황에서도 일본의 생명보험회사들은 수익률이 낮은 채권 포트폴리오 투자를 하는 데 그쳐야 했다.

다른 모든 금융회사들은 일본 생명보험회사 경영자들의 이런 불만을 해소해줄 방법은 없다는 결론을 내려놓고 있었다. 그러나 뱅커스 트러스트는 교묘한 해법을 내놓았다. 그것은 '대륙을 뛰어넘는 삼각관계' 라고 할 만한 것이었다. 일본의 생명보험회사들에게 그들이 갖고 싶어 하는 것을 갖게 해주면서, 동시에 캐나다의 은행과 유럽의 투자자 등 다른 두 그룹의 고객들도 만족시키는 것이었다. 도대체 이들 3자가 어떤 공통분모를 갖고 있다는 말인가? 그리고 뱅커스 트러스트는 어떻게 그들을 연결시킬 수 있었다는 것인가? 이에 대한 답변은 다음 세 가지로, 복잡하면서도 혁명적이었다.

첫째, 뱅커스 트러스트는 캐나다의 은행들과 협상을 벌여 특별한 종류의 대출을 제공한다는 계약을 맺었다. 구체적으로는 캐나다의 은행들은 달러화가 아닌 일본 엔화로 대출받기로 하고, 그 대신 이자를 지급하는 게 아니라 닛케이 225 지수에 대한 옵션을 제공하기로 했다. 일본 생명보험회사들은 캐나다의 은행들이 이런 조건으로 엔화 차입을 할 의사가 있다는 사실을 뱅커스 트러스트로부터 전해 듣고 기꺼이 대출에 나섰다. 일본 생명보험회사들은 주식 매매를 할 수는 없었지만 자금 대출은 법규에 어긋나는 것이 아니었기에 얼마든지 할 수 있었다. 대출에 닛케이 225 지수에 대한 베팅이 관련돼 있긴 했지만, 일본의 규제당국이 그런 것까지 들여다볼 이유는 없었다.

둘째, 캐나다의 은행들의 채무가 엔화의 가치 변동이나 도쿄증시와 관련된 베팅에 좌우되지 않도록 보장함으로써, 그들이 극도로 우려하는 엔화나 도쿄증시의 리스크를 차단시켰다. 그 방법은 뱅커스 트러스트가 캐나다의 은행들이 차입한 엔화 자금을 캐나다 달러화로 바꿔주고, 그들에게 일본의 생명보험회사들이 산 것과 정확하게 반대되는 옵션을 파는 것이었다. 만약 닛케이 225 지수가 상승할 경우에는 캐나다의 은행들이 일본의 생명보험회사들에게 지급해야 하는 금액만큼을 그대로 뱅커스 트러스트에서 캐나다의 은행들에게 지급한다는 것이었다. 다시 말해 캐나다의 은행들은 완벽하게 리스크에 대해 헤지된 것이다. 캐나다의 은행들에게는 이런 거래를 기꺼이 수용할 유인이 있었다. 뱅커스 트러스트가 제공하는 헤지의 대가로 이 투자은행에 지불해야 할 비용이 다른 어느 곳에서 자금을 차입할 때 부담해야 할 금리보다 적기 때문이었다.

셋째, 뱅커스 트러스트는 일본의 주가가 하락하는 쪽으로 건 자사의 베팅을 떠안아줄 제3자가 필요했다. 만약 닛케이 225 지수가 상승할 경우에는 뱅커스 트러스트가 캐나다의 은행들에게 돈을 주고, 캐나다의 은행들은 그 돈을 일본의 생명보험회사들에게 건네면 된다. 그러나 뱅커스 트러스트는 누구에게서 돈을 받는가? 이 지점에서 유럽의 투자자들이 등장한다. 그들은 일본 주식이 하락하는 쪽으로 베팅하기를 원하고 있었다. 게다가 뱅커스 트러스트가 거래소에서 살 수 있는 옵션보다 만기가 더 긴 옵션을 제공한다면 그들에게는 금상첨화였다. 닛케이 225 지수 옵션의 만기는 캐나다의 은행들에게 제공된 대출의 상환 만기와 똑같이 3년 또는 4년인 경우가 많았다. 이런 옵션은 앤디 크리거가 거래했던 통화옵션과 마찬가지로 장외시장에서 거래되는 것이었고, 당국의 규제 대상이 아니었다. 유럽의 투자자들은 뱅커스 트러스트가 보여준 옵션을 덥석 물어갔다.

결과적으로 닛케이 225 지수를 둘러싸고 유럽의 투자자들, 뱅커스 트러스트, 캐나다의 은행들, 일본의 생명보험회사들로 이어지는 릴레이 베팅이 이뤄졌던 것이다. 이것은 파생상품을 비롯한 복잡한 금융기법이 어떻게 리스크를 뜨거운 감자처럼 만드는가를 보여준 초기 사례들 가운데 하나였다.

이 거래에 참여한 당사자들은 모두 다 만족스러워했다. 특히 뱅커스 트러스트는 그 과정에서 각 당사자들로부터 수수료 수입을 올릴 수 있다는 점에서 흡족했다. 그러나 일본의 국민들과 규제당국은 닛케이 225 지수가 폭락한 해에 이런 거래가 이뤄졌다는 사실을 알게 되면 불쾌하게 생각할 것이었다. 실제로 그들은 그 후 10년에 걸쳐 일본 보험회사들이 해서는 안 될 주식시장에 대한 베팅을 늘렸다는 사실을 알게 된다. 하지만 당시에는 어쨌든 일본의 주식시장은 상승세였다.

뱅커스 트러스트는 '주식 파생상품(equity derivatives)'이라는 이름으로 이와 비슷한 방식의 짝짓기 거래를 여러 가지 선보였다. 뱅커스 트러스트가 연간 500만 달러 정도의 수익을 내주기를 기대하며 출범시킨 장기 주가지수 옵션 팀은 단 1주일 만에 500만 달러를 벌어들였다. 이 팀은 1989년에 모두 2억 달러의 수익을 올렸고, 이는 뱅커스 트러스트가 이 해에 올린 전체 순이익의 3분의 1 정도에 해당하는 금액이었다.

금융업계가 흔히 그렇듯 다른 금융회사들이 뱅커스 트러스트의 거래 기법을 금세 알게 됐고, 똑같은 거래에 뛰어들기 시작했다. 1990년 초에 베어 스턴스, 골드먼 삭스, 살로먼 브라더스, 모건 스탠리 등 월스트리트의 4대 투자은행들은 여러 가지 다양한 구조의 장기 닛케이 지수 옵션을 만들어 모두 수억 달러어치를 팔아먹었다. 이들 투자은행은 뱅커스 트러스트와 마찬가지로 이런 주식 파생상품 거래를 전담하는 팀을 구성해 가동했다.

이처럼 시장에서 경쟁이 치열해짐에 따라 뱅커스 트러스트에서 주식 파생상품 거래를 책임지고 있던 앨런 휘트(Allen Wheat)와 샌포드 회장 사이에 갈등이 커졌다. 뉴멕시코주 출신인 휘트는 다혈질이었지만 명석했고 회사 안에서 인기도 좋았다. 그는 뱅커스 트러스트의 국제 자본시장 그룹을 이끌고 있었다.

뱅커스 트러스트 내부에서는 많은 사람들이 휘트가 샌포드의 후계자가 될 것이라고 생각하고 있었다. 일부 사람들은 그가 이미 샌포드의 자리를 넘겨받기 위한 작업에 들어갔다고 추측하기도 했다. 그러나 최고경영자에 오른 지 4년 차였던 샌포드는 물러날 생각을 전혀 하지 않았다. 게다가 그는 자신이 물러날 때 휘트를 다음 번 최고경영자로 밀어주겠다는 말도 하지 않았다.

퍼스트 보스턴은 뱅커스 트러스트 내부에 조성된 샌포드와 휘트 사이의 이런 갈등의 분위기와 휘트의 야심을 이용했다. 퍼스트 보스턴은 아예 휘트를 스카우트하는 방식으로 주식 파생상품 시장에 뛰어들었다. 휘트는 뱅커스 트러스트에서 일하던 18명의 장외 파생상품 거래 전문가들을 데리고 퍼스트 보스턴으로 옮겼다. 이로써 뱅커스 트러스트의 거래 기법과 문화가 퍼스트 보스턴으로 전파됐다. 이들의 집단 전직으로 뱅커스 트러스트는 충격에 휩싸였던 것으로 전해졌다. 경제주간지 〈이코노미스트〉는 "40여 명으로 구성됐던 뱅커스 트러스트의 주식 파생상품 그룹은 몰락했다"고 보도했다.

리스크 관리의 혁신

샌포드는 거래 팀을 다시 꾸려야 했다. 그러나 이는 샌포드나 그의 직원들에게 낯선 일이 아니었다. 그리고 떠난 사람들은 소수에 불과했다. 주식 파생상품이 큰 수익원이 될 수 없다면 샌포드로서는 또 다른 수익원을 발굴해내면 되는 일이었다. 샌포드는 이렇게 말했다. "우리에게는 똑똑한 250명이 있다. 그들은 일에 중독돼 있다. 그들은 '어제 일은 더 이상 괘념치 말라. 이제 뭘 해야 하느냐가 중요하다'고 말하는 친구들이다." 실제로 1990년에 샌포드는 트레이딩 룸을 돌아다니며 "다음은 뭐지?"라고 묻곤 했다. 그의 똑똑한 트레이더들에게 참신하고 창조적인 거래를 찾아내라는 의미였다.

샌포드는 간부들에게도 긴장을 불러일으키려고 노력했다. 뱅커스 트러스트의 인사 담당 책임자는 그를 "강박신경증 환자"라고 표현하기도 했다. 그러나 크리거가 뱅커스 트러스트를 떠난 뒤에는 그도 잠시나마 신중한 태도를 보였다. 그는 회사의 자본을 과도하게 위험에 노출시키지 않으면서 좀더 안정적인 수익을 올리는 것이 중요하다고 생각했다.

샌포드의 경쟁자인 동시에 친구인 퍼스트 보스턴의 최고경영자 아이라 스테퍼니언은 뱅커스 트러스트의 공격적인 업무 스타일에 대해 우려를 나타냈다. "트레이딩으로 많은 돈을 번 은행은 그만큼 손실도 볼 수 있다. 관건은 내부통제 체제를 제대로 구축하는 데 있다. 샌포드도 이 문제에 대해 많은 생각을 했을 것이라고 나는 믿는다."

실제로 샌포드는 내부통제 체제에 대해 많은 고민을 했다. 그는 '금융계의 카우보이' 라는 뱅커스 트러스트의 이미지를 불식하기 위해 "우리는 은행 자체를 베팅하지는 않는다"고 강조하곤 했다. 그는 뱅커스 트러스트가 몇 가지 잘못된 결정을 했음을 인정했다. 예를 들어 부동산 재벌 도널드 트럼프(Donald Trump)에게 아무런 안전장치도 확보해놓지 않고 1억 달러를 대출해준 것은 잘못이었다는 것이다. 이 대출 결정에 대해 샌포드는 "그때는 우리가 뇌사상태였던 모양" 이라고 말했다. 그는 그러나 크리거의 베팅에 대해서는 계속 두둔하면서 이렇게 말했다. "뱅커스 트러스트의 자본력에 비해 과도한 포지션을 취했던 것은 아니다. 다만 시장 규모에 비해서는 좀 크게 베팅했던 것일지는 모른다."

샌포드는 리스크 관리 체제에 관심을 기울였다. 뱅커스 트러스트의 리스크 관리 체제는 첨단이었지만 더욱 개선할 필요성이 있었다. 그는 먼저 부문별 수익성 평가를 할 때 단순히 수익 결과치만 보지 말고 '위험조정 자본수익률(Risk-Adjusted Return On Capital)' 이라는 개념을 적용하도록 했다. 그는 이것을 '레이록(RAROC)' 이라고 줄여 불렀다. 위험조정 자본수익률은 혁명적인 개념이었고, 다른 대기업들도 곧 이 개념을 채택하기 시작했다.

위험조정 자본수익률이라는 개념은 기업이 특정 직원에 대한 보상을 결정할 때 그가 회사를 위해 얼마나 많은 돈을 벌었느냐만 아니라, 그의 업무 수행이 얼마나 위험한가도 살피도록 하는 것이었다. 예를 들어 통화옵션 거래와 같은 업무가 아무리 고수익을 낳을 수 있는 것이라 하더라도 그것이 지나치게 위험한 것이라면 회사의 자원을 그것과 다른 업무에 배분하는 것이 낫다는 것이다.

직원들은 물론 업무수행 도중 위험을 감수하겠다는 판단을 할 수 있다. 하지만 이제는 그 위험에 대해 예전보다는 더 현명하게 판단을 해야 한다는 것이다. 뱅커스 트러스트는 위험조정 자본수익률이라는 개념을 도입함으로써 과도한 수익보다는 위험의 정도를 고려한 일관되고 꾸준한 수익을 내는 방향으로 업무를 보도록 직원들을 자극했다.

위험조정 자본수익률을 적용하기 위해 뱅커스 트러스트는 시장별로 과거의 실적을 조사하고, 99%의 통계적 신뢰도 수준에서 각 시장의 연간 손실 가능액을 추정했다. 그 다음 연간 손실 가능액을 벌충할 수 있는 정도의 가상 자본을 시장별로 배분했다. 따라서 위험한 거래를 하는 직원들에게는 더 많은 가상 자본이 배분됐고, 위험도가 낮은 거래를 하는 직원들에게는 상대적으로 적은 금액의 가상 자본만 배분됐다. 따라서 똑같은 금액의 수익을 올렸더라도 그것을 가상 자본으로 나누어 구해지는 수익률에서는 위험도가 높은 거래를 하는 직원의 수익률이 오히려 낮게 나타날 수도 있었다.

뱅커스 트러스트의 각 사업 부문은 자본 배분을 둘러싸고 경쟁을 벌이게 됐고, 위험조정 수익률을 기준으로 상대적인 실적 평가를 받게 됐다. 예를 들어 앤디 크리거의 경우 뱅커스 트러스트에 있을 때 많은 돈을 벌었지만 그의 통화옵션 거래는 위험도가 높은 것이었기에 그의 위험조정 자본수익률은 실제 수익률보다 크게 낮았을 것이다. 그가 그토록 많은 돈을 벌었음에도 보너스로 300만 달러밖에 받지 못했다는 점도 이런 위험조정 자본수익률 개념으로 충분히 설명할 수 있게 됐다. 반면 일본 주식 파생상품 거래는 위험도가 낮다는 장점이 있었고, 이 거래를 담당한 직원들은 보너스를 많이 받을 수 있게 됐다.

이런 방식으로 샌포드가 도입한 위험조정 자본수익률 시스템은 직원들로 하여금 회사를 위해 얼마나 많은 돈을 버느냐와 동시에 회사의 귀중한 자본을 얼마나 위험에 노출시키느냐에 대해서도 신경 쓰도록 만들었다. 뱅커스 트러스트는 직원들이 얼마나 많은 보너스를 받을 수 있는가에 대한 기준을 다른 어느 은행보다도 명확하게 제시한 셈이다. 뱅커스 트러스트 경영위원회 위원을 지낸 한 사람은 "샌포드가 간단명료한 방법으로 보상의 기준을 설정했다"고 말했다.

규제 아비트리지

안팎으로 경쟁의 압력이 가중되자 뱅커스 트러스트의 임직원들은 법규의 한계에 도전하기 시작했다.

미국에서는 1930년대 이래 글래스-스티걸 법(Glass-Steagall Act)이 투자은행 업무와 상업은행 업무를 분리시켰다. 이는 1929년의 주가 대폭락 직전의 주식시장 열풍에서 은행들이 증권 업무를 지나치게 방만하게 했던 데 대한 대중적인 항의에 부응한 입법 조처였다. 이 법이 제정됨에 따라 은행 업무가 두 개의 영역으로 분리됐다. 상업은행은 예금을 받고 대출을 제공하는 은행의 전통적인 업무만 볼 수 있게 됐고, 투자은행은 증권의 거래나 인수 업무만 취급할 수 있게 됐다.

내용이 이렇기에 당연히 상업은행 사람들에게는 이 법이 인기가 없었다. 샌포드는 이미 1982년에 "우리는 글래스-스티걸 법이 폐지되기를 바란다"고 말했다. 의회는 그러나 이 법을 폐지하지 않았다. 그럼에도 샌포드는 굴하지 않고 글래스-스티걸 법의 허점을 찾아내 이용하거나 규제당국자들에게 로비를 벌여 법의 적용에서 예외를 인정받는 등 이 법 자체를 무력화시키곤 했다.

예를 들어 뱅커스 트러스트는 로널드 레이건 대통령 시절 행정부에 로비를 벌여 주식발행 절차에 대한 규제를 완화하도록 해 은행들도 참여할 여지를 만들어내기도 했다. 이것이 바로 일괄등록(shelf registration) 제도였다. 이 제도의 도입으로 기업들은 자금 조달을 위해 증권을 발행할 때마다 매번 관련 서류를 처음부터 새로 만들어 증권당국에 등록해야 하는 번거로움에서 벗어나 일정 기간동안 사용할 서류를 미리 만들어 보관해 두었다가 필요할 때마다 그것을 꺼내 제출하기만 하면 됐다. 이에 따라 기업들은 주식이나 채권의 발행을 보다 저렴한 비용으로 더욱 신속하게 할 수 있게 됐다.

애초에는 이렇게 발행되는 증권은 인수업무 면허를 보유한 증권회사만이 인수해 판매 대행을 할 수 있었다. 이에 대해 샌포드는 일단 일괄등록 제도가 도입됐다면 뱅커스 트러스트와 같은 투자은행을 포함한 어느 누구도 일괄등록 제도를 이용해 새로 발행되는 증권을 유통시킬 수 있어야 한다고 주장했다. 증권거래위원회는 결국 고개를 끄덕여 주었고, 뱅커스 트러스트는 이때 처음으로 증권 업무에 발을 들여놓을 수 있었다.

뱅커스 트러스트는 먼저 기업의 채권을 인수해 사모(私募) 방식으로 기관투자가들에게 배분하는 일을 했다. 기업이 사모 방식으로 채권을 발행할 경우에는 굳이 증권거래위원회에 신고할 필요도 없었고, 일반적인 회계 기준을 준수할 필요도 없었다. 뱅커스 트러스트는 이런 사모 채권의 인수에 적극적으로 나서 1983년 한 해 동안 10억 달러어치의 채권 발행을 중개했고 이후에는 그 규모가 더욱 늘어났다.

그런데 기업이 이런 식으로 채권을 발행해 자금 조달을 하는 것을 중권거래위원회가 공식으로 인가한 것은 아니었다. 위원회는 그로부터 7년 뒤인 1990년 4월에야 이런 사모 방식을 인정했고, 그것도 '자격이 있는 기관 구매자'에게만 사모 방식으로 발행한 주식이나 채권을 팔 수 있도록 했다. 다시 말해 대기업이나 아주 부유한 개인들에게만 사모 증권을 넘길 수 있다는 것이었다.

뱅커스 트러스트는 이것 말고도 새로운 영역들을 잇달아 개척해 나갔다. 예를 들어 금리스왑과 통화스왑 거래를 수백 건 성사시켰고, 미국 정부 채권과 단기 기업 채권을 거래하기도 했다. 아울러 1980년대에 개발된 고도의 기업 인수합병 방식인 차입매수에 대해 자금을 융자해주는 거래도 했다. 차입매수에 나선 기업 사냥꾼들에게 표적 기업의 주식을 살 수 있도록 돈을 빌려준 것이다. 샌포드는 또한 뱅커스 트러스트의 대출 자산 수십억 달러어치를 팔고 거래하기 시작했다. 이는 매우 수익성이 높은 사업이었고, 다른 은행들도 곧 뒤따라 같은 사업을 하기 시작했다.

1980년대 중반에 이르러 뱅커스 트러스트는 투자은행과 아주 비슷한 모습을 갖추었다. 글래스-스티걸 법에 따르면 뱅커스 트러스트의 이런 변신은 불법이었다. 금융감독 당국자들은 샌포드가 일반 상업은행 업무를 기피하는 것을 달가워하지 않았고, 차라리 상업은행 면허를 반납할 것을 권고하기도 했다. 이에 대해 뱅커스 트러스트는 "우리는 투자은행이 아니다. 다만 몇몇 소수의 거래에서 대리인의 역할을 했을 뿐이며, 그런 것들은 규제당국에서 염려할 사안이 아니다"라고 대꾸했다. 뱅커스 트러스트의 한 간부는 이렇게 말하기도 했다. "우리는 법규를 준수하는 선량한 시민이다. 다만 법규가 허용하는 범위의 한계선까지 나아가려는 것일 뿐이다."

뱅커스 트러스트가 금리와 통화 스왑 분야에서 쌓은 경험은 1990년대 초의 사업에 대단히 중요한 밑거름이 됐다. 1980년대 중반에 스왑 시장의 경쟁은 매우 치열했다. 1984년에 금리스왑 시장의 규모는 700억 달러 수준이었다. 당시로서는 매우 커다란 시장이었던 것이다. 그러나 이 시장의 수익률은 줄어들고 있었다. 게다가 연방 예금보험공사, 연준, 재무부 산하 통화감독국 등 규제당국들이 스왑 거래의 위험성에 대해 문제 삼기 시작했다.

몇몇 금융회사들은 스왑 거래를 활용해 회계장부를 조작하는 행위를 하기도 했다. 한 은행은 자사를 거래 상대방으로 하는 허구의 내부 스왑 거래를 만들어냄으로써 준비금을 비축하고, 그것을 이용해 특정 분기의 이익 실적 금액을 의도대로 맞추기도 했다. 모건 스탠리는 1984년에 스왑 거래 계약의 효력 개시일을 늦춰 잡는 방법을 시도해, 가치 평가를 어렵게 만들기도 했다. 특히 일본계 은행들은 이익을 부풀리고 손실을 숨기는 방법으로 스왑을 적극 활용했다.

대부분의 회계규칙을 정하는 민간단체인 회계기준위원회(FASB; Financial Accounting Standards Board)는 1985년 2월 금융회사들이 자산과 부채를 기록하는 재무보고서인 대차대조표에 스왑 거래 내용을 반영하도록 해야 할 것인지를 논의했다. 대출에 대해서는 은행들이 이미 그 금액을 대차대조표에 자산으로 반영하고 있었다. 왜냐하면 대출과 그 이자를 상환받을 권리는 자산으로서의 가치가 있는 것이기 때문이었다. 또 예금은 은행으로서 지불의무가 있는 것이기에 부채로 반영됐다. 그러나 은행들은 1980년대 초 이래 스왑은 자산과 부채 어느 것으로도 반영하지 않았다. 스왑은 대출이나 예금과 다른 것이어서 그들의 대차대조표에 반영할 사항이 아니라는 게 그 이유였다.

스왑의 거래 당사자들은 예를 들면 1억 달러 등 일정한 '기준금액'을 토대로 하되 그것과는 달리 정한 금액을 서로 교환지급한다. 이때 기준금액은 실제로는 어느 쪽으로든 지급되지 않으며, 단지 서로 교환지급하는 금액을 정하기 위한 기준으로만 활용된다. 따라서 스왑은 차입자가 채권자에게 원금을 다 갚아야 하는 일반적인 대차거래와는 다르다. 예를 들어 스왑 계약을 통해 한쪽이 상대방에 대해 매년 10%의 이자를 지급하기로 했을 때 기준금액이 1억 달러라면 매년 1000만 달러를 상대방에게 건네주게 된다. 그러나 그는 기준금액까지 지급할 필요는 없다.

따라서 스왑이 거래당사자 중 한쪽은 돈을 받을 권리가 있고 다른 한쪽은 돈을 지급할 의무가 있다고 하더라도 그것은 본질적으로 자산도 부채도 아니라는 게 당시 은행들의 주장이었다. 은행들은 또 자신들이 스왑 거래를 하는 것은 리스크를 줄이기 위해서인데 그것을 대차대조표에 자산이나 부채로 기재하도록 하는 것은 부당하다는 주장도 폈다. 그럼에도 스왑의 가치를 계산해 장부에 기재하도록 한다면 그 가치가 시시때때로 변하기 때문에 투자자들이 자신들을 실제 이상으로 위험하다고 오해할 수도 있다고 주장했다.

이런 은행들의 주장은 결함투성이였다. 은행이 스왑 계약에 따라 수취하게 되는 돈은 가치를 지닌 자산이고, 지급해야 하는 돈은 부채임이 분명하다. 대출이나 예금과 달리 스왑에서는 기준금액이 실제로는 지급되지 않는다는 사실은 스왑의 가치를 대출이나 예금과는 달리 봐야 한다는 것을 의미할 따름이다. 그것이 대차대조표에서 스왑을 아예 제외시켜야 할 이유가 되지는 못한다. 그리고 만약 은행들의 주장대로 스왑의 가치가 시시때때로 변한다면, 그런 사실은 은행의 주주들에게 알려야 할 중요한 사안이된다. 따라서 스왑이 다른 리스크를 줄이는 효과가 있기 때문에 스왑의 가치 변동에 대해 주주들이 걱정할 필요는 없다고 한다면 재무제표의 주석에 그런 설명을 기록하는 것이 이상할 게 하나도 없다.

그러나 은행들은 그들이 보유하고 있는 스왑 계약의 가치가 변동한다는 것을 주주들에게 알리게 되면 그들이 걱정을 할 것이라는 점을 잘 알고 있었다. 이 때문에 그들은 스왑 거래를 대차대조표에 기록하지 않으려고 한 것이다. 회계기준위원회가 스왑을 장부외 거래로 취급하는 관행에 대해 문제 삼고 나서자, 그동안 치열하게 경쟁하고 규제의 문제에서 절대 협력하지 않던 금융회사들이 순식간에 하나로 뭉쳐 공동 대응전선을 구축했다. 모든 은행들이 그들의 스왑 거래 내역을 공개하는 데 대해 격렬하게 반대했고, 서로 겨누었던 칼을 내리고 고위급 대책회의를 여는 등 단합하는 모습을 보였다.

1985년 2월에 회계기준위원회가 조사를 시작한 후 몇 주일 만에 10개 대형 스왑딜러 회사들이 국제스왑딜러협회(ISDA; International Swap Dealers Association)를 결성했다. 뱅커스 트러스트도 이 협회의 창립 멤버로 참여했다. 당시 뱅커스 트러스트의 부사장이었던 조너선 버그에 따르면 이 협회가 결성된 것은 "문제가 발생하기 전에 조직화해 대응하기 위해서"였다.

국제스왑딜러협회에 참여한 은행들은 표준화된 거래 관행과 기장의 원칙을 수립하고, 새로운 규제의 도입에 대해서는 반대하는 로비 활동을 벌이며, 스왑 시장의 규모 등에 대한 통계를 작성한다는 등의 계획을 내세웠다. 스왑 시장의 규모는 1000억 달러 정도로 추정됐지만 이는 근거가 불분명한 수치였고, 금융감독 당국에서 조사에 나선 단계에서 그 누구도 시장 규모에 대해 정확한 사실을 알지 못한다는 점은 문제였다.

협회는 첫 보도자료를 통해 "일반적인 시장의 관행을 개선하고 금융계가 직면한 문제들을 논의한다"는 것을 목표로 삼는다고 밝혔다. 하지만 이 협회에 참여한 회사들은 모두 다 협회의 첫 번째 목적이 스왑에 대한 규제에 반대하는 것, 또는 한 논평가가 말했듯이 "회계 및 감독과 관련된 문제들을 다루는 것"이라고 알고 있었다. 이 협회는 금융시장의 최근 역사에서 가장 강력하고도 효과적인 로비 조직으로 떠올랐다.

1980년대 중반 이후 발생한 금융시장의 극적인 변화를 고려할 때 그동안 금융업계의 주도 회사들의 면면이 거의 바뀌지 않았다는 점은 놀라운 일이다. 국제스왑딜러협회의 설립을 주도한 초기 멤버들은 뱅커스 트러스트, 시티코프, 퍼스트 보스턴, 골드먼 삭스, 클라인보르트 벤슨, 메릴 린치, 모건 개런티 트러스트, 모건 스탠리, 살로먼 브라더스, 시어슨 레먼 브라더스였다. 이들 10대 금융회사들은 스왑 시장의 80%를 차지했다. 이들 가운데 일부가 다른 회사에 합병되거나 이름이 바뀌긴 했지만, 그 대부분은 그 후 최근까지 20년 가까운 세월 동안 그 위상을 잃지 않았다.

연준은 1989년에 뱅커스 트러스트를 포함한 몇몇 상업은행들에 대해 투자은행 자회사를 설립해 증권 업무를 취급할 수 있도록 허용했다. 단 자회사인 투자은행의 매출액이 모기업 매출액의 10%를 넘지 않아야 한다는 단서가 붙었다. 뱅커스 트러스트는 즉각 증권 업무를 담당할 자회사를 설립했다. 그 이름은 'BT 시큐리티스 코퍼레이션'으로 그다지 참신하지는 않았다. 경쟁사들도 뒤질세라 투자은행 설립을 서둘렀다. 이때 샌포드는 한 금융회사에서 은행과 증권 업무 및 보험 서비스를 다 하는 유니버설 뱅킹(Universal Banking) 제도가 미국에도 조만간 도입될 것으로 예상했다.

주식 파생상품으로 돈 버는 데 맛을 들인 은행들은 이제 피맛을 본 상어처럼 증권의 바다를 누비기 시작했다. 이때 연준은 또 다른 방향에서 은행들을 도와주었다. 8% 이상에 머물던 단기금리를 낮춰준 것이다. 앨런 그린스펀 연준 의장은 일반 투자자와 기관투자가들이 자금을 더 많이 빌려 장기 채권과 주식을 포함한 경제의 다양한 부문에 투자하도록 부추기고자 했다. 연준의 이런 정책은 단기로 자금을 빌려 금리가 계속 낮은 수준에서 유지될 것이라는 데 베팅을 하고 싶었던 투자자들에게 이상적인 환경을 만들어주었다.

그러나 연준은 전지전능하지 않았다. 연준은 경제를 의도한 수준에서 움직이게 할 수 없었다. 월스트리트에 1990년은 공포의 해였다. 정크본드,

상업용 부동산, 저축대부조합과 관련된 투자, 일본 주식 등 모든 자산들의 가치가 붕괴했다. 1980년대 금융 문화의 상징이던 마이클 밀켄의 드렉셀 번햄 램버트도 1990년 2월 13일 파산 신청을 했다. 드렉셀 번햄 램버트의 몰락은 한 시대의 종말을 의미하는 것이었다. 은행들이 1980년대와 같은 이익을 다시 창출하기란 불가능해보였다. 오랜 기간 꾸준히 수익을 내왔던 사업 부문들도 심각한 상처를 입고 있었다. 1990년에 월스트리트에 지급된 주식 관련 수수료는 단지 89억 달러에 그쳤다.

월스트리트는 극단적으로 효율성을 추구함으로써 스스로 몰락을 자초한 셈이었다. '어떤 금융회사가 어디서 돈을 벌었다'는 소문이 퍼지면 다른 금융회사들이 대거 뛰어들어 그 부문 선발 업체의 수익을 갉아먹었다. 뱅커스 트러스트도 곤경에 빠져 어찌할 바를 모르고 허둥댔다. 늘 새로운 수익원을 찾아내는 능력을 발휘해 왔지만 시장의 경쟁에 희생된 것이다. 뱅커스 트러스트의 직원들이 수량적 기법과 리스크 관리에서 다른 어느 은행 직원들보다 탁월한 능력을 갖추고 있었다는 것은 사실이지만, 그것만으로 지속적인 이익 창출을 보장하는 것은 아니었다.

그런데 엉뚱한 곳에서 해답이 나왔다. 노벨 경제학상을 받은 머튼 밀러(Merton Miller) 시카고대학 교수는 스왑을 비롯한 파생상품에 대한 열렬한 지지자였다. 그는 스왑이 거래 당사자들 사이에 리스크를 보다 효과적으로 배분할 수 있게 하는 중요한 금융혁신이라는 생각을 갖고 있었다. 이런 그의 생각은 파생상품 거래 회사들의 생각과 일치하는 것이었다.

다만 밀러는 파생상품이 리스크 배분 외에 다소 의심스러운 다른 목적에도 기여한다고 생각했다. 1986년에 그는 "금융혁신의 주된 추동력은 규제를 피하고자 하는 욕구"라고 주장했다. 금융시장 참여자들은 다양한 규제의 환경에 직면하며, 그 가운데는 따르고 싶지 않은 규제도 있다. 그들은 얼토당토않은 규제를 만나게 되면 파생상품을 이용해 그것을 피할 수 있다. 자유시장론자인 밀러는 그 같은 규제들은 의미가 없다고 생각했다. 그래서 그는 규제를 피하려는 금융회사들의 노력, 즉 '규제 아비트리지(regulatory arbitrage)'를 두둔했다.

스왑에 대한 회계기준을 대표적인 예로 들 수 있다. 스왑은 기본적으로 투자계약이며, 규제되는 선물이나 옵션을 비롯한 다른 많은 금융수단들과 경제적으로 같은 것이다. 그러나 스왑은 규제되지 않으며, 증권법규상 공시 의무도 적용되지 않는다. 금융회사나 기업들이 스왑을 거래하는 것은 단지 리스크를 효율적으로 배분하기 위해서가 아니라 그것이 규제받지 않는다는 점 때문이라고 밀러는 생각했다. 다시 말해 다른 금융수단들을 비추는 증권법규의 규제라는 햇볕이 비추지 않는 그늘에서 스왑 거래가 이뤄진다는 것이다.

여기서 중요한 시사점을 하나 얻을 수 있다. 기업과 그 재무 담당자들이 맞춤형 스왑으로 규제를 피하거나 리스크를 숨길 수 있는 한 뱅커스 트러스트와 같은 금융회사들이 그런 기업들에게 스왑을 팔아 이익을 올리는 현상이 쉽사리 사라지지 않을 것이라는 점이다. 그런 스왑의 이점을 아는 기업 재무 담당자들은 기꺼이 프리미엄을 제공할 것이다. 프리미엄으로 지출하는 돈이 그들의 개인 돈인 것도 아니다. 스왑이 더 많은 이익의 기회를 열어주면서도 그에 따르는 위험을 회사 상관에게 숨길 수 있게 해준다면 그런 스왑을 마다할 기업 재무 담당자는 없다.

일본의 생명보험회사 경영자들이 정부의 규제를 피하기 위해 거액의 프리미엄을 주고 주식 파생상품을 매입했던 것처럼, 기업의 재무 담당자들은 스왑에 따르는 리스크가 주주나 규제당국자들에게 노출되지만 않는다면 얼마든지 비싼 대가를 지급하고 스왑 거래를 할 것이다. 기업 재무 담당자가 이런 목적으로 사는 스왑은 초기의 플레인 바닐라 스왑과 같은 것이 아니라 온갖 종류의 은폐장치와 경보장치가 숨겨진 것들이다. 그런 것들을 주주나 규제당국자들이 파악하기란 어렵다.

스왑에 대한 법률적 규제와, 다른 비슷한 종류의 금융수단들에 대한 법률적 규제 사이에 차이가 존재하고 기업들이 이런 차이가 지닌 가치를 인정하는 한 복잡한 스왑 상품에 대해 거액의 수수료를 지급하는 관행은 계속될 것이다. 만약 다른 은행들이 법을 벗어나 기업들에게 스왑을 팔기를 꺼려한다면 뱅커스 트러스트로서는 한동안 경쟁에 부닥칠 염려가 없어지게 된다.

적어도 1년 이상 유지될 수 있는 사업 분야가 발견됐다. 뱅커스 트러스트는 고객의 수요에 맞춰주는 맞춤형 스왑(custom-tailored swap)을 만들어 팔 준비에 나섰다.

깁슨 그리팅스

오하이오주 신시내티에 본부를 둔 깁슨 그리팅스(Gibson Greetings, Inc.)는 애초에는 그저 크리스마스 카드를 만들어 파는 회사에 지나지 않았다. 뱅커스 트러스트와 깁슨은 1983년부터 상업은행과 고객의 관계를 맺어왔다. 깁슨은 사업 자금을 조달하기 위해 여러 곳에서 차입을 했고, 뱅커스 트러스트는 이 회사에 일반적인 회전신용 계약을 주선해 주기도 했다.

1991년 5월 깁슨은 다른 은행이 주선한 단순한 대차계약으로 연 9.33%의 금리를 지급하는 조건으로 5000만 달러를 차입했다. 그런데 1991년 가을에 금리가 하락하기 시작하자, 이 회사의 채무 책임자였던 짐 존슨이 금리스왑을 통해 금리 부담을 낮추겠다는 생각을 했다.

은행으로부터 회사 차입금 금리와 똑같은 수준의 고정 금리를 받는 대신 그보다 훨씬 낮은 변동금리를 지급하는 금리스왑 계약을 체결한다는 아이디어였다. 다시 말해 깁슨이 금리가 상승할 위험을 부담하기만 한다면 전체적인 금리비용을 낮출 수 있다는 계산이었다. 이는 마치 주택담보 대출을 받은 사람이 고정금리 대출을 변동금리 대출로 갈아타는 것과 같은 것이었다. 이런 식의 플레인 바닐라 스왑은 당시에 이미 시장에 안착된 거래 방식이었고, 그 거래비용이 많이 들지 않았다. 5000만 달러의 금리스왑 계약을 체결하는 데 5만 달러 정도의 비용이 들 뿐이었다.

존슨은 여러 은행들에 금리스왑에 관심을 갖고 있다는 말을 전했다. 그러자 수많은 제안서가 쏟아져 들어왔다. 마치 주택담보 대출을 연장 갱신할 의사를 밝힌 주택 소유자에게 수많은 편지가 배달되고 아침부터 저녁까지 은행 직원들의 전화가 걸려오는 것과 같았다. 주식 파생상품 및 그와 유사한 금융상품들이 가져다주는 이익을 맛본 은행들이 신규 고객 확보에 혈안이 돼있던 때였기 때문이다. 아닌 게 아니라 깁슨은 새로운 상품인 맞춤형 스왑의 고객으로 안성맞춤이었다. 깁슨은 거래를 하기에 충분한 규모였지만, 거래할 스왑 상품의 가치를 평가할 수 있을 만큼 노련한 회사는 아니었다.

깁슨은 뱅커스 트러스트와 지속적인 거래 관계를 유지하고 있었고, 뱅커스 트러스트는 상업은행 업무에 밝은 두 명의 고참 직원을 깁슨 담당으로 지정해놓고 있었다. 그런데 1991년 11월 스왑 거래를 상담하기 위해 깁슨에 달려온 뱅커스 트러스트의 직원 두 명은 깁슨 사람들이 평소 알고 지내던 고참 직원보다 훨씬 젊고 세련된 친구들이었다. 그들은 게리 미스너와 미첼 바스케스로, 바로 샌포드가 양육한 '똑똑한 젊은이들' 그룹의 일원이었다.

미스너와 바스케스는 깁슨의 재무팀이 가려워하던 곳을 정확하게 긁어주었다. 짐 존슨은 나중에 이들 두 젊은이들에 대해 "솔직하고 성실했다. 저녁식사 시간에 전화질을 해대는 극성맞은 증권사 세일즈맨들과는 달랐다"고 회상했다. 깁슨은 1991년 11월 12일 뱅커스 트러스트와 3000만 달러 짜리 스왑 계약을 2건 체결했다.

깁슨과 뱅커스 트러스트가 체결한 2건의 스왑 계약은 처음에는 그저 플레인 바닐라 스왑인 것처럼 보였지만, 사실은 조금 더 복잡한 내용을 포함하고 있었다. 두 스왑 계약 중 하나는 깁슨이 5.91%라는 낮은 고정금리를 지급하는 대신 변동금리를 지급받는 만기 2년짜리 스왑이었고, 다른 하나는 반대로 깁슨이 변동금리를 지급하는 대신 7.12%라는 높은 고정금리를 지급받는 5년짜리 스왑이었다.

이로써 깁슨은 처음 2년 동안에는 상대적으로 낮은 연 5.91%의 금리를 지급해야 했고, 그 후 3년 동안에는 변동금리를 지급해야 했다. 변동금리 지급 기간의 리스크는 뱅커스 트러스트가 시장에서 헤지해 주면서 수수료 수입을 올렸다. 그 과정에서 뱅커스 트러스트가 자사 자본을 추가적인 리스크에 노출시킨 것은 전혀 없었다.

이 거래에는 투자은행 딜러들이 흔히 '유혹하는 눈'이라고 부르는 요소가 들어있었다. 그것은 얼핏 봐도 대단한 것이었다. 깁슨은 처음 2년 동안의 금리 부담을 몇 퍼센트 줄일 수 있게 됐다. 그 다음 3년 동안에 대해서는 다소 위험을 부담하는 것이긴 했지만, 그때 가면 금리가 떨어질 수도 있다. 그렇다면 누군들 그런 거래를 안 하겠는가?

이런 거래는 당시에 아주 평범한 것이었고, 깁슨의 결정은 현명했던 것으로 확인됐다. 1992년 초에 금리가 하락해 스왑 계약이 깁슨에 유리한 효과를 가져다주었다. 이 해 7월에 존슨은 뱅커스 트러스트로부터 좋은 소식을 들었다. 깁슨이 그 시점에 스왑 계약을 청산하면 26만 달러의 이익을 남길 수 있다는 것이었다.

그는 어떻게 했을까? 그리고 이 책을 읽는 독자는 이럴 경우 어떻게 결정할까? 계약을 청산할 경우 얻게 될 26만 달러의 이익은 공정한 금액인가?

이에 대한 답변을 구하는 방법 중 하나는 그 가치 산정을 위한 컴퓨터 모델을 만들고 거기에 금리, 신용위험, 기타 가치 변동에 관련된 여러 변수들에 관한 다양한 데이터와 가정들을 입력해보는 것이다. 그러나 1991년 당시에는 존슨은 물론 다른 기업의 재무 책임자들도 대부분 이런 작업을 할 능력이 없었다.

존슨은 다른 은행들에 전화를 걸어 어떻게 하는 게 좋으냐고 물어볼 수도 있었을 것이다. 그러나 그렇게 할 경우에는 뱅커스 트러스트 사람들만 격분시킬 뿐 더 나은 조건을 제시받게 될 가능성이 있는 것도 아니었다. 게다가 뱅커스 트러스트가 오랜 관계를 유지해온 깁슨을 상대로 단순한 금리스왑 계약 2건의 가치 평가로 사기를 치지는 않을 것으로 여겨졌다. 그래서 존슨은 몇 군데 확인 전화 정도는 해야 했지만 그럴 필요가 없다고 생각했던 것 같다. 그는 뱅커스 트러스트를 믿기로 하고, 26만 달러의 이익을 보는 선에서 계약 종료에 서명했다.

그러나 존슨의 이런 결정은 깁슨에 값비싼 대가를 치르도록 했다. 스왑의 가치가 정확히 얼마나 되느냐 하는 논란이 벌어졌고, 계약 청산에 따라 지급돼야 할 금액이 26만 달러가 아니라 적어도 55만 달러는 되는 것으로 결론이 났다. 깁슨은 뱅커스 트러스트를 상대로 벌인 소송에서 75만 달러를 주장했지만, 그보다 20만 달러 적은 55만 달러로 낙착된 것이다. 뱅커스 트러스트가 수십만 달러의 차액을 삼키려 했던 것이다.

깁슨이 그처럼 불리한 가격에도 스왑 계약을 청산하려고 했던 것을 보면, 뱅커스 트러스트의 미스너와 바스케스에게 깁슨은 일종의 봉이었던 셈이다. 깁슨이 아주 단순한 스왑 거래의 가치도 제대로 평가하지 못했으니, 뱅커스 트러스트가 만약 복잡한 거래 계약을 들이댔다면 더 많은 이익을 뽑아낼 수 있었을 것이다. 미스너와 바스케스는 샌포드 회장이 바라는 것을 그대로 정확하게 해냈던 것이다. 그것은 바로 은행 자본에 가해지는 리스크를 최소화하면서 커다란 이익을 올리는 것이었다.

1991년 11월부터 1994년 3월까지 뱅커스 트러스트는 이 순진한 크리스마스 카드 제조업체에게 복잡한 스왑 거래를 거듭 제안했다. 깁슨은 제안을 잇달아 받아들여, 결과적으로 뱅커스 트러스트와 모두 29건에 이르는 파생상품 거래 계약을 체결했다. 이로 인해 금리에 대한 깁슨의 베팅 규모가 크게 늘어나는 동안 뱅커스 트러스트는 거액의 이익을 챙길 수 있었다.

1992년 10월에 깁슨이 뱅커스 트러스트와 벌인 두 번째 스왑 거래는 그 복잡함이 첫 번째 거래를 마치 미국 정부가 발행하는 저축채권(savings bond)처럼 단순하게 보이게 할 정도였다. 3000만 달러 규모로 체결한 이 두 번째 거래 계약에서 깁슨은 연 5.5%의 고정금리를 지급받는 대신 '시장금리의 제곱 나누기 6' 이라는 산식으로 계산된 변동금리를 지급하기로 했다. 여기서 시장금리로는 런던의 은행간 금리인 리보(LIBOR)를 적용하기로 했다.

이런 식의 '리보 제곱 스왑'을 살 기업이 있었다니 놀라운 일이다. 깁슨이 이 스왑을 샀다면 아마도 그 회사 사람들은 그것이 리보 제곱 스왑이라는 사실을 몰랐거나 제곱이라는 말이 무슨 뜻인지 알지 못했던 것이라고 생각할 수도 있겠다. 그러나 이런 설명은 설득력이 없다. 짐 존슨은 재무 책임자이니 수학을 잘 알고 있었을 것이다. 제곱을 뜻하는 숫자 '2'가 분자의 어깨에 아무리 깨알같이 붙어 있었다고 해도 존슨은 그것을 분명히 보았을 것이다.

이보다 더 설득력 있는 설명은 '탐욕'일 것이다. 시장금리를 제곱한 값이 들어간 금리 지급 의무를 받아들인 것은 시장금리의 하락 쪽으로 베팅하는 방법이다. 실제로도 그랬지만 만약 시장금리가 낮은 수준에서 유지된다면 존슨은 자기가 이끄는 조그만 부서인 재무팀을 회사의 이익창출 부서로 키울 수 있을 것이다.

예를 들어 리보가 연 3% 수준에서 맴돈다면 지급금리 계산식에 따라 매년 '(3×3)÷6', 즉 1.5%의 금리만 지급하면 된다. 그러나 반대로 리보가 상승한다면 깁슨의 손실은 기하급수적으로 증가하게 된다. 만약 리보가 6%로 오른다면 깁슨은 6% 금리를 지급해야 한다. 리보가 10%까지 오르는 상황은 누구도 바라지 않을 것이니 굳이 계산을 해 보이지는 않겠다. 어쨌든 시장금리가 단기간에 조금이라도, 예를 들면 3%에서 3.5%로 오른다면 깁슨은 커다란 손실을 입게 된다. 왜냐 하면 일단 금리가 조금이라도 오르는 것은 스왑 계약의 만기가 다 차기 전에 금리가 더 많이 오를 가능성을 높이는 것이고, 그럴 경우 리보의 제곱이라는 요소로 인해 깁슨의 손실은 기하급수적으로 커질 것이기 때문이다.

이처럼 스왑에 포함된 제곱의 요소는 베팅의 리스크와 가능한 수익률을 증폭시키는 효과를 낸다. 이는 마치 경마에서 1~3등 말을 순서대로 모두 맞혀야 하는 '3연승 단식' 마권을 산 것과 같다. 이 마권은 단순히 1등이나 2등, 3등 말 중 어느 하나만 맞히는 마권에 비해 건 돈을 잃게 될 가능성이 높지만 운 좋게 맞힐 경우에는 더 많은 돈을 벌 수 있다. 기업 재무 담당자들이 제곱 스왑을 산 이유는 경마장에서 도박꾼들이 3연승 단식 마권을 사는 이유와 같았다. 깁슨만이 이런 스왑 거래를 벌인 게 아니었다. 뱅커스 트러스트의 전 직원에 따르면 제곱이 아닌 세제곱의 스왑을 산 고객도 있었다고 한다.

스왑에 대한 규제에 반대한 국제스왑딜러협회(ISDA)의 로비 덕분에 깁슨은 규제되지 않는 시장에서 은밀하게 이런 스왑 거래를 할 수 있었다. 깁슨이 주장했던 대로 스왑이 부채에 대한 헤지의 목적으로 사용된다면 그 내용을 주주들에게 전혀 공시하지 않아도 된다. 그리고 비록 명백한 헤지의 목적이 아니더라도 스왑 거래에 관한 공시 의무는 미미했다. 어느 경우였든지 깁슨은 그와 같은 스왑 거래를 주주들에게 알릴 필요가 없었고, 실제로 알리지 않았다.

그런데 불행하게도 1992년의 마지막 몇 달 동안 금리가 오르기 시작했다. 아주 작은 폭이라도 금리가 오르면 깁슨은 심각한 상처를 입을 처지였다. 당시 리보는 3.0625%에서 3.375%로 올랐다. 이로 인해 연말까지 존슨은 97만 5000달러의 손실을 본 것으로 알려졌다. 뱅커스 트러스트의 세일즈맨이 확인해준 손실만 이 정도였으니, 사실은 이보다 손실 규모가 더 컸을 수도 있다.

깁슨은 존슨이 거래한 스왑의 실제 가치를 파악할 능력이 없었다. 그러나 이는 그리 중요한 문제가 아니었다. 깁슨은 100만 달러 가까운 손실을 본 상태에서 도박장을 떠나려 하지 않았다. 그 후 14개월 동안 깁슨은 뱅커스 트러스트와 리보 제곱 거래보다 훨씬 더 변동성이 심하고 리스크가 큰 거래들을 계속했다. 그것들은 경마에서 1등부터 4등까지 다 도착 순서대로 맞춰야 하는 초연승 단식 마권의 금융시장 버전이었다. 예를 들어 깁슨은 '재무부 채권 연계 스왑'이라는 이름으로 뱅커스 트러스트와 맺은 스왑 거래 계약에서 '3000만 달러―(103×2년 만기 미국 재무부 채권 수익률÷4.88%)―(30년 만기 미국 재무부 채권 가격÷100)'과 '3060만 달러' 중 적은 금액을 지급받는다는 데 동의했다.

깁슨은 또 뱅커스 트러스트와 '녹아웃(Knock-out) 옵션'이라는 거래 계약을 맺기도 했다. 그런데 시장금리가 미리 정해진 수준이 되었고, 이 녹아웃 옵션은 계약에 따라 이름 그대로 '녹아웃' 됨으로써 그 가치가 영(0)이 돼버렸다. 금융경제학자들은 그 후 몇 년간에 걸쳐 이 녹아웃 옵션의 가치를 평가하는 모델을 만들어보려고 애쓰기도 했다. 깁슨은 '결혼반지(Wedding Band)'라는 이름의 거래도 했는데, 이것은 수학자나 심리치료사의 도움이 없이는 도저히 설명할 수 없을 만큼 복잡했다.

깁슨이 벌인 여러 가지 스왑들 가운데는 그 전까지는 누구도 생각하지 못했던 정교한 파생상품들도 포함돼 있었으며, 그것들은 규제당국이나 투자자들에게 노출되지 않았다. 깁슨은 1993년 연례보고서에서 스왑 거래 잔액이 9600만 달러라고 밝혔지만, 그 리스크에 관해서는 아무것도 설명하지 않았다. 이런 깁슨의 스왑 거래들은 뱅커스 트러스트에게 막대한 수익을 안겨주었다. 1991년 말부터 1994년 초까지 깁슨은 거래를 하면 할수록 더 큰 손실을 봤지만, 그러는 동안 뱅커스 트러스트는 더 많은 돈을 벌었다. 뱅커스 트러스트가 깁슨과의 스왑 거래로 벌어들인 돈은 모두 1300만 달러에 이르렀다. 그 모든 깁슨의 스왑 거래들은 애초에는 고정 금리 부채에 대한 저비용 헤지 방법을 찾기 위한 노력으로 시작했던 것이었다.

뱅커스 트러스트의 세일즈맨들이 벌인 이 모든 공격적인 영업에 대해 찰리 샌포드는 어떤 반응을 보였을까? 당연히 엄청난 보너스를 지급하는 것으로 보상했다. 1993년 9월 말에 샌포드는 깁슨과의 거래를 담당해온 게리 미스너를 전무이사로 승진시킨다고 발표했다.

프록터 앤드 갬블

단지 깁슨 그리팅스만이 아니었다. 뱅커스 트러스트의 수많은 고객 기업들이 비슷한 스왑을 매매했다. 비교적 거래 규모가 컸던 곳들만 해도 에어 프러덕츠 앤드 케미컬스, 에퀴티 그룹 홀딩스, 페더럴 페이퍼 보드, 제퍼슨 스머피트, 산도즈, 세쿠아, 그리고 인도네시아 기업인 PT 아드미트라 라야프 라타마와 PT 다르말라 사크티 세자흐테라 등을 꼽을 수 있다. 뱅커스 트러스트는 이들을 포함해 도처에서 기업들을 상대로 스왑 거래를 벌였다.

에어 프러덕츠 앤드 케미컬스의 재무부서 차장인 데이비드 우르바니는 이렇게 말했다. "어떤 회사에게든 우리도 뭔가 이색적인 파생상품 거래를 할 생각이 있다고 말하면 그들은 하나같이 뱅커스 트러스트와 협의할 것을 권했다."

뱅커스 트러스트와 파생상품 거래를 하다가 가장 크게 손실을 본 기업은 흔히 피앤지(P&G)로 약칭되는 프록터 앤드 갬블(Procter & Gamble)이었다. 깁슨의 주주들과 마찬가지로 피앤지의 주주들도 자신이 투자한 회사가 파생상품에 도박을 걸고 있다는 사실을 눈치 채지 못했다. 피앤지의 주주들은 자신들이 비누회사에 투자한 것이라고 생각했다. 피앤지가 1993년에 증권거래위원회에 제출한 보고서에도 파생상품 거래 규모는 미미하고 리스크도 낮은 것으로 돼 있었다. 이 보고서를 본 사람들은 피앤지가 비누회사라는 관념을 더욱 굳혔을 것이다.

뱅커스 트러스트에서 피앤지와의 거래를 담당했던 직원은 케빈 허드슨이었다. 그도 역시 교양 있는 말솜씨를 갖고 있었다. 1990년 초만 해도 뱅커스 트러스트와 피앤지는 거래관계가 거의 없었다. 멕시코 페소화와 관련된 1993년의 거래 외에는 뱅커스 트러스트 사람들이 피앤지의 재무 책임자였던 레이먼드 메인스를 만날 일이 거의 없었다.

1993년 10월 허드슨은 메인스의 부하 직원인 데인 파커와 접촉하기 시작했다. 당시 피앤지는 소비재 사업에 투자할 자금을 단기 기업어음(commercial paper) 시장에서 조달하고 있었다. 기업어음 시장에는 리보와 같은 변동금리 지수인 '기업어음 지수'라는 게 있고, 이 지수는 '시피(CP)'로 약칭된다. 피앤지와 같이 신뢰도가 높은 기업은 이 기업어음 지수와 거의 같은 수준의 금리로 자금을 차입할 수 있었다. 그런데 피앤지는 스왑을 활용해 차입비용을 기업어음 지수보다 낮은 수준으로 낮추고자 했다. 재무팀의 목표는 기업어음 지수보다 '1%의 100분의 40', 즉 40bp(basis point)만큼 차입비용을 낮추는 것이었다. 파커는 아마도 허드슨에게 "우리는 '시피 마이너스 40비피'를 원한다"고 말했던 게 분명하다.

기업어음 시장에서는 단 1bp도 큰 것이다. 만약 피앤지 재무팀이 목표한 대로 차입비용을 40bp만큼 낮추는 데 성공해 다른 경쟁 기업의 재무팀들을 그만큼 따돌린다면 메인스와 파커는 단숨에 슈퍼맨의 반열에 오를 것이었다. 그렇게 되기 위해서는 당연히 리스크를 그만큼 더 떠안아야 했다. 뱅커스 트러스트는 처방전을 내놓았다. 그것은 깁슨과 거래했던 미국 재무부 채권 연계 스왑과 비슷한 종류의 복잡한 거래였다.

피앤지처럼 규모도 크고 노숙한 기업이 금리에 베팅하기 위해 깁슨과 같은 수준의 수수료를 내고 뱅커스 트러스트와 거래를 했다는 점은 얼핏 납득하기 어렵다. 그러나 파커는 깁슨의 재무 책임자였던 존슨과 마찬가지로 처음부터 봉이 될 소지를 분명히 드러냈다. 얼마 지나지 않아 허드슨은 자신이 피앤지를 방문해 그곳 사람들과 얼마나 순탄하게 협상을 벌였는지를 이야기해 뱅커스 트러스트의 동료들을 즐겁게 해줄 수 있었다.

허드슨은 자신이 피앤지의 파커에게 제안한 거래의 내용을 설명하면서 자랑했고, 그 내용이 녹음됐다. 녹음된 내용을 들어보면 허드슨은 "지금 800만 달러짜리 거래가 벌어지고 있다"고 했다. 이는 곧 그가 피앤지와 단 한 건의 거래를 하는 것만으로 800만 달러의 수익을 거둘 수 있다는 말이었다. 입이 떡 벌어진 그의 친구는 "환상적"이라고 말했다. 그러자 허드슨은 "나도 알아. 환상적이고말고. 몽정과 같은 것이지"라고 대꾸했다.

찰리 샌포드의 압박이 기대했던 효과를 낳고 있었던 셈이다. 그의 '똑똑한 젊은이들'은 공격적으로 거래를 만들어냈고, 뱅커스 트러스트는 전례가 없는 이익을 올렸다. 거래 상대방인 기업들이 복잡한 스왑 거래를 잘 알지 못했던 덕분이었다. 당시 1%의 수수료는 '1포인트'라고 불렸는데, 이것만으로도 상당한 수익을 올릴 수 있었다. 그러나 뱅커스 트러스트는 전례 없는 거액의 거래들에서 그 이상 몇 포인트씩의 수수료 수입을 올렸다. 거래 상대방 기업들은 이제 '고객'이 아니라 뱅커스 트러스트의 속임수에 당하는 봉이었다.

　뱅커스 트러스트의 한 전직 임원은 이렇게 말했다. "트레이딩 룸에서 젊은 친구들이 어떻게 자신이 고객을 등쳐먹었는지에 대해 너스레를 떨었다. 그들은 경기에서 이긴 운동선수들처럼 손바닥을 마주쳤다. 후배 직원이 선배 직원에게 '나도 이 고객에게서 최대한 수수료를 뽑아낼 수 있다'고 말하면 그 선배 직원은 '그래? 그럼 쥐어짜 봐!' 라고 대답했다."

　당시 뱅커스 트러스트는 신입 직원들 대상의 교육용 비디오테이프를 만들었다. 이 비디오테이프에는 뱅커스 트러스트, 소니, IBM 등 세 회사가 가상의 파생상품 거래를 한 것을 한 직원이 설명하는 내용이 들어있었다. 뱅커스 트러스트의 간부들은 이 부분은 그저 하나의 풍자였을 뿐이라고 말했지만, 어쨌거나 비디오테이프 속의 직원은 이렇게 말한다. "뱅커스 트러스트가 소니와 IBM을 위해 할 수 있는 일은 중간에 끼어들어 그들 사이를 벌려 얼마간 돈을 뜯어내는 것이다." 그리고 이 말을 한 직원은 갑자기 소리친다. "그 필름 내놔! 사진 찍는 걸 이제야 알았네."

　뱅커스 트러스트의 전직 임원으로 파생상품 판매 책임자를 지낸 여성 벨리타 옹은 당시 뱅커스 트러스트는 회사 내부에 "도덕 불감증 문화"를 조성했다고 회고했다. 그녀는 "고객들에게 좋지 않은 일이라도 그것이 회사에 많은 돈을 벌어주는 것이라면 간부들이 직원들에게 그렇게 하도록 부추겼다"고 말했다. 또 한 세일즈맨은 이렇게 말하기도 했다. "어이없는 일이었다. 고객을 꼬여놓고 후려 먹었다"고 말했다.

　벨리타 옹이 바로 샌포드가 양육한 젊은이들을 가리켜 "대부분 여자친구도 없는 친구들"이라고 말한 사람이다. 그러나 피앤지와의 거래를 담당했던 말 잘하는 세일즈맨 허드슨에게는 결혼까지 약속한 여자친구가 있었다. 그녀의 이름은 앨리슨 버나드였고, 허드슨과 마찬가지로 뱅커스 트러스트의 영업직원이었다. 허드슨은 버나드에게 자주 전화를 걸어 자신이 피앤지를 어떻게 후려 먹고 있는지를 자세하게 설명했다. 그들의 통화 내용은 다 녹음됐다.

허드슨은 피앤지가 뱅커스 트러스트와 스왑 거래를 하도록 설득하는 데 마침내 성공한 직후 신이 나서 버나드에게 전화를 걸어 이렇게 말했다. "올해 우리 회사에서 제일 큰 거래를 오늘 내가 성사시켰어."

허드슨이 성사시킨 스왑 계약에서 피앤지는 2억 달러에 대해 '시피 마이너스 40 비피', 다시 말해 '기업어음 지수에서 40bp를 뺀 숫자' 만큼의 금리를 지급하기로 했다. 이런 금리 설계는 피앤지가 다소 손실을 볼 수도 있지만 대체로 피앤지가 원하는 수준인 '기업어음 지수 마이너스 40bp' 에서 금리 부담의 크기를 묶어두기 위한 것이었다. 대신 피앤지는 시장금리가 오를 경우 뱅커스 트러스트가 이익을 볼 수 있도록 해주는 풋 옵션을 뱅커스 트러스트에게 팔기로 했다. 이로써 금리가 오를 경우 피앤지는 다음과 같은 산식에 따라 계산되는 금리를 지급해야 했다.

[98.5×(5년 만기 미국 재무부 채권 수익률÷5.78%)—30년 만기 미국 재무부 채권 가격]÷100

독자들이 여기서 책장을 덮지 않기를 바란다. 이 책을 읽는 독자들이 굳이 이런 복잡한 산식이 무엇을 의미하는지를 정확하게 이해할 필요는 없다. 다만 이 산식에는 두 가지 변수가 들어있다는 점에만 주목하자. 하나는 5년 만기 미국 재무부 채권 수익률이고, 다른 하나는 30년 만기 미국 재무부 채권 가격이다. 채권의 수익률과 가격은 반대 방향으로 움직인다. 쉽게 말해 채권을 싸게 살수록 그 채권으로 거둘 수 있는 수익률이 그만큼 더 높아진다는 것이다.

위의 산식에는 5년 만기 미국 재무부 채권의 '수익률' 과 30년 만기 채권의 '가격'이 등장하지만, 30년 만기 채권의 '가격' 대신 '수익률'을 집어 넣는 것도 얼마든지 가능할 것이다. 그런데 왜 굳이 30년 만기 채권의 수익률이 아니라 가격을 사용했을까? 5년 만기 재무부 채권의 수익률을 5.78%로 나누고 98.5로 곱한 것은 무엇 때문이며, 끝에서 100으로 나눈 것은 왜일까? 이런 각 요소들은 그저 이 거래를 실제보다 더 매력적으로 보이도록 하기 위한 이른바 '매혹적인 눈'일 뿐이었다. 산식에 들어있는 98.5와 5.78은 각각 5년 만기 미국 재무부 채권의 가격 및 수익률과 비슷한 수치였다. 이런 요소들은 피앤지로 하여금 이 거래의 리스크보다 미국 재무부 채권의 시장가격에 더 많은 관심을 기울이게 만드는 것이었다.

사실은 위 산식에 들어있는 각 숫자들은 아무런 의미도 없는 것이었다. 노련한 투자자라면 98.5를 5.78로 나눈 값을 다시 100으로 나눠보고, 그 결과가 17.04%라는 점을 확인해볼 것이다. 다시 말하면 위 산식에 내재된 승수효과 또는 레버리지는 무려 17배나 된다는 것이다. 산식에서 30년 만기 미국 재무부 채권의 수익률이 아닌 가격이 사용됐다는 점에 대해서도 같은 이야기를 할 수 있다. 눈치 빠른 투자자라면 산식에 들어있는 채권 가격을 수익률로 바꿔보려고 할 것이다. 같은 것끼리 나열해야 서로 비교할 수가 있기 때문이다. 어쨌든 채권의 가격은 수익률보다는 훨씬 큰 숫자이기 때문에 가격으로 표현된 30년 만기 미국 재무부 채권 항목도 레버리지가 매우 크다.

다시 말하면 피앤지가 위 산식으로 뱅커스 트러스트와 체결한 2억 달러짜리 스왑 거래는 따지고 보면 5년 만기 수익률과 30년 만기 수익률이 낮은 수준에서 유지될 것이라는 데 대해 34억 달러짜리 베팅을 한 것과 같다. 5년 만기 금리가 5.78%, 30년 만기 채권의 가격이 계약 당시의 수준에서 그대로 유지된다고 한다면 위 산식의 값은 거의 영(0)에 가깝게 된다. 그러나 금리가 상승한다면 경계해야 한다.

피앤지에서 누군가가 이런 계산을 한번이라도 해봤는지는 불분명하다. 피앤지의 회장을 지낸 에드윈 아르츠트는 이 스왑을 산 직원을 가리켜 "멍청한 촌놈"이라고 했고, 거래의 내용을 파악하기 위해 필요한 자문을 구할 생각도 하지 않은 무능함을 꾸짖었다. 경제지 〈포천〉의 노련한 기자인 캐롤 루미스는 피앤지의 관련 직원 두 명을 인터뷰한 뒤 이런 결론을 내렸다. "간단히 말해 둘 다 그들이 허드슨에게 산 파생상품을 제대로 알지 못하고 있었다."

뱅커스 트러스트의 어느 누구에게도 피앤지는 어리숙하게 보였을 것이 분명하다. 이익을 결산해본 결과 뱅커스 트러스트는 피앤지와의 이 거래 한 건으로 760만 달러를 벌었다. 허드슨이 상관인 잭 래빈에게 이 거래에 관해 보고하자 래빈은 "자지러지겠구먼!"이라고 말한 것으로 알려졌다. 그러나 허드슨의 애인인 버나드는 좀 다른 반응을 보였다.

버나드: 하나님 맙소사! 자신들이 무슨 짓을 했는지 알까?

허드슨: 전혀 모를 거야. 스왑 거래를 했다는 건 알겠지만, 계산식이 무슨 뜻인지는 모를 거야.

버나드: 그들이 알 턱이 없지. 그걸로 돈이 얼마나 빠져나갈 건지 결코 알지 못할 거야.

허드슨: 그래, 알 리가 없어. 그게 바로 뱅커스 트러스트가 하는 거래의 특징이지.

1994년 말에 피앤지는 뱅커스 트러스트와 또 하나의 스왑 거래를 했다. 이것도 복잡하기는 마찬가지였다. 그 내용은 독일의 금리가 낮게 유지될 것이라는 데 베팅하는 것이었다. 이 거래의 레버리지는 10배였다. 허드슨은 불과 1년 만에 이런 식의 거래들로 2500만 달러의 수수료 수입을 올렸다. 이쯤 되자 그의 애인이 걱정하기 시작했다.

버나드: 자기가 곤란해질 것 같아. 다치면 어떻게 해?

허드슨: 나야 원래 처벌을 감수하고 궂은일 다 하는 사람 아냐. 이 건으
로 돈을 벌겠어.

버나드: 직장도 고객도 다 잃을 텐데. … 갈수록 욕심만 더 커지는 것
같아.

이 거래의 레버리지를 감안할 때 그 베팅 규모는 미국 정부와 독일 정
부의 부채 전체에서도 상당한 비중을 차지할 정도였다. 만약 피앤지가 깁슨
처럼 조기에 계약을 파기한다면 전 세계 국채시장을 뒤흔들 것이 분명했다.

허드슨과 폰커넬

피앤지의 데인 파커만이 이 복잡한 스왑 거래의 가치를 제대로 평가하지
못한 게 아니었다. 케빈 허드슨도 마찬가지였다. 그가 파커에게 "피앤지와
의 거래에 들어있는 옵션의 가치를 평가하는 컴퓨터 모델은 내가 만든 게
아니다"라고 말한 것은 그도 가치 평가를 할 수 없음을 고백한 것이나 다름
없었다.

피앤지와의 거래에 대한 가치 평가는 허드슨이 아닌 뱅커스 트러스트
의 한 트레이더가 했다. 이 트레이더는 허드슨이 피앤지에서 수익을 짜낸
것과 마찬가지로 허드슨으로부터 돈을 짜냈다. 이 트레이더의 이름은 길롬
앙리 앙드레 폰커넬이었다. 폰커넬은 1990년 6월 첫 직장으로 뱅커스 트러
스트에 입사해 스왑 트레이더로 일하기 시작했고, 1993년 11월에는 뉴욕의
시니어 트레이더로 승진했다.

1993년 10월 케빈 허드슨은 폰커넬의 부하 트레이더였던 캐시 커비드와 함께 피앤지와의 거래를 다루고 있었다. 그런데 피앤지와의 첫 거래가 성사되기 하루 전인 11월 1일 커비드는 미국을 떠났고, 폰커넬이 커비드의 역할을 넘겨받았다. 피앤지와의 스왑 계약은 성사됐지만 이 거래에서 뱅커스 트러스트가 과연 얼마나 벌었는지가 문제로 대두됐다. 앤디 크리거가 자신의 통화옵션 거래에 대한 평가를 해야 할 필요성에 부닥쳤던 것처럼, 폰커넬도 피앤지와의 스왑 계약 안에 들어있는 복잡한 풋 옵션의 가치를 평가해야 했다.

투자은행의 세일즈맨이 어떤 거래를 성사시키면 트레이더로부터 그 거래의 가치를 평가받아야 한다. 거래에 따른 수수료는 세일즈맨의 실적이 되고, 거래 차익은 트레이더의 실적이 된다. 만약 어느 한 거래에 대해 트레이더가 90달러로 평가하고 세일즈맨에게 95달러를 거래 기준 가격으로 제시했는데 세일즈맨이 100달러에 팔았다고 하면 뱅커스 트러스트는 10달러의 이익을 낸 것이고, 트레이더와 세일즈맨은 각각 5달러씩의 이익을 낸 것이 된다. 그런데 이 경우 트레이더가 세일즈맨에게 기준가격을 97달러에 제시했다면 그 트레이더는 더 많은 7달러의 이익을 낸 것으로 보고할 수 있지만 세일즈맨이 보고할 수 있는 이익은 3달러에 그치게 된다. 어느 쪽이든 뱅커스 트러스트의 이익은 10달러로 변함이 없지만 두 번째 경우에는 세일즈맨이 실적 평가를 낮게 받을 수밖에 없다.

월스트리트는 무자비한 경쟁의 세계이고, 트레이더는 세일즈맨이 성사시킨 거래의 가치에 대해 거짓말을 하기 일쑤다. 특히 복잡한 거래일수록 이런 거짓말이 심하다. 트레이더들은 세일즈맨들이 거래의 가치를 스스로 평가할 능력이 없다는 점을 악용하는 것이다. 이에 따라 투자은행 경영진으로서는 트레이더들이 정직하게 가치 평가를 하도록 하는 동시에 그들과 세일즈맨들 사이에 적절한 힘의 균형이 이루어지도록 해야 한다는 과제를 안고 있다.

크리거의 통화옵션 거래와 마찬가지로 피앤지와의 첫 스왑 거래도 그 가치가 변동성에 의해 좌우되는 것이었다. 당시에는 시장에서 변동성이 공식적으로 측정되지 않고 있었다. 각 트레이더가 스스로 알아서 스왑 계약에 포함된 옵션과 유사한 옵션의 가격대와 과거 데이터를 살피고, 그것을 블랙-숄스 모델과 같은 옵션 가격 모델에 집어넣어 변동성을 추정해볼 수밖에 없었다. 트레이더는 이런 과정을 통해 얻게 된 '내재 변동성(implied volatility)'의 수치를 스프레드시트 프로그램이나 스왑 가치 평가를 위해 고안된 스왑 가치 산정 모델에 집어넣었다.

샌포드는 이런 점과 관련된 뱅커스 트러스트 내부의 통제를 강화하기 위해 후선 지원부서인 정산팀으로 하여금 트레이더들의 거래 내용을 매일 시가평가하도록 했다. 따라서 피앤지와의 스왑 거래에 대해서도 정산팀에서 누군가가 매일 그 가치를 시가로 평가해 보고했을 것이다. 이렇게 나온 수치들은 은행 전체의 리스크를 평가하는 일일 보고서를 작성하는 토대가 됐다. 샌포드는 10페이지짜리로 작성되는 이 보고서를 매일 제출받았다. 크리거 사건은 이렇게 산정되고 취합되는 수치들의 정확성 유지에 대한 중요성을 크게 부각시켰고, 그 후 5년 반에 걸쳐 뱅커스 트러스트는 내부 통제 시스템을 강화해왔던 것으로 알려졌다.

피앤지와 첫 번째로 거래한 스왑의 가치는 두 가지 변수에 의존하는 것이었다. 그것은 5년 만기 미국 재무부 채권 수익률의 변동성과 30년 만기 미국 재무부 채권 가격의 변동성이었다. 이 스왑은 거래 규모가 워낙 컸기 때문에 이 두 가지 변동성이 단 1포인트만 바뀌더라도 그것이 뱅커스 트러스트에 미치는 수익의 변동은 300만 달러에 이를 것이었다.

케빈 허드슨이 받게 될 보수는 거래가 성사된 시점에 평가된 이익을 뜻하는 '신규거래 이익'을 근거로 결정됐다. 따라서 폰커넬의 입장에서는 허드슨의 신규거래 이익 규모를 줄여 잡을수록 자신의 거래 이익이 커지고, 그래야 보너스도 많이 받을 수 있었다.

피앤지와의 거래가 성사되기 직전에 5년 만기 재무부 채권 수익률의 변동성은 18, 그리고 30년 만기 미국 재무부 채권 가격의 변동성은 10이었다. 폰커넬은 정산팀에 이들 변동성을 각각 1포인트씩 낮춰 잡도록 통보했다. 이로 인한 스왑 거래의 이익 축소액은 300만 달러 정도였다.

피앤지와의 거래가 성사된 다음 날 폰커넬은 정산팀에 5년 만기 미국 재무부 채권 수익률의 변동성을 다시 1포인트 올려 18로 복귀시킬 것을 통보했다. 그런데 정산팀에서 이런 통보를 잘못 알아듣고 5년 만기가 아닌 3년 만기 미국 재무부 채권 수익률의 변동성을 1포인트 상향조정하는 실수를 저질렀다. 이 실수는 뱅커스 트러스트의 직원들이 3년 만기 미국 재무부 채권을 '로시(Losh)', 5년 만기 미국 재무부 채권을 '보시(Bosh)'라는 별명으로 불렀던 탓이었다. 두 별명의 발음이 비슷해 잘못 알아듣는 착오가 생긴 것이다. 정산팀의 실수는 나중에 시정됐다. 뱅커스 트러스트의 직원들이 로시와 보시를 혼동했다는 사실은 첨단 리스크 관리에는 걸맞지 않는 일이었다. 어쨌든 이 실수는 샌포드의 노력에도 불구하고 내부통제가 그다지 개선되지 않았음을 보여주는 것이었다.

며칠 뒤 폰커넬은 다시 정산팀에 30년 만기 미국 재무부 채권 가격의 변동성도 10으로 환원해줄 것을 통보했다. 이처럼 거래의 성사를 전후해 두 가지 변동성 수치를 하향조정했다가 다시 상향조정하는 것을 통해 허드슨의 실적은 300만 달러가 줄어든 대신 폰커넬의 실적은 같은 액수만큼 불어났다. 허드슨이 폰커넬의 이런 농간을 스스로 알아차렸는지 여부는 불분명하다. 어쨌든 누구도 허드슨에게 그런 사실을 알리지 않았고, 허드슨은 1993년도에 보너스를 포함해 모두 150만 달러의 보수를 지급받았다.

샌포드식 경영

샌포드 회장도 그동안의 노력에 대해 충분한 보상을 받았다. 경제지 〈포천〉의 계산에 따르면 그가 1990년도에 받은 보수는 스톡옵션을 포함해 모두 500만 달러가 넘었다. 〈포천〉이 기업 최고경영자들의 보수를 회사 주가와 비교해본 결과를 보면 샌포드는 이 해에 미국에서 13번째로 '과다한 보상'을 받은 최고경영자였고, 바로 위인 12위는 엔론의 케네스 레이가 차지했다. 샌포드는 그 후에도 몇 년간 이 해와 비슷한 수준의 보수를 받았다.

재무적 기준에서 본다면 샌포드는 받은 보수만큼 일을 한 최고경영자였다고 말할 수도 있다. 뱅커스 트러스트는 1990년부터 1993년까지 미국의 주요 은행들 가운데 가장 수익성이 높았고, 이익 가운데 3분의 1은 스왑 등 파생상품에서, 또 다른 3분의 1은 트레이딩에서 나온 것이었다. 이 기간에 뱅커스 트러스트의 자기자본 수익률은 매년 20%를 웃돌았는데, 이는 다른 일반적인 은행의 두 배 수준이었다.

그럼에도 뱅커스 트러스트의 주가는 변변치 않았고, 바로 이 점 때문에 샌포드는 과다보상을 받았다는 비판을 들어야 했다. 크리거 사건으로 한번 데인 증권 애널리스트들은 뱅커스 트러스트를 더 이상 믿으려 하지 않았다. 일부 노련한 투자자들은 뱅커스 트러스트가 내놓는 현란한 재무제표는 그만큼 더 큰 문제를 가져올 것이라고 생각했다. 이런 이유들로 인해 뱅커스 트러스트의 주가를 주당 이익으로 나눈 주가수익배율(PER)은 고작 8 정도에 지나지 않았다. 다른 은행들의 주가수익배율은 그 두 배 수준이었다. 샌포드는 평소 최고경영자의 실적을 평가하는 데 가장 중요한 단일의 요소를 들어보라면 그것은 바로 주가라고 말하곤 했다. 그 스스로의 기준에 비추면 그는 실패한 경영자였다.

샌포드 회장은 단 몇 년 만에 애초 자신이 약속한 대로 뱅커스 트러스트를 혁신적으로 바꿔놓았다. 그러나 이 같은 뱅커스 트러스트의 변신은 그 대가를 지불하도록 했다. 주주들은 임직원들만큼 혜택을 보지 못했다. 그리고 단기 실적과 상품 중심의 문화는 뱅커스 트러스트에 파괴적인 영향을 끼쳤다.

뱅커스 트러스트는 신기술과 금융혁신이 환상적인 방식으로 새로운 종류의 리스크를 부담할 수 있게 해줌으로써 상당한 이익을 창출해낼 수 있음을 입증했다. 유럽의 투자자, 캐나다의 은행, 일본의 보험회사를 연결시킨 주식 파생상품에서부터 깁슨의 제곱 스왑, 피앤지의 복잡한 30억 달러짜리 베팅에 이르기까지 파생상품의 활용 가능성은 무한해 보였다.

뱅커스 트러스트의 파생상품 부문 책임자였던 브라이언 월시는 나중에 "뱅커스 트러스트는 고객들의 진정한 수요를 도외시하고 복잡한 고마진 상품을 지나치게 중시했다"고 인정했다. 그는 "내 가슴을 짓눌렀던 것은 우리가 고객을 이해하려고 하기보다는 상품과 사랑에 빠졌다는 점이었다"고 말했다. 하지만 샌포드가 끊임없이 "다음 건수는 뭐냐"고 닦달하는 상황에서 뱅커스 트러스트의 임직원들은 그런 태도를 가질 수밖에 없었다.

뱅커스 트러스트는 단기 수익을 지나치게 강조하면 직원들이 수단과 방법을 가리지 않는 불량배가 될 수밖에 없다는 사실을 보여주었다. 샌포드는 게리 미스너, 미첼 바스케스, 케빈 허드슨 등 직원들을 통제할 수 없었고, 그의 고객들은 깁슨의 짐 존슨이나 피앤지의 데인 파커에 대한 경계심을 유지할 수 없었다. 또한 후선 지원부서인 정산팀은 복잡한 옵션 거래의 가치를 제대로 평가하지 못했다. 샌포드가 몇 년 전 크리거 사건이 터진 뒤부터 내부통제 시스템을 보강해왔음에도 뱅커스 트러스트는 이런 모든 상황을 예방하지 못했다.

그런가 하면 규제당국은 국제스왑딜러협회의 강력한 로비에 밀리면서 아예 무대에서 사라져 보이지 않을 지경이 됐다. 그리고 주주들은 방만한 거래들을 눈치 채지 못했다. 유일하게 남은 감시자는 애널리스트들뿐이었다. 적어도 그들은 뱅커스 트러스트의 주가 상승을 억제하는 역할을 함으로써 이 투자은행으로 하여금 정직성을 유지하도록 압박을 가했다.

1988년부터 1994년까지 뱅커스 트러스트의 문화는 주주나 고객들이 아닌 임직원들에게 이로운 방향으로 변했다. 뱅커스 트러스트가 깁슨과 피앤지에 어떤 스왑 상품을 팔았는지는 1994년에 온 세상에 알려졌다. 그러나 한 가지 의문은 풀리지 않은 채 남았다. 그것은 복잡성의 증가, 통제력의 상실, 규제완화 등의 변화가 뱅커스 트러스트 외의 다른 금융회사들에는 어떤 영향을 끼칠까 하는 점이었다. 달리 말하면, 만약 뱅커스 트러스트의 문화를 다른 금융회사에 옮겨놓는다면 그 금융회사에는 어떤 일이 벌어질까 하는 의문이었다.

이런 의문은 단지 가설적인 것만은 아니었다. 뱅커스 트러스트의 파생상품 대가인 앨런 휘트는 1990년 뱅커스 트러스트를 떠나 퍼스트 보스턴으로 자리를 옮겼다. 그는 무기력하게 쇠퇴하던 퍼스트 보스턴의 투자은행 부문에 뱅커스 트러스트의 공격적인 문화를 이식해 배양하기 시작했다. 휘트가 퍼스트 보스턴에 출근하기 시작한 지 몇 달 뒤 이 은행에서 더욱 환상적인 금융상품들이 탄생하기 시작했다.

3장

휘트
퍼스트
증권회사

앨런 휘트

1990년 2월 앨런 휘트가 퍼스트 보스턴으로 자리를 옮기기 전에 이 투자은 행은 추락의 악순환에 빠져 있었다. 퍼스트 보스턴은 1986년에 미국 재무 부 채권 투자에서 1억 달러의 손실을 냈고, 1987년에는 주식 투자로 6000만 달러를 날렸다. 1988년에는 수익성 높은 기업 인수합병 부문의 공동 책임 자였던 브루스 바서슈타인과 조지프 퍼렐러가 회사를 떠났다. 1989년에는 기업 인수합병에 관련된 회사들에 제공한 여신들에서 10억 달러의 손실을 보았다. '불타는 침대' 라는 이름으로 불린 한 거래에서는 은행 자기자본의 40%나 되는 4억 5000만 달러를 오하이오 매트리스라는 단 하나의 기업에 대출해 주는 어리석은 짓을 저질렀다.

누적된 손실로 부실화된 퍼스트 보스턴은 1990년에 스위스의 대형 상 업은행인 크레디 스위스에 자사 지분의 45%를 넘겨주고 3억 달러의 자금 지원을 받았다. 양도한 지분이 45%에 그친 것은 투자은행 업무와 상업은행 업무를 분리시킨 글래스-스티걸 법이 그 이상은 허용하지 않았기 때문이었다. 어쨌든 이때의 지분 양도를 계기로 퍼스트 보스턴의 회사 이름은 '크레디 스위스 퍼스트 보스턴(CSFB 또는 'CS 퍼스트 보스턴' 으로 약칭)으로 바뀌게 된다.

몇 년 동안 계속 저조한 실적에 허덕여온 퍼스트 보스턴의 사내 분위기는 말이 아니었다. 임직원들의 사기는 땅에 떨어져 있었고 내부갈등으로 뒤숭숭했다. 너무나 많은 임직원들이 회사를 떠나 '퍼스트 보스턴' 이 아니라 '세컨드 보스턴' 이라는 비아냥거림도 들어야 했다. 그러나 퍼스트 보스턴은 여전히 잠재력이 있는 금융회사였다. 1940년대부터 1985년까지 계속해서 투자은행 업계의 선두 그룹에서 벗어나지 않은 회사는 퍼스트 보스턴과 모건 스탠리 두 곳뿐이었다. 새로 대주주가 된 크레디 스위스는 과거 퍼스트 보스턴의 영광을 재현할 수 있기를 바랐다.

퍼스트 보스턴이 그렇게 되기 위해서는 새로운 인재를 영입하는 게 급선무였다. 특히 거의 발도 들여놓지 못한 파생상품 분야에 뛰어들기 위해 외부 인재를 스카우트해야 했다. 퍼스트 보스턴의 경영진은 당시 파생상품 분야에서 선두를 달리고 있던 뱅커스 트러스트에 눈길을 돌렸다. 뱅커스 트러스트가 팔던 스왑은 당시 아주 빠른 속도로 성장하고 있던 넓은 의미의 파생상품들 가운데 하나였다.

앨런 휘트는 이른바 '로켓 과학자' 가 아니었다. 하지만 그의 아버지는 핵물리학자였다. 휘트는 훗날 자기 아버지에 대해 "그는 뭐든지 폭파하듯 문제를 일으키는 사람이었다. 때문에 우리 가족은 빚을 지고 다른 곳으로 이사하곤 했다. 그래서 나는 학기 중에 전학하는 경우가 많았다"고 회상했다. 휘트는 잦은 전학으로 수학 공부를 제대로 하지 못했지만 대신 재치가 있었고 수익성 있는 사업기회의 냄새를 맡는 데도 능했다.

휘트는 뉴욕대학에서 경영학 석사학위(MBA)를 받았고 앤디 크리거와 찰리 샌포드가 다녔던 와튼도 다녔다. 그는 케미컬 은행에서 재무부서 차장이 되기도 했지만 2~3년 일하다가 그만두었다. 케미컬 은행을 그만둔 이유에 대해 그는 "월급이 너무 적었다"며 "그때는 이상하게도 일반 기업이 금융회사보다 월급을 더 많이 줬다"고 말했다. 그는 그 후 8년 동안 제너럴 푸즈라는 식료품 회사의 재무팀에서 일했고, 거기서 금융회사를 하나 설립해 은행과 직접 거래하기도 했다. 그 후 상황이 바뀌어 금융회사가 일반 기업보다 직원들에게 더 많은 보수를 지급하기 시작하자 그는 제너럴 푸즈를 그만두고 뱅커스 트러스트로 직장을 옮겼다.

휘트는 오로지 한 가지, 즉 돈에 집중했다. 그의 한 동료는 이렇게 말했다. "그는 내가 그동안 만나본 사람들 가운데 가장 드러내놓고 자기중심적인 사람임을 자처하는 인물이었다. 그는 돈을 버는 것을 현재와 미래의 유일한 인생 목표로 삼고 있었다. 그는 오로지 부자가 되고 싶어 했다." 이런 평은 욕이 아니라 칭찬이었다. 1980년대 월스트리트에서는 돈에 대한 집착은 미덕이었지 결코 죄가 아니었다.

휘트는 1980년대 초에는 뱅커스 트러스트의 스왑 부문을 이끌었고, 1984년에는 옵션과 증권 사모발행 부문을 떠맡았으며, 1986년 이후에는 일본 도쿄에서 이 투자은행의 아시아지역 영업을 총괄했다. 돈에 대한 그의 집착은 효력을 발휘해 그의 손길이 간 곳에서는 적지 않은 수익이 발생했다. 그는 회사에서 인기가 좋았고, 부하 직원들은 그를 편하게 생각했다. 그는 싱가포르 현지법인을 방문했을 때 말단 직원들과 주사위 놀이를 하면서 농담을 주고받기도 했다. 그의 단점은 고객을 존중할 줄 모른다는 것이었다. 그러나 뱅커스 트러스트의 직원들 가운데 고객을 무시하지 않은 사람이 누가 있었던가?

그러나 찰리 샌포드 회장은 6인 경영위원회를 구성할 때 휘트를 기용하지 않고, 대신 그와 동년배인 유진 생크스를 기용했다. 그러자 경제주간지 〈이코노미스트〉는 휘트를 "재치 있는 말에 능한 아웃사이더"라고 묘사했다. 휘트는 이유가 무엇이었든 그런 푸대접에 기분이 상했다.

1990년 2월 9일 휘트는 동료에게 "며칠간 스키를 타고 오겠다"는 말을 남기고 런던의 뱅커스 트러스트 사무실을 나섰다. 사흘 뒤 그는 샌포드 회장에게 전화를 걸어 사직 의사를 밝혔다. 그로부터 2시간도 채 지나지 않아 퍼스트 보스턴은 주요 언론사들에 팩스로 보도자료를 보냈다. 거기에는 휘트가 9년 동안 재직한 뱅커스 트러스트를 떠나 퍼스트 보스턴으로 자리를 옮긴다는 내용이 씌어 있었다. 마치 샌포드가 그를 무시한 게 얼마나 잘못된 판단이었는지를 보여주려는 것 같았다.

〈데일리 텔레그래프〉의 기자인 헬렌 던과 런던에서 가진 인터뷰에서 휘트는 여가시간에 어떤 취미생활을 하는지에 대한 질문에 이렇게 답했다. "나는 건설적인 취미는 전혀 갖고 있지 않다. 다시 말하자면 도자기를 만드는 일 따위는 하지 않는다." 냉소적이면서 은행일 외에는 아무런 관심도 취미도 없는 이 41살의 남자는 퍼스트 보스턴에게는 아주 이상적인 인재의 모습이었다.

1980년대는 이미 저물었고, 영화 〈월스트리트〉에 나오는 말쑥한 모습의 트레이더들을 실제로 월스트리트에서 보기는 점점 더 어려워지고 있었다. 그러니 몸집이 작고 냉소적이며 사람들의 경계심을 누그러뜨리는 농담을 할 줄 아는 휘트와 같은 인물이 퍼스트 보스턴에서 슈퍼스타가 된다고 해서 이상할 것은 하나도 없었다. 그는 영화 〈월스트리트〉의 등장인물로 기만과 책동을 일삼는 중개인 고든 게코보다는 〈돈을 갖고 튀어라〉의 우디 앨런과 같은 인물이었다.

CSFP

앨런 휘트는 퍼스트 보스턴에서 곧바로 두 가지 과제를 부여받았다. 하나는 도쿄 현지법인의 손실을 중단시키는 것이었고, 다른 하나는 파생상품 부서를 새로 설립하는 것이었다. 휘트는 첫 번째 문제를 해결하기 위해 이후 4년 동안 런던과 도쿄를 시계추처럼 오가야 했다. 다행히 그는 비행기 안에서 잠을 자는 일이 그다지 어렵지 않았다.

휘트가 부여받은 두 가지 과제는 서로 연관된 것이었다. 뱅커스 트러스트의 파생상품 거래 이익도 상당 부분이 아시아에서 나왔다. 그리고 그 가운데는 주식투자가 금지된 일본 생명보험회사들에게 주식 파생상품을 파는 데서 나오는 수수료 수입이 큰 비중을 차지했다.

샌포드와 마찬가지로 휘트도 상업은행 업무와 투자은행 업무를 통합하는 데서 얻을 수 있는 이점을 잘 알고 있었다. 그래서 그는 스왑 등 파생상품 업무를 전담할 자회사를 먼저 설립했다. '크레디 스위스 파이낸셜 프러덕츠(Credit Suisse Financial Products, CSFP)' 라는 이름의 이 자회사는 스위스의 상업은행과 미국의 투자은행의 합작회사 형식으로 설립돼, 양쪽 회사의 파생상품을 모두 취급했다. 그러나 경영에 대한 통제권은 크레디 스위스가 행사했다.

CSFP는 영국 런던에 본부를 두었다. 따라서 미국의 금융법규를 준수하지 않아도 됐다. 이는 CSFP에게 커다란 이점이었다. 왜냐하면 퍼스트 보스턴의 고객들은 법규의 제약으로 인해 미국의 증권회사와 거래하는 것보다 영국의 은행과 거래하는 게 비용이 덜 들기 때문이었다.

게다가 CSFP의 신용등급은 모기업인 크레디 스위스와 똑같이 최상위 등급인 '트리플 에이(AAA)' 였다. 대부분의 월스트리트 은행들에게 부여되는 신용등급보다 몇 단계 위 등급이었다. 월스트리트의 투자은행들은 대개

'싱글 에이(A)' 등급을 받는 데 그치고 있었다. CSFP가 이렇게 높은 신용등급을 받는다는 것은 본부를 런던에 두고 있다는 점 못지않게 중요했다. 왜냐 하면 CSFP의 높은 신용등급은 규제의 적용을 받는 고객들이 CSFP와 거래를 할 수 있도록 해주는 것이었기 때문이다. 이처럼 휘트는 법률 교육을 받은 적이 없었음에도 샌포드와 마찬가지로 법규를 우회하는 길을 알고 있었다.

휘트는 퍼스트 보스턴의 경영진을 설득해 CSFP에 1억 5000만 달러를 출자하도록 했고, 뱅커스 트러스트를 중심으로 다른 은행들로부터 모두 100명을 스카우트했다. 미국의 규제 회피는 물론 CSFP의 위험 부담과 가격 책정 기능은 런던 본사가 맡게 됐지만, 이 회사의 마케팅 활동은 주로 뉴욕에서 이뤄졌고 세일즈맨들도 대부분 뉴욕에 배치됐다. 휘트는 CSFP의 출범에 대단히 기뻐했다. 그는 한 기자에게 "우리 회사는 반드시 크게 성공할 것이다. 우리의 목표는 시장에서 베스트가 되는 것"이라고 말했다.

영국은행은 1990년 7월 16일 CSFP에 인가를 내주었고, 휘트는 바로 그날 하루에 CSFP를 통해 4건의 거래를 성사시켰다. 그가 CSFP를 설립하겠다는 구상을 한 뒤 영국은행의 인가를 받기까지는 불과 5개월밖에 걸리지 않았다.

영국은행의 인가가 나온 7월에 CSFP는 런던의 한 지방자치단체인 해머스미스 앤드 풀햄이 72건의 금리스왑 거래를 벌여놓고도 수억 달러에 이르는 대금 지급을 거부하고 있다는 사실을 알게 됐다. 해머스미스 앤드 풀햄은 법규상 그 같은 거래는 애초부터 할 수 없는 것이었기에 대금 지급을 할 수 없다고 버텼다. 실무자들이 그런 거래를 했더라도 법규가 지방자치단체에 대해 허용하는 범위를 벗어난 것이기 때문에 당연히 무효라는 주장이었다.

이 사건은 막 출범한 CSFP에게 아주 중요한 교훈을 주는 것이었다. 그것은 거래의 상대방이 파생상품을 거래할 법적 권한을 보유하고 있는지 여부를 미리 확실하게 따져보고 거래에 나서야 한다는 교훈이었다. 특히 영국에서는 미국의 금융회사들에 비해 이런 점에 훨씬 더 유의해야 했다.

몇 달 뒤 CSFP는 뉴욕주의 금융감독 당국으로부터도 인가를 받았다. 이제 뉴욕에서도 공식적으로 영업을 시작할 수 있게 된 것이다. 영국은행의 인가가 나온 첫 날과 마찬가지로 뉴욕주의 인가가 나온 날에도 CSFP는 4건의 거래를 성사시켰다. 물론 4건 모두 그 상대방은 파생상품을 거래할 법적 권한을 보유하고 있음이 사전에 확인됐다.

미국 시장에서는 트리플 에이라는 높은 신용등급은 아주 중요한 강점이었다. 따라서 CSFP는 뉴욕에서 영업활동을 개시할 때 언론사에 돌린 보도자료의 첫 대목에서 자사의 신용등급이 트리플 에이라는 점을 강조했다. 트리플 에이의 신용등급을 확보한 휘트는 뱅커스 트러스트의 거래 방법을 일부 수정하는 것만으로 훨씬 더 많은 수익을 거둬들일 수 있었다.

이로써 1987년 이후 시작된 금융시장 혁신이 또 한 번 변화를 일으킬 준비가 다 된 셈이었다. 아울러 그 같은 변화에서 신용등급이라는 것이 중심적인 역할을 하게 된다. 그러나 왜 그런지에 대해 당시의 금융시장 참여자들은 거의 이해하지 못하고 있었다. 그로부터 10년 후 신용등급은 한층 더 중요해지게 되고, 엔론을 비롯한 여러 기업들의 파산에 신용등급이 중심적인 역할을 하게 된다.

신용등급을 매기는 신용평가 업계는 무디스 인베스터스 서비스(Moody's Investors Service, 무디스)와 스탠더드 앤드 푸어스(Standard & Poor's, 에스앤피(S&P))라는 두 회사가 선도하고 있었다. 무디스는 존 무디가 1909년 철도채권의 신용등급을 발표하기 시작하면서부터 금융시장에서 활동해 왔고, 에스앤피도 무디스가 설립된 직후 문을 열었다. 이들에 이어 피치 인베스터스 서비스(Fitch Investor's Service, 피치)가 1924년에 채권 등급 평가를 시작한 이래 신용평가 업계에서 3위의 자리를 차지하고 있었다. 피치는 그러나 회사의 규모나 금융시장에 대한 영향력 면에서는 무디스와 에스앤피에 비해서 많이 뒤처진다.

이들 3대 신용평가회사는 그다지 주목받지 못하다가 1973년 규제당국이 금융 관련 법규를 신용등급과 연결시키면서 영향력을 갖게 됐다. 금융당국은 무디스, 에스앤피, 피치만을 금융시장 규제에 활용할 신용등급을 매기는 회사로 인정했고, 이에 따라 이들 3사가 신용평가 시장을 과점하게 됐다. 이처럼 진입장벽이 쳐진 신용평가 시장에서 이들 세 회사의 수익성이 높아진 것은 당연했다.

공개 시장에서 거래되는 채권을 발행한 기업들은 거의 모두 이들 3사에 신용등급을 평가받는 데 대한 수수료를 지급했다. 신용평가 수수료는 한 건당 보통 3만~10만 달러 수준이었다. 수천, 수만 기업들이 신용평가를 받아야 했기 때문에 신용평가 3사는 사실상 앉아서 돈을 벌 수 있었다. 전설적인 투자가인 워런 버핏은 신용평가회사들이 누리는 이런 특권적인 위상을 높이 사서 아예 무디스에 투자를 했다. 2002년에 이르면 무디스의 기업가치는 대형 투자은행인 베어 스턴스보다 더 큰 수준이 된다.

〈뉴욕 타임스〉의 칼럼리스트인 토머스 프리드먼은 1996년에 이렇게 말했다. "내 생각에는 오늘날 이 세상에 두 개의 슈퍼 파워가 있다. 하나는 미국이고, 다른 하나는 무디스의 신용평가다. 미국이 폭탄으로 무엇이든 무너뜨릴 수 있다면, 무디스는 신용등급을 낮추는 방법으로 그같이 할 수 있다. 두 슈퍼 파워 중 어느 쪽이 더 강한지가 불분명한 경우도 많다."

신용등급이 왜 그렇게 중요할까? 법규와의 관계 때문이라고 할 수 있다. 미국의 규제당국은 1973년 이래 트리플 에이(AAA)에서 디(D)까지 등급을 나누고 트리플 비(BBB)를 투자적격 등급과 투자부적격 등급(또는 투기 등급)의 구분 기준으로 삼는 신용등급 체계를 전제로 한 수십 개의 법규를 만들어왔다. 이에 따라 앨런 휘트가 퍼스트 보스턴으로 자리를 옮길 즈음에는 거의 모든 금융회사들이 신용등급에 따른 제약을 받기에 이르렀다.

간단히 말해 신용등급이 높을수록 규제를 덜 받았다. 예를 들어 어떤 종류의 뮤추얼펀드들은 투자부적격 등급의 채권은 편입할 수 없었고, 보험회사들은 신용등급이 낮은 채권을 샀을 때는 상대적으로 더 많은 준비금을 쌓아야 했으며, 정부는 높은 신용등급을 유지하는 채권에 대해서만 지급보증을 해주었다.

1980년대에는 마이클 밀켄과 그의 투자은행인 드렉셀 번햄 램버트를 제외하고는 신용등급의 의미를 제대로 파악하지 못했다. 밀켄만이 신용등급에서 이익을 뽑아낼 수 있다는 사실을 간파했다. 밀켄은 와튼에 다니던 시절에 신용등급이 트리플 비 이하인 채권들이 그 이상인 채권들에 비해 시장에서 상대적으로 저평가되고 있다는 사실을 발견했다. 신용평가회사들이 어떤 채권의 신용등급을 트리플 비 이하로 깎아내리면 그 채권은 가격이 급락했다. 이런 채권은 나중에 '정크본드(junk bond)'라는 이름으로 불리게 된다.

밀켄은 학자들의 관련 연구 결과들을 섭렵한 뒤 투기등급 채권들로 포트폴리오를 구성하면 큰 리스크 없이 고수익을 올릴 수 있다는 결론에 이르렀다. 투기등급 채권은 값이 싸기 때문에 그 포트폴리오 가운데 일부 채권들이 부도가 나더라도 포트폴리오 전체의 수익률은 리스크를 보상하고도 남을 것이라는 계산이었다. 달리 말하면 투자적격 등급과 투자부적격 등급을 엄격하게 구분하는 것은 의미가 없다고 그는 생각했다.

밀켄에게 정크본드는 '길바닥에 떨어져 있는 20달러짜리 지폐'였다. 드렉셀 번햄 램버트는 밀켄의 이런 결론에 따라 고유계정 자본으로 정크본드를 산 뒤 정크본드의 이점을 알게 된 투자자들에게 그것을 팔아 많은 이익을 올렸다. 그러나 불운하게도 드렉셀 번햄 램버트는 내부자거래를 비롯한 여러 가지 증권법규 위반 행위에 연루됐고, 정크본드 거래 부문도 문제를 일으켰다. 드렉셀 번햄 램버트는 결국 1990년 2월 법원에 파산 신청을 냈다.

이때는 바로 앨런 휘트가 퍼스트 보스턴으로 자리를 옮긴 시점이었다. 신용등급을 활용한 머니게임의 바통이 밀켄으로부터 휘트로 넘어간 셈이었다. 드렉셀 번햄 램버트의 몰락은 신용등급의 중요성을 더욱 부각시켰고, 투기등급 채권 시장은 누구도 눈길을 주지 않아 공백상태가 됐다.

뱅커스 트러스트와 마찬가지로 드렉셀 번햄 램버트도 스왑 거래를 활발히 벌였다. 그런데 드렉셀 번햄 램버트가 파산 신청을 내자 은행들과 규제당국자들은 드렉셀이 스왑 거래와 관련해 보유하고 있던 채무들을 이행하지 못하게 됐다는 점을 우려할 수밖에 없게 됐다. 이런 이유에서 규제당국과 시장 참여자들은 스왑 시장에서도 거래 상대방의 신용등급을 더욱 주의 깊게 살피고 따지게 됐다. 그리고 그들이 이처럼 신용등급에 더 집착할수록 신용등급은 더욱 더 중요한 것이 되어갔다.

구조화 채권

앨런 휘트는 뱅커스 트러스트가 개발한 복잡한 거래 방법들을 CSFP의 트리플 에이 신용등급과 결합시켜 새로운 금융상품들을 만들어 팔기 시작했다. 새로운 시장을 개척한 셈이었다. 휘트의 새로운 금융상품들은 CSFP에서 만들어진 것이지만, 판매는 퍼스트 보스턴을 통해 이뤄졌다. 당시 퍼스트 보스턴은 뱅커스 트러스트보다 훨씬 더 안정되고 잘 알려진 영업조직을 갖고 있었다.

휘트의 마케팅 목표는 뱅커스 트러스트의 파생상품 부문으로부터 시장을 빼앗는 것임이 분명했다. 그는 홍보 팸플릿에 이렇게 써 넣었다. "우리는 고객에게 우리의 상품을 떠안기기보다는 고객의 문제를 해결해 드리겠습니다. CSFP의 성공은 이런 단일의 목표에 집중해 얼마나 성과를 올리느냐에 의해 판단될 것입니다."

이런 마케팅 전술은 먹혀 들어갔다. CSFP는 이 해에 '올해의 스왑 기업', '올해의 옵션 기업', '베스트 파생상품 기업' 등 온갖 찬사를 받았다. 휘트는 1991년에 더 많은 직원들을 채용했고, 퍼스트 보스턴의 '파크 애버뉴 플라자' 건물의 한 층을 통째로 넘겨받아 사무실 공간으로 활용했다. CSFP는 그들 말대로 '고객의 문제를 해결해주는 상품들'을 개발해, 고객들로 하여금 점점 더 세련된 방법으로 베팅을 하거나 리스크를 헤지할 수 있도록 해주었다.

1990년대 초에 퍼스트 보스턴에서 이루어진 중요한 금융혁신은 두 가지였다. 그것은 구조화 채권(structured note, '구조설계채권'으로도 불림-옮긴이)과 구조화 금융(structured finance)이었다. CSFP의 구조화 채권은 뱅커스 트러스트가 깁슨 그리팅스나 피앤지와 복잡한 스왑 거래를 할 때 적용했던 것과 같은 계산식에 따라 금리가 지급되는 신용도 높은 채권이었다. 그리고 구조화 금융은 일련의 금융자산들을 재편성해 그 신용등급을 높이는 거래였다. 구조화 금융은 그 시장 규모가 불과 10년 만에 1조 달러로 불어났다. 구조화 금융 거래들 가운데는 기업으로 하여금 리스크를 보다 효율적으로 헤지하도록 해주는 합법적인 것도 있었지만, 엔론의 몰락을 불러온 것과 같은 의심스러운 것도 있었다.

CSFP는 우선 구조화 채권을 만들어 파는 일부터 시작했다. 보통의 일반적인 채권은 보유자에게 정기적으로 정해진 금리를 지급하고 만기가 되면 원금을 상환하는 방식이다. 그러나 CSFP의 구조화 채권은 이와 달리 다양한 변수에 따라 금리와 원금의 상환액이 변하는 것이다. 다시 말해 구조화 채권은 그 상환 지급액이 어떤 금융수단이나 지수에 따라 결정되는 방식으로 구조화된 채권이다. 구조화 채권의 지급액은 주로 금리나 통화에 연계되는 것이 보통이었지만, 미국 프로농구팀인 유타 재즈가 몇 승을 올리느냐에 따라 지급액이 달라지는 구조화 채권도 발행된 적이 있다. CSFP의 구조화 채권 담당자였던 리처드 데이츠는 "우리가 만들어낼 수 있는 구조화 채권의 종류는 무궁무진하다"고 말했다.

CSFP가 1990년대 초에 신입 직원들을 위해 만든 교재는 첫 페이지에서 금리가 자그마치 연 21%에 이르고 원금 상환액은 상황에 따라 20배까지 늘어날 수 있는 구조화 채권을 소개했다. 이는 깁슨 그리팅스나 피앤지가 거래한 스왑을 무색하게 하는 것이며, 그 내용도 훨씬 더 복잡했다. 이런 구조화 채권의 가치를 평가할 수 있는 컴퓨터 모델을 누가 만들 수 있겠는가? CSFP는 교재의 마지막 페이지에서 이렇게 강조했다. "이 채권의 수익률 곡선을 그리려면 아주 세심한 주의가 필요하다." 이는 곧 수익률 곡선을 도출하는 노력을 해봐야 소용이 없으니 그런 시도는 아예 하지 말라는 뜻이었다.

앨런 휘트는 뱅커스 트러스트 시절에 아시아 시장을 다뤄본 경력이 있었다. 따라서 그가 이끄는 CSFP가 아시아 시장의 변수들과 연계된 구조화 채권을 집중적으로 만들어 판 것은 당연했다. 예를 들어 CSFP는 '태국 바트화 바스켓 연계 채권'이라는 이름의 구조화 채권을 엄청나게 많이 만들어 판매했다. 이 구조화 채권은 태국 바트화의 가치 변동폭이 좁다는 데 착안해, 미래에도 그 가치가 안정적인 범위 안에서만 움직일 것이라는 데 대해 투자자들로 하여금 베팅하도록 하는 방식이었다.

태국 중앙은행은 바트화의 가치를 불안정하게 만들 수 있는 대규모 바트화 거래를 허용하지 않을 것이었다. 하지만 CSFP의 트레이더들은 태국 중앙은행의 바트화 환율 운용방향을 밀접하게 반영하는 대리 지표로서 3개 통화로 '프록시 바스켓(proxy basket)'을 구성했다. 미국 달러 84%, 일본

엔 10.15%, 스위스 프랑 5.85%로 프록시 바스켓을 구성하면, 그 바스켓의 가치는 1986년 이래 바트화의 실제 가치 변동과의 오차가 3%에 지나지 않는다는 것이었다.

CSFP는 이 프록시 바스켓을 근거로 한 구조화 채권을 만들어 크레디 스위스의 뉴욕 지점에서 판매했다. 이 구조화 채권은 크레디 스위스가 당시 통상적으로 지급하던 금리의 3배 이상인 11.25%의 고정금리를 지급하는 내용으로 돼 있었다. 채권을 사는 투자자는 이처럼 높은 금리를 지급받는 대신 크레디 스위스가 원금을 일부 상환하지 못하게 될 가능성이라는 리스크를 부담해야 했다. 왜냐하면 이 구조화 채권은 원금 상환도 바트화의 가치 변동과 관련된 수식에 연계돼 있었기 때문이다. 예를 들어 투자자가 구조화 채권을 산 시점과 만기의 프록시 바스켓 가치가 얼마나 차이가 나느냐에 따라 원금 상환액이 달라지는 식이었다.

결국 이 채권을 산 투자자는 태국 바트화의 가치가 프록시 바스켓에 비해 하락할 경우에는 돈을 잃고, 바트화의 가치가 과거 궤적과 비슷한 수준을 유지하면 막대한 수익을 챙길 수 있었다. CSFP의 조사 결과에 따르면 이 구조화 채권의 수익률은 1986년 이후 연평균 15% 수준을 유지했고, 최악의 해에도 9%는 넘었다. 그렇다면 환상적이라고 할 만한 수익률이다. 보통의 다른 채권들에 투자하면 기껏해야 그 절반 이하의 수익률에 만족할 수밖에 없었기 때문이다.

참으로 기이한 채권이었다. 왜 투자자들은 은행에서 돈을 빌려 직접 태국의 주식이나 채권을 사지 않고 CSFP에 엄청난 수수료를 지급하면서 이 구조화 채권을 샀을까? 결론적으로 말하면 이 구조화 채권을 산 투자자는 빌린 돈으로 태국의 자산에 투자한 것과 마찬가지였다. 바트의 가치가 안정적인 흐름을 유지한다면 태국의 주식이나 채권에 직접 투자한 사람도 환차손을 입지 않고 상당한 수익을 얻을 수 있었을 것이다. 그런데 왜 굳이

CSFP의 프록시 바스켓 상품을 샀던 것일까?

그 대답은 법규와 신용등급에서 찾을 수 있다. 일본의 생명보험회사들이 직접 주식을 사지 못했던 것과 마찬가지로 많은 투자자들이 법률적으로 태국의 자산을 직접 살 수 없도록 규제되고 있었던 것이다. 태국은 정부에서 발행한 국채마저도 신용등급이 낮아 투자하기에 위험한 나라였다. 이 때문에 미국의 규제당국은 펀드 매니저들이 태국의 자산에 투자할 수 없도록 규제하고 있었다. 이런 규제로 인해 예를 들어 미국의 연금기금은 직접 태국 바트화에 대해 베팅을 할 수가 없었다.

그러나 펀드 매니저들은 신용등급이 트리플 에이인 은행이 발행한 채권은 얼마든지 살 수 있었다. 크레디 스위스가 발행한 만기 1년짜리 채권이라면 문제될 것이 아무 것도 없었다. 그것은 완전히 합법적인 투자였다. 규제당국자와 주주는 물론 회사 상관의 눈에도 크레디 스위스의 채권은 안전한 것으로 보였다. 그들은 높은 금리 조건만 보고, 원금 상환이 타이 바트의 프록시 바스켓에 연계된다고 조그만 글씨로 쓰인 부문은 눈여겨보려고 하지 않았다. 어쨌든 CSFP의 태국 바트 연계 채권은 규제를 받는 미국 투자자들에게 태국에 투자할 수 있는 길을 터주었다. 이는 뱅커스 트러스트가 주식 파생상품으로 일본 생명보험회사들에게 자국 주식시장 투자를 가능하게 해주었던 것과 같았다.

태국 바트화 연계 채권과 같은 거래에 성공함에 따라 CSFP에 대한 앨런 휘트의 낙관론은 인정을 받은 셈이었다. CSFP가 그 같은 거래를 통해 거둬들이는 수수료 수입은 뱅커스 트러스트가 복잡한 스왑 거래에서 뽑아내던 수수료 수입과 맞먹는 수준이었다. 크레디 스위스의 뉴욕지점은 바트화 연계 채권을 발행하기 위해 필요한 자금의 조달을 위해 '중기 채권 퍼실리티(medium-term note facility)' 라는 이름의 차입계획을 수립했다. 이 퍼실리티를 설립하는 것은 미리 채권을 많이 찍어 보관해 두고 필요할 때마다 거기서 일부를 꺼내 팔아먹는다는 얘기였다. 이 역시 뱅커스 트러스트가 파생상품을 사모 방식으로 발행할 때 활용한 것과 같은 수법이었다.

바트화 연계 채권에 사용하기 위해 조성된 중기 채권 퍼실리티의 규모가 15억 달러에 달했던 것을 보면 휘트가 이 채권의 판매에 대해 얼마나 낙관적이었는지를 알 수 있다. 태국 바트화의 가치가 계속 안정적인 수준에서 유지되기만 한다면 CSFP는 최대 15억 달러어치만큼 태국 바트화 연계 채권을 발행할 수 있다는 얘기였고, 이를 통해 CSFP와 이 채권을 사는 투자자 고객들은 모두 부자가 될 것이었다. 그리고 돈만 계속 벌 수 있다면 CSFP가 이 퍼실리티의 자금을 어떻게 운영하든 상관할 사람이 없었다.

휘트의 구조화 채권 아이디어는 1990년대 월스트리트 전체에 조용히 확산됐다. 월스트리트 전체의 구조화 채권 판매실적을 보면 1991년 200억 달러, 1992년 300억 달러에 이어 1993년에는 500억 달러로 증가했다. 1993년 말에는 대부분의 주요 금융회사들이 모두 구조화 채권을 팔았다. 대형 기관투자가들 사이에서 구조화 채권은 크게 인기를 모았고, 기업과 각급 정부의 재무 책임자들도 구조화 채권을 너도나도 사들였다.

누가 구조화 채권을 샀는지를 살피기보다는 구조화 채권을 사지 않은 자가 누구냐고 묻는 것이 더 답하기 쉬운 상황이었다. 주요 뮤추얼펀드들을 비롯해 보험회사, 연금기금, 기업 등 모두가 구조화 채권을 샀다. 그 가운데 상당수는 깁슨 그리팅스나 피앤지보다도 어수룩한 투자자였다. 주정부는 물론 소규모 지방자치단체, 심지어는 지방의 교육청까지 구조화 채권 바람에 휩싸였다. 보수적인 곳으로 알려진 캘리포니아주 오렌지 카운티 (Orange County)의 나이 많은 재무 책임자도 구조화 채권을 많이 사들였고, 오렌지 카운티는 구조화 채권의 대규모 매수자 명단에 포함됐다. 구조화 채권 가운데 가장 평범한 것은 뱅커스 트러스트의 스왑 상품과 비슷했다. 둘 다 기본적으로 금리가 낮게 유지될 것이라는 데 베팅을 하는 은밀한 투자였다.

당시 신용등급이 '싱글 에이' 수준이던 투자은행들은 구조화 채권이나 스왑 거래에서 트리플 에이 등급인 CSFP와 경쟁할 수 있는 처지가 아니라는 점을 곧 깨달았다. 그래서 그들은 좀더 높은 신용등급을 받기 위해 독자적인 자본구조를 갖춘 파생상품 전담 자회사를 설립하기 시작했다. 그들은 대개 수억 달러의 종자돈을 대주면서 파생상품 부문을 독립시켰다. 이렇게 설립된 자회사들은 처음부터 파생상품이라는 한정된 업무만을 취급한다는 제한을 받았다. 그리고 모회사인 투자은행들은 자회사의 업무를 대신 하거나 자회사의 거래에 개입하지 않았다. 신용평가회사들은 이런 운영조건들을 확인한 뒤 투자은행의 자회사들에게 트리플 에이 등 모기업보다더 높은 신용등급을 주었다. 투자은행들이 파생상품 업무를 자회사로 이관함에 따라 신용평가회사들의 위상은 더욱 높아졌다. 메릴 린치의 한 직원은 "우리는 신용평가회사의 허락 없이는 코도 풀지 못 한다"고 말했다.

이들 외에 미국 정부가 지원하는 기관들과 유명 대기업들도 구조화 채권을 발행했다. 그들은 자금 조달을 위해 구조화 채권을 발행했고, 은행들을 통해 그것을 투자자들에게 판매했다. 특히 몸무게가 300킬로그램이 넘는 고릴라와 같은 연방주택대부은행(FHLB; Federal Home Loan Bank)은 수백억 달러어치의 구조화 채권을 발행했다. 정부에서 지원하는 양대 모기지 회사인 패니 메이(Fannie Mae)와 프레디 맥(Freddie Mac)도 구조화 채권 시장의 주된 플레이어가 됐고, 국제금융기구인 세계은행과 같은 준 정부기관들도 구조화 채권을 발행했다. 그런가 하면 정부의 지원을 받아 학자금 융자를 해주는 샐리 메이(Sally Mae)는 CSFP 뉴욕지사와 2억 5200만 달러어치의 구조화 채권 거래를 했다. 이들 기관은 구조화 채권을 발행함으로써 미국 재무부보다 더 낮은 금리로 자금 차입을 할 수 있었다. 오직 미국 재무부만이 구조화 채권 시장에 직접 참여함으로써 자신의 이름을 더럽힐 수 없는 입장이었다.

일반 기업들 가운데서는 제너럴 일렉트릭, IBM, 도요타 등 유명 대기업의 금융 자회사들이 구조화 채권 발행에 가장 적극적이었다. 듀폰은 1990년 초반에 10억 달러어치 이상의 구조화 채권을 발행했다. 이들 기업은 구조화 채권 덕분에 조달금리 부담을 0.5%포인트 이상 낮출 수 있었다. 그들은 구조화 채권의 원리금 상환이 금리나 여러 통화들과 관련된 복잡한 수식과 연계돼 있는 등 위험한 베팅의 요소를 지니고 있다는 점에 대해 그다지 신경 쓰지 않았다. 왜냐하면 구조화 채권을 판 투자은행이 그 채권 발행자의 리스크를 스왑으로 헤지해 줄 것이라고 항상 약속했기 때문이었다. 이는 마치 뱅커스 트러스트가 일본 시장에서 캐나다의 은행들이 져야 할 리스크를 헤지해 준 것과 같은 조처였다. 기업들은 주식을 발행하거나 은행 대출을 받는 것이 비용이 더 든다는 이유로 구조화 채권을 발행하는 것을 더 선호했다.

구조화 채권은 발행 기업들의 성격을 바꿔 놓았다. 1991년 초에 이미 제너럴 일렉트릭의 자회사인 GE 캐피털은 전체 차입금 가운데 구조화 채권에 의한 차입금 비중이 10%에 이르렀다. 1993년에는 GE캐피털의 중기 채권 발행계획 가운데 절반이 구조화 채권으로 채워졌다. GE 캐피털은 특히 신용등급에 대해 깊은 이해를 갖고 있었고, 1992년 4월부터는 거래 상대방의 신용등급이 미리 정해놓은 일정 등급 이하로 떨어지면 그 거래 상대방과의 스왑 거래가 자동으로 정리되도록 하는 시스템을 도입해 운영했다. IBM과 도요타도 이와 비슷한 조처를 취했다. 미국의 3대 자동차 제조업체들과 아메리칸 인터내셔널 그룹(AIG) 등 주요 보험회사들도 구조화 채권 열풍에 가담했다.

이들 기업의 주주들은 구조화 채권이라는 새로운 금융수단이 활용되고 있다는 사실을 알지 못했다. 증권법규가 구조화 채권에 대해서는 공시

의무를 부과하지 않고 있었기 때문이다. 게다가 구조화 채권은 모기업이 아닌 자회사에서 발행했지만 공시의무는 주로 모기업에 대해서만 적용됐다. 그 결과 IBM과 제너럴 일렉트릭 등 대기업의 금융 자회사들이 어떤 일을 하고 있는지는 대부분 은폐됐다.

뮤추얼펀드, 연금기금, 각급 정부의 재무부서 등 구조화 채권을 매입한 쪽도 그 거래 내역을 숨기기는 마찬가지였다. 그들은 구조화 채권의 거래 내역을 자세히 공개하지 않았다. 오늘날에는 구조화 채권이라는 말을 어디서나 들을 수 있지만, 당시에는 주요 언론들은 물론 경제 전문지들도 이 말을 사용조차 하지 않았다. 뉴스 데이터베이스인 렉시스-넥시스(Lexis-Nexis)를 검색해보면 구조화 채권이라는 단어를 처음으로 사용한 기사는 1992년 4월 27일에 투자 전문지인 〈인베스트먼트 딜러스 다이제스트〉의 특별호에 실린 마이클 리보위츠의 기사였다. 이 기사는 퍼스트 보스턴이 두 번째 구조화 채권 딜러로 톰 브루크라는 사람을 채용했다는 사실을 간단히 전하고 있다.

언론이 구조화 채권에 대한 상세한 보도를 한 것은 그로부터 1년 이상이 더 지난 뒤부터였다. 〈월스트리트 저널〉은 1993년 8월 10일, 〈포천〉은 1993년 11월 29일, 〈비즈니스위크〉는 1994년 5월 16일, 〈뉴욕 타임스〉는 1994년 6월 14일에 각각 처음으로 기사에서 구조화 채권을 언급하기 시작했다. 그러니 1990년대 초반에는 제 아무리 금융시장 동향에 밝은 투자자라도 구조화 채권이라는 말 자체도 들어보지 못했을 것이다.

퀸토

복잡한 스왑과 마찬가지로 구조화 채권도 처음에는 은행들에게 수익성 높은 금융상품이었지만, 시간이 지나면서 시장의 경쟁이 치열해지고 수익률은 낮아졌다. 따라서 은행들은 이익 마진을 유지하기 위해 다른 은행들이 모방할 수 없는 새로운 종류의 구조화 채권을 개발해야만 했다.

CSFP는 고객들의 문제를 해결해주는 금융회사로 자처했다. 하지만 자세히 살펴보면 고객들과의 관계에서 CSFP도 뱅커스 트러스트와 다를 게 없었다. CSFP가 말한 고객들의 문제란 바로 어떻게 법규를 피해 가느냐는 것이었다.

뱅커스 트러스트는 법규를 피해 가는 거래는 수익성이 높을 뿐만 아니라 높은 수준의 수익성을 장기간 유지하는 데도 유리하다는 점을 입증했다. 고객들이 그런 거래의 가치를 정확히 파악하지 못하면서 그것을 법규 회피의 목적으로 사용하는 한 그들은 많은 금액의 수수료를 기꺼이 지급한다는 것도 분명했다. CSFP는 뱅커스 트러스트와 같이 거래의 복잡성을 점점 더 높여가는 길로 들어섰다.

CSFP가 개발한 구조화 채권 가운데 가장 혁신적인 것은 아마도 '퀀토(Quanto)'일 것이다. 이것은 터보 엔진을 단 구조화 채권이었다. 〈인스티튜셔널 인베스터〉는 1991년에 전문가 여론조사를 거쳐 퀀토를 이용한 CSFP의 거래를 '올해의 파생상품 거래'로 선정했다. CSFP가 퀀토의 개념을 처음 만들어낸 것으로 널리 알려져 있지만, 사실 이것은 앨런 휘트가 뱅커스 트러스트에서 일할 때 벌였던 거래들로부터 발전된 개념이었고 뱅커스 트러스트가 깁슨 그리팅스나 피앤지와 한 스왑 거래와도 비슷한 것이었다. CSFP의 퀀토를 처음으로 산 것은 일본의 기업들이었다.

퀀토는 기본적으로 그것을 산 투자자에게 해외 금리에 따라 원리금을 지급하는 방식의 채권이었다. 다만 원리금 지급이 모두 그 채권을 산 투자자가 거주하는 나라의 통화로 이뤄진다는 특징이 부가됐다. 예를 들어 미국 투자자가 퀀토 매입을 통해 유럽의 이자율 변동에 베팅을 하면, 그 결과에 따른 지급은 달러화로 이뤄지는 식이었다. 그 전형적인 예로 미국 캔자스주 토피카의 연방주택대부은행이 발행한 1억 달러 규모의 퀀토를 들 수 있다. 이것은 미국 리보의 두 배에서 영국 리보를 빼고 1.5%포인트를 더한 수치만큼의 금리를 달러화로 지급하는 방식의 채권이었다.

원리금 지급을 한 가지 통화로만 한다는 것은 아주 단순한 것처럼 보인다. 그러나 이는 실제로는 복잡하기 짝이 없었다. 대부분의 다른 거래에서는 상이한 경제변수들이 갖는 리스크는 서로 분리해 따로 분석될 수 있다. 투자자의 입장에서는 우선 금리 변화의 효과를 살피고, 그 다음 순서로 통화 가치의 변동을 고려하면 된다. 물론 금리와 통화 가치는 서로 영향을 주고받는 상관관계에 있다. 하지만 보통의 거래에서는 이런 상관관계가 그다지 중요하지 않으며, 따라서 금리의 리스크와 통화 가치의 리스크를 따로 분리해 분석해도 된다. 예컨대 앤디 크리거의 통화옵션이나 뱅커스 트러스트의 맞춤형 스왑을 평가하기는 쉽지 않지만, 적어도 이들 두 파생상품 거래는 금리와 통화 가치 사이의 상관관계가 문제를 일으키지 않는다. 이들 두 파생상품 거래에서는 금리의 리스크와 통화 가치의 리스크는 서로 분리돼 있었다.

그러나 퀀토에서는 금리의 리스크와 통화 가치의 리스크가 분리될 수 없다. 왜냐하면 퀀토의 원리금 지급 방식 자체가 금리와 통화 가치의 상관관계에 따라 달라지는 것이었기 때문이다. 간단히 말해 만기일에 미국 달러(통화 가치 변수)로 전환되는 금액은 영국 리보(금리 변수)에 따라 달라진다. 퀀토에서는 이처럼 금리와 통화 가치, 즉 환율이 현실의 시장에서처럼 서로 영향을 주고받기 때문에 서로 분리될 수가 없었다.

당시에는 이런 상관관계가 제기하는 리스크는 낯선 것이었고, 이 리스크를 직접적으로 헤지하거나 거래하는 방법도 없었다. 따라서 은행들은 스스로 이런 리스크를 평가할 방법을 찾아내야 했다. 뱅커스 트러스트는 이를 위한 몇 가지 기법을 개발해놓고 있었고, CSFP는 뱅커스 트러스트가 개발한 기법들을 익혀서 활용하고 있었다. 이 기법들은 대단히 복잡한 것이어서 대부분의 고객들은 퀀토를 정확하게 평가할 수 없었다. 게다가 기존의 재래식 평가모델은 두 가지 변수의 상호작용에 관련된 거래의 리스크를 과소평가하는 경향이 있었고, 따라서 당시에 가장 첨단의 리스크 분석에 숙련된 고객들도 퀀토의 리스크를 저평가하기 쉬웠다.

투자자가 다른 은행에 전화를 걸어 문의를 해봐도 시원한 대답을 듣기는 어려웠을 것이다. 다른 은행들도 금리와 통화 가치의 상관관계가 낳는 리스크를 제대로 이해하지 못하고 있었기 때문이다. 1991년에 퀀토를 판매한 은행들 스스로도 이 상품의 리스크 평가에 대한 의견 차이를 좁힐 수 없었다. 이 때문에 그들이 고시한 퀀토의 가격들이 서로 0.5%포인트까지 차이가 나기도 했다. 이런 정도의 차이라면 파생상품의 세계에서는 매우 큰 것이다. 고시 가격의 차이는 1993년 후반에는 0.2%포인트 수준으로 좁혀지기는 했지만, 이 역시 큰 차이이기는 마찬가지였다.

당시 보통의 은행에서 금리와 통화 가치의 상관관계가 낳는 리스크를 계산하려면 담당 직원이 주말을 온통 다 그 계산에 바쳐야 했다. 그로부터 10년이 흐른 뒤 저렴한 값에 간편하게 이용할 수 있는 전산 소프트웨어가 개발된 뒤에야 금리와 통화 가치의 상관관계가 낳는 리스크를 거의 실시각으로 계산해낼 수 있게 됐다.

그러나 투자자들은 이런 상관관계 위험에 대해 개의치 않았다. 그들은 퀀토가 나오자마자 앞 다투어 매입했다. 투자자들은 자신들의 투자가 낳을 수익과 거기에 내포된 리스크가 다양한 금리와 환율들의 상호작용에 좌우된다는 사실에 대해 눈을 감거나 신경 쓰지 않았다. CSFP는 1990년과 1991년에 걸쳐 다른 어느 은행보다 많은 100건 이상의 퀀토를 판매했다.

퀀토는 일본에 팔아먹기에 안성맞춤이었다. 당시 일본 이외 지역에서는 금리가 떨어질 것이라는 게 일반적인 관측이었고, 기업들은 그들의 투자를 엔화 표시로 하고 싶어 했다. 뿐만 아니라 미국의 투자자들도 퀀토 영업의 타깃이었다. 그들은 고수익을 바라지만 그 수익금을 반드시 달러화로만 받고 싶어 했다.

하지만 상관관계 리스크를 제대로 평가할 수 없는 투자자들이 앞 다투어 퀀토를 사고자 했다는 점은 여전히 이해하기 어렵다. 환율이 예상대로 움직이지 않으면 퀀토 매입자들은 손실을 피할 수 없었고, 그럴 경우에는 다른 통화가 아닌 달러화로 지급된다고 해도 손실을 피할 수 있는 게 아니었다. 게다가 해외 금리에 베팅하려는 투자자라면 직접 해외 채권을 사고, 만기에 지급받을 원리금은 그때 가서 원하는 통화로 환전하면 되는 일이었다. 이렇게 하면 상관관계 위험 같은 것은 개입할 여지가 없었다. 그럼에도 투자자들은 퀀토를 원했다. 왜 그랬을까?

대답은 간단하다. 바로 법규의 제한 때문이었다. 퀀토가 그토록 인기를 끌었던 것은 법규의 제한으로 특정 통화로는 투기를 할 수 없는 투자자들에게 간접적으로, 그것도 규제당국의 눈길을 피해 할 수 있는 길을 열어주었기 때문이다. 많은 투자자들, 특히 미국의 CSFP의 주요 고객이었던 미국의 보험회사들은 법규의 제한으로 인해 달러 표시가 아닌 자산을 대량으로 매입할 수 없었다. 그러나 퀀토는 그들도 무제한으로 원하는 대로 살 수 있었다. 퀀토는 원리금 지급을 달러로 하는 것이었기 때문이다.

제임스 마호니는 뉴욕연준의 간행물인 〈경제정책 리뷰〉에 이런 글을 썼다. "일부 개인투자자와 기관투자가들이 자체 내규나 법규가 제한하고 있는 소유 및 편입의 한도를 우회하기 위해 증권 파생상품을 매수하고 있다. 연금기금이나 보험회사의 투자위원회는 달러 표시 자산만을 매입하도록 하고 있어 그 펀드 매니저들이 외국의 채권이나 주식을 직접 편입할 수 없다. 그런데 그들은 디프 스왑(Diff Swap)이나 퀀토 스왑과 같은 상관관계 활용 금융상품을 통해 이런 제약을 피해 가고 있다." 여기서 디프 스왑이란 서로 다른 금리의 차이를 이용하는 스왑 거래를 말한다. 미국과 독일의 금리 차를 이용했던 피앤지와 뱅커스 트러스트의 두 번째 스왑 거래가 그 대표적인 사례다.

그러나 퀀토 시장에서도 역시 경쟁이 단기간에 치열해져, 은행들이 수십억 달러어치의 퀀토를 거래하는 상황에 이르렀다. 미국 정부가 지원하는 기관들은 발행자로서 이 시장에 대거 뛰어들었고 연금기금, 보험회사 등이 앞 다투어 퀀토를 사들이면서도 그 내용을 공개하지 않았다. 투자자들로서는 그들이 투자한 기업이 투기 목적으로 퀀토 또는 퀀토와 비슷한 금융상품을 거래했다고 하더라도 그런 사실을 알지 못했다.

퀀토 매입을 검토하는 펀드 매니저는 엄청난 유혹에 직면했다. 예를 들어 1992년 1월에 샐리 메이는 퀀토 방식으로 금리가 결정되는 3년 만기 구조화 채권 1억 5000만 달러어치를 발행했다. 이 채권의 금리는 스위스 리보의 2배에서 미국 리보의 2배를 뺀 수치로 결정되는 방식이었다. 이 채권은 일반적인 퀀토와 마찬가지로 금리는 두 개의 서로 다른 통화로 계산되지만 원리금 지급은 달러로 이루어졌다.

이 채권을 펀드 매니저가 왜 샀을까? 당시 스위스 리보는 7.6%였다. 미국의 금리는 아주 낮았고 유럽의 금리도 떨어지는 상황이었기에 7.6%라는 금리는 매우 유혹적인 것이었다. 그리고 이 채권의 만기는 3년이었지만 펀드 매니저는 첫 번째 해의 수익률이 다른 어떤 펀드의 수익률보다 높을 것으로 예상됐기에 두 번째 해와 세 번째 해는 눈에 보이지 않았다. 만약 첫 번째 해에 높은 수익률을 기록하면 유능한 펀드 매니저라는 평판을 얻게 되고, 그러면 다른 회사로 직장을 옮기면 그만일 것이었다.

펀드 매니저들은 퀀토를 마구 사들였다. 마침 통화 통합의 준비단계로서로 그 가치가 수렴되던 서유럽 각국의 통화들에 대한 퀀토 거래가 시들해지자 그들은 다른 통화들에도 눈길을 돌렸다. 이에 따라 헝가리, 멕시코, 브라질 등의 통화와 금리를 바탕으로 한 퀀토로 거래 범위가 넓어졌다. 그러나 이런 신흥시장 통화들에 대한 퀀토의 상관관계 리스크에 대해서는 그어떤 컴퓨터 모델도 개발될 수 없었다.

구조화 금융

CSFP는 퀀토를 비롯한 구조화 채권에 이어 두 번째 혁신을 선보인다. 그것은 바로 구조화 금융이었다. 구조화 금융이란 리스크를 재배분하고 보다 높은 신용등급을 얻기 위해 금융자산들을 재구성하는 것을 말한다. 구조화 금융은 많은 기업과 기관들에게 더 큰 편익을 창출해주었다. 구조화 금융 덕분에 은행들은 주택저당 대출과 신용카드 대출을 포함한 자산들을 재구성해 판매할 수 있게 됐다.

일반 기업들은 1980년대 중반까지는 팩토링(factoring)을 활용해, 거래처들에 대해 보유하고 있는 받을 채권을 매각했다. 미회수 채권이나 임대료 채권 등을 팩토링 방식으로 팔아 현금화했다. 구조화 금융이란 간단히 말해 팩토링의 업데이트 버전이라고 말할 수 있다.

경제학자들은 구조화 금융의 출현을 환영했지만, 그 핵심 내용을 살펴보면 경제이론에 반하는 요소가 들어있었다. 왜 투자자들은 애초 기업이 스스로 평가한 받을 채권들의 가치보다 더 많은 돈을 주고 그 받을 채권들을 재구성한 금융자산을 샀던 것일까? 투자자들이 진정으로 포장만 바뀐 금융자산을 그만큼 더 높게 평가했던 것일까? 일반 투자자들은 기업들보다 리스크에 대한 평가와 관리에 서툴기 마련이다.

경제학자들은 오래 전부터 리스크를 가장 적은 비용으로 관리할 수 있는 자가 그 리스크를 떠안아야 하고, 실제로 그렇게 된다고 주장해왔다. 예를 들어 제너럴 모터스로부터 자동차를 임대해 사용하는 사람이 있다면 그 사람이 임대료를 제때 낼 것인지 여부는 일반 개인투자자보다는 제너럴 모터스가 더 잘 안다. 그런데도 개인투자자가 제너럴 모터스로부터 이 자동차 임대료 채권을 샀다면 그것은 왜 그런가? 경제이론에 따르면 만약 제너럴 모터스가 이 자동차 임대로부터 최대한의 수익을 뽑아낼 수 있다면 그것을 개인투자자에게 팔기보다는 자사가 그것을 계속 보유하면서 채권을 관리해나갈 것이다.

그럼에도 투자자들은 기업의 받을 채권에 들어있는 리스크를 그들에게 떠넘기는 내용이 들어있는 금융상품을 샀다. 기업들은 받을 채권이 부도날 수 있는 리스크를 떨어낼 수 있다는 점에서 이를 반겼다. 동시에 투자자들은 그들 입장에서는 미국 재무부 채권보다 더 리스크가 낮으면서도 수익률은 높을 수도 있는 금융자산에 투자할 수 있게 됐다.

예를 들어 은행은 자동차 할부대출금이나 신용카드 채권을 담보로 한 증권을 발행하기 시작했다. 이로써 자동차를 임대한 회사의 리스크는 투자자들에게 매각 처분된 셈이었다. 그 거래 내용은 복잡한 것이긴 했지만, 대체로 받을 채권 등을 새로 설립한 기업이나 신탁에 옮긴 다음 거기서 그 받을 채권 등을 기반으로 채권을 발행하도록 하는 방식으로 이뤄졌다.

퍼스트 보스턴은 바로 이런 구조화 금융의 선구자였다. 퍼스트 보스턴은 1985년에 처음으로 제너럴 모터스의 금융 자회사인 '제너럴 모터스 억셉턴스 코퍼레이션(GMAC)' 과 구조화 금융 거래를 했다. 퍼스트 보스턴은 이어 볼보와 3억 달러어치의 구조화 금융 거래를 성사시켰다. 그 다음은 스페리 리스 파이낸스 코프가 여러 가지 장비 리스 채권을 기반으로 한 증권을 만들어 팔았다. 이런 구조화 금융 거래는 계속 이어졌다.

투자자들은 이제 일반적인 채권을 사는 대신 신용카드 채무자의 지급의무로 뒷받침되는 신탁의 지분을 살 수 있게 된 것이다. 은행이 이런 신탁 회사를 설립해 운영하면, 그 은행이 발행한 신용카드를 갖고 있는 사람들이 지급하는 돈은 은행이 아닌 신탁회사로 들어가게 된다. 신탁회사의 설립 규정은 신용카드 채무자가 빚 상환 의무를 이행하지 않거나 이행을 늦출 때 일종의 완충판 역할을 해주었다. 일반적인 채권의 원리금 상환은 그 채권의 발행자가 보증하지만, 이런 신탁회사의 지급의무 이행은 신탁회사의 자산에 의해 보증된다. 게다가 신탁회사의 지분을 산 투자자들은 은행의 재무적인 문제점들로부터 차단된다. 은행이 파산하더라도 신탁회사의 자산은 영향을 받지 않기 때문이다. 신탁회사는 은행과 독립된 것이라는 점에서 투자자들에게 더 매력적인 투자대상으로 여겨졌다.

은행들이 설립한 신탁회사들이 높은 신용등급을 받았던 것도 투자자들이 구조화 금융 상품을 적극적으로 사도록 한 이유였다. 예를 들어 GMAC가 발행한 채권은 무디스와 에스앤피로부터 두 번째로 높은 신용등급을 받았다. 이는 곧 대부분의 기관투자가들이 이 채권을 살 수 있다는 얘기였다. 게다가 이 채권은 같은 수준의 신용등급을 받은 다른 금융수단들에 비해 수익성이 높았기 때문에 투자자들이 그것에 관련된 리스크를 잘 감시할 수 없다는 점은 중요하지 않은 것으로 여겨졌다. 자동차 임차인의 지급의무 이행에 대해서는 일반 투자자들보다 제너럴 모터스가 더 잘 감시할 수 있었지만, 그에 따른 편익보다는 신용등급이 높은 새로운 구조화 금융 상품이 주는 수익성이 투자자들에게는 더 매력적으로 보였던 것이다.

받을 채권을 새로운 회사에 이전시키고 거기서 새로운 채권을 발행하게 하는 과정은 증권화(securitization)로 불리게 됐다. 증권화는 구조화 금융에서 핵심적인 부분이었다. 1985년 이후에는 은행들이 증권화할 수 있는 모든 자산들을 다 끄집어내어 경쟁적으로 증권화에 나섰다.

퍼스트 보스턴은 앨런 휘트를 영입하기 몇 년 전부터 증권화를 시작했다. 퍼스트 보스턴은 신용카드 채권, 장비임대 채권, 자동차 할부채권, 상업용 건물 저당채권 등을 증권화했다. 다른 은행들도 마찬가지였고, 증권화가 진전되면서 그 내용이 점점 더 복잡해졌다. 결국 은행들은 상상할 수 있는 모든 계약상 권리를 모두 증권화했다. 중남미 국가들에 대한 채권도 재구성해 매각했고, 록 가수인 데이비드 보위가 음반회사로부터 받기로 돼있던 저작권료까지 증권화했다.

구조화 금융은 여기서 더 나아가 '채권 담보부 증권(CBO; Collateralized Bond Obligation)'으로 이어진다. CBO는 최근 15년 동안 마이클 밀켄, 퍼스트 보스턴, 엔론, 월드컴으로 이어지는 금융시장의 흐름을 거치며 확산됐다. CBO는 기업의 신용도에 연계된 금융수단인 '신용 파생상품(credit derivatives)'으로 다양하게 변신했다. 신용 파생상품은 2001년과 2002년에 걸쳐 많은 기업들이 파산하면서 더욱 중요한 역할을 하게 된다. 퍼스트 보스턴이 1990년대 초에 이것을 활용하기 시작했을 때는 그 회계 처리와 관련해 법규상의 문제에 부닥쳤다.

CBO란 어떤 것인가를 알기 위해 그 작동 원리를 간단히 설명해보자. 우선 한 투자은행이 보유하고 있던 정크본드들을 특별목적회사(SPE; Special Purpose Entity)로 이전시킨다. 여기서 특별목적회사는 케이먼 군도 등의 조세피난처에 기업, 파트너십, 신탁회사 등의 형태로 설립된다. 특별목적회사는 이전받은 정크본드들을 쪼개고 합성해 새로운 증권들을 만들어 투자자들에게 판다.

간단한 형태의 CBO는 보통 리스크에 따라 구분된 세 조각으로 구성됐다. 세 조각은 리스크가 낮아 신용등급이 높은 것부터 순서대로 '시니어 피스(senior piece)', '메자닌 피스(mezzanine piece)', '주니어 피스(junior piece)'로 불렸다. 이 순서는 바로 CBO에 지급되는 돈이 흘러들어가는 우선순위였다. 따라서 시니어 피스가 받아야 할 상환금을 다 지급받은 뒤에야 그 다음 순서로 메자닌 피스가 상환금을 지급받기 시작했다. 수익률은 예를 들어 미국 재무부 채권 수익률에 비해 메자닌 피스의 수익률이 3%포인트만큼 더 높다면 시니어 피스의 수익률은 1%포인트만큼 더 높은 식이었다. 가장 후순위인 주니어 피스는 CBO의 상환금 전체 중에서 시니어 피스와 메자닌 피스에게 지급된 금액을 뺀 나머지 전액을 마지막 순서로 지급받았다. 따라서 주니어 피스가 지급받은 금액은 미리 알 수가 없었고, 그 수익률도 얼마가 될지 사후적으로만 계산될 수 있었다. 만약 CBO에 편입된 정크본드들이 전혀 부도를 내지 않는다면 주니어 피스의 수익률이 상당히 높겠지만, 부도가 많이 나면 수익률이 제로(0)가 될 수도 있었다.

시니어 피스와 메자닌 피스는 신용평가회사들에서 좋은 신용등급을 매겨주기 때문에 투자자들에게 팔기가 수월했다. 대개 시니어 피스는 최상위 2개 신용등급 중 하나를 부여받았고, 메자닌 피스는 시니어 피스보다는 등급이 낮긴 하지만 그래도 투자적격의 신용등급을 부여받았다. CBO의 시니어 피스와 메자닌 피스는 같은 신용등급의 다른 어떤 투자 대상보다 수익률이 높았기 때문에 신용등급이 높은 채권들만 편입할 수 있는 펀드 매니저들은 다른 무엇보다도 CBO의 시니어 피스를 편입함으로써 펀드의 수익률을 높일 수 있었다.

그러나 주니어 피스는 팔기가 쉽지 않았다. 때로는 CBO에 편입된 정크본드의 소유자가 주니어 피스를 그대로 보유하기도 했다. 그러나 투자은행의 입장에서는 주니어 피스도 판매해야 할 필요가 있었다. 퍼스트 보스턴의 세일즈 팀이 바로 이 대목을 찌르고 나섰다. 주니어 피스를 팔 수 있다면 큰 규모의 CBO 거래를 만들어낼 수 있었기 때문에 하나의 거래로 수백만 달러의 수수료 수입을 올리는 게 가능했다.

CBO는 원래 프레드 카(Fred Carr)가 생각해낸 것이었다. 그는 1980년대에 퍼스트 이그제큐티브 코프(First Executive Corp.)라는 보험회사의 최고경영자로 마이클 밀켄의 최대 고객들 중 한 명이었다. CBO는 마이클 밀켄이 정크본드 시장에 적용했던 것과 같은 원리를 바탕으로 한 것이다. 그 원리란 신용등급이 낮은 채권은 법규상의 제약으로 인해 실제보다 저평가되기 때문에 가격이 낮고, 따라서 이런 낮은 등급 채권에 대한 투자는 덜 위험한 채권보다 더 높은 수익률을 가져다준다는 것이었다.

다수의 정크본드들이 CBO로 묶이게 되면, 그 전체 가치가 개별적으로 거래될 때에 비해 커지게 된다. 이는 마치 핵반응이 원자들을 분열시킴으로써 에너지를 만들어내는 것과 같다. 투자자들은 CBO에 편입된 정크본드들 자체에 대해서보다 그것들을 합친 뒤 쪼개낸 3개의 조각들에 대해 더 많은 돈을 기꺼이 지불했다. 신용등급이 CBO에 부가가치를 만들어낸 것이다. 그리고 이런 부가가치 창출이 가능했던 것은 CBO가 정크본드를 재구성함으로써 기관투자가들이 그것을 살 수 있도록 변형시킨 결과였다. 이런 점에서 CBO는 핵분열의 금융시장 버전이라고 말할 수 있다. 신용평가회사들이 부여하는 높은 신용등급이 CBO의 시니어 피스와 메자닌 피스의 매력도를 높여주는 덕분에 은행은 정크본드들을 합치고 쪼개는 것만으로 그 안에 숨어있던 가치를 방출시킬 수 있었던 것이다.

최초의 CBO는 1988년 7월에 이루어진 트라이캐피털(TriCapital Ltd.)이라는 이름의 4억 2000만 달러의 거래였다. CBO 거래 규모는 1988년에 9억 달러, 1989년에는 30억 달러로 확대됐다. 언론들은 정크본드에 대해 악평을 늘어놓았지만 3대 신용평가회사의 분석가들은 CBO를 적극 옹호했다. 신용평가회사들은 CBO의 세 조각들에 대해 각각 신용등급을 매겼고, 그에 따른 수수료 수입은 아주 두둑했다.

프레드 카는 1989년에 가장 교묘한 CBO를 만들어냈다. 당시 규제당국에서 퍼스트 이그제큐티브로 하여금 보유 중인 모든 채권들에 대해 더 많은 준비금을 쌓도록 요구하자, 그는 보유 중이던 정크본드들을 합쳐서

CBO들로 전환시키는 방법으로 대응했다. 그러나 당시 퍼스트 이그제큐티브는 이렇게 만든 CBO의 각 조각들을 투자자들에게 팔지 않고 그대로 다 자체적으로 보유하고 있었다.

왜 그랬을까? 높은 신용등급의 시니어 피스와 메자닌 피스들을 보관하고 있으면 준비금을 더 쌓을 필요가 없다고 주장할 수 있었기 때문이다. 신용등급이 낮은 주니어 피스에 대해서만 준비금을 충분히 쌓으면 그만이었다. 이는 마치 3층짜리 집을 소유하고 있는 사람이 자기 집은 세 부분으로 나눠져 있고, 그 가운데 1층에 대해서만 재산세를 내겠다고 주장하는 것과 같았다. 그런데도 규제당국은 그의 주장을 받아들였고, 그 덕분에 퍼스트 이그제큐티브는 1억 1000만 달러의 준비금을 절감할 수 있었다.

당연히 퍼스트 이그제큐티브는 법규상 의무를 피하기 위해 CBO를 만든 게 아니라는 입장을 취했다. 그저 자산의 시장가치를 높이기 위한 것이라고 했다. 그러나 이런 의문은 남을 수밖에 없었다. 정크본드들이 낱개로 그냥 존재할 경우에 비해 그것들을 합쳐서 재포장한 것이 진짜로 가치가 더 큰가?

어쨌든 프레드 카의 아이디어는 컬럼비아 저축대부조합의 창립자인 토머스 스피겔에게도 전파됐다. 그도 마이클 밀켄의 고객이었고, 퍼스트 보스턴과도 거래 관계가 있었다. 비벌리힐스에 본부를 둔 컬럼비아 저축대부조합은 당시 수십억 달러어치의 정크본드를 보유하고 있었다. 스피겔은 1980년대 후반의 저축대부조합 사태에 휘말려 사직한 뒤 퍼스트 보스턴과 함께 컬럼비아 저축대부조합의 정크본드들을 갖고 CBO를 만들어 팔았다. 그러는 사이에 로스앤젤레스의 연방 판사가 그에 대해 무죄 판결을 내려줬고, 그는 너무 기쁜 나머지 법정에서 검사를 끌어안기까지 했다는 일화를 남기기도 했다.

이 일로 퍼스트 보스턴은 CBO에 대한 전문성을 얻게 됐다. 이에 따라

퍼스트 보스턴은 중남미 국가들의 외채를 재구성한 '브래디 채권'을 포함한 다양한 금융자산들을 토대로 한 CBO를 만들어 팔았다. CBO는 퍼스트 보스턴에게 괜찮은 사업이었다. 정크본드를 CBO로 전환시켜 주면서 수수료 수입을 올릴 수 있었을 뿐 아니라 CBO에 편입되는 정크본드들을 매매하는 데서도 돈을 벌 수 있었기 때문이었다. 1990년에 퍼스트 보스턴은 '델라웨어 매니지먼트'라는 이름의 CBO 거래를 위해 2억 2500만 달러를 조달했고, 이 자금으로 정크본드를 대량으로 사들여 정크본드 시장을 부추기는 역할을 하기도 했다.

그렇다고 CBO 거래가 전부 다 많은 수익을 가져다 준 것은 아니었다. 특히 1990년에는 CBO의 실적이 좋지 않았다. 이 해에 'CBC 홀딩스'라는 이름의 CBO 거래에서 편입된 50개 정크본드 중 몇 가지가 디폴트되거나 신용등급이 강등되자 무디스가 이 CBO에 대해 신용등급 하향조정을 검토하고 있다고 밝혔다. 그러나 실상 신용평가회사들은 이 거래의 신용등급을 하향조정하기를 꺼렸다. 왜냐하면 그 규모가 워낙 커서 신용등급 하향조정이 초래할 결과를 두려워했기 때문이다. 당시 CBC 홀딩스는 무디스가 높은 신용등급을 부여한 채권을 2억 달러어치나 소유하고 있었다. 만약 무디스가 이들 채권의 신용등급을 하향조정하고 그에 따라 투자자들이 매각에 나선다면 CBO와 정크본드 시장 전체가 연쇄적으로 무너지는 사태가 빚어질 수도 있었다.

다양한 구조화 금융 거래가 전개된 것을 계기로 기업들이 특별목적회사를 이용해 리스크를 감추는 행위가 유행하게 됐다. 이런 추세를 회계의 관점에서 보면 기업이 어떤 금융자산을 특별목적회사에 이전시킨 뒤에도 그 기업이 해당 금융자산을 자사의 재무제표에 반영함으로써 공시해야 하는가 하는 문제를 낳는 것이었다. 파생상품 딜러들이 스왑은 대차대조표에 반영할 사안이 아니라고 주장했던 것과 마찬가지로 이번에는 금융회사들이 특별목적회사에 대한 지분은 공시할 필요가 없다는 주장을 펴기 시작했다.

미국 회계기준위원회는 1980년대 후반에 특별목적회사 문제를 논의하기 시작했다. 이 문제는 많은 논쟁을 불러일으켰고, 결국은 '현안 전담팀(Emerging Issues Task Force)'에 넘겨졌다. 현안 전담팀은 자체 논의를 거쳐 1990년 특별목적회사에 대해 제3의 외부 투자자가 상당한 지분의 투자를 하고 사실상 통제권을 행사하는 경우에는 그 특별목적회사의 자산과 부채 중 직접적인 관계가 없는 것들은 대차대조표에 반영할 필요가 없다는 결정을 내렸다.

이런 회계기준위원회의 결정에 대해 1991년 증권거래위원회 회계감독국장은 기업들이 악용할 수도 있다면서 우려를 표시했다. 그는 회계기준위원회에 편지를 보내 그 같은 결정에는 외부 투자자의 지분이 적어도 3% 이상은 돼야 한다는 조건을 달자는 의견을 전달했다. 그 내용을 인용하면 다음과 같다.

"의미 있는 최초의 잔여지분 투자가 어느 정도인지는 리스크와 보상이 비슷한 다른 거래(리스)에서 그것이 어느 정도로 간주되는지와 걸맞아야 한다. 증권거래위원회 실무진은 이 문제에 관해 조사단과 논의한 결과 이 조사단의 멤버들이 외부 투자자의 지분 비중이 적어도 3% 이상은 돼야 한다고 생각하는 것으로 확인했다. 증권거래위원회 실무진은 자산을 외부에 대여할 경우 빌려 쓰는 쪽의 신용 리스크와 대여 자산의 시장 리스크를 포함한 여러 조건과 여건에 따라서는 3%보다 더 높은 비중의 지분 투자가 필요할 수도 있다고 믿는다."

이 편지는 규정이라고 할 수 없는 것이지만 그 후 '3% 룰'로 불리면서 사실상 규정과 같은 효력을 발휘하기에 이르렀다. 처음에는 증권 규제당국의 일부 관계자들이 이 기준에 대해 반대 의사를 밝히기도 했다. 그러나 금융회사들은 3% 이상의 지분 투자를 할 수 있는 외부 투자자만 찾을 수 있다면 특별목적회사의 구체적인 내용에 대해 공시하지 않아도 된다는 기준에 근거해 특별목적회사를 설립해 모두 수조 달러에 이르는 구조화 금융 거래를 했다. 이런 거래들은 신용카드 채권이나 자동차 할부금융 채권 등을 이용한 기초적인 구조화 금융 거래와 CBO는 물론 엔론의 경우와 같은 복잡한 장부외 파트너십 거래에 이르기까지 다양한 형태로 활용됐다. 점점 더 많은 기업들이 3% 룰을 거래의 기준으로 삼게 되면서 이 기준을 바꾸는 것은 점점 더 어려워졌다.

1992년 1월 뉴욕연준 총재인 제럴드 코리건(Gerald Corrigan)은 한 연설에서 이런 거래들에 대해 우려를 나타냈다. "이런 거래들이 경고로 보이는 것은 실제로 그렇기 때문이다. 부외 거래의 증가와 그 복잡성, 그에 따르는 신용 리스크, 시장 리스크, 정산 리스크의 성격은 우리 모두에게 우려를 불러일으키고 있다."

그러나 당시 파리에서 열린 파생상품 딜러들의 콘퍼런스에 참여하고 있던 앨런 휘트는 코리건의 경고에 코웃음 쳤다. 그는 대신 금융회사들이 상당한 규모의 부외 금융 활동을 하지 못할 경우에는 규제를 받는 딜러들이 그들의 크레디트 라인을 다 채워버려 거래를 할 수 없는 상황에 몰림에 따라 신용경색이 발생할 것이라고 경고했다. 그는 규제당국이 할 일은 규제를 강화하는 것이 아니라 완화하는 것이라고 주장했다.

휘트의 퍼스트 보스턴

앨런 휘트는 1993년 가을 퍼스트 보스턴의 사장 겸 최고운영책임자(COO; Chief Operating Officer)로 승진했다. 당시 한 간부는 이렇게 말했다. "퍼스트 보스턴은 휘트의 수중에 떨어졌다. 은행이 비상할 것인지 몰락할 것인 지는 휘트에게 달렸다."

휘트는 승진 통고를 받은 직후 런던에서 열린 회사 경영위원회에서 45분간 연설을 했다. 그의 동료는 그의 연설에 대해 이렇게 전했다. "그는 사장 겸 최고운영책임자라는 자리가 자신에게 상당한 부를 안겨줄 것이고, 자신은 우리 모두를 엄청난 부자로 만들어줄 수 있다는 점에서 승진 발령을 수락한다고 말했다. 그는 고객들에 대해서는 한 마디도 거론하지 않았다."

그는 고객들에 대해 이야기를 했어야 할 입장이었다. 그는 고객들이 지불한 수수료 덕분에 이미 개인적으로 엄청난 부자가 돼 있었다. CSFP는 1991년과 1992년에 연평균 1억 2500만 달러에 이르는 수익을 올렸다. CSFP의 자본수익률은 40%로, 당시 미국에서 가장 수익성 높은 은행이었던 뱅커스 트러스트의 두 배였다. CSFP의 직원들은 다른 은행들에 비해 2배나 되는 보수를 받았고, 1992년에 직원 수는 500명에 이르렀다. 휘트는 연간 900만 달러의 보수를 지급받았고, 사람들은 퍼스트 보스턴을 '휘트 퍼스트 증권회사(Wheat First Securities)' 라고 불렀다. 이는 버지니아주의 리치먼드에 본부를 둔, 같은 이름의 소규모 지역 증권회사에 빗댄 호칭이었다.

그러나 CSFP에 싸늘한 바람이 불어 닥쳤다. 내부갈등이 심해지고 직원들의 사기가 떨어지기 시작했다. 실적이 좋은 해에도 일부 직원들이 100만 달러짜리 보너스 수표를 갈기갈기 찢어 상관의 얼굴에 뿌리는 등 하극상을 연출하기도 했다. 휘트는 사내 문화가 얼른 개선되기는 어렵다고 생각했던 것 같다. 그는 승진 직후 퍼스트 보스턴이 마치 심장 수술을 받은 환자가 병상에서 일어나 마라톤을 하려는 것과 같다고 비유했다.

휘트의 심복 직원들은 소수였고, CSFP의 중요한 자리들은 뱅커스 트러스트 출신들이 차지했다. 휘트는 심복들 외의 직원들과는 피상적인 관계만 맺었고, 이 때문에 휘트의 이너서클에 속하지 못한 직원들은 버림받은 느낌을 가졌다. 특히 보너스 철이 되면 그들의 소외감은 더욱 커졌다. 한 직원은 이렇게 말했다. "휘트는 좋은 사람인 것처럼 비친다. 누구든 말을 걸 수 있고, 농담을 던질 수도 있으며, 친근한 느낌을 주기도 한다. 그러나 그런 다음에 그는 가차 없이 당신을 날려버린다."

휘트는 직원들이 연봉에 불만을 나타내는 것을 용납하지 않았다. 그는 한 언론과의 인터뷰에서 "직원들과 연봉협상을 할 때 나는 그들을 바라보면서 '무엇이 불만이냐'고 묻는다. 그들은 제대로 답변을 하지 못한다. 그들을 대개 다른 직원을 가리키며 '내가 저 친구보다는 가치가 있는 사람이니 더 많이 받을 권리가 있다'고 말할 뿐이다."

CSFP는 1994년에 2억 4000만 달러의 이익을 냈다. 이에 비해 모기업인 퍼스트 보스턴은 직원 수천 명을 거느리고도 1억 5500만 달러의 이익을 냈을 뿐이다. 그러나 CSFP 밖에서는 사람들이 그에 대해 이런저런 흉을 보고 있었다. 이 해에 퍼스트 보스턴은 많은 직원들에게 보너스를 지급하지 않겠다는 결정을 했다. 논란이 벌어질 수밖에 없었다. 심지어 수백 명의 직원들을 정리하면서 떠나는 사람들에게 자신의 변호사를 포함해 어떤 누구에게도 업무상 알게 된 비밀을 털어놓지 않는다는 각서를 쓰도록 요구했다.

직원들을 무시하던 휘트의 태도는 그의 생각을 그대로 드러낸 것이었다. 그는 투자은행 직원들의 능력이 과대평가되고 있다고 생각했다. 그는 종종 "속아 넘어가는 친구들을 보면 대개 최첨단 장비들 속에서 일하는 가장 똑똑하다는 사람들"이라고 말하는 등 기술적인 능숙함을 비웃었다. 몇 년 뒤 휘트는 〈데일리 텔레그래프〉의 헬런 던과 가진 인터뷰에서 자신의 속내를 그대로 드러냈다. "당신에게 솔직하게 말하자면 우리들이 보상을 과다하게 받는 게 사실이다. 우리가 하는 일은 요술이 아니며 누구나 할 수 있는 일이다.”

뱅커스 트러스트 시절부터 휘트의 이너서클 멤버였던 크리스 고크지언은 이렇게 말했다. “휘트는 넓은 의미의 아비트리지 기회를 늘 찾았다. 그는 고객의 수요에 부응하는 것으로써 시장의 비효율성에 대응했다.” 고객들은 구조화 채권, 구조화 금융, 기타 파생상품에 대한 휘트의 접근법을 높이 평가했다. 왜냐하면 휘트가 시장의 한계에서 이익을 뽑아낼 수 있도록 해주는 새로운 금융상품들을 제시해줬기 때문이다. 그 덕분에 그가 이끄는 CSFP가 없었다면 할 수 없는 베팅을 할 수 있게 됐다는 것이다.

뱅커스 트러스트를 비롯한 다른 금융회사는 비전의 결여, 그리고 믿기지 않을지는 모르지만 경영진의 보수적인 태도 등으로 말미암아 CSFP와 같은 실적을 올리지 못했다. 그러나 또 하나의 투자은행인 살로먼 브라더스에는 어떠한 제약도 없었다. 그 덕분에 살로먼 브라더스의 한 트레이더가 당시의 금융혁신을 나름대로 다른 각도에서 분석했다. 휘트는 리스크를 고객들에게 전가하는 수법으로 이익을 남겼지만, 살로먼의 이 못 말리는 트레이더는 스스로 리스크를 떠안으면서 돈을 벌었다.

살로먼의 이 트레이더가 이끈 작은 팀은 다른 어떤 금융회사보다 더 많은 돈을 베팅하고 벌었다. 그의 상관들은 그에게 절대적인 자유를 부여했고, 사실상 무제한의 자본을 대주었다. 이런 자유와 자금력을 토대로 이 트레이더가 이끄는 팀은 거의 마법과 같은 실적을 올렸다. 이 트레이더의 이름은 존 메리웨더, 그가 이끈 팀은 ‘아비트리지 그룹’ 으로 불렸다. 그들은 몇 년간에 걸쳐 월스트리트에서 가장 많은 보수를 받았다.

4장

대차 불일치

아비트리지 그룹

존 메리웨더(John Meriwether)는 앤디 크리거의 친형이라고 해도 믿을 정
도로 닮았다. 두 사람은 제멋대로 휘날리는 머리카락과 마르고 긴 몸집 등
비슷한 외모를 지니고 있었다. 메리웨더는 골프 실력이 뛰어났고, 노스웨
스턴 대학에 장학금을 받고 입학했다. 크리거는 테니스 선수로 뛴 적이 있
다. 대학 졸업 후 들어간 첫 직장도 살로먼 브라더스로 같았다. 살로먼에서
두 사람은 한 자리 건너 나란히 앉아 일했다. 아버지가 회계사였던 것도 같
다. 두 사람은 비즈니스 스쿨에 다닐 때 똑같이 시카고의 금융회사에서 일
한 적이 있다. 그러나 같은 비즈니스 스쿨을 나오지는 않았다. 크리거는 와
튼을 나왔지만, 메리웨더는 시카고대학의 비즈니스 스쿨을 졸업했다. 하지
만 이는 크리거와 마찬가지로 메리웨더도 집에서 가까운 학교를 선택했기
때문이다. 만약 메리웨더가 시카고의 사우스 사이드가 아닌 필라델피아에
서 자랐다면 와튼에 들어갔을 가능성이 높다.

그러나 비즈니스에서는 두 사람의 공통점을 찾기 어렵다. 크리거는 살

로먼 브라더스와 뱅커스 트러스트에 2~3년씩만 다녔고, 그 후에는 규모는 작지만 자기 회사를 차려서 상당한 수익을 올렸다. 이와 달리 메리웨더는 살로먼에서 거의 20년 동안 계속 근무하면서 '세계에서 가장 실적이 좋은 트레이더' 라는 명성을 쌓았다.

메리웨더는 1973년에 살로먼 브라더스에 취직했다. 크리거가 이 회사에 취직하기 12년 전이었고 블랙, 숄스, 머튼이 옵션가치 평가모델을 발표한 해였다. 메리웨더는 1977년 살로먼 안에 '국내 고정수익 아비트리지 그룹(Domestic Fixed income Arbitrage Group)' 을 만들었다. 이 팀은 나중에 '아비트리지 그룹' 이라는 줄인 이름으로 더 널리 알려지게 된다.

메리웨더를 비롯해 10여 명으로 구성된 이 아트리지 그룹은 몇 년 동안 살로먼의 이익 실적을 책임지는 역할을 해냈다. 아비트리지 그룹은 1981년에 살로먼의 전체 이익 중 3분의 1에 해당하는 1억 달러를 벌어들였다. 그 후 1980년 말까지 이 팀은 해마다 5억 달러 이상의 이익을 냈다.

사실 따지고 보면 아비트리지 그룹은 월스트리트에서 나날이 성장하고, 사업부문이 분산돼 있으며, 금융의 전 부문에 걸쳐 서비스를 제공하던 살로먼이라는 금융회사 안의 한 작은 팀에 지나지 않았다. 뱅커스 트러스트와 CSFP처럼 살로먼도 일본에서는 주식 파생상품, 미국에서는 구조화 채권을 각각 만들어 팔았다. 살로먼은 장기 옵션을 거래했고, 채권 담보부 증권(CBO)도 취급했다. 기업의 주식과 채권을 인수해 공모를 대행했고, 기업 인수합병에 관해 자문을 해주기도 했다. 아울러 높은 신용등급을 받기 위해 파생상품 전담 자회사를 설립하기도 했다.

메리웨더는 1977년부터 살로먼을 떠날 때까지 살로먼의 가장 중요한 트레이더였다. 앨런 휘트가 뱅커스 트러스트를 떠나 CSFP로 옮긴 1990년 초 살로먼은 보너스 산정을 위한 임원회의를 열었다. 그런데 이 회의 참석자들은 〈비즈니스위크〉가 '월스트리트의 왕' 이라는 별명을 붙여준 존 구트프로인트(John Gutfreund) 회장이 메리웨더의 요구에 따라 아비트리지 그룹이 올린 이익 가운데 15%를 이 팀의 보너스로 배분한다는 약속을 은밀히 해놓고 있었다는 사실을 미리 알지 못했다. 임원들은 구트프로인트가 매년 보너스 철마다 했던 대로 회장이 제시한 보너스 지급안을 한 장 한 장 읽어 내려갔다.

그들은 아비트리지 그룹에 대한 보너스 지급 계획이 씌어있는 페이지를 펼치는 순간 경악했다. 최저액이 300만 달러였고, 최고액은 로렌스 힐리브랜드(Lawrence Hilibrand)의 2300만 달러였다. 힐리브랜드는 MIT대학에서 박사 학위를 땄고, 살로먼에서 수학의 귀재로 통했으며, 공격적인 트레이더였다. 그는 1년 전만 해도 뱅커스 트러스트에서 일했고, 크리거가 살로먼을 떠나기 전까지 바로 그의 옆에 앉아 있었다. 살로먼에서 '넘버 3'으로 꼽히는 메리웨더의 보너스는 1000만 달러였다. 힐리브랜드는 물론이고 메리웨더의 보너스 금액도 그때까지 월스트리트에서 다른 어느 누구가 받은 보너스보다 많은 것이었다. 당시 살로먼의 1인자인 구트프로인트의 보너스는 230만 달러로 힐리브랜드에 비해 정확히 10분의 1이었다.

메리웨더가 구트프로인트와 이처럼 거액의 보너스 지급을 위해 은밀한 협상을 벌였다는 사실이 확인됨에 따라 살로먼의 다른 임직원들은 분노했다. 특히 1988년 메리웨더의 요구로 아비트리지 그룹을 떠나 정부 채권 부문 책임자로 자리를 옮긴 폴 모저(Paul Mozer)의 분노는 극에 달했다. 메리웨더는 당시에도 모저의 상급자로 그와 가까운 관계였지만 파격적인 보너스 지급 대상에서는 제외했다. 모저는 이제 자신을 스스로 돌봐야 한다는 사실을 깨달았다. 그는 힐리브랜드를 이기기 위해서는 자신의 담당 분야인 정부 채권 거래에서 막대한 수익을 올릴 수 있는 새롭고 대담한 기법을 찾아야 했다.

아비트리지 그룹을 특별 대우하는 데 분노한 사람은 모저만이 아니었다. 1990년도 보너스 문제를 계기로 살로먼 전체에 이기주의 문화가 퍼졌다. 구트프로인트 회장은 아비트리지 그룹의 거래는 다른 부서들의 모범이 돼야 한다고 칭찬했고, 살로먼의 보수 지급액은 이익 실적에 더욱 직접적으로 연계될 것이라고 선언했다. 한 간부는 훗날 "그 후 회사의 모든 사람들이 오로지 자신을 위해서만 생각하고 행동했다"고 회상했다.

뱅커스 트러스트나 CSFP처럼 살로먼도 통제되지 않고 규제도 받지 않는 가운데 빠르게 변하는 시장에서 새로운 금융상품과 거래방식들을 개발했다. 뱅커스 트러스트가 장외 옵션과 복잡한 스왑을 개발하고 CSFP가 구조화 채권과 CBO를 고안해냈다면, 살로먼은 복잡한 아비트리지 전략과 모기지(mortgage) 상품 분야를 선도하는 은행이었다. 살로먼의 아비트리지 그룹은 1980년대 중반부터 리스크를 거의 또는 전혀 부담하지 않고도 금융수단들을 싸게 사서 비싸게 파는 새로운 방법을 찾아냈다.

살로먼이 1980년대 중반부터 1994년까지 벌인 거래들을 자세히 살펴보면 이 금융회사가 아무도 통제할 수 없는 지경에 이르렀다는 점을 알 수 있다. 폴 모저는 정부에서 실시한 수십억 달러 규모의 미국 재무부 채권 공매 과정에 개입해 이 시장을 조작함으로써 이익을 뽑아냈다. 살로먼이 자사의 파생상품 가치를 평가하는 데서 저지른 착오는 뱅커스 트러스트의 실수쯤은 그저 끝수 반올림을 잘못한 정도로 보이게 할 만한 수준이었다. 살로먼은 모기지 상품에서도 큰 손실을 냈고, 이로 인해 다른 금융회사들도 덩달아 피해를 입었다.

구트프로인트 회장이 메리웨더에 대해 행사한 유일한 통제는 때때로 그에게 "이번 거래가 성공하지 못하면 자네는 해고될 걸세"라고 말하는 것뿐이었다. 메리웨더는 자신의 부하 트레이더들을 조금은 통제할 수 있는 위치에 있었지만, 통제의 권한을 거의 행사하지 않았다. 한 트레이더가 손실을 내고 있는 모기지 거래의 규모를 두 배로 키울 수 있도록 해달라고 요구했을 때 메리웨더는 그 구체적인 내용은 들여다보려고도 하지 않고 "내 거래는 자네를 채용한 것으로 끝"이라고 말했다.

메리웨더의 아비트리지 그룹은 1977년부터 1990년대 초까지 꾸준히 이익을 냈다. 1990년대 초에 아비트리지 그룹은 살로먼의 전체 이익의 87%를 벌어주면서 다른 부서들을 압도했다. 그러나 1991년에 메리웨더와 구트 프로인트는 미국 재무부 채권 공매와 관련된 폴 모저의 부당한 행위를 제대로 감독하지 못했다는 이유로 사임 요구를 받고 살로먼을 떠나야 했다. 그러나 아비트리지 그룹의 트레이더들은 그들이 떠난 뒤에도 승승장구했다. 아비트리지 그룹이 1991년과 1992년에 벌어들인 이익은 연간 10억 달러를 넘었다. 이는 월스트리트 주요 투자은행들 전체의 이익을 능가하는 규모였다.

그로부터 몇 년 뒤 메리웨더는 새로운 회사를 차리고, 살로먼에서 같이 일했던 트레이더들을 데리고 갔다. 그 회사는 바로 '롱텀 캐피털 매니지먼트'였다. 메리웨더와 그의 트레이더들은 롱텀 캐피털 매니지먼트(Long-Term Capital Management)에서 다시 만나 아비트리지 그룹의 전설을 재현하려 했다.

메리웨더와 스리 에이치

효율적 시장 이론이 금융시장 연구를 장악하기 시작하던 1970년대 초반에 존 메리웨더는 시카고대학에 입학했다.

이른바 '시카고학파'의 경제학자들은 시장이 효율적이라는, 거의 종교적인 믿음을 갖고 있었다. 길바닥에 떨어져 있는 20달러짜리 지폐에 관한 조크에 등장하는 경제학자도 시카고 학파에 속하는 사람이다. 시카고대학의 교수진 가운데는 유진 파머(Eugene Fama)와 머튼 밀러(Merton Miller)도 들어있었다. 파머는 실증적 연구를 통해 효율적 시장 이론을 입증하려 했고, 파머는 금융혁신은 규제 관련 비용을 줄이기 위한 노력이라고 주장했다.

밀러는 메리웨더에게 많은 영향을 끼쳤다. "경제적으로 동등한 금융자산들은 같은 가치를 지녀야 한다"는 밀러의 주장이 특히 그랬다. 밀러의 뒤를 따른 금융경제학자들은 그의 주장을 한걸음 더 진전시켜 경제적으로 동등한 금융자산들은 같은 가치를 '지녀야 할' 뿐 아니라 실제로도 같은 가치를 '지닌다'는 결론을 내렸다. 이는 '가격 무차별 법칙' 또는 '일물일가의 법칙'으로 불리게 된다.

메리웨더는 밀러의 주장은 받아들였지만, 그것을 진전시킨 결론은 받아들이지 않았다. '시장은 효율적이어야 한다'는 말은 맞다. 예를 들어 어느 한 주유소의 휘발유 가격이 너무 비싸다면 운전자들은 가격이 저렴한 다른 주유소를 찾아가 휘발유를 넣는다고 모든 사람들이 생각한다. 그러나 메리웨더가 살로먼에서 일하기 시작했을 때 그는 많은 시장들이 효율성의 근처에도 가지 못하고 있다는 사실을 발견했다. 비슷한 자산들이 서로 너무 다른 가치를 지니고 있었다. 게다가 그 같은 가치의 괴리가 오랫동안 그대로 유지되는 것처럼 보였다. 운전자들은 바보스럽게도 휘발유 값이 비싼 주유소를 이용할 뿐 아니라 그런 바보짓을 몇 달이고 계속하는 듯했다. 비슷한 자산들이라면 비슷한 가치를 지녀야 한다는 말은 맞다. 하지만 현실에서는 그렇지 않았다.

메리웨더는 이런 비효율성을 발견하고는 단순히 값이 싼 자산을 사고 비싼 자산을 판 다음 두 자산의 값이 같아질 때까지 기다렸다. 거의 대부분의 경우에 두 자산의 값은 같은 수준으로 수렴했다. 그렇다면 시카고대학의 경제학자들이 잘못된 결론을 내렸다는 뜻이 된다. 그들은 시장에서 누군가가 싼 자산을 사고 비싼 자산을 판다고 가정했다. 그러나 그렇게 하는 자들은 어디에 있는가? 믿기지 않는 일이겠지만, 길바닥에는 여기저기에 20달러짜리 지폐가 널려있었다. 메리웨더와 그의 트레이더들이 할 일은 그저 허리를 굽혀 길바닥의 지폐들을 주워 올리는 것뿐이었다.

뱅커스 트러스트와 CSFP의 트레이더들은 아비트리지의 기회는 오래 지속되지 않는다고 생각했다. 찰리 샌포드와 앨런 휘트는 이익을 올리기 위해 해마다 혁신을 거듭해야 했다. 그들은 장기간 지속되는 이익이란 법규에 허점이 있거나 거래 쌍방 중 어느 한쪽이 어수룩한 경우에만 존재할 수 있다고 생각했다. 일본 생명보험회사에게 주식 파생상품을 팔아 이익을 올린 것은 바로 법규의 허점을 이용한 것이었고, 깁슨 그리팅스와 피앤지 등과 복잡한 스왑 거래를 벌여 이익을 올린 것은 그들이 어수룩했기 때문이다. 이 두 가지 경우 외에는 가격의 불일치는 빠르게 없어졌다.

메리웨더도 이런 사실을 잘 알고 있었고, 그의 트레이더들도 규제의 허점이나 어수룩한 거래 상대방을 능숙하게 이용해 돈을 벌었다. 메리웨더의 성공 비결은 금융자산의 수요와 공급 사이에 불균형이 존재하는 데서 생기는 시장의 비효율성을 이용한 데 있었다고 대부분의 사람들이 생각하고 있다. 처음에는 그랬다. 그러나 시간이 흐르면서 메리웨더와 그의 트레이더들은 규제의 허점을 이용하거나 어리석은 거래 상대방을 속여 이익을 올리는 수법을 점점 더 많이 썼다. 그리고 그렇게 할수록 그들의 실적은 더욱 좋아졌다.

메리웨더의 거래전략 대부분은 비밀로 유지됐다. 마이클 루이스, 로저 로웬스타인, 마틴 메이어 등 당대의 대표적인 금융 저널리스트들은 메리웨더와 살로먼을 자세히 다루었다. 주요 경제잡지와 신문들은 모두 메리웨더를 머리기사로 다루었고, 메리웨더와 그의 트레이더들에 관한 책도 여러 권 출간됐다. 이처럼 세밀한 관찰이 여러 해 계속됐음에도 메리웨더의 거래 전략들의 구체적인 내용은 미스터리로 남았다. 메리웨더는 그의 트레이더들에게 철저히 비밀을 지키도록 요구했다. 누군가가 자신의 전략을 알아내면 이익이 남아나지 않는다는 생각에서였다.

그러나 그동안 알려진 것들만이라도 간추려 소개하면 이렇다. 1977년에는 메리웨더의 아비트리지 전략이 간단했다. 한 예로 그는 당시 시카고 거래소에서 막 거래되기 시작한 미국 재무부 채권 선물은 경제적으로 현물 채권과 비슷한 것임에도 둘 사이에 가격이 매우 다르다는 사실을 간파했다. 이에 따라 그는 미국 재무부 채권의 선물과 현물 어느 쪽이든 가격이 싼 것을 사들이고 비싼 것을 내다팔았다. 이런 거래를 통해 그는 돈을 벌었다. 그러나 이런 가격 불일치는 오래가지 않았고, 이는 당연한 것이었다.

메리웨더는 만기가 서로 다른 미국 재무부 채권들 사이에도 비효율성이 있다는 사실을 알아챘다. 미국 재무부는 발행한 채권의 만기에 따라 다른 금리를 지급했다. 이는 마치 30년짜리 모기지 대출과 5년짜리 모기지 대출에 대해 차입자가 서로 다른 금리를 내는 것과 같은 것이었다. 예를 들어 투자자들이 인플레이션을 예상할 경우에는 재무부 채권 중 만기가 긴 것이 짧은 것에 비해 수익률이 더 높았다. 만약 연준이 금리를 낮은 수준으로 유지한다면 만기가 짧은 재무부 채권이 상대적으로 수익률이 더 낮았다. 이런 두 경우가 일반적인 상황이고, 그럴 때 재무부 채권의 만기별 수익률을 그래프로 그린 수익률 곡선은 우상향하는 형태를 띤다.

메리웨더는 바로 이 수익률 곡선이 부드럽게만 이어지지 않는다는 점을 발견했다. 수익률 곡선에는 꺾인 곳도 있고, 그렇게 꺾인 곳에서는 만기가 거의 비슷한 두 채권 사이의 가격 차가 크다. 수익률 곡선에 이처럼 꺾인 곳들이 존재한다면 거기에 아비트리지의 기회가 있다는 말이 된다. 메리웨더는 미국 재무부 채권 선물을 거래할 때와 마찬가지로 만기별로도 비싼 채권을 팔고 싼 채권을 사서 이익을 올릴 수 있었다. 메리웨더가 이렇게 돈을 버는 동안 다른 금융회사의 트레이더들이 그의 전략을 눈치 채면 그 즉시 수익률 곡선상의 꺾인 곳, 다시 말해 아비트리지 기회는 금세 사라졌다.

메리웨더가 구사한 전략들 가운데 가장 자주 언급되는 것은 새로 발행된 재무부 채권과 이미 발행돼 있는 재무부 채권 사이의 가격 차이를 활용하는 전략이다. 이는 투자자들이 만기가 같더라도 이미 발행돼 있던 것보다 새로 발행된 것을 더 선호하곤 한다는 사실에 착안한 거래 전략이다.

투자자들은 새로 발행된 만기 30년짜리 신규 재무부 채권을 사려고 몰려들면서도 이미 발행돼 유통 중인 비슷한 만기, 예를 들어 29년 9개월짜리 기존 재무부 채권은 거들떠보지도 않곤 한다. 이럴 때 메리웨더와 같은 사람들은 30년짜리 신규 채권이 29년 9개월짜리 기존 채권에 비해 상대적으로 고평가됐다는 사실에 주목하게 된다. 두 채권은 사실상 거의 같은 것임에도 이런 가격 차이가 난다는 것은 이치에 닿지 않는 현상이기 때문이다. 그럼에도 일부 투자자들, 특히 일본 투자들은 가장 최근에 발행된 미국 재무부 채권에만 집착해 이미 발행돼 있는 기존 재무부 채권을 사라고 해도 완강하게 거부했다.

이때 메리웨더는 저평가된 기존 재무부 채권을 사고 고평가된 신규 재무부 채권을 판 뒤 두 가격이 수렴되기를 기다렸다. 두 채권은 만기에 가까워질수록 가격이 수렴했고, 그러면 메리웨더는 자신의 포지션을 풀어내면서 이익을 챙겼다. 이런 메리웨더의 전략은 흔히 '온더런/오프더런(on-the-run/off-the-run)' 거래로 불렸다.

이와 같은 온더런/오프더런 거래는 비교적 수월했다. 복잡하지 않았고, 컴퓨터가 필요한 것도 아니었다. 메리웨더뿐 아니라 다른 많은 투자은행의 트레이더들도 이런 베팅을 했다. 메리웨더가 그들과 다른 점은 거래 규모가 훨씬 컸고, 거래 내용을 철저히 은폐했다는 점이다. 사실 온더런/오프더런 거래는 지난 20여 년에 걸쳐 흔하게 이루어졌고, 살로먼 안에서도 메리웨더가 처음으로 이런 거래를 했던 것도 아니다.

메리웨더의 거래 전략이 더욱 정교해진 것은 1984년에 하버드 비즈니스 스쿨의 에릭 로젠펠트(Eric Rosenfeld) 교수를 만나면서부터다. 로젠펠트는 뱅커스 트러스트와 CSFP의 트레이더들이 사용하던 블랙-숄스 옵션 가치 평가모델의 가정에서 결함을 찾아냈다. 이 모델은 기초 금융자산의 변동성이 일정하고, 거래비용이 전혀 들지 않으며, 시장의 불연속성, 즉 가격의 꺾임이 없다는 전제 아래 구축된 것이었다. 더욱 중요한 전제는 자산 수익률의 분포가 학생들의 성적 분포처럼 종 모양을 띤다는 점이었다. 이 전제는 대부분의 금융경제학자들 사이에 복음과 같은 것으로, 시장의 가격 등락 움직임은 제멋대로여서 예상할 수 없다고 주장하는 주가의 랜덤 워크(Random Walk) 가설도 바로 이 전제에서 도출된 것이다.

그러나 옵션 시장을 조금이라도 경험해본 사람이라면 이런 전제들이 허구임을 안다. 변동성은 시간이 흐르면서 변하고, 옵션을 사고파는 데는 많은 거래비용이 들며, 시장 곳곳에 가격의 꺾임이 있고 그런 곳에서는 특정 옵션에 대한 수요와 공급이 불균형 상태에 있다. 게다가 자산 수익률은 정규 분포를 하지 않는다. 투기적 열광과 극적인 붕괴의 시기가 오기도 하며, 이런 시기에는 자산 수익률이 종 모양 분포에 들어맞지 않는다. 자산의 가격들은 때로는 랜덤 워크 가설을 따르기도 하지만 항상 그런 것은 아니다.

결국 금융경제학자들은 블랙-숄스 모델의 전제와 가정들을 버리고 좀더 현실성 있게 가격의 움직임을 설명해주는 모델을 찾아 나섰다. 2000년에 이르면 널리 인정받는 경제학자이자 《월스트리트를 임의보행하기(A Random Walk Down Wall Street)》라는 저서를 낸 버튼 몰키엘(Burton Malkiel)이 이 저서의 개정판에서 "최근의 연구 결과들은 랜덤워크 이론이 정확하게 들어맞지 않음을 보여준다"는 결론을 밝혔다. 그러나 1980년대 후반과 1990년대 초반에는 경제학자들이 블랙-숄스 모델의 전제들에 주의를 기울이지 않았고, 트레이더들은 이 결함이 있는 모델을 사용함으로써 상습적으로 옵션의 가치를 그릇되게 평가했다.

　메리웨더는 옵션이 선물보다 더 복잡하다는 사실을 잘 알고 있었다. 살로먼이 경쟁 금융회사들보다 더 우수한 방법으로 옵션가치를 평가할 수 있다면 지속적인 이익을 누릴 수 있을 것으로 생각됐다. 이에 따라 그는 이런 기회를 활용하기 위해 블랙-숄스 모델의 전제들이 지닌 결함을 잘 아는 로젠펠트를 비롯한 경제학자들을 고용했다. 그는 심지어 블랙-숄스 모델을 만든 마이런 숄스와 로버트 머튼을 컨설턴트로 삼기도 했다. 숄스는 새로운 모델을 개발했고, 살로먼의 '트리플 에이' 등급 파생상품 자회사인 살로먼 스왑코(Saloman Swapco)의 설립에도 도움을 주었다. 그리고 로젠펠트의 스승인 머튼은 옵션 아비트리지에 관한 일반적인 조언을 해주었다.

　메리웨더는 이와 함께 빅터 해거니(Victor Haghani), 그레고리 호킨스(Gregory Hawkins), 로렌스 힐리브랜드(Lawrence Hilibrand)를 끌어들였다. 이 가운데 힐리브랜드가 바로 1990년에 2300만 달러의 보너스를 받은 공격적인 트레이더였다. 이들은 성의 머리글자를 따서 '스리 에이치(Three H)'로 불렸고, 메리웨더의 아비트리지 그룹에서 가장 많은 이익을 낸 트레이더들이었다. 런던정경대학(LSE)에서 금융학 석사학위를 받은 해거니는 일본 시장, 특히 일본의 전환사채 시장에서 아비트리지의 기회를 찾아냈다. 그는 몇 년 전 크리거가 살로먼에 몸담고 있을 때 크리거를 위해 조사업무를 맡아 일하기도 했다. 호킨스와 힐리브랜드는 MIT대학에서 박사학위를 받았다. 호킨스는 모기지 거래에 뛰어났고, 힐리브랜드는 모든 분야에 능한 팔방미인이었다. 이들 스리 에이치가 바로 1990년에 거액의 보너스를 받아 아비트리지 그룹 밖에 있었던 폴 모저 등 다른 직원들을 분노하게 했던 사람들이었다. 이들은 모두 메리웨더와 긴밀한 관계로 묶여져 있었고, 결국은 하나의 패밀리가 됐다.

수학적 재능이 뛰어난 이들 메리웨더의 트레이더들은 뱅커스 트러스트의 젊은 트레이더들을 무색하게 했다. 메리웨더는 트레이딩 룸의 한 가운데에 특별한 공간을 마련하고 거기에 그들을 앉혔다. 그들은 마치 고등학교 파티 행사의 주인공과 같았다. 그들은 세계에서 가장 뛰어난 금융 전문가 집단으로 알려졌다.

앤디 크리거가 뱅커스 트러스트에서 통화옵션을 거래할 때 메리워더의 트레이더들도 똑같이 통화옵션을 거래했다. 크리거와 마찬가지로 메리웨더의 트레이더들도 경제적으로 동등한 자산과 가격이 다른 옵션을 자신들의 컴퓨터 모델을 이용해 찾아냈다. 다른 금융회사의 트레이더들이 대장간 쇠망치로 서로 상대방을 내려치듯 한 방향으로만 몰아치는 거래를 했다면, 메리웨더와 로젠펠트는 전 세계 옵션 시장에서 미세한 가격 불일치를 찾아내 거기에 정교한 수술용 칼을 들이댔다.

아비트리지 그룹은 트레이더들에게 지급한 개인용 컴퓨터들을 고속 네트워크로 연결한 최초의 가치 평가 시스템을 구축해 활용한 데 비해 살로먼의 다른 트레이더들은 회사에 단 하나밖에 없는 느려터진 중앙 컴퓨터를 이용하기 위해 줄을 서야 했다. 메리웨더는 런던과 도쿄에도 이와 비슷한 첨단 분석 장비를 갖추고 옵션의 아비트리지 기회를 포착해 활용했다.

빅터 해거니는 일본 전환사채 시장에서 아비트리지 기회를 발굴해냈다. 전환사채 보유자는 전환사채를 일정한 수의 주식으로 바꿀 수 있는 권리를 갖고 있다. 따라서 전환사채 보유자는 주가의 수준을 봐가며 전환사채라는 채권을 그대로 보유할 것인지, 아니면 그것을 주식으로 바꿀 것인지에 대한 선택권을 갖고 있는 셈이다. 따라서 전환사채는 두 가지 투자 요소를 갖고 있다고 말할 수 있다. 그 중 하나는 채권이며, 다른 하나는 주식옵션, 즉 주식을 살 수 있는 권리다.

전환사채를 발행한 기업의 주가가 낮은 수준에 계속 머무른다면 전환사채는 그저 고정 금리를 받을 수 있는 평범한 채권일 뿐이며, 주식옵션의 요소는 가치가 전혀 또는 거의 없게 된다. 그러나 주가가 충분히 높아지면 전환사채를 주식으로 바꾸는 게 유리하다. 이럴 경우에는 전환사채 중 채권의 요소는 증발해 버리고 전환사채는 주식으로 형태가 바뀐다.

일본 정부는 주가 하락을 막기 위해 기업이 발행할 수 있는 주식 물량을 제한하고 있었지만, 전환사채의 발행에 대해서는 이런 제한을 두지 않았다. 그러나 일본 기업들이 발행한 전환사채를 사는 투자자는 거의 없었다. 이는 부분적으로 투자자들이 채권의 요소와 주식옵션의 요소를 동시에 사는 것을 달가워하지 않았던 데도 원인이 있었지만, 전환사채 자체가 시장에서 저평가되고 있기 때문이기도 했다. 때문에 그 안에 들어있는 주식옵션의 가격도 효율적인 시장에서 형성될 수준에 비해 상대적으로 낮았다. 이처럼 기업들의 주식 발행에 대한 일본 정부의 규제와 전환사채에 대한 투자자들의 거부감이 결합돼 일본 전환사채 시장에 아비트리지 기회가 생겨났던 것이다.

해거니는 일본의 전환사채를 사들여, 거기에 들어있는 채권 요소와 주식옵션의 요소를 확보했다. 그런 다음 그는 금리스왑을 이용해 채권 요소가 지닌 금리 리스크를 제거함으로써 주식옵션만 남겼다. 이어 해거니는 이 주식옵션의 리스크를 반영하는 옵션을 새로 만들어 장외시장에서 투자자들에게 팔았다. 돌려 말하면 해거니는 남아있는 주식옵션 관련 리스크마저도 투자자들에게 떠넘긴 것이다.

이와 같은 거래의 매력은 전환사채를 저평가된 가격에 살 수 있기 때문에 그 속에 들어있는 주식옵션의 요소도 싸게 살 수 있다는 데 있었다. 해거니는 이렇게 싸게 산 주식옵션 요소를 반영하는 새로운 주식옵션을 만들어 투자자들에게 비싸게 팔아 차익을 남길 수 있었던 것이다. 이런 거래는 마치 빵에 치즈를 끼워 넣은 샌드위치를 3달러에 산 다음 치즈와 빵을 각각

2달러씩에 따로 팔아 전체적으로 1달러의 차익을 남긴 것과 같았다. 해거니는 이런 거래 전략으로 살로먼에 수억 달러를 벌어주었다. 덕분에 그는 서른 살이었던 1992년에 2500만 달러의 보너스를 받았다.

아비트리지 그룹은 이처럼 채권에 포함된 옵션의 가치가 저평가된 것을 발견하면 곧바로 그것을 이용해 돈을 벌었다. 이는 그 채권을 발행한 기업이 옵션 요소의 저평가 사실을 알지 못하기에 가능한 것이었다. 예를 들어 카터 행정부 말기와 레이건 행정부 초기에 높은 금리로 채권을 발행한 기업들이 1980년대 말 단기금리가 하락하자 기발행 채권을 사들여 소각하고, 그 후 단기금리가 다시 상승할 경우에 대비해 신규 발행 채권에 대해서는 금리 부담에 상한선을 그어두려고 한 적이 있었다. 이에 따라 기업들은 단기금리가 상승할 경우 이익을 내는 옵션인 '금리 캡(interest-rate cap)' 을 사들였다. 그러나 이들 기업의 재무부서 사람들은 이 옵션의 가치를 평가할 만한 모델을 갖고 있지 못했다. 때문에 살로먼이 과대평가돼 있던 이 단기 옵션을 팔아 돈을 벌 수 있었다.

이와 함께 기업들은 원금을 중도에 상환할 권리를 부가한 장기 중도상환가능채(callable bond)를 발행했다. 이는 금리가 하락할 경우에는 발행 기업에서 채권 보유자에게 원금을 돌려줄 권리를 갖는 방식의 채권이었다. 이 채권 발행 기업이 채권 보유자에게 1년에 두 번씩 지급하는 금리는 중도 상환이 불가능한 일반 채권에 비해 높게 매겨졌다. 따라서 중도상환가능채를 발행한 기업은 사실상 이 채권을 산 투자자들로부터 중도상환 옵션을 사고, 그 대가를 일시금으로 지급하는 대신 통상적인 채권 금리보다 높은 금리의 지급을 약속한 셈이었다. 그러나 기업의 입장에서는 단기금리가 상승할 경우 높은 금리를 지급해야 하는 리스크를 계속 떠안고 있고 싶지 않을 것이며, 따라서 중도상환 옵션을 반드시 계속 보유해야 할 필요성도 없었다. 따라서 기업들은 이 장기 옵션과 관련된 리스크를 떠안고 있기보다는 이런 리스크를 상쇄시켜 주는 반대 옵션을 살로먼에 팔았다. 그러나 기업들은 이 거래에서도 옵션가치를 잘못 평가하는 경우가 많았고, 덕분에 살로먼은 저평가된 장기 옵션을 사들여 이익을 남길 수 있었다.

살로먼은 이렇게 매각한 단기 옵션과 매입한 장기 옵션의 리스크를 계속 보유하고 있지 않았다. 살로먼의 트레이더들은 거꾸로 단기 옵션을 사고 장기 옵션을 팔아 리스크를 헤지했다. 헤지를 위해 거래한 옵션의 가격이 공정하게 산정된 것이었다 하더라도, 살로먼의 입장에서는 전체적으로 옵션들을 싸게 사서 비싸게 팔 수 있었기에 차익을 남겼다. 살로먼의 트레이더들은 빅터 해거니처럼 장외시장에서 헤지용 옵션의 리스크를 떠안아 줄 고객을 찾아내곤 했다. 그러한 고객을 발견하지 못할 경우에는 비슷한 리스크를 지닌 미국 재무부 채권의 옵션을 사고파는 방식으로 헤지를 했다. 이런 식의 옵션 거래에 수반되는 리스크를 관리하는 일은 복잡한 과제였지만, 살로먼의 트레이더들은 그것을 어렵지 않게 해냈다.

살로먼의 옵션 아비트리지는 미국 국경을 넘어 전 세계로 무대를 넓혔다. 독일 투자자들이 미국의 항공기 제조업체인 보잉의 주식에 대한 콜 옵션을 사고 싶어 하자 살로먼은 그와 같은 옵션을 스스로 만들어 팔았다. 굳이 보잉으로 하여금 그 같은 옵션을 발행하도록 설득하기 위해 장시간 협상을 벌일 필요가 없었다. 보잉은 살로먼과 독일 투자자들이 이런 옵션을 거래하는 것을 알지도 못했다. 살로먼은 보잉 주식에 대한 옵션의 매각과 관련된 리스크는 뉴욕 주식시장에서 현물 보잉 주식을 사는 동시에 장외시장에서 보잉 주식에 대한 풋 옵션을 사는 방법으로 헤지했다. 앤디 크리거의 거래에서 알 수 있듯이, 이 경우 콜 옵션의 가치는 기초자산인 주식에 대한 투자액과 풋 옵션의 가치를 더한 것과 같다. 살로먼은 결국 리스크를 모두 헤지함으로써 리스크가 전혀 없는 수익을 올릴 수 있었다.

살로먼은 일본 닛케이 225 지수 옵션을 아비트리지할 새로운 방법을 찾아내기도 했다. 그것은 도쿄의 주식시장과 오사카의 주가지수 선물 시장의 차이를 이용한 거래였다. 당시 투자자들은 오사카에서 거래되고 있던 닛케이 225 지수 선물에 대해 매우 낙관적인 전망을 하고 있었고, 따라서 이 지수 선물은 도쿄 주식시장의 현물 주식에 비해 상대적으로 높은 가격에 거래됐다. 살로먼은 도쿄 주식시장에서 현물 주식을 사고 오사카 시장에서는 지수 선물을 팔고 두 가격이 수렴되기를 기다리면서 차익을 챙겼다. 오사카 쪽 투자자들이 비관적으로 바뀌면 살로먼은 반대 방향으로 사고파는 것을 통해 역시 차익을 남길 수 있었다. 나중에 릭 니슨이 베어링스 뱅크의 싱가포르 사무소에서 거래를 할 때도 이와 똑같은 방식의 거래 방식을 구사했다.

살로먼은 독일에서도 아비트리지 거래를 벌였다. 당시 독일 정부는 자국 기업이 국내 주식을 매입할 경우 세금혜택을 부여하고 있었다. 외국의 기업이나 투자자들은 이런 혜택을 받을 수 없음에도 독일 주식을 적극적으로 사고자 했다. 살로먼은 이런 독일의 상황을 활용하는 거래를 만들어냈다. 독일 기업들로 하여금 독일 주식을 사도록 하고, 그 주식에서 나오는 수익은 외국인들에게 지급되도록 하는 스왑 계약을 체결한 것이다. 이 거래에 참여한 모든 당사자들은 세금을 내지 않으면서 이익을 나눠 가질 수 있었다. 물론 독일 국민들은 살로먼의 이 거래로 인해 정부의 세금 수입이 그만큼 덜 걷힌 데 따른 손해를 입었다. 그러나 독일 국민들의 이런 손해는 살로먼이 걱정할 일이 아니었다.

위에서 소개한 각종의 복잡한 거래들에서 살로먼은 리스크도 별로 떠안지 않으면서 돈을 벌 수 있었다. 이런 거래들은 법규의 허점이나 거래 상대방의 어수룩함을 이용한 것이었다. 살로먼의 이런 혁신적인 거래들은 종전의 아비트리지 방법들과 달리 살로먼에게 몇 년간에 걸친 장기 이익을 안겨주었다.

폴 모저

아비트리지 그룹의 이익 규모가 커짐에 따라 살로먼의 경영진은 트레이더들이 부담하는 리크스를 감시하기가 어려워졌다. 특히 파생상품 거래에 수반되는 리스크는 추적 감시하기가 더욱 어려웠다. 거래에 따르는 리스크에 관해 경영진에 제출되는 보고서는 부정확하거나 불완전해졌다.

그 당시에는 널리 알려지지 않은 사실이지만, 살로먼의 리스크 관리 시스템은 회사의 거래 포지션 가치를 정확하게 평가할 수 없었다. 결국 살로먼은 뱅커스 트러스트가 부닥쳤던 것과 똑같은 문제에 부닥쳤다. 자사의 리스크를 제대로 평가할 수 없게 된 것이다. 뱅커스 트러스트와 살로먼 브라더스는 파생상품 시장에서 가장 앞선 금융회사였지만, 1980년대 후반부터 1990년대 초반 사이에는 각각 자사가 보유하고 있던 파생상품들의 가치를 올바로 평가하지 못했다.

살로먼의 경영진은 1993년 내부 리스크 관리 시스템을 전면적으로 개혁하기로 결정했다. 살로먼 외에 다른 많은 월스트리트 금융회사들도 당시에 같은 조처를 취하고 있었다. 뉴욕의 살로먼 직원들은 회사의 리스크 관리 시스템을 점검하는 과정에서 수천만 달러의 오류가 있음을 발견했다. 이에 따라 40명의 직원들이 그 후 18개월에 걸쳐 회사의 숨겨진 손실을 파악해내는 작업에 투입됐고, 그 결과 뉴욕에서 8700만 달러, 런던에서는 1억 9400만 달러에 이르는 대차 불일치(unreconciled balances)가 존재한다는 사실을 밝혀냈다. 시대에 뒤떨어진 회계 시스템 속에서 1989년 이래 파악되지 않는 손실이 누적돼온 데 따른 결과였다. 이런 오류는 뱅커스 트러스트의 앤디 크리거 사건의 경우와 비슷한 것이었지만, 뱅커스 트러스트에 비해 손실이 누적된 기간도 더 길었고 그 규모도 두 배에 이르렀다.

당시 살로먼의 외부감사를 맡은 회계법인은 아서 앤더슨이었다. 아서 앤더슨은 그 후 10년간에 걸쳐 엔론과 웨이스트 매니지먼트를 비롯한 많은 기업들의 회계 스캔들에 연루되게 된다. 뱅커스 트러스트가 아서 영의 도움을 받고도, 살로먼 브라더스가 아서 앤더슨의 도움을 받고도 회사의 재무 리스크를 통제하지도 이해하지도 못했다면 어느 누가 그렇게 할 수 있을 것으로 기대할 수 있겠는가? 브라운 브라더스 해리먼이라는 은행의 유명한 애널리스트인 페린 롱은 살로먼이 1995년 그동안 숨겨졌던 손실을 발표한 직후 "도대체 어떤 일이 있었던 것인가 묻지 않을 수 없다"고 말했다. 또 다른 애널리스트는 "문제가 언제 해소된 것인가?"라고 물었다.

역설적인 이야기지만, 회사의 느슨한 통제와 감시야말로 아비트리지 그룹의 경쟁력을 뒷받침한 주된 요소였다는 사실이 확인됐다. 메리웨더의 트레이더들이 아비트리지 기회를 포착하고 베팅을 할 때 거기에 더 많은 회사 자금을 투입할 수 있었던 것도, 메리웨더보다 윗선의 경영진에서는 아비트리지 그룹의 리스크와 회사 자금 사용에 대해 누구도 감시하지 않았기에 가능한 일이었다.

메리웨더는 존 구트프로인트 회장과 가까우면서도 비공식적인 관계를 갖고 있었다. 그리고 뱅커스 트러스트의 찰리 샌포드와 달리 살로먼의 구트프로인트는 위험조정 자본수익률(RAROC) 모델에 근거한 직원 통제를 하지 않았다. 그는 리스크나 비용보다도 수익에만 관심을 기울였고, 새로운 상품을 거래할 때도 그랬다. 앤디 크리거가 10억 달러대의 통화옵션 베팅을 하는 것을 샌포드가 허용했다면 구트프로인트는 메리웨더에게 얼마만큼의 자율권을 보장해 주었겠는가?

다행스럽게도 메리웨더는 리스크 관리에 능한 사람이었다. 구트프로인트가 개별 거래가 회사의 리스크와 자본비용에 미치는 영향을 무시했다 하더라도 메리웨더는 아비트리지 그룹 내부에서 이런 요소들을 감안해 이익 목표를 설정하곤 했다. 메리웨더의 트레이더들은 회사를 위해 대체로 1

인당 6000만 달러 이상의 이익을 올려야 했다. 이 목표치를 달성하지 못한 트레이더는 다른 직장을 알아봐야 했다. 달리 말하면 메리웨더는 아비트리지 그룹의 트레이더들이 그만큼의 이익을 달성하기 위해 얼마나 규모가 큰 포지션을 취하고 있는지, 그리고 그 같은 포지션이 회사의 자본에 얼마만큼의 리스크를 부담시키는 것인지를 알고 있었다. 그러고도 1인당 이익 목표를 달성하지 못한 트레이더는 회사에 도움이 되지 않는다고 메리웨더는 생각했을 것이다.

구트프로인트의 자유방임적 태도는 또 한 가지 이점이 있었다. 메리웨더는 경영진의 간섭에서 자유로운 입장이었기에 자신이 취한 포지션을 아주 오랫동안 유지할 수 있었다. 단기적으로 손실이 발생하더라도 서로 다른 가격들이 수렴할 때까지 충분히 기다릴 수 있었던 것이다. 다른 금융회사들에서는 어떤 트레이더가 보유하고 있는 포지션의 시장가치가 하락하면 안절부절못하게 되어 좀더 기다리면 이익이 날 수 있는 포지션도 당장 정리하라고 요구하기 일쑤다. 그러나 메리웨더는 자신의 베팅이 되어가는 대로 마냥 내버려둘 수 있었다. 그 결과는 통념과 달랐다. 아비트리지 그룹은 통제에서 벗어날수록 더 많은 이익을 올렸다.

메리웨더가 1987년 증시 폭락에 대해 어떤 대응을 했는지를 돌이켜보면 그가 얼마나 자유로운 입장이었는지를 알 수 있다. 아비트리지 그룹은 이 해 1월부터 10개월 동안 2억 달러의 누적 이익을 내고 있었다. 하지만 10월 증시 폭락에 따른 손실로 인해 아비트리지 그룹의 연간 이익은 제로(0)로 떨어졌다. 트레이더들은 아연실색했다. 표준편차를 관찰하는 것을 통해 특정 상황이 발생할 가능성을 가늠해주는 그들의 컴퓨터 모델이 제 역할을 하지 못한 게 확인됐기 때문이었다.

이 컴퓨터 모델은 예를 들어 평균과의 편차가 표준편차의 1배인 상황이 발생할 확률은 3분의 1, 표준편차의 2배인 상황이 발생할 확률은 20분의

1로 판정하는 식이었다. 이 컴퓨터 모델에 따르면 1987년의 증시 폭락은 평균과의 편차가 표준편차의 20배인 상황이었다. 이는 다시 말해 100개의 거대한 태풍이 몰려올 확률만큼이나 낮았다.

그러나 메리웨더는 냉정함을 유지했고, 안정적인 수익을 목표로 기존 재무부 채권과 신규 재무부 채권의 가격차를 활용한 아비트리지에 전념했다. 증시가 폭락하자 투자자들이 가장 안전한 자산으로 간주되는 30년 만기 재무부 채권에 몰려들었고, 그 과정에서 30년 만기 신규 채권의 가격이 비슷한 만기의 기존 채권에 비해 상승했다. 그동안 시장의 경쟁으로 사라졌던 아비트리지의 기회가 돌연 다시 생겨났던 것이다. 다른 은행의 트레이더들이 증시 폭락에 따른 손실에 당황하고 회사의 존속을 걱정하고 있을 때 메리웨더의 트레이더들은 재무부 채권 거래에 적극적으로 나섰다. 메리웨더는 이런 재무부 채권 거래를 대규모로 하는 데 대해 따로 경영진의 특별 허가를 받을 필요가 없었다. 메리웨더는 이처럼 신규 및 기존 채무부 채권의 가격차를 이용한 베팅만으로 5000만 달러를 벌어들였다.

구트프로인트의 자유방임적 태도는 트레이더들로 하여금 법규를 피해가는 방식의 거래 전략을 쓰도록 부추겼다. 아비트리지 그룹은 미국 재무부 채권 거래뿐 아니라, 은행들에게 기업에 대한 대출보다는 정부 채권의 매입을 장려하는 유럽의 법규에서도 이익을 뽑아낼 거래 전략을 만들어냈다. 메리웨더의 트레이더들은 또 이탈리아 정부가 지급하는 보조금을 살로먼의 수익으로 빨아들일 수 있는 이탈리아 정부 채권 거래 방식도 고안해냈다.

폴 모저는 아비트리지 그룹에 있을 때 살로먼의 세금 부담을 줄일 수 있는 거래를 하기도 했다. 이처럼 아비트리지 그룹이 법규의 허점을 이용해 이익을 올리는 것은 해당 법규가 유지되는 한 계속될 수 있었다. 어떤 이는 모저의 세금회피 거래를 '더러운 거래'라고 비판했다. 모저는 살로먼의 과세대상 소득을 최소화하는 거짓 거래를 만들어냈다. 살로먼이 채권을 인위적으로 설정한 가격에 사고팔아 마치 손실을 본 것처럼 꾸며 과세대상 소득을 줄이는 방식이었다. 이런 거래는 살로먼에게 세금 절감 외에는 다른 어떠한 경제적 의미도 없는 것이었다.

1990년대 후반에 이르면 살로먼이 한 것과 같은 세금회피 거래가 수십억 달러에 이르게 되고, 특히 엔론 등 에너지 기업과 글로벌 크로싱 등 통신 기업들 사이에 이런 거래가 만연하게 된다. 이런 거래는 세법을 회피하는 것 외에는 다른 아무런 경제적 목적이 없는 것이었다. 트레이더들이 법규를 회피하는 거래를 계속 만들어내고 이런 거래에 대해 수백만 달러의 보너스가 지급되는 분위기 속에서 그들이 서로 잘난 척하고 경멸하게 된 것은 어쩌면 당연한 결과일지도 모른다. 뱅커스 트러스트의 세일즈맨들이 고객을 멸시했던 것처럼 모저를 비롯한 살로먼의 트레이더들도 고객 기업들을 무시하기 일쑤였다.

사실 살로먼의 고객들은 아비트리지 그룹에게 소중한 존재였다. 시장의 수요, 공급에 관한 정보를 제공해 아비트리지 그룹으로 하여금 아비트리지의 기회가 되는 비효율성이 존재하는 곳을 파악할 수 있게 해주었기 때문이다. 그러나 메리웨더의 트레이더들은 다수가 고객들이 제공하는 정보를 당연시하면서 고객들을 바보 취급하기 시작했다. 모저는 고객의 면전에서는 우아하고 예의바른 금융인으로 행동하지만 돌아서서는 '멍청한 놈!' 이라고 말하곤 했던 것으로 알려졌다.

모저는 고객과 동료들을 무시하고 괴롭혔지만 거래 이익은 꾸준히 냈다. 모저의 선임자들이 정부 채권 입찰에 참여할 때는 수십 명이 그 뒤에 서서 지켜보곤 했다. 그러나 모저는 누가 뒤에서 지켜보려고 하면 "당장 여기서 나가시오"라고 소리를 질렀고, 심지어는 구트프로인트 회장에 대해서도 마찬가지 태도를 취했다. 살로먼의 수석 법률고문인 도널드 포이어슈타인은 이런 모저에 대해 "태도상 문제가 있는 사람"이라고 지적했다. 그럼에도 메리웨더와 구트프로인트는 모저를 감싸고돌았다. 그가 돈을 벌어주는 한 껄끄러운 그의 태도는 문제될 것이 없었다. 모저는 1988년 300만 달러, 1989년 400만 달러, 1990년 475만 달러의 거래 이익을 올렸다.

모저는 1990년 회사가 힐리브랜드에게 2300만 달러라는 거액의 보너스를 준 데서 충격을 받았다. 자신의 보너스에 비해 무려 5배나 되는 금액이었다. 한 간부에 따르면 모저는 힐리브랜드가 2300만 달러의 보너스를 받는다면 자신도 2300만 달러의 보너스를 받아야 한다고 생각했다. 살로먼의 모든 트레이더들이 보너스에 민감했지만, 그 가운데서도 모저의 반응은 특히 예민했다. 그는 2300만 달러의 보너스를 받기 위해 기존 재무부 채권과 신규 재무부 채권의 가격차를 활용한 온더런/오프더런 거래에 초점을 맞추었다.

다시 말하지만 온더런/오프더런 거래에서 이익을 뽑아낼 수 있으려면 투자자들, 특히 해외 보험회사들이 가장 유동적인 자산인 미국 재무부 채권을 적극적으로 보유하려는 태도를 가져야 한다. 이런 선호가 존재해야만 가장 최근에 발행된 재무부 채권이 기존 재무부 채권보다 가격이 높아질 것이기 때문이다. 이런 가격차가 바로 아비트리지의 기회를 만들어내는 것이고, 그럴 경우 모저와 같은 트레이더는 값이 싼 기존 채권을 매입하고 비싼 신규 채권을 매도한 뒤 두 가격이 수렴되기를 기다림으로써 이익을 낼 수 있는 것이었다. 그런데 모저는 2300만 달러의 보너스를 받기 위해 30년 만기가 아니라 2년 만기 미국 재무부 채권을 선택했다. 물론 기본적인 거래 방식은 똑같았다.

월스트리트에는 투자은행들이 만든 '발행전 시장(when-issued market)'이라는 것이 있다. 이 시장에서 트레이더들은 곧 발행될 2년 만기 미국 재무부 채권에 대한 미래의 권리를 사거나 팔 수 있다. 모저는 재무부가 몇 주 뒤에 입찰에 붙일 2년 만기 재무부 채권을 미리 사두었다. 미국 재무부는 이 시장을 인정했다. 이는 기업들이 주식을 발행하기 전에 그 주식에 대한 사전 가격협상을 인정하는 것과 같은 목적에서다. 즉 채권이 발행되기 전에 시장에서 가격 흥정이 이뤄지도록 함으로써 발행 후 시장의 충격을 최소화하고, 실제 입찰 때 트레이더들이 보다 확신을 가지고 참여할 수 있도록 하려는 것이다.

흔히 금융회사와 기업들이 신규 재무부 채권을 적극적으로 사려고 하기 때문에 발행전 시장에서 신규 채권의 가격은 상승하기 마련이고, 그 뒤 재무부에서 실제로 채권 공매에 나서면 그 채권의 가격은 하락한다. 그러나 그때는 이미 금융회사와 기업들의 관심은 그 다음 차례로 발행될 재무부 채권 쪽으로 옮겨간 상황이다. 이처럼 발행 시점을 전후해 올랐다가 떨어지는 미국 재무부 채권 가격의 예상할 수 있는 움직임은 아비트리지의 기회를 제공한다.

트레이더들은 발행전 시장에서 앞으로 발행될 채권을 미리 판 다음 며칠 뒤 실제 공매 때는 그 채권을 사는 방식으로 거래차익을 남길 수 있다. 재무부 채권을 거래하는 거의 모든 금융회사들이 이런 아비트리지를 해왔다. 그들은 발행전 시장에서 수십억 달러어치를 팔아 보유하게 된 매도 포지션을 커버하기 위해 실제 공매에서 매입에 나선다.

모저는 사악한 마음을 먹었다. 자신이 재무부 채권 공매 시장을 통제할 수만 있다면 이 시장에서 아비트리지를 하는 다른 트레이더들을 쥐어짤 수 있을 것이라는 생각을 한 것이다. 다시 말해 공매 때 신규로 발행되는 재무부 채권을 모두 자기 것으로 만들어 버린다면, 발행전 시장에서 공매도 해 놓았기 때문에 그 채권을 확보해야 하는 다른 트레이더들이 자기에게 와서 높은 가격을 주고라도 그 채권을 사갈 것이라는 계산이었다.

물론 모저만 이런 시장조작을 생각했던 것은 아니었다. 일본 생명보험회사들을 비롯해 모저가 경멸했던 그의 고객들도 그보다 몇 년 전부터 이미 미국 재무부 채권 시장의 메커니즘을 역이용할 생각을 했다. 하지만 미국 재무부 채권 입찰에 참여할 자격이 있는 금융회사들은 얼마 되지 않았고, 그 가운데서도 살로먼은 단연 큰손이었다. 이런 연유로 모저는 이 시장을 조작하기가 훨씬 유리한 입장에 있었다.

그럼에도 모저의 첫 번째 시도는 실패로 끝났다. 그는 1990년 5월 재무부 채권 입찰에서 대담하게도 발행 물량보다 더 많은 양의 매수 주문을 냈다. 발행 물량 전체를 다 매집하기는 어렵다 하더라도 가능한 한 많은 물량을 배정받기 위해서였다. 이는 마치 10대의 신형 승용차를 곧 내놓을 자동차 판매상에게 12대의 예약 주문을 내는 것과 같은 행동이었다. 실제로 일본의 자동차 회사인 마쓰다가 '마쓰다 미아타' 라는 이름의 신형 승용차를 내놓았을 때 월스트리트의 일부 트레이더들은 이 승용차 자체에는 아무런 관심도 없으면서도 일단 매집해 두었다가 실수요자들에게 비싼 값에 팔아 돈을 번 적이 있다.

미국 재무부는 대량의 주문을 낸 트레이더들에게 눈살을 찌푸렸다. 신규로 발행되는 채권의 시세를 어느 한 투자은행이 좌지우지하는 것을 원하지 않았기 때문이다. 미국 재무부의 마이클 배섬(Michael Basham) 차관보가 즉각 모저에게 전화를 걸어, 한 투자은행에서 전체 발행 규모의 35% 이상을 입찰하지 않기로 한 월스트리트와 재무부 사이의 비공식 신사협정을 상기시켰다. 재무부로서는 재무부 채권 입찰 과정에 경쟁이 존재해야만 낮은 금리로 채권을 발행할 수 있기 때문이었다. 재무부 채권 입찰 시장에 대한 규제는 원래 느슨했지만, 재무부의 입장에서는 딜러들이 경쟁에 반하는 행동을 하는 것을 원하지 않았다. 배섬 차관보는 모저에게 "이번 대량주문 행위를 문제 삼아 살로먼을 징계하지는 않겠지만 앞으로는 35% 한도를 철저히 지켜야 한다"고 경고했다.

그러나 그 후 모저의 태도는 더욱 나빠졌다. 그는 배섬에 대해 "나서지 말라"고 맞받아쳤다. 배섬이 또다시 나서서 간섭하면 존 구트프로인트 살로먼 회장으로 하여금 그의 절친한 친구인 니콜라스 브래들리 재무부 장관에게 전화를 걸도록 하겠다고 으름장을 놓았다. 마치 "직급도 낮은 일개 관리가 감히 살로먼의 톱 트레이더의 일에 간섭하다니 괘씸하다"는 투였다.

모저는 배섬의 경고를 무시하고 한 달 뒤인 6월 입찰에서 다시 발행물량의 240%에 해당하는 주문을 냈다. 그러자 배섬이 다시 전화를 걸어와 이렇게 말했다. "폴! 입찰에서 자네가 할 수 있는 일은 다른 친구들보다 더 높은 가격을 제시하는 것뿐일세. 입찰 시스템 자체를 대상으로 게임을 벌여서는 안 되네. 자네가 다시는 그렇게 하지 말았으면 하네." 배섬은 모저와 통화를 끝낸 뒤 입찰 절차를 주관하는 연준에 전화를 걸어 모저의 주문량을 발행물량의 35%로 낮춰 조정하라고 요청했다.

여기서 포기할 모저가 아니었다. 그는 한 달 뒤인 7월 입찰에서는 발행물량의 300%를 써넣었다. 그러자 배섬은 다시 모저의 주문량을 35%로 낮췄다. 그로부터 몇 주 뒤인 1990년 7월 10일 미국 재무부는 비공식 신사협정이었던 35% 제한을 아예 공식적인 규정으로 격상시키는 조처를 취했다. 배섬은 이런 조처를 취할 때 월스트리트와는 아무런 상의도 하지 않고, 재무부 채권 딜러들은 이런 전격적인 조처에 놀라움을 표시했다.

그런데 재무부가 이런 조처를 취한 바로 다음 날에 실시된 재무부 채권 입찰에서 모저는 35%씩 11건으로 나눠 모두 385%의 주문을 내는 방식으로 앙갚음을 했다. 게다가 그는 재무부에 전화를 걸어 항의하기도 하고 언론 플레이도 펼쳤다. "재무부가 월스트리트 투자은행과는 아무런 상의도 없이 자의적으로 신사협정을 규정화했다"며 그는 〈뉴욕 타임스〉에 이렇게 말했다. "재무부가 주요 딜러들과 아무런 사전 협의도 없이 이번 조처를 취한 것은 경솔한 태도다. 재무부는 재무부 채권을 인수해온 주요 딜러들의 손발을 묶은 것이다."

모저는 이 정도에서 통제돼야 했다. 살로먼에서 구트프로인트 회장의 바로 아래이자 메리웨더의 바로 위인 서열 2위였던 토머스 슈트라우스는 모저가 재무부에 사과해야 하며, 필요하면 몇 주일간 런던에 가 있으면서 마음을 진정시키도록 해야 할 것이라고 주장했다.

그러나 모저는 예전에 살로먼이 세금을 회피할 수 있도록 했던 것처럼 이번에는 새로운 35% 규정을 우회할 방법을 찾아내려고 몇 달간을 보냈다. 1991년 2월 21일 재무부 채권 입찰 때 모저는 살로먼의 이름으로 정확하게 발행물량의 35%를 사겠다는 주문을 냈다. 마치 새로운 재무부 규정을 준수하기로 했다고 말하는 것 같았다. 그러나 이번에 그는 살로먼의 이름 외에도 SG 워버그의 자회사인 머큐리 애셋 매니지먼트의 이름으로도 35%의 매수 주문을 냈다. SG 워버그는 영국의 최정상 증권회사였고, 살로먼의 고객이기도 했다. 모저는 게다가 갑부 조지 소로스가 운영하는 퀀텀 펀드의 이름으로도 35%의 매수 주문을 냈다.

그런데 워버그와 퀀텀이 모저에게 그런 주문을 내달라고 한 것이 아니었다. 고객을 경멸하기 일쑤였던 모저는 워버그와 퀀텀의 입장은 개의치 않고 제멋대로 그들의 이름을 사용했다. 그들은 자신들의 이름이 사용된 것을 알지도 못할 것이었다. 따라서 워버그와 퀀텀의 이름으로 배정될 재무부 채권도 살로먼의 몫으로 챙기면 되는 일이었다. 어쨌거나 35% 규정은 준수되는 것 아니냐는 게 모저의 생각이었다.

모저의 책략은 먹혀들었고, 그 덕분에 살로먼은 이때 입찰에 붙여진 재무부 채권의 전체 물량 가운데 절반 이상을 확보했다. 입찰이 끝난 뒤 그는 워버그와 퀀텀이 배정받은 10억 달러어치 이상의 재무부 채권을 시장가격 이하의 가격으로 살로먼에 매각한 것처럼 꾸미는 허구의 거래를 만들어

냈다. 이런 허구의 거래를 통해 살로먼은 거액의 이익을 올렸고, 모저는 힐리브랜드와 2300만 달러의 보너스에 그만큼 더 가까워진 듯했다.

그러나 머리가 제 아무리 좋은 범죄자라도 치명적인 실수를 적어도 한 가지는 하게 마련이다. 모저는 자신이 이름을 도용한 고객 회사들이 살로먼을 거치지 않고 직접 재무부 채권 입찰에 주문을 낼 수 있다는 사실을 감안하지 않는 실수를 저질렀다. 모저가 머큐리 애셋 매니지먼트와 퀀텀 펀드의 이름으로 각각 35%라는 주문 한도를 모두 써버렸으니, 이들 두 회사가 아주 적은 양이라도 주문을 따로 낸다면 곧바로 재무부 규정 위반이 될 상황이었다. 이럴 경우에는 모저의 실수가 감춰질 여지가 전혀 없었다.

그런데 모저에게는 불운하게도 머큐리 애셋 매니지먼트의 모기업인 워버그가 비교적 적은 양이긴 하나 1억 달러어치의 주문을 냈다. 결과적으로 워버그는 35% 한도를 초과한 셈이 됐고, 이에 따라 재무부에 비상이 걸렸다. 재무부 관리들은 몇 주일에 걸친 조사 끝에 워버그에 문제의 주문에 대해 해명할 것을 요구하는 편지를 보내는 동시에 모저에게도 그 편지의 사본을 보냈다. 그러나 이때만 해도 재무부는 모저가 머큐리 애셋 매니지먼트의 요청에 따라 대신 입찰 주문을 낸 것으로 알고 있었다.

궁지에 몰린 모저는 즉시 머큐리 애셋 매니지먼트의 고위 간부에게 전화를 걸어, 살로먼에서 머큐리의 이름으로 31억 5000만 달러어치의 재무부 채권 매수 주문이 들어간 것은 단순한 업무상 착오였다고 둘러댔다. 그러면서 그는 명의가 결과적으로 도용된 사실을 비밀로 해달라고 애원했다.

바로 그 날인 1991년 4월 24일 모저는 메리웨더에게 재무부에서 온 편지를 보여주며 자초지종을 보고했다. 메리웨더는 모저에게 "자네 행위는 트레이더로서 자네의 경력을 망칠 수도 있는 것"이라고 질타하고, 즉시 자신의 상관인 슈트라우스 및 살로먼의 법률고문인 도널드 포이어슈타인이 참석하는 대책회의를 소집했다. 이 대책회의는 바로 다음 날 아침에 열렸고, 회의에 참석한 세 사람은 모저의 행위에 대해 논의하고 재무부의 편지를 회람했다. 이들은 마침 다른 지역에 출장 중이던 존 구트프로인트에게 모저의 행위를 알리기로 했지만, 이날 모저를 징계하지는 않았다.

그런데 바로 이 날에도 모저는 또 다시 35% 규정을 위반하고 있었다. 그는 이날 실시된 4월분 재무부 채권 입찰에서 살로먼의 이름으로 35%를 주문하는 동시에 폴 튜더 존스가 운영하는 헤지펀드인 튜더 인베스트먼트 코퍼레이션의 이름으로도 소규모 주문을 넣었다. 다만 이번 튜더 명의의 주문은 튜더 쪽의 승인을 받은 것이었다. 하지만 모저는 튜더 쪽에 알리지 않고 튜더의 명의로 10억 달러어치의 주문을 추가로 내고 싶은 욕망을 억제할 수 없었다.

이번에는 혹시라도 튜더가 독자적으로 주문을 내어 35% 규정에 저촉되는 상황이 벌어지지 않도록 튜더 명의의 주문량을 조절하는 데 신경을 썼다. 하지만 튜더 명의의 10억 달러어치 추가 주문을 살로먼 명의의 주문에 합산할 경우 살로먼은 35% 한도 규정을 어긴 셈이었다. 어쨌든 이 입찰에서 모저는 자신의 책략대로 성공을 거두었고, 은밀하게 튜더 명의로 낸 추가 주문에 대한 배정분 10억 달러어치도 살로먼 몫으로 챙겨 막대한 이익을 남겼다.

그로부터 며칠 뒤 구트프로인트는 메리웨더, 슈트라우스, 포이어슈타인과 만났다. 메리웨더는 워버그 명의 도용 사건은 "하나의 일탈행위"였을 뿐이며, 그 일로 인해 모저가 살로먼에서 쫓겨나지 않기를 바란다고 말했다. 법규의 약점을 회사의 이익으로 전환시키는 일을 즐겼던 것으로 알려진 포이어슈타인도 모저의 행위에 대해서는 도를 넘은 것이라고 말했다. 그는 모저가 범죄를 저지른 것이며, 살로먼은 법률적 의무 사항은 아니지만 정부에 사실대로 고백해야 한다고 주장했다. 세 사람은 재무부, 아니면 슈트라우스의 친구인 제럴드 코리건이 총재로 있는 뉴욕연준에라도 사실을 알려야 하는지를 놓고 논의를 거듭했다. 그들은 모저를 징계하거나 그의 업무 범위를 제한하는 문제에 대해서는 이야기도 꺼내지 않았다.

아마도 그 누구라도 당시의 모저를 제지할 수 없었을 것이다. 모저는 수십억 달러의 허위 주문을 계속 냈고, 그 가운데 10억 달러의 주문은 샌프란시스코 지사에서 은퇴하는 한 세일즈맨에 대한 짓궂은 장난으로 낸 것이었다. 모저의 무분별한 재무부 채권 거래는 비밀로 유지되지 않았다. 모저의 책략을 알게 된 몇몇 헤지펀드 매니저들은 오히려 그의 행위에 편승해 이익을 내려고 했다. 실제로 '캑스턴 그룹'과 '슈타인하르트 파트너스'라는 두 개의 대형 헤지펀드는 4월의 재무부 채권 입찰에서 시장조작에 관여했고, 다가오는 5월 입찰에서도 살로먼을 통해 시장조작에 참여하는 데 관심을 보였다. 널리 알려진 타이거 펀드의 줄리안 로버트슨 회장도 이 작전에 참여하고 싶어 했다.

1991년 5월 22일 입찰에서 모저는 타이거 펀드를 비롯한 다른 회사들의 명의로 배정받은 물량을 더해 전체 발행 물량의 86%를 사들였다. 그 과정에서 타이거 펀드가 승인한 주문량에 5억 달러를 몰래 더 얹어 타이거 펀드의 명의로 주문을 넣기도 했다. 물론 캑스턴과 슈타인하르트의 이름으로도 승인받은 규모 이상의 주문이 들어갔다. 이때 모저는 발행전 시장에서 2년 만기 재무부 채권을 동시에 매입했다. 그러나 재무부 규정을 어기고 이런 채권 매입 사실을 공시하지 않았다. 그는 이렇게 은밀하게 2년 만기 재무부 채권을 사놓은 다음 이익을 남기고 팔 수 있을 때까지 기다렸다.

시장조작에 따른 가격 상승이 시작됐다. 2년 만기 재무부 채권의 가격은 하늘 높은 줄 모르고 치솟았고, 이 채권의 보유자들은 3000만 달러를 벌었다. 모저는 홈런을 친 셈이었다. 그가 통제에서 벗어난 것은 사실이었다. 하지만 그로서는 이 해 연말까지만 버티면 거액의 보너스를 받을 수 있어 보였고, 어쩌면 살로먼 사상 최고액의 보너스 기록을 세우게 될지도 몰랐다. 그는 자신이 감독당국에 붙잡힐 것이라는 생각은 하지도 않았고, 더군다나 감옥에 가리라고는 상상도 못했다.

모기지 채권

살로먼은 아비트리지만으로 돈을 번 게 아니었다. 차입금으로 주택을 산 사람들의 금리와 원금 상환 의무를 근거로 하는 금융수단인 모기지 채권(mortgage bond)으로 복잡한 구조의 거래를 만들어내는 데도 선도적인 역할을 했다.

마이클 밀켄이 정크본드의 선구자였다면 살로먼의 루이스 래니어리(Lewis Ranieri)는 모기지 채권의 선구자였다. 두 사람은 비슷한 고객층을 상대로 강력한 세일즈 활동을 펼쳤다. 래니어리는 주택담보 대출을 받은 사람이 매달 납입하는 원리금이 어떻게 정부기관을 거쳐 특별히 설립된 신탁으로 흘러 들어간 다음 일부 운 좋은 투자자들의 포트폴리오에 편입되는지를 고객들에게 잘 설명했다.

래니어리는 다채로운 이력의 소유자였다. 살로먼에 우편물 담당 직원으로 취직한 그는 어느 날 '미국 지도를 벽에 걸어놓고 매직펜으로 우편물 배달체계를 다시 그리는 아이디어'를 낸 뒤 간부로 승진했다. 그는 투자자들에게 "모기지는 아주 싼 물건"이라고 말하곤 했다. 아닌 게 아니라 모기지 채권은 정크본드와 여러 가지 공통점을 갖고 있다. 둘 다 일반적인 채권에 비해 가격이 저평가돼 있고, 대부분의 다른 투자 대상들에 비해 가치를 평가하기가 어려우며, 시장 규모가 수천억 달러에 이를 정도로 크다. 정크본드는 퍼스트 보스턴이 채권 담보부 증권(CBO) 방식으로 유동화시켰고, 모기지 채권은 살로먼이 비슷한 방식의 복잡한 거래를 통해 유동화시켰다.

　　모기지는 정크본드에 비해 한 가지 중요한 장점을 갖고 있다. 그것은 바로 주요 신용평가회사들이 모기지에 대해 트리플 에이의 신용등급을 부여한다는 점이다. 게다가 미국 정부는 주택 모기지가 중요하다고 보고 보조금을 지급하고 있다. 모기지에 대한 정부의 보조금 지급은 납세자들이 모기지 금리 지급액을 과세소득에서 공제받도록 하는 방식과, 모기지 채권에 대해 정부가 암묵적인 지급보증을 해주는 방식으로 이뤄진다.

　　모기지 채권의 신용등급이 트리플 에이라고 해서 그것이 전혀 위험하지 않은 자산이라는 뜻은 아니다. 모기지 채권은 한 가지 약점을 갖고 있는데, 그것은 바로 중도상환 리스크(prepayment risk)다. 주택을 담보로 자금을 대출받은 사람들은 그들이 원할 때면 언제든지 기존 모기지 채무를 상환하고 보다 싼 금리의 새로운 모기지로 갈아탈 수 있다. 그러나 모기지 채권 소유자는 자신이 갖고 있는 채권이 30년간 계속 유지될지, 아니면 30개월 만에 청산될지를 전혀 알 수가 없다. 만일 금리가 떨어져 모든 사람들이 기존 모기지 채무를 금리가 싼 것으로 전환하기 시작하면 고금리의 장기 모기지 채권을 갖고 있던 사람은 어느 날 갑자기 원금을 상환 받는 상황에 부닥칠 수 있다. 이런 중도상환 리스크는 수량화하기가 매우 어려우며, 모기지의 가격이 싸게 되는 한 가지 원인으로 작용한다.

　　뱅커스 트러스트가 정크본드를 한데 모은 뒤 여러 개로 나누었듯이 살로먼은 모기지를 한데 모은 뒤 여러 조각으로 쪼갰다. 살로먼은 이를 위해 신탁회사를 설립했고, 이런 신탁회사에 대해서는 정부기관에서 보증을 제공했다. 살로먼은 따로 설립한 이런 신탁에 모기지 채권들을 이전하고, 거기서 재분할하도록 했다. 재분할에는 원리금을 원금 부분과 금리 부분으로 나누는 방식, 만기별로 단기 모기지와 장기 모기지로 나누는 방식, 지역별로 동부 모기지와 서부 모기지로 나누는 방식 등이 적용됐다. 아울러 중도상환 리스크에 따라 분할되기도 했다. 예를 들어 다른 것들보다 먼저 중도

상환될 모기지 채권들을 하나로 묶어주고, 이런 채권들이 다 중도상환된 뒤에야 중도상환이 시작될 모기지 채권들을 따로 하나로 묶어주는 방식이 활용됐다.

이런 모음과 나눔의 과정을 거쳐 재편성된 모기지 조각들을 가리켜 '저당권 담보부 채권(CMO; Collateralized Mortgage Obligation)'이라고 부른다. 그리고 그 변종은 아주 다양한 이름을 갖고 있으며, 주로 그 머리글자만 따서 약칭된다. CMO의 변종의 이름을 구체적으로 나열해보면 IO(Interest Only bonds)와 PO(Principal Only Bonds)를 비롯해 PAC, TAC, IOette, VADM, Z-본드 등이 있다. 대체로 그 이름의 어감이 거칠고 생소한 것일수록 리스크가 더 높은 것이라고 보면 된다. 그 가운데 가장 리스크가 높은 것들은 흔히 '핵폐기물(Nuclear Waste)'로 통칭됐다.

CMO를 처음 만들어낸 회사는 오래 전부터 증권화 분야에서 탁월한 전문성을 보여온 뱅커스 트러스트였다. 하지만 살로먼이 전 세계에서 가장 덩치가 큰 모기지 채권 회사가 됐다. 살로먼이 모기지 채권으로부터 이익을 뽑아낸 방법은 다음 세 가지다.

첫째, 살로먼은 모기지 거래를 구성하고 알선하면서 수수료 수입을 올렸다. 거래의 내용이 복잡할수록 수수료율은 더 높았다.

둘째, 모기지를 고객들에게 팔면서 수수료를 거뒀다. 특히 저축대부조합과 같이 법규상 신용등급이 높은 자산에만 투자하도록 규제받고 있으나 더 높은 수익을 올리기 위해 리스크가 높은 자산에도 투자하고 싶어 하는 금융회사들이 살로먼의 CMO를 적극적으로 샀다. 래니어리는 투자자들에게 법규의 제약이 얼마나 중요한 요소인지를 잘 알고 있었으며, 모기지 투자에 대한 법규를 그대로 수용하지 않았다. 살로먼의 한 트레이더는 "그는 어떤 법규를 싫어하게 되면 반드시 그것을 우회하는 방법을 찾아냈다"고 말했다. 펀드 매니저의 관점에서 살로먼의 모기지 채권은 CSFP의 구조화 채권과 비슷한 측면이 있었다. 둘 다 신용등급이 높았고, 같은 수준의 다른 투자 대상들보다 잠재 수익률이 높았다. 그러나 펀드 매니저들은 구조화 채권에 대해서 만큼이나 모기지에 대해서도 잘 알지 못했다. 때문에 그들은 살로먼을 비롯한 금융회사들에게 불필요하게 많은 금액의 수수료를 지급했다. 그들은 신용등급이 높은 다른 어느 정부 채권에 비해 모기지의 수익률이 더 높다고 알고 있었다. 따라서 그들은 정부 채권 펀드에 위험도가 높은 모기지를 대량으로 편입했고, 그 과정에서 많은 수수료를 부담했다. 정부 채권 펀드 매니저들의 이런 행동은 경쟁자들보다 더 좋은 실적을 올리기 위한 것이었다. 그 결과로 이들이 안게 된 리스크가 어떤 결과를 초래했는지에 대해서는 다음 장에서 다룰 예정이다.

셋째, 살로먼은 자체 자금으로 모기지를 사고팔아 돈을 벌었다. 그러나 존 구트프로인트 회장은 모기지와 관련된 리스크의 관리에 능숙하지 못했고, 모기지 거래를 책임진 래니어리도 마찬가지였다. 래니어리는 CMO 거래 구조가 과도하게 다양해지는 데 대해 제대로 통제하지 못했다. 그 결과 살로먼은 모기지와 관련된 리스크를 사실상 관리하지 못하는 상태에 이르렀다. 1980년대 중반에 살로먼은 평균적으로 자기자본의 2배가 넘는 50억 달러의 자금을 모기지에 묶어두고 있었다. 이 모기지는 유동화 과정을 거쳐 매각하기 위한 것이었다. 그런데 마틴 메이어라는 외부 분석가에 따르면 당시 살로먼의 경영진은 트레이더들이 그토록 많은 모기지를 보유하고 있다는 사실도 알지 못했다. 래니어리 팀은 모기지를 단순히 보유하고 있는 것만으로도 돈을 벌었다. 금리가 하락하면 그 가치가 증가했기 때문이다.

메리웨더의 아비트리지 그룹은 이보다는 좀더 세련된 방법을 사용했다. 다시 말해 서로 다른 모기지들 사이의 상대적인 가격 차이에 대해 아비트리지 베팅을 한 것이다. 아비트리지 그룹은 모기지와 모기지 이외의 다른 채권에 각각 내장된 옵션 사이의 가치 차이를 이용했다. 이런 아비트리지 거래는 그 규모와 변동성이 컸다. 이에 따라 단기적으로 손실을 보기도 했지만 전체적으로 볼 때는 이익을 내는 경우가 많았다. 예를 들어 힐리브랜드는 모기지에 대한 단 한 건의 베팅으로 한때 4억 달러의 평가손실을 냈지만, 그 베팅을 해소하지 않고 계속 보유해서 결과적으로는 이익을 실현했다.

호킨스는 모기지 팀에서 일하다가 메리웨더의 아비트리지 그룹으로 옮겼다. 그는 금융학 박사학위를 갖고 있었고, 모기지의 중도상환 리스크를 평가하는 컴퓨터 모델을 만들기도 했다. 그는 모기지에 내재된 중도상환 옵션이 올바로 평가되지 못하고 있다는 사실을 발견했다. 그 이유는 투자자들이 중도상환 리스크를 잘 이해하지 못했고, 따라서 그 같은 리스크를 내재하고 있는 모기지에 대해 많은 돈을 지급하지 않으려고 한 데 있었다. 그 결과 모기지 상품들 가운데는 상대적으로 싼 것들이 있었고, 호킨스는 그런 모기지들을 사들이고 거기에 내재된 옵션 관련 리스크는 다른 시장에서 헤지함으로써 차익을 실현했다.

살로먼은 스타 트레이더로 갓 떠오른 하워드 루빈(Howard Rubin)이 메릴 린치로 자리를 옮긴 사태에 대처해야 했다. 래니어리는 루빈에 대해 "내가 만나본 트레이더들 가운데 천부적인 재능이 가장 뛰어난 사람"이라고 평가한 적도 있다. 루빈의 이야기는 월스트리트에서 어느 한 투자은행이 개발한 기법이나 거래 관행이 얼마나 빨리 다른 금융회사들로 전파되는가를 보여준 대표적인 사례다. 앨런 휘트의 이적으로 뱅커스 트러스트의 파생상품 기법이 퍼스트 보스턴으로 옮겨간 것처럼, 루빈의 이적으로 살로먼의 모기지 기법은 메릴 린치로 전파됐다. 살로먼으로서는 바라지 않았던 상황이었다.

루빈은 살로먼의 교육훈련 프로그램을 마치고 실무에 배치된 첫 해인

1986년에 2500만 달러의 이익을 냈다. 신참 트레이더치고는 엄청난 실적을 올린 것이다. 그러나 살로먼은 그가 회사를 위해 얼마를 벌어주었든 1년차 트레이더에게 정규 연봉과 보너스를 더해 9만 달러 이상 지급하기를 거부했다. 그는 그 다음 해에는 3000만 달러의 이익을 냈다. 그러나 살로먼은 그가 2년차 트레이더라는 이유로 17만 5000달러를 보수로 지급하는 데 그쳤다. 루빈에게는 성에 차지 않는 금액이었다.

루빈은 결국 살로먼을 떠나, 그에게 연봉 100만 달러와 거래 이익의 1%를 보수로 지급하겠다고 제안한 메릴 린치로 자리를 옮겼다. 메릴 린치는 스카우트한 루빈을 통해 살로먼의 모기지 거래 비법을 전수받을 수 있기를 기대했다. 그러나 이런 기대는 충분히 실현되지 않았다. 메릴 린치에서 거래에 나선 루빈은 1987년 4월의 어느 날 단 하루에 무려 3억 7700만 달러라는 거액의 손실을 냈다. 이때 모기지 거래 경력이 5년도 안 된 루빈은 알고 보니 이 분야의 신동도 아닌 것으로 확인된 셈이었다.

루빈의 손실은 같은 해 앤디 크리거의 이익과 대조됐다. 둘 다 살로먼에서 출발했고, 크리거가 뱅커스 트러스트로 옮길 때 루빈은 메릴 린치로 스카우트됐다. 둘 다 변동성 추정치에 따라 가치가 변하는 금융수단을 거래했다. 즉 크리거는 통화, 루빈은 모기지를 거래 대상으로 삼았다. 루빈이 막대한 손실을 낸 1987년에 그의 나이는 32살로 크리거보다 몇 살 위였다. 둘 다 회사의 자본으로 대규모 베팅을 했고, 그 결과로 나타난 손실과 이익의 규모도 비슷했다. 그리고 둘 다 살로먼을 떠나 옮겨갔던 직장을 비슷한 시기에 다시 그만뒀다. 다만 크리거는 막대한 이익을 회사에 안겨주고 떠난 반면, 루빈은 엄청난 손실을 회사에 안기고 떠났다.

루빈은 어쩌다 실패했을까? PO 채권이 원인이었다. 메릴 린치는 지니메이(Ginnie Mae, Government National Mortgage Association, 전미 저당금융금고)에서 연 11%의 금리로 발행한 채권 9억 3500만 달러어치를 매입했다. 메릴 린치는 이 지니메이 채권을 금리와 원금 부분으로 나눈 다음 금리 부분을 IO 채권으로 만들어 저축대부조합 협회에 팔았고, 원금 부분을 근거로 만든 PO 채권은 자체적으로 보유했다. 그런데 루빈은 상관에게 보고하지도 않은 채 이와 비슷한 거래를 8억 달러어치나 벌였다. 이로 인해 메릴 린치는 모두 17억 달러어치에 이르는 PO 채권을 보유하게 됐다.

PO 채권을 보유하고 있다는 것은 금리가 하락하는 쪽에 베팅하고 있다는 뜻이었다. PO 채권은 할인채권이어서 그 가격이 원금의 일정 비율, 예를 들어 원금의 20%가 되는 방식으로 정해진다. 만약 금리가 떨어져 주택 담보 대출을 받은 원 채무자가 중도상환에 나서게 되면, 원금의 20%에 PO 채권을 사서 보유 중인 사람은 횡재를 하게 된다. 원금 중 나머지 80%를 몇 년 뒤의 미래가 아니라 당장 오늘 회수할 수 있기 때문이다. 그러나 금리가 상승하면 원 채무자가 중도상환에 나서지 않게 되고, 만기가 30년 남았다면 나머지 80%의 원금을 다 회수하려면 30년을 기다려야 한다. 이처럼 PO 채권은 그 어떤 금융수단보다도 변동성이 크다.

그런데 루빈에게는 불행하게도 금리가 상승했다. 뱅커스 트러스트의 경우와 마찬가지로 메릴 린치의 거래에 대한 소문도 아주 빠르게 퍼졌다. 언론들은 메릴 린치가 거래 내용을 은닉하고 있다는 미확인 보도를 내보냈다. 메릴 린치는 뱅커스 트러스트와 달리 사실을 신속하게 털어놓았다. 곧이어 메릴 린치가 PO 채권에서 막대한 손실을 냈다는 사실이 신문들의 1면에 보도됐다. 메릴 린치는 보도자료를 통해 "최근 면직된 수석 트레이더의 허가받지 않은 거래와 이후의 시장 변동성 심화로 인해" 손실을 보았다고 밝혔다. 이 일로 메릴 린치의 주가는 6% 급락했다.

놀랍게도 메릴 린치는 당시 일부 사업부문들을 매각해 얻은 수익으로 루빈이 초래한 손실을 상쇄시켜, 당해 분기에 회사가 적자를 보지 않은 것으로 만들었다. 일부 사업부문들의 매각은 겉으로 보기에 우연의 일치였던 것 같았고, 임직원 보수를 8000만 달러를 줄여 손실을 계속 은닉하려 했던 뱅커스 트러스트의 조처보다는 그럴듯해 보였다. 당시 메릴 린치의 임원들은 "이번 분기에 몇 건의 대규모 일회성 수익을 반영할 것"이라고 말했다.

1990년 증권거래위원회는 루빈에 대해 9개월간의 증권업무 정지 명령을 내렸고, 이 기간이 지나자 루빈은 또 다른 투자은행인 베어 스턴스로 자리를 옮겼다. 메릴 린치는 루빈이 야기한 손실을 일회성 수익으로 상쇄시킨 것에 대해 어떤 제재도 받지 않았다.

크리거 사건과 마찬가지로 루빈 사건이 준 메시지도 분명했다. 그것은 바로 복잡한 금융 부정행위에 연관된 트레이더는 처벌받지 않는다는 것이었다. 공교롭게도 메릴 린치가 루빈을 해고한 지 몇 달 뒤에 살로먼은 루빈의 스승이었던 루이스 래니어리를 해고했다. 그가 젊고 세련된 다른 트레이더들과 경쟁하기 어렵다고 판단한 결과였다.

그 뒤 몇 년간에 걸쳐 모기지와 관련된 문제가 거듭 불거졌다. 1990년대 초반에 투자자들은 금리가 낮은 수준에 머무를 것이라는 데 베팅할 목적으로 모기지 상품을 많이 사들였다. 이는 깁슨 그리팅스와 피앤지가 구조화 채권을 이용해 비슷한 베팅을 했던 것과 같은 맥락에서였다. 이런 베팅은 1994년부터 모두 손실을 내기 시작했다. 특히 살로먼의 손실이 컸다.

하지만 1991년에 살로먼이 부닥친 가장 큰 문제는 모기지가 아니라 정부 채권과 관련된 것이었다. 당시만 해도 폴 모저가 재무부 채권 시장을 조작하면서 거래를 벌인 데 대해 규제당국이 어떤 조처를 취할 것인지가 분명하게 드러나지 않았다.

가벼운 처벌

마침내 존 구트프로인트 회장은 1991년 6월분 재무부 채권 입찰을 앞두고 폴 모저에게 과다한 주문을 내지 말도록 지시함으로써 그에 대한 통제에 나섰다. 그러나 너무 늦은 조처였다. 그러면서도 구트프로인트는 모저가 직전 5월의 재무부 채권 입찰에서 대규모 시장조작을 통해 이익을 내줄 것으로 기대하고 있었다. 구트프로인트는 6월에 재무부 관계자와 만나, 그 달의 재무부 채권 입찰에서 살로먼은 위법행위를 하지 않았다고 뻔뻔하게 말했다. 그는 모저가 2월 입찰에서 거짓 주문을 냈다는 사실을 이미 알고 있었음에도 그 사실을 숨겼다.

규제당국은 재무부 채권 입찰에서 살로먼이 어떤 행위를 했는지를 조사하기 위해 관련 자료를 요구했다. 구트프로인트는 법률회사인 워첼, 립튼, 로젠 앤드 캐츠(Watchell, Lipton, Rosen & Katz)의 변호사들을 고용해 대비에 나섰지만, 단지 5월의 입찰에 대해서만 살펴봐 달라고 임무를 제한했다. 이는 마치 훗날 엔론이 파산한 뒤 특별위원회를 구성해 조사 임무를 맡기면서 극히 의심스러운 몇 건의 거래들에 대해서만 조사하도록 범위를 제한한 것과 같은 태도였다.

그러나 조사에 들어간 변호사들은 모저가 그 이전부터 불공정 입찰을 해왔다는 사실을 이내 알아냈고, 이에 따라 조사의 범위가 확대될 수밖에 없었다. 워첼, 립튼, 로젠 앤드 캐츠는 1991년 8월 초에 조사 결과를 정리해 구트프로인트, 슈트라우스, 메리웨더, 포이어슈타인 등 살로먼의 수뇌부에 보고했다. 보고서 내용은 문제투성이였고, 살로먼은 재무부 채권 입찰에서 부정행위가 있었음을 언론을 통해 공표하지 않을 수 없었다.

앞서 4월에 토머스 슈트라우스는 자신의 친구인 제럴드 코리건 뉴욕 연준 총재에게 전화를 걸어 살로먼이 안고 있는 문제를 알릴까 생각하기도 했지만, 그렇게 하지 않았다. 결국 코리건은 8월 12일 아침에 신문을 통해 모저의 행위를 알게 됐다. 그는 곧바로 살로먼에 대해 관리 체제를 비롯한 필요한 변화 조처를 실시하도록 요구했다. 구트프로인트, 슈트라우스, 메리웨더, 포이어슈타인에게 돌연 종말이 찾아왔다. 그로부터 며칠 뒤 이들 네 사람은 모두 사직을 해야 했다.

그런데 공교롭게도 네 사람이 사직한 바로 그 날인 8월 15일 모저의 불공정 행위를 발견하고 문제 제기를 했던 재무부 관리 마이클 배섬도 사표를 냈다. 배섬은 나중에 살로먼과 합병되는 증권회사인 스미스 바니의 전무이사로 자리를 옮겼다. 당시에는 재무부가 채권시장을 어떻게 다뤄야 하는지를 배섬만큼 잘 아는 사람이 없었다. 그는 재무부에서 2년간 일했고, 그 전에는 베르트하임 슈뢰더라는 금융회사에서 재부부 채권 담당 직원으로 있었다.

이런 배섬의 전직 이력은 미국 정부와 월스트리트가 '회전문'으로 서로 연결돼 있음을 상징적으로 보여준다. 그뿐 아니라 제럴드 코리건도 뉴욕연준 총재직에서 떠나 골드먼 삭스의 임원으로 영입됐다. 그런가 하면 나중에 로버트 루빈은 골드먼 삭스의 공동회장으로 있다가 클린턴 행정부의 재무장관으로 기용됐다.

한편 오마하에 본거지를 두고 활동하는 부호 워런 버핏은 자신의 회사가 살로먼에 투자해 놓은 7억 달러에 대해 걱정하고 있었다. 버핏은 1987년에 금융가 로널드 페럴먼으로부터 적대적인 인수합병의 위협을 받고 있던 살로먼의 경영권 방어를 돕는다는 명목으로 살로먼의 전환우선주를 샀다. 바로 이 투자가 위험에 처하게 된 것이었다. 버핏은 곧바로 뉴욕으로 날아가 위기에 빠진 살로먼을 구하고자 했다. 참고로 버핏은 그로부터 몇 년 뒤 존 메리웨더의 롱텀 캐피털 매니지먼트가 위기에 빠졌을 때도 이 헤지펀드를 구제하려고 시도한다. 어쨌든 버핏의 출현은 살로먼의 신인도를 높이는 데 기여했고, 실제로 살로먼은 곧 회생할 수 있었다.

1993년 9월의 모저 스캔들은 금융시장의 변화를 반영하는 것이었다. 살로먼은 기술적으로 크게 정교해진 탓에 임원들이 주요 직원들에 대한 통제력을 잃어버렸다. 아비트리지 그룹은 규제되지 않는 시장에서 거래를 벌였고, 법규의 허점을 활용했다. 남은 문제는 정부 당국에서 살로먼에 대해 제재조처를 취할 것인가였다. 정부가 징계 조처를 취한다면 그것은 시장조작 행위에 대해 더 이상 방관하지 않겠다는 정부의 메시지를 시장 참여자들에게 전달하는 의미가 있을 터였다.

모저는 검찰과 몇 년간에 걸친 협상 끝에 1991년 2월에 실시된 재무부 채권 입찰에서 자신이 중대한 실수를 했음을 인정하고, 워버그와 퀀텀의 이름으로 허위 주문을 냈던 사실을 자백했다. 형법에 따르면 그의 범죄는 마이클 밀켄이 받은 10년 징역형까지 받을 수 있는 것이었다. 그러나 연방 선고지침은 피고인의 협조 등 몇 가지 요소가 충족되면 형량을 이보다 낮출 수 있도록 규정하고 있었다. 모저는 형을 감형받기를 기대하며 살로먼이 1억 달러어치 이상의 세금 회피용 거래를 했다는 사실을 검사들에게 털어놓았다. 검찰은 모저의 이런 제보를 중요하게 생각했다. 그것은 살로먼에 대해 소송을 제기할 경우 유용하게 쓰일 수 있는 것이었기 때문이다.

선고공판에서 모저는 그의 아내, 부모, 자녀들이 지켜보는 가운데 피에르 레벌 판사에게 자신의 행위에 대해 "진심으로 뉘우친다"고 밝혔다. 그리고 그의 변호사들은 처벌이 필요하다면 그가 거주하고 있는 집에서 수행할 수 있는 형을 내려줄 것을 요청했다. 레벌 판사는 모저의 행위가 "지극히 어리석고 오만하며 무모한 범법행위"였다고 말했지만, 형량은 단지 3만 달러의 벌금과 4개월 징역에 그쳤다. 그가 복역하게 될 감옥은 인신에 대한 제약이 약한 플로리다 교도소로 지정됐다. 공판을 마치면서 레벌 판사는 "금융 범죄에 대한 선고에서는 다른 사람들이 똑같은 범죄행위를 하지 못하도록 하는 것이 중요한 측면"이라고 말했다.

그러나 모저에 대한 단죄는 말로만 요란했을 뿐이었다. 법원이 모저에게 내린 형량은 비슷한 범죄행위들을 예방할 수 있는 정도에 훨씬 못 미쳤다. 마이클 밀켄이 불법 회계 혐의만으로 기소되고 알 카포네도 탈세 혐의만으로 기소됐던 것과 마찬가지로, 모저도 재무부 채권 시장 조작 등 중대한 혐의로는 기소되지 않았다. 단지 정부에 허위서류를 제출했다는 혐의만 인정됐다. 이것도 물론 심각한 범죄 혐의이긴 하나 일반적인 금융범죄와는 관련성이 없는 것이었고, 정부에 거짓말을 했다는 내용이 추가되지 않는 한 다른 비슷한 부정행위에 대해 억지력을 가질 수 없었다. 훗날 2002년에도 이와 똑같은 쟁점이 부각됐다. 이 해에 검찰은 아서 앤더슨을 기소할 때 엔론 파산과 관련된 문서를 파기했다는 등의 공무집행 방해 혐의만 적용하고 그 밑에 깔린 금융부정 행위는 문제 삼지 않았다.

모저 스캔들에 대한 법원 판결이 던져준 메시지는 "금융부정 행위를 계속해도 된다. 다만 감히 재무부에 거짓말을 하려고 하지는 말라"는 것이었다. 규제당국은 살로먼에 대해 2억 9000만 달러라는 거액의 과징금을 부과했다. 하지만 이를 낼 돈은 살로먼의 경영진이 아닌 워런 버핏을 비롯한 주주들의 주머니에서 나왔다. 버핏은 이런 결과에 대해 불쾌해 하면서 이렇게 말했다. "모저는 3만 달러의 벌금과 4개월의 징역형을 받았을 뿐이다. 나를 포함해 주주들은 2억 9000만 달러를 내야하고, 게다가 나는 최고경영자로 10개월 동안 일해야 하는 형벌을 선고받았다."

나중에 모저는 그의 증권사기에 대한 민사소송에서 110만 달러의 벌금을 부과 받는 동시에 금융업계에 다시는 발을 들여놓지 못한다는 판결을 받았다. 주목할 만한 것은 민사재판에서 부과 받은 벌금 110만 달러 중 대부분은 내부자거래에 대한 것이었다는 점이다. 모저는 살로먼이 재무부 채권 입찰에서 부정행위를 저질렀음을 공표하기 사흘 전에 자신의 스톡옵션을 행사해 손에 넣은 주식을 팔아 50만 달러의 차익을 챙겼다. 살로먼이 부정행위를 공표하자 살로먼 주가는 폭락했다.

검찰은 내부자거래를 다루는 것을 선호한다. 다른 복잡한 금융부정 행위에 비해 내부자거래는 범죄 혐의를 입증하기가 훨씬 쉽기 때문이다. 그럼에도 불구하고 검찰은 모저에 대해서는 내부자거래 혐의도 적용하지 않았다. 모저가 받은 4개월의 징역형은 그가 번 수백만 달러에 비해서는 너무 적은 대가였다. 2001년에 모저는 8살 된 딸을 키우면서 느긋하게 자신의 부를 누렸다. 여유시간에는 자신의 돈을 굴리고 골프를 즐겼다. 모저 스캔들의 결말은 흥미로운 물음을 던지게 한다. 붙잡히더라도 인신 제약이 거의 없는 교도소에서 4개월만 복역하고 나오면 수백만 달러를 갖고 40살도 안 되어 은퇴할 수 있다는 사실을 미리 알고 있는 사람이라면 과연 그는 어떻게 행동할까?

모저의 상관이던 구트프로인트, 슈트라우스, 메리웨더도 가벼운 처벌을 받는 데 그쳤다. 구트프로인트는 10만 달러, 슈트라우스는 7만 5000 달러, 메리웨더는 5만 달러의 벌금형을 선고 받았다. 그들의 보수 수준에 비춰 보면 단지 며칠간의 봉급을 포기하면 되는 수준이었다.

구트프로인트는 그의 여생 동안 다시는 투자은행의 최고경영자가 될 수 없다는 판결을 받았다. 따라서 최고경영자보다 낮은 직책을 맡을 경우에는 투자은행에서 다시 일할 수도 있었다. 하지만 '월스트리트의 왕' 인 그가 맡을 자리는 최고경영자의 지위 외에는 없었다. 게다가 명망 있는 금융회사들이 재무부 채권과 관련된 스캔들을 겪은 그를 최고경영자로 영입할 이유가 없었다. 그는 그 후 자신의 회사인 '구트프로인트 앤드 컴퍼니'를 설립해 운영하기도 했고, 비타민 회사인 뉴트리션21이라는 회사의 회장을 맡기도 했다.

구트프로인트는 2001년 72살의 나이에 전무이사 직함으로 월스트리트에 복귀하기도 했다. 그는 60년 지기인 토머스 운터버그가 설립한 소규모 투자회사인 'CE 운터버그 토빈'에 영입됐다. 은퇴해 있던 운터버그는 다시 현업에 복귀해 이 투자회사의 회장을 맡았다. 구트프로인트가 회장 직함을 달 수 없었기 때문일지 모른다. 구트프로인트는 "노인병 전문의들이 하나같이 내게 일을 다시 해보라고 권했다"고 말했다.

살로먼의 2인자였던 토머스 슈트라우스는 법원 판결에 따라 금융업계에서 일할 수 없었던 6개월의 기간이 지나자 톰 클랜시의 소설 《레드 옥토버호를 찾아서(The Hunt for Red October)》의 주인공인 래미우스의 이름을 딴 '래미우스 캐피털'이라는 헤지펀드를 맡아 운영했다. 자본 규모가 수십억 달러에 이르렀던 래미우스 캐피털은 나름대로 성공적인 헤지펀드로서 이름을 날렸다.

메리웨더의 자격정지는 석 달에 그쳤다. 그는 퇴임 이후 살로먼을 상대로 보너스 청구소송을 제기한 뒤 법정 밖 화해를 거쳐 1800만 달러를 받아냈다. 모든 사항들을 고려할 때 잘 된 일이었다. 메리웨더는 그 후 골프를 즐기면서 살로먼의 아비트리지 그룹을 어떻게 다른 곳에서 복제할 수 있을 것인가를 탐색했다. 아비트리지 그룹은 살로먼의 자본에 의존했던 것 외에는 독자적으로 움직일 수 있는 조직이었다. 그는 인적 구성만 제대로 한다면 투자은행 조직의 뒷받침이 없어도 성공할 수 있다고 생각했다. 그는 예전에 같이 일했던 트레이더들을 유인하고 투자를 할 만한 사람들도 만났다. 살로먼에서 누렸던 정도의 자율성을 확보하기 위해서는 유치할 자본은 장기간, 아마도 몇 년 동안은 지켜봐 줄 수 있는 투자자가 대는 돈이어야 했다. 그는 바로 이런 취지를 담아 '롱텀 캐피털 매니지먼트'라는 이름으로 헤지펀드를 차렸다.

메리웨더에게 충성스러웠던 트레이더들은 기꺼이 살로먼을 그만두고 그의 곁에 다시 모였다. 그들의 일터 환경은 극적으로 바뀌었다. 살로먼에서는 맨해튼 사옥 안의 비좁은 트레이딩 룸에 다닥다닥 붙어 일을 했지만, 이제는 코네티컷주 그리니치의 널찍한 사무실에서 일할 수 있게 됐다. 1993년 8월 메리웨더는 에릭 로젠펠트, 빅터 해거니, 그레고리 호킨스도 스카우트했다. 몇 달 뒤에는 '2300만 달러의 사나이' 로렌스 힐리브랜드도 가세했다. 메리웨더는 살로먼의 자문위원이었던 마이런 숄스와 로버트 머튼, 그리고 자신의 골프 친구 몇몇을 설득해 파트너로 참여시켰다.

메리웨더는 어려운 법규의 문제를 헤쳐 나가도록 도와줄 새로운 인물도 물색했다. 그의 눈에 띈 인물은 바로 연준의 부의장이었던 데이비드 멀린스였다. 그는 임기가 끝나는 1994년 2월에 롱텀 캐피털 매니지먼트로 왔다. 메리웨더의 거래 전략에서 법규의 문제가 지닌 중요성에 비춰 멀린스는 안성맞춤의 인재였다. 멀린스는 앨런 그린스펀 연준 의장에 이어 세계에서 두 번째로 강력한 금융규제당국자였다. 게다가 그는 과거 파생상품 시장에 대한 비판자로서 특히 미국 밖에서 명성을 떨치고 있었다.

이들 새로운 그룹은 롱텀 캐피털 매니지먼트에 대해 관심을 갖고 있는 투자자들에게 제시할 '비밀 투자규약'을 작성했다. 그 내용은 그다지 구체적이지 않았다. 거기에는 월스트리트의 유능한 트레이더들은 모두 알지만 그 외 다른 사람들은 거의 모르는 온더런/오프더런 거래도 설명돼 있었다. 메리웨더는 트레이더들의 명성과 평판에만 기대어 투자자들을 유치했다. 롱텀 캐피털은 살로먼의 아비트리지 그룹이 그랬던 것처럼 신비로운 존재로 비쳐졌다.

자산운용 수수료도 비쌌다. 보통의 다른 헤지펀드들은 매년 투자금의 1%와 수익금의 20%를 수수료로 징구했지만, 롱텀 캐피털은 매년 투자금의 2%와 수익금의 25%를 요구했다. 이런 수수료율은 매우 대담한 것으로, 여러 투자자들은 수수료 얘기를 듣고 고개를 가로저었다. 그러나 살로먼의 경쟁자들인 메릴 린치, 베어 스턴스, 페인웨버의 최고경영자들이 투자하기로 약속하면서 돈이 흘러들어오기 시작했다. 소문이 퍼지면서 롱텀 캐피털은 아주 괜찮은 펀드로 알려졌다. 이에 따라 영화배우, 프로 운동선수, 주요 대학 재단, 국제적인 연금기금 등이 너도나도 투자자로 끼어들었다. 할리우드의 에이전트인 마이클 오비츠, 맥킨지 컨설팅 회사의 파트너들, 필 나이트 나이키 회장, 심지어는 이탈리아 중앙은행까지 롱텀 캐피털의 투자자 명단에 올랐다. 이들의 초기 투자자금은 모두 10억 달러에 이르렀다.

1994년 2월은 다사다난했다. 이 달에 뱅커스 트러스트는 피앤지와 또 하나의 복잡한 스왑 거래를 청산할 준비를 하고 있었고, 퍼스트 보스턴은 직원 수백 명에게 해고를 통지할 준비를 하고 있었다. 바로 이때 롱텀 캐피털은 몇 주 뒤 거래를 시작하기 위해 막바지 준비에 한창이었다. 그런가 하면 메리웨더의 이너서클에서 이제는 완전히 추방된 폴 모저는 플로리다 교도소에서 복역할 준비를 하고 있었다.

그러나 아무도 앨런 그린스펀 연준 의장이 계획하고 있는 조처에 대해서는 대비하고 있지 않았다. 그린스펀은 바위를 뒤집는 듯한 조처를 취함으로써 앤디 크리거 사건 이래 시장이 얼마나 변했는지를 만천하에 드러내 보일 참이었다.

5장

신종 투기자들

연준의 금리 인상

1994년 2월 4일 앨런 그린스펀이 이끄는 연준은 하루짜리 단기금리를 연 3%에서 3.25%로 올렸다. 대부분의 투자자들에게는 0.25%포인트의 금리 인상은 대수롭지 않게 보였다. 그린스펀은 견실한 판단을 했다. 그는 경제가 매우 빠르게 성장하고 있다는 데 주목했다. 소폭의 금리 인상은 투자를 다소 위축시키겠지만 인플레이션 억제에는 도움이 될 것이라고 생각했다. 시장은 당연히 하락세로 반응했다. 주가는 2% 정도 떨어졌고, 채권 값은 전반적으로 0.5% 내렸다. 그러나 겉으로 드러난 이런 평범한 반응과 달리 금융시장의 속사정은 패닉 상태였다.

대부분의 개인투자자들은 뱅커스 트러스트가 깁슨 그리팅스 및 피앤지와 벌여놓은 스왑, 그리고 퍼스트 보스턴과 살로먼 브라더스가 개발해 실행한 복잡한 금융전략들을 아직 모르고 있었다. 하물며 그런 전략들이 처음 시도된 금융회사를 벗어나 얼마나 신속하게 넓은 범위로 확산됐는지는 알 턱이 없었다.

1994년 초에는 수백 명의 머니 매니저들과 기업 및 각급 정부의 재무 책임자들이 모두 수천억 달러에 이르는 베팅을 은밀하게 했다. 캘리포니아주 오렌지 카운티의 70살 된 재무 책임자인 로버트 시트론에서부터 미네소타주 미니애폴리스에 있는 파이퍼 재프레이(Piper Jaffray)의 공격적인 뮤추얼펀드 매니저인 워스 브런트젠(Worth Bruntjen)에 이르기까지 너도나도 이런 베팅에 나선 상태였다. 그들의 거래는 구조가 복잡하고 다양했지만 기본적으로는 대부분 금리가 낮은 수준에 유지된다는 데 대한 베팅이라는 공통점을 갖고 있었다. 전체적으로 볼 때 그들은 금융시장의 역사상 가장 거대한 규모의 비밀 베팅을 해놓고 있었던 셈이다. 이런 상황에서 연준은 금리를 올렸고, 그들은 모두 돈을 잃었다.

카지노에 가득 찬 도박꾼들이 하나의 룰렛 회전판에 베팅을 하고 있는 모습을 상상해보자. 회전판이 돌려질 때마다 구슬은 빨간색 번호에만 멈춰선다. 빨간색 번호에 베팅해서 돈을 번 도박꾼들은 모두 빨간색 번호에만 거듭 베팅을 하고, 점점 더 많은 금액을 건다. 환호성이 갈수록 커지면서 도박꾼들은 검은색 숫자가 빨간색 숫자만큼이나 많다는 사실을 잊어버리기 시작한다. 그들은 구슬이 항상 빨간색 숫자에만 멈춰서는 멋진 신세계에 들어섰다고 믿어버리고, 빨간색 숫자에 가진 돈을 모두 건다.

룰렛 회전판의 '빨간색 숫자'에 '저금리'를 대신 써넣으면 위 카지노의 풍경은 1990년대 초반의 금융시장 모습과 똑같다. 펀드 매니저들은 구슬이 계속 저금리에만 멈춰서는 금융시장 룰렛 회전판에 거대한 규모의 베팅을 동시에 했다. 그들은 금리가 계속 낮은 수준으로 유지될 것이라고 주장하면서 베팅 규모를 키워갔다. 심지어 베팅 규모를 키우기 위해 남의 돈을 엄청나게 빌리기도 했다. 연준이 경기부양을 위해 금리를 낮게 억제한다는 태도를 보인 것도 펀드 매니저들로 하여금 저금리에 대한 베팅을 하도록 부추겼다. 그들은 단기금리가 영구히 3% 수준에서 유지되는 새로운 세상이 왔다고 상상했다. 그런데 1994년 2월 4일 룰렛 회전판의 구슬이 돌연 검은색 숫자에 멈춰 섰다.

투자자들은 이날 손실을 본 데서 교훈을 얻지 못했다. 왜 그랬을까? 그 이유 중 하나는 펀드 매니저들이 손실을 본 베팅 대상은 구조화 채권, 스왑 등의 파생상품이었고, 이런 파생상품은 규제의 대상도 아니고 그 거래 내용이 공시될 필요도 없었다는 점이다. 그리고 다른 하나의 이유는 많은 펀드 매니저들이 이날 손실을 본 내용을 사실대로 투자자들에게 알리지 않았을 뿐 아니라 회사의 상관에게도 숨겼다는 점이다.

펀드 매니저들은 2월 4일 이후 마치 무너진 개미집에 살던 개미들처럼 우왕좌왕했다. 거래 내용이 워낙 복잡했을 뿐만 아니라 규제의 대상도 아니었던 덕분에 그들은 손실을 본 내용을 상당히 오랫동안 숨겨둘 수 있었다. 투자자들을 비롯한 대중은 그들이 낸 손실에 대해 그 해 내내 조금씩 조금씩 알게 될 뿐이었다.

투자자들과 달리 월스트리트의 은행 사람들은 금리 인상의 여파를 즉시 알 수 있었다. 왜냐하면 그들 자신이 펀드 매니저들로 하여금 그와 같은 베팅을 하도록 한 당사자였기에 은닉된 거래들의 세부 내용을 알 수 있는 입장이었고, 트레이더들은 그런 베팅에 대해 시장에서 반대 방향의 헤지를 해두고 있었기 때문이다. 트레이더들은 이런 반대 방향의 헤지 포지션을 면밀하게 관찰하고 있었다. 그리고 뱅커스 트러스트와 살로먼 브라더스와 같은 소수의 예외를 빼고는 은행의 경영진이 대체로 자사 트레이더들의 포지션 내용을 알고 있었다.

여러 추정치들을 종합해 보면 연준의 금리 인상이 채권시장에 초래한 손실액은 1조 5000억 달러에 이르렀다. 이 수치로 보면 당시 금리 인상에 수반된 비용은 1929년의 증시 대폭락 이후 최대 규모였다. 〈뉴욕 타임스〉는 연준의 금리 인상이 이뤄진 다음 날 "연준의 조처로 월스트리트에 삭풍

이 몰아쳤다"고 보도하면서 금융 전문가들 사이에 퍼진 패닉의 분위기를 지적했다.

펀드 매니저들은 연준의 금리 인상 이후 몇 개월 동안 하나씩 손실을 고백해야 했다. 데이비드 애스킨이 첫 번째로 고백했다. 그의 애스킨 캐피털 매니지먼트(Askin Capital Management)는 규모나 기법적인 면에서 모기지 증권 투자 분야의 선두를 달리는 펀드였다. 그리고 애스킨 본인도 마이클 밀켄의 회사인 드렉셀 번햄 램버트 출신으로 높은 평가를 받는 트레이더였고, 복잡한 모기지 파생상품을 적극적으로 취급했다. 그가 시장 그 자체였다고 할 정도로 시장에 대한 영향력도 컸다. 그러나 6억 달러 규모에 이르던 그의 펀드 자금은 연준의 금리 인상 이후 단 몇 주일 만에 모두 증발해 버렸고, 그는 4월 7일 파산 신청을 해야 했다. 이에 대해서는 나중에 좀 더 자세히 살펴본다.

연준이 금리를 올린 지 닷새 뒤에는 깁슨 그리팅스와 피앤지가 숨겨져 있던 뱅커스 트러스트와의 거래에서 손실을 보았다는 사실을 실토했고, 시장에는 다른 회사들에서도 비슷한 손실이 났다는 소문이 확산됐다. 실제로 에어 프러덕츠 앤드 케미컬스는 1억 1300만 달러, 델 컴퓨터는 3500만 달러, 미드 코퍼레이션은 1200만 달러를 날렸다.

의회도 여러 위원회들이 즉각 청문회를 여는 등 부산하게 움직였다. 의회는 훗날 롱텀 캐피털 매니지먼트가 파산할 때와 엔론이 파산할 때도 비슷한 행동을 보였다. 4월 13일 하원 금융위원회는 앤디 크리거를 잠시 고용한 적이 있는 투자계의 권위자인 조지 소로스를 불러 증언을 들었다. 소로스는 많은 펀드 매니저들이 법규상 금지된 베팅을 하기 위해 금융 연금술을 쓰고 있다고 경고했다. 파생상품과 같은 새로운 금융수단들에 대해 그는 "그런 파생상품은 그 종류가 대단히 많고, 그 가운데는 극소수 사람들 외에는 알 수 없는 것들도 있다. 때문에 노련한 투자자들도 그 같은 파생상품이 내포한 리스크는 제대로 파악하지 못하고 있다"고 말했다.

보통의 투자자들은 새로운 파생상품에 대한 논의 자체가 아주 복잡하게 들려 도저히 이해할 수가 없었다. 코넬대학의 법학 교수인 조나단 머세이는 일반 시민들에게 "아예 모르고 지내는 게 정신 건강에 좋다"고 충고했다. 보통 사람들이 금융혁신에 대해 알기 위해 들여야 하는 비용은 그렇게 함으로써 얻을 수 있는 편익에 비해 너무 크다는 것이었다. 그러나 일단 수문이 열려 투자자들이 유명 기업, 뮤추얼펀드, 연금기금, 각급 정부의 재무부서 책임자 등이 파생상품을 거래했다가 엄청난 손실을 냈다는 사실을 알게 되자, 파생상품에 대해 모르고 지내는 데 따르는 비용이 커지기 시작했다. 새로운 금융수단에 대해 잘 알지 못하는 사람이라도 자신이 갖고 있는 돈을 어딘가에는 맡겨야 했다.

거액의 손실을 낸 것으로 알려진 펀드 매니저들의 이야기를 들어보면 그들이 보통의 투자자들에 비해 그다지 나을 것도 없었다. 캘리포니아주 오렌지 카운티의 재무부서와 미니애폴리스의 뮤추얼펀드인 파이퍼 재프레이의 손실이 가장 충격적이었다. 오렌지 카운티와 파이퍼는 둘 다 평판이 좋고 보수적인 성향을 갖고 있었다.

그런데 손실을 낸 책임자인 오렌지 카운티의 로버트 시트론과 파이퍼의 워스 브런트젠은 금융의 지식이나 경험이 아주 모자란 사람들이었다. 두 사람 다 박사 학위는 물론 그 어떤 금융 관련 학위를 받은 적이 없고, 구조화 채권이나 모기지 파생상품을 세부적으로 이해하는 데 필요한 금융교육을 받은 적도 없었다. 그럼에도 두 사람은 구조화 채권과 모기지 파생상품을 수십억 달러씩 매입함으로써, 그것들을 만들어 판 월스트리트 금융회사들의 주머니만 불려 주었다.

오렌지 카운티의 주민들과 파이퍼의 고객들은 두 사람의 거래로부터 몇 년 동안은 이득을 보았다. 오렌지 카운티의 주민들은 시트론에 대해 공적 자금을 맡겨둘 만한 믿을 수 있는 재무 책임자라고 생각했고, 미니애폴리스의 투자자들은 브런트젠을 영웅시했다. 시트론은 미국 전역의 지방자치단체 재무책임자들 가운데 가장 실적이 좋았고, 브런트젠은 미국 정부 채권을 취급하는 펀드 매니저들 가운데 발군의 수익률을 자랑했다. 그러나 1994년 2월의 금리 인상 뒤에도 한동안 오렌지 카운티의 주민들과 파이퍼의 투자자들은 그들이 믿은 재무 책임자와 펀드 매니저가 얼마나 추락할 것인지에 대해 감도 잡지 못했다.

오렌지 카운티 스캔들

캘리포니아의 오렌지 카운티에 관한 이야기는 1994년 후반과 1995년 초반에 걸쳐 널리 알려졌다. 오렌지 카운티가 17억 달러라는 기록적인 손실을 낸 이야기를 신문에서 읽지 않은 사람은 드물었다. 사람들은 미국에서 가장 부유했던 오렌지 카운티를 파산에 이르게 한 70세의 재무 책임자 로버트 시트론의 기이한 투자 행위에 대해 갑론을박했고, 이 카운티의 장래를 걱정하는 말을 주고받았다.

오렌지 카운티 스캔들에 관한 보도가 쏟아졌으나, 대부분의 투자자들은 그 내용을 정확하게 이해하지 못한 채 그저 황당해할 뿐이었다. 오렌지 카운티에서 도대체 어떤 일이 일어났던 것인지를 제대로 설명할 수 있는 사람은 거의 없었고, 이 카운티의 투자전략에서 잘못된 것이 무엇이었는지에 관한 기본적인 답변을 할 수 있는 사람도 찾아보기 어려웠다. 주민들에 의해 선출된 공무원이 그렇게 많은 공적 자금을 갖고 그렇게 오랫동안 은밀하게 도박을 할 수 있다는 게 도대체 말이 되는가? 그가 오렌지 카운티의 보수적인 투자지침이 허용하는 범위 안에서 거래를 했을 터인데도 어떻게 해서 그렇게 많은 돈을 잃을 수 있었을까?

사람들이 오렌지 카운티의 파산 사태를 얼른 이해할 수 없었던 것은 그 맥락과 배경을 모르기 때문이었다. 오렌지 카운티의 손실은 월스트리트에서 개발된 새로운 금융수단과 거래전략들이 월스트리트에만 머물지 않고 순진한 다른 곳들로 확산돼온 과정의 필연적인 귀결이었다. 오렌지 카운티의 파산을 이해하려면 뱅커스 트러스트, 퍼스트 보스턴, 살로먼 브라더스 등 월스트리트의 금융회사들에서 그 직전까지 전개된 금융혁신에 대해 먼저 알아야 한다. 이런 이해와 관점을 갖게 되면 오렌지 카운티의 이야기는 생각보다 단순한 것임을 알 수 있다.

로버트 시트론은 고도의 기법을 구사하던 살로먼의 아비트리지 그룹의 트레이더들과는 거리가 멀어도 한참 먼 인물이었다. 그는 서던 캘리포니아 대학을 중퇴했고, 뉴욕에는 평생 네 번밖에 가보지 못했다. 그는 색인 카드나 벽걸이 달력에 자신의 투자에 관해 기록했고, 컴퓨터 프로그램이 아닌 손목시계에 달린 계산기를 이용했다. 그리고 가치 평가를 위한 컴퓨터 모델을 개발하기는커녕 심령술사나 점성술사에게 금리 전망을 물어보곤 했다.

시트론은 수십 년간 오로지 오렌지 카운티의 재무부서에서만 일한 끝에 임기가 정해져 있지 않은 선출직 재무 책임자가 됐다. 1980년대와 1990년대 초반 그의 자산운용 실적은 미국의 카운티들 전체에서 가장 좋았고, 다른 카운티의 재무 책임자들에 비해 월등히 높은 수익률을 기록하곤 했다. 다른 카운티들에서 연 2~3% 수준의 수익률을 낼 때 그는 거의 10%에 육박하는 수익률을 올렸다. 오렌지 카운티의 유권자들은 그를 좋아하게 됐고, 그는 카운티의 재무 책임자로 여러 차례 거듭 선출됐다.

1990년대 초에 시트론은 오렌지 카운티 납세자들의 자금 74억 달러를 관리하면서 미국 전체의 큰손 투자자들 가운데 한 사람으로 대접받았다.

그는 납세자들의 돈을 갖고 단순한 재무부 채권에 투자하지 않고 구조화 채권을 사들였다. 그가 산 구조화 채권은 특수한 공식들을 내장한 것들로, 앨런 휘트와 퍼스트 보스턴이 수십억 달러의 규모로 매각한 것과 같은 것이었다. 그가 산 구조화 채권 중 일부는 퍼스트 보스턴에서 판 것이었지만, 대부분은 다른 은행들의 것이었고, 특히 메릴 린치 것이 많았다. 시트론이 이런 거래를 할 당시에는 구조화 채권이 메릴 린치를 포함해 주요 투자은행들 모두에게 다 전파된 상태였다.

메릴 린치의 구조화 채권은 퍼스트 보스턴의 구조화 채권과 다를 게 없어 보였다. 만기는 3년 내지 5년이었다. 이는 시트론도 그 작성 과정에 참여했던 오렌지 카운티의 자산운용 지침의 요구조건에 딱 맞는 것이었다. 또 메릴 린치의 구조화 채권은 그 발행처가 연방주택대부은행(FHLB)과 같이 신용등급이 높은 기관들이었다. 이 역시 오렌지 카운티의 자산운용 지침에 들어맞았다. 따라서 표면상으로는 메릴 린치의 구조화 채권은 매우 안전한 트리플 에이 수준의 투자대상으로 보였다.

그러나 시트론이 산 구조화 채권은 기본적으로 금리가 낮게 유지되는 데 거액을 베팅하는 공식을 내장하고 있었다. 예를 들어 1억 달러짜리의 한 구조화 채권은 10%에서 단기금리인 리보를 빼고 남은 만큼의 금리를 지급하는 것이었다. 즉 리보가 3%라면 오렌지 카운티는 7%의 금리를 지급받는 식이었고, 따라서 리보가 오르면 오렌지 카운티가 지급받는 금리는 낮아지게 돼 있었다. 시트론이 이 같은 구조의 인버스 플로터(inverse floater)를 매입한 것은 사실상 단기금리로 자금을 빌려 장기금리로 투자한 것과 같았다. 대부분의 구조화 채권은 미국 금리를 기준으로 삼은 것이었지만, 시트론은 유럽의 금리가 낮게 유지되는 데도 베팅했다. 그는 심지어 스위스 리보와 연계된 구조화 채권을 18억 달러어치나 사기도 했다.

시트론은 얼마 지나지 않아 74억 달러로는 충분히 큰 베팅을 할 수 없다고 생각하게 됐다. 그래서 그는 메릴 린치를 비롯한 여러 은행들로부터 그가 빌릴 수 있는 한 많은 돈을 빌렸다. 그는 모두 130억 달러를 빌렸고, 이 돈을 모두 구조화 채권을 사는 데 쏟아 부었다. 이렇게 해서 1994년 초에 이르면 금리가 낮은 수준에 유지되는 데 시트론이 베팅한 금액은 무려 200억 달러에 이르게 된다.

여러 측면에서 시트론은 깁슨 그리팅스의 짐 존슨과 닮은꼴이었다. 다만 시트론은 존슨과 달리 공무원의 신분이었고, 그의 베팅 규모가 존슨보다 컸다는 점만 달랐다고 말할 수 있다. 앞에서 보았듯이 존슨은 금리에 베팅을 하는 거래를 뱅커스 트러스트와 했고, 깁슨 그리팅스는 그 과정에서 모르는 새에 1000만 달러 이상의 수수료를 지급했다. 존슨과 마찬가지로 시트론도 금리에 베팅을 하고 싶었지만, 신용등급이 높고 만기가 짧은 채권에만 투자할 수 있다는 카운티 투자지침의 제한 규정으로 인해 그렇게 하지 못하고 있었다. 그리고 역시 존슨과 마찬가지로 시트론도 구조화 채권에 내장돼 있는 파생상품의 가치를 어떻게 평가해야 하는지를 알지 못했고, 적정 금액 이상으로 많은 수수료를 지급했다. 여러 투자은행들의 상품을 서로 견주어 봤더라면 수수료를 절감할 수도 있었지만, 그는 이런 귀찮은 일을 하지 않는 경우가 많았다.

이런 점에서 메릴 린치에게 시트론은 대단히 가치 있는 고객이었다. 1990년부터 1993년까지 4년간 메릴 린치는 기업공개를 한 뒤 18년 동안 번 이익보다 더 많은 31억 달러의 이익을 기록했는데, 그 가운데 1억 달러가량은 오렌지 카운티에서 뽑아낸 것이었다. 특히 1993년과 1994년 2년 동안 메릴 린치는 오렌지 카운티와의 거래에서 6240만 달러의 이익을 올렸다.

이처럼 그 배경에 비춰보면 오렌지 카운티의 손실에 관한 이야기는 간단한 것일 뿐 아니라 우리에게 아주 익숙한 것이기도 하다. 시트론은 깁슨 그리팅스와 마찬가지로 구조화 파생상품을 이용해 저금리에 베팅했으나 연준이 금리를 인상함에 따라 손실을 봤던 것이다. 오렌지 카운티가 깁슨 그리팅스와 달랐던 점은 오로지 베팅의 규모뿐이었다. 깁슨 그리팅스의 짐 존슨은 수백만 달러를 걸었지만 시트론은 수십억 달러를 걸었다.

오렌지 카운티의 손실에 대한 책임은 누가 져야 하는가? 물론 시트론은 가장 먼저 책임져야 할 사람이었다. 손실과 관련된 모든 결정을 그가 내렸고, 리스크를 모두 은폐했던 것도 그였다. 그는 1995년 1월 17일 캘리포니아주의 상원 특별위원회에서 이렇게 증언했다. "나는 미숙한 투자자였다. 돌이켜 볼 때 내가 길을 잘못 들어섰던 게 분명하다. 여생 동안 내 업보를 모두 짊어지고 가겠다."

여론은 메릴 린치의 책임도 지적했다. 메릴 린치 샌프란시스코 지사의 수석 세일즈맨인 마이클 스태먼슨은 시트론의 투자감각을 높이 평가하는 발언을 공개적으로 하기도 했으나, 이런 그의 행동은 회사의 대중홍보에는 그다지 좋은 효과를 내지 못했다. 그는 "시트론은 아주 현명하고 경험이 많으며 투자지식을 풍부하게 갖춘 사람으로, 나는 그로부터 많은 것을 배우고 있다"고 말했지만, 그가 진정으로 시트론을 그렇게 생각한다고 보는 사람은 드물었다. 스태먼슨이 배후에서 시트론의 도박을 부추겼는지는 알 수 없으나, 비록 그렇다 하더라도 메릴 린치가 오렌지 카운티에 판매한 구조화 채권이 특이한 것은 아니었다. 다른 여러 은행들도 많은 투자자들에게 그와 비슷한 금융수단을 수백억 달러어치나 팔았다.

구조화 채권에 문제가 있었다고 해도 그것이 메릴 린치에만 해당되는 문제였던 것도 아니다. 구조화 채권과 관련된 문제점은 금융 시스템 전체에 퍼져 있었다. 메릴 린치가 오렌지 카운티 사건으로 비난을 받아야 한다면, 1994년에 발생한 수십억 달러의 손실에 대해 월스트리트 전체가 손가락질을 당해야 한다.

사실 메릴 린치는 다른 은행들, 특히 뱅커스 트러스트에 비해 그나마

나은 편이었다. 메릴 린치는 1992년부터 1994년까지 적어도 8차례 이상 시트론에게 금리에 대한 위험한 베팅을 자제하라고 경고했다. 그러나 시트론은 자신에게 전달된 모든 경고를 무시했다. 심지어는 골드먼 삭스가 그의 리스크에 대한 걱정으로 그에게 구조화 채권을 팔기를 거부했을 때도 마찬가지였다. 시트론은 골드먼 삭스에 보낸 편지에 "당신들은 우리가 사용하는 종류의 투자 전략을 이해하지 못하고 있다. 앞으로는 오렌지 카운티와 거래할 생각을 하지 말라"고 썼다.

당시 메릴 린치를 비롯한 은행들에게 핵심적인 문제는 구조화 채권을 팔았다는 데 있는 게 아니었다. 메릴 린치가 복잡한 공식을 내장한 증권을 시트론과 같은 노인에게 팔았다는 사실이 당혹스럽긴 해도 그것이 문제의 핵심이었던 것은 아니다. 이보다는 메릴 린치가 파생상품의 판매회사인 동시에 채권 인수회사라는 이중의 역할을 했다는 게 가장 큰 문제였다. 메릴 린치 등은 채권 인수회사의 입장에서 오렌지 카운티의 신규 채권 발행을 주선해준 다음 그 채권을 일반 투자자들에게 판매했다. 메릴 린치에게는 불운한 일이었지만 그 같은 채권 발행과 관련된 공시에는 금리에 대한 시트론의 위험한 베팅에 관한 내용이 들어가지 않았다. 이를 돌려 말하면 설사 메릴 린치가 시트론에 대한 구조화 채권 매각을 적절하게 처리했다고 해도 오렌지 카운티의 채권과 관련된 리스크는 공시되지 않기 때문에 결과적으로 증권법규를 위반하게 되는 것이었다.

오렌지 카운티 사건과 관련해서는 신용평가회사들도 책임을 면할 수 없다. 무디스와 에스앤피는 퍼스트 보스턴과 살로먼 브라더스에서 새로운 금융수단들이 개발되는 데 중요한 역할을 했던 것처럼 오렌지 카운티가 파산하는 과정에서도 중심적인 역할을 했다. 오렌지 카운티 사건과 관련된 신용평가회사들의 역할은 다음 몇 가지 측면에서 살펴볼 수 있다.

첫째, 오렌지 카운티가 매입한 구조화 채권은 일반적인 트리플 에이

등급 투자대상들에 비해 시장 리스크가 훨씬 큰 것임에도 불구하고 신용평
가회사들은 그 구조화 채권에 트리플 에이 등급을 부여했다. 바로 이 때문
에 로버트 시트론은 오렌지 카운티의 투자지침이 허용하는 한계를 벗어나
지 않으면서도 금리에 대한 대규모 베팅을 할 수 있었다. 그러나 실상을 들
여다보면 시트론이 매입한 구조화 채권은 오렌지 카운티의 투자지침이 제
정될 당시에 존재했던 그 어떤 높은 신용등급의 채권보다 더 위험한 것이
었다.

둘째, 오렌지 카운티가 파산 신청을 한 1994년 12월에도 무디스와 에
스앤피는 이 카운티 자체에 최고의 신용등급을 부여해놓고 있었다. 오렌지
카운티의 높은 신용등급은 지역 주민들에게 자신감을 심어주었을 뿐 아니
라 이 카운티의 채권을 산 투자자들도 안심하게 했다. 바로 이런 점 때문에
프랭클린 어드바이저스, 퍼트넘 매니지먼트, 얼라이언스 캐피털, 딘 위터
등이 운용하는 보수적인 채권형 뮤추얼펀드들도 앞 다투어 이 카운티의 채
권을 편입했던 것이다.

신용평가회사들은 오렌지 카운티의 채권에 등급을 매겨주면서 적잖
은 수수료 수입을 올렸다. 예를 들어 에스앤피는 1994년 한 해 동안 오렌지
카운티에서만 10만 달러 이상의 수수료 수입을 거뒀다. 구조화 채권일 경
우는 신용평가 수수료 수입이 더 컸다. 이런 사실에 비춰볼 때 과연 신용평
가회사들이 오렌지 카운티의 리스크를 평가할 때 객관적인 입장을 지켰는
지 의문을 제기할 수밖에 없다. 신용평가회사들은 오렌지 카운티가 파산하
기 6개월 전에 이미 시트론이 구조화 채권 거래에서 막대한 손실을 입었다
는 사실을 알고도 쉬쉬하고 신용등급 조정도 하지 않았다.

한 신용평가회사의 직원이 적어놓은 메모에 따르면, 신용평가회사들
이 오렌지 카운티의 신용등급을 하향조정하기 7개월 전인 1994년 5월 9일
에 있었던 전화회의에서 시트론의 조수로 오렌지 카운티의 재무부서 부책

임자인 매슈 라브는 "위험하다" 거나 "파멸적" 이라는 말을 써가며 카운티가 안고 있는 리스크를 솔직하게 이야기했다. 그는 금리가 단지 1%만이라도 오르면 오렌지 카운티의 채권은 휴지조각이 될 것이라는 자신의 판단을 밝혔다. 신용평가회사 사람들은 다른 한 회의에서 오렌지 카운티가 금리 하락에 베팅하는 '인버스 플로터' 를 다량 갖고 있다는 사실을 알게 됐다. 게다가 매슈 라브는 오렌지 카운티가 보유 중인 채권에 대해 시가 평가를 하지 않고 있다고 말하기도 했다. 다시 말해 오렌지 카운티는 시장의 가격 변동에도 불구하고 보유 자산의 가치 변화를 기록하고 있지 않았고, 금리가 상승할 때도 마찬가지였다는 것이다. 구체적으로 말해 1993년 오렌지 카운티는 200억 달러에 구조화 채권을 매입했다. 그 후 연준의 금리 인상으로 인해 이 구조화 채권의 가치는 폭락했지만 오렌지 카운티의 회계장부에는 그 가치가 여전히 200억 달러로 기록돼 있었다.

신용평가회사들은 오렌지 카운티의 이런 내부 정보들을 한동안 모르고 있었다고 하더라도 이 카운티가 심상치 않다는 사실을 보여주는 조짐을 오래 전부터 알고 있었다. 1993년 7월에 시트론은 어떻게 금리가 오르지 않으리라고 장담하느냐는 질문을 받고 "나는 미국의 최대 투자자들 가운데 한 사람이다. 그런 것쯤은 잘 안다"고 대꾸했다. 그는 1993년 9월 카운티 행정위원회에 제출한 보고서에서 "앞으로 3년 안에 금리가 오를 가능성을 보여주는 징후는 나타나지 않고 있다"고 주장했다. 시트론의 이런 진술들은 금리 수준이 그의 투자전략에 얼마나 중요한 변수인지를 시사하는 것으로, 그가 얼마나 순진한 사람이었는지를 반증해준다.

1994년 봄에는 캘리포니아주 코스타 메이사 출신의 회계사 존 무어라흐가 오렌지 카운티의 재무책임자 자리를 놓고 시트론에 대항해 공격적인 선거운동을 벌였다. 그는 오렌지 카운티가 엄청난 리스크를 떠안고 있으며 10억 달러대의 손실을 낼 것이라고 유권자들에게 경고했다. 그럼에도 시트론은 이 선거에서 또다시 이겨 재무 책임자 자리를 지켰고, 이에 따라 그가 낸 손실은 계속 은닉될 수 있었다. 신용평가회사들도 아무 소리 안 하고 그 저 지켜볼 뿐이었다.

마침내 1994년 12월 1일 에스앤피는 오렌지 카운티의 신용등급을 하향조정할 수도 있다고 발표했다. 그러나 이때는 오렌지 카운티가 10억 달러 이상의 손실을 냈다는 사실이 분명해진 지 한참 뒤였다. 에스앤피는 12월 둘째 주에 실제로 오렌지 카운티의 신용등급을 낮췄다. 그러나 이때 오렌지 카운티는 이미 파산 신청을 준비하고 있었다. 오렌지 카운티에 대한 에스앤피의 신용등급 하향조정 조처는 너무 늦게 이뤄졌던 셈이다.

뮤추얼펀드인 반 캄펜 메리트의 채권분석 담당 이사인 로버트 프뢸리히는 이렇게 말했다. "신용평가회사들이 미국에서 가장 큰 카운티들 가운데 하나인 오렌지 카운티의 재무 상태도 추적 감시하지 못한다면 다른 카운티들에 대해서는 도대체 어떤 일을 할 수 있다는 말인가?" '다른 카운티들'을 '기업들'로 대체해도 전혀 이상할 게 없는 지적이었다.

오렌지 카운티가 파산 상태에 빠지자 주요 파생상품 딜러들이 그 시체를 쪼아 먹기 위해 몰려들었다. 그들은 먼저 자신들에 대한 채무가 이상 없이 상환돼야 한다는 점을 보장받았다. 12월 초에 퍼스트 보스턴은 오렌지 카운티가 자사로부터 26억 달러를 차입하면서 맡긴 담보물을 매각 처분했다. 미국의 기업과 개인의 파산에 적용되는 법규인 파산법 제11장은 이런 식으로 채무자가 맡긴 담보물을 매각 처분하는 것을 금지하고 있지만, 퍼스트 보스턴의 변호사들은 잘 알려져 있지 않고 그동안 거의 활용되지 않았던 파산법 제9장의 지방자치단체 관련 조항을 내세워 이를 정당화했다. 다른 은행들도 이런 법규 해석을 반겼고, 오렌지 카운티가 파산 신청을 한 뒤에 모두 관련 담보물을 매각했다. 그러나 법률 전문가들은 대부분 이런 식의 담보물 매각 처분은 불법이라고 지적하고 있다.

은행들은 담보물 매각을 통해 채권을 행사한 뒤에는 오렌지 카운티가 보유하고 있던 구조화 채권으로 잔치를 벌였다. 1994년에 이들은 구조화 채권 시장의 거래 잔액 중 5분의 1에 해당하는 200억 달러어치의 구조화 채권을 되사들였다. 그리고 그것들을 적절히 재분류 및 재구성하고, 퍼스트 보스턴 등 월스트리트 금융회사들의 최신 혁신 기법인 스왑과 증권화를 통해 거기에 내재된 리스크를 털어냈다. 그들은 이런 방법으로 거래액의 0.5%에 해당하는 수수료 수입을 올렸다. 금액으로는 1억 달러의 추가 수입을 올린 셈이었다.

살로먼 브라더스는 오렌지 카운티의 파산 신청 이후 이 카운티와 관련된 거래에 얼른 나서지 못했다. 아비트리지 그룹이 이미 해체된 상태였고, 이 때문에 오렌지 카운티 잔해 처리 잔치에 신속히 끼어들기 어려웠기 때문이다. 이때 살로먼은 워런 버핏의 통제 아래 위험을 최소화하는 거래 전략을 구사하고 있었고, 아직 저조한 실적에 시달리고 있었다. 1994년의 연간 실적은 4억 달러의 적자를 낼 것으로 예상됐다.

금융혁신의 확산을 돌이켜 감안하면 오렌지 카운티의 파산은 충분히 예측할 수 있는 사건이었다. 펀드 매니저들이 투자에 관한 규제를 무시하고 공격적인 베팅을 할 수 있도록 해주는 금융수단들이 월스트리트에서 속속 개발되고 있던 터에 로버트 시트론과 같은 인물이 수십억 달러를 운영하도록 한다는 것은 위험하기 짝이 없는 일이었다. 게다가 당시 개발된 새로운 금융수단들은 대부분 규제당국의 손길이 미치는 범위를 벗어난 것들이었다. 따라서 펀드 매니저들은 물론 심지어는 지방자치단체의 재무 책임자들이 다른 애꿎은 사람들의 돈을 위험에 처하게 하는 것을 막을 근거가 없었다. 그들은 새로운 금융수단들에 대해 공시를 해야 할 의무도 없었다. 이런 상황에 비춰볼 때 오렌지 카운티의 파산은 이해할 만한 사건이었을 뿐 아니라 불가피한 사건이기도 했다.

오렌지 카운티는 결국 파산 상태로부터 복구됐다. 그러나 복잡한 파생상품을 산 지방자치단체가 오렌지 카운티뿐이었던 게 아니다. 당시 미국의 모든 지방자치단체 관리들이 금리에 도박을 걸고 싶어 했다. 그러나 그들은 오렌지 카운티나 깁슨 그리팅스와 마찬가지로 파생상품의 가치를 제대로 평가하지 못했고, 이 때문에 막대한 수수료를 지급해야 했다.

마이클 스태먼슨이 오렌지 카운티의 로버트 시트론에게 구조화 채권을 팔아먹었던 것처럼, 월스트리트의 다른 세일즈맨들도 미국 전역에 걸쳐 카운티나 시 정부의 재무 책임자들에게 복잡한 파생상품을 팔아먹었다. 한 예로 증권사 직원들은 플로리다주 에스캠비아 카운티의 재무 책임자인 조지프 플라워스에게 하루에도 4~5차례씩 전화를 걸어 파생상품을 마케팅했다. 그 결과 플라워스는 4500만 달러에 이르는 에스캠비아 카운티의 자산 포트폴리오 가운데 15%를 구조화 파생상품으로 채웠다.

일부 지방자치단체 재무 책임자들은 이런 유혹을 거부했다. 텍사스주 파머스 브랜치 시의 재무국장인 찰스 콕스는 증권사의 권유에 대해 "파생상품이 무엇이고 어떻게 작동하는 물건인지 이해할 수 없는 한 나는 그것에 투자하지 않을 것"이라면서 거부했다. 앨라배마주의 연금기금 대표인 데이비드 브로너는 남부 특유의 신중함을 보이며 "내가 그 이름의 철자조차 쓰지 못하는 것에 어떻게 투자할 수 있겠는가"라고 반문했다. 1992년에만 해도 오렌지 카운티의 관리들은 그들의 투자 수익 실적을 브로너에게 자랑하며, 그를 "시대에 뒤진 사람"이라고 조롱하기도 했다.

그러나 유혹에 넘어간 사람들이 훨씬 더 많았다. 규모는 작았을지 몰라도 오렌지 카운티 사건과 비슷한 투자 실패의 사례들이 수십 건에 달했다. 샌디에이고 카운티, 조지아주의 전력공사, 메인주의 오번 카운티, 몬태나주의 루이스 앤 클라크 카운티 등도 구조화 채권과 CMO에 투자했다. 하원 금융위원회는 1994년에 청문회를 열어 텍사스주 오데사 대학, 메릴랜드

주 찰스 카운티, 와이오밍주 인디언 부족인 쇼쇼니족 관계자들을 불러 공적 자금으로 파생상품에 투자한 이유를 물었다. 미국 전역에서 수십 개의 학교와 읍사무소들이 파생상품 도박을 하고 있었다는 사실이 드러났다. 이런 도박으로 인해 오하이오주의 18개 지방자치단체들이 모두 1400만 달러를 잃었고, 루이지애나주의 연금기금은 5000만 달러의 손실을 냈다. 시카고 시립대학은 투자 자산의 거의 전부에 해당하는 9600만 달러의 손실을 보았다. 새러소터 매너티 공항 당국은 인버스 플로터에 투자했다가 돈을 잃었다. 파생상품 거래가 모르는 사이에 엄청나게 확산됐던 것이다.

공무원들만 금리에 베팅했던 것도 아니다. 모든 지방자치단체들이 파생상품에 도박을 해왔다는 사실을 알게 된 개인투자자들이 경악을 금치 못하던 때에 뮤추얼펀드들도 똑같은 도박을 하고 있었다. 안전한 펀드로 알려진 머니마켓 펀드들을 비롯한 수십 개 뮤추얼펀드들이 오렌지 카운티가 샀던 것보다 더 위험한 파생상품들에 투자해온 것으로 드러났다.

특히 한 뮤추얼펀드 매니저는 보수적인 운용을 하도록 돼 있는 펀드의 자금 수억 달러를 아주 위험한 파생상품에 투자했다. 이 파생상품은 월스트리트가 상상할 수 있는 파생상품 가운데 가장 위험한 것이었다. 이 펀드 매니저의 이야기는 로버트 시트론의 이야기를 무색케 할 정도였다.

파이퍼 펀드

1994년 2월까지 금리에 도박을 걸었던 뮤추얼펀드 매니저들 가운데 단연 압권은 파이퍼 재프레이의 워스 브런트젠(Worth Bruntjen)이었다. 1988년에 그가 미니애폴리스에 있는 파이퍼의 본사 건물에 도착한 것은 마치 토네이도의 시작과 같았다. 그는 패튼 장군과 같은 복장으로 영업자 회의에 나타났다. 그는 초면인 다른 임직원들에게 자신과 자신의 부하 직원들이 앉을 수 있도록 자리를 좌우로 비켜달라고 요구했다.

브런트젠은 파이퍼에서 자신의 영지를 구축했고, 사무실 배치를 바꿔 불투명한 유리로 가려진 은밀한 곳에 자신과 자신의 부하 직원들이 일하는 공간을 만들도록 했다. 이 특별한 사무실은 '소용돌이의 중심(the vortex)'으로 불렸다.

브런트젠은 파이퍼의 대표적인 뮤추얼펀드인 '파이퍼 재프레이 인스티튜서널 거번먼트 인컴 포트폴리오'를 담당했다. 이 펀드가 1988년에 처음 설정됐을 때는 그 리스크가 매우 낮았고, 미국 재무부 채권이나 정부 산하기관의 단순한 모기지 증권들만 편입됐다. 파이퍼는 1913년에 설립된 이래 안정적인 투자실적을 내는 우량 펀드회사로 인정받았고, 브런트젠이 운용할 펀드도 "안전하고 확실한 펀드"라고 홍보했다.

1991년부터 도입된 새로운 법규들로 인해 은행이나 저축대부조합들이 위험한 모기지 파생상품을 매입하기가 어려워지자, 브런트젠은 그들이 떠난 빈 공간에 발을 들여놓았다. 그는 펀드의 수익률을 높이기 위해 다양한 종류의 모기지 파생상품에 투자할 계획을 세우기 시작했다. 특히 그는 살로먼이 개발한 모기지 파생상품인 저당권 담보부 채권(CMO)에 눈독을 들였다. CMO는 미국 정부가 보증하는 모기지 채권으로 신용등급이 높았고, 이런 점에서 브런트젠이 준수해야 할 회사의 투자지침에 들어맞는 것으로 보였다.

신문에 나오는 금융상품들의 목록을 보면 CMO는 모두 정부 채권과 다를 게 없는 것처럼 여겨졌다. 그 명칭에 정부 기관의 이름이 들어있고, 신용등급은 트리플 에이이며, 심지어는 코드 번호까지도 정부 채권과 비슷했다. 그러나 CMO의 종류는 매우 다양했다. 단순한 모기지보다 더 안전한 것도 있었지만, 가치 변동이 아주 심한 것도 있었다. 브런트젠이 그동안 편입했던 금융상품들보다 훨씬 더 위험한 것들도 있었다.

파이퍼는 1991년 여름 아이다호주의 선밸리에서 세일즈맨들을 위한 마케팅 회의를 열었다. 영사기로 단지 몇 개의 슬라이드만 보여준 브런트젠의 구식 프레젠테이션은 그 내용을 쫓아가며 이해하기가 힘들었다. 그는 모기지 파생상품에 대한 자신의 투자 계획을 설명하면서 생소한 용어와 머리글자 약칭을 마구 쏟아냈다. 일부 세일즈맨들에게는 그가 마치 다른 나라 말을 하는 것처럼 들렸다. 그가 단순한 모기지부터 시작해 기묘한 투자 방법으로 화제를 넓혀간 것은 알겠지만, '인버스 IO' 에 대한 그의 자세한 설명은 전혀 이해되지 않았다. 회의장 곳곳에서 세일즈맨들은 서로 "무슨 말인지 알겠어?"하고 속삭였다. 파이퍼에서 가장 좋은 실적을 내던 세일즈맨은 브런트젠의 새로운 전략이 도대체 무엇이냐는 질문을 받고는 그저 "요술과 같은 것"이라고 대답했다.

사실 브런트젠의 투자전략은 요술이었다. 1991년부터 1994년 초까지 브런트젠의 펀드는 미국 전체의 단기 정부채권에 투자하는 펀드들 가운데 최고의 실적을 냈다. 브런트젠의 펀드는 연 13%의 수익률을 달성해, 다른 보통의 단기 정부채권 펀드들보다 2배의 수익률을 올렸다. 게다가 수익률의 변동도 거의 없이 일정했다. 이 기간에 브런트젠은 파이퍼 펀드의 경쟁자들을 다 물리쳤다.

'투자 원금을 보존하면서 높은 수익을 보수적으로 추구한다' 는 파이퍼 펀드의 공식적인 자산운용 원칙에는 아무런 변화가 없었는데 브런트젠이 어떻게 그렇게 높은 수익률 실적을 낼 수 있었을까? 살로먼의 메리웨더가 이끈 트레이더들처럼 그도 시장의 비효율성을 이용했던 것일까? 아니면 뱅커스 트러스트의 앤디 크리거처럼 거액의 베팅을 했던 것일까?

두 가지 요소가 다 있었다. 브런트젠은 퍼스트 보스턴과 살로먼 브라더스가 1980년대에 만들어내고 키더 피바디와 베어 스턴스 등이 수십억 달러 규모로 판매하기 시작한 복잡한 모기지 파생상품을 사들였다. 월스트리트에서 '핵폐기물'로 불리던 종류의 모기지 파생상품들은 고급 수학 지식이 있어야 그 내용을 제대로 파악할 수 있는 것이었다. 복잡성으로 인해 모기지 파생상품은 종종 저평가되기 일쑤였고, 브런트젠은 바로 이런 저평가 상태를 원했다. 살로먼의 아비트리지 그룹도 바로 그런 저평가 상태를 활용해 값이 싼 모기지 파생상품을 사들였다. 브런트젠과 다른 점이 있다면, 아비트리지 그룹의 트레이더들은 다른 시장에서 그 리스크에 대한 헤지를 해두었다는 것이다. 브런트젠은 모기지 파생상품을 그저 사들이기만 했고, 리스크에 대한 헤지는 하지 않았다.

브런트젠의 투자전략은 본질적으로 금리가 낮게 유지되는 데 베팅하는 것이었다. 예를 들어 그는 '인버스 IO(inverse IO)'로 불리는 특수한 종류의 모기지 파생상품을 매입했다. IO는 주택담보 대출을 받은 사람이 지급하는 원리금 중 금리 부문만 받을 권리를 담은 채권이고, 인버스 IO는 IO를 거꾸로 뒤집은 채권이다. 다시 말해 IO의 소유자는 원 주택담보 채무자가 지급하는 금리에 대응하는 금리를 지급받는 반면, 인버스 IO의 소유자에게 지급되는 금리는 시장 금리와 반대 방향으로 변동한다.

인버스 IO는 마치 구조화 채권과 같은 공식을 내장하고 있다. 예를 들어 25%에서 단기금리의 4배를 뺀 수치만큼의 금리를 지급하는 인버스 IO를 생각해볼 수 있다. 단기금리가 3%라면 이 인버스 IO의 소유자는 13%(=25%−3%×4)의 금리를 지급받게 된다. 이는 바로 브런트젠의 펀드가 기록한 연평균 수익률과 같다. 반대로 단기금리가 오르면 이 인버스 IO 소유자의 수익률은 떨어진다.

인버스 IO는 이런 공식을 내포하고 있기 때문에 그 가치를 평가하기가 곱절로 어렵다. 단기금리의 하락은 한편으로는 인버스 IO의 가치를 떨어뜨리는 동시에 다른 한편으로는 오히려 그 가치를 상승시키는 상반된 영향을 동시에 끼친다. 금리가 하락하면 원 채무자가 싼 자금을 빌려 기존 모기지를 중도상환해 버리기 때문에 인버스 IO채권의 소유자가 지급받기로 한 금리 중 일부가 제외된다. 이는 인버스 IO의 가치를 하락시키는 측면이다. 그러나 이와 동시에 인버스 IO 자체의 금리 결정 공식에 따라 단기금리의 하락은 인버스 IO의 금리를 상승시킨다. 이는 인버스 IO의 가치를 상승시키는 측면이다.

달리 말하면 인버스 IO는 양쪽에서 밀고 당기는 톱과 같다. 인버스 IO 채권에는 서로 반대 방향으로 움직이는 두 가지 리스크, 즉 만기 리스크와 금리 리스크가 동시에 들어있다. 단기금리가 떨어지면 인버스 IO의 소유자가 받는 금리는 올라가지만, 이 경우 원 채무자가 중도상환에 나서기 때문에 만기는 단축된다. 반대로 단기금리가 오르면 인버스 IO의 금리는 떨어지지만 원 채무자가 중도상환에 나서지 않기 때문에 만기는 길어진다.

이처럼 인버스 IO는 두 얼굴을 갖고 있지만, 어느 쪽 얼굴도 매력적이지 않다. 단기금리가 낮을 때 그것은 도화선이 짧은 폭탄이고, 단기금리가 높을 때는 도화선이 긴 불발탄이 된다. 바로 이런 점 때문에 월스트리트에서는 인버스 IO를 '핵폐기물'이라고 부른다. 아주 적절한 호칭이다. 그러나 뮤추얼펀드 매니저들이 이런 점을 잘 이해하는지는 분명치 않았다.

이런 모든 측면을 두루 다 고려할 경우 단기금리가 오를 때 인버스 IO의 소유자들은 손해를 입는다고 말할 수 있다. 금리가 높을 때는 원 채무자들이 모기지 채무를 중도상환하지 않으려고 하겠지만, 이 경우 만기가 늘어나 미래에 지급받게 될 추가적인 금리 수입이 인버스 IO의 소유자들에게 딱히 이점이 되는 것은 아니다. 왜냐하면 금리가 높으면 인버스 IO의 자체 금리는 공식에 따라 낮게 되기 때문이다. 단기금리가 아주 많이 상승하면 인버스 IO 채권 소유자가 받는 금리는 제로(0)가 되기도 한다. 이런 극단적인 경우에는 인버스 IO의 소유자는 단 한 푼의 금리도 지급받지 못한 채 30

년 만기의 채권에 돈을 묶어둔 셈이 될 수도 있다.

브런트젠은 그가 운영하는 펀드에 인버스 IO를 꽉 채워 넣음으로써 파이퍼 펀드의 애초 투자 원칙에서 크게 벗어났다. 1993년 3월 당시의 투자자들은 눈치 채지 못했지만, 브런트젠이 운영한 펀드의 편입자산 증가분 중 무려 93%가 CMO 파생상품이었다.

브런트젠은 이처럼 복잡한 내용의 증권들을 펀드에 편입했지만, 투자자들을 상대로 한 이 펀드의 홍보는 간단하고 단순했다. 그것은 "워스 브런트젠에게 돈을 맡기면 높은 수익을 얻을 수 있다"는 것이었다. 브런트젠은 직접 투자자 유치 활동에 나서지는 않았지만, 자신의 투자 전략에 대해서는 때때로 설명할 기회를 가졌다. 중요한 고객들은 브런트젠에게 모셔오라는 지침이 세일즈맨들에게 내려졌다. 펀드의 판매를 위탁받은 증권사들은 기업 고객들에게 파이퍼에 많은 돈을 맡기면 투자 수익 외에 투자은행 업무와 관련해 파이퍼와 좋은 관계를 맺을 수 있으며, 그런 기업에 대해서는 파이퍼의 애널리스트가 관심을 갖게 될 것이라고 넌지시 말하기도 했다. 브런트젠은 설명회 때 침착하고 명쾌하게 파이퍼 펀드의 장점을 이야기했고, 설명회에 참석한 고객들은 그의 열정과 전문성에 취하곤 했다.

보통의 일반 투자자들은 굳이 브런트젠의 사무실을 직접 방문하거나 그가 파이퍼 펀드에 대해 설명하는 것을 들을 필요가 없었다. 그들은 "연 13%의 수익률!"이라는 문구가 들어간 이 펀드의 광고를 본 것만으로 충분했다. 게다가 뮤추얼펀드 평가회사인 모닝스타와 밸류 라인이 브런트젠의 펀드에 좋은 평가점수를 매겨주고 있었다. 이들 두 평가회사는 각 펀드의 과거의 수익률 실적만 보고 평가를 했기 때문에 파이퍼 펀드가 높은 평가를 받았던 것이 전혀 이상할 게 없다.

13%라는 수익률과 모닝스타가 매겨준 좋은 평가점수 덕분에 세일즈맨들이 파이퍼 펀드를 판매하기는 어렵지 않았다. 증권사 한 곳에서만 이

펀드에 월 100만 달러 이상의 신규 투자 자금을 유치해 줄 수도 있었다. 개인투자자들은 깁슨 그리팅스나 피앤지의 자금 운영자들 못지않게 탐욕스러웠고, 다른 유사한 투자 대상들에 비해 두 배의 수익률을 보장하는 파이퍼 펀드에 줄지어 투자했다.

파이퍼 펀드에 투자한 소규모 기업과 개인투자자들은 이 펀드가 자산 중 20%를 인버스 플로터에, 33%를 PO와 Z-본드에 투자한 데 대해 물어볼 생각을 하지 않았다. 브런트젠이 파이퍼 펀드에 편입한 이런 금융수단들은 이 펀드의 운영지침에서 허용한 만기 한도인 3~5년보다 훨씬 긴 만기의 CMO였다. 설사 투자자들이 투자설명서를 자세히 읽어봤다 하더라도 표면상 미국 정부가 보증하는 트리플 에이 등급의 다른 채권들과 똑같게 보이는 파이퍼 펀드의 CMO에 대해 의문을 품을 이유는 없었다. 파이퍼 펀드는 편입한 CMO의 구체적인 내용은 공개하지 않았다. 투자자들이 그 내용에 대해 물어봤다 하더라도 속 시원한 대답은 듣지 못했을 것이다. 사실은 파이퍼의 세일즈맨이나 위탁 판매를 맡은 증권사들도 브런트젠이 사들인 것들을 제대로 이해하지 못하고 있었다.

파이퍼가 고용한 로비스트들은 파이퍼의 투자 고객의 기반을 넓히기 위해 '파이퍼 수정안'으로 불린 법안을 작성하기도 했다. 이 법안은 미네소타주의 시와 카운티들에게 파이퍼 펀드에 투자할 수 있도록 허용하는 내용을 담고 있었다. 이 법안이 통과됨에 따라 미국 중서부 지역의 소규모 지방자치단체들이 파이퍼의 도박판에 끼어들 수 있게 됐다. 이든 프레이리, 무어헤드, 메이플 그로브, 마운드 등 60여 개에 이르는 소규모 지방자치단체들이 실제로 파이퍼 펀드에 투자했다. 심지어 미네소타 주민들이 사랑하는 미식축구팀인 미네소타 바이킹스의 홈구장인 '메트로돔'을 관리하는 스포츠시설위원회도 브런트젠의 펀드에 수백만 달러를 투자했다.

브런트젠의 펀드는 1992년과 1993년 2년 동안 5억 달러의 신규 투자를 유치했다. 이처럼 파이퍼 펀드로 자금이 몰려들면서 미국은 물론 전 세계의 투자자들이 브런트젠의 투자 비법에 대해 큰 관심을 보였다. 그는 대중매체에 자주 등장했고 '모기지의 마법사'라는 별명까지 얻었다. 파이퍼 펀드의 상속자인 태드 파이퍼는 브런트젠이 미니애폴리스의 한 지방 투자 회사에 지나지 않았던 파이퍼를 전국적으로 인정받는 회사로 만들어준 데 대해 기쁨을 감추지 못했다. 그는 그 보상으로 브런트젠과 함께 스키여행을 가기도 했다.

돌이켜 보면 태드 파이퍼와 그의 세일즈 팀은 브런트젠이 어떻게 그런 고수익을 낼 수 있었는지에 대해 조금은 회의적인 태도로 살펴봐야 했다. 브런트젠은 1993년 12월 6일 〈비즈니스위크〉의 커버스토리 인터뷰에서 "우리는 30년 만기 미국 재무부 채권보다 금리가 높으면서도 만기는 평균 4~5년 정도로 짧은 정부기관 채권을 편입하고 있다"고 자랑했다. 그의 말대로라면 아주 이상적인 투자였다. 브런트젠은 몇 년 동안 신용등급이 높은 정부채권을 사들여 고수익을 냄으로써 경쟁자들을 압도했다.

브런트젠은 과도한 리스크를 떠안은 데 대해 감시를 받거나 징계되기는커녕 파이퍼의 수석 부사장으로 승진했고, 120억 달러에 이르는 파이퍼의 전체 운용자금 중 3분의 1가량이 그의 지휘 아래 관리되기에 이르렀다.

데이비드 애스킨

워스 브런트젠의 운명은 데이비드 애스킨이라는 펀드 매니저와 긴밀하게 연결돼 있었다. 애스킨은 말씨가 부드러운 학자 스타일이었지만, 자신이 쓰고 다니던 커다란 안경만큼이나 큰 자존심을 갖고 있었다. 그는 드렉셀 번햄 램버트에서 잘 나가던 인물이었지만 1990년에 이 회사가 파산하자 자신의 회사를 차려 독립하기로 했다. 마침 그 해에 '화이트헤드/스털링 어드바이저스' 라는 회사를 운영하던 돈 많은 투자자 에드윈 화이트헤드가 사망했다. 애스킨은 기회를 놓치지 않고 화이트헤드의 펀드들 가운데 하나를 매입했다. 이 펀드의 투자자 명단에는 각종 자선단체들과 화이트헤드 자신의 부동산 관리회사가 들어 있었다.

애스킨은 1993년 1월 이 펀드의 이름을 '애스킨 캐피털 매니지먼트'로 바꿨다. 그는 파이퍼와 마찬가지로 투자자들에게 "최고 신용등급의 질 좋은 증권들만 편입하고, 시장의 변동성에 대해 헤지함으로써 시장에 중립적인 투자전략을 구사할 것" 이라고 밝혔다. 그는 또 브런트젠처럼 헤지도 하지 않고 한 방향으로만 거액을 베팅하지는 않을 것이라면서 "금리가 큰 폭으로 변동하더라도 투자 포트폴리오의 가치가 상대적으로 안정될 수 있도록 헤지를 할 것" 이라고 말했다.

애스킨의 투자 전략은 살로먼의 아비트리지 그룹이 채택했던 것과 비슷했다. 그는 투자자들에게 자신의 펀드는 CMO와 같은 복잡한 모기지 증권들 중에서 가격이 비합리적인 것들을 찾아낼 수 있는 '자산분석 모델' 을 이용할 것이라고 말했다. 그의 펀드는 CMO 중 값이 싼 것을 사고 비싼 것을 팔았다. 살로먼 브라더스의 그레그 호킨스가 했던 거래와 같은 방법이었다.

애스킨 캐피털 매니지먼트가 설정해 운용한 펀드들은 '그래나이트(화강암) 파트너스' , '쿼르츠(석영)' 와 같은 암석의 이름을 갖고 있었고, 실제로 수익 실적도 암석과 같이 탄탄했다. 애스킨의 펀드들은 수억 달러의 투자금을 유치했다. 투자자들 가운데는 타임 워너의 최고경영자를 지낸 니콜라스도 들어 있었고, 스리엠(3M)의 퇴직연금도 들어있었다. 제너널 일렉트릭과 그 회장을 맡고 있던 잭 웰치도 키더 피바디를 통해 애스킨 펀드와 관계를 맺고 있었다.

애스킨은 파이퍼의 브런트젠이 매입했던 것과 같은 증권을 대량으로 사들였다. 제너럴 일렉트릭이 소유하고 있다가 키더 피바디를 통해 매각한 수억 달러어치의 인버스 IO도 애스킨이 샀다. 1994년에 이르면 애스킨은 모기지 파생상품 시장의 큰손으로 떠오르게 되고, 그가 없다면 이 시장이 아예 가동할 수 없을 것이라고 말할 정도가 됐다. 브런트젠도 애스킨의 CMO 거래에 의존하는 처지였다. 애스킨의 CMO 거래가 없었다면 시장은 말라붙고 관련 증권들의 가격은 폭락했을 것이다.

연준의 금리 인상으로 브런트젠의 펀드도 거액의 손실을 입었지만, 애스킨의 상황은 브런트젠보다 더 나빴다. 애스킨 펀드는 사실상 아무런 수익도 내지 못하는 장기 채권을 엄청나게 껴안고 있는 처지에 몰렸다. 애스킨은 포지션 유지를 위해 돈을 빌렸다. 시장이 더 가라앉자 애스킨은 일부 차입금을 갚기 위해 보유하고 있던 CMO를 팔아야 했다. 이로 인해 CMO 시장은 가속적으로 위축됐다. 그에 따라 CMO의 가격은 바닥으로 추락했고, 딜러들은 CMO의 거래 자체를 기피했다.

애스킨은 뱅커스 트러스트와 살로먼이 봉착했던 것과 같은 가치 평가의 문제에 부닥쳤다. 1994년 2월 4일 연준이 금리를 올릴 때 그래나이트 펀드는 보유자산의 가치를 시장에 근거하지 않고 자체 컴퓨터 모델을 이용해 평가했다. 시장이 추락할 때 이 컴퓨터 모델은 시장이 잘못됐으며, 보유 중인 모기지 파생상품은 여전히 가치를 유지하고 있다고 말하고 있었다. 결국 그래나이트 펀드는 보유 중인 증권에 대해 신뢰할 만한 외부 자료를 근거로 한 시가평가를 한 게 아니라 그저 컴퓨터 모델에 의한 가치 평가에 의존하고 있었던 셈이다.

애스킨은 증권사들과 끈끈한 관계를 맺고 있었던 덕분에 연준의 금리 인상에 따른 충격에 어느 정도는 일시적으로나마 견뎌낼 수 있었다. 증권사들은 애스킨 펀드가 CMO를 매입하는 과정에서 수백만 달러를 벌었고,

그 대가로 이 펀드에 후한 조건의 융자를 해주었다. 심지어 애스킨 펀드 쪽에서 대가를 지불하기도 전에 매입하기로 한 채권을 갖고 갈 수 있게 해주기도 했다. 앞 장에서 설명했듯이 모기지 파생상품의 가치는 모기지의 원채무자가 얼마나 빨리 중도상환을 할 것인가에 대한 가정에 따라 크게 다르다. 증권사들은 이 가정을 신축적으로 조정함으로써 모기지 파생상품의 가치를 애스킨에 유리하게 산정해 주었고, 그 덕분에 애스킨은 자체 컴퓨터 모델이 계산해낸 결과를 토대로 펀드의 손익 변동을 완만하게 꾸밀 수 있었다. 그러나 이런 조처는 손실의 은폐로 이어질 수 있는 것이었다.

데이비드 애스킨이 증권사들로부터 받은 특별대우와 관련해 한 투자자는 애스킨을 "채권시장의 힐러리 클린턴"이라고 비꼬기도 했다. 힐러리가 가축선물(cattle-futures) 거래로 이익을 봤던 것에 빗댄 말이었다. 힐러리는 가축 선물에 투자해 10만 달러의 이익을 남겼지만, 이는 증권사가 베팅에 성공한 거래들만 골라서 힐러리의 계좌에 배정해 주었기에 가능했던 것으로 알려졌다.

증권사의 특별대우는 처음 얼마간은 효과가 있었다. 애스킨이 그 해 2월 투자자들에게 보낸 보고서를 보면 손실이 2%에 그친 것으로 돼 있었다. 그러나 애스킨이 잘 나가던 시절에는 좋은 친구들이었던 증권사들이 곤경에 빠진 애스킨에 대해 등을 돌리기 시작했다. 증권사들은 돌연 애스킨의 펀드를 포기하고 마진 콜을 보내기 시작했다. 그동안의 차입금을 상환하라는 압력을 가해온 것이다. 애스킨이 차입금 상환을 하지 못하자 증권사들은 애스킨의 CMO를 매각 처분했다. 오렌지 카운티가 거래하던 증권사들이 오렌지 카운티의 구조화 채권을 매각했던 것과 같은 행동이었다. CMO 시장은 무너졌고, 이로 인해 애스킨뿐만 아니라 워스 브런트젠과 수많은 투자자들이 타격을 받았다. 1994년 4월 7일에 애스킨 펀드의 손실 규모는 6억 달러로 커졌다.

그 이전까지 애스킨은 CMO를 매입하기 위해 증권사들에게 거액의 수수료를 지급했다. 애스킨이 증권사들로부터 특별대우를 받기 위해 일부러 그랬을 수도 있고, 워스 브런트젠과 마찬가지로 CMO의 거래에 미숙했던 탓이었을 수도 있다. 만약 과다한 수수료 지급이 특별대우를 받기 위한 것이었다면 '이익의 충돌(conflict of interest)' 문제가 제기될 수밖에 없다. 그러나 이보다는 애스킨이 CMO의 거래에 충분한 기량을 갖추지 못한 탓이었을 가능성이 더 높다. 그 어떤 펀드 매니저라도 살로먼의 아비트리지 그룹을 흉내 내기란 어려웠고, 애스킨도 그렇게 하는 데 실패한 셈이었다.

당시 CMO 딜러 회사들 가운데 선두에 속했던 키더 피바디의 세일즈맨들이 나눈 대화가 녹음된 테이프도 애스킨의 과다한 수수료 지급이 의도적인 것이라기보다 CMO 거래에 필요한 기량의 부족 탓이었음을 보여준다. 연준의 금리 인상 이후 복잡한 모기지의 거래가 위축됨에 따라 키더의 모기지 세일즈맨들은 어려움을 겪었고 일감이 없어 시간이 남아돌았다. 뱅커스 트러스의 세일즈맨들이 피앤지 사람들을 조롱했던 것처럼 키더의 세일즈맨들도 애스킨 직원들을 조롱하며 시간을 보냈다. 연준의 금리 인상을 전후한 몇 주일 동안에도 키더는 애스킨에 수백만 달러어치의 CMO를 팔았다. 이 역시 1994년 2월에 뱅커스 트러스트가 피앤지에 스왑을 팔았던 것과 마찬가지였다. 이처럼 연준의 금리 인상을 전후한 시기의 거래에서 키더는 뱅커스 트러스트보다 더 많은 돈을 벌었다.

연준이 금리를 인상한 지 7주일 뒤인 1994년 3월 25일 키더의 세일즈맨으로 애스킨을 담당하던 윌리엄 오코너와 그의 후배 직원 제이 패퍼스가 나눈 대화가 담긴 녹음 테이프를 풀어보면 다음과 같다. 애스킨이 과연 계속 생존할 수 있을 것인지가 불투명하던 때였다.

패퍼스: 애스킨이 차입금 상환을 하지 않으면 거래를 중단하면 되죠?

오코너: 뭘 모르는 소리 그만해. 우리는 거래를 중단할 수 없어. 우리는 그 녀석들과 동침 중이라고. 무슨 말인지 알겠어? 우리로서는 애스킨이 마진 콜에 응할 수 없다고 하는 말을 듣고 싶지 않은 거야. 그렇게 되면 그 녀석들이 산 핵폐기물을 처분해야 해.

패퍼스: 어떤 핵폐기물을 말하는 거죠?

오코너: 모두 다 핵폐기물이야. 이런 생각 좀 해봐. '지니 세븐(Ginnie 7, 단순한 모기지 증권의 하나)'을 팔면 1플러스(plus, 1%의 64분의 1)를 수수료로 받잖아. 장기 채권을 팔아도 수수료가 1플러스고. 그런데 핵폐기물의 판매 수수료는 얼마인지 알아? 1포인트(point, 1%)야! 핵폐기물은 그런 거야.

패퍼스: 수수료율이 1.5포인트 아니었나요? 어떤 경우엔 2포인트까지 받은 적도 있고.

오코너: 그래, 사실은 네 말이 맞아.

패퍼스: 애스킨에 핵폐기물을 팔 당시에도 수수료율이 그랬다는 것을 알고 있었나요?

오코너: 물론이지. 알고 있었어.

이 대화를 풀어보면 이렇다. 월스트리트의 금융회사들이 지방자치단체나 뮤추얼펀드에 금융상품을 팔면서 올린 이익과 비슷한 상품을 애스킨 펀드에 팔면서 올린 이익은 그 크기가 거의 같았다. 증권사들은 오렌지 카운티가 파산한 뒤에 마치 썩은 고기를 먹는 대머리 독수리처럼 이 카운티를 쪼아댔던 것과 같이, 애스킨이 탈진하자 이번에는 애스킨을 뜯어먹기 위해 몰려들었다.

키더 피바디의 트레이더들 외에 베어 스턴스의 트레이더인 하워드 루빈도 대표적인 대머리 독수리였다. 그는 1987년 메릴 린치에 3억 7700만 달러의 손실을 안겼지만 징계도 받지 않은 채 베어 스턴스로 자리를 옮겨 부활했다. 키더 피바디와 베어 스턴스는 애스킨의 채권을 헐값에 사들이는 데서로 협력하는 관계였다. 이는 마치 구조화 채권 딜러 회사들이 오렌지 카운티의 채권을 살 때 공모했던 것과 같은 행동이었다. 키더의 윌리엄 오코너는 하워드 루빈에게 "당신네가 우리가 살 채권 모두에 대해 저가 입찰을 해주면, 우리도 당신네가 살 채권 모두에 대해 똑같이 해주겠다. 나중에 법정에 내밀 합법의 근거만 만들면 된다"고 제안했던 것으로 알려졌다. 애스킨의 채권을 낮은 가격으로 평가한 데 대해 두 회사는 이처럼 서로 법률적인 변호를 해주기로 했다. 이런 행위로 두 회사가 처벌받은 일은 없다.

하워드 루빈과 베어 스턴스는 이 거래로 단 며칠 사이에 애스킨의 채권을 샀다가 팔아 2000만 달러를 벌어들였다. 며칠 뒤 애스킨 펀드는 파산신청을 냈다. 이 펀드가 살로먼 아비트리지 그룹의 흉내를 내면서 존속할 수 있었던 기간은 단지 1년 정도에 그쳤다.

애스킨의 몰락은 워스 브런트젠에게 치명타였다. 브런트젠은 애스킨의 파산으로 인해 자신의 펀드가 얼마만큼의 손실을 보았는지를 평가해 보려고 애썼다. 그러나 1994년 3월 당시에 파이퍼는 브런트젠이 운용하는 펀드의 보유자산 가치를 매일 평가할 능력을 갖고 있지 못했다. 펀드 자산의 일일 평가는 법규상 의무사항이었음에도 그럴 능력이 없었던 것이다. 브런트젠 팀은 대신 시가 평가를 1주일에 한 번씩 했다. 이런 브런트젠 팀의 주례 평가는 목요일에 이뤄졌고, 이 때문에 '목요일 평가'라는 이름으로 불렸다. 브런트젠 팀은 매주 목요일마다 자신들이 보유하고 있는 자산의 가치를 평가하기 위해 여기저기 금융회사들에 전화를 걸어 물어보고, 그들 스스로도 이해하지 못하는 데이터를 컴퓨터 모델에 입력하는 등 부산을 떨었다. 이런 자산 평가 작업은 거의 하루 종일 해야 했다.

애스킨과 마찬가지로 파이퍼도 보유하고 있는 복잡한 금융자산들의 리스크를 공개하지 않았다. 가치 평가에 어려움을 겪고 있다는 사실도 숨겼다. 파이퍼 내부에서도 브런트젠과 그의 측근들 외에는 이런 사실을 알 수 없었다. 브런트젠의 펀드를 자기 계산으로 고객들에게 파는 일을 하는 세일즈맨들에게도 이런 사실은 알려지지 않았다. 파이퍼의 임직원들은 브런트젠이 모기지 파생상품 분야에 대해 그다지 전문성이 없는 사람이라는 사실을 뒤늦게 알고는 충격을 받았다.

파이퍼의 임직원들은 브런트젠이 뱅커스 트러스트, 퍼스트 보스턴, 살로먼 브라더스의 트레이더나 박사학위 소지자들과 비슷한 사람인 것으로 알고 있었다. 그러나 사실은 그렇지 않았다. 브런트젠은 '로켓 과학자'로 불리는 두뇌회전 빠른 명석한 금융 전문가가 아니었고, 대학 학위도 갖고 있지 않았으며, 복잡한 CMO를 이해하는 데 필요한 교육도 받은 적이 없었다.

안전하고 확실한 뮤추얼펀드로 알려졌던 브런트젠의 펀드는 1994년에 최악의 채권 펀드로 전락했다. 브런트젠은 이 해에 28%의 손실을 기록했다. 원금을 보장한다고 광고했던 단기 정부채권 펀드로서는 도저히 설명할 수 없는 손실률이었다. 브런트젠이 운용하는 펀드에 최고 점수를 주었던 모닝스타의 편집자 존 레켄샐러는 "파이퍼는 브런트젠의 펀드가 단기적인 성격을 갖고 있다고 주장했지만 실상은 엄청나게 만기가 긴 장기 채권을 껴안고 있었다"고 말했다. CMO에 내재돼 있던 긴 만기의 리스크가 투자자들에게는 보이지 않았던 것이다.

1994년 9월에도 파이퍼의 최고경영자 태드 파이퍼는 브런트젠이 편입한 자산은 단지 시장에서 저평가된 것뿐이며 조만간 제 가치를 회복할 것이라고 주장했다. 그는 "우리가 충분히 이해할 수 있는 시장 상황에 발목 잡힌 것"이라며 "우리는 브런트젠을 여전히 신뢰하고 있다"고 말했다. 그러나 그는 보수적인 정부채권 펀드가 단 1년 만에 어떻게 28%라는 손실을

냈고, 그 전 몇 년간은 어떻게 연 13% 이상의 높은 수익률을 기록할 수 있었
는지에 대해서는 설명하지 않았다.

어쨌든 태드 파이퍼는 더 이상 브런트젠과 함께 스키여행을 떠나지 않
을 것으로 보였다. 브런트젠은 당장은 파이퍼에 그대로 출근하겠지만, 회
사에 제기된 소송이 마무리 되는 대로 해고될 게 뻔했다. 그 후 브런트젠은
5년간 금융업계에서 일하지 않기로 합의하고 벌금 10만 달러를 내는 선에
서 소송을 마무리했다.

펀드 매니저들

지방자치단체들 가운데서 오렌지 카운티만 도박판에 뛰어든 게 아니었던
것처럼 뮤추얼펀드들 가운데 파이퍼만 홀로 머니 게임을 벌인 게 아니었
다. 1990년대 초 전 세계 대형 뮤추얼펀드 매니저들은 모두 다양한 파생상
품들을 이용해 파이퍼와 비슷한 은밀한 베팅을 했다. 그들은 구조화 채권
과 모기지 파생상품뿐 아니라 앤디 크리거가 개척한 통화 파생상품의 새로
운 변종들까지 편입했다.

예를 들어 세계에서 가장 규모가 크고 실적도 좋은 채권 펀드였던 '얼
라이언스 노스 아메리칸 거번먼트 인컴 펀드(Alliance North American
Government Income Fund)' 는 멕시코 페소화에 대해 거액의 베팅을 해놓
고 있었다. 당시 페소의 가치는 몇 년간 미국 달러에 대해 안정적인 흐름을
보이고 있었다. 페소에 대한 베팅은 몇 년 동안 괜찮은 수익을 내주었고, 덕
분에 얼라이언스 펀드는 가장 수익률이 좋은 채권 펀드라는 명성을 누렸
다. 1994년의 페소화 가치 하락이 불러온 파장에 대해서는 8장에서 자세히
다룰 예정이다.

오렌지 카운티와 파이퍼처럼 미국 금리에 베팅을 했던 머니마켓 펀드들은 실적이 좋지 못했다. 일반적으로 머니마켓 펀드는 아주 안전해서 현금 또는 수표나 마찬가지라고 여겨져 왔다. 그러나 몇몇 은행들은 머니마켓 펀드의 손실을 벌충하기 위해 자금을 주입해야 했다. 뱅크아메리카는 6800만 달러, 퍼스트 보스턴은 4000만 달러, 메릴 린치는 2000만 달러, 페인 웨버는 2억 6800만 달러를 메워 넣었다.

키더 피바디의 대주주인 제너럴 일렉트릭의 회장으로 있던 잭 웰치도 키더의 5개 머니마켓 펀드가 낸 파생상품 관련 손실을 메우기 위해 700만 달러를 지출해야 했다. 애틀랜틱 리치필드 컴퍼니(ARCO)는 4억 달러의 머니마켓 펀드를 운영하다가 2200만 달러의 손실을 입었다. 그밖에 유나이티드 서비스 어드바저스 9300만 달러, 플리트 파이낸셜 그룹 500만 달러 등 많은 기업들이 손실을 입었다. 1994년 9월에는 덴버에 있는 커뮤니티 애셋스 매니지먼트라는 머니마켓 펀드가 청산을 결정했는데, 이 펀드가 낸 손실을 메꿔줄 모기업이 없었다. 이로 인해 이 펀드는 사상 처음으로 투자자들에게 손실을 입힌 머니마켓 펀드로 기록됐다.

피델리티 펀드의 회장인 에드워드 존슨 3세는 1994년 6월 1일 피델리티의 채권형 펀드 투자자들 모두에게 편지를 보냈다. 편지에서 그는 피델리티 펀드들의 파생상품 이용에 대해 설명하고, 최근의 손실은 금리 인상과 차입금으로 투자를 벌이는 헤지펀드들 탓이라고 주장했다. 그는 "금리의 급등과 채권 가격의 하락에 놀란 헤지펀드들이 마진 콜에 응하기 위해 보유 자산을 매각 처분했다"고 지적했다. 대형 펀드인 뱅가드도 '파생상품에 관한 솔직한 대화' 라는 제목으로 투자자들에게 보낸 유인물에서 비슷한 지적을 했다.

뮤추얼펀드들의 손실은 수백만 명의 투자자들에게 영향을 끼쳤다. 게다가 상업은행들도 증권 영업에 점점 더 많이 나서고 있었기에 투자자들로서는 위험한 파생상품에 투자해 놓은 자금과 일반 은행에 맡긴 예금을 구분하기가 쉽지 않았다.

네이션스뱅크(NationsBank)를 예로 들어 보자. 네이션스뱅크는 1993년에 증권업 면허를 얻어 네이션스시큐리티스(NationsSecurities)를 설립했고, 이 증권사를 통해 네이션스뱅크의 고객들에게 '텀 트러스츠(Term Trusts)'라는 이름의 10년 만기 채권 펀드를 판매했다. 이 펀드는 투자자들에게 10년 만기 재무부 채권 수익률보다 1% 이상 높은 이익금을 지급해주는 것이었다. 여유 자금을 단순히 은행 예금에 넣어두거나 양도성 예금증서를 사두는 정도에 그쳤던 사람들에게는 이 정도의 수익률도 큰 것이었다.

그러나 이런 높은 수익률은 거저 얻을 수 있는 것이 아니었다. 그만한 위험의 추가 부담이 있었다. 텀 트러스츠에 투자한 원금은 은행 예금과 달리 위험에 노출됐다. 네이션스시큐리티스가 텀 트러스츠의 수익률을 높일 수 있었던 것은 운영자산 중 40%를 인버스 플로터에 투자했기에 가능했다. 인버스 플로터는 오렌지 카운티 사건에서 보았듯이 리스크가 없지 않았다.

네이션스시큐리티스는 텀 트러스츠를 최대 전략상품으로 설정하고, 이것을 판매하는 세일즈맨들에게 현금 인센티브를 부여하면서 대대적인 판촉에 나섰다. 판촉 프로그램이 시행된 첫 달인 1994년 2월 한 달 동안 텀 트러스츠는 무려 3억 달러어치가 팔렸고, 인센티브를 포함한 판매 수수료로 1600만 달러가 지급됐다. 세일즈맨들은 네이션스뱅크의 고객들 가운데 양도성 예금증서 외에는 투자해본 적이 없는 사람들에게 접근해 "텀 트러스츠는 양도성 예금증서만큼 안전하면서도 고수익을 가져다 준다"고 유혹했다. 네이션스시큐리티스는 네이션스뱅크의 직원이 텀 트러스츠에 투자할 만한 고객을 소개해 주기만 해도 수당을 지급했다.

네이션스시큐리티스는 세일즈맨들에게 텀 트러스츠에 내재된 리스크를 설명해주는 자료를 전달했지만, 세일즈맨들은 그것을 주의 깊게 들여다보지 않았다. 대신 그들은 네이션스시큐리티스의 설명회 시간에 들은 내용 그대로 "텀 트러스츠는 미국 정부가 보증한 것이나 마찬가지이니 원금을 잃을 위험이 없다"고 투자자들에게 말했다. 세일즈맨들은 심지어 미국 의회 건물 사진으로 표지를 장식한 텀 트러스츠 브로셔를 들고 다니며 "의회 건물이 10년 안에 무너져 내릴 때나 원금 손실이 발생할 것"이라고 고객들에게 말했다. 고객들은 그들로부터 텀 트러스츠의 안전성, 예측가능성, 수익성에 관한 이야기를 되풀이 들었다. 텍사스 지역 담당 세일즈맨들은 "지금까지는 텍사스 A&M 대학이나 백만장자 로스 페로 정도는 돼야 이런 우량한 펀드에 투자할 수 있었다"고 허풍을 떨기도 했고, 투자 원금의 5.5%나 되는 판매 수수료를 챙기면서도 "원금 전액이 10년 만에 다 투자자에게 되돌아가기 때문에 사실상 수수료는 없는 것이나 다름없다"고 말하는 이들도 있었다. 텀 트러스츠가 편입한 인버스 플로터에 대해 투자자들에게 자세히 설명해주는 세일즈맨은 없었다.

네이션스시큐리티스는 모기업인 네이션스뱅크와 업무와 영업이 구분돼야 했지만 그렇게 하지 않았다. 두 회사의 이름이 서로 뒤섞이기도 했다. 네이션스시큐리티스가 네이션스뱅크의 고객 100만 명 이상에게 보낸 텀 트러스츠 홍보 편지에 네이션스뱅크의 로고와 상징색이 그대로 사용되기도 했다. 세일즈맨들은 텀 트러스츠를 '은행 계좌'로 표현하고, 고객들에게 전화를 걸 때 "은행입니다"라고 말하도록 교육을 받았다.

어쩌면 당연한 결과일지 모르지만, 텀 트러스츠의 운용 실적은 그다지 좋지 못했다. 이와 관련해서는 단기금리가 상승하면 가치가 떨어지는 인버스 플로터의 특징을 상기해볼 필요가 있다. 연준의 금리 인상으로 인해 이 펀드의 운용자산 가치 중 3분의 1 이상이 날아가 버렸다. 원금 보장 약속은 없던 일이 돼버렸다. 이 때문에 나중에 네이션스시큐리티스는 증권거래위원회의 조사를 받고 400만 달러의 벌금을 물게 된다.

금융혁신이 머니마켓 펀드나 상업은행 등 전통적이고 보수적인 금융 회사들에까지 확산되면서 새로운 위험들이 발생했던 것이다. 새로 생겨난 투자 대상들에 내포된 리스크를 개인투자자들이 어떻게 식별할 수 있었겠는가? 증권거래위원회는 주식형 및 채권형 뮤추얼펀드는 리스크 공시만 적절히 한다면 자체 판단에 따라 무엇이든 자유롭게 편입할 수 있다는 입장을 취했다.

그러나 적절한 공시란 무엇을 말하는가? 적절한 공시를 한다고 하더라도 양도성 예금증서 외에는 사본 적도 없는 은행의 노인 고객이 인버스 플로터와 같은 파생상품을 사도록 한다는 게 말이 되는가? 이런 의문은 단지 이론적인 것만은 아니다. 현실적으로 많은 큰 은행들이 증권 영업에 나서면서 수백만 명의 은행 고객들에게 새로 만들어진 금융상품들을 팔았고, 네이션스뱅크는 그 중 하나에 불과했다. 게다가 실적에 기초한 보너스 지급이 펀드 매니저와 세일즈맨들에 대한 인센티브를 왜곡시켰다. 이로 인해 펀드 매니저나 세일즈맨들은 좋은 실적을 낼 때는 보너스를 받아 돈을 벌게 되지만, 실적이 나쁠 때는 고객인 투자자들의 돈을 잃게 할 뿐 그들 자신이 손해 보는 것이 아니었다.

미국의 연방 법률은 순자산이 100만 달러 이하이거나 투자자금 규모가 50만 달러 이하인 소액 투자자에 대해서는 금융상품 판매를 하더라도 해당 세일즈맨에게 인센티브를 지급하지 못하도록 규정하고 있었다. 그러나 이 규정은 뮤추얼펀드에 대해서는 예외를 인정했다. 금융회사들은 이런 작은 예외의 구멍을 크게 활용하는 데 대단한 능력을 발휘했다. 게다가 뮤추얼펀드들은 월스트리트와 인재유치 경쟁을 벌여야 하는 처지였다. 거액의 보너스를 지급하지 않으면 유능한 펀드 매니저를 구할 수 없었다. 월스트리트에서 트레이더들에게 더 많은 보너스를 줄수록 뮤추얼펀드들도 더 많은 성과급을 제시해야 했다.

또 하나의 문제는 전반적으로 펀드 매니저들의 능력이 부족했다는 점이었다. 공격적으로 자산을 운영하는 펀드 매니저들도 시장의 평균 수익률을 능가하지 못했다. 살로먼 브라더스의 아비트리지 그룹은 시장에서 비효율적인 곳들을 족집게처럼 집어내어 해마다 높은 투자수익을 올릴 수 있었다. 그러나 존 메리웨더의 트레이더들과 같은 능력을 가진 펀드 매니저는 그다지 많지 않았다. 오렌지 카운티의 로버트 시트론이나 파이퍼 펀드의 워스 브런트젠도 이 점에서는 마찬가지였다. 그리고 가장 큰 실패는 가장 똑똑한 펀드 매니저로 꼽혔던 데이비드 애스킨이 저질렀다.

펀드 매니저들은 모두 동일한 금융수단을 사들였다. 마치 카지노의 룰렛 게임에서 모든 도박꾼들이 오로지 빨간색 숫자에만 돈을 거는 것과 같았다. 경제지 〈포천〉이 조사한 결과를 보면 1994년에 주요 채권시장 지수들을 능가하는 투자 수익률을 낸 펀드 매니저는 단 4명뿐이었다. 이런 조사 결과는 놀랄 만한 것이다. 그러나 1990년대 초반에 대부분의 펀드 매니저들이 금리가 낮게 유지될 것이라고 생각하고 그런 쪽으로만 베팅해 놓고 있었다는 사실을 감안하면 고개를 끄덕일 수 있다. 연준은 금리를 낮게 유지할 것이라는 태도를 보임으로써 펀드 매니저들로 하여금 이런 방향의 베팅을 하도록 부추겼다.

1989년에 장기금리는 8% 정도였고 단기금리는 이보다 오히려 더 높았다. 그런데 1992년에 장기금리는 여전히 8%에서 크게 변함이 없었으나 단기금리는 3%로 떨어졌다. 1992년과 같은 금리 상황이 계속 유지된다면 간단한 산수만 할 수 있어도 쉽게 돈을 벌 수 있었다.

예를 들어 당시 상황에서 저축해 놓았던 돈 1000달러로 장기 채권을 샀다고 가정해 보자. 그럴 경우 장기금리만 변하지 않는다면 매년 80달러의 이자를 받을 수 있다. 나쁘지 않은 투자 수익이다.

이번에는 저축해 놓았던 돈 1000달러 외에 1만 달러를 빌린 다음 1만 1000달러를 모두 장기 채권에 투자했다고 가정해 보자. 이 경우 장기금리에 변화가 없다면 1000달러에 대한 이자 80달러와 1만 달러에 대한 이자 800달러 등 모두 880달러의 연간 이자를 받을 수 있다. 그리고 단기금리가 3%이니, 빌린 돈 1만 달러에 대해 연간 300달러의 이자를 지급하면 된다. 따라서 연간 수익은 880달러에서 300달러를 뺀 580달러가 된다. 차입금을 제외한 애초 원금 1000달러에 비하면 무려 58%의 연간 수익률을 올린 셈이다. 게다가 이 경우 차입금 대 자기자본 비율, 즉 레버리지(Leverage)는 11 대 1로, 금융회사들의 평균적인 레버리지 25 대 1보다 훨씬 낮다.

1990년대 초반 내내 금융회사들은 이렇게 단기로 자금을 빌려 장기로 투자하는 단순한 '캐리 트레이드(carry trade)'를 할 수 있었고, 이런 방식으로 많은 돈을 벌었다. 여기서 '캐리(carry)'는 단기금리와 장기금리의 차이를 가리킨다.

놀랄 만한 사실은 당시 모두가 이런 캐리 트레이드를 했다는 것이다. 뮤추얼펀드뿐 아니라 헤지펀드도 마찬가지였다. 규제되지 않는 투자 펀드인 헤지펀드는 그 이름과 달리 헤지만 빼고는 무슨 일이든 다했다. 미국에서 뮤추얼펀드는 규제의 대상이 되는 펀드를 지칭하는 말이고, 헤지펀드는 규제의 대상이 되지 않는 모든 투자 펀드를 통칭하는 용어다. 헤지펀드는 미국 내 투자자가 100명 미만이기만 하면 미국 법률에 의한 규제를 받지 않는다. 대형 헤지펀드 매니저들은 자금을 차입해 통화, 금리, 증권 등에 대규모 베팅을 했다. 조지 소로스가 그 대표적인 사례였지만, 데이비드 애스킨도 마찬가지였다.

1990년대 초반에는 거의 모든 헤지펀드가 캐리 트레이드에 베팅했다. 소시에테 제네랄의 증권 자회사인 FIMAT의 주목받는 트레이더인 스탠 조너스(Stan Jonas)는 1995년에 그 전해인 1994년의 상황을 회고하면서 "화성인이 지구에 와 미국 헤지펀드 매니저들의 세계를 들여다봤다면 거기에 있는 사람들은 다 똑같다고 생각했을 것이다. 당시 대부분의 헤지펀드 매니저들은 혈연, 취미, 학연 등으로 서로 다 연결돼 있었다. 그리고 그들은 서로 경쟁했고, 남이 무슨 일을 하는지를 관찰했다"고 말했다.

연준은 헤지펀드를 제대로 파악하지 못하고 있었고, 금융회사들이 파생상품을 활용해 금리에 베팅하려고 얼마나 많은 돈을 차입하고 있는지도 알아채지 못했다. 연준의 금리 인상이 그토록 폭넓고 예기치 못한 결과를 초래했던 배경에는 바로 이런 차입 분위기의 확산이 깔려 있었다.

1994년 5월 초에 연준은 0.5%포인트만큼 금리를 또 인상했다. 금융계의 참화는 더욱 확연해졌다. 대형 헤지펀드 매니저들 가운데 오메가 파트너스의 레온 쿠퍼맨, 타이거 매니지먼트의 줄리안 로버트슨, 슈타인하르트 파트너스의 마이클 슈타인하르트 등 세 헤지펀드 매니저들은 수십억 달러의 손실을 입었다. 은행과 증권사들도 타격을 받았다. 뱅커스 트러스트는 결국 처음으로 적자를 냈고, 살로먼 브라더스는 1994년 상반기 결산 결과 3억 7100만 달러의 세전 손실을 보고했는데 그 가운데 절반 이상이 채권 쪽에서 나온 손실이었다.

생명보험회사들은 1994년 한 해에 채권에서만 500억 달러를 날렸고, 화재보험회사들이 잃은 돈도 200억 달러에 달했다. 손해보험회사들의 이런 손실액 규모는 1992년 8월 미국 남부를 강타한 허리케인 앤드류로 인한 피해 보상액보다 큰 것이었다. 그러나 보험회사들의 재무제표에서는 이런 손실이 제대로 드러나지 않았다. 왜냐하면 보험회사들은 채권 투자액을 장부에 정리할 때 그 취득원가로 기록할 뿐 취득 이후의 시장가치 변화는 반영하지 않기 때문이었다.

1994년 2월 4일 연준의 금리 인상 직전에 기존의 베팅을 철회하는 선견지명을 보여준 금융회사도 소수이지만 있었다. 예를 들어 AIG 파이낸셜 프러덕츠는 1988년부터 1992년까지 파생상품 거래로 10억 달러 이상을 벌었다. 그러나 AIG의 모리스 그린버그 회장은 1993년에 회사가 파생상품 위험에 과도하게 노출돼 있다고 판단했다. 그는 즉각 위로금 2억 달러를 집어주면서 AIG 파이낸셜 프로덕츠의 하워드 소신 사장을 내보내는 결단을 내렸다.

소신은 1987년 드렉셀 번햄 램버트에서 AIG로 영입된 인물이었다. 그는 떠들썩한 월스트리트를 피해 코네티컷주의 어촌 마을인 웨스트포트에 수족관이 딸린 사무실을 마련해 놓고 거기서 거래 업무를 수행했다. 연준이 금리를 올릴 즈음 롱텀 캐피털 매니지먼트도 코네티컷주의 한적한 마을 그리니치에서 출범했다. 롱텀 캐피털 매니지먼트는 당시 위기에 빠져 파산한 투자 펀드들로부터 우수하고 강력한 수학적 지식을 갖춘 트레이더들을 영입했다.

피트 머위크(Peat Marwick)의 파트너 중 한 명이자 파생상품 컨설턴트로 활동하던 조지프 에릭슨은 이 해 5월 파생상품이 무엇인지도 잘 모른 채 파생상품 투자에 나선 펀드 매니저들을 겨냥해 조롱의 말을 한마디 했다. "파생상품이 무엇인지 잘 모르겠으면 애틀랜틱시티나 라스베이거스와 같은 도박의 도시에 가서 룰렛판의 빨간색 숫자에만 돈을 거는 베팅을 하는 게 나을 것이다. 그런 곳에서는 적어도 음료수는 공짜로 얻어 마실 수 있다."

그러나 에릭슨도 핵심을 놓치고 있었다. 영리한 자든 우매한 자든, 파생상품을 이해하고 있든 그렇지 못하든, 음료수가 있든 없든, 당시에는 이미 모두가 빨간색 숫자에만 베팅을 해놓고 있었다.

전염병의 증거

1995년 증권거래위원회의 브랜든 베커와 제니퍼 윤은 그 전 해인 1994년에 여러 가지 새로운 금융수단들로 인해 손실을 입은 곳들의 명단을 작성했다. 거기에는 경제의 거의 모든 부문의 온갖 조직들이 다 들어 있었다. 그 가운데 '상위 100개 조직'의 명단을 살펴보면, 도대체 그때까지 새로운 금융상품들이 얼마나 확산됐는가를 짐작할 수 있다. 그 명단은 다음과 같다.

ABN 암로, 에어 프러덕츠 앤드 케미컬스, 얼라이드 리온스, 아메리칸 인터내셔널 그룹, 암사우스 뱅코프, 애스킨 캐피털 매니지먼트, 애틀랜틱 리치필드, 오번 메인, 뱅크 원, 뱅크 오브 몬트리얼 해리스 트러스트 앤드 세이빙스, 뱁티스트 미셔너리 어소시에이션 오브 아메리카, 베어링스, 바네트 뱅크, 벤저민 프랭클린 페더럴 세이빙스 앤드 론, 베르자야 인더스트리얼, CS 퍼스트 보스턴 인베스트먼트 매니지먼트, 캐피털 코퍼리트 페더럴 크레디트 유니언, 카길 인베스터 서비시스, 캐퍼필러 파이낸셜 서비시스, 케미컬 뱅크, 차이나 인터내셔널 트러스트 앤드 인베스트먼트, 시티 칼리지 오브 시카고, 코델코, 플로리다주의 콜리어 카운티, 콜로냐 애셋 매니지먼트, 커먼 펀드, 커뮤니티 뱅커스 펀드, 코네티컷주 연금기금, 콘스티튜션 스테이트 코퍼리트 크레디트 유니언, 코퍼리트 원 크레디트 유니언, 크레디 리요네, 오하이오주의 쿠야호가 카운티, 델 컴퓨터, 이스트먼 코닥, 플로리다주의 에스캠비아 카운티, 페더럴 팜 크레디트 시스템, 페더럴 페이퍼 보드, 피델리티, 퍼스트 보스턴, 플리트 파이낸셜, 플로리다주의 펀드, 프랭클린 세이빙스, 펀더멘털 패밀리 오브 펀즈, 깁슨 그리팅스, 글락소, 고타 생명보험, 해머스미스 앤드 풀햄, 인디펜던스 뱅코프, 인디애나 코퍼리트 페더럴 크레디트 유니언, 하와이주의 인베스터스 에퀴티 라이프, JP 모건, 일본항공, 미주리주의 조플린 시티, 간자키 페이퍼 매뉴팩처링, 가시마 오일, 키코프 뱅크, 키더 피바디, 미드, 멜런 뱅크, 메리터 세이빙스 뱅크, 메릴 린치, 메탈게젤샤프트, 뮤추얼 베니피트 생명보험, 한국의 내셔널 피셔리스, 뉴잉글랜드 인베스트먼트, 노던 트러스트, 노스웨스트, 오데사 칼리지, 캐나다의 온타리오 프로빈스, 오렌지 카운티, 페인웨버, 파이퍼 재프레이, 피츠버그 내셔널 뱅크, 핀란드의 포스티판키 방크, 프록터 앤드 갬블, 로버트 W. 베어드, 살로먼 브라더스, 오하이오주의 샌더스키 카운티, 시멘스 뱅크 포 세이빙스, 시어스 로벅, 상하이 인터내셔널 시큐리티스, 쇼와 셸 석유, 실버라도 뱅킹 세이빙스 앤드 론, 사이너 마스, 소로스 펀드 매니지먼트, 사우스웨스턴 페더럴 크레디트 유니언, 사우스웨스턴 라이프, 플로리다주의 세인트 루시 카운티, 플로리다주의 세인트 피터스버그, 도쿄증권, 유니언 뱅크, UNIPEC, 버지니아주 연금기금, 웨스트 버지니아 컨솔리데이티드 펀드, 웨스턴 코퍼리트 페더럴 크레디트 유니언, 윌밍턴 트러스트, 윔페이 그룹, 위스콘신주 연금기금, 야마이치증권.

이는 건성으로 훑어보고 넘어갈 리스트가 아니다. 파생상품으로 피해를 본 투자자들의 이야기는 개별적인 사건이 아니었다. 그들의 이야기는 하나의 전염병이 돌았음을 입증해준다. 불과 몇 년 전까지만 해도 구조화 채권은 존재하지도 않았고, 복잡한 CMO는 극소수 트레이더들의 별난 아이디어였을 뿐이다. 하지만 1994년에 이르면 뱅커스 트러스트, 퍼스트 보스턴, 살로먼 브라더스의 금융혁신이 워낙 폭넓게 퍼져, 그 같은 금융상품을 갖고 있지 않은 조직을 오히려 찾기 어려웠다.

수많은 금융회사, 공기업, 기초단체, 연금기금, 기업 등이 엄청난 손실을 입었다는 소식은 보통의 투자자들에게는 당혹스럽고 충격적인 것이었다. 보통의 투자자들은 파생상품으로 손해를 입은 사례들에 관한 언론 보도를 일일이 살펴볼 시간도 없었고, 그 자세한 내막을 알게 해줄 자료도 구할 수 없었다. 이런 새로운 세상에서 투자자들이 어떻게 자신의 자금을 신중하게 관리할 수 있었겠는가?

투자자들은 여기저기서 엄청난 손실이 발생했다는 사실을 알게 되자 월스트리트 쪽에 화를 냈다. 이럴 경우에 으레 그렇듯 은행 사람들은 잠시 가까이 해서는 안 될 천민들로 간주됐다. 명문 비즈니스 스쿨 졸업생들 가운데 금융회사에 취직하려는 졸업생 수가 절반으로 줄어들었다. 언론들은 부유한 금융인들을 악당으로 묘사했다. "파생상품에 손을 댔다가 망했습니다"라는 알림판 옆에서 한 남자가 한 손엔 서류가방, 다른 한 손엔 거지 깡통을 들고 구걸을 하는 만화가 신문에 등장했다. 또 다른 만화에는 이런 대사가 들어 있었다. "이봐, 언제나 내일은 있는 거야. 파생상품에 손대지 않는 한!"

1994년 연말에 홍보대행사인 트라이미디어(Trimedia)가 고객들에게 보낸 크리스마스 카드에는 산타클로스가 탄 사슴썰매가 거대한 빌딩에 충돌하는 모습이 그려져 있었고, 그 아래 이런 글귀가 적혀 있었다. "걱정하지 마세요. 산타는 뱅커스 트러스트와 거래한 파생상품으로 헤지해 두었죠. 메리 크리스마스!"

은행 사람들은 이런 모든 소란에 개의치 않는 듯했다. 소란은 늘 그랬던 것처럼 곧 사라진다는 걸 그들은 알고 있었다. 그들은 어떤 책임도 인정하려 하지 않았다. 오히려 모든 책임을 투자자들에게 돌렸다. 투자자들이 어리석은 투자를 하면서, 자신이 투자한 돈이 어떻게 관리되는지를 제대로 감시하지 않았다는 것이다. 1994년 연말에도 그들은 '보너스 봉투가 얼마나 두둑할까' 에만 관심을 기울였다. 다른 것에는 눈을 돌릴 여유가 없었다.

그들은 실제 통보된 보너스 지급액이 전년보다 20% 정도 줄어든 것을 확인하고 분통을 터뜨렸다. 몇 년간에 걸쳐 계속 치솟기만 한 보너스에 익숙해진 그들에게는 당황스러운 일이었다. 그들은 보너스 통지서를 찢어 버리기도 하고, 회사에 알리지도 않은 채 휴가를 떠나 버리기도 하고, 회사를 그만두기도 했다. 그들은 100만 달러를 잃어버린 젊은이가 할 만한 행동은 모두 다했다.

법원 배심원석에 앉기로 했던 레먼 브라더스의 한 트레이더는 다른 사람을 자기인 것처럼 가장시켜 대신 법원에 보내고 자신은 이탈리아 밀라노로 여행을 떠났다. 판사가 관례대로 배심원들에게 질문을 하기 시작하자 레먼 브라더스의 트레이더 대신 배심원석에 앉아있던 사람은 자신은 그 트레이더가 아니라고 말한 뒤 잠깐 화장실에 갔다 오겠다면서 자리를 뜨고는 다시 돌아오지 않았다고 한다.

잡지 〈뉴욕〉에 따르면 보너스가 줄어들자 회사 명의로 고가의 상품을 마구 주문하는 방법으로 회사에 분풀이를 하는 트레이더도 적지 않았다. 그들은 채소, 가구, 가전제품, 정장, 티셔츠 등 무엇이든 주문해댔다. 한 트레이더는 "그들은 내게 제대로 대우를 해주지 않았으니 내게 빚지고 있다"고 말했다. 최고급 리무진을 임대하겠다고 신청한 트레이더들도 있었다. 그들은 회사 이름으로, 그것도 애매한 시간대에 운전사가 딸린 리무진을 보내달라고 신청해 놓고는 그 리무진을 이용하지 않고 그냥 방치하는 수법을 썼다. 이런 식으로 리무진을 대기시킨 데 대해 청구된 비용만 수백만 달러에 이르렀고, 그 가운데는 고객에게 청구된 것도 있었다. 골드먼 삭스의 한 트레이더는 리무진을 불러서 아무것도 들어있지 않은 빈 서류가방을 코네티컷주에 있는 자기 집에 갖다 놓도록 했다.

트레이더의 이런 행동을 알게 된 투자자들은 더욱 분노가 끓어올랐다. 투자자 또는 시민들과 월스트리트가 이처럼 갈등하게 되자 의회에서 새로운 금융상품과 금융전략들에 대해 규제를 가하는 입법 조처를 취하기에 아주 적절한 환경이 조성됐다. 일반 투자자들은 분산돼 있기에 입법 과정에 영향을 끼치는 행동에 나서기 어렵다. 반면 금융회사들은 자금력에 의해 뒷받침되는 이익단체도 있고, 전속 로비스트들도 있다. 그러나 1994년에는 투자자들이 개혁을 요구했고, 이런 투자자들의 목소리가 반향을 일으키는 듯했다. 의회는 새로운 법안 작성에 나섰고, 판사들은 투자 손실에 관한 재판에 신경을 썼고, 증권당국은 공시제도 강화를 위한 새로운 규정 마련에 착수했고, 검찰은 금융 범죄자들을 적극 기소하는 태도를 보였다.

오렌지 카운티의 파산 신청과 함께 1994년이 저물었다. 해가 바뀌었어도 투자자들은 별다른 위안을 얻지 못했다. 정부 관리들이 잘못을 저지른 자들에게 벌을 주고, 1994년에 만연했던 것과 같은 은폐된 위험 부담 행위가 더 이상 확산되지 않도록 새로운 규제의 틀을 만들어주기를 기대할 뿐이었다. 그러나 규제당국은 투자자들의 이런 기대와는 정반대로 가고 있었다.

2막

종식

6장

시장의 도덕률

자율규제

1994년의 금융시장 파국에 대한 규제당국의 대응을 주도한 사람은 아서 레비트(Arthur Levitt)와 마크 브리켈(Mark Brickell)이었다. 아서 레비트는 금융수단에 대한 미국의 주된 규제당국인 증권거래위원회(SEC)의 위원장이었다. 연방 기관인 증권거래위원회는 스스로를 '투자자들의 대변자'로 홍보하고 있다. 그런가 하면 마크 브리켈은 JP 모건의 부사장이자 파생상품을 취급하는 금융회사들의 이익단체인 국제스왑딜러협회(ISDA, International Swap Dealers Association, 1993년에 국제스왑파생상품협회(International Swaps and Derivatives Association)로 개칭)의 1급 로비스트였다. 그가 앞장선 ISDA의 로비 덕분에 파생상품 시장은 1985년 이래 아무런 규제도 받지 않은 채 성장할 수 있었다. 레비트와 브리켈은 놀라울 정도로 조화로운 협력관계를 형성했다.

아서 레비트는 결코 '투자자의 대변자'가 될 수 있는 인물이 아니었다. 그는 1960년대와 1970년대에 걸쳐 월스트리트의 증권 브로커로 경력을 쌓았고 레먼 브라더스의 사장으로 일하기도 했다. 그는 주식시장에 대해 낙관적인 전망을 주로 하면서 투자자들에게 주식을 매입하도록 적극 권유했다. 레비트는 1981년 《돈이 돈을 벌게 하는 방법(How to Make Your Money Make Money)》이라는 제목의 투자 가이드 책을 펴내기도 했다. 2002년 1월 그가 의회 청문회에 출석해 엔론의 파산에 관한 증언을 할 때 그를 지지하는 한 사람이 너덜너덜해진 그의 책을 손에 움켜쥔 채 증언을 경청하는 모습이 눈에 띄었다. 그는 아마도 레비트의 친필 사인을 받으려고 했던 것 같다.

레비트는 뉴욕 증권거래소의 자매기관인 아메리칸 증권거래소의 회장직에 12년간 있었다. 그때 그는 대형 월스트리트 금융회사들의 이익을 대변했고, 그 자신이 직접 파생상품 거래를 하는 회사를 운영하기도 했다. 그는 파생상품과 관련된 경험이 많았다. 파생상품과 관련된 그의 인연은 선물과 옵션에 관한 콘퍼런스를 주관한 1985년까지 거슬러 올라간다.

레비트는 월스트리트 출신임에도 증권거래위원장으로서 최장수 기록을 세웠다. 그는 8년이나 위원장 자리를 지키면서 유능한 규제당국 책임자라는 명성을 얻었다. 앞으로 설명하겠지만, 그의 이런 명성은 실상과 달랐다. 하지만 명성은 그가 2002년에 위원장 자리에서 물러날 때까지 계속 유지됐다. 의회에서 몇몇 의원들이 그가 물러나기 직전에 의회에 전달한 제안들을 받아들이지 않은 데 대해 사과할 정도였다.

마크 브리켈은 1976년 이래 JP 모건에서만 20년 이상을 보낸 공격적인 투자은행 업무 전문가였다. JP 모건은 뱅커스 트러스트와 마찬가지로 고루한 상업은행에서 벗어나 고도의 위험관리를 하면서 새로운 금융상품들을 취급하는 투자은행으로 변신을 꾀하고 있었다.

브리켈은 시카고 대학에서 정치학을 전공했다. 그는 하버드 비즈니스 스쿨을 다녔고 스왑 분야에서 일을 하기도 했다. 하지만 그가 JP 모건에서 이름을 날리기 시작한 것은 자신의 대학시절 전공인 정치 쪽으로 다시 돌아서면서부터였다. 그는 JP 모건을 위해, 그리고 ISDA의 회장이 된 후에는이 협회 회원사들을 위해 로비활동을 벌였다. 그의 동료들은 그가 워싱턴을 잘 다룬다고 했지만, 사실은 그 이상이었다. 많은 의원들과 정부 당국자들이 그를 두려워하기까지 했다. 워싱턴에 대한 그의 태도는 이중적이었다. 어떤 때는 "공무원들이 파생상품에 대해 잘 모르는 것은 어쩌면 당연하다"고 짐짓 이해심 많고 겸손한 듯한 태도를 취하기도 하고, 어떤 때는 "월스트리트는 스스로 모든 것을 잘 통제하고 있다"고 확신을 과시하며 워싱턴을 안심시키기도 했다. 분명한 사실은 그의 적들까지도 그가 로비스트로서는 성공적이었다고 인정했다는 점이다.

브리켈과 ISDA는 1980년대 중반 이래 정치인과 규제당국자들이 장외파생상품 시장에 관여하지 못하도록 하는 데 성공했다. 덕분에 1994년 초까지도 이 시장은 거의 규제 받지 않는 곳으로 남아있을 수 있었다.

연준이 기습적으로 금리를 인상한 1994년 2월 이후 브리켈은 마치 싸움개처럼 행동했다. 그는 의원들과 규제당국자들에게 "최근의 파생상품 투자 손실은 물론 문제가 있는 것으로 보이겠지만, 당신네들 가운데 시장참여자들만큼 파생상품 시장 상황을 이해하고 통제할 수 있는 사람은 없다"고 떠들었다. 그는 또 새로운 규제 법규가 제정되면 월스트리트와 파생상품 시장에 예기치 못한 사태가 벌어질 수 있다고 말하면서, 그럴 경우 정치헌금도 줄어들 수 있음을 넌지시 암시했다. ISDA의 회원사들이 미국의 정치헌금에서 큰 비중을 차지하고 있었기 때문에 가능한 태도였다.

ISDA의 로비스트들은 1994년 초에는 일단 투자자들이 진정하기를 기다렸다. 펀드 매니저와 기업의 재무 책임자들이 금리 변동에 도박을 거는등 파생상품 투자에 손을 댔다가 거대한 손실을 낸 데 대한 투자자들의 분노가 어느 정도 가라앉아야만 그들의 로비도 먹혀들 수 있을 것이라는 생각에서였다.

　레비트와 브리켈은 1994년과 1995년에 걸쳐 파생상품 시장에 대해 새로운 규제 법규를 만들려는 의회를 상대로 반대 로비를 펼쳤다. 의회에 파생상품 규제 법안이 상정되자 브리켈은 그에 맞서 싸웠고, 레비트는 금융계로 하여금 자율규제하도록 해야 한다고 주장하고 다녔다. 이 문제는 복잡한 것이었고, 각종 스캔들에 그토록 분노했던 대중도 점차 이 문제에 대한 흥미를 잃어버렸다. 결국 파생상품에 대해 새로운 규제는 도입되지 않았다. 대신 의회와 연방 정부의 여러 기관들, 심지어는 연방 대법원마저 나서서 월스트리트를 책임과 의무에서 면제시켜 주고 금융회사들이 스스로 알아서 자율적으로 통제하도록 하는 선에서 관련 법규 정비가 이뤄졌다. 결국 의회와 정부 규제당국은 레비트와 브리켈의 압력에 밀려, 1990년대의 방만한 금융시장을 벤저민 카르도조 판사가 말했던 '시장의 도덕률' 에 그냥 맡겨두기로 한 것이다.

　결과적으로 앞에서 소개한 각종 금융거래들의 대부분, 심지어는 명백한 부정행위들까지도 면죄부를 받았다. 규제당국은 기존 법률을 확대 적용해 뱅커스 트러스의 행위를 사법부로 가져가기도 했지만 몇 푼 안 되는 벌금형을 얻어내는 데 그쳤다. 뱅커스 트러스트 직원들 가운데 감옥에 간 사람은 한 명도 없었다. 오렌지 카운티 스캔들과 관련해 감옥신세를 진 사람도 전혀 없었다. 파이퍼 사건도 마찬가지였다. 워스 브린트젠은 규제당국으로부터 아주 가벼운 징계만 받았다. 펀드 매니저로 계속 활동하는 데도 아무런 지장이 없었다.

　이처럼 새롭게 자리 잡은 자율규제라는 것이 어떤 것이었는지는, 투자은행인 키더 피바디의 트레이더였던 올랜도 조지프 제트(Orlando Joseph Jett) 사건을 보면 잘 알 수 있다. 당시 제너럴 일렉트릭이 소유하고 있던 키더는 워스 브린트젠과 데이비드 애스킨에게 모기지 파생상품을 팔았는데,

그 과정에서 조지프 제트는 3억 5000만 달러의 손실을 냈다. 검찰은 이 문제로 키더의 실무자들을 기소하려고 했다. 하지만 거래 메커니즘이 너무 복잡했고, 기존 법률은 그들의 행위를 제대로 처벌할 수 있는 조항을 갖고 있지 못했다.

조지프 제트 스캔들은 그 후 10년에 걸쳐 월스트리트에서 빈번하게 발생한 일련의 비슷한 스캔들들의 서막이었다. 거의 같은 시기에 주가지수 옵션과 선물에서 1억 3800만 달러를 날린 커먼 펀드의 켄트 아렌스(Kent Ahrens), 그리고 몇 달 뒤 싱가포르에서 옵션과 선물 거래를 하다가 10억 달러의 손실을 낸 베어링스 뱅크의 닉 리슨(Nick Leeson)이 대표적인 사례였다. 리슨의 이야기는 8장에서 좀더 자세히 다룰 예정이다.

규제당국은 부정행위자들을 처벌하는 데 실패했다. 하지만 시장은 의문시되는 거래에 관여한 금융회사의 주주들을 응징하는 제한적인 방식으로 책임 추궁을 했다. 예컨대 조지프 제트 스캔들로 인해 키더의 주가는 곤두박질했고, 이로 인해 이 회사의 대주주인 잭 웰치도 곤욕을 치렀다. 시장이 주주들에게 전한 메시지는 분명했다. 그것은 바로 "투자를 할 때 스스로 조심하라! '투자자의 대변자' 라는 증권거래위원회는 물론 그 어떤 증권 규제당국도 도와주지 않는다면 투자자는 스스로 책임을 져야 한다" 는 것이었다.

아서 레비트

아서 레비트는 거의 30년에 이르는 자신의 월스트리트 경력을 장관급 공직으로 마무리하고 싶어 했다. 그는 클린턴 행정부와 인연을 맺고 있었기에 상무장관 정도는 제안 받을 수 있을 것이라고 생각했고, 어쩌면 재무장관이 될 수도 있을 것으로 기대했다. 그는 아무래도 증권거래위원장에는 맞지 않을 것 같았다. 증권거래위원장은 장관보다 한 직급 아래이지만 증권 시장의 규제와 감독에 대한 상당한 지식을 요구하는 자리였다. 게다가 증권거래위원장에는 통상 저명한 변호사나 법학자들이 주로 임명돼왔다.

레비트는 1950년대에 윌리엄스 대학에서 영문학을 전공한 뒤 사회적 지위가 그다지 높지 않은 세일즈맨으로 오랜 세월을 보냈다. 세일즈맨으로서 그는 보험은 물론 가축도 팔아봤다. 공교롭게도 나중에 증권거래위원장이 되는 윌리엄 케이시도 그로부터 가축을 산 적이 있었다. 레비트의 세일즈맨 인생은 나중에 시티그룹 회장에 오르는 샌디 웨일(Sandy Weill)이 그에게 증권 브로커 자리를 줄 때까지 계속됐다. 그는 웨일의 후원을 받으면서 증권 브로커로서 그런대로 성공했다. 그는 비록 주위 사람들이 좋아하거나 존경하는 브로커가 되지는 못했지만 돈은 어느 정도 벌 수 있었다.

그러나 레비트는 만족하지 못했다. 뉴욕주의 감사관을 지내고 정치인으로 이름을 날린 아버지의 피를 물려받아서인지 그의 가슴 한편에는 정치적 야망이 숨겨져 있었다. 그는 카터 행정부 때 운영된 '백악관 중소기업 콘퍼런스'의 의장을 지내는 등 몇 가지 공직을 맡아보긴 했다. 하지만 그의 아버지가 거둔 정치적 성취와는 견줄 수 없는 것들뿐이었다.

그는 2기 레이건 행정부 때 한 중요 직책의 후보 명단에 들었지만, 정책을 다뤄본 경험이 없었을 뿐 아니라 정치적 연줄도 닿지 않아 그저 후보로 그쳤다. 레이건 행정부는 공화당 정부였지만 그는 민주당원이었던 것도 이유가 됐을지 모른다. 다행히 1989년에 그는 증시의 하나인 아메리칸 증권거래소의 회장에 선임돼 이력서를 보강할 수 있었다. 더욱이 그는 준공직인 이 자리를 이용해 월스트리트의 리더들이나 정치인들과의 연줄을 강화할 수 있었다.

레비트는 한 걸음 더 나아가 의회 내부의 비화를 잘 다루던 신문 〈롤콜(Roll Call)〉의 지배지분을 사들였다. 그는 이어 1992년 대선 때 수십만 달러를 민주, 공화 양당 예비후보들에게 정치헌금으로 전달했다. 그가 헌금을 전달한 정치인들 명단에는 대통령 후보로 지명 받지 못한 사람들도 끼어 있었다. 몇몇 예비후보들에게는 오지여행 서비스를 제공하기도 했고, 상원 금융위원회 소속 공화당 의원인 피트 도메니치(Pete Domenici)의 주머니에도 돈을 찔러 넣어주었다.

그러나 레비트가 가장 심혈을 기울인 대상은 윌리엄 제퍼슨 클린턴이었다. 클린턴이 민주당 예비선거에서 승리하자 레비트는 그를 위해 350만 달러의 정치자금 조성을 도왔고, 클린턴의 출신 지역인 아칸소의 민주당 지부에도 개인 이름으로 4만 달러를 보냈다. 클린턴은 대통령 선거에서 이겨 백악관에 입성했다. 레비트에게 남은 문제는 과연 클린턴이 증권 브로커 출신인 자신에게 장관급 고위직을 줄 것인가 하는 것이었다. 그 전까지 12년간 이어진 공화당 정권은 월스트리트의 금융회사 임원을 공직에 임명하기를 꺼렸다. '여우에게 닭장을 지키게 한다' 는 여론의 비난을 두려워했던 것이다. 그러나 과거를 돌이켜보면 공화당보다는 민주당이 더 금융회사 임원의 공직 임명을 꺼렸다.

그러나 클린턴은 선거운동 기간 중에 월스트리트를 다시 보게 됐다. 1992년 이전만 해도 정치 관측가들은 클린턴이 월스트리트에 대해 매정한 대통령이 될 것이라고 예상했다. 그런데 클린턴은 선거운동 때 월스트리트를 비판했다가 어려움을 겪었고, 그 과정에서 월스트리트의 금전적 로비 능력이 어떤 것인지를 알게 됐다. 널리 알려진 것이지만, 클린턴은 대통령 당선자 시절에 "경제정책 프로그램의 성공과 나의 재선 가능성 여부가 연준과 저 망할 놈의 채권 트레이더들 손에 달려 있다는 말인가"라고 탄식했다고 한다.

어쨌든 클린턴은 유권자들이 다른 어떤 경제적 이슈들보다 주가가 상승하느냐 여부에 더 민감한 관심을 갖는다는 사실을 깨달았고, 이런 인식을 하게 된 뒤에는 태도를 바꿔 월스트리트와 좋은 관계를 유지하려고 애썼다. 그는 특히 전임 공화당 정권들이 펴온 규제완화 정책을 자신도 계속해 나갈 것이라고 약속했다. 과거나 지금이나 월스트리트는 정치자금의 최대 공급 처다. 클린턴은 대중주의적인 반기업 세력에 대해서는 "기업 임원들에 대한 과도한 보수 지급을 중단시키겠다"는 공약으로 비위를 맞추었다.

레비트는 백악관의 전화를 기다렸다. 그러나 대통령 당선자 주변에는 그보다 더 장관 자리에 걸맞은 화려한 이력을 갖춘 인물들이 많았다. 예를 들어 로버트 루빈(Robert Rubin)은 월스트리트에서 레비트 정도는 감히 명함을 내밀 수 없을 정도의 명성을 갖고 있었고, 레비트보다 훨씬 더 많은 정치헌금을 클린턴에게 제공한 골드먼 삭스의 공동 회장을 지내기도 했다. 1993년 4월 클린턴은 레비트를 증권거래위원장에 지명했다. 상무장관이나 재무장관을 기대했던 레비트는 실망했다. 그러나 증권거래위원장도 중요한 자리였고, 그에게는 이 자리가 장관으로 가는 징검다리가 될 수도 있었다. 레비트는 상원의 인준을 얻어내기 위한 모든 노력을 다했다.

증권 법률가들은 레비트를 증권거래위원장에 지명한 데 대해 반대했다. 레비트가 법률 분야에 경험이 없고 법학 학위도 갖고 있지 않다는 점도 중요한 이유였다. 실제로 역대 증권거래위원장들 가운데 법과 인연이 없었던 사람은 단 2명뿐이었다. 레비트는 증권 법률가들의 우려를 완화시키려고 노력했다. 그는 새로 선임된 아메리칸 증권거래소의 임원들을 환영하는 만찬에서 거물급 금융인들과 만나고 증권업협회 주최 콘퍼런스에서 연설을 할 때 월스트리트에 대한 그의 지지 입장을 강조했다.

레비트는 보유하고 있던 신문 〈롤 콜〉의 지분 800만~1000만 달러어치도 매각했다. 정치인과 관료들에 대해 보도하는 언론매체를 소유하고 있으면서 그들을 상대로 로비 활동을 벌이기는 어렵다는 충고를 받아들인 것이다. 레비트는 매체 소유와 로비활동 사이에 '이익의 충돌'이 있다고 생각하지는 않았지만 어쨌든 참모들의 충고를 수용했다. 공교롭게도 '이익의 충돌' 문제는 그의 증권거래위원장 재직기간 후반부에 중요한 쟁점으로 떠올랐다. 예를 들어 기업의 회계감사를 하는 회계사가 경영자문 서비스까지 제공하거나, 증권 애널리스트가 소속 금융회사로부터 자신이 담당한 기업과의 거래에 따라 보상을 받는 등의 문제가 '이익의 충돌'이라는 관점에서 사회적 쟁점이 됐던 것이다. 레비트는 〈롤 콜〉의 지분을 인수할 때 내부자 정보를 활용했다는 의심도 받았지만 딱 잘라 부인했다.

상원의 '금융, 주택, 도시문제 위원회'가 주관한 인준 청문회는 1993년 7월 13일 열렸다. 청문회에서 레비트가 한 증언은 철저하게 꾸며진 것이었다. 그는 청문회에 아내와 자녀들을 데리고 나와 그들을 소개하는 것으로 증언을 시작했다. 그는 의원들이 듣고 싶어 할 만한 이야기들만 골라 했다.

공화당 의원인 피트 도메니치와 로치 페어클로스가 얼마 전 증권소송 남용에 관한 청문회를 열었던 적이 있었는데, 레비트는 인준 청문회에서 이들의 입장을 지지하는 발언을 해주었다. 증권거래위원장이 되고자 하는 사람으로서는 적절치 않은 내용의 증언이었다. 그는 "나는 개인적으로 증권소송의 대상이 되면 어떤 고통과 비용을 감수해야 하는지를 경험한 적이 있다. 따라서 내가 증권거래위원장으로 인준되면 이 문제에 대한 원만한 해결방안을 찾아보겠다"고 말했다. 그는 한술 더 떠 자신은 증권범죄에 대한 기소 남용을 억제하기 위한 입법을 지지하는 '아메리칸 비즈니스 콘퍼런스'의 설립자이자 회장임을 강조했다. 그가 전에 도메니치에게 건넨 정치헌금도 청문회에서 도움이 되는 듯했다.

긴장의 순간도 몇 차례 있었다. 특히 스톡옵션의 회계 처리를 어떻게 해야 하느냐는 문제에 대해 레비트가 즉답을 피하면서 얼버무리고 넘어가려고 했을 때가 바로 그랬다. 당시 기업들은 임원들에게 지급한 스톡옵션을 비용으로 처리하지 않아도 됐고, 일부 의원들도 스톡옵션을 비용으로 처리하도록 하는 법안에 반대하고 있었다. 레비트는 "스톡옵션을 받는 사람으로서 스톡옵션 문제가 얼마나 중요한지를 잘 알고 있다. 그러나 회계기준을 정하는 법안을 의회에서 통과시킨다는 절차에 대해서는 의원님들과 마찬가지로 유보적인 생각을 갖고 있다"고 말했다. 그러면서 그는 "스톡옵션을 비용으로 처리하지 않는 대신 스톡옵션 지급 내용을 보다 철저하게 공개하도록 하자"고 일종의 절충안을 제시하기도 했다.

레비트는 파생상품에 관한 질문에 대해서는 "기업이 마치 불장난을 하는 것 같다"고 우려를 표시했다. 그는 "모든 기업 경영자들이 파생상품의 충격을 완전히 이해하고 있다고 생각되지 않는다"고 진술했다. 그는 나중에 〈CNN〉의 '머니 라인' 프로그램 앵커인 루 돕스가 파생상품에 대해 질문했을 때도 비슷한 우려의 말을 되풀이 했다. "기업인들이 파생상품을 어떻게 활용해야 하고, 파생상품이 어떻게 이용될 수 있는지를 제대로 알지 못하고 있다."

레비트는 스톡옵션과 파생상품과 관련된 질문들 외에는 능숙하게 답변해 나갔다. 그가 청문회에서 인준을 받는 것은 공중위생국장에 지명된 조이슬린 엘더스(Joycelyn Elders)보다 훨씬 수월해 보였다. 엘더스는 아칸소 공중보건 책임자로 있을 때 보건소와 학교에 콘돔을 나눠줬던 일 때문에 뉴스의 초점이 돼 있었다. 언론들이 조이슬린 엘더스에 관심을 집중시킨 가운데 상원은 레비트를 증권거래위원장으로 인준했다. 그는 잽싸게 공화당 인사들을 증권거래위원회의 사무총장, 감독국장, 대변인 등 요직에 임명하는 것으로 보답했다. 청문회에서 그의 〈롤 콜〉 지분에 대해서 묻는 사람은 아무도 없었다.

짐 리치

레비트가 증권거래위원장에 취임한 뒤 몇 달 동안 시장은 별다른 문제 없이 조용했다. 클린턴 행정부도 방관하는 태도를 유지했다.

미국의 증권시장 규제당국은 둘로 나뉘어 있다. 하나는 증권거래위원회(SEC)이고, 다른 하나는 상품선물거래위원회(CFTC; Commodity Futures Trading Commission)다. 증권거래위원회는 주식과 채권 등 증권 분야를 담당하고, 상품선물거래위원회는 선물 분야를 담당한다. 증권거래위원회와 상품선물거래위원회는 수십 년에 걸쳐 관할권 다툼을 벌여왔다.

상품선물거래위원장이었던 웬디 그램(Wendy Gramm)은 1993년 1월 클린턴 대통령이 취임하기 며칠 전 위원장직에서 물러나면서 파생상품 업계에 '고별의 선물'을 선사했다. 그녀는 퇴임 직전에 대부분의 장외 파생상품들을 연방 법규의 규제에서 제외시키는 내용의 지침에 서명했다. 그녀 자신도 이 고별의 선물을 몇 달 뒤에 스스로 받게 된다. 천연가스와 전력 관련 파생상품을 적극적으로 거래하던 엔론에 이사로 영입됐기 때문이다.

당시에는 파생상품 가운데 많은 것들이 증권거래위원회 소관인지, 상품선물거래위원회 소관인지가 명확하지 않았다. 그럼에도 레비트는 이 문제를 쟁점화하려고 하지 않았다. 그런 가운데 웬디 그램은 장외 파생상품을 연방 법규의 규제 대상에서 제외시키는 지침을 결정한 것이다. 이 지침은 거래능력을 갖춘 개인 또는 법인이 사적으로 협상해 체결한 스왑 계약에 대해서는 상품선물거래위원회가 재량에 따라 규제대상에서 제외시킬 수 있도록 규정한 1992년도 법률에 근거를 둔 것이었다.

스왑 거래를 규제대상에서 제외한 상품선물거래위원회의 지침은 그 후 확대 적용되어, 스왑 거래 능력이 충분치 못한 개인이나 법인의 스왑 거래는 물론 제도권 시장에서 거래되는 표준화된 스왑 거래까지 규제를 받지 않게 됐다. 그럼에도 클린턴 행정부에서는 어느 누구도 이런 확대 적용을 반대하지 않았다. 새로 임명된 상품선물거래위원장인 셰일라 베어(Sheila Bair)도 선임자가 내린 지침을 충실히 따랐다. 베어는 "파생상품은 매력적인 것이다. 우리는 파생상품을 좋아한다"고 말했다.

레비트는 1993년 10월 28일 증권거래위원회에 파생상품 담당 부국장 자리를 신설하고 하워드 크레이머를 그 자리에 임명했지만, 새로운 금융상품인 파생상품에 대해서는 어떤 새로운 조처도 시도하지 않았다.

그러나 당시 의회에서는 파생상품에 대해 두 건의 조사연구가 진행되고 있었다. 하나는 의회가 1992년 회계감사원(GAO; General Accounting Office)에 파생상품 규제가 필요한지를 검토하도록 요청한 데 따른 연구였다. 파생상품 딜러 회사들은 회계감사원과 이 기구의 원장인 찰스 바우서가 무슨 말을 할지에 신경을 곤두세웠다. 그리고 다른 하나는 아이오와주 출신 하원의원인 짐 리치(Jim Leach)가 벌이고 있던 연구였다. 리치 의원은 파생상품 시장에 대해 조사하면서 마크 브리켈과 국제스왑딜러협회(ISDA)의 로비에 관한 난처한 질문들을 해댔다. 리치는 이런 조사를 토대로 하원 금융위원회에 보고서를 낼 참이었다.

공화당 소속인 짐 리치는 파생상품에 대해 매우 비판적이었다. 왜 그는 파생상품에 대해 무관심한 다른 의원들과 달리 파생상품 문제를 붙들고 늘어졌을까? 왜 그만이 공개적으로 파생상품 시장이 통제 불능 상태에 있으며, 시스템 차원의 붕괴 위험이 있다고 경고했을까? 그와 다른 의원들 사이에 유일하게 식별 가능한 차이점은 그만이 월스트리트와 ISDA 회원사들의 돈을 받지 않았다는 것이다. 그는 이익단체들의 선거운동 조직인 정치활동위원회(PAC; Political Action Committee)의 정치헌금을 거부했다. 따라서 독립된 입장에서 무엇이든 말할 수 있었다. 하원에서 리치가 맡은 역할을 상원에서 맡고 있던 알폰스 다마토(Alfonse D' Amato) 상원의원은 리치와 달랐다. 그는 1987년부터 1995년 사이에 금융업계로부터 170만 달러의 정치헌금을 받았다.

마크 브리켈은 리치를 상대로 로비를 시도했으나 실패하자, 의회에서 그를 고립시키는 쪽으로 방향을 바꿨다. 이 와중에 ISDA가 1993년 콘퍼런스에 리치를 연사로 초청하자 화를 내기도 했다. 브리켈은 리치에 대해 험담을 하고 다녔고, 그의 의도를 의문시하는 발언을 했다. 그는 "리치와 그의 보좌관들은 자신들이 하는 일이 무슨 의미인지도 모르는 인간들"이라고 말했다.

연준이 기습적으로 금리를 인상하기 석 달 전인 1993년 11월 하원 금융위원회는 리치의 주도로 파생상품에 관한 900페이지짜리 보고서를 발표했다. 그동안 리치의 보좌관들은 이 보고서 작성을 위해 연방 정부의 주요 규제당국자들과 주요 금융회사 관계자들은 물론 ISDA 관계자를 포함한 로비스트들을 두루 만났다. 양대 신용평가회사인 에스앤피와 무디스도 방문했다. 보고서에는 파생상품 시장이 직면한 모든 주요 쟁점들이 다 들어있었다. 리치는 조사 결과를 토대로 파생상품을 "국제금융의 새로운 와일드카드", 파생상품 시장을 "카드 도박장"이라고 불렀다.

ISDA는 리치 보고서의 파장을 최소화하려고 애썼다. 이 협회의 조지프 바우먼은 〈워싱턴 포스트〉와의 회견에서 "나는 파생상품이 진짜로 시스템을 붕괴시킬 수 있는 것인지를 생각하느라 고생하고 있다"고 말했다. 그러나 파생상품 문제는 추상적인 쟁점이었고, 대중은 이에 별다른 관심을 보이지 않았다.

의회의 회계감사원은 이때까지도 조사보고서 작성을 계속하고 있었고, 이 작업은 연준이 금리를 인상한 1994년 2월에도 마무리되지 않았다.

규제 입법의 좌절

연준이 금리를 인상하자 월스트리트의 로비스트들이 마치 동원령을 받은 듯 활발히 움직이기 시작했다. 그들은 즉각 규제당국자와 정치인들 접촉에 나섰다. 국제스왑파생상품협회(ISDA)는 파생상품으로 돈을 잃은 기업과 뮤추얼펀드 관계자들을 초청해 '파생상품 최종소비자 회의'를 열기도 했다.

협회는 또 이미 회장을 지낸 마크 브리켈을 1994년 4월에 부회장으로 다시 끌어들여 로비의 전선에 배치했다. 언론이 파생상품에 관한 각종 스캔들을 연이어 보도하는 상황에서 협회는 브리켈의 도움이 필요했던 것이다. 브리켈은 비판의 화살을 슬쩍 피하면서 초점을 흐리는 데 능숙했다. 금융전문 채널인 〈CNBC〉의 뉴스 앵커인 닐 카부토가 1994년 5월 25일 인터뷰에서 "사람들이 어떤 이유에선지 당신네들을 좋아하지 않는다"고 말하자 그는 "우리 고객들은 우리를 좋아한다"고 응수하기도 했다.

ISDA의 로비스트들을 한시름 놓게 할 일이 발생했다. 1994년 초 아칸소의 화이트게이트 스캔들에 대한 클린턴의 연루 혐의에 대한 조사가 시작됨에 따라 짐 리치의 관심도 이 사건 쪽으로 돌아선 것이다. 화이트게이트 스캔들은 정치적 우선순위에서 앞서는 것이었고, 이 때문에 리치는 파생상품에 집중할 수 없게 됐다.

당시 아서 레비트는 파생상품 문제에 그다지 개입하지 않았다. 대신 로이드 벤슨 재무장관이 행정부의 대응을 주도했다. 벤슨 장관은 1987년 시장 붕괴의 원인을 분석했던 대통령 직속 '금융시장에 관한 조사단(Working Group on Financial Markets)'을 다시 가동시켰다. 금융관료들로 구성된 이 조사단은 1994년에 기업, 뮤추얼펀드, 지방자치단체 등이 입은 손실에 대한 조사에 착수했다. 레비트도 이 조사단에 참여했다. 그러나 이 조사단이 실제로 한 일은 별다른 게 없었다. 오히려 ISDA의 로비 부담을 줄여주는 역할을 했다. 조사단에 참여한 소수의 관리들에게만 로비를 집중하면 됐기 때문이다. 로비에 나선 금융회사 간부들은 워싱턴에서 만나야 할 관리들을 단 하루 만에 모두 만날 수 있었다. 1994년 3월 15일 모건 스탠리의 고위 임원들은 실제로 단 하루 만에 재무부 관료들, 상원과 하원의 금융위원회 소속 의원들, 하원 중소기업위원회 실무 국장 등을 다 만났다.

연준이 금리를 올린 후 몇 달 동안 레비트는 투자자들에게 파생상품의 위험성을 경고하는 내용의 연설을 몇 차례 했다. 그는 1994년 3월 뮤추얼펀드의 임원들에게 파생상품 투자에 좀더 세심한 주의를 기울이라고 촉구했다. 그는 "수많은 미숙한 투자자들이 너도나도 뮤추얼펀드 시장의 고수익에 기대를 걸고 은행의 양도성 예금증서와 같은 안전한 상품에서 돈을 빼내고 있다"며 "우리는 그 후유증에 대한 대비가 안 돼있다"고 말했다. 4월에는 의회에서 "파생상품에 대해 좀더 많이 알기 전에는 파생상품의 리스크와 관련해 우리는 어둠 속에서 사격하는 것과 같다"고 말했다. 말은 이렇게 했지만 그가 파생상품에 대해 의미 있는 개선책을 내놓은 것은 거의 없었다.

반면 부시 행정부 시절인 1990년대 초에 증권거래위원장을 지내며 규제완화 과정을 감독했던 리처드 브리든은 기업 임원들과 정부 관리들에게 파생상품의 위험성을 경고하기 시작했다. 그는 〈월스트리트 저널〉 3월 7일자에 '임원 여러분! 당신네 회사의 파생상품 투자를 통제하십시오' 라는 제목으로 실린 기고문에서 기업들의 파생상품 거래를 비판하고 "통제를 제대로 하지 않으면 재앙으로 가는 편도 열차에 몸을 실은 것과 같다"고 지적했다. 그는 경제지 〈포천〉을 통해서는 리스크 헤지를 위해 파생상품을 이용한다고 하는 기업들이 실제로는 파생상품으로 투기를 하는 것은 아니냐고 물었다. 전직 증권거래위원장인 브리든은 당시 현직 증권거래위원장이었던 레비트보다 시장에 더 큰 영향력을 발휘하고 있었다.

아서 레비트는 1994년 5월 1500여 명의 뮤추얼펀드 간부들 앞에서 "증권거래위원회는 뮤추얼펀드 산업을 감시 감독할 여력이 없다"면서 손실은 각 펀드의 책임이라고 주장했다. 그는 "궁극적으로 법규 준수는 증권거래위원회의 책임이 아니라 각 투자회사의 책임"이라고 말했다. 증권거래위원회는 새로운 규정을 제정하는 대신 각 뮤추얼펀드에 편지를 보내 인버스 플로터를 비롯해 특정 종류의 구조화 채권들을 처분하도록 권고했다. 이 편지에서 적시된 '위험한 구조화 채권들'의 명단은 투자자들에게는 지극히 생소한 것들이었다. 〈포천〉의 앤터니 미첼스는 "투자자들이 직접 그것들이 뭔지를 알려고 애쓸 필요는 없다. 돈을 맡겨놓은 펀드가 만약 이 명단에 들어있는 것을 보유하고 있다면 그 펀드에는 투자하지 않으면 그만이다"라고 조언했다.

언론들은 앞 다투어 뮤추얼펀드의 손실을 보도하고 있었지만 레비트는 주요 대형 펀드들을 포함한 뮤추얼펀드들의 손실은 일반적인 현상이 아니라고 투자자들을 설득하려고 애썼다. 그는 의회에 출석해서도 안일한 발언을 계속했다. 그는 "지금까지 조사해본 결과 대부분의 펀드들에서 파생상품에 손을 댄 것은 제한적인 현상이었던 것으로 확인됐다"고 말했다.

의회의 회계감사원이 2년여 동안 준비해온 195페이지짜리 파생상품 보고서를 마침내 이 해 5월에 발표했다. 회계감사원은 본디 자유시장을 지지해왔지만 파생상품과 관련해서는 심각한 문제점들을 많이 발견했다고 밝혔다. 문제점으로 지적된 사항들은 시장의 변화를 따라가지 못하는 법규와 감독, 구태의연한 회계 관행, 통제되지 않는 리스크 관리 등이었다. 회계감사원은 파생상품에 대한 규제의 전면적인 쇄신이 필요하다고 권고했다. "장외 파생상품 거래 회사들의 안전성과 건전성 보장을 위한 연방 법규가 필요하다"는 것이었다.

레비트는 회계감사원의 이런 권고에 대해 반대했다. 그뿐 아니라 회계감사원의 찰스 바우셔와 거리를 두고 있던 다른 규제당국자들도 대부분 반대했다. ISDA는 회계감사원의 보고서 내용을 조목조목 반박했다. ISDA는 보고서에서 거론된 사실들 가운데 일부는 맞지만 그 결론에는 결함이 있다고 주장했다. 예를 들어 회계감사원은 파생상품에 대한 시가 평가를 의무화해야 한다고 했지만, 그렇게 할 경우 기업들의 재무제표에 과도한 변동성을 초래할 수 있다고 지적했다. ISDA는 파생상품에서 실제로 위험에 노출되는 금액은 전체 액면가치의 2%에 지나지 않는다고 주장했다. 전체 파생상품 규모가 50조 달러라면 그 가운데 1조 달러만이 위험에 노출되는데도 50조 달러가 다 위험하다고 말하는 것은 잘못이라는 얘기였다.

하지만 회계감사원의 주장이 더 설득력이 있었다. 파생상품의 시가 평가 문제는 앤디 크리거가 뱅커스 트러스트에서 파생상품 거래를 하던 시절부터 금융회사들에 말썽을 일으켜왔다. 기업들이 파생상품을 취득원가로 기록하고 취득 이후의 가격 변동은 재무제표에 반영하지 않는 관행으로 인해 주주나 투자자들은 파생상품의 가치 변동에 대해 전혀 알 수가 없었다. 파생상품을 시가로 평가하게 하면 기업 이익의 변동성이 커질 것이라는 ISDA의 지적은 옳은 것이었다. 하지만 이런 변동성 확대는 기업 이익구조 자체의 변동성이 커지기 때문이며 이를 감춘다고 해서 기업의 안전성이 높아지는 게 아니었다.

파생상품은 전체 액면가치 중 일부만이 실제로 위험한 것이라는 ISDA의 주장도 옳다. 파생상품이든 주식이든 채권이든 부동산이든, 그 어떤 투자에서도 특정 시점에 리스크에 노출되는 것은 전체 투자 자금 중 일부뿐이기 때문이다. 그러나 그렇다고 해서 그런 투자가 안전하다는 말은 아니고, 해당 시장 규모가 작다는 말도 아니다. 게다가 ISDA가 2%라고 말한 위험자산의 비중은 연준이 금리를 인상한 이후 그 이상으로 급격히 높아졌다. 1995년 5월에는 파생상품 중 위험자산의 비중이 전체 액면가치의 4%

수준, 금액으로는 2조 달러에 이르렀다. 이는 미국 채권시장 중 다른 어느 분야의 위험자산 규모보다 더 큰 것이었다.

그러나 투자자들은 ISDA가 내놓는 주장을 반박하기에는 너무 분산된 집단이고, 조직화돼 있지도 않았다. 오래 전부터 경제학자와 정치학자들은 투자자들처럼 분산되고 비조직적인 집단이 자신들의 이익을 보호하기 위해 법규를 개혁하고자 해도 ISDA처럼 구성원 수가 적더라도 잘 조직된 이익단체들에 의해 방해를 받을 것이라고 예상해 왔다. 토론이 벌어진다 하더라도 일반 투자자들이 참여할 기회는 거의 없었다.

언론에 대한 영향력 측면에서도 ISDA의 힘을 보여주는 한 예를 확인해볼 수 있다. 이 협회의 로비스트들은 언론인들을 설득해, 일반 투자자들에게 이미지가 나빠진 '파생상품' 이라는 단어를 쓰지 않도록 하기도 했다. ISDA는 언론 보도를 자세히 모니터하고 파생상품에 관한 기사들을 스크랩해 회원사들에게 배포했다. 이런 과정에서 ISDA는 〈월스트리트 저널〉 기자들이 1994년에 빈발한 각종 파생상품 스캔들을 보도하면서 '파생상품' 이라는 단어를 계속 사용하고 있다는 사실을 발견했다. 협회는 즉각 〈월스트리트 저널〉 쪽에 '파생상품' 대신 '증권' 이라는 용어를 사용해달라고 요청했다.

〈월스트리트 저널〉 기자들은 오렌지 카운티가 매입한 구조화 채권을 파생상품이라고 불렀지만, 협회의 요청이 있은 후부터는 그렇게 하지 않았다. ISDA의 한 임원은 〈월스트리트 저널〉의 바이런 캘럼 편집부국장에게 서신을 보냈다. 그는 이 서신에서 "문제가 바로잡혔다" 면서 "이제는 귀 신문사 기자들이 오렌지 카운티 사건의 긍정적인 진전 상황을 보도하면서 '파생상품(derivatives)' 이라는 단어를 전혀 사용하지 않고 단지 '증권(securities)' 이라는 표현만 사용하고 있다"고 밝혔다. 그런데 어느 날 〈월스트리트 저널〉의 한 기자가 멕시코 페소화 가치와 연계된 복잡한 금융수단을 '파생상품'으로 표기하는 사태가 발생했다. ISDA는 즉각 캘럼에게 항의했다. "우리도 〈월스트리트 저널〉을 읽고 있지만 많은 사람들이 금융활동을 더 잘 이해하기 위해 〈월스트리트 저널〉을 읽고 있다는 점을 고려할 때 금융활동에 대한 정확하고 일관성 있는 보도는 매우 중요하다고 생각한다."

어쨌든 언론에서 '파생상품'이란 단어를 보기는 점점 더 어려워졌다. 특히 〈월스트리트 저널〉에서 이 단어를 쓰는 빈도가 아주 낮아졌다. 그러나 오렌지 카운티나 멕시코 페소화 연계 채권과 관련된 사람들은 물론 금융회사의 파생상품 담당 부서 사람들도 '파생상품'이라는 용어를 계속 사용했다. 그들은 스스로를 "파생상품 부서 소속"이라고 밝혔고 "파생상품을 거래한다"고 말했다.

그러나 일반 투자자들은 파생상품이라는 단어를 좋아하지 않았다. 때문에 ISDA는 모든 공적인 기록에서 이 단어를 없애려고 했다. 그런데 아이러니하게도 ISDA 스스로는 그 전인 1993년에 자신의 이름을 '국제스왑딜러협회'에서 '파생상품'이란 단어를 끼워 넣은 '국제스왑파생상품협회'로 바꾸었다. 이는 주요 스왑 딜러 회사들의 이익단체라는 인상을 불식시키기 위해서였다.

파생상품 업계의 로비는 극성스러웠지만 부정확한 내용이 많았다. 리서치 회사인 베리뱅크(Verybanc Inc.)의 임원 워런 헬러는 파생상품 딜러들 사이에서 하루아침에 인기를 모았다. 금융회사들이 파생상품 거래로 더 위험해진 게 없다는 내용의 보고서를 발표했기 때문이다. 1994년 가을이었다. 하지만 그의 보고서는 오류를 저지른 것으로 판명됐다. 그는 금융회사들의 파생상품 거래들 가운데 손실을 낸 것들은 다 제외하고 오로지 수익을 낸 것들만 집계했던 것이다. 그러나 투자자들은 이 보고서의 오류를 알아차리기에 필요한 자료를 갖고 있지 못했다.

ISDA의 로비에 일관되게 맞선 의원들이 소수이나마 있었다. 그 가운데 한 명이 바로 짐 리치였다. 민주당 하원의원인 헨리 곤잘레스와 에드워드 마키도 ISDA의 로비에 굴복하지 않았다. 리치는 1994년 자신의 스탭이 작성한 900페이지짜리 파생상품 관련 보고서를 근거로 파생상품에 대한 규제 법안을 제출했다. 마크 브리켈이 리치에 맞섰다. 브리켈은 다른 의원들과 언론들에게 리치의 법안에 대한 반론을 이야기했다. 그러나 그의 반론은 사실을 왜곡하는 내용을 많이 포함하고 있었다.

예를 들어 브리켈은 "리치의 법안에는 파생상품에 대해 '거래자격 기준(suitability standard)'을 적용하는 조항을 포함하고 있는데 이는 다른 어떤 금융 분야에도 없는 규제"라고 주장했다. 하지만 리치 법안에 들어있던 '거래자격 기준'은 사실 은행과 저축대부조합 등 다른 금융 분야에 관한 법규에 규정된 유사 조항들과 별로 다르지 않았다. 브리켈은 또 리치의 법안이 스왑에 대해 '자본 기준(capital standard)'을 부과하는 조항을 포함하고 있다면서 이에 대해 불만을 표시했다. 그러나 실제 리치의 법안에는 그런 조항이 들어있지 않았다.

리치는 1994년 7월 12일 청문회에서 마침내 브리켈에게 분통을 터트렸다. 의회의 청문회는 통상 조용한 분위기 속에서 진행되면서 모든 발언이 기록된다. 그런데 이날 리치는 자신이 제출한 법안의 내용에 대해 브리켈이 거짓말을 늘어놓고 돌아다닌다고 질타했다.

"증인은 어제 〈아메리칸 뱅커스〉와의 인터뷰에서 새로운 법안이 통과되면 은행들은 손실을 입은 파생상품 계약 모두에 대해 책임을 지게 될 것이라고 말했는데, 제가 제출한 법안 중 어디에 그런 내용이 있는지 말해주시오. 증인이 인터뷰에서 한 말은 매우 강력한 영향을 끼칠 발언이었지만 분명히 그릇된 것입니다. 이 법안의 어느 곳에 그런 내용이 들어있습니까? 이 법안을 작성한 것은 바로 저와 저의 보좌관들입니다. 우리는 이 법안을 작성하면서 그런 내용을 삽입한 기억이 없습니다.”

리치는 자신의 법안에 있는 ‘거래자격 기준’은 통화감독청(The Office of the Comptroller)에서 이미 적용하고 있는 기준과 같은 것이며, 스왑에 대해 ‘자본 기준’을 적용한다는 내용은 자신의 법안에 들어 있지도 않다고 지적했다. 그는 브리켈에게 “증인이 이 청문회에 존중될 만한 권고를 하는 건설적인 참여자가 되고자 한다면 반대 의견을 말하더라도 근거와 타당성을 갖추기를 권고한다”고 말했다. 브리켈은 리치의 법안이 파생상품을 다른 증권들과 다르게 취급하고 있다고 주장하면서 반격을 시도했다. 그러자 리치는 다시 이렇게 몰아쳤다. “파생상품은 새로운 것이고, 장부에 기재되지도 않는 거래다. 그것은 완전히 다른 차원의 금융수단이다. 증인의 은행이 파생상품의 그러한 점들을 가장 잘 보여준다.”

브리켈은 리치에 대해 개인적인 공격을 가한 게 아니라고 말했지만, 더 이상 리치를 설득하는 것을 포기했다. 대신 그는 다른 의원들에게 초점을 돌렸다. 상원 금융위원회의 몇몇 스탭은 브리켈이 의회에서 와서 소동을 벌일 것을 우려했고, 이 때문에 그가 워싱턴에 있는 한 JP 모건 사람들과는 만나지 않겠다는 태도를 보이고 있었다. 브리켈은 이들을 멀리 했지만, 리치 이외의 다른 많은 의원들에게는 “리치의 법안은 완성도가 떨어지고 역효과만 낳을 것”이라고 설득했다. 그는 스왑을 비롯한 파생상품에 대해서는 규제가 불필요하다고 주장했다. 그는 파생상품의 투기적인 이용에 대해서는 말하지 않고, 그것이 어떻게 리스크 헤지에 활용될 수 있는지에만 초점을 맞췄다. “스왑 거래를 하는 친구들이 아무리 명석하다고 하더라도 새로운 종류의 리스크를 창조해낼 수는 없습니다. 스왑으로 우리가 할 수 있는 것은 여러 가지 리스크들을 각각 따로 떼어내 그것들을 개별적으로 관리하는 것입니다.”

브리켈은 아서 레비트의 도움을 많이 받았다. 레비트는 1994년 8월 주요 파생상품 딜러 회사들은 자율규제를 하는 게 바람직하다는 의견을 내놓았다. 그는 파생상품 딜러 회사들에게 ‘파생상품 정책단(Derivatives Policy Group)’을 구성할 것을 촉구하고, 의회에 대해서는 이 새로운 조직이 자율규제 계획을 마련할 때까지 기다려줄 것을 권고했다.

브리켈은 전직 규제당국자나 곧 현직에서 떠날 규제당국자들로부터도 도움을 받았다. 뉴욕연준의 총재로서 파생상품에 대해 여러 차례 경고를 해왔던 제럴드 코리건은 훨씬 더 많은 보수를 약속받고 골드먼 삭스로 자리를 막 옮긴 상태였다. 코리건은 자율규제 체제의 도입을 위한 로비를 담당한 ‘파생상품 정책단’의 공동 의장으로 선임됐다.

상품선물거래위원장을 지내고 엔론의 이사가 된 웬디 그램은 브리켈을 칭찬하며 “그와 ISDA는 자신의 주장을 좀더 강하게 내세울 필요가 있다”고 말했다. 그램은 〈월스트리트저널〉에 ‘좋은 파생상품은 쓸모가 있다’는 제목의 칼럼을 기고하기도 했다. 이 칼럼에서 그녀는 “앞으로 대규모 파산이나 시장 충격이 또 발생할 경우에는 더 이상 희생양을 찾으려 하거나 우리가 잘 이해하지도 못하는 것에 대해 과잉 규제하려는 충동에 저항해야 한다”고 주장했다.

재무부의 국내금융 담당 차관인 프랭크 뉴먼은 1994년 9월 16일자로 의회에 보낸 서한에서 민간 부문에서 이뤄지고 있는 진전을 고려해 파생상품 관련 입법을 “무기한 연기해 달라”고 요청했다. 뉴먼의 이런 로비는 사실상 새 직장을 얻기 위한 사전 작업이었다. 그 직후 그는 공직을 떠나 뱅커스 트러스트의 최고경영자로 변신했고, 전임자인 찰리 샌포드도 꿈꿀 수 없을 정도로 거액의 보수를 받게 된다.

이런 측면 지원을 바탕으로 브리켈과 ISDA는 파생상품 규제 입법을 중단시키는 데 성공했다. 득의양양해진 브리켈은 파생상품 규제에 대한 반대가 “콘센서스”라고 말했다. 그는 1994년에 진행된 파생상품 청문회에서 구조화 채권과 스왑도 제대로 구별하지 못한 채 파생상품에 대한 규제 법안을 지지했던 의원들을 경멸하는 발언도 했다. 브리켈은 "의원들이 청문회 과정에서 그것들이 뭔지는 알게 됐는지 모르겠다. 어느 누구도 스왑의 이용에 대해서는 말하지 않았다"고 비꼬았다. 심지어 그는 1994년 선거 직전에 공화당의 승리를 예언하면서 "11월 8일 선거 이후에는 지금과는 매우 다른 의회를 다뤄야 하게 될지도 모르겠다"고 말했다.

많은 규제당국자들은 더 많은 의원들이 파생상품 규제 법안을 지지하지 않은 데 대해 놀라움을 표시했다. 파생상품으로 인해 발생한 그 엄청난 손실에도 불구하고, 그리고 월스트리트 금융인들 사이에 부당한 거래 행위들이 그렇게 만연한 상황에서 의원들이 규제 입법에 찬성하지 않다니 놀라운 일이었다. 뉴욕연준 부총재를 지내고 나중에 롱텀 캐피털 매니지먼트의 파트너가 된 데이비드 멀린스는 이렇게 말했다. "계속 이어지고 있는 손실에 관한 보도들에 비추면 규제 입법에 대한 지지도는 참으로 미약했다." 월스트리트에서 널리 읽히는 잡지인 〈인스티튜셔널 인베스터〉는 그 일등 공신으로 국제스왑파생상품협회를 꼽았다.

1995년에 들어서는 파생상품에 대한 규제 입법의 가능성은 더욱 낮아졌다. 클린턴 대통령이 골드먼 삭스의 공동 회장을 지낸 로버트 루빈을 로이드 벤슨의 뒤를 잇는 재무장관으로 임명했기 때문이다. 루빈 재무장관은 파생상품 규제에 반대하는 의원들의 대열에 합류했다.

1995년에는 파생상품과 관련해 네 가지 법안이 의회에 제출됐다. 짐 리치 의원은 1994년에 냈던 자신의 법안을 수정해, 파생상품 시장을 감독할 기구로 '연방파생상품위원회'를 설치하는 것을 주요 내용으로 하는 법안을 새로 제출했다. 헨리 곤잘레스 의원은 기업들로 하여금 파생상품 투자 내용을 공시하도록 하고, 파생상품 규제와 관련된 연방 기관들을 통합 조정한다는 내용의 법안을 제출했다. 노스다코타주 출신 민주당 상원의원인 바이런 도건은 연방 정부에서 보증을 한 은행은 파생상품을 이용한 투기를 못하게 하자는 법안을 냈다. 그리고 매사추세츠주 출신 민주당 상원의원인 에드워드 마키는 일반적인 증권 전체에 적용되는 것과 비슷한 규제의 틀을 파생상품 딜러들에게도 적용한다는 내용의 법안을 제출했다.

그러나 이들 네 법안은 하나 같이 의회를 통과하지 못했다. 의회가 파생상품에 더욱 동조적이 될 것이라고 했던 브리켈의 예언이 현실화된 셈이었다. 1995년에는 연준의 금리 인상에 따른 파생상품 관련 투자 손실도 사람들의 기억에서 희미해지기 시작했다. 별다른 금융위기의 징후도 나타나지 않았고, 시장이 무너지지도 않았다. 의회를 장악한 공화당이 내건 '미국과의 계약(Contract with America)'에도 파생상품 시장의 개혁에 관한 내용은 들어가지 않았다.

게다가 민간 파생상품 업계는 아서 레비트가 제시한 대로 자율규제의 움직임을 보이고 있었다. 1995년 3월 9일 장외 파생상품 시장에 참여하던 월스트리트의 6대 금융회사들로 구성된 '파생상품 정책단'은 '자발적인 감시를 위한 프레임워크(Framework for Voluntary Oversight)'에 합의했다. 이 문건에서 파생상품 딜러들은 내부 통제와 리스크 관리를 강화하고, 연방 규제당국에 보다 계량적인 파생상품 관련 정보를 제출하겠다고 약속했다.

회계기준

의회는 파생상품 딜러들의 자율규제를 지지했지만, 민간 부문이 알아서 파생상품 거래내역 공시에 관한 회계기준을 만들 수 있을 것인지 의심스러워했다. 1990년대 후반과 2000년대 초기에 금융시장을 혼탁하게 했던 의문스러운 회계 관행들은 바로 이런 회계기준 제정 노력이 실패한 결과였다.

1973년 이래 회계기준위원회(FASB)가 미국 기업들을 위한 회계기준을 결정해 왔다. 기업이 투자자들에게 어떤 정보들을 공개해야 하는지도 바로 이 위원회가 결정했다. 이 위원회가 만드는 일반회계기준(GAAP; Generally Accepted Accounting Principles)은 기업 회계의 기본 규칙이며, 시장의 주가가 해당 기업의 가치에 부응하는 공정하고 정확한 수준인지를 가늠하는 데도 이 기준이 중요한 판단 근거가 된다.

회계기준위원회와 일반회계기준은 처음 20년 동안에는 그런대로 제 구실을 했다. 하지만 1990년대 초부터는 금융혁신을 따라가지 못했다. 전문가들에 따르면, 5대 회계법인에게 새로운 금융수단들과 관련된 복잡한 회계 쟁점들에 관한 질문을 던지면 돌아오는 대답이 제 각각으로 달라졌다.

실제로 기업의 연차 보고서를 한번이라도 살펴본 사람이라면 무엇이 문제인지를 알 수 있었다. 회계법인 언스트 앤드 영의 조사 결과를 보면, 회계기준위원회가 처음 회계기준을 만들었을 때는 기업의 연차보고서 분량이 평균 35페이지였지만, 1990년대 초반에 이르면 64페이지로 늘어났다. 주석의 수도 평균 4개에서 17개로 늘어났다. 언스트 앤드 영의 레이 그로브스 회장은 이렇게 경고했다. "미래에는 더 두툼하고 읽기 어려운 연차보고서들을 보게 될 것이다. 앞으로 주주들은 기업의 연차보고서를 들여다보지도 않고 그냥 무시해버릴 것이다. 이미 많은 사람들이 그렇게 하고 있지만."

정보 공시의 양이 늘어났음에도 기업 연차보고서의 효용도는 떨어졌다. 특히 복잡한 금융상품 거래에 관한 부분은 더욱 그렇다. 국제스왑파생상품협회(ISDA)가 주최한 콘퍼런스에서 이에 관한 질문이 제기되자 살로먼 브라더스의 에선 헤이슬러 부사장은 아무리 숙련된 애널리스트라도 파생상품에 관해 공시된 정보로부터 어떤 가치 있는 판단을 도출해내기 어려울 것이라는 비관적인 견해를 밝혔다. "여러분이 갖고 있는 파생상품 관련 공시자료에서 그 어떤 유용한 결론을 도출해낼 수 있는 애널리스트가 있다면 제게 소개해 주십시오. 나는 그런 애널리스트를 본 적이 없습니다. 여러분이 한번 발견해 보시기 바랍니다."

그럼에도 회계기준위원회가 파생상품 회계처리를 보다 정확하게 하도록 하기 위해 제안한 새 기준은 금융업계의 로비와 의원들 다수의 반대로 무산됐다. 1990년대 중반에 제안된 기준들 가운데 주목할 만한 것이 두 가지 있었다. 하나는 스톡옵션의 처리에 관한 기준안이었고, 다른 하나는 파생상품에 대한 시가평가 적용에 관한 기준안이었다.

스톡옵션을 어떻게 규제할 것인지는 클린턴 집권 초기에 뜨거운 쟁점이었다. 후보 시절 클린턴은 기업 임원들이 과도한 보수를 챙겨가는 데 대해 뭔가 조처를 취하겠다고 공약했다. 과거와 비교해볼 때 최고경영자들의 보수가 과도한 편은 아니었다. 기업들의 다른 비용 지출에 비교해 보면 최고경영자 보수는 오히려 미미한 수준이라고 볼 수도 있었다. 1992년의 경우 최고경영자 보수는 주주들의 평균 수익에 비해 16분의 1 퍼센트 정도에 지나지 않았다.

하지만 유권자들은 최고경영자의 보수 문제를 다룬 방송 프로그램들에 민감하게 반응했다. 저서 《과잉보수 연구(In Search of Excess)》를 통한 그래프 크리스털(Graef Crystal)의 폭로도 한몫 했다. 클린턴은 자신의 공약을 지키기 위해 의회를 압박했다. 세금감면 대상으로 인정해주는 임원 보수의 한도를 연봉 100만 달러 이하로 제한하는 법안이 제출됐다. 그러나 당시에 100만 달러 이상의 연봉을 받는 기업 최고경영자는 49명밖에 없었다. 어쨌든 이 법안은 대중에게 호소력을 발휘했고, 결국 의회를 통과했다.

하지만 이 법에는 민간 여객기가 지나갈 만큼 커다란 구멍이 뚫려 있었다. '실적에 따라 지급되는 보상'은 세금감면 상한선인 100만 달러의 기준 금액에 산입되지 않는 것으로 규정된 것이다. 다만 이 규정을 적용 받으려면 '객관적인 실적 목표' 를 제시해야 한다는 게 국세청의 설명이었다.

이 새로운 세법이 표방한 목표는 최고경영자의 보수를 결정하는 데 대한 이사회의 재량권을 없애는 것이었다. 기업 이사회는 최고경영자의 경영 실적에 대한 질적 평가를 해서 보수를 결정할 권한을 빼앗겼고, 대신 시장에서 쉽게 측정할 수 있는 수량적 지표를 관찰하고 그에 따라서만 보수를 지급할 수 있게 됐다.

스톡옵션은 실적에 근거한 보상의 대표적인 예다. 스톡옵션의 가치는 객관적인 한 가지 요소, 즉 주가에 의해 크게 좌우된다. 새로운 세법이 도입되자 기업들이 경영진의 보수 지급방식을 급여에서 스톡옵션으로 바꾸기 시작했다. 이는 부분적으로는 세금감면 금액이 줄어드는 것을 조금이라도 막기 위해서였지만, 다른 한편으로는 주주와 외부 비평가들에게 새로운 법을 준수한다는 인상을 심어주기 위해서였다고 말할 수 있다.

이런 하나의 세법 변경은 예상치 못한 여파를 불러일으켰다. 기업이 임원 보수 지급을 스톡옵션을 비롯한 실적 기반 보상 방식으로 바꿔나가자, 경영자들이 자신의 실적을 수치로 확인 받을 수 있는 요소들에만 관심을 집중했다. 최고경영자들은 주가 또는 주당 순이익과 같은 수량적인 지표만 개선시키면 더 많은 보수를 받을 수 있게 된 것이다. 최고경영자에 대해 이사회가 어떤 질적인 판단을 하는지는 문제가 되지 않게 됐다.

이처럼 이사회의 영향력이 줄어들자 기업 경영자들 사이에 마치 용병처럼 책임성은 없고 금전적인 이득만 추구하는 배금주의 문화가 팽배해졌다. 기업 경영자들은 회사 이익을 부풀리거나 성장성이 높은 다른 기업 매수에 나서기 시작했고, 심지어는 회계조작에 나서는 경우도 많았다. 물론 이런 모든 행위들은 더 많은 경영자 보수를 챙기기 위한 것이었다. 2002년에 금융시장에 야기된 '신뢰성 위기(crisis of confidence)' 의 상당 부분은 바로 1993년에 도입된 새로운 세법이 실적 기반 방식의 임원 보상을 촉진함으로써 생겨난 기업 문화의 변화에서 그 원인을 찾을 수 있다.

이런 세법의 변화는 스톡옵션을 비용으로 처리하지 않아도 무방하다고 규정한 당시의 회계기준과 맞물리면서 커다란 파급효과를 일으켰다. 회계기준위원회는 1972년 10월 스톡옵션이 기업에 초래하는 비용은 스톡옵션이 지급된 시점의 주식 시장가격과 행사가격의 차액으로 규정했다. 따라서 어떤 기업 주식의 시장가격이 10달러인 시점에 그 기업이 임원에게 자사 주식을 주당 10달러에 살 권리, 즉 스톡옵션을 부여한다면 이와 관련해 기업이 장부에 기록해야 할 비용은 전혀 없게 된다. 투자자의 눈으로 볼 때 이런 식으로 지급되는 스톡옵션은 공짜나 다름없었다.

회계기준위원회가 이런 기준을 발표한 지 몇 달 뒤에 피셔 블랙, 마이런 숄스, 로버트 머튼 등 세 명의 경제학자가 옵션의 가치가 어떻게 평가될 수 있는지를 보여주는 연구 결과를 발표했다. 이들의 이론에 따르면 회계기준위원회의 기준은 잘못된 것이며, 옵션은 확인 가능한 가치를 지닌다. 게다가 현장의 트레이더들이 옵션의 가치를 분 단위로 관찰하는 전산 모델을 이미 사용하기 시작했음에도 관련 회계기준은 1972년도 것이 그대로 유지되고 있었다.

회계기준위원회 관계자들은 실적에 근거한 보상 이외의 임원 보수에 대해 세법이 100만 달러라는 세금감면 상한선을 설정한 것이 기업들로 하여금 스톡옵션으로 치닫게 할 것이라는 점을 잘 알고 있었다. 그들은 또 스톡옵션이 기업에 얼마만큼의 비용 부담을 지우는지에 대해 투자자들이 제대로 이해하지 못할 것이라는 점에 대해서도 우려했다. 이에 따라 회계기준위원회는 기업이 임원들에게 지급한 스톡옵션에 대해 그 가치를 추정해 회계장부에 '임원보수 비용(compensation expense)'으로 반영하도록 하자는 제안을 검토하기 시작했다. 이 제안은 타당성이 있었다. 스톡옵션은 기업에게 분명히 비용을 발생시키는 것이며, 이미 20여 년에 걸쳐 블랙-숄스 모델을 비롯한 옵션가치 평가모델들이 옵션의 가치를 계산해온 상황이었다.

하지만 기업들, 특히 실리콘 밸리의 첨단기술 기업들은 스톡옵션을 비용에 포함시키는 것을 원하지 않았다. 스톡옵션을 비용으로 처리하게 되면 회사에서 임원들에게 주가 상승에 연계시키는 방식으로 보수를 지급하는 게 그만큼 어려워지기 때문이었다. 스톡옵션의 비용 처리는 주가에도 부정적인 영향을 줄 게 뻔했다.

이론상으로는 스톡옵션 회계처리 방식의 변경은 아무런 변수가 되지 않아야 한다. 효율적 시장 이론가들은 기업이 스톡옵션을 지급한 내역을 재무제표의 주석이나 부록에 공개하기만 하면 시장의 주가가 그것을 다 반영하게 된다고 말했다. 기존의 스톡옵션 공시나 임원 보수에 관한 규정은 임원 보수의 모든 내역을 재무제표의 주석에 기술해야 한다고 돼 있었다. 임원 보수 내역을 간략히 요약한 표와 경영 실적을 보여주는 그래프도 연차 보고서에 싣도록 했다. 하지만 스톡옵션의 비용을 재무제표에 반영해야 한다는 규정은 없었다. 이론적으로만 본다면 이런 기존의 규정들이나, 스톡옵션을 재무제표와 주석에 비용으로 반영해야 한다는 새로운 규정은 그 효과가 같아야 했다.

그러나 현실적으로 그 차이는 중요한 것이었다. 기업의 최고경영자들, 특히 실리콘 밸리의 최고경영자들은 필사적으로 회계기준위원회의 제안에 반대하는 로비에 나섰다. 분명 그들은 시장이 결코 효율적이지 않으며, 스톡옵션의 비용은 주가를 변화시킨다고 생각했던 모양이다. 그들은 회계기준위원회가 검토에 들어간 새로운 제안이 기준으로 확정될 경우 자사 주식 가격이 떨어질 것이라고 우려했고, 이런 우려를 규제당국자들에게 전달했다. 그들은 스톡옵션에 대해 혜택을 주지 않는다면 우수한 경영자를 영입할 수 없게 된다고 주장했다. 벤처기업은 많은 현금을 보유하고 있지 못하기 때문에 우수한 경영자를 영입하기 위해서는 스톡옵션을 활용할 수밖에 없다는 것이었다. 로비스트들은 회계기준위원회의 검토안을 폐기할 것을 요구하는 내용의 편지를 수백 통씩 작성해 뿌려댔다. 이번에도 일반 투자자들은 이런 로비에 속수무책이었다.

회계기준위원회가 스톡옵션에 관한 새로운 기준을 제정하기 하루 전에 조지프 리버맨, 바버라 복서, 다이안 파인슈타인, 코니 맥 등 4명의 상원의원들이 이 기준안을 폐기하도록 하는 내용의 법안을 의회에 제출했다. 의회에서는 칼 레빈 상원의원만이 외롭게 회계기준위원회의 안을 지지했을 뿐이다. 그는 수많은 회계 전문가와 금융 전문가들의 지지를 받았지만, 의회에서는 혼자였다.

이때 아서 레비트가 돌연 기존의 자기 입장을 꺾었다. 그는 증권거래위원장 지명자로서 인준 청문회에서 증언할 때는 기존의 스톡옵션 회계 관행에 대해 우려를 표명했지만, 이번에는 태도를 바꿔 회계기준위원회의 새로운 기준안에 반대한다고 밝혔다. 마침내 1994년 5월에 상원은 회계기준위원회의 안에 반대하는 결의안을 88대 9로 통과시켰다. 회계기준위원회는 꼬리를 내릴 수밖에 없었다. 나중에 아서 레비트는 이때 자신이 입장을 바꾼 것을 두고 "내 생애의 가장 큰 실수였다"고 회고했다.

그러나 조지프 리버맨 상원의원의 반대 입장은 분명했다. "추상적인 회계이론의 관점에서는 스톡옵션의 회계 처리에 대한 회계기준위원회의 접근법이 타당하다고 변호할 수도 있지만 공적인 정책, 고용 창출, 경쟁력 강화의 관점에서 보자면 그 기준은 불필요할 뿐만 아니라 아주 파괴적인 결과를 낳을 수도 있다고 본다"는 것이었다.

일부 옵션들, 특히 복잡한 장기 옵션의 가치를 평가하기는 어렵다는 리버맨의 지적은 맞는 말이었다. 이 점은 뱅커스 트러스와 살로먼 브라더스도 손실을 낸 데서 입증된다. 그러나 장기 스톡옵션의 가치를 평가하기 어렵다면, 기업들은 왜 가치를 명백히 알 수 있는 현물 주식이 아닌 스톡옵션을 최고경영자에게 주는 것인가?

대규모 스톡옵션 지급이 경영자들의 행태에 어떤 영향을 주었는지에 대해서는 다음 장에서 자세히 살펴볼 것이다. 여기서는 단지 그들의 행태가 결코 바람직하지 못한 방향으로 흘러갔다는 점만 지적해 두기로 한다. 스톡옵션 지급이 확산되어감에 따라 주가의 단기 급등에서 이득을 취할 수 있게 된 기업 임원들의 회계부정 행위도 증가했던 것이다.

일부 첨단기술 기업들의 경우 회사 이익의 절반 이상이 스톡옵션과 관련된 회계 조작에서 나오기에 이르렀다. 스톡옵션과 관련된 회계 조작은 나중에 기업들로 하여금 주식을 이익 조작에 이용하게 하는 위험한 선례로 작용했다. 엔론의 전 최고경영자인 제프리 스킬링은 의회 청문회에서 "주식이 손익에 영향을 주도록 기업에 허용된 방법에는 어떤 게 있느냐"는 질문에 "스톡옵션 관련 회계기준을 활용하는 방법"이라고 대답하기도 했다.

파생상품 계약의 시가평가 문제에서도 회계기준위원회는 자금력으로 뒷받침된 로비에 밀려 실패했다. 기업들로 하여금 파생상품을 시가평가하도록 하면 재무 지표의 변동성은 커지겠지만 투자자들은 좀더 정확하고 시의적절한 정보를 얻을 수 있게 된다. 예를 들어 연준의 금리 인상으로 인해 초래된 파생상품 손실도 시가평가제가 도입돼 있었더라면 투자자들이 그 내용을 알 수 있었을 것이다. 회계기준위원회는 격심한 반대 로비 속에 45개월이나 파생상품 시가평가 기준 제정에 관한 논의를 계속했지만 합의안을 만들어내지 못하고 결국은 엉거주춤한 잠정안만 내놓을 수 있었다. 그것은 어떤 금융수단을 시가로 평가할 것인지를 기업이 스스로 결정하도록 하는 내용의 완화된 절충안이었다.

앨런 그린스펀을 비롯한 금융규제당국자들은 파생상품 시가평가에 일관되게 반대하고 있었다. 그런 규정 변경은 과도한 변동성을 가져온다는 게 반대의 이유였다. 평론가인 마틴 메이어는 금융 당국자들이 이런 태도를 보이는 동기에 대해 회의적인 입장을 밝히면서 이렇게 말했다. "연준은 정직한 시가평가에는 아무런 관심도 갖고 있지 않으며, 이런 태도는 과거에도 마찬가지였다. 연준의 관심은 은행들이 보유한 포트폴리오의 가치에 대해 자신만이 평가할 수 있는 위상을 유지하는 데 있다. 연준이 아닌 시장이 그런 일을 하는 것을 원하지 않는 것이다."

스톡옵션의 비용처리를 막는 과정에서 리버맨 상원의원이 중요한 역할을 했다면, 파생상품 시가평가를 막는 과정에서는 로치 페어클로스 상원의원이 그와 같은 역할을 했다. 퍼스트 유니온, 뱅크 오브 아메리카, 와초비아 등 주요 금융회사들의 본거지인 노스캐롤라이나주 출신인 그는 회계기준위원회의 새로운 기준안을 무력화하기 위해 그 자신의 법안을 제출했다. 스톡옵션 비용처리 기준안이 좌절된 것과 마찬가지로 파생상품 시가평가제 도입을 위한 기준안도 결국 폐기되고 말았다.

엔론 사태가 발생한 뒤에 회계기준위원회는 스톡옵션 비용처리와 파생상품 시가평가 문제를 다시 끄집어냈다. 의회와 회계기준위원회는 스톡옵션의 비용처리에 관한 논의를 재개했고, 2003년 초에는 부분적인 진전도 가능해 보였다. 파생상품 시가평가제는 실제로 도입됐다. 800페이지짜리 '재무회계기준(FAS) 133'의 한 부분으로 파생상품 시가평가제가 규정된 것이다. 그러나 이는 회계기준위원회의 애초 안에 비해서는 크게 완화된 것이었고, 그 내용이 하도 복잡해 전문가들도 제대로 이해하기 힘들었다.

'재무회계기준 133'은 기업들이 연차보고서에 더 많은 정보를 담게끔 몇 페이지를 추가하도록 규정하고 있지만, 그것들을 주의 깊게 살펴보는 애널리스트는 거의 없다. 이 부분에 담기는 정보들이 파생상품 거래의 위험을 정확하게 표현하고 있지 않기 때문이다. 자신이 갖고 있는 주식을 발행한 기업에 대해 잘 알고 있다고 생각하는 투자자가 있다면 그에게 그 기업의 연차보고서 중 '재무회계기준 133'에 관한 부분을 한번 읽어보면 권유하고 싶다. 그렇게 한다면 정말로 그 기업을 제대로 알고 있는지 자신할 수 없게 될 것이다.

증권거래위원회도 공적 기관으로서 파생상품의 위험에 관한 공시를 개선하는 방안을 내놓았고, 그 가운데 많은 것들이 1997년에 실제로 채택됐다. 증권거래위원회가 500개 공개기업의 연차보고서를 검토해본 결과 비슷한 성격의 파생상품을 기업마다 제각각으로 회계처리하고 있었다. 증권거래위원회는 기업들의 연차보고서 중 흔히 '엠디앤에이(MD&A)'로 불리는 '경영진의 논의와 분석(Management's Discussion and Analysis of Results and Operations)' 부분을 주의 깊게 들여다봤다.

증권거래위원회의 압박에 따라 기업들은 파생상품의 회계처리에 관해 투자자들에게 좀더 자세한 정보를 제공했지만, 기업의 이익 중 얼마만큼이 위험한 파생상품 거래에서 벌어들인 것인지를 투자자들이 알 수 있는 정도는 아니었다. 또 '경영진의 논의와 분석'에 대한 증권거래위원회의 새로운 규정도 기업들로 하여금 파생상품에 관한 정보를 많이 내놓도록 하지는 못했다.

기업들은 '중요한 정보'에 대해서만 공시 의무를 가졌는데, 여기서 '중요성'이라는 개념부터가 자의적으로 해석될 수 있는 느슨한 것이었다. 증권거래위원회는 이 규정을 더욱 명확히 하기 위해 기업들로 하여금 미래의 이익, 공정한 가격, 그리고 '합리적으로 예상 가능한' 가까운 미래의 시장금리 및 가격 변화로부터의 현금흐름 등을 검토하도록 의무화했다. 그러나 이런 규정도 애매하긴 마찬가지였다. 증권거래위원회는 '합리적으로 예상 가능한'이라는 표현에 대해 "미래에 어떤 거래나 상황이 일어날 가능성이 희박하지는 않지만 그것이 반드시 일어난다고도 할 수 없는 경우"라는 부연 설명을 내놓았다. 그러나 이렇게 정의하는 것으로는 쓸모 있는 공시를 내놓게 할 수 없었다.

규제에 관한 이런 논란에서 가장 어려웠던 대목은 새로운 법규를 도입하면 기업들이 그것을 회피할 방법을 찾는다는 점이었다. 심지어 규제가 없는 역외 지역으로 도피해 버리는 기업도 있었다. 앞의 1~4장에서 우리는 규제 아비트리지의 다양한 사례들을 보았다. 그 같은 행태는 1990년대 중반에도 계속됐다. 예컨대 1995년에 회계기준위원회가 기업들에 대해 특정한 종류의 환 리스크 헤지에 대해 공시하도록 하는 규정을 만들자, 뱅커스 트러스트는 재빠르게 이를 피해갈 방법을 개발했다. 뱅커스 트러스트는 미국 법규의 효력이 미치지 않는 역외 지역에 거래 상대방을 만들고, 그 상대방과 우발적인 금융거래 계약을 체결하는 수법을 구사했다.

파생상품의 회계 처리는 각양각색으로 해석할 수 있었다. 왜냐하면 회계란 모든 것을 자산과 부채라는 두 가지 개념으로 분류하는 것인데, 파생상품은 사실 그 어느 쪽도 아니기 때문이다. 다시 말해 많은 회계 개념들이 복잡한 현대 금융에서 유용하게 이용되기에는 너무 단순했다.

헨리 후와 린 스타우트 같은 저명한 교수들을 비롯한 몇몇 학자들은 규제되지 않는 파생상품 시장은 결함을 갖고 있기 때문에 법규로 보완할 필요가 있다는 주장을 폈다. 그러나 이런 입장을 취한 사람들은 소수였다. 앨런 그린스펀은 1995년에 이렇게 경고했다. "특정한 파생상품마다 거기에 맞는 특별한 규제조치를 취하는 방식은 심각한 잘못이다. 그런 식으로 하면 금융거래 자체의 경제적 특성이 아니라, 법규에 맞춰 거래 구조를 만들어내게 하는 인위적인 유인으로 작용할 것이다." 증권거래위원회 위원을 지낸 조지프 그룬트페스트도 "법규를 도입해 금융혁신을 촉진하면 금융혁신은 다시 더 강력한 규제를 부르는 식으로 악순환 고리가 형성된다. 그 결과 법규집은 두꺼워지겠지만 자본시장은 점점 더 규제당국의 의도에 대해 방어체제를 갖추게 된다"고 말했다.

파생상품의 은밀한 속성은 정부가 경제정책을 집행하는 데도 걸림돌로 작용했다. 단기금리를 조절해 미국의 통화정책을 펴는 연준은 정상급 경제학자들을 여럿 동원해, 적어도 회의록에 따르면 회의 때마다 파생상품에 대해 장시간 토론을 벌이곤 했다. 그럼에도 연준 관리들은 파생상품 때문에 단기금리의 변경이 시장에 어떤 영향을 미칠지를 예측하기 어렵다고 고백했다.

연준은 단기금리를 직접 조절할 수 있다. 하지만 경제와 장기 경제계획에 영향을 미치는 주된 요인은 장기금리다. 1994년 이전까지 연준의 경제학자들은 단기금리와 장기금리의 연관 관계를 이해하고 있다고 생각했다. 그런데 1994년 2월 연준이 금리를 올렸을 때 장기금리는 연준 경제학자들이 예상했던 것보다 3배나 더 올랐다.

1994년에 많은 뮤추얼펀드와 기업들이 손실을 입게 된 데는 연준이 브레이크를 너무 세게 밟은 것도 한 원인이 됐다. 연준은 그동안 길이 얼마나 더 미끄러워졌는지를 몰랐던 것이다. 앨런 그린스펀도 시장이 미끄러지는 것을 보면서 자신이 행사할 수 있는 힘이 현대 금융시장에 비해 얼마나 미약한 것인지를 절감했을 것이다.

성긴 법망

새로운 법규가 도입되지 않은 탓에 규제당국이 그 전 몇 년간의 금융범죄를 처벌하는 길은 기존 법규에 의존하는 것뿐이었다. 게다가 가장 영리하고 우수한 검사들은 민간 부문으로 하나 둘 자리를 옮겼다. 예를 들어, 드렉셀 번햄 램버트와 마이클 밀켄의 사건을 처리하는 과정에서 핵심적인 역할을 맡았던 두 명의 검사는 민간 법률회사로 옮겨 갔다. 증권거래위원회의 감독국장이었던 게리 린치는 데이브스 포크 앤드 워드웰이라는 뉴욕의 로펌으로 스카우트됐고, 법무부의 맨해튼 지청에서 증권사기 사건을 담당했던 브루스 베어드도 워싱턴의 로펌인 코빙턴 앤드 벌링으로 옮겼다. 그 후 몇 년간 두 사람은 몇 건의 유명한 파생상품 관련 분쟁에서 피고측 변호사로 활약했다.

아직 남아있는 증권 담당 검사들은 많았다. 그러나 그들은 대형 은행과 기업들을 대상으로 형사 기소를 하려 해도 그렇게 할 수 있을 만한 지지를 얻지 못했다. 특히 1993년 뉴욕의 월드 트레이드 센터에서 폭탄 테러가 발생한 뒤에는 금융사기 사건에 대한 형사 기소가 더욱 어려워졌다. 월드 트레이드 센터 사건 이후 검사들은 금융사기 사건보다는 테러 사건이나 혐의 입증이 쉽고 유명세를 얻을 수 있는 마피아나 마약 범죄 사건을 더 다루고 싶어 했다.

증권거래위원회는 해마다 약 500건씩 부정행위를 적발해 징계했지만, 그 대부분은 간단한 사기 사건이나 내부자거래들이었다. 아서 레비트는 확실히 여론의 주목을 받을 수 있는 사건을 좋아했다. 조사할 만큼 비중이 있거나 폭넓게 위험을 제기하는 사건들을 조사해야만 외부의 지지를 얻을 수 있다는 생각에서였다. 그러나 증권거래위원회는 검찰의 지원을 받지 못한 탓에 형사 기소를 하고 범죄자를 감옥에 보낼 수 없었다.

1980년대에는 검찰이 마이클 밀켄 및 내부거래자들을 기소하면서 시장에 대한 감시자 역할을 했다. 그러나 그때와는 상황이 달라졌다. 증권거래위원회 혼자서는 벌금을 부과하거나 부당행위에 대한 정지 명령을 내리는 정도의 가벼운 처벌을 하는 데 그칠 수밖에 없었다. 이런 조치들은 전 증권거래위원장인 리처드 브리든이 1990년에 "증권거래위원회로 하여금 금융 범죄자와 오랜 기간 협상을 해야 하거나 소송을 벌이지 않고서도 사건을 마무리할 수 있도록, 그리고 단발성 부정행위나 투자자에게 입힌 피해가 그리 크지 않은 사건에 대해서는 위원회가 자율적으로 제재 조처를 취할 수 있도록" 하자고 주장해 증권거래위원회의 제재 권한에 포함시킨 것들이었다. 그러나 1994년의 파생상품 관련 손실은 이 경우에 해당되지 않는 것이었다. 그것은 단발성 사건도 아니었고, 투자자들에게 끼친 피해의 규모도 컸다. 그러나 증권거래위원회는 자신의 권한만으로는 아무것도 할 수 없었다.

증권거래위원회는 뱅커스 트러스트 사건과 같이 명백하고 두드러진 사건들에만 집중했고, 그 밖의 다른 사건들은 사적인 민사 소송에 맡겨 버렸다. 증권거래위원회의 이런 접근법은 위원회가 주력하는 두드러진 사건의 처리 결과가 다른 은행들로 하여금 자신도 법을 어기면 처벌될 것이라는 생각을 하게 할 정도여야 실효를 거둘 수 있다. 그러나 실제로는 그렇게 되지 않았다. 증권거래위원회가 문제 삼은 사건들 가운데 상당수가 법원에서 원고 승소 판결을 얻어내지 못했고, 이에 따라 금융회사들이 금융부정을 저질러도 감옥에 갈 확률은 거의 희박하다는 생각을 갖게 됐다. 어쩌면 금융회사들이 이런 생각을 하게 된 것은 합리적이었는지 모른다.

뱅커스 트러스트를 비롯한 일련의 사건들을 살펴보면 알 수 있듯이 부정행위를 제대로 처벌하지 못한 규제당국의 무력한 면모는 1990년대 중후반에 금융부정을 저지르려고 마음먹은 이들에겐 크게 안도할 만한 것이었다.

연방 규제당국은 뱅커스 트러스트를 조사한 결과 산더미 같은 부정의 증거들을 확보할 수 있었다. 입수된 녹음테이프에서 뱅커스 트러스트의 직원들은 깁슨 그리팅스에 가격 평가를 거짓으로 해줬다고 말했다. 한 직원은 "실제로는 1400만 달러인데 깁슨에게는 810만 달러라고 했다"고 말했다. 다른 한 직원은 파생상품에 대해 이렇게 말하기도 했다. "흥미 만점이죠. 상대를 꼬드겨 안심시켜 놓고는 완전히 등쳐먹는 거죠." 이런 발언들은 형사 법정에서 긴요하게 쓰일 수 있는 증거들이었다. 그러나 뱅커스 트러스트의 어느 누구도 감옥신세를 지지 않았다. 범죄행위를 주도한 사람들도 처벌받지 않았고, 사건에 연루된 사람들 대부분이 아직도 계속 월스트리트에서 일하고 있다. 벌금을 낸 이들이 일부 있기는 했지만 그 금액은 미미했다.

피앤지에 파생상품을 팔아 수백만 달러를 번 케빈 허드슨도 아무런 처벌을 받지 않았다. 1994년 11월 5일 허드슨은 뱅커스 트러스트의 영업부에서 같이 일하던 앨리슨 버너드와 코네티컷주 그리니치에서 결혼식을 올렸다. 그 다음날 〈뉴욕 타임스〉는 파생상품 투자 실패에 관한 기사를 지면에서 빼고 대신 이들의 결혼식 얘기를 사진과 함께 실었다. 이 행복한 부부는 런던으로 이사해 계속 뱅커스 트러스트를 위해 일했다.

깁슨 그리팅스를 담당했던 뱅커스 트러스트의 세일즈맨인 게리 미스너는 벌금 10만 달러를 물고, 5년 동안 증권계에 취업하지 않는다고 약속하는 조건으로 증권거래위원회와 사건 종결에 합의했다. 깁슨을 상대한 또 다른 세일즈맨인 미첼 바스케스는 벌금 5만 달러를 내고 4년간 증권업계에 취업하지 않는다는 합의를 했다. 이 두 사람의 사건에서 증권거래위원회는 매우 공세적인 태도를 보였다. 증권거래위원회는 미스너에 대해 "깁슨의 손실 규모를 고의적으로 저평가한 정보를 깁슨에 제공했고, 이로 인해 깁슨은 파생상품 거래에서 본 손실의 실제 규모도 모른 채 뱅커스 트러스트로부터 파생상품을 계속 사들였다"고 밝혔다. 바스케스도 깁슨에 파생상품 손실을 실제보다 저평가한 수치를 제공했다는 혐의를 받았다. 그러나 두 사람은 법정 밖 화해로 피해 갈 수 있었고, 유죄를 스스로 인정하지 않았다.

미스너는 〈포천〉에 기고한 글에서 증권거래위원회의 조치에 대해 불만을 터트렸다. 반성의 기색이 전혀 없었음은 물론이다. "뱅커스 트러스트 사건의 화해 종결에 대해 사람들이 어떻게 생각할지는 모르겠지만, 나는 깁슨의 파생상품 계약 관련 손실에 대해서는 물론 그 어떤 것에 대해서도 거짓말을 한 적 없다. 뱅커스 트러스트는 1991년부터 1994년까지 깁슨에 통보된 스왑 계약 파기 가격으로 언제든 깁슨과 거래할 준비가 돼 있었다. 스왑 계약을 파기할 때 적용되는 가격이 이론적인 가격과 늘 일치하는 것은 아니었고, 두 가격 사이의 차이는 최근까지도 파생상품 딜러들 사이에서는 정상적인 것으로 통했다."

반면 바스케스는 미스너와 달리 침묵을 지켰고, 법원이 내린 4년간의 증권업계 취업 금지기간이 다 지나기도 전인 1999년에 글로벌 캐피털 인베스트먼트라는 투자펀드의 사장으로 금융계에 복귀했다. 바스케스와 글로벌 캐피털은 10여 년 전에 뱅커스 트러스트의 앤디 크리거가 팔았던 것과 똑같은 장외 통화옵션 상품을 팔았다. 다만 크리거는 다른 월스트리트의 트레이더들과 거래했지만, 바스케스는 일반 시민들을 상대로 거래했다는 점이 달랐다. 바스케스가 일반 시민들과 거래하는 데 사용된 '미니 계정들(mini accounts)'은 적게는 250달러 정도의 적은 돈도 받았지만 레버리지는 최대 200배까지 적용했다. 예컨대 250달러에 200배의 레버리지를 적용한다면 5만 달러어치의 통화를 움직이는 셈이 된다. 바스케스와 글로벌 캐피털은 인터넷 웹사이트를 통해 한 달에 거의 20억 달러에 이르는 통화옵션 거래 실적을 올렸다.

바스케스 사건은 기존 연방 법규의 한계를 분명히 보여줬다. 첫째, 증권거래위원회가 이미 뱅커스 트러스트 사건과 관련된 바스케스의 불법 혐의를 기소해 처벌을 받게 한 상황에서 증권이 아닌 선물 거래를 감독하는 상품선물거래위원회가 바스케스를 또 기소하는 상황이 벌어졌다. 증권거래위원회는 그의 증권법 위반 혐의를 문제 삼았던 것이고, 상품선물거래위원회는 그의 선물 불법 판매 부분에 주목했던 것이다. 상품선물거래위원회는 바스케스가 증권거래위원회로부터 4년간의 증권업계 취업 금지 명령을 받았다는 사실을 아마도 모르고 있었던 것 같다. 그러나 상품선물거래위원회가 그런 사실을 설령 알았다 하더라도 바스케스의 입장에서는 그것이 증권거래위원회가 아닌 상품선물거래위원회가 관할하는 업무에 종사하는 것까지 막은 건 아니라고 주장할 수 있었다.

둘째, 바스케스의 행위가 법규를 위반한 것인지도 불분명했다. 전 상품선물거래위원장인 웬디 그램이 몇 년 전에 많은 파생상품들을 법규의 적용 대상에서 제외하는 조처를 취해놓았기 때문에 상품선물거래위원회의 관할 범위 자체가 애매했다. 게다가 증권거래위원회와 상품선물거래위원회는 관할권 다툼을 계속하고 있었다. 상황이 이처럼 복잡했으나, 바스케스는 상품거래선물위원회에 대한 항변을 포기하고 불법 행위를 시인했다. 상품선물거래위원회는 바스케스에게 벌금 10만 달러를 부과하고, 상품선물거래위원회의 관할권에 속하는 분야에 5년간 취업을 금지하는 명령을 내렸다. 그러나 이때는 이미 바스케스에 대한 증권거래위원회의 징계 기간이 끝난 뒤였고, 따라서 그는 증권거래위원회의 관할권에 속하는 증권 업무는 할 수 있게 됐다. 만약 그가 하려고만 했다면 다시 깁슨 그리팅스에 구조화 채권을 판매하는 일도 할 수 있었다.

전 상품선물거래위원장인 브룩슬리 본은 2002년에 증권거래위원회와 상품선물거래위원회의 통합을 지지한다고 말했다. 두 위원회가 통합되면 장외 파생상품 시장에 대한 감독을 제대로 할 수 있는 권한과 능력을 갖게 될 것이고, 금융업계로부터의 독립성도 갖출 수 있다는 것이었다. 하지만 그녀는 두 위원회를 관장하는 의회의 상임위원회가 분리돼 있어 통합이 정치적으로 불가능하다는 점을 알고 있었다. 더욱이 그녀는 통합이 될 경우 상품선물거래위원회의 기존 직원들의 업무의 독립성이 없어지고 권한도 약화될 것이라는 점에 대해서도 우려했다.

어쨌든 상품선물거래위원회를 이끄는 간부들은 내부에서부터 스스로 위원회의 위축시키고 있었다. 스스로 권위를 떨어뜨렸고 시장에 대한 감독 기능을 포기했으며, 심지어는 엔론의 붕괴가 파생상품과는 아무런 관련이 없다고까지 주장했다. 이런 간부들이 몇 년 더 조직을 이끈다면 통합은 결국 무산될 것이고, 상품선물거래위원회는 빈껍데기로 전락하게 될 것으로 보였다.

피앤지의 첫 번째 스왑 계약에 대한 가치 평가액에 최종적으로 수정을 가했던 뱅커스 트러스트의 트레이더 길롬 폰커넬은 회사의 거래 장부를 허위로 조작한 사실이 드러나 기소됐다. 그러나 그는 8년 뒤에 혐의에서 완전히 벗어났다. 이런 폰커넬 사건의 결말은 금융 규제당국자들에게는 당혹스러운 것이었다. 월터 앨프린 행정법판사(administrative law judge)는 "폰커넬이 어떤 법규를 위반했거나 부당한 금융 거래를 했다는 증거가 없다"고 판결했다. 금융 규제당국이 행정법 판사에게 제소한 사건에서 이런 기각 판결을 받은 것은 전례가 드문 일이었다.

폰커넬 사건에 대한 기각 판결은 변동성을 이용해 투자 결과를 조작하고 싶어 했던 많은 펀드 매니저와 트레이더들에게 파란불이 됐다. 폰커넬 사건에 대한 재판 도중 한 전문가는 뱅커스 트러스트가 아닌 다른 금융회사들은 변동성을 좀더 객관적으로 측정할 수 있는 지표를 활용하려는 노력을 기울이고 있다면서, 그 같은 지표의 한 예로 트레이더들이 옵션을 사는 가격과 파는 가격 사이의 중간 값이 이용되기도 한다고 증언했다. 그러나 연준은 이 문제에 대해 어떤 객관적인 기준을 제시하려고 하지 않았고, 트레이더들은 '합리적인 범위'를 벗어나지 않는 한 변동성 측정을 자유로이 할 수 있었다.

이에 대해 앨프린 행정법 판사는 시가평가를 하는 데는 여러 가지 다양한 요소들에 대한 판단이 필요하다고 결론을 내렸다. 그는 "경영진이 리스크 평가를 하면서 어느 하나의 변동성 수치를 선택한다면 다른 변동성 수치 대신 바로 그 변동성 수치를 선택한 결과 초래될 수 있는 가치의 변화를 충분히 고려해야 한다"고 권고하는 선에서 그쳤다. 폰커넬 사건에 대한 이 판례는 훗날 엔론의 직원들이 파생상품 거래 결과를 조작할 때 참고가 됐고, 금융회사 직원들이 옵션 포지션의 가치를 조작하는 데도 근거가 됐다.

한편 뱅커스 트러스트의 파생상품 부서 책임자였던 잭 라빈은 재판에서 아주 공격적으로 자신을 변호했다. 라빈은 뱅커스 트러스트가 피앤지와 벌인 거래와 관련된 케빈 허드슨의 소식에 민감하게 반응했다. 라빈에 대한 재판은 그와 그의 아내의 대화를 녹음한 테이프를 증거로 인정할 수 있느냐가 논란이 돼 왔다. 컬럼비아 연방법원에서는 이 문제로 1996년과 1997년에 걸쳐 긴 논란이 이어졌다. 라빈 사건은 2002년까지도 결론이 내려지지 않았고, 연방 수사관들은 이 사건에 대한 언급을 피했다.

증권 당국은 뱅커스 트러스트에 대한 소송을 화해로 종결지었다. 사실 뱅커스 트러스트가 깁슨 그리팅스와 벌인 파생상품 거래가 증권거래위원회의 관할 범위 안에 있는 것인지도 논란의 대상이 되고 있던 터였다. 두 회사가 거래한 스왑은 증권이 아니라는 주장도 제기될 수 있었고, 이 스왑 거래가 대상으로 삼은 통화나 금리 등은 증권이 아닌 게 분명했다. 그러나 뱅커스 트러스트는 이런 점들과 관련해 증권거래위원회의 관할 범위를 문제 삼고 나설 처지가 아니라고 스스로 판단하고, 1000만 달러의 벌금을 물고 파생상품 거래 관행을 일부 개선하기로 합의했다. 깁슨 그리팅스에 대해서도 증권거래위원회는 위법에 따른 영업중단 조치를 내리고 사건을 종결했다. 그러나 깁슨은 벌금은 물지 않았다. 이 회사의 재무 책임자였던 짐 존슨은 업무정지 처벌을 받았지만 벌금이나 형사 처벌은 면했다.

뱅커스 트러스트의 최고경영자였던 찰리 샌포드는 벌금을 물거나 기소되지는 않았지만 자신의 명성에 씻을 수 없는 상처를 입었다. 그는 죽어가는 구식 산업은행이었던 뱅커스 트러스트를 위험 관리에 능숙한 선진적인 투자은행으로 변신시킬 비전과 능력을 가진 인물이었다. 하지만 이런 급격한 변화를 추진하는 과정에서 지나치게 멀리 나갔고, 회사의 분위기를 1990년대 초에 공격적인 거래를 촉발시킨 배금주의 문화로 몰아갔다. 샌포드는 뱅커스 트러스트의 이사회가 자신이 추천한 유진 생크스를 회장으로 선임해주기를 바랐다. 생크스는 몇 년 전에 샌포드 자신이 앨런 휘트를 제치고 선택했던 사람이었다. 그러나 이사회는 샌포드의 마지막 희망을 들어주지 않았다. 그리고 샌포드는 결국 사임했다.

이사회는 샌포드 대신 회사의 균형을 회복시켜줄 인물로 평가된 전 재무부 관리 프랭크 뉴먼을 회장으로 앉히자고 주장했다. 뉴먼은 이사들과 면담할 때 파생상품 규제에 반대한다고 말했던 사람이다. 샌포드에 견주어 볼 때 뉴먼은 연약하고 시야가 짧았으며, 뱅커스 트러스트의 미래보다는 자기 개인의 이익을 챙기는 데 몰두했다. 그가 최고경영자로 재직하는 동안 뱅커스 트러스트는 방향을 잃어버렸고, 1998년 러시아 사태로 큰 손해를 본 것을 포함해 계속적으로 대규모 손실을 입었다. 게다가 뉴먼이 연루된 일은 아니었지만, 여러 계좌의 자금을 불법으로 전용한 사실이 드러나기도 했다.

1999년 뉴먼은 도이체 방크가 뱅커스 트러스트를 100억 달러에 인수 합병하겠다는 제안을 하자, 적극 찬동하고 나섰다. 그런데 도이체 방크는 뉴먼에게 회사의 중요한 결정을 해야 하는 자리를 주기를 거부했다. 결국 뉴먼은 사임했다. 하지만 그는 두 회사의 합병 과정에서 개인적인 이득을 잔뜩 챙겼다. 뱅커스 트러스트에서 이미 수백만 달러의 보수를 받은 그는 향후 뱅커스 트러스트에서 일을 하건 안 하건 5년간에 걸쳐 5500만 달러의 추가 보수 지급을 약속받았다. 그리고 이와 별도로 뱅커스 트러스트를 도이체 방크에 매각하는 데 기여한 공로로 수백만 달러, 퇴직 보상금으로 수백만 달러를 더 받았다. 돌이켜 보면 파생상품 스캔들을 일으키긴 했지만 그보다는 샌포드가 최고경영자로서는 더 괜찮은 사람이었다.

파이퍼 재프레이 사건 관련자들에 대한 소송도 뱅커스 트러스트 사건에 비해 나을 게 없었다. 증권거래위원회는 4년여에 걸쳐 파이퍼 재프레이의 불법 행위를 조사해 100만 페이지가 넘는 서류를 만들었고, 관련자들의 증언을 듣는 데도 37일을 쏟아 부었다. 이 사건에 대한 청문회는 1999년에 8주에 걸쳐 진행됐고, 40명 이상의 증인이 출석했으며, 1000건이 넘는 증거가 제시됐다. 청문회 속기록은 무려 4969페이지에 이르렀다.

파이퍼 펀드 사건의 쟁점은 매우 까다로운 것들이었다. 왜냐하면 파이퍼 펀드가 매입한 모기지 파생상품들이 말할 수 없이 복잡했기 때문이다. 증권거래위원회는 파이퍼 펀드가 모기지 파생상품의 수익률 곡선을 그릇되게 설정했다고 주장했다. 예를 들어 이 사건에서 가장 긴 시간 논란이 됐던 쟁점은 '역 볼록성(negative convexity)'이라는 개념이었다. 이 개념은 물리학의 가속 또는 감속과 비슷한 의미를 갖는다. 굳이 설명하자면, 금리가 떨어질 때 어떤 투자자산 포트폴리오의 변동성이 줄어드는 정도에 비해, 금리가 올라갈 때 그 포트폴리오의 변동성이 커지는 정도가 더 큰 현상을 가리킨다.

파이퍼 사건은 형사 사건이 아니었고, 연방 검찰이 관여하지도 않았으며, 지방법원에 가지도 않았다. 증권거래위원회는 이 사건을 피터 영 행정법 판사에게 갖고 갔다. 행정법 판사는 형사 처벌을 내릴 권한을 갖고 있지 않다. 피터 영 판사는 애스킨 캐피털 매니지먼트가 파산하면서 시장이 붕괴하던 1994년 4월 초에 파이퍼 펀드의 직원들이 모기지 파생상품의 가치를 평가하면서 경미한 증권법 위반 행위만 저질렀다고 판결했다.

이에 따라 파이퍼 펀드는 200만 달러의 벌금형을 선고받았다. 영 판사가 발견한 또 하나의 위법 행위는 워스 브런트젠이 증권거래위원회에 자신의 학력을 허위보고했다는 것이었다. 영 판사는 이 죄목으로 5000달러의 벌금을 부과했다. 파이퍼 펀드는 1996년 3월에는 부당한 판매 활동을 이유로 미국 증권딜러협회로부터 제소당한 사건으로 125만 달러의 벌금을 물었다. 그러나 두 가지 벌금을 합쳐도 대규모 파생상품 거래 한 건으로 벌 수 있는 수수료 금액 정도에 지나지 않았다.

증권거래위원회는 또 네이션스시큐리티스가 위험한 인버스 플로터를 내포한 텀 트러스츠를 마치 네이션스뱅크가 운용하는 안전한 상품인 것처럼 속여 팔았다며, 네이션스시큐리티스에 대해 민사 소송을 제기했다. 그러나 이에 대한 처벌은 비난 여론과 벌금 400만 달러에 불과했다. 이번에도 감옥에 간 사람은 아무도 없었다.

가장 별 볼일 없이 끝난 것은 오렌지 카운티 사건이었다. 증권거래위원회는 오렌지 카운티가 파산하기 몇 달 전에 이 카운티의 재무 책임자인 로버트 시트론을 면담해 그의 투자 전략들을 알고 있었다. 그러나 당시 증권거래위원회는 시트론의 투자에 대해 직접 문제를 제기할 권한을 갖고 있지 않다는 결론을 내렸다.

오렌지 카운티의 파산과 관련된 금융수단들은 뱅커스 트러스트가 팔았던 것들과 비슷했지만, 증권거래위원회와 연방 검찰은 오렌지 카운티의 구조화 채권이 증권인지 여부를 적극적으로 따져보려고 하지 않았다. 위원회와 검찰은 오렌지 카운티의 손실과 관련해 누구든 책임자를 가려내 기소하는 것은 연방 정부의 권한 범위 밖에 있는 사안이라고 판단했다. 국제스왑파생상품협회는 오렌지 카운티가 매입한 구조화 채권은 파생상품이 아니라 증권이라고 〈월스트리트 저널〉을 설득하는 데 성공했지만, 연방 증권 규제당국은 이와 정반대의 판단을 내렸던 것이다. 하지만 오렌지 카운티가 발행한 채권에 대해서는 증권거래위원회가 관할권을 행사했고, 이 카운티 채권의 인수와 판매를 맡았던 투자은행이 증권사기 혐의로 기소하기도 했다.

증권거래위원회와 연방 검찰이 손을 뗀 후 오렌지 카운티 사건과 관련된 로버트 시트론과 그의 부하 직원들은 결국 주 검찰에 의해 기소됐다. 시트론은 1995년 4월 주 정부에 증권사기 죄를 시인함에 따라 최고 14년 징역형을 받을 처지에 몰렸다. 그러나 시트론의 변호사가 그가 치매증을 앓고 있다면서 관대한 처분을 법원에 요청한 덕분에 그는 징역형 대신 주 정부의 근로봉사 프로그램에 따라 감옥 매점에서 9개월간 일하기로 합의했다.

검찰은 오렌지 카운티 사건의 연루자 가운데 어느 누구도 감옥에 보내지 못했다. 배심원들은 이 카운티의 재무 부책임자 매튜 라브에 대해 증권사기와 횡령 혐의를 인정해 3년형을 선고했지만, 2001년 열린 항소심에서 이 판결을 기각했다. 주 검찰은 상소를 포기하고 라브가 납입한 벌금 1만 달러를 되돌려 줬다. 시트론의 예산 감독 부분에 대한 기소에 대해서는 배심원들이 무죄 쪽으로 기울어졌다. 오렌지 카운티의 재난과 관련 있는 투자은행, 신용평가회사, 정부 기관에서도 감옥에 간 사람은 한 명도 없었다. 일시적으로나마 감옥에 갔던 사람은 라브뿐이었다. 그는 41일간 감옥에 갇혀 있다가 항소심이 열리기 전에 보석으로 풀려났다.

뱅커스 트러스트, 파이퍼 펀드, 네이션스시큐리티스, 오렌지 카운티 등 네 사건은 금융 스캔들의 전형적 사례들이었다. 금융과 관련된 비행들은 대부분 복잡했고, 그 피고인들은 대개 자신의 행위가 왜 합법적이고 기존 법규가 적용될 수 없는지를 주장할 근거를 갖고 있었다. 검찰은 많은 금융 범죄를 형사 기소했으나, 대부분 법원에서 패했다.

1994년의 대규모 손실 사태와 관련해 형사처벌 받은 사람들이 일부 있었지만, 그들은 워낙 무모하고 대담한 사기를 저질렀던 이들이었다. 예를 들어 ABN 암로의 27살짜리 호주 출신 트레이더인 제임스 마르티그노니는 뉴욕 연방 법원에서 사기 혐의로 유죄 판결을 받았다. 그는 통화옵션을 사면서 변동성을 부풀리고 순익을 허위로 기록했다. 그의 수법은 뱅커스 트러스트에서 앤디 크리거가 했던 수법과 비슷한 것이었다. 다만 마르티그노니는 나중에 범죄 혐의를 입증하는 데 필요한 증거의 흔적을 많이 남겼다. 그는 심지어 보조 트레이더에게 거래 실적을 기록한 장부의 숫자에서 소수점을 오른쪽으로 한 칸씩 옮기도록 하는 방법으로 손실을 숨기기도 했다. 판매액이 180만 달러라면 이를 1800만 달러로 요술처럼 둔갑시켰던 것이다.

베어링스 뱅크의 닉 리슨은 6년형을 선고받고 싱가포르 감옥에 수감됐다. 리슨은 가위로 장부상의 숫자를 자르고 풀로 붙이는 방법으로 이익보고서를 허위로 꾸몄다가 들통 났다. 이에 대해선 8장에서 좀더 자세히 다룰 예정이다. 그러나 이렇게 유죄 판결을 받고 처벌된 사람들은 지극히 예외적인 경우였을 뿐이다.

판례

1994년 손실 사태에 대한 형사 처벌이 거의 이뤄지지 않은 탓에 관련자들 사이의 분쟁이 대부분 민사 소송으로 이어졌다. 뱅커스 트러스트, 파이퍼 펀드, 오렌지 카운티 등과 관련된 소송에서 법원이 분명한 의견을 제시하면서 판결을 내린 경우는 거의 없었다. 그런데도 피고인들은 사건 해결을 위해 수억 달러를 지불하는 데 합의했다. 파생상품을 공격적으로 판매하는 행위를 다소라도 억제한 것이 있었다면, 그것은 정부 당국에 의한 기소가 아니라 엄청난 손해배상을 초래할 수 있는 민사소송의 위협이었다.

피앤지를 비롯한 뱅커스 트러스트의 일부 고객들은 그들의 손실을 만회하기 위해 소송을 제기했다. 그러나 피앤지와 깁슨 그리팅스 외에도 많은 고객들이 화해로 사건을 마무리했다. 뱅커스 트러스트는 산도스(Sandoz Corp.)와 파생상품 거래를 해 2500만 달러의 이익을 올렸다. 그런

데 산도스와 벌인 첫 번째 거래의 시기가 좋지 않았다. 첫 거래가 이뤄진 1994년 1월 31일은 연준이 금리를 인상하기 5일 전이었다. 뱅커스 트러스트는 산도스로 하여금 파생상품 계약의 내용을 9차례나 바꾸도록 했고, 그때마다 수수료 수입을 올렸다. 산도스는 뱅커스 트러스트와 비밀 합의로 분쟁을 종결시켰다. 제퍼슨 스머피트(Jefferson Smurfit)라는 회사도 뱅커스 트러스트의 권유에 따라 스왑 계약을 11차례나 수정했다. 이 회사는 결국 1994년 9월 거액의 손실을 감수하면서 뱅커스 트러스트와의 스왑 계약을 정리했다. 뱅커스 트러스는 에어 프러덕츠 앤드 케미컬스와의 분쟁을 끝내기 위해 6700만 달러를 지급하기도 했다.

재판 과정에서 피앤지 등 우수한 기업으로 알려진 회사들조차 실제로는 숲 속에서 길을 잃어버린 아이와 다를 게 없다는 사실이 드러났다. 피앤지의 전 회장 겸 최고경영자인 에드윈 아르츠트는 공개적으로 "파생상품은 위험한 것이고, 우리는 완전히 당했다. 다시는 이런 일이 되풀이되지 않도록 해야 한다"고 말했다. 피앤지와 뱅커스 트러스트 사이의 재판 과정에서 발견된 그의 자필 메모에서 아르츠트는 피앤지의 재무 책임자에 대해 "그는 파생상품을 꿰뚫고 있지 못했고, 필요한 의문조차 제기하지 않았다. 그는 아무 생각이 없는 사람"이라고 평가했다. 바로 그 재무 책임자인 레이먼드 메인스는 1994년 초에 회사의 권고에 따라 조기 퇴직했다.

피앤지 사건이 알려지자 앤디 크리거가 비즈니스 스쿨 시절에 잠시 일했던 시카고의 회사 오코너 파트너십스의 마이클 그린바움은 〈포브스〉에 이런 내용의 글을 기고했다. "파생상품을 전문적으로 거래하는 회사의 제너럴 파트너로서 진실을 호도할 생각이 없다. 피앤지의 재무 담당자들은 파생상품으로 수익을 내보겠다는 생각은 아예 버리는 게 좋을 것 같다."

파생상품과 관련된 판결 중 가장 주목할 만한 것은 오하이오주의 판사인 존 페이켄스(John Feikens)가 피앤지 대 뱅커스 트러스트의 재판에서 내린 판결이다. 그는 "스왑은 증권이 아니므로 연방 법규에 따를 필요가 없다"고 판결했다. 이 판결은 금융 소송의 주된 무대인 뉴욕주 법원에 대해서까지 구속력을 갖는 건 아니었지만, 파생상품 딜러들에겐 매우 고무적인 것이었다. 그들은 자신들에게 유리한 판례를 얻게 되자, 다른 판사들이 이와 상반되는 또 다른 판결을 내리기 전에 남아있던 분쟁들을 재빨리 해결했다.

파이퍼 펀드는 소송을 해결하는 데 1억 달러를 들였다. 그리고 모든 소송이 해결되자 마침내 브런트젠은 쫓겨났다. 법률적 분쟁에 휘말린 기업들은 대체로 사건이 해결될 때까지는 관련 직원을 내쫓지 않고 회사 월급 명부에 그 이름을 유지한다. 그렇게 해야만 사건 관련 직원을 회사의 통제 아래 둘 수 있고, 그가 회사에 불리한 증언을 하지 못하도록 할 수 있기 때문이다. 게다가 재판이 끝나기도 전에 관련 직원을 해고하는 것은 유죄를 스스로 인정하는 셈이 된다. 소송이 마무리된 뒤 파이퍼 펀드는 월스트리트에서 매력적인 인수합병 대상으로 떠올랐고, 바로 그 다음 달에 US 뱅코프(US Bancorp)가 7억 3000만 달러에 이 회사를 매입했다.

오렌지 카운티에 구조화 채권을 팔았던 투자은행들도 소송 해결을 위해 수억 달러를 지불해야 했다. 오렌지 카운티는 신용평가회사 에스앤피의 모기업인 맥그로-힐 컴퍼니스(McGraw-Hill Companies)를 상대로 소송을 제기했다. 이에 대해 에스앤피는 자사의 신용등급 평가 업무는 미국 수정헌법 제1조가 보장하는 의사표현의 자유(free speech)에 해당된다고 항변했다. 담당 판사인 게리 테일러는 "에스앤피의 신용평가는 수정헌법에 의해 보호된다"고 판결해 에스앤피의 주장을 받아들였다. 테일러 판사는 오렌지 카운티가 제기한 몇 가지 다른 사안들에 대해서도 심리가 필요하다고 인정했지만, 결국 오렌지 카운티는 에스앤피로부터 손실액의 일부를 배상받기로 하고 화해했다.

오렌지 카운티는 샐리 메이(Sallie Mae)로 알려진 '학자금융자 마케팅 협회'에 대해서도 소송을 제기했다. 오렌지 카운티는 자신이 매입한 9억 1300만 달러어치의 구조화 채권에서 발생한 이익을 샐리 메이가 정직하게 알려주지 않았다고 주장했다. 샐리 메이는 채권을 인수한 메릴 린치에 가격을 15~50bp 정도 낮게 적용해 자신과 메릴 린치 몫으로 챙겼다. 메릴 린치는 그 돈을 샐리 메이에게 돌려줬고, 대신 그것과 관련된 파생상품 계약을 만들어 이익을 뽑아냈다. 이는 뱅커스 트러스트가 깁슨 그리팅스와 스왑 거래를 해 이익을 올린 것과 같은 방법이었다.

샐리 메이 사건은 그 후 여러 해에 걸쳐 대단히 중요하게 부각된 쟁점을 제기했다. 증권 법규는 채권이나 주식을 발행한 기업이 인수 증권사에 지급하는 대가를 공개하도록 규정하고 있다. 공개돼야 할 내용에는 '증권업협회(NASD)의 공정거래 규정에 따라 증권 인수의 대가로 볼 수 있는 모든 항목들'이 포함된다. 증권업협회의 공정거래 조항 44(C)는 "대가는 공정하고 합리적이어야 한다"고 규정하고 있다. 이 규정은 또 "증권 공모와 직접 관련되거나 연관성이 있는 모든 가치가 있는 것들은 투자자에게 공개돼야 한다"고 명시하고 있다. 특히 증권 발행 기업이 인수 증권사에 가격을 낮게 책정해 증권을 넘겨줄 경우에는 투자설명서의 표지에 그에 관한 각주를 달아야 한다고 돼 있다.

메릴 린치가 증권 발행 기업으로부터 받은 온갖 형태의 수수료 수입을 공개하지 않은 것처럼, 많은 다른 투자은행들도 공개에 나선 기업들의 주식을 싸게 산 고객들로부터 은밀하게 리베이트를 받았다. 샐리 메이 사건에서 확인된 바로는 그처럼 공개되지 않은 은밀한 대가는 불법이었다. 나중에 CS 퍼스트 보스턴도 이런 은밀한 대가를 받은 사실이 적발돼 1억 달러를 물어야 했고, 다른 투자은행들도 2002년에 비슷한 뒷거래를 일삼았다.

증권소송 개혁법

온갖 종류의 파생상품 관련 분쟁들이 투자자들에게 유리하게 마무리됐다. 그럼에도 1990년대 중반에 그 후의 소송에서 원고 쪽에 더욱 불리하게 작용할 장애물들이 설치됐다. 1995년 말에 이르면 소송을 당한 기업들이 1993년보다 더 잘 보호될 수 있게 된다. 정부 관리들은 금융부정 행위의 확산을 막기 위해 증권소송이 가장 필요한 시기에 오히려 그런 소송을 제기하는 것을 더욱 어렵게 만들었다.

금융사기 사건에 대한 소송 제기를 어렵게 만든 가장 큰 장애물은 1994년에 연방 대법원이 내린 판결이었다. 센트럴 뱅크 오브 덴버와 퍼스트 인터스테이트 뱅크 오브 덴버가 맞붙은 센트럴 뱅크 사건에 대한 재판에서 연방 대법원이 "회계법인, 투자은행, 법률회사에 대해 증권사기의 공모 및 그 조장 혐의로 소송을 제기할 수 없다"고 판결한 것이다. 이에 따라 회계법인, 투자은행, 법률회사 등 증권 거래에 대한 감시자(gatekeeper) 역할을 하는 기업들은 증권사기 사건과 관련된 간접적인 책임에서 벗어나게 됐다. 만약 이런 기업들에 대해 소송을 걸어 이기려면, 그들이 증권부정 행위에 직접적으로 개입했다는 물증을 원고 쪽에서 제시해야만 하게 됐다. 그러나 이는 거의 불가능한 일이었다.

센트럴 뱅크 사건에 대한 재판은 1993년 11월에 열렸고, 연준이 1994년 2월 금리를 인상하기 전에 모든 심리 절차를 마쳤다. 따라서 이 사건에 대한 재판이 1994년 초에 벌어진 대규모 손실 사태에 의해 영향을 받지는 않았을 것이다. 이 사건에 대한 대법원의 판결은 획기적인 것이었다. 판결은 그 전 60여 년간 축적된 사법적, 행정적 판단을 완전히 무시했다. 그동안에는 회계법인이 증권부정을 돕거나 조장하는 데 책임이 있다고 보는 게 일반적인 판단이었다.

센트럴 뱅크 사건에서 주목된 쟁점은 증권소송 남용 문제였다. 5 대 4
로 결정된 판결에서 다수 의견에 선 앤서니 케네디 대법관은 "증권사기 죄
가 성립하기 위해서는 확실성과 예측 가능성이 있어야 한다"고 말했다. 그
는 비슷한 소송들 가운데 83%에서 회계법인들이 투자자들이 입은 피해액 1
달러당 평균 8달러의 법률비용을 지출했다는 증언을 거론하며 증권소송 남
용의 문제를 지적했다. 그러나 이 사건에 대한 판결이 나온 뒤에도 회계법
인이 소송에 시달리고 있다고 불쌍하게 여기는 사람은 거의 없는 것 같다.

그러나 1995년에 의회는 대법원 판결에 동조해 증권소송을 제한하는
입법 노력을 강화하는 움직임을 보였다. 증권소송에 대한 의회의 제한입법
움직임은 이미 1991년부터 시작된 것이었다. 1991년 의회 청문회에서 전
증권거래위원장인 리처드 브리든은 "근거 없는 증권소송에 대처하기 위한
비용이 일종의 '자본세(tax on capital)'가 되고 있다. 이는 경제의 경쟁력을
갉아먹고 있다. 별 이득도 없는 소송을 제한하는 것은 공중의 이익에 부합
된다"고 증언했다. 이어 1992년에는 루이지애나주 출신의 민주당 하원의
원인 빌리 타우진이 증권사기에 대한 문책 범위를 제한하는 법안을 제출했
다.

아서 레비트도 증권소송에 대한 제한 조처에 찬성했다. 그는 1994년 1
월 각종 강연에서 소송의 남발이 증권 발행 기업들에게 막대한 비용 부담
을 초래하고 있다고 주장하기 시작했다. 그는 사법 시스템이 의미 있는 소
송과 의미가 없는 소송을 제대로 구분하지 못하고 있다고 말하기도 했다.
이렇게 말하고 다니는 레비트에 대해 많은 법률가들은 "증권사기에 대한
대책을 강구하고 나선 개별 기업이나 개인의 노력에 큰 위협이 되고 있다"
고 생각했다.

빌리 타우진의 법안은 특히 빌 레라크(Bill Lerach)라는 이름의 한 유명
한 변호사를 겨냥한 것이었다. 레라크 변호사는 샌디에이고에 있는 법률회

사인 밀버그 와이스 소속이며, 공격적인 소송 제기로 기업과 금융회사들을 두려워하게 했다. 그는 소송을 통해 투자자들에게 수십억 달러를 되찾아주는 실적을 올렸지만, 일부 지나친 소송으로 비난을 받기도 했다. 기업과 금융회사들 사이에 "레라크당했다(Lerached)"는 신조어까지 떠돌았다. 이 말은 레라크에게 증권사기 혐의로 고소당했다는 뜻이었다. 기업과 금융회사들이 늘어난 소송들로부터 스스로를 방어하기 위한 비용 지출이 늘어나면서 소송을 제한하자는 주장에 대한 여론의 지지도가 높아졌다.

그러나 사실 따지고 보면 파생상품 관련 소송에서는 레라크와 밀버그 와이스의 패소율이 높았다. 파생상품은 거래 구조가 복잡한데다 소송 제기에도 많은 돈이 들어갔으며, 소송을 제기한다고 해도 반드시 이긴다는 보장이 없었다. 그래서 레라크 역시 내부자거래나 단순한 금융사기 사건 등에 대해 소송을 걸기를 좋아했다.

아이젠하워 대통령 시절 이후 처음으로 1994년 11월 선거에서 공화당이 하원 다수당이 됨에 따라 증권 소송을 제한하는 법안이 의회를 통과할 가능성이 더욱 높아졌다. 아서 레비트는 1995년 1월 연설을 통해 증권 법규에 도입해야 할 제한 사항들을 제시했고, 의회도 나중에 그 내용을 지지했다. 레비트가 제시한 제한 사항들은 소송을 제기할 수 있는 법정 기한을 단축할 것, 고소인이 다수일 경우 법원이 지명하는 대표 원고(lead plaintiff)에게 지급되는 법정 수수료에 상한을 설정할 것, 범죄 행위가 초래한 손해의 배상에 필요한 금액 이상으로 법원이 추가로 부과하는 징벌적 배상금을 증권 소송에는 적용하지 않도록 할 것, 피고인이 무모한 의도를 갖고 있었음을 원고 쪽이 더욱 분명하게 입증하도록 할 것, 기업이 자사의 미래 실적에 대해 내놓는 전망에 대해서는 법률적인 책임을 묻지 말 것 등이었다.

어쨌든 1995년에 민사증권소송개혁법(Private Securities Litigation Reform Act)은 어렵지 않게 의회를 통과했고, 클린턴 당시 대통령이 거부권을 행사하자 의회가 재의결했다. 클린턴이 거부권을 행사한 이유에 대해서는 금융시장에 대한 그의 관점이 바뀐 탓이라는 말도 있었고, 그에게는 월스트리트보다 변호사들이 정치적으로 더 소중했기 때문이라는 말도 있었다. 아무튼 클린턴과 레비트는 이 법에 대해 의견이 갈렸다. 그러나 그 때문에 레비트의 자리가 위태로워지진 않았다. 그는 그 후로 5년이나 더 위원장 자리를 지켰다.

민사증권소송개혁법이 제정됨에 따라 증권사기 소송을 제기한 이들이 소송을 계속 유지하기가 어렵게 됐다. 많은 의원들은 이 법이 긍정적인 효과를 가져 올 것이라고 믿었지만, 투자자의 권리를 주장하는 사람들은 반대로 부정적인 결과를 우려했다. 그 뒤에도 많은 논란이 이어졌지만, 한 가지 변화는 분명히 일어났다. 이 법이 발효된 뒤 정부에서 금융사기에 대해 더 이상 적극적으로 형사 처벌을 추구하지 않게 되고 원고 쪽 변호사들의 입지도 좁아졌다. 이에 따라 기업과 경영자들이 법률적인 통제보다는 자기 자신의 도덕적 가치관과 사회적인 평판에 더 많은 신경을 쓰게 됐다.

펀드 매니저인 제임스 차노스는 시장의 힘만으로 월스트리트, 대기업, 회계법인, 변호사들로 하여금 원칙과 법규를 잘 지키도록 할 수 있을지에 대해 회의적이었다. 차노스는 하원 에너지위원회에 출석해 1995년 이후 금융사기가 급증한 주된 원인은 민사증권소송개혁법에 있다고 지적하면서 이렇게 덧붙였다.

"민사증권소송개혁법은 부도덕한 경영자들을 더욱 대담하게 만들어, 거짓말을 해도 처벌받지 않을 것이라고 생각하게 만들었다. 자신의 거짓말로 인해 피해를 입게 될 사람들이 법률에 호소할 것이라는 염려를 할 필요가 없어졌기 때문이다. 이 법은 증권 인수회사와 회계법인들에게도 느슨한 태도를 부추기고 있다."

키더 피바디

키더 피바디의 손실은 법규만 갖고는 금융 조작행위를 예방하거나 억제할 수 없음을 보여준 대표적인 사례였다. 법규는 경영자에게 직원들을 잘 관리하도록 하는 동기 부여도 못했고, 경영자가 직원들 관리를 제대로 하지 않아 피해가 발생했을 때 그 경영자를 단죄하지도 못했다. 키더 사건은 그럴 경우 유일하게 가능한 처벌은 기업의 파산임을 보여주었다. 그러나 이런 처벌은 결과적으로 손실을 초래한 범법자가 아닌 주주들에게 부과되는 것이었다.

키더가 입은 3억 5000만 달러의 손실은 두 가지 이유에서 뱅커스 트러스트와 살로먼 브라더스가 낸 수억 달러의 손실보다 더 당혹스러운 것이었다. 첫째, 키더는 뱅커스 트러스트나 살로먼 브라더스보다 훨씬 더 단순한 금융수단을 거래하다가 손실을 냈다. 키더가 거래한 금융수단은 유동적인 시장에서 거래되는 것이었고, 그 시세도 매일 신문에 보도되고 있었다. 둘째, 뱅커스 트러스트와 살로먼 브라더스의 주주들은 두 회사가 금융업을 주로 한다고 사실대로 알고 있었지만, 제너럴 일렉트릭이 대주주였던 키더의 주주들은 이 회사가 제조업체인줄 알았다. 제너럴 일렉트릭의 주주들은 키더가 무려 400억 달러에 이르는 투기적인 채권 포지션을 취하고 있다고는 상상조차 하지 못했다. 400억 달러라면 앤디 크리거가 뱅커스 트러스트에서 했던 최대의 거래에 비해서도 20배나 되는 엄청난 규모였다.

키더 사건은 오랜 세월 제너럴 일렉트릭의 회장을 지낸 잭 웰치의 명성에 오점을 남겼다. 웰치는 최고의 사업 실적, 비용 절감, 그리고 꾸준한 수익 창출로 명성을 쌓았다. 그는 제너럴 일렉트릭의 경영을 맡자마자 네 명 중 한 명꼴로 직원을 해고했다. 그러면서도 그는 2500만 달러를 들여 제너럴 일렉트릭 본사에 새 영빈관을 짓고 대형 회의실을 설치했다. 웰치는

'중성자탄 잭(Neutron Jack)' 이라는 별명으로 널리 알려졌다. 이 별명은 그가 다른 기업을 인수하면 그 기업의 건물은 무사하지만 그 안에서 일하던 사람들은 다 제거된다는 뜻에서 붙여진 것이다. 그의 전략은 어느 업종에서나 1등 또는 2등이 되는 것이었고, 그렇게 되지 못하면 그 업종의 사업은 포기한다는 것이었다. 그는 계열사마다 분기별, 연도별 목표치를 설정하고 달성하도록 했다. 그렇게 하지 못한 경영자는 자리를 지키지 못했다. 그의 이런 경영 전략은 먹혀드는 듯했다. 제너럴 일렉트릭의 분기당 이익 실적은 무려 51분기 연속 전년 같은 분기보다 늘어났다.

웰치는 기질과 경영 스타일이 불같다는 점으로도 유명하다. 그런 그가 키더의 손실을 알고는 노발대발했던 것도 당연하다. 제너럴 일렉트릭은 1980년대의 내부자거래 스캔들로 인해 곤욕을 치르던 키더를 1986년에 인수했다. 이때 키더의 슈퍼스타였던 마틴 시걸은 감옥에서 복역 중이었다. 웰치는 키더를 인수한 뒤 채권 거래 책임자인 에드워드 세룰로를 비롯한 키더의 기존 직원들을 잘 대우했다. 웰치는 열성적으로 키더를 개조하는 데 몰두했다. 그러나 애널리스트들은 웰치가 그처럼 채권 거래에 집착하는 이유가 무엇인지 의아해했다. 웰치의 태도를 보면 채권 거래 사업이 제너럴 일렉트릭에 대단히 중요하다는 것인데 왜 그런지에 대해 의문을 품었던 것이다.

알고 보면 웰치는 뱅커스 트러스트, 퍼스트 보스턴, 그리고 살로먼 브라더스가 얼마나 많은 이익을 내고 있는지를 잘 알고 있었다. 주주들은 제너럴 일렉트릭이 여전히 전구를 생산하는 회사라고 생각했지만, 웰치는 이미 제너럴 일렉트릭을 투자은행에 가까운 회사로 변화시키고 있었다. 제너럴 일렉트릭은 금융 계열사인 GE 캐피털에 점점 더 많이 의존하고 있었다. GE 캐피털은 당시에 벌써 수십억 달러어치의 구조화 채권을 발행했고, 1993년에는 제너럴 일렉트릭 그룹 전체 이익 가운데 3분의 1 이상을 창출했다. 웰치는 현대 금융에 대한 경험이 없었지만 GE 캐피털의 직원들을 철저히 신뢰했고, 그들이 목표를 달성할 수 있도록 재량권을 부여했다.

제너럴 일렉트릭은 키더의 개조에 성공하는 듯했다. 제너럴 일렉트릭은 키더의 비용 절감에 나서는 동시에 1990년에 파산한 드렉셀 번햄 램버트의 트레이딩 부문을 인수하기도 했다. 키더의 직원들은 후한 급여를 받았고, 사기도 높았다. 에드워드 세룰로는 완전한 성과급제를 실시하겠다고 밝혔다. 세룰로의 부하 직원들 가운데 완전 성과급에 들어맞는 사람은 둘이었다. 한 사람은 수학 박사학위를 갖고 있는 멜빈 멀린이었다. 그는 키더의 구조화 채권 및 옵션 거래 부문을 발전시켜 1993년에 5800만 달러의 이익을 창출하도록 만들었다. 또 한 사람은 대학에서 수학을 전공한 마이클 브라노스였다. 그는 수줍음을 많이 탔지만 키더를 월스트리트의 1급 모기지 거래 회사로 올려놓았다. 그의 노력 덕분에 키더는 1993년에 살로먼 브라더스를 제치고 모기지 거래를 가장 많이 한 회사가 됐다. 위스 브런트젠과 데이비드 애스킨에게 인버스 IO를 판매한 회사가 바로 키더였다.

잭 웰치는 키더의 세부적인 경영 내용에는 간섭하지 않으면서도 변함없이 적극적으로 지원했다. 웰치는 키더에 10억 달러 이상의 자본을 대주었고, 제너럴 일렉트릭의 최우량 고객들을 키더에 소개해 주기도 했다. 1980년대 후반부터 1990년대 초까지 웰치가 키더의 직원들에게 던진 메시지는 단 한 마디였다. "목표치를 늘려라(Stretch goals)." 웰치는 제너럴 일렉트릭이 진출한 모든 사업 분야에서 최고가 되기를 원했다. 웰치는 키더를 인수함으로써 제너럴 일렉트릭 전체의 사업 포트폴리오에 최고의 월스트리트 금융회사를 추가하려고 했던 것이다.

웰치가 키더에 대해 자유방임식 관리와 이익 창출에 대한 강조를 병행한 경영 방식이 문제를 자초했다고 생각하는 전문가들도 있었다. 하버드 비즈니스 스쿨의 새뮤얼 헤이스 교수는 "웰치는 조직 구성원들이 개별적인 자기 영역을 확보하도록 부추기는 기업 문화를 조성했고, 이 때문에 책임이 분산됨으로써 제너럴 일렉트릭 같은 대기업이 취약점을 노출하게 됐다"고 지적했다. 서던 캘리포니아 대학의 '효율적 조직 센터' 소장인 에드워드 롤러는 "웰치는 위압적이고 거칠다. 제너럴 일렉트릭의 기업 문화는 결과 지향적이다. 제너럴 일렉트릭이 우수한 실적을 내기도 하지만 규칙을 위반하기도 하는 이유가 바로 여기에 있다. 이는 동전의 앞뒷면과 같다"고 말했다.

웰치는 회사 안에서 법규 위반이 저질러지고 있다는 사실을 1994년 초부터 알아채기 시작했다. 연준이 전격적으로 금리를 인상하기 전이었다. 1월에 키더는 당시 28세의 파생상품 부책임자 클리포드 캐플런을 해고했다. 키더를 웃음거리로 만들었기 때문이었다. 그는 이탈리아 정부의 채권이 포함된 어설픈 파생상품 거래를 하다가 회사에 200만 달러의 손실을 입혔을 뿐 아니라, 프랑스 파리에 본사가 있는 LCF 에드몽 드 로트실트 방크의 미국 지사에 고용된 상태에서 키더의 자리도 유지했음이 드러났다. 키더는 1993년에 캐플런에게 50만 달러의 보너스를 지급했지만, 사실 그는 증권거래 면허도 없이 이탈리아 채권을 이용한 파생상품을 거래했다.

키더는 스왑 트레이더 한 명이 네이션스뱅크와 채권 파생상품 거래를 하다가 발생한 손실 속에 1100만 달러를 숨기고, 또 다른 옵션 트레이더가 프랑스와 스페인의 정부 채권에 대한 옵션 거래에서 입은 손실 속에 600만 달러를 은폐한 사실도 찾아냈다. 어느 누구도 이 같은 손실 은폐에 대해 신경을 쓰지 않은 게 분명했다. 웰치는 이런 상황에 걱정됐다. 그는 1994년 3월 7일자 〈포천〉에 실린 인터뷰에서 이렇게 말했다. "문제가 자꾸 커져 하늘에 닿을 것 같다. 걷잡을 수 없게 됐다. '조금만 더, 조금만 더' 하는 소리가 들린다. 많은 것을 배우고 있다."

일부 직원들은 46세의 수학 박사인 멜빈 멀린 탓으로 돌렸다. 그는 키더의 파생상품 부문을 성장시켰고, 정부 채권 거래 책임자로 일해 왔다. 그러나 멀린은 웰치의 돌격 명령을 충실히 따랐을 뿐이었다. 클리포드 캐플런은 멜빈에 대해 "그는 완전히 '자유방임'이었다. 오직 이익만 바라보고 움직였다"고 말했다. 이 말이 칭찬이었는지, 비난이었는지는 확실치 않다.

멀린이 증권업무 면허도 없는 캐플런으로 하여금 파생상품 거래를 하도록 허용한 것이 문제였을까? 그가 일본의 금융 법규를 어기는 거래를 하는 데 대한 경고를 무시한 것이 문제였을까? 그가 자신의 아내를 직원으로 고용하고 자신이 감독 하에 아내가 90만 달러의 보너스를 챙기도록 한 것이 문제였을까? 고의는 아니었겠지만 그가 아내의 옵션 포트폴리오를 이중으로 헤지하는 바람에 회사에 200만 달러의 손실을 입힌 행위가 문제였을까? 이 가운데 마지막 행위는 분명히 멀린의 잘못이었다. 그러나 그 외의 나머지 행위들은 잭 웰치가 회사에 조성하고자 했던 사내 문화에 일치하는 것들이었다. 게다가 멀린의 '자유방임' 방식은 이익 창출에 도움이 됐다.

1991년에 멜빈 멀린은 자신의 경력은 물론 상관인 에드워드 세룰로의 경력도 망가뜨리고, 키더를 위험에 빠뜨릴 수 있는 행동을 했다. 올랜도 조지프 제트(Orlando Joseph Jett)라는 젊은 채권 트레이더를 고용한 것이다. 멀린은 제트를 면담하고는 그가 "일에 미친 듯 매달리는 사람인데다 숫자 감각도 대단해 보였다"고 평했다. 그가 퍼스트 보스턴에서 해고당한 사실은 그리 중요시 되지 않았다. 뿐만 아니라 제트가 하버드 비즈니스 스쿨을 졸업한 뒤 첫 직장인 모건 스탠리에서 근무한 기간이 아주 짧았다는 사실도 주목되지 않았다. 어쨌든 제트는 1991년 7월부터 키더에 출근하기 시작했다.

멀린은 제트에게 '스트립스(STRIPS)'로 불리는 장기 미국 재무부 채권을 거래하는 일을 맡겼다. 스트립스는 미국 재무부가 발행하는 제로쿠폰형 채권이다. 따라서 이자만큼 할인된 가격으로 발행되고 만기에 원금은 상환되지만 이자는 전혀 지급되지 않는 채권이다. 스트립스는 살로먼 브라더스의 폴 모저와 같은 재무부 채권 트레이더들에 의해 만들어졌고, '이자와 원금의 분리 거래(Separate Trading of Registered Interest and Principal of Securities)' 라는 이름의 연방 정부 프로그램을 통해 거래된다. 스트립스라는 이름은 바로 이 프로그램의 머리글자를 따서 붙인 약칭이다.

스트립스의 이자와 원금 분리 방식은 모기지의 그것과 비슷하다. 다만 스트립스가 모기지와 다른 점은 그 상품 구성 및 거래와 관련된 모든 힘든 일을 뉴욕연준이 수행한다는 점이다. 키더의 트레이더로서 제트가 해야 할 일은 단순히 재무부 채권을 사다가 뉴욕연준에 제시하는 게 전부였다. 그렇게 하면 뉴욕연준은 제트에게 한 묶음의 스트립스를 준다. 그 가운데 작은 스트립스는 6개월마다 이자를 지급하는 것이고, 큰 스트립스는 원금을 상환하는 것이다. 작은 스트립스든 큰 스트립스든 미래에 단 한 번의 일시금 지급을 받을 권리를 표현하는 것이며, 그 사이사이에 이자를 지급하지는 않는다.

예를 들어 제트가 6개월마다 이자를 지급하는 연리 10%, 만기 30년짜리 미국 재무부 채권 100만 달러어치를 사서 뉴욕연준에 제시하면, 6개월마다 5만 달러씩을 받을 권리가 표시된 쿠폰 스트립스 60장과 30년 뒤에 100만 달러를 받을 권리가 표시된 원금 스트립스 1장을 받는다. 제트는 물론 이 거래를 뒤집어 거꾸로 할 수도 있었다. 그가 만약 원래의 재무부 채권을 복원하는 데 필요한 스트립스 61장을 모두 모았다면 그것들을 뉴욕연준에 제시해 30년 만기의 원래 재무부 채권으로 바꿀 수 있었다.

스트립스는 미래에 일시금을 한 번만 받을 수 있는 권리를 나타내는 것이기 때문에 항상 액면가, 즉 스트립스 소유자가 만기 때 받게 될 금액보다 낮은 가격에 거래된다. 예를 들어 어떤 스트립스가 30년 뒤에 100만 달러를 받을 수 있는 것이라면, 그 스트립스가 지금 거래되는 가격은 20만 달러 정도일 것이다. 그리고 만약 이 스트립스의 만기가 3년이라면 그 현재 가치는 80만 달러 정도가 될 것이다.

스트립스의 트레이더들은 매우 적극적으로 거래에 나섰고, 시장의 경쟁이 치열해졌다. 이론상으로는 트레이더가 스트립스들을 싸게 사서 재구성한 다음 뉴욕연준에서 재무부 채권으로 바꾼 뒤 비싸게 팔아 이익을 남길 수 있었다. 아니면 거꾸로 재무부 채권을 산 다음 그것을 스트립스로 쪼개어 팔아도 이익을 남길 수 있었다. 하지만 실제로 이런 아비트리지 기회는 찾기 어려웠다. 스트립스 거래는 쉬운 것이었고, 거래에 드는 비용도 저렴했다. 시카고학파의 경제학자들은 스트립스를 효율적 시장의 첫 번째 사례로 꼽았다. 스트립스 시장의 길바닥에서는 20달러짜리 지폐가 떨어져 있는 것을 발견할 수 없었다.

제트에게는 만기가 10년 이상인 스트립스를 거래하는 일이 맡겨졌다. 그러나 그는 스트립스에 대해서는 훈련을 받은 적이 전혀 없었다. 멀린은 그가 실무 속에서 스스로 스트립스 거래를 터득하기를 바랐다. 첫 몇 달 동안 제트의 거래 결과가 신통치 않았고, 멀린은 슬슬 걱정되기 시작했다.

그러나 1991년 9월 20일 제트는 드디어 이치를 깨달았다. 그는 스트립스가 액면가에 비해 할인된 가격에 거래된다는 사실에 주목했다. 위의 예에서 30년 만기 스트립스의 현재 가치는 20만 달러이고, 3년 만기 스트립스의 현재 가치는 80만 달러다. 그런데 시간이 흐르면서 스트립스의 현재 가치는 액면가에 접근해간다. 따라서 액면가가 100만 달러인 스트립스의 만기 하루 전날 가격은 99만 9900달러가 될 수 있다. 사람들이 100만 달러를 내일 받기 위해 오늘 지급하는 금액은 100만 달러를 30년 뒤에 받기 위해 오늘 지급하는 금액보다 큰 것이다. 다시 말해 스트립스의 가격은 마치 은행 예금처럼 시간이 흐르면서 높아진다.

이와 함께 제트는 9월 20일 키더의 회계 시스템에서 허점을 하나 발견했다. 이 허점을 이용하면 스트립스 거래를 거래 당일에 바로 장부에 기록하지 않고 미래의 특정 시점에 거래한 것처럼 조작할 수 있었다. 즉 스트립스를 오늘 사서 채권으로 재조합해 오늘 바로 그것을 파는 게 아니라 이를 6개월 뒤에 하는 것으로 오늘 약정할 수 있었다.

스트립스를 채권으로 재조합하는 일을 오늘 당장 하지 않고 미래에 하는 것으로 오늘 약정하면 무엇이 달라질까? 바로 여기에 새로운 발견이 있었다. 제트가 이런 미래의 거래, 좀더 자세한 표현으로는 '재조합 채권의 선도거래(forward reconstitution)'를 키더의 회계 시스템에 집어넣자마자 그의 이익 실적이 크게 불어나기 시작했다. 그 이유는 무엇이었을까? 재조합 채권의 선도거래는 스트립스를 사는 동시에 그에 대응하는 채권을 파는 두 가지 거래로 구성된다. 제트가 이런 거래를 해서 이익을 내려면 스트립스를 싸게 사야 했다. 그런데 키더의 회계 시스템을 이용하면 스트립스를 항상 싸게 살 수 있었다. 왜냐하면 키더의 회계 시스템은 시간이 흐름에 따라 스트립스의 가격이 오르는 것으로, 그리고 그 같은 가격 상승은 트레이더의 미래 실적도 아닌 바로 오늘의 실적인 것으로 인식하도록 돼있었기 때문이다. 이는 키더의 회계 시스템이 잘못 프로그램된 탓이었다.

돌려 말하면 제트는 오늘 20만 달러어치의 스트립스를 사고, 6개월 뒤에 재조합된 채권을 구성하는 부분들로서 그것들을 팔기로 오늘 약속할 수 있다는 것이었다. 이렇게 하면 키더의 회계 시스템은 제트의 스트립스 판매 가격을 6개월 뒤의 가격인 25만 달러로 오늘 날짜에 기록했다. 그리고 이 거래에서 키더의 회계 시스템은 스트립스의 6개월 뒤 가격과 오늘 가격의 차이인 5만 달러를 이익으로 잡았다.

그러나 실제로는 전혀 이익이 없었다. 제트가 스트립스를 오늘 산 다음 그것을 6개월 뒤에 팔기로 오늘 약속한다고 해서 실제로 오늘 돈이 생기지는 않는 것이다. 오늘 제트가 산 스트립스의 현재 가치는 그 스트립스를 미래에 팔기로 하면서 약속된 것으로 간주되는 대가의 현재 가치와 똑같다. 만약 제트가 그와 같은 포지션을 계속 유지할 경우, 시간이 흐르면서 일어나는 금리의 변화에 따라 돈을 벌 수도 있고 잃을 수도 있다. 하지만 오늘 당장 이익이 실현되는 것은 아니다. 키더의 회계 시스템은 미래의 가치를 현재의 가치와 곧바로 비교했는데, 이는 4 빼기 4는 1이라고 하는 것만큼이나 잘못된 계산이었다.

제트는 재조합 채권의 선도거래를 몇 건 해보았다. 그러자 키더의 회계 시스템은 제트가 그런 거래에서 이익을 올린 것처럼 보이게 하는 마술을 부렸다. 넉 달째 내리 손실만 내던 제트가 갑자기 이익을 내기 시작했다. 1991년 11월과 12월 두 달간에 걸쳐 제트는 재조합 채권의 선도거래를 통해 26만 5000달러의 이익을 냈다. 나쁘지 않은 실적이었다.

멜빈 멀린은 제트의 실적이 개선되자 기뻐했다. 다른 스트립스 트레이더가 멀린에게 제트의 거래 수법에 대해 불만을 터트리면서, 제트가 포지션을 허위로 평가하고 있다고 비난했다. 그러나 멀린은 이를 무시했다. 어쨌든 키더의 회계 시스템은 제트가 이익을 내고 있다고 말하고 있었다. 멀린은 수학 박사였음에도 제트의 거래를 제대로 이해하지 못했다고 나중에 실토하게 된다.

몇 달 뒤 제트는 자신의 거래 방식을 비난했던 트레이더가 다른 은행으로 직장을 옮기려고 한다는 사실을 알아냈다. 제트는 그 트레이더의 대화 내용이 담긴 녹음테이프를 에드워드 세룰로에게 갖다 주고 그를 해고하도록 했다. 아이러니하게도 이때 쫓겨난 트레이더는 퍼스트 보스턴에 정착해 성공적인 스트립스 트레이더로 인정받았고, 그가 소속된 퍼스트 보스턴의 트레이딩 팀은 제트를 상대로 스트립스 거래를 벌여 수백만 달러의 이익을 올렸다.

멀린이 제트를 완전히 신뢰한 것은 아니었다. 연말 실적평가를 할 때 멀린은 제트에 대해 실적추이 평가에서는 최고 점수를 주었지만, 전반적인 평가에서는 밑에서 두 번째 등급의 점수를 주는 데 그쳤다. 멀린은 제트에 대해 "기대보다 부진한 출발을 보였지만 점점 좋아지는 것 같다"고 평가했다. 이런 평가로는 고액의 보너스를 받을 수 없었다. 제트는 5000달러라는 미미한 금액의 보너스에 만족해야 했다.

1992년에 제트는 마침내 멀린에게 깊은 인상을 주기 시작했다. 제트는 재조합 채권의 선도거래에 미친 듯이 달려들었다. 그 해 말에 키더의 회계 시스템은 제트가 벌어들인 이익이 3200만 달러에 달하는 것으로 집계했다. 키더의 스트립스 트레이더로서는 역대 최고의 실적이었다. 황홀해진 멀린은 제트를 수석 부사장으로 추천하기까지 했다. 그러나 제트의 실제 실적은 1000만 달러의 손실이었다. 회계 시스템이 집계한 그의 이익 실적은 조작된 것이었으나, 키더에서 이를 눈치 챈 사람은 아무도 없었다. 제트는 210만 달러의 보너스를 받았다. 그는 더 이상 과거의 제트가 아니었다.

몇 달 뒤 채권 거래 책임자인 에드워드 세룰로는 멜빈 멀린에게 새로 구성된 파생상품 팀을 맡아 달라고 했다. 당시 뱅커스 트러스트, 퍼스트 보스턴, 살로먼 브라더스 등 다른 은행들은 파생상품으로 큰 돈을 벌고 있었고, 키더도 이 판에 끼고 싶었던 것이다. 누구를 멀린의 자리에 대신 앉힐 것인가가 문제였다. 세룰로와 멀린은 제트를 선택했다. 이로써 제트는 입사한 지 2년도 채 안 된 1993년에 정부채권 거래 부문 책임자로 승진해 20명의 트레이더들을 지휘하게 됐다. 제트는 세룰로에게 직접 보고하기 시작했다.

새로운 직책을 맡은 뒤에도 제트는 회사 경영진을 실망시키지 않았다. 최소한 서류상으로는 그랬다. 제트는 1993년 한 해 동안 1억 5100만 달러라는 큰 이익을 올렸다. 이 금액은 키더가 채권 거래로 벌어들인 이익의 4분의 1이 넘는 것이었다. 하지만 실제로는 적어도 1억 달러 이상의 손실을 냈다. 이런 사실을 전혀 알아채지 못한 세룰로는 이 해에 제트에게 930만 달러라는 기록적인 보너스를 주기로 했다. 이는 몇 년 전 앤디 크리거가 뱅커스 트러스트에서 받은 보너스보다도 3배가 넘는 큰 금액이었다.

천둥벌거숭이였던 제트가 돌연 키더의 신동으로 변신한 데 대해 의문을 품은 간부가 있었다 하더라도 그런 우려를 입 밖에 내기는 어려웠을 것이다. 제트는 이미 키더의 영웅이 됐고, 회사에서도 그에게 '올해의 최우수 사원'으로 선정했다. 플로리다주의 보커러턴에서 열린 회사의 연례 수련회에서 제트는 강렬하면서도 동기유발적인 연설을 했다. 이 수련회에 참석했던 한 법률고문은 "'자! 함께 나가 싸워 이기자' 하는 식의 감정적인 연설이었다"고 말했다.

1994년에 접어들자 아무도 제트를 통제하지 못했다. 로버트 시트론, 워스 브런트젠, 데이비드 애스킨을 비롯해 손꼽히는 펀드 매니저들도 무너져 내리던 이 해 1~2월에도 제트는 6600만 달러의 이익을 내 신기록을 세웠다. 급기야 그의 상사들이 의문을 제기했다. 제트가 어떻게 그 많은 돈을 벌고 있는 거냐는 것이었다. 세룰로는 제트의 거래 내역을 자세히 살펴본 결과 400억 달러 이상의 재조합 채권 선도거래 항목을 발견했다. 미국 재무부 채권의 종류별로 볼 때 전체 발행 잔액보다 더 규모가 큰 거래도 여럿 있었다. 세룰로는 경악했다.

세룰로의 첫 대응은, 제트의 거래가 회사의 재무제표에 표시돼 일반에 공개되는 것만은 막아야 한다는 것이었다. 제너럴 일렉트릭이 제 아무리 초대형 기업이라 해도 트레이더 한명이 그렇게 큰 규모의 자산과 부채를 갖고 있다는 것은 말도 안 되는 것이었다. 제너럴 일렉트릭의 대차대조표에 400억 달러의 자산과 부채가 추가로 반영돼야 한다면, 이 회사의 트리플에이 신용등급은 더 이상 유지될 수 없을 게 뻔했다. 게다가 투자자들이 일제히 제너럴 일렉트릭 주식을 내다팔 게 분명했다.

키더는 어떻게든 제트의 거래를 숨길 방법을 찾으려 했다. 제트가 올린 이익이 진짜였는지에 대해서는 아무도 관심을 두지 않았다. 제트가 낸 이익이 가짜였다고 생각한 사람은 아무도 없었다. 그들은 단지 제트가 벌인 거래의 규모를 위장하는 데만 몰두했다. 제트는 자신의 거래가 회사의 대차대조표를 보기 좋게 꾸미기 위한 것일 뿐이었다고 발뺌하려 했고, 경영진도 이런 그의 입장을 지원해 줄 것이라고 기대했다. 제트의 재조합 채권 선도거래는 결국 키더 경영진에 의해 장외 파생상품 거래로 분류됐고, 이는 규제받지 않는 거래이므로 공시되지도 않았다.

그러나 워스 브런트젠이 그의 인버스 IO의 가치 평가에 애를 먹고 데이비드 애스킨이 마진콜에 시달리던 1994년 3월에 세룰로의 한 참모가 키더의 회계상 결함을 찾아냈다. 세룰로는 제트에게 그의 거래 방식에 대해 서면으로 설명해줄 것을 요구했다. 제트의 설명은 앞뒤가 맞지 않았다. 세룰로의 참모는 제트가 3억 5000만 달러의 손실을 냈다는 계산 결과를 내놓았다.

세룰로는 잭 웰치에게 사실대로 보고할 수밖에 없었다. 웰치는 키더에서 회계상 숫자의 불일치 문제가 발견됐다고 보고받았다. 그러나 그로부터 열흘이 지나도록 키더의 임원들은 무슨 일이 벌어졌는지를 알지 못했다. 3억 5000만 달러의 손실을 반영하면 제너럴 일렉트릭의 이 해 1분기 순이익이 10억 6800만 달러가 되어, 전년도 1분기 순이익인 10억 8500만 달러에 못 미치게 되는 상황이었다. 이는 제너럴 일렉트릭이 52분기 만에 처음으로 전년 같은 분기에 비해 순이익이 줄어든다는 얘기였다. 이런 사실을 알게 된 웰치가 지른 비명은 오렌지 카운티의 재무 책임자였던 로버트 시트론의 귀에까지 들렸을 것 같다.

웰치는 공개적인 자리에서도 자제력을 잃고 말을 더듬었다. 그는 "저 괘씸한 음모적 행위가 우리 모두를 돌게 만들었다"고 말하기도 했다. 한번은 〈월스트리트 저널〉 기자가 그에게 "경영자로서 관리를 잘못했다는 비판이 있다" 면서 코멘트를 요구하자 "누가 그 따위 말을 지껄이느냐. 이름을 분명히 밝히라" 라고 받아쳤다. 웰치는 곧바로 증권거래위원회의 법규 집행 담당자였던 게리 린치 변호사를 고용했다. 그는 1980년대에 키더의 마틴 시걸 스캔들을 조사했던 사람이다. 웰치가 린치를 고용했다는 것은 월스트리트의 네트워크가 얼마나 좁은지를 보여준 또 하나의 사례였다. 웰치는 키더를 더 엄격히 통제해야 했던 것 아니냐는 질문을 받은 적이 있었다. 그는 린치를 언급하면서 "나는 많은 돈을 주고 명석한 사람들을 많이 고용했다. 그들이 진상을 밝혀낼 것" 이라고 답했다.

제트는 1994년 4월 17일 해고됐고, 세룰로 역시 7월에 키더를 떠났다. 세룰로는 퇴직위로금으로 1000만 달러를 받았지만, 자신에 대한 증권거래위원회의 조사를 종결시키기 위해서는 단 5만 달러를 내는 것으로 충분했다. 그는 끝까지 자신은 책임이 없다고 주장했다. 증권거래위원회는 그에게 1년간 금융계 취업을 하지 못하도록 했다. 멀린은 그 다음 달에 사임했고, 그 밖의 간부들도 일부 정직 처분을 당했다.

웰치는 업계 1, 2위의 명성을 잃어버린 키더라는 채권 거래 회사를 더 이상 붙들고 있을 생각이 없었다. 그는 재빨리 키더를 페인웨버에 팔아 넘겼다. 페인웨버는 키더의 기존 자산과 직원을 일부 인수했지만 키더라는 이름은 버렸다. 2500명의 키더 직원들은 근무 연수에 겨우 2주치 급여를 곱한 금액을 해고 위로금으로 받았다. 그들은 키더에서 경험한 일들을 책으로 쓰지 않겠다는 각서를 쓰고 회사를 떠났다.

린치는 키더에 대한 보고서에서 이 회사의 감독 체제가 느슨했으며, 갑자기 실적이 좋아지는 직원에 대해 누구도 의문을 제기하지 않는 기업 문화에 문제가 있었다고 지적했다. 보고서는 제트에 대한 비난에 초점을 맞췄고, 잭 웰치나 제너럴 일렉트릭에 대해서는 별로 비판하지 않았다. 린치가 소속된 법률회사 사람들은 이 보고서를 쓰느라 몇 달을 매달렸고, 그 대가로 막대한 수수료를 청구했다.

웰치는 나중에 자신을 비롯한 경영진은 실제로 키더의 업무에 대해 잘 몰랐다고 인정했다. 한 인터뷰에서 그는 스스로 이해하지 못하는 사업 분야에 진출한다는 것이 어떤 것인지를 이야기하면서 기업 문화의 중요성을 거듭 강조했다. "기업 문화가 중요하다. 나는 이해하지 못하는 비즈니스에 손을 댔다가 망했다. 피해 규모가 크지 않아 그나마 다행이었다. 우리는 키더를 처분했고, 거기서 산 채로 빠져나왔다. 조금만 더 크게 벌렸으면 큰일 날 뻔했다." 웰치는 2001년에 낸 그의 자서전에서 키더나 제트에 대해서는 소상히 이야기하지 않았다. 다만 그는 키더 사태의 진상을 알고 나서 구토증을 느꼈다고 털어놓았다.

제트는 미스터리로 남았다. 그가 나름대로의 계획 하에 사기 음모를 벌였던 것이라면 대단히 우둔했다고 밖에 말할 수 없다. 그는 다른 모든 트레이더들도 실제로 사용했고 수많은 직원들이 접근할 수 있는 키더의 회계 시스템을 이용해 공개적으로 거래를 했다. 자신의 거래 내역을 커다란 장부에 기록했고, 그 장부를 자신의 책상 위에 놓아두었다. 심지어 키더의 외부 감사인들의 작업에 적극적으로 협조하기도 했다. 외부 감사인들은 "제트는 다른 어느 간부보다도 더 많은 도움을 우리에게 줬다"고 말할 정도였다. 게다가 그는 자신이 받은 수백만 달러의 현금 보너스를 모두 키더의 사내 계좌에 넣어두었다. 이 돈은 그의 손실이 드러난 뒤 곧바로 인출이 금지됐다. 1996년에 제트는 빈털터리가 되어 뉴욕의 빈민가 헬스키친에 있는 원룸 아파트의 임대료 월 500달러도 내지 못하는 처지가 됐다. 그는 친구들의 집을 전전하면서 소송에 대비하기 위한 자료 작성에 대부분의 시간을 쏟았다.

제트는 결국 증권사기 혐의는 벗었다. 이는 검찰이 증권부정 혐의자에 대해 실형을 얻어내는 게 얼마나 힘든지를 다시 한번 보여줬다. 그는 장부 조작이라는 상대적으로 가벼운 혐의에 대해서만 유죄 판결을 받았고, 이에 따라 20만 달러의 벌금이 부과됐다. 제트는 민사 소송의 부담도 벗을 수 있었다. 제너럴 일렉트릭이 1900만 달러를 지출하면서 민사 소송 사건들을 화해로 종결시켰기 때문이다.

그러나 역설적으로 제트는 실형을 받지 않고 풀려 나오는 과정에서 유명세를 얻었고, 덕분에 다시 살아났다. 2003년 현재 그는 수백만 달러를 굴리는 역외 투자펀드의 최고 투자 책임자로 일하고 있다. 이 역외 펀드는 제트가 키더에 재직하던 시절에 모기업인 제너럴 일렉트릭의 자산 중 10%를 주물렀다는 점을 광고로 강조했다. 이런 광고에 이끌려 그에게 돈을 맡겨 굴려줄 것을 부탁하고 싶어진 사람이라면 그의 웹사이트 www.josephjett. com을 통해 연락하면 된다.

탈규제의 영향

키더 피바디 사태는 새로운 난제들을 제기했다. '불량배 트레이더(rogue trader)'를 잡아낼 수 있는 통제 시스템을 설계한다는 것은 거의 불가능해 보였다. 금융계가 아닌 다른 분야에서라면 제트처럼 눈에 띄게 실적이 개선되면 곧바로 의심을 샀을 것이다. 하지만 금융계의 트레이더들은 새로운 금융상품이나 거래전략을 구사해 비정상적으로 거대한 수익을 올리는 경우가 흔하다. 제트가 살로먼의 존 메리웨더 팀에서 일하던 트레이더들과 다르다는 것을 어느 경영자나 관리자가 간파해낼 수 있었겠는가?

더욱 심각한 문제는, 월스트리트의 보상체계가 트레이더들로 하여금 과도한 리스크를 지도록 부추기며, 심지어는 자기 회사에 대해서도 사기를 치게 한다는 점이었다. 당시의 불량배 트레이더들의 거래 행위에 대해 사례를 수집하고 분류했던 제리 마크햄 교수는 트레이더들이 그들 자신의 보수를 극대화하기 위해 자신들이 소속된 회사를 최대한 위험에 노출시키는 경향이 있다고 지적했다. "그들로서는 더 많은 리스크를 부담해서 나쁠 게 거의 없다. 오히려 그들에게 유리할 확률이 훨씬 높다. 회사의 자본을 과도한 리스크로부터 보호하도록 유도할 만한 동기도 거의 없다. 트레이더들은 일에서 성공하고 싶다는 욕구에 따라 움직이며, 따라서 리스크를 떠안고 단기적인 이익을 올리려고 한다. 그렇게 이익을 올리려면 불법이거나 부당한 행위를 해야 한다고 해도 마찬가지다."

제트가 얼마나 많은 인센티브를 받았는지를 살펴볼 필요가 있다. 키더에서 일했던 짧은 기간에 그의 보너스는 5000달러, 210만 달러, 930만 달러로 해마다 크게 늘어났다. 그는 벼락부자를 꿈꾸는 트레이더들에게 하나의 모델이었다.

1994년 7월 바젤 위원회(Basel Committee)는 은행들에게 파생상품 트레이더들에게 지급하는 보너스를 그들의 이익 실적에 지나치게 연계시키지 말라고 권고했다. 그런 연계는 과도한 리스크를 낳는다는 것이었다. 그러나 늘 그랬던 것처럼 은행들은 이 권고를 무시했다. 은행들이 1994년의 파국 사태에서 얻은 메시지가 있다면, 그것은 보너스와 실적을 더욱 철저히 연계시켜야 한다는 것이었다. 이익을 많이 낸 트레이더는 백만장자가 될 것이고, 그렇지 못한 트레이더는 쫓겨나야 하는 것이었다.

제트의 손실은 제너럴 일렉트릭을 비롯해 얼마나 많은 기업들이 고도의 첨단 금융에 의존하는지를 보여줬다. 제조업체들까지 재무부서가 이익 중심점(profit center)으로 운영되기 시작했고, 엄청난 리스크를 떠안으면서 이익을 낸 실적에 따라 보수를 지급받았다. 많은 재무 책임자들이 자금 운영을 신축적으로 하기 위해서는 그들 자신이 떠안은 리스크를 경영진에게 알리지 말아야 한다고 생각했다. 은행 경영진이 트레이더들에 대한 통제력을 잃어버렸듯이 비금융 기업의 최고경영자들도 재무부서를 통제하지 못하기에 이르렀다. 이런 기업의 주주들은 로버트 시트론의 거래 행위에 대해 알지 못했던 오렌지 카운티의 주민들만큼이나 회사의 재무 책임자들의 행위에 대해 알지 못했다. 기업은 주주들에게 이 부분에 대해서는 말하려 하지 않았다. 〈포천〉의 설문조사에 응답한 최고경영자들 가운데 3분의 1 이상은 자사 주주들이 이미 기업 사정에 대해 충분히 얘기 듣고 있다는 태도를 보였다.

아서 레비트 증권거래위원장은 다음 차례는 어느 기업이 될 것인가 하는 걱정을 해야 할 상황에 이르기 전에 위원장직에서 물러났다. 그는 자신이 감독하던 시기에 시장에서 진행된 혁명적인 변화도 임기 중에 알아차리지 못했다. 그는 증권거래위원장 임기 말에 〈인스티튜셔널 인베스터〉라는 잡지의 수석 편집자인 핼 럭스와 인터뷰를 했다.

그는 메디슨 거리에서 쇼핑한 물건들을 가득 담은 쇼핑백을 든 채 인터뷰 장소에 나타났다. "역사상 최장수 증권거래위원장으로서 어떤 업적을 남기게 되느냐"는 럭스의 질문에 그는 한동안 대답을 찾느라 고심하다가 "투자자 교육"이라고 대답했다. 그는 재임 중 실패한 몇 가지 정책들에 대해서도 언급했지만, 투자자 교육만큼은 자신이 한 일 가운데 가장 잘 한 일인 것 같다고 말했다.

하지만 인터뷰가 끝나갈 때쯤 그는 기업 경영진이 비공개 정보를 증권 애널리스트들에게 선별적으로 알리는 행위를 금지한 새로운 공정공시 규정(Reg FD)을 거론했다. 그는 이것이 "가장 획기적인 성과"였다고 말하면서 "왜 그것을 잊고 있었는지 모르겠다"고 덧붙였다. 레비트는 위원회가 베어 스턴스의 정산업무 부문을 조사할 때 위원회의 시장감독관이던 리처드 린지를 베어 스턴스가 영입하도록 추천해준 것은 실수였다고 말했다.

그는 길게 진행된 이 인터뷰에서 여러 가지 주제들을 언급했고 후임자에 대한 충고까지 했지만 파생상품에 대해서는 단 한 마디도 하지 않았다.

아서 레비트는 7년 이상 증권거래위원장 자리에 있었지만 클린턴 행정부와는 그다지 교감하지 못했다. 클린턴과의 관계는 "사교적"이었다는 그 자신의 말 그대로였다. 편지와 메모를 많이 쓰는 것으로 유명한 클린턴도 레비트에게는 단 한번 한 줄짜리 메모를 전달했을 뿐이었다. 그것은 〈뉴욕 타임스〉가 내보낸 기사에 관한 것이었다.

레비트와 달리 JP 모건 출신으로 국제스왑파생상품협회(ISDA)의 로비스트였던 마크 브리켈은 현안들에 관여했고, 결과도 늘 성공적이었다. 그는 2000년 7월 22일 하원의 '은행 및 금융서비스 위원회'에 출석해 스왑 거래는 고객 맞춤형 상품의 성격을 지니고 있기 때문에 규제 대상에서 영구히 제외돼야 한다고 주장했다. 그러나 실제로 대부분의 스왑은 고객 맞춤형이 아니며 오히려 정부의 채권만큼이나 표준화돼 있었다. 그럼에도 의회는 2000년 12월 회기 마지막 날에 파생상품을 규제 대상에서 완전히 면제해 주는 '고별 선물'을 파생상품업계에 선사했다. 이 날 사람들의 관심은 플로리다주의 대선 개표 문제에 온통 쏠려 있었고 파생상품 문제는 뒷전이었다.

행운이라는 게 늘 그렇지만, '은행 및 금융서비스 위원회'의 청문회 때 브리켈은 운 좋게도 블랙버드 홀딩스의 공동 설립자인 숀 도르시의 바로 옆에 앉았다. 블랙버드는 1999년 9월부터 인터넷을 기반으로 한 첨단 시스템을 활용해 파생상품을 거래하고 있었다. 이 회사는 17건의 특허를 출원해 놓고 있었는데, 이는 웬만한 생명공학 기업이나 제약 업체들에 비해서도 많은 출원 실적이었다. 전문가들은 블랙버드 및 그와 유사한 자동화 시스템이 금융 거래의 미래를 보여주는 것이며 월스트리트의 적수가 될 것이라고 평했다. 다른 파생상품 거래 회사들에 비해 블랙버드의 기술은 더 우월했고 비용은 훨씬 더 저렴했다. 브리켈과 도르시는 이해관계가 일치하는 부분을 발견했다. 브리켈은 블랙버드의 최고경영자 직을 맡기로 함으로써 1970년대 이후 처음으로 월스트리트의 적진에 서게 됐다.

대법관과 증권거래위원장을 지낸 윌리엄 더글러스는 금융시장과 관련해 이런 유명한 말을 남겼다. "정부는 항상 문 뒤에서 총을 들고 있어야 한다. 기름칠을 미리 해놓고 깔끔히 소제한 다음 총알도 장전해 놓고 언제든 쏠 준비를 하고 있어야 한다." 레비트와 브리켈이 금융시장에 있을 때 이 총은 이미 만들어진 지 60년이 지나 기름칠도 안 돼있고 총알이 장전되지도 않은 지저분한 상태였다.

더글러스는 시장경제에는 늘 리스크가 불가피하게 수반되며, 일부 기업과 개인들이 그 리스크를 떠안고 몰락한다는 것을 잘 알고 있었다. 뉴욕증권거래소 회장이었으며 뒤에 증권거래위원장에도 지명되는 윌리엄 도널드슨은 1992년에 "아무리 헤지를 해도 음악이 끝났을 때는 누군가가 뜨거운 감자를 손에 들고 있을 것"이라고 말했다. 법규의 목표는 리스크를 가장 잘 감당할 수 있는 자가 실제로 그 리스크를 떠안게 하고, 그렇게 함으로써 뜨거운 감자를 가장 적당한 장소에 내려놓을 수 있게 하는 것이다.

그러나 파생상품 시장이 보여주기 시작한 것처럼 현대 금융시장에서의 리스크는 이와 반대 방향으로 가고 있다. 덜 숙련된 투자자들에게로 리스크가 점점 더 옮겨가고 있는 것이다. 처음에는 뱅커스 트러스트, 퍼스트 보스턴, 살로먼 브라더스에 가있던 리스크가 이제는 피앤지, 파이퍼 재프레이, 그리고 제너럴 일렉트릭으로 옮겨졌다.

1994년 손실 사태에 대한 비규제 내지 탈규제의 대응은 금융시장에 두 가지의 큰 변화를 초래했다.

첫째, 미국의 기업 경영자들은 이익을 늘리고 손실은 감추기 위한 장부 조작을 더욱 적극적으로 하게 됐다. 회계조작은 처음에는 비교적 단순했고, 일시적이었으며, 이해하기도 쉬웠다. 대부분의 경영자들, 특히 회계 사기행위를 저지르려고 하는 경영자들은 최근의 금융혁신들이 그들의 회계조작에 어떻게 활용될 수 있는지를 아직 충분히 파악하지 못하고 있다. 이는 곧 진짜로 큰 문제는 몇 년 후에야 나타날 것이라는 뜻이다.

둘째, 금융혁신이 전 세계로 퍼졌다. 미국 이외의 나라들에서도 금융혁신이 낳은 금융상품들의 리스크가 예기치 못한 형태로 무섭게 확산되고 있다. 그 결과는 이미 중남미, 유럽, 아시아에서 몇 차례의 시장위기로 나타나고 있다.

이 가운데 첫 번째 변화, 즉 미국 안에서 저질러지는 대담한 회계 부정 행위의 파도에 대해서는 다음 장에서 다루고, 두 번째 변화인 금융혁신의 세계적 확산은 8장에서 다루기로 한다.

7장

시장에 전달된 메시지

기업 경영자들의 행태

1994~1995년 규제 체제의 변화는 기업의 최고경영자들에게 세 가지 메시지를 던졌다.

첫 번째 메시지는 회사의 회계장부를 적당히 조작해도 처벌받지 않는다는 것이었다. 검찰은 금융사기를 적극적으로 조사하지 않았고, 조사한 경우에도 대개 몇 푼의 벌금만 내면 그만이었다. 감옥에 가는 사람은 거의 없었다. 부정행위가 단지 '이익관리' 차원이었다는 인정만 받으면 더욱 문제될 게 없었다. 이익관리는 다른 경영자들도 일상적으로 하는, 완전히 합법적인 행위로 간주됐다.

두 번째 메시지는 비용이 많이 드는 규제를 피하면서 보수를 최대한 많이 받으려면 옵션이나 스왑과 같은 파생상품을 비롯한 새로운 금융상품을 활용해야 한다는 것이었다. 1994년의 대규모 손실 사태 이후 몇 년간 최고경영자들로서는 파생상품을 다루기가 쉽지 않았다. 거래가 복잡하기도 했지만 위험 부담이 너무 크기 때문이었다. 그러나 스톡옵션을 활용한 보수체계를 도입하면 문제될 게 없었다. 스톡옵션은 회사의 비용으로 공시할 필요가 없었고, 최고경영자 입장에서는 스톡옵션을 받아두는 것이 현금이나 주식을 받는 것보다 더 유리했다.

세 번째 메시지는 회계사나 애널리스트가 회사의 숨겨진 손실과 과도한 스톡옵션 지급 내용을 투자자들에게 알려줄 것이라는 걱정은 안 해도 된다는 것이었다. 의회와 대법원이 이미 증권소송 개혁법 제정과 중앙은행 판결을 통해 회계사와 투자은행의 책임을 면제해 주었다. 회계사와 애널리스트들은 이제 더더욱 투자자들 편이 아니다. 충분한 수수료만 주면 그들은 이제 기업 경영자를 기꺼이 도와줄 것이다.

물론 모든 기업 경영자들이 이런 메시지를 받아들인 것은 아니었다. 워런 버핏은 기업 경영자들은 자사 주가가 적절한 수준에 있도록 해야 하고, 인위적으로 주가를 끌어올리지 말아야 한다고 주장했다. 그는 또 최고 경영자 등 임원들의 보수 지급방법으로 스톡옵션이 사용되는 것을 비판했다. 살로먼 브라더스의 주요 주주였던 그는 회계법인과 증권사들이 '이해 당사자간 이익의 충돌(conflict of interest)' 에 책임이 있다고 비판했다.

워런 버핏의 이런 지적에서 알 수 있듯이 이 세상에는 양심적이지 않은 경영자들이 많이 있다. 이 장에서는 그런 경영자의 예로 네 명에 대해 살펴보기로 하자. CUC 인터내셔널의 월터 포브스(Walter Forbes), 웨이스트 매니지먼트의 딘 번트록(Dean Buntrock), 선빔의 앨버트 던랩(Albert Dunlap), 라이트 에이드의 마틴 그래스(Martin Grass)가 바로 그들이다.

네 사람 모두 일반 투자자들에게는 잘 알려진 인물들이 아니다. 그러나 이들은 1990년대 중반 기업 최고경영자들의 새로운 행태들을 전형적으로 보여준다. 그들은 뱅커스 트러스트나 살로먼 브라더스, 퍼스트 보스턴의 이른바 '로켓 과학자' 들과 달리 화려한 경력도 없었고, 수학이나 금융에 숙달된 사람들도 아니었다. 대신 그들은 일 중독증이 있어 맹렬히 회사 경영에 몰두했다. 그들의 회사는 의류, 바비큐 그릴, 처방 의약품, 쓰레기 처리 등 소비자에게 꼭 필요한 생활필수품이나 서비스를 공급하는 기업들이었다. 그들은 분명히 리보 금리에 연동된 스왑 상품과 같은 복잡한 파생상품을 거래하지는 않았다. 그럼에도 그들은 1994년 파생상품 스캔들보다 더 큰 파장을 일으킨 금융사기극의 주범들이었다.

오랫동안 전문가들은 이들 네 사람과 같은 인물들을 하나로 묶어 '썩은 사과들'로 간주했다. 다른 사과들은 다 괜찮은데 그들만 썩은 사과라는 것이었다. 하지만 이런 비유가 적절하지 못함을 보여주는 많은 사례와 경제학 이론들이 나왔다. 이들의 이야기는 그동안의 금융규제 체제의 변화가 필연적으로 불러온 것으로, 1990년대 기업 경영자들 사이에 만연하게 된 새로운 문화를 상징하는 것이었다. 사과는 사과나무 전체가 썩는 바람에 같이 썩어서 떨어진 것이다.

나의 이런 주장이 얼른 이해되지 않을 수도 있다. 대부분의 투자자들은 1994~1995년 겉치레 기소를 방지하기 위한 증권 관련 법규의 강화를 지지했고, 1995년의 소송에 대해 규제적인 내용을 포함한 증권법규 아래서 오히려 소송 건수가 더 늘어났기 때문이다. 게다가 경제학자들은 기업 경영자들이 고의적으로 투자자들을 이용해 먹지는 않는다고 오래 전부터 주장해왔다. 그랬다가는 경영자로서의 명예를 잃게 되기 때문이라는 것이었다. 이런 경제학자들의 주장에 따르면 최고경영자들은 법규가 어떻게 바뀌든 정직하고 열심히 일한다는 평판을 잃지 않기 위해 노력한다. 기업의 최고경영자는 회계 처리를 정확하게 하고, 과도한 스톡옵션은 거부하거나 최소한 그 내용을 공개하며, 독립적으로 일할 회계감사인과 은행가를 선임하게 된다. 이렇게 하지 않으면 투자자들이 주식을 팔아치울 것이고, 주가가 떨어지면 그 기업 최고경영자는 돈도 일자리도 잃게 된다는 것이다.

바꿔 말하면 최고경영자는 경제적인 존재로서의 인간, 즉 '호모 에코노미쿠스' 로서 합리적인 경제행위를 한다는 것이다. 그들은 사업상 잘못된 결정을 하지 않으려고 하며, 같은 맥락에서 부정행위를 저지르지 않으려 한다는 것이다. 사업상 잘못된 결정이나 부정행위나 수지가 안 맞는 일이기는 매한가지이기 때문이라는 것이다.

이런 주장이 이론적으로는 그럴 듯할지 모르지만 현실적으로는 맞지 않는다는 게 1990년대에 분명해졌다. 최고경영자들은 회사 실적을 조작했고, 스스로 나서서 엄청난 스톡옵션을 부여받았으며, 회계사나 애널리스트들과 한통속 관계를 맺었다. 그러나 그랬다고 해서 최고경영자로서의 평판이 나빠지지 않았다. 적어도 몇 년간은 끄떡없었다.

기업 최고경영자들의 평판은 단기적으로는 거의 전적으로 주가가 얼마나 상승하느냐에 좌우됐다. 그리고 주가는 최고경영자가 애널리스트들이 낸 분기별 전망치에 맞는 실적을 올렸는가에 영향을 받았다. 특히 최고경영자가 텔레비전에 나와 애널리스트들의 전망치를 넘는 실적을 올렸다는 사실을 매혹적인 미소와 함께 발표할 수 있다면 주가에 금상첨화였다. 기업의 구체적인 사업 내용이나 재무공시의 내용에 관심을 갖는 애널리스트나 투자자는 극소수에 지나지 않았다. 〈이코노미스트〉가 지적한대로 "경주마의 실적을 들여다보기보다는 기수를 선택하는 게 더 쉬운 길" 이었다.

투자자들은 "다음 분기에도 순이익이 늘어날 것" 이라고 장담하는 카리스마 있는 최고경영자를 신뢰했다. 이런 경영자들은 으레 애널리스트들이 내놓은 주당 순이익 전망치를 1센트 정도 초과달성했다고 자랑하곤 했다. 최고경영자가 장밋빛 전망을 늘어놓으면 투자자들은 그 기업의 주식을 사려고 앞 다퉈 달려들었다. AT&T의 마이클 암스트롱, 엔론의 케네스 레이, 제너럴 일렉트릭의 잭 웰치 등을 생각해보라. 주가가 올라가면 그 기업의 최고경영자가 더욱 더 매력적으로 보이게 되고, 그러면 투자자들이 몰리는 식이었다. 기업의 진짜 실적이 어떤지, 발표된 실적이 정확한지에 대해서는 아무도 신경 쓰지 않았다.

몇몇 경제학자들은 그처럼 비이성적인 악순환이 일어나는 것은 불가능하다고 주장한다. 이런 주장은 그 전에 "차익거래 기회란 있을 수 없다"거나 "땅 바닥에 20달러짜리 지폐가 떨어져 있는 일은 발생하지 않는다"고 했던 주장들과 같은 얘기다.

이에 대해 '행태금융론(Behavioral Finance)'을 내세운 새로운 학파가 새로운 경지를 열어 보였다. 이 이론은 고전적인 이론과는 맞아떨어지지 않는 산더미 같은 사례들을 거론했다. 이 행태주의 금융이론에 따르면 증시는 결코 효율적이지 않으며, 효율적인 시장에 가깝지도 않다. 또 주가는 기업의 실질가치와는 무관하게 다양한 가격으로 움직일 수 있으며, 실제로 그렇게 움직여 왔다. 과대평가된 주식을 팔아 이익을 챙기려는 차익거래자도 가치에 대한 판단을 정확하게 할 수는 없다. 몇 년에 걸쳐 이익을 인위적으로 부풀려온 회사의 주가가 떨어질 것이라는 쪽으로 투자한 사람이 그 같은 이익 조작의 사기가 들통 나기 전에 파산하기도 한다.

앞 장들에서 우리는 애초에는 일부 월스트리트 트레이더들에만 국한됐던 위험이 시간이 흐르면서 덜 노련한 수백 명의 머니 매니저들에게 확산돼온 과정을 살펴봤다. 기업들이 1994년 손실 사태의 후유증을 이겨내는 동안에는 기업들의 파생상품 거래가 일시적으로 뜸해지기도 했다. 물론 간단한 종류의 파생상품 시장은 전반적으로 꾸준히 성장했고, 미국 밖에서는 그 성장세가 더욱 두드러졌다. 그러나 대체적으로 보면 1990년대 중반부터 말까지는 금융기법의 혁신이 정체 상태에 빠졌다. 이 시기에 발생한 대규모 회계부정 사태들에서도 혁신적인 금융기법은 눈에 띄지 않았다.

대신 이 시점에 금융시장에 큰 변화를 가져올 새로운 전환점이 찾아왔다. 그 전에는 리스크를 숙주로 삼아 확산됐던 금융시장의 바이러스가 이번에는 사기라는 새로운 수단을 내세워 강력한 방어막을 뚫고 여기저기에 퍼졌다. 앨런 그린스펀이 2002년 상원 금융위원회에 출석해 경고했던, 바로 그런 상황이 벌어지게 된 것이다. 그린스펀은 금융위원회에서 이렇게 말했다. "전염성 탐욕이 우리 경제계를 뒤덮고 있습니다."

미국 기업들은 새로운 금융상품들을 다시 사용하게 됐고, 그것은 새로운 형태의 변종이었다. 위험과 사기가 결합되면서 파괴력은 더욱 치명적이 된다. 이렇게 되기까지는 단순한 사기만 횡행했지만, 그것만으로도 타격이 컸다.

월터 포브스

월터 포브스는 20여 년에 걸쳐 CUC 인터내셔널이라는 세계 최대의 소비자 서비스 기업을 구축했다. CUC는 자동차, 외식, 쇼핑, 여행 등의 클럽에 소속된 6800만 명의 회원을 거느린 기업으로 성장했다. CUC는 에이본 레이디와 같은 소비재 기업과 서비스 업체들을 소비자와 연결해주는 일종의 중개자 역할을 했다.

이 회사는 주로 회원권을 팔아 수익을 올렸다. 회원으로 가입한 사람은 CUC를 통해 신제품을 살 수 있고, 할인가격을 적용받았다. CUC의 클럽들 가운데 가장 큰 것이 '컴프유 카드(Comp-U-Card)'였고, 그 이니셜인 CUC가 회사 이름이 됐다. 월터 포브스는 시어스를 비롯한 주요 카탈로그 소매업체들과 제휴관계를 맺었다. 이 책을 읽는 미국인 독자들 가운데 절반 정도는 CUC와 관련된 클럽의 회원일 것으로 생각된다.

컴프유 카드 경영진은 처음부터 '회원권 판매와 관련된 매출과 비용의 회계처리를 어떻게 해야 하는가' 라는 문제에 부닥쳤다. CUC가 연간 60달러의 회비를 분기별로 나눠 내는 3년짜리 회원권을 팔았다고 가정해보

자. 이 경우 CUC는 이 회원권 판매 거래를 분기 회계보고서에 얼마의 매출로 기재해야 할까? 3년간 들어올 180달러를 첫 분기에 모두 다 반영해야 하나, 첫 분기 보고서에는 그 분기에 들어올 회비 15달러만 매출로 반영해야 하나? 아니면 중도해약이나 이자율, 인플레이션 등을 고려한 어떤 조정금액을 계산해 반영해야 할까? 비용 처리도 쉽지 않다. 직원들에 지급되는 급여, 시설투자비, 회원유치 비용 등을 판매된 회원권에 할당 반영하려면 어느 시점에 어떻게 해야 하나?

CUC 경영진은 해약과 비용지출 등에 대한 과거의 데이터를 바탕으로 표를 만들어 놓고 이 표에 따라 매출과 그에 해당하는 비용을 분기별로 분할해 반영했다. 매출과 비용의 처리와 관련된 골치 아픈 문제에 부닥친 기업으로서 이런 표를 갖춘 것은 당연해 보인다. 투자자나 애널리스트들도 그런 정도는 기대할 것이다. CUC가 이 표를 일관되게 사용하기만 한다면 이 회사의 실적을 정확히 파악할 수 있었다. 그러나 월터 포브스를 비롯한 CUC의 경영진은 회사의 정확한 이익을 공개해봐야 별 이득이 없다고 생각했다. 1994년에는 회원권 판매가 지지부진해지고, 분기별 실적이 불안정한 변동을 보이기 시작했다. 그러나 CUC는 이익을 잘 조정해 애널리스트와 투자자들의 기대를 충족시킴으로써 주가를 더 올릴 수 있었다. 어떻게 그게 가능했을까?

투자은행에는 증권 애널리스트들이 있다. 이들은 주식 종목을 분석하고 평가해 세 가지 중 한 가지 의견을 내놓는다. 그것은 바로 '매수 의견', '보유 의견', '매도 의견'이다. 투자자들은 대개 애널리스트들이 내놓는 의견에 따른다. 매수 의견을 받은 주식이 더 가치가 있다. 애널리스트와 투자자들은 기업의 실적이 매년 꾸준히 늘어나는 것을 원한다. 갑작스러운 변동은 좋아하지 않는다. 이익이 예측 가능하게 움직여 애널리스트들의 전망치가 잘 들어맞아야 더 많은 투자자들이 애널리스트들을 믿게 될 것이고,

그래야 애널리스트들이 더 많은 보수를 받을 수 있게 된다. 또 이렇게 되어야 애널리스트들이 매수 의견을 잘 내게 되고 주가가 더 올라간다. 1994년에는 AT&T, 엔론, 제너럴 일렉트릭까지 이익관리를 했고, 그래서 많은 애널리스트들이 즐거워했다. 매도 의견은 단 1%에 그쳤다. 함박웃음을 짓는 투자자들도 많았다.

CUC는 애널리스트들을 더 즐겁게 해주기 위해 수입지출표에 배당란을 추가로 만들었다. 경영진은 이 배당란을 이용해 매출을 올린 시점을 맘대로 바꿀 수 있게 됐다. CUC 경영진의 이익관리는 아주 심해졌다. 어떤 때는 수입지출표를 아예 무시해버리고 컴퓨터 스프레드 시트에 임의로 숫자를 집어넣어 애널리스트들이 내놓은 전망치에 갖다 맞추기도 했다. 이렇게 만들어진 숫자가 회계상 수입과 지출로 반영됐다. 시간이 지날수록 CUC의 회계 시스템은 조지프 제트가 키더 피바디에서 사용했던 것을 닮아갔다. 오늘 허구의 이익을 잡아놓고 손실은 내일로 미루는 식이었다. 회사가 실제로는 돈을 잃고 있다는 사실은 감춰졌다.

CUC 경영진은 1990년대 중반에 이익관리 수법을 더욱 정교하게 다듬었다. 이렇게 해서 수천만 달러의 매출을 앞당겨 실현했고, 그 금액에 해당하는 비용을 미래로 미뤄놓았다. 예를 들면 컴프유 카드 회원이 어느 해의 4분기에 회원권 매입을 취소해도 CUC는 그 다음해까지도 이를 장부에 기재하지 않았다. 경영진은 회원권 관리에 수반되는 비용을 3년에 걸쳐 나눠 반영하면서, 회원권 매출은 모두 판매한 해에 수입으로 기재했다. 회원권 1개당 관리비용이 30달러라면, 회사는 이 비용을 첫 해에 한꺼번에 장부에 반영하지 않고 회원권 유효기간인 3년 동안 매년 10달러씩 반영하는 방식으로 처리했다. 이렇게 함으로써 비용의 3분의 2는 그 다음의 두 해로 넘길 수 있었다.

이런 수법은 단기적으로는 매우 효과적이었다. 투자자와 애널리스트

322

들은 CUC의 이익이 꾸준히 늘어나기를 기대했다. CUC 경영진은 이런 방식으로 몇 년간에 걸쳐 회원권 매출을 최대한 우려먹었다. 회계법인인 언스트 앤드 영은 CUC의 회계보고서에 줄곧 적합 판정을 내려주었다. 언스트 앤드 영은 뱅커스 트러스트의 앤디 크리거가 자신의 포지션 가치를 8000만 달러나 부풀렸을 때 이를 감춰둘 수 있게 해줬던 아서 영의 후신이다. 하지만 언스트 앤드 영은 CUC가 분식회계를 하더라도 웬만한 정도에서 그치기를 바랐다.

1996년이 되자 CUC는 미뤄둔 비용을 반영해야 하는 상황에 몰렸다. 하지만 그것을 상쇄시켜줄 실질적인 이익은 없었다. CUC 경영진은 손실을 본 사실을 밝히든가, 가짜 이익원을 새로 찾아내야 했다.

월터 포브스는 자신이 취할 수 있는 방안들을 놓고 고민했다. 포브스는 수백만 주의 스톡옵션을 받아놓고 있었고, 따라서 만약 회사가 손실을 봤다고 발표하면 수천만 달러의 개인적 손해를 보게 될 판이었다. 포브스는 '그러나 만약 합병 파트너만 찾을 수 있다면…' 하고 생각했다. 그렇게만 되면 손실을 다른 곳에 감출 수 있는 시간도 벌고, 합병에 따른 스톡옵션도 추가로 받을 수 있게 된다.

포브스는 HFS 인터내셔널(Hospitality Franchise System International)의 설립자 겸 최고 경영자인 헨리 실버맨을 만났다. HFS 인터내셔널은 데이스 인과 라마다 등 호텔 체인, 센추리 21과 콜드웰 뱅커 등 부동산 회사 외에도 프랜차이즈 사업 등을 운영하는 회사였다. 월스트리트는 실버맨을 아주 좋아했다. 실버맨은 투자회사로 유명한 블랙스톤 그룹에서 금융인으로 활동하기도 했다. 애널리스트들은 그의 프랜차이즈 사업들이 안정적인 순이익 흐름을 내는 데 대해 호의적이었다. 그의 사업들 가운데 상당수가 파산 직전이라는 사실에 대해서는 무시했다. HFS의 주식은 1990년대 중반 급상승장에서도 인기를 모은 우량주 중 하나였다.

포브스와 CUC는 실버맨에게 아주 구미가 당기는 합병 제안을 했다. CUC의 클럽 회원들은 실버맨의 프랜차이즈 사업에도 고객이 될 수 있다는 것이었다. 물론 그 반대로 실버맨의 고객은 CUC의 고객이 될 수 있었다. CUC 회원들이 센추리 21을 통해 집을 살 수 있게 하고, 라마다 호텔을 이용하는 실버맨의 고객에게는 컴프유 카드로 결제할 수 있도록 하자는 것이었다.

HFS는 CUC가 운영하는 인터넷 몰인 넷마켓 닷컴(Netmarket.com)과 제휴할 수 있었다. 넷마켓은 "고객이 원하는 물건의 90%를 집에서 구매할 수 있게 해 준다"는 캐치프레이즈를 내걸었다. 이 인터넷 몰은 두 가지 점에서 HFS에게 매력적이었다.

첫째, 넷마켓은 당시에 회원 수가 70만 명이나 됐고, 이들은 이미 12억 달러어치에 이르는 소비재를 구입했다. 이들은 HFS의 체인점들을 이용할 가능성이 높았다. 둘째, 인터넷 소매는 전망이 좋은 신종 사업모델이었고, 넷마켓은 무수한 닷컴기업들 속에서 몇 안 되는 탄탄한 회사였다. 아마존 닷컴은 몇 년 뒤 인터넷 쇼핑몰의 정상에 오르게 되지만, 당시에는 영업을 시작한 지 얼마 안 된 풋내기에 불과했다. 물론 경매 사이트인 이베이도 그때는 갓 출발한 신생기업이었다. 넷마켓은 시장의 선두가 될 수 있는 위치에 있었다. 다만 1달러에 시험 가입한 회원들이 연회비로 69.99달러를 내려고 할 것인지 의심스럽긴 했다.

어쨌든 두 회사의 합병은 모든 사람들에게 매력적으로 비쳤다. 센던트 (Cendant)로 이름 붙여질 합병회사는 직원 3만 5000명을 거느리고 100개국에 사업체를 두게 되어 미국 100대 기업에 들어갈 수 있었다. 통합 법인의 시가총액은 400억 달러 가까이 될 전망이었다. 이 합병으로 월터 포브스가 받을 스톡옵션은 940만 주, 금액으로는 6500만 달러 이상이 될 것으로 예상됐다. 그것도 자신의 현재 회사보다 더 나은 회사의 주식이었다. 실버맨은 포브스보다도 더 많은 스톡옵션을 받게 되어 개인 재산이 1억 달러를 훌쩍 뛰어넘을 판이었다.

하지만 포브스와 CUC에 더욱 중요한 효과는 HFS처럼 덩치 큰 회사와 합병하게 되면 급격하게 늘어나고 있는 손실을 영원히 숨길 수 있는 새로운 기회를 갖게 된다는 점이었다. CUC는 그동안 잘 통했던 손실은폐 방식을 더 큰 규모로 써먹을 수 있게 되는 셈이었다. 이것이 어떤 방식인지를 살펴보자. 센던트는 합병에 따르는 비용을 '합병준비금' 이라는 항목으로 장부에 기재한다. 애널리스트들은 이 합병준비금을 운영비용 지출과는 별도의 항목으로 간주한다. 합병준비금은 센던트의 회계보고서에 독립적으로 기록된다. 애널리스트들의 주가 모델에 따르면, 센던트의 주가는 미래에 얼마나 돈을 벌 것인지에 의해 좌우된다. 합병 과정에서 필요한 법률 비용, 은행 수수료, 해고 위로금 등의 일회성 지출은 미래의 경영실적에는 별다른 영향을 미치지 않는다.

묘책은 바로 이 합병준비금의 규모를 크게 부풀리는 것이었다. 그 후 센던트의 경영진이 부풀려진 합병준비금으로 영업활동에서 발생한 비용을 상쇄하는 것이다. 물론 합병에 따르는 비용이 매우 크게 장부에 잡힌다는 문제가 있긴 하다. 하지만 애널리스트들은 이 문제에는 주목하지 않는다. 그들의 주된 관심사는 앞으로 계속 늘어날 이익이다.

CUC 경영자들은 이전에도 다른 인수합병에서 합병준비금을 부풀려 잡아서 소기의 성과를 거둔 경험이 있다. 이 방법은 고도의 금융기법을 적용하는 파생상품 거래와는 달리 기술적으로도 어렵지 않았다. 한 인수합병 거래에서 CUC 경영진은 우선 합병준비금 총액을 산정한 다음 거기에 곱하기 2를 했다. 이데온 그룹이라는 기업을 인수할 때는 합병준비금을 1억 3500만 달러나 부풀렸다. 이 합병준비금을 빼 쓰는 방식으로 CUC는 그때까지 누적된 영업비용 1억 3500만 달러를 일거에 털어낼 수 있었다. 이 같은 인수합병으로 재미를 본 월터 포브스는 합병준비금을 대대적으로 뻥튀기할 수 있는 대상을 찾아내, 다시 산더미처럼 쌓인 비용을 한꺼번에 털어내려고 했다. 그것이 바로 HFS와의 인수합병이었다.

그러나 포브스에겐 안타깝게도 CUC는 HFS와의 합병에 따른 합병준비금을 써먹을 기회를 갖지 못했다. 1997년 12월에 센던트가 출범하고 난 뒤 몇 달 만에 HFS 경영진이 합병 전 자산실사 과정에서 발견하지 못했던 것을 뒤늦게나마 발견했기 때문이었다. 그들은 CUC가 껍데기뿐인 회사라는 사실을 알아차렸다. 헨리 실버맨은 CUC 경영진이 자기들 멋대로 수입과 지출을 조작했으며 합병준비금 항목을 남용했다는 것을 알게 됐다. 실버맨은 힘들게 벌어놓은 자기 돈 1억 달러까지 날아가 버릴 수 있다는 사실을 알고 낙담에 빠졌다.

CUC의 경영 실상을 파악해야 했던 감시자들 가운데 그 누구도 이의를 제기하지 않았던 게 분명했다. 감시자들 중에는 센던트의 이사가 된 자들도 28명이나 끼어있었다. 그리고 그들 가운데 절반은 CUC 출신이었다. 회계법인인 언스트 앤드 영도 책임을 피할 수 없었다. 대형 투자은행들 가운데 세 곳은 이 사기극에서 사실상 방관자였다. 합병 과정에서 HFS는 베어 스턴스와 메릴 린치, CUC는 골드먼 삭스에 각각 실사를 의뢰했고, 이들 세 투자은행들은 몇 주일에 걸쳐 실사작업을 했었다.

CUC의 명백한 부정행위를 알게 된 센던트 이사회 산하 회계감사위원회는 즉시 다른 회계법인을 선임해 조사를 맡기기로 했다. 이사회는 세계 정상급의 회계법인 가운데 흠잡을 데 없고 CUC나 HFS와 아무런 이해관계를 갖고 있지 않은 곳을 찾았다. 언스트 앤드 영은 처음부터 배제됐다. 이사회는 아서 앤더슨으로 결정했다.

아서 앤더슨의 회계사들은 부정을 금방 찾아냈다. 그 수법이 너무 기초적이었을 뿐 아니라 그동안 다른 회사들에서도 비슷한 사례를 봐 왔기 때문이었다. 결과론이지만, CUC가 회계 숫자를 임의로 부풀리지 않았다면 순이익을 그렇게 꾸준히 내기가 어려웠을 것이다. 그러나 투자자와 애널리스트들은 포브스가 인터넷 홈페이지에 늘어놓은 CUC의 빛나는 미래, 그리고 이 회사가 분기마다 순익 목표치를 초과달성했다는 사실에 현혹됐다. 그 내용이 정말로 맞는 것인지를 살펴볼 생각은 하지 못했다. 그들이 진실을 알게 됐을 때는 이미 늦었다.

센던트는 마침내 1998년 4월 회계상 부정이 있었다고 발표했다. 주가는 곧바로 절반으로 떨어졌고, 얼마 뒤 다시 그 절반으로 내려앉았다. 400억 달러에 이르던 기업가치는 순식간에 100억 달러로 줄어들었다. CUC가 그동안 순익을 3분의 1가량 늘려 분식했다는 사실도 드러났다.

1995년 이후 증권 관련 소송에 제한이 가해졌음에도 불구하고, 센던트의 분식회계 사실이 발표되자 70건 이상의 소송이 제기됐다. 그 가운데는 센던트가 발행한 기묘한 증권 '펠라인 프라이즈(FELINE PRIDES)' 10억 달러어치를 매입한 투자자들이 낸 8건의 소송도 들어 있었다(펠라인 프라이즈에 대해서는 이 장 뒷부분에서 설명하기로 한다). 센던트에 대해 제기된 소송들은 결국 증권사기 사건으로는 사상 최대의 합의금 기록을 남기게 된다. 그 총액은 30억 달러 이상에 달했다.

그러나 헨리 실버맨이 피해를 본 것은 없었다. 합의금은 보험회사와 센던트의 주주들 주머니에서 나왔다. 1998년 9월 센던트 이사회 산하 보상위원회는 센던트 임원들의 스톡옵션의 행사가격을 재조정해 주었고, 그 덕분에 다른 임원들도 전혀 손해를 보지 않았다.

스톡옵션 행사가격 재조정의 의미는 이렇다. 가령 센던트의 주가가 40달러일 때 임원들에게 제공한 10년 만기 스톡옵션의 행사가격도 40달러였다면 괜찮은 수준이다. 그런데 주가가 10달러로 떨어진다면 그 스톡옵션의 가치는 별로일 것이다. 만약 행사가격이 10달러로 낮아진다면 그 스톡옵션은 다시 예전의 가치를 회복할 것이다. 센던트는 바로 이처럼 스톡옵션의 행사가격을 낮춰줌으로써 임원들이 금전적 손해를 보지 않도록 해줬다. 이에 주주들은 격분했다. 그렇다면 왜 주주들의 손실은 보전해주지 않는가?

센던트는 월터 포브스에 대해서도 후하게 배려해주었다. 그에게 1250만 달러의 가치가 있는 스톡옵션을 주었고 퇴직위로금도 3500만 달러나 얹어주었다. 덕분에 포브스는 그로부터 몇 년이 지난 2000년에도 영국 런던 서쪽에 퀸우드 골프장을 만들고 '라이브퍼슨'이라는 이름의 인터넷 업체를 설립하기 위한 투자금 유치를 하는 등 아쉬울 게 없는 생활을 즐기고 있었다. 넷마켓 닷컴은 지금도 운영되고 있지만 수백만 개의 별 볼일 없는 인터넷 쇼핑몰들 가운데 하나일 뿐이다. 그러나 회원들로부터는 여전히 회원 가입비로 69.99달러를 받고 있다. 그러나 임시회원이 되는 데는 1달러만 내면 된다.

CUC는 결국 센던트의 합병준비금을 이용해 운영비용을 상쇄하지 못했지만, 포브스는 합병준비금 계정을 자신의 개인 금고처럼 활용했다. 그는 1995년과 1996년에 출장비 명목으로 지출한 항공요금 59만 6000달러를 이 계정에서 받아냈다. 그가 항공기를 이용했던 시기는 HFS와의 합병이 구상되기도 전이었지만, 그는 자신의 항공편 여행이 마치 합병과 관련이 있는 비용인 것처럼 꾸며서 합병준비금 계정에서 돈이 지급되도록 했다. 센던트의 감사위원회는 나중에 포브스가 200만 달러 이상의 비용을 과다 청구했다는 사실을 밝혀냈다.

포브스가 CUC 사건으로 처벌을 받게 될지는 불분명했다. 검찰은 CUC의 옛 직원들에게 유죄를 시인하는 증언을 해주면 가벼운 처벌을 받도록 해주겠다고 설득했다. 몇몇 직원들이 1995년에서 1997년 사이에 상관이 순이익을 늘리도록 회계장부 조작을 지시했다고 증언했다. 검찰은 이 증언을 내세워 2001년 2월 28일 월터 포브스를 사기 혐의로 기소했다.

센던트 사건은 정부 관리들에게 경고의 메시지를 던졌다. 관리들은 1994~1995년의 법규 개정 이후 금융부정이 급증하는 상황에 대응해 형사 처벌에 더 적극적으로 나서야 한다는 사실을 깨달았다. 증권거래위원회의 전 검찰국장 리처드 워커는 "회계장부를 요리하는 행위는 은행 창구직원에게 총을 들이대고 돈을 강탈하는 것만큼 해롭다는 자각이 점점 확산되고 있다. 민사 처벌만으로는 그런 행위를 막을 수는 없다"고 말했다.

딘 번트록

딘 번트록도 월터 포브스와 마찬가지로 잘 알려지지 않은 인물이었다. 둘 다 〈피플〉이나 〈더 뉴욕커〉같은 잡지에 이름이 나올 정도의 사람들이 아니었다. 콜로라도에서 보험 영업을 하던 딘 번트록은 1995년 장인인 피터 후이젠거가 숨을 거두면서 사업 기회를 잡았다. 그는 사업을 해본 경험이 없었음에도 처가집 식구들의 사업을 돕게 됐다. 그 사업체는 덤프 트럭 15대로 쓰레기 수거 일을 하던 '에이스 스캐빈저 서비스'라는 회사였다.

한편 번트록의 아내 엘리자베스의 사촌인 웨인은 미시건주의 캘빈 칼리지를 중퇴한 뒤 이곳저곳을 떠돌면서 남부로 내려오다 플로리다의 포트로더데일로 흘러들어왔다. 그는 이곳에서 쓰레기차 한 대를 구입해 월 500달러를 벌 수 있는 구역을 맡아 쓰레기 수거 일을 시작했다. 그는 그로부터 몇 년 지나지 않아 트럭 20대를 굴릴 만큼 사업을 키웠고, 번트록의 회사와 합병하기로 결정했다. 이렇게 해서 번트록과 웨인은 새 사업체를 출범시켰고, 그 이름을 웨이스트 매니지먼트(Waste Management)라고 지었다.

두 사람은 1971년 은행에서 '엄청난 거액'을 대출받았고, 회사 주식을 일반 투자자들에게 공개 매각했다. 이후 10년 동안 이들은 100개 이상의 지역 쓰레기 업체와 대규모 쓰레기 야적장들을 사들였다. 정치헌금을 덥석덥석 내놓기도 했다. 그들은 1976년에는 사우디아라비아 리야드의 청소용역을 맡기 시작한 것을 시작으로 외국 대도시들과 모두 10억 달러어치가 넘는 계약을 맺었다.

시간이 흐르면서 미국에서 수백 개의 쓰레기 야적장들이 환경문제 때문에 폐쇄됐지만 웨이스트 매니지먼트의 야적장은 살아남았다. 주정부와 지방자치단체들은 골칫덩어리인 쓰레기 수거 업무를 앞 다퉈 아웃소싱했고, 그 덕분에 웨이스트 매니지먼트는 사실상의 독점업체로 성장했다. 이와 관련해 회사의 간부인 필립 루니는 "환경규제가 우리 회사의 사업에 대단히 큰 도움이 됐다"고 말하기도 했다.

웨인 후이젠거는 1984년 웨이스트 매니지먼트에서 물러났다. 몇 가지 다른 벤처사업을 벌여 성공을 거뒀기 때문이었다. 그는 비디오 대여 전문기업 블록버스터를 키워 비아콤에 팔아넘겼다. 뿐만 아니라 미국 최대 자동차 판매 전문 회사인 오토네이션, 고급 리조트 체인인 보카리조트도 그가 성공을 거둔 회사였다. 그리고 이들 세 가지 사업보다는 못했지만 플로리다주의 프로스포츠 팀도 몇 개 소유했다. 그의 퇴임으로 번트록이 웨이스트 매니지먼트의 회장 겸 최고경영자 자리에 올랐다.

번트록이 이끈 웨이스트 매니지먼트는 상상할 수 있는 모든 종류의 법규위반 행위를 저질렀다. 지방 공무원 매수, 경쟁기업의 시장진입 방해, 쓰레기 투기, 각종 환경법규 위반 등이 저질러졌다. 반독점법 위반 혐의로 여러 번 기소되기도 했고, 발암물질인 폴리염화비페닐(PCB)을 불법 매립하거나 잘못 처리해 수백만 달러의 벌금을 물기도 했다. 웨이스트 매니저먼트의 회사 건물에는 '우리가 하지 못할 만큼 지저분한 일은 없다' 는 구호가 붙어 있었다. 하지만 형사처벌을 받는 일은 그런 일이 아니었던 모양이다.

몇몇 직원들이 법규위반 행위로 처벌을 받았지만, 회사 자체와 딘 번트록은 단 한 번도 형사처벌을 받지 않았다.

웨이스트 매니지먼트가 법규에 대해 대담한 성향을 보인 것을 감안하면 이 회사가 CUC처럼 1990년대에 이익관리에 나선 것은 전혀 이상할 게 없었다. 쓰레기 처리 사업은 점점 더 수익률이 떨어지고 있었다. 가장 큰 이유는 매립장이 부족해져, 매립장을 추가로 확보하고 유지하는 데 드는 비용이 만만치 않았던 데 있었다.

웨이스트 매니지먼트는 이익을 부풀리고 비용은 미래로 떠넘기는 수법을 찾아냈다. 회계법인인 아서 앤더슨이 회계조작을 도왔다. 아서 앤더슨은 센던트의 이사회가 CUC의 분식회계를 조사해 달라며 특별 감사법인으로 선임한 바로 그 회사였다. 아서 앤더슨은 20여 년 동안 웨이스트 매니지먼트의 회계감사를 맡고 있었다. 웨이스트 매니지먼트는 앤더슨에게 보석과도 같은 귀중한 고객이었다. 앤더슨이 1990년대에 웨이스트 매니지먼트로부터 받아낸 돈은 감사비만 750만 달러였고, 이밖에 컨설팅 등 다른 수수료 수입도 1800만 달러에 달했다. 두 회사는 돈독한 관계를 유지했고, 웨이스트 매니지먼트의 금융과 회계 담당 임원들은 앤더슨 출신들로 채워졌다. 1990년대에 모두 14명의 앤더슨 출신들이 웨이스트 매니지먼트에서 일했다.

아서 앤더슨의 회계사들은 1994년부터 웨이스트 매니지먼트의 회계장부에 오류가 많아 이를 바로잡으려면 많은 수정작업을 해야 한다는 걸 알고 있었다. CUC와 마찬가지로 웨이스트 매니지먼트에서도 비용을 미래로 떠넘기는 수법이 행해지고 있었다. 앤더슨은 오류정정을 해야 한다고 요구했지만 웨이스트 매니지먼트의 경영진은 거부했다. 앤더슨의 선임 회계사들은 논의를 한 끝에 회계 오류는 일시적인 문제일 뿐이라고 결론지었다. 앤더슨은 웨이스트 매니지먼트의 1994년도 연례보고서를 승인해주었다. 다만 웨이스트 매니지먼트가 문제의 시정을 위해 반드시 해야 할 조치들을 메모 형태로 붙여 놓았다. 그러면서 앤더슨은 웨이스트 매니지먼트를 '아주 위험한 고객'으로 분류했다.

이런 경고에도 불구하고 달라진 게 없었다. 나중에 웨이스트 매니지먼트의 1995년도 연례보고서를 살펴본 앤더슨의 회계사들은 이 회사가 '처방해준 약을 아직 먹지 않았다'는 사실을 알고 걱정이 됐다. 여전히 비용의 반영을 미래로 떠넘기고 있었다. 게다가 1995년 12월에는 보유 중인 합자회사 서비스매스터의 주식을 모기업인 자사 주식과 교환하면서 1억 6000만 달러의 이익을 봤다고 기록해 놓았다. 이 교환은 단지 서류상의 거래였을 뿐이었고, 웨이스트 매니지먼트는 계속 서비스매스터에 대한 지분을 갖고 있었다. 웨이스트 매니지먼트 경영진이 이런 서류상의 교환에서 얻은 이익 아닌 이익으로 비용을 상쇄하려고 했던 것이다.

회계 규정은 이런 방식의 상쇄 처리를 분명히 금지하고 있다. 웨이스트 매니지먼트가 서비스매스터와의 거래에서 얻은 이익과 같은 일회성 수입은 영업비용과 분리해 처리해야 한다. 그래야 투자자들이 회계보고서를 보고 그 기업에 대해 정확하게 파악할 수 있기 때문이다. 또 기업이 전체적으로 돈을 잃고 있는데도 일시적인 금융거래로 뭉칫돈을 받은 것을 장부에 기록함으로써 마치 돈을 벌고 있는 것처럼 하지는 않는지도 투자자들이 알아야 한다.

그러나 앤더슨은 그 같은 상쇄 처리가 올바른 것은 아니긴 하나 중대한 사항은 아니고, 따라서 그 내용을 공시할 필요가 없다는 결론을 내려주었다. 이런 해석은 아무리 좋게 봐줘도 개운치 않다. 기업에 어떤 정보가 중요한 것인지는 투자자가 그 기업의 모든 정보를 전체적으로 파악한 가운데 판단할 수 있는 것이기 때문이다.

게다가 1억 6000만 달러나 되는 돈을 임의로 처리한 것은 누가 봐도 중대한 사항임에 틀림없었다. 만약 이 사실이 공시됐다면 웨이스트 매니지먼트의 주가는 급락했을 것이다. 앤더슨의 간부들은 메모 등을 통해 "웨이스트 매니지먼트의 경영진에게 이 사안은 증권거래위원회에 보고해야 할 사안이라고 강력히 권고했다"고 하나마나한 얘기를 늘어놓았다. 아무튼 앤더슨은 이 회사의 1995년도 연례보고서도 승인해줬다.

웨이스트 매니지먼트는 1996년 들어 더 대담해졌다. 비용의 반영을 이월시키는 것은 물론 일회성 수익을 만들어내 여러 가지 비용 항목들을 털어냈다. 일선 사무소들의 비용까지 한꺼번에 탈탈 털어냈다. 경영진은 경리부장에게 회사가 수입이라고 주장할 만한 적립금이 있는지 샅샅이 찾아보라고 지시했다. 실적을 발표하기 하루 전날 웨이스트 매니지먼트는 2900만 달러를 추가로 만들어낼 수 있었다. 주당 순이익이 4센트 정도 늘어날 수 있는 금액이었다. 투자자들과 애널리스트들은 만족했다. 앤더슨은 이번에도 연례보고서가 재무적 측면에서 정확하다며 승인해줬다.

그러나 센던트의 경우와 마찬가지로 웨이스트 매니지먼트의 회계조작도 계속 감춰져 있을 수는 없었다. 이 회사의 대담한 회계처리에 대한 소문이 퍼졌고, 딘 번트록은 결국 1996년에 최고경영자 자리에서 물러났다. 이듬해에 전 증권거래위원장인 로드릭 힐스가 웨이스트 매니지먼트의 이사 겸 감사위원으로 선임됐다. 그는 철저한 감사를 지시했고, 그 결과 이익이 14억 3000만 달러나 과다 계상됐다는 사실이 드러났다. 센던트의 분식회계보다 두 배나 되는 규모였다.

웨이스트 매니지먼트는 1998년 2월에 이런 사실을 공표했다. 회사는 몇 년 전 오렌지 카운티가 잃은 금액만큼의 손실이 발생했다고 밝혔다. 그때까지의 기업 실적 수정발표로는 최대 규모였다. 앤더슨은 웨이스트 매니지먼트의 새 회계보고서를 승인했다. 적어도 이번 회계보고서는 정확하기는 한 것이었다. 증권거래위원회는 새 회계보고서에 대해서는 이렇다 할 반응을 보이지 않았으나 그 전의 부실한 회계보고를 승인해준 책임을 물어 앤더슨에 700만 달러의 벌금을 부과했다.

센던트처럼 웨이스트 매니지먼트도 증권사기 혐의로 기소당했다. 그러나 딘 번트록은 기소되지 않았고 개인적인 혐의가 발표되지도 않았다. 그는 비록 평판은 잃었지만 경제적으로는 별 탈이 없었다. 그는 그동안 몇 년간 연봉을 평균 100만 달러씩 벌어들였고 엄청난 스톡옵션도 받았다. 1995년에는 한 번에 20만 5505주를 스톡옵션으로 받기도 했다. 얼마나 많은 돈을 벌었던지 그는 모교인 세인트 올래프 칼리지에 2600만 달러를 기부하기도 했다. 이 학교의 학생회관은 그의 이름을 따 '번트록 회관'으로 명명됐다. 올래프 대학의 한 철학교수는 웨이스트 매니지먼트의 사기사건을 자신의 수업시간에 다뤘다. 그는 "번트록이 뭔가 나쁜 짓을 저질렀다는 것을 말하려는 게 아니다. 다만 그가 괜찮은 강의 주제가 될 수 있다고 생각했다"고 말했다.

웨이스트 매니지먼트 무용담의 끝은 마치 저질 공포영화와 같았다. 시체 속에서 흡혈귀가 갑자기 되살아나 그 다음 악행을 저지르는 식이었다. 줄거리가 비슷했다. 웨이스트 매니지먼트보다 작은 쓰레기 기업인 USA 웨이스트 서비시스라는 회사가 1998년 7월 웨이스트 매니지먼트를 인수했다. 그러나 새로 선임된 임원들은 새로 발생한 회계문제에 대해 솔직하게 공개하지 않았다. 합병 뒤에도 계속 웨이스트 매니지먼트로 불린 이 회사는 예상 실적을 달성하지 못해 주가가 하루 만에 54달러에서 34달러로 주저앉기도 했다.

이사회는 즉시 새로 선임했던 경영진을 다시 쫓아내고 내부 조사를 벌여 추가로 12억 달러의 비용이 숨겨져 있다는 사실을 밝혀냈다. 이번에는 놀라는 사람도 없었다. 그저 주가가 20달러 수준으로 더 떨어졌고, 주주들은 이제 '웨이스트 매니지먼트 3편'을 기다리고 있다.

앨 던랩

1996년 7월 선빔 코퍼레이션이 앨 던랩을 영입했다고 발표하자 이 회사의 주주, 간부, 애널리스트들은 일제히 흥분에 휩싸였다. 영입 발표 당일 선빔 주가는 50%나 폭등했다. 투자자들 사이에 던랩은 비용절감의 대가로 알려져 있었다. 그는 비용절감을 통해 망해가는 회사를 살려내는 데 일가견이 있는 인물로 공인받고 있었다.

앨 던랩에 대해 알려진 사실 중 선빔에게 가장 중요했던 점은, 그가 스코트 페이퍼의 최고경영자로 있을 때 전 직원의 3분의 1인 1만 1200명을 해고함으로써 '전기톱 앨' 이라는 별명을 얻었다는 대목이었다. 당시 스코트 페이퍼 직원들의 분위기는 엉망이었지만, 투자자들은 환호했고 주가는 급등했다. 게다가 1996년 선빔의 처지는 그 몇 년 전의 스코트 페이퍼와 같았다. 조직이 비대해져 효율성이 크게 떨어졌고, 따라서 철저한 개혁이 필요한 시점이었다.

선빔 이사회의 눈에 던랩은 바로 이런 비효율적인 조직을 쾌도난마식으로 정리해 줄 사람으로 비쳤다. 그러나 이는 최악의 선택이었다. 그 후 2년도 안 돼 이사회는 던랩을 해고하게 된다. 게다가 증권거래위원회가 선빔의 회계부정에 대해 대대적인 조사에 들어가면서 이 회사는 파산으로 치닫게 된다. 센던트나 웨이스트 매니지먼트와 많은 측면에서 닮은꼴이었다.

사실 이사회가 조금만 더 유심히 던랩의 과거 이력을 살펴봤다면 그를 스카우트하지 않았을 것이다. 던랩의 공식 이력서만 봐서는 그가 1974년에 맥스 필립스 앤드 선에서 왜 쫓겨났는지, 또 1978년 니텍 페이퍼 코퍼레이션에서 왜 나오게 되었는지를 알 수 없었다.

던랩은 두 회사에서 이익을 부풀리는 회계조작 때문에 해고됐다. 니텍 페이퍼에서는 1982년 몇몇 임원들이 던랩의 회계부정 행위를 지적했고, 그 직후 회사는 파산보호 신청을 했다. 선빔의 이사들은 던랩이 콘솔리데이티드 프레스 홀딩스라는 호주 회사를 경영할 때 그와 같이 일했던 사람들의 이야기를 들어봤어야 했다. 던랩은 이 회사에서도 비슷한 회계부정 행위를 저지른 것으로 알려졌다. 던랩이 얼마나 자주 해고됐는지를 선빔의 이사들이 알았다면, 그가 정리해고에 집착하는 점에 대해서도 그들은 다시 생각해봤을 것이다.

어쨌든 던랩은 선빔 주주들의 기대를 저버리지 않았다. 그는 취임하자마자 직원 1만 2000명 가운데 절반을 해고하고 많은 공장들을 폐쇄했다. 이런 조치는 일시적으로 지출 증가를 가져왔지만 얼마 지나지 않아 비용 절감으로 이어졌다. 이에 따라 선빔은 투자자나 애널리스트들에게 더욱 매력적으로 비칠 것으로 기대됐다.

1996년 말 선빔은 3억 3800만 달러라는 엄청난 규모의 구조조정 비용을 지출했다. 그런데 그 과정에서 선빔의 임원들은 비용을 3500만 달러 부풀렸다. 센던트와 웨이스트 매니지먼트가 했던 비용 조작과 같은 방식이었다. 선빔은 회계 은어로 '과자 단지(cookie-jar)'라고 불리는 준비금 항목을 만들었다. 일시적으로 발생한 비용을 부풀려 3500만 달러라는 허구의 비용을 이 준비금 항목에 넣어두었다가 필요할 때 '과자'를 꺼내 먹듯 사용하기 위해서였다.

선빔의 경영진은 게다가 1997년에 반영해야 할 비용도 최대한 앞당겨 1996년도 회계장부에 반영했다. 1997년도의 실적을 좋게 만들려는 속셈이었다. 이렇게 해서 선빔은 1997년에 판매할 예정인 재고 자산의 가치를 1996년 말에 대폭 줄여놓았다. 나중에 실제로 물건이 팔렸을 때 더 많은 돈을 번 것으로 장부에 기재하기 위해서였다. 1997년의 광고비를 1996년에 지출한 것처럼 꾸미기도 했다.

1997년에 선빔은 수입을 늘리기 위한 각양각색의 회계 장난을 본격화했다. 밀어내기도 동원됐다. 이는 제품을 유통망에 떠넘겨 놓고 팔리기도 전에 미래의 매출을 미리 장부에 반영하는 수법이다. 예를 들어 선빔은 이해 1분기가 끝나기 직전에 150만 달러어치의 바비큐 그릴을 판매한 것으로 장부에 기재했다. 그러나 선빔은 물건을 받아간 소매상들에게 '팔지 못한 제품은 나중에 전량 반품으로 받아준다'는 각서를 써줬고, 실제로 6개월 뒤에 그릴이 모두 다 반품됐다. 선빔은 또 고객이 아직 필요하지 않은 물건이라도 나중에 사겠다는 약속만 하면 할인가를 적용해주는 마케팅 방식을 활용해 매출을 미리 장부에 반영하기도 했다. 물론 이 경우에도 구매 약속을 철회할 수 있는 조건이 붙어 있었다.

선빔은 1997년 내내 이런 회계조작을 계속했지만 분기별 순이익 실적은 애널리스트들의 예상치에 비해 겨우 주당 1~2센트 정도 넘기는 데 급급했다. 그런데 연말이 다가오면서 애널리스트들의 추정치에 맞추기가 불가능해졌다. 센던트의 경우처럼 잔재주를 부리는 것도 이제는 한계에 이르렀다.

선빔에게 남아있는 유일한 돌파구는 인수합병뿐이었다. 선빔은 캠핑카 업체인 콜먼, 화재경보 업체인 퍼스트 얼러트, '미스터 커피'라는 브랜드로 유명한 시그니처 브랜즈 등과 합병 협상을 시작했다. 이들 중 어느 회사와든 합병이 성사되면 장부에 합병준비금을 설정하고, 그것으로 비용을 털어내는 수법을 쓸 수 있었다.

던랩은 콜먼의 지분 82%를 보유하고 있는 금융자산가 로널드 퍼렐먼을 만났다. 그러나 퍼렐먼은 지분 매각 가격으로 주당 30달러를 원한 반면, 던랩은 20달러 이상 줄 용의가 없었다. 던랩은 자신이 터프 가이라는 것을 보여주기라도 하듯 플로리다 팜비치에 있는 퍼렐먼의 집 대문을 박차고 나서면서 몇 번이고 소리를 질러댔다. "망할 자식! 망할 놈의 회사 같으니라구."

한편 외부감사를 맡은 아서 앤더슨은 선빔의 공격적인 회계 처리에 대해 이의를 제기하면서 몇몇 사항에 대해 수정할 것을 권고했다. 웨이스트 매니지먼트에 대해 대응했던 방식 그대로였다. 선빔은 이를 거부했다. 그럼에도 앤더슨은 선빔의 1997년도 회계보고서를 승인해줬다. 결과적으로 선빔의 전체 소득 가운데 16%가 부적절한 회계작업으로 발생한 것이라는 점은 묵인됐다.

선빔은 1998년 1월 28일 1997년치 실적을 발표하면서 그 전의 실적에 비해 기록적인 순익을 냈다고 밝혔다. 그러나 월스트리트는 오직 애널리스트의 예상치만을 참고자료로 활용하고 있었기에 그 같은 선빔측의 시각은 중요하지 않았다. 특히 이번 실적은 주당 순이익이 예상치보다 3센트 낮았다. 투자자들은 더 이상 던랩이란 이름에 흥분하지 않았다. 주가는 10%나 떨어졌다.

선빔의 1998년 1분기 실적은 참담했다. 밀어내기 판매로 앞당겨 써버린 매출 규모가 너무 컸다. 간부들의 책상 위에는 1년반 해당량의 물건을 선빔에서 받아다 창고에 쌓아두고 있다는 거래처들의 보고서가 쌓여 있었다. 1년 이상 거래처로부터 신규 주문이 들어오지 않을 것이라는 얘기였다.

던랩은 다시 퍼렐먼에게 찾아가 퍼렐만이 갖고 있는 콜먼의 주식 1주당 30달러어치의 선빔 주식을 지급하기로 합의했다. 퍼스트 얼러트와 시그니처 브랜즈를 인수할 자금도 차입했다. 그러나 시간이 문제였다. 합병 협상이 끝나기 전에 합병준비금에서 1998년 1분기 실적에 반영할 가공의 이익을 끄집어내기에는 시간이 충분치 않았다. 그런 상황에서 1분기 실적 발표일이 닥쳤다. 이번에는 어쩔 수 없이 끔찍한 뉴스를 전해야 했다. 선빔은 사실상 적자였음이 드러났다. 주가는 이날 하루 24% 폭락했다.

던랩은 실적이 일시적으로 악화된 데 불과하다고 투자자들을 설득하려고 발버둥쳤다. 그 자신도 실적 집계 결과를 보고 투자자들만큼이나 놀랐다고 말했다. 그러나 1분기 말까지도 선빔이 전년도 1분기보다 실적이 좋아질 것으로 믿었다는 그의 이야기는 신빙성이 없어 보였다. 몇 년이나 걸리긴 했지만 투자자들은 마침내 던랩이라는 인간이 믿을 수 없는 인물이라는 사실을 깨달았다.

페인 웨버의 애널리스트인 앤드류 쇼어는 1998년 4월 선빔 주식에 대해 유지해오던 매수 의견을 철회했다. 다른 애널리스트들도 그의 뒤를 따랐다. 애널리스트들은 선빔의 회계처리 방식에 대해 의혹을 제기했다. 선빔의 이사회는 헤드헌터를 통해 던랩의 후임자를 물색하기 시작했다.

던랩은 격분하며 물러나기를 거부했다. 경제지 〈포천〉의 여기자인 패트리셔 셀러스가 던랩에게 "일자리를 잃는 것이 두렵냐"고 묻자, 그는 "웃기지 말라"면서 "나는 3년 더 최고경영자 자리에 머물러 있을 것"이라고 말했다. 던랩은 투자자와 애널리스트 등 200명이 모인 투자설명회에서 선빔의 주가가 3월 이후 절반으로 떨어진 이유를 나름대로 설명하려고 안간힘을 다했다. 그는 최근 회사를 그만둔 임원들에게 책임을 돌리기도 했고, 엘니뇨 현상에 따른 기후변화 탓도 했다. "폭풍우가 부는 날씨로 사람들이 저희 바비큐 그릴을 살 생각을 안 하는 거죠."

선빔 주식에 대한 매수 의견을 철회한 앤드류 쇼어가 투자설명회에서 던랩에게 뭔가 질문을 던졌고, 던랩은 설명회가 끝난 뒤 그에게 "개자식"이라고 부르며 위협했다. "한 번만 더 나를 귀찮게 하면 두 배로 험한 꼴을 보게 해 주겠어."

그러나 던랩은 그렇게 할 기회를 갖지 못했다. 이사회가 1998년 6월 13일 그를 해고했기 때문이다. 그 바로 몇 달 전만 해도 웨이스트 매니지먼트에서 그를 영입하려고 접근했다. 그때 웨이스트 매니지먼트는 최악의 상태였고 던랩은 가장 절정기에 있었다. 그러나 이제 던랩은 따돌림을 받는 처지가 됐다. 이렇게 될 줄 몰랐던 던랩은 웨이스트 매니지먼트에서 영입제의를 해올 때 이를 이용해 선빔 이사회에서 자신의 급여를 두 배로 올려주고 더 많은 스톡옵션을 달라고 요구했던 것으로 알려졌다.

던랩은 스톡옵션 때문에 회사 주가를 올리려고 죽자 사자 뛰었다. 던랩은 1996년 7월 선빔에 영입될 때 10년 만기 스톡옵션 250만 주를 받았다. 대부분의 프로 스포츠 선수들이 받는 계약금보다도 금액상 더 큰 규모였다. 던랩은 1998년 2월에 375만 주의 스톡옵션을 더 받았다. 선빔의 주가가 최고가인 52달러까지 올랐을 때 블랙-숄스의 옵션가치 평가모델을 적용하면 던랩이 부여받은 스톡옵션의 총 가치는 1억 달러가 넘었다. 그러나 1998년 11월에 선빔이 전년도 수입을 애초 발표보다 절반으로 줄인 회계보고서 수정판을 내놓자 주가가 겨우 7달러 수준으로 급락했다. 이런 주가 수준에서는 던랩의 스톡옵션 가치가 거의 제로(0)에 가까웠다.

선빔은 결국 파산보호 신청을 냈다. 앨 던랩은 선빔의 부정행위로 기소되더라도 보험으로 해결할 수 있었다. 아서 앤더슨은 2001년에 증권사기 소송을 해결하기 위해 합의금으로 1억 1000만 달러를 지불해야 했다. 앤더슨도 대형 회계법인들이 만든 자구 프로그램에 따른 보험으로 이 합의금을 마련했다. 증권거래위원회는 선빔의 몇몇 임원들과 앤더슨의 전직 수석 파트너를 상대로 민사소송을 제기했다. 하지만 투옥되거나 거액의 벌금을 문 사람은 없었다. 던랩은 2002년 9월 증권거래위원회와의 민사 분쟁을 화해로 종결시키고 은퇴했다. 그는 이처럼 불명예스럽게 물러나긴 했지만 여전히 풍족한 생활을 누리고 있다.

마틴 그래스

1989년 5월 5일, 약국 체인인 라이트 에이드(Rite Aid)를 아버지로부터 물려

받게 될 35살의 후계자 마틴 그래스는 회사의 9인승 자가용 비행기를 타고 오하이오주 클리블랜드에 도착했다. 13살 때부터 라이트 에이드에서 일해 온 끝에 사장 자리에 오른 직후였다.

그래스가 이곳에 온 것은 지역 약국들을 관리하는 오하이오주 제약위원회의 멜빈 월친스키 위원장을 만나기 위해서였다. 두 달 전 라이트 에이드는 월친스키를 자문역으로 고용하고 있던 이 지역 약국 체인인 레인 드럭을 인수했다. 오하이오주 제약위원회는 라이트 에이드가 오하이오주에 들어오는 것을 달가워하지 않았다. 그래서 제약위원회는 레인 드럭을 인수할 때 저지른 증권법 위반 행위에 관해 라이트 에이드를 추궁하고 있었다.

클리블랜드에 도착한 그래스는 곧바로 공항 바로 옆에 있는 쉐라톤 호텔로 가 월친스키를 만났다. 월친스키는 그에게 계속 만나줄 것을 요구해 왔다. 월친스키는 라이트 에이드에서 자신이 제약위원회 위원장 자리에서 물러나길 바라고 있음을 알고 있었다. 그래스는 월친스키에게 3만 3249달러 93센트로 기재된 수표와 4년간의 의료보험 증서를 내밀었다. 거기엔 제약위원회 사직서 6장이 붙어 있었다. 월친스키로서는 사직서에 서명하고 수표와 의료보험 증서를 가지면 되는 일이었다.

그래스는 자신의 모습이 몰래 녹화되고 있다는 사실을 모르고 있었다. 월친스키가 경찰에 그래스가 자신을 매수하려 한다고 미리 알렸던 것이다. 월친스키가 사직서에 서명하는 척 하는 순간 경찰이 그래스를 체포했다. 그래스는 쿠야호가 카운티의 법정에 서게 됐다. 그런데 공교롭게도 쿠야호가 카운티는 얼마 지나지 않아 차입금으로 파생상품 게임을 벌이다 수백만 달러를 잃게 되는 곳이었다.

판사는 그래스에 대한 소송을 기각했다. 그래스의 변호사는 오하이오주의 뇌물 수수에 관한 법은 오직 공직자로서의 행동에 대해서만 처벌할 수 있으며, 공직에 계속 있을 것인지 말 것인지를 놓고 주고받은 금품은 뇌물이 될 수 없다고 주장했다. 그래스는 월친스키의 사임을 요구하며 돈을 건넨 것이기에 뇌물죄에 해당하지 않는다는 변론이었다.

혐의가 기각된 뒤 그래스는 월친스키를 명예훼손죄로 고소했다가, 수표를 돌려받고 사과 편지를 받는 대신 소송을 취하했다. 그래스는 월친스키의 사과 편지를 액자에 넣어 사무실 벽에 걸어두었다. 자신의 권위에 도전하는 사람에게 보여주기 위해서였다. 반대자는 철저하게 짓밟을 것이라는 뜻도 거기에 담겨 있었다.

1995년에 마틴 그래스와 라이트 에이드가 관리하는 약국은 2717개였다. 게다가 2000개의 약국을 운영하는 레브코를 막 인수하려던 참이었다. 라이트 에이드는 마치 부챗살처럼 뻗어나가는 유망한 기업이었다. 마틴 그래스는 약국 운영자들과 긴밀한 커뮤니케이션을 갖기 위해 토크쇼를 만들어 회사 자체 방송망으로 전 가맹점에 방영했다. 향수는 어디에 진열해야 좋은지부터 경상이익을 얼마나 올릴 수 있는지에 이르기까지 약국 운영에 관한 모든 사항들이 이 토크쇼에서 논의됐다.

라이트 에이드의 회계부정은 1996년에 시작됐다. 이 해에 라이트 에이드는 189개 약국을 팔아 9000만 달러의 이익을 올렸다. 라이트 에이드는 이 일회성 이익을 장부에 바로 반영하지 않고 영업비용을 흡수하는 데 썼다. 센던트, 웨이스트 매니지먼트, 선빔과 똑같은 수법을 쓴 것이다. 일회성 이익과 영업비용을 따로 기재해야 하는 회계기준을 위반한 것이다. 라이트 에이드에게 9000만 달러는 대단한 거액이었다. 1996년도 이익의 3분의 1이 넘는 돈이었다. 그러나 라이트 에이드는 이 해의 연례보고서에 "점포의 폐쇄 및 처분에 따른 수입은 별로 많지 않다"고 기록했다.

1996년에 저지른 이런 회계조작이 커다란 효과를 발휘하자 라이트 에이드는 아예 조직적으로 실적을 부풀리고 비용을 줄이는 수법을 본격적으로 써먹기 시작했다. 결과적으로 라이트 에이드가 부풀린 이익의 규모는 센던트, 웨이스트 매니지먼트, 선빔 등 3개 회사의 분식 규모를 합한 것과 거의 맞먹었다. 나중에 라이트 에이드의 분식 이익 총액은 모두 23억 달러나 되는 것으로 확인됐다.

라이트 에이드의 분식회계 수법은 너무나 다채로워서 시시콜콜 설명하기가 힘들 정도였다. 증권거래위원회마저 조사에 애를 먹었고, 2002년에야 그 혐의 내용을 간단히 정리한 요약 보고서를 내놓았다. 혐의 내용을 보면 센던트, 웨이스트 매니지먼트, 선빔이 써먹은 수법들의 종합판과 같았다. 거기엔 매출 부풀리기, 과거 비용의 축소 조정, 부실하거나 기한이 지난 제품에 대한 과도한 충당금 적립, 분기 말의 집중적인 밀어내기 판매 등이 들어있었다.

그러나 가장 눈길을 끈 수법은 '특수관계자 거래'를 이용해 회계조작을 하는 것이었으며, 이는 엔론 사태 이후 금융시장에 자리를 잡게 된다.

마틴 그래스는 회사의 계정을 마치 자기 것인 양 이용했고, 다른 특수관계자들을 활용해 회사와 자금대차 거래를 하기도 했다. 라이트 에이드는 점포 부지로 임대한 자산이 그래스와 금전적 이해관계로 얽혀있다는 사실을 공시하지 않았다. 라이트 에이드는 1988년 1월 그래스와 그의 친척 소유의 부동산 합자회사에 260만 달러를 융자해 주기도 했다. 이 부동산 합자회사는 융자받은 돈으로 라이트 에이드의 새 본사 부지로 쓰일 땅 중 83에이커의 땅을 샀고, 그래스의 부채 중 일부를 갚아주기도 했다. 이런 거래가 나중에 노출되자 그래스는 자신의 개인 계좌에서 돈을 꺼내 되갚은 것으로 알려졌다.

또 다른 사례로 1999년 9월의 일을 들 수 있다. 그래스는 회사 재무위원회 회의록의 서명을 위조해서, 회사가 필요한 자금을 대출받기 위해 주식을 담보로 제공하는 데 대해 이사들이 찬성한 것처럼 꾸몄다. 그러나 그래스가 열었다고 주장한 이사회는 사실은 열리지 않았다. 또 포브스처럼 그래스도 각종 개인 비용을 회사에 청구했다. 포브스, 번트록, 던랩은 회사의 제트기로 출장을 다닌 데 비해, 그래스는 볼티모어 카운티에서 펜실베이니아 해리스버그까지 거의 매일 헬리콥터를 타고 출퇴근했다. 아무튼 이 비용도 대부분 회사에서 댔다.

라이트 에이드의 회계법인은 이른바 빅5 회계법인 중 하나인 KPMG였다. 라이트 에이드에 대한 KPMG의 감사 태도도 센던트에 대한 언스트 앤드 영의 감사 태도나 웨이스트 매니지먼트와 선빔에 대한 아서 앤더슨의 감사 태도와 다르지 않았다. 그래스는 KPMG의 회계사들을 라이트 에이드의 말단 직원인 것처럼 대했다. KPMG의 회계사들이 라이트 에이드의 회계 방식에 대해 이의를 제기하자 그래스는 오히려 그들을 협박했다. 그는 라이트 에이드 담당인 KPMG의 한 파트너에게 "만약 라이트 에이드 감사에서 문제가 발생하면 당신 회사의 캐비닛에서 시체가 걸어 나오게 될 것"이라는 등 막말을 해댔다. 그러면서도 그래스는 KPMG에 수지맞는 컨설팅 용역을 줌으로써 KPMG가 라이트 에이드에서 회계감사 수수료뿐 아니라 컨설팅 수입까지 챙길 수 있도록 배려했다. KPMG는 고마운 마음으로 이를 받아들였다.

이 시기에 라이트 에이드는 수백만 주의 스톡옵션을 마틴 그래스에게 부여했다. 예를 들어 1999년 한 해에 그래스는 1200만 달러에 해당하는 100만 주의 스톡옵션을 받았다. 라이트 에이드 주가가 최고치에 올랐을 때 그래스의 스톡옵션 가치는 모두 1억 달러 정도에 이르기도 했다.

라이트 에이드와 마틴 그래스는 2002년 6월에 기소됐다. 검찰은 센던트 사건 당시에 월터 포브스에 대해서 그랬던 것처럼 이 사건을 본보기로 삼으려고 했다. 검찰에게는 다행스럽게도 그래스는 오하이오주 제약위원회 위원장을 매수하려다 함정수사에 당한 일로부터 교훈을 얻지 못했다. 라이트 에이드의 전 회장인 티모시 누넌은 그래스가 라이트 에이드의 변호사와 나눈 대화를 몰래 녹음해 두었다. 녹음 테이프에서 그래스와 변호사는 가짜 정보를 미 연방수사국(FBI)에 제출하고, 특정 사안에 대해 말맞추기를 하며, 서류의 날짜를 앞당겨놓고, 이런 작업을 한 컴퓨터를 폐기처분하는 문제를 의논하고 있었다.

그래스는 몰래 녹음한 내용은 불법이므로 증거가 될 수 없다고 주장했지만, 2003년 초에 재판부는 검찰이 이를 법정에서 증거로 사용할 수 있다고 결정했다. 이 사건이 어떻게 결말나든 이때는 이미 1990년대에 일었던 주식시장의 거품이 꺼지고 있었다. 그러나 그 상처를 추스르기에는 너무 늦은 시점이었다.

시장과 규제

1990년대 중후반에 이익 실적을 조작한 기업은 그 외에도 많았다. WR 그레이스, 리벤트, 옥스퍼드 헬스 플랜스, 제록스 등도 마찬가지였다. 하지만 독자들은 어떤 수법들이 행해졌는지 그 요점은 이제 파악했을 것이다. 1997년 한 해에 100개 이상의 기업들이 회계보고서 정정 보고를 했다.

경제주간지 〈비즈니스위크〉가 1998년 기업의 재무 담당 임원들을 대상으로 조사한 결과 12%가 "재무 수치를 조작했다"고 시인했고, 55%는 "회계를 조작하라는 압력을 받았지만 말을 듣지 않았다"고 밝혔다. 이를 돌려 발하면 기업 최고경영자들 가운데 3분의 2가 임원들에게 분식회계를 요구한 셈이다. 그러나 이런 비율은 실제보다 낮은 것일 수도 있다. 아무리 익명이 보장되는 조사라 하더라도 부정행위에 대해 기업 임원들이 사실대로 솔직하게 털어놓기는 어려울 것이기 때문이다.

결론적으로 말하면 1990년대 중후반에 기업들의 재무통제 시스템은 붕괴했으며, 그렇게 붕괴된 채 몇 년간 그대로 방치됐다고 할 수 있다. 기업 임원들은 허구적인 이익을 날조했으나, 아무도 그것을 알아채거나 심각하게 의문 제기를 하지 않았다.

모든 당사자들이 기업의 회계장부 조작에 기여했다. 회계법인은 동일한 기업에서 고가의 회계감사 수수료를 받는 동시에 자문 수수료를 받는 입장이라는 점에서 이익의 충돌이 있었다. 아서 레비트조차 회계법인의 이런 이익 충돌을 문제 삼았다. 증권 애널리스트는 자신이 소속된 투자은행 또는 증권사가 자신이 애널리스트로서 담당하는 기업으로부터 투자은행 업무와 관련된 수수료를 받는다는 점에서 이익이 충돌되는 입장에 빠졌다. 기업의 이사회와 감사위원회는 회계조작에 대해 과감하게 이의제기를 하지 않았다. 기업의 변호사는 나서서 실적을 부풀리고 손실을 숨기는 거래를 만들어냈고, 1980년대에 만연한 적대적 인수합병 공격으로부터 회사를 보호하기 위한 방어책을 마련해줬다. 이처럼 변호사들이 적대적 인수합병을 합법적으로 막아줬기 때문에 기업이 제 이익만 챙기는 이기적인 최고경영자를 내쫓는 것이 사실상 불가능해졌다. 투자자들은 기업에서 이처럼 내부통제 체제가 붕괴한 데 대해서는 깜깜했다. 아무튼 주가는 계속 올라가고 있었다. 사정이 이쯤 되자 앨런 그린스펀 연준 의장조차 시장에 개입할 필요성을 느꼈다.

그러나 투자자들 가운데는 시장이 새로운 단계에 들어섰다고 생각하는 이들이 적지 않았다. 기술혁신이라는 새 동력에 힘입어 주식투자 수익률이 종전보다 두 배로 늘어날 것이라는 믿음이 투자자들 사이에 퍼졌다. 기술 및 인터넷 버블과 그 붕괴에 대해서는 9장에서 자세히 다룰 예정이다. 영국의 경제주간지 〈이코노미스트〉는 매호 투기적 버블을 경고했지만 미국의 투자자들은 이 주간지의 기사를 읽으려 하지 않았고, 읽었다 하더라도 기사를 믿으려 하지 않았다. 그린스펀의 관점에선 주가 상승은 일반 소비재 가격의 상승만큼이나 인플레이션의 위험을 제기하는 것이었다. 그는 시장이 통제권 밖으로 완전히 벗어나기 전에 투자자들의 생각을 바꿔놓을 필요가 있다고 판단했다.

그러나 그린스펀은 1994년 금리인상의 여파로 금융시장 전체가 요동쳤던 기억을 떨쳐버릴 수 없었다. 연준은 통화정책의 결과에 대해 더 이상 확신할 수 없었다. 그린스펀은 금리를 올리는 대신 그의 장기인 수사를 활용했다. 투자자들에게 이성을 되찾도록 설득해 시장을 보다 합리적인 수준으로 가라앉힐 생각이었다. 그는 1996년 12월에 행한 연설에서 그 후 유명해진 이런 발언을 했다.

"언제인지는 정확히 알 수 없으나 비이성적 열광(irrational exuberance)이 자산 가격을 과도하게 상승시켰다."

'비이성적 열광'이라는 말은 금세 일반 투자자들 사이에 유행어가 됐다. 투자자들은 그동안 자신들이 비합리적으로 행동했다는 그린스펀의 비판을 듣게 되자 화를 냈다. 그들은 이렇게 생각했다. 주가가 연 20%씩 상승하는 증시판에 끼어든 게 왜 비정상인가? 그리고 설령 증시에 투기적 거품이 낀 상태라고 해도 그 속에서 돈을 좀더 벌다가 거품이 폭발하기 전에 탈출하면 될 것 아닌가?

고전적 경제학 모델로는 1990년대 중반의 증시 상황을 도저히 설명할 수 없었다. 경제학자들은 결국 두 가지 수정이론을 내놓을 수밖에 없었다.

그 첫 번째 수정이론은 주식에 대한 수요 곡선이 우하향하는 특성을 갖고 있다는 것이었다. 이 수정이론에 따르면 주가는 수요에 의존한다. 이는 마치 특정한 주유소의 기름값은 그 주유소에서 기름을 넣으려는 손님이 얼마나 많으냐에 따라 결정되는 것과 같다. 가로축을 수요량, 세로축을 가격으로 놓을 때 수요 곡선은 왼쪽에서 오른쪽으로 갈수록 아래로 내려간다는 것이다.

이런 생각은 얼핏 상식적인 것으로 여겨진다. 하지만 일반 소비재가 아닌 주식에 대해 이렇게 보는 관점은 기존의 경제이론과 배치되는 것이다. 기존의 경제이론에서는 모든 투자자들이 비슷하게 행동하기 때문에 같은 가격에서는 주식에 대한 수요가 일정하다고 봤다. 기존 경제이론의 주가 모델은 이런 식이었다. 예를 들어 선빔의 주가가 50달러라면 어느 누구도 이 주식을 60달러에는 매입하려고 하지 않을 것이고, 40달러에는 사려는 사람이 엄청나게 많을 것이다. 따라서 모든 투자자들이 서로 균형을 이루는 가격은 바로 50달러라는 것이었다.

그러나 수정이론의 새로운 주가 모델에서는 어떤 사람들은 균형가격인 50달러보다 더 높은 값을 치르고도 주식을 사려고 한다. 이런 이들은 그 주식의 가치가 50달러를 넘지 않는다는 사실을 알지 못할 정도로 지능이 낮은 사람일 수도 있고, 거꾸로 그 기업의 미래에 대해 남들보다 더 긍정적으로 평가하기 때문에 그 이상의 가치가 있다고 보는 사람일 수도 있다. 그런가 하면 40달러에도 주식을 사려고 하지 않는 사람들도 있다. 이런 이들은 주식을 사야할 시점인데도 게을러서 사지 않는 사람일 수도 있고, 남들과 달리 주식의 가치가 40달러보다도 더 낮다고 생각하는 사람일 수도 있다.

고전적인 모델에서는 50달러에서 이 주식에 대한 수요가 일정하지만, 새로운 이론의 모델에서는 그 이상 또는 그 이하의 가격에서도 수요가 존재한다. 다만 주가가 60달러에서 50달러, 40달러로 낮아지면 수요량이 점차 늘어나 수요 곡선이 우하향한다. 법학 교수인 린 스타우트는 이런 새 주가 모델을 '이질적인 기대(heterogeneous expectation) 이론' 이라고 불렀다. 한마디로 투자자마다 주가에 대한 생각이 다르다는 것이다.

이런 이론은 고전적인 이론을 신봉해온 금융경제 학자들에게는 이단으로 비쳤지만, 1990년대 후반의 거품을 설명하는 데는 유용했다. 당시는 개인투자자들이 증시에 새로 뛰어들면서 주식에 대한 수요가 늘어났다. 이처럼 개인투자자들이 더 많은 주식을 사면서 수요가 늘어났고 가격도 동시에 올라갔다. 게다가 신규 투자자들은 과거 어느 때보다 낙관적이었다. 좀더 정확히 말하면 그들은 순진한 투자자들이어서 어느 종목이든 높은 값을 치르고라도 사려고 들었다.

새 주가 이론이 이단으로 비친 이유는 주식이 특정 시점에 특정한 가치를 갖는 것이라고 생각돼 왔기 때문이다. 그러나 이런 생각에는 전제가 있었다. 즉 누구든 기업에 대한 모든 정보를 자유롭게 얻을 수 있고, 주가가 그 주식의 실제 가치에 비해 더 오르면 차익거래자가 높은 가격에 주식을 팔았다가 주식이 '정상가격' 으로 되돌아올 때까지 기다림으로써 돈을 벌 수 있다는 것이었다. 경제학자들은 차익거래자가 있는 시장에서는 '이질적인 기대 이론' 은 성립하지 않는다고 주장했다. 만약 선빔의 주가가 60달러 혹은 50.01달러로 오르면 존 메리웨더가 거느리고 있는 트레이더들이 적정한 주가 수준이라고 보는 50달러로 다시 떨어질 때까지 주식을 수백만 주씩 팔고 기다릴 것이라는 얘기였다.

바로 이런 주장에 대응해 나온 것이 고전적 이론에 대한 두 번째 수정이론이다. 이는 '차익거래에 제한이 있다면 어떻게 되는가' 라는 질문에 대답하려는 것이다. 예컨대 기업이 회계조작을 함으로써, 실질 가치가 50달러밖에 안 되는 주식이 60달러의 가치가 있는 것처럼 투자자들을 현혹하는 경우를 살펴보자. 이 경우 차익거래자가 주가 하락 쪽에 돈을 걸었다가는 나중에 그 부정행위가 드러나기 전에는 오히려 손해를 보게 된다. 완벽한 시장에서는 부정행위가 있으면 그에 관한 정보가 즉시 알려지지만, 지난 몇 년간의 시장은 완벽하지 않다는 것을 보여줬다. 이런 상황에서는 주가 하락에 돈을 걸고 장기간 묻어두는 것은 위험하다. 살로먼 브라더스 등 대형 투자은행들이 장기투자를 기피하는 것도 바로 이런 이유에서다. 차익거래자들은 단기 베팅을 주로 한다. 그들은 특히 인수합병 등 단기적으로 주가가 출렁였다가 한 달여 만에 제자리로 돌아오는 것을 많이 노린다.

차익거래를 어렵게 하는 또 하나의 요인은 주가가 하락할 때 가치가 늘어나는 포지션은 취하기가 어렵다는 점이다. 특정 종목에 대해 긍정적으로 평가하고 베팅하는 것은 어렵지 않지만, 어떤 종목의 주가 하락을 예상하고 공매도를 하기란 기술적으로 어려울 뿐 아니라 비용도 많이 든다. 풋옵션은 사고 싶어도 매물이 없는 경우가 많고 비용이 많이 들며 만기도 너무 짧다.

이런 측면에서 볼 때 주식시장은 경마에서 이긴 말에 베팅한 사람끼리 돈을 나눠 갖게 하는 마권과 같은 방식이다. 어떤 말 한 마리에 베팅하기는 쉽다. 매표창구로 가서 마권을 사기만 하면 된다. 하지만 어떤 말이 하위로 처지는 쪽에 베팅하기란 쉽지 않다. 관중 가운데 그 말이 이기는 데 베팅한 사람을 찾아내, 그를 상대로 삼아 베팅할 수는 있다. 하지만 이렇게 하는 데는 시간이 많이 걸리고, 말이 지더라도 생판 처음 보는 사람이 매표창구 직원처럼 순순히 돈을 내줄지도 미지수다.

물론 좀더 정교한 방법으로 할 수도 있다. 이미 말을 골라 그 말이 이기는 데 베팅한 사람을 찾아내 그의 마권을 빌린 다음 그것을 다른 사람에게 파는 것이다. 그리고 그 말이 이기면 마권을 빌려준 사람에게 수수료와 함께 돈을 돌려주기로 한다. 그러나 이 두 번째 방법에도 몇 가지 문제가 있다. 몇 단계나 거쳐야 하므로 복잡한데다 생면부지인 사람이 그가 베팅한 말이 이기면 돈을 주겠다는 당신의 말을 믿어줄지 의문이다.

그러나 증시에서 특정 종목의 주가가 하락하는 쪽에 베팅하고 싶은 사람은 두 번째 방법, 즉 돌아가는 방법을 써야 한다. 첫 번째 방법, 즉 시장에서 주식 매수자를 찾아내고 그와 거래하는 것도 감독받지 않는 장외시장에서는 이론상 가능하다. 그러나 이 방법은 대형 기관 투자가가 대규모 거래를 벌이는 게 아니라면 비용이 너무 많이 든다. 그래서 좀더 정교한 변형판이 나왔다. 그것은 바로 증권사에서 주식을 빌려 다른 투자자에게 팔면서 주가가 올라가면 대가를 지불하겠다고 약속하는 것이다. 증권사에는 미래의 특정 시점에 빌린 주식을 반환하겠다고 약속해야 한다. 이것이 '공매도(shorting stock)'라는 것이다.

공매도에는 그 자체의 복잡성과 비용부담 외에도 많은 제약이 있다. 1930년대 초에 공매도를 제한하는 법이 만들어졌다. 이 법은 전날 종가가 그 전날보다 상승한 날에 한해 공매도를 할 수 있도록 했다. '업틱 룰(uptick rule)'이라고 불린 이 규정은 공매도 세력이 주가를 인위적으로 끌어내릴 수 없도록 하기 위한 것이었다. 또 공매도하려면 먼저 빌릴 수 있는 주식을 찾아내야 했다. 그러나 기업의 주식은 대개 한정돼 있어서 공매도용으로 빌리기는 어려웠다. 이는 수백만 주가 유통되는 종목의 경우도 마찬가지였다. 어떤 기업들은 자사 임직원들에게 자사주를 보유하도록 하면서 그것을 제3자에게 대여하지 못하도록 했다. 이는 공매도할 수 있는 주식의 수를 줄이기 위해서였다.

주가가 하락하는 쪽에 베팅하는 데 이와 같은 구조적 장애들이 있다는 점을 감안하면, 주가는 전체적으로 상승추세를 보일 것이라고 예상할 수 있다. 경마에서도 마찬가지다. 각각의 경주마들은 대개 '고평가' 돼 있다. 특정한 말에 베팅해 돈을 벌 확률은 이기는 쪽과 지는 쪽에 거는 사람들이 다 있는 쌍방향 베팅 게임일 때 더 높아진다. 경마에서만큼 자주 있는 일은 아니지만, 주식시장에서도 이런 현상이 간혹 일어난다.

예를 들면 3Com이라는 기업의 주가가 그 자회사이긴 하나 첨단 이미지로 주목받던 팜(Palm)의 주가보다 몇 주 동안 더 낮은 상태가 된 적이 있었다. 3Com은 팜의 지분 95%를 보유하고 있는 회사였으므로 이는 정상적인 현상이 아니었다. 어떻게 파이 한 조각이 파이 전체보다 더 비쌀 수 있었을까? 이유는 간단했다. 팜의 주식 수가 차익거래를 노리고 공매도할 만큼 충분하지 않았기 때문이다. 투자자들은 풋 옵션을 이용해 팜 주가가 하락할 것이라는 데 베팅할 수는 있었지만, 이렇게 하는 것은 비용이 너무 많이 들고 거래도 자유롭지 않았다. 팜 주식을 너무 갖고 싶었던 투자자들 때문에 이 종목에 대한 수요는 폭발했고, 그 결과 주가는 비이성적이라고 할 만큼 높이 상승했다.

이런 제약조건들 때문에 공매도는 점차 위축됐다. 특히 증시가 상승장을 연출한 1990년대 중반에는 공매도를 더욱 보기 힘들었다. 당시 공매도 전문 회사들의 운용자산은 줄어들어 총 20억 달러에 그쳤다. 이는 중간 규모의 헤지펀드보다 작은 규모였다.

1970년대에 자신의 고객들에게 에퀴티 펀딩이라는 회사의 대규모 부정에 대해 경고했던 보험 애널리스트 레이먼드 딕스는 1990년대 중반에는 공매도 세력을 공격하는 데 앞장섰다. 그는 RSA 시큐리티스에 '숏버스터스 클럽(공매도 사냥꾼 모임)'을 만들고, 사람들이 많이 공매도한 주식을 찾아내 매수 추천을 함으로써 공매도 세력이 손해를 보면서 그 주식을 팔지 않을 수 없게 압박했다. 이는 살로먼 브라더스의 폴 모저가 미국 재무부 채권 시장에서 한 행동과 비슷한 것이었다.

딕스의 이야기를 좀더 해보자. 그는 주가가 하락하는 쪽에 베팅하는 행위가 어떤 결과를 가져오는지를 잘 알고 있었다. 감독당국은 에퀴티 펀딩의 부정을 폭로한 것과 관련해 그를 기소했다. 고객들에게 내부 정보를 흘려줌으로써 고객들로 하여금 에퀴티 펀딩의 주가가 하락하는 쪽으로 베팅하게 했다는 이유에서였다. 그러나 딕스는 나중에 대법원에서 무죄 판결을 받았다.

여러 현실적인 제약들 때문에 증시에서 주가가 오랜 기간 고평가된 상태를 유지할 수 있었다. 만약 차익거래가 제약받고 있다는 새로운 이론의 설명이 맞는다면, 증시는 감독당국자들이 생각하는 것만큼 공정하거나 효율적이지 않다는 말이 된다. 당국자들은 대부분 고전적인 효율적 시장 이론을 배운 이들이었다. 시장가격이 공정하지 않으면 누군가가 가격이 떨어질 때까지 그 주식을 공매도했을 것이니 시장가격은 공정하다는 주장도 더 이상 타당해 보이지 않았다. 회계부정이 오랫동안 은폐된 바람에 차익거래자들은 센던트, 웨이스트 매니지먼트, 선빔, 라이트 에이드의 주가가 고평가돼 있다는 사실을 몰랐다. 설사 누군가가 이들 회사의 주식에 대해 진실을 알았다고 해도, 다른 투자자들이 고평가된 수준의 주가가 당연하다고 보는 한 그는 돈을 벌 수 없었다. 게다가 공매도는 비용도 많이 들고 하기도 힘들다.

아서 레비트는 이 같은 문제를 1998년에야 깨달았다. 증권거래위원장 재임 5년째에 접어들 때였다. 회계부정 스캔들이 잇따라 터지면서 그로서도 그냥 방치할 수 없는 상태에 이르고 있던 시점이었다. 전해인 1997년에 회계보고서를 수정했거나 다시 내놓은 기업이 116개에 이르렀고, 1998년에는 그 숫자가 더욱 늘어났다. 이 같은 기업들의 회계부정 사태에 정신이 번쩍 든 아서 레비트는 행동에 나섰다. 이때의 행동으로 그는 '투자자의 대변인' 이라는 턱없이 과분한 명성까지 얻게 된다.

1998년 9월 레비트는 그의 증권거래위원장 이력에서 가장 중요한 연설을 했다. '숫자 게임' 이라는 제목의 이 연설에서 그는 여러 가지 유형의 부정들을 열거한 뒤 증권거래위원회는 회계부정을 단호히 응징할 것이라고 밝혔다. 그는 "처음에는 단지 관리 차원에서 시작했다가도 조작으로 이어진다" 거나 "정직성은 사라지고 환상이 득세할 수도 있다" 는 등 마치 존 에프 케네디의 분위기를 내는 발언을 했다. 그는 "우리가 요구하는 것은 기본적인 문화의 변화이며, 그 이하는 결코 아니다" 라고 끝을 맺었다.

레비트가 이런 연설을 한 뒤 증권거래위원회는 1998년도에 구조조정 비용을 계상한 150개 기업에 서한을 보냈다. 위원회의 감찰관들은 센던트,

웨이스트 매니지먼트, 선빔, 라이트 에이드를 기소했다. 그러나 이들의 혐의는 비교적 단순한 부정행위들이었다. 파생상품이 관련된 혐의로 기소된 경우는 전혀 없었다.

단순해서 만만한 사건들만 선택한 데는 그럴 만한 이유가 있었다. 증권거래위원회의 감찰부서는 1000명이 넘는 변호사들을 거느리고 있었지만, 모든 금융부정을 다 적발해 처벌할 만한 재원은 없었다. 대기업의 복잡한 회계부정 사건을 처리하려면 몇 년에 걸쳐 수십 명의 변호사와 직원들이 동원돼야 했다. 위원회 관리들이 형사 기소를 하도록 연방 검찰을 움직이는 것도 어려웠다. 그동안 어렵게 조사해 형사 기소한 사건이 영업정지 명령 정도에 그친다면 공들여봐야 보람이 없을 것이다. 투자자들을 대신해 소송을 제기하는 변호사들도 사정은 비슷했다. 그들은 중소 규모의 기업들이 연루된 단순 부정 사건에 매달리느라 바빴고, 대기업이 관련된 한 복잡한 사건은 피했다.

이런 이유들 때문에 2000년에 회계에 관련된 사기나 속임수로 형사 처벌을 받은 기업들의 면면을 보면 누구든 알 만한 정도의 기업들이 아니었다. 센던트, 맥케슨, HBOC, 리벤트, 언더라이터스 파이낸셜 그룹, 돈케니, 캘리포니아 마이크로 디바이시스, 헬스 매니지먼트, 홈 시어터 프러덕츠 인터내셔널, FNN, 크레이지 에디, 타워스 파이낸셜, 미니스크라이브, ZZZZ 베스트 등 귀에 그리 익지 않은 기업들뿐이었다.

일반인들에게 잘 알려진 기업으로는 유일하게 뱅커스 트러스트가 포함돼 있었다. 뱅커스 트러스트는 1994년에 파생상품 사태에 연루된 데 이어 또다시 부정 혐의로 고소됐다. 뱅커스 트러스트의 증권발행 업무 책임자였던 브루스 킹던은 2000년 9월 은행 기록을 허위로 작성한 사실을 인정했다. 그러나 그는 형을 살지는 않았다. 다만 3년간 1주일에 한 번 치료사를 면담하고 450시간의 사회봉사 활동을 명령받았을 뿐이다. 이처럼 가벼운 형을 받는 데 그친 것은, 그가 뱅커스 트러스트의 기업문화에서 비롯된 직업병 성격의 중풍 증상과 근무력증을 앓고 있다고 변호사가 적극적으로 호소한 덕분이었다. 이때까지 월터 포브스와 마틴 그래스는 아직 기소되지도 않았고, 딘 번트록과 앨 던랩은 아예 법망에서 벗어나 있었다.

증권거래위원회는 이처럼 단순 부정 사건들에 치중함으로써 복잡한 수법으로 부정을 저지르고 있던 대기업들에게 사실상 무언의 메시지를 보낸 셈이었다. 그들은 처벌되지 않을 것이라는 믿음을 준 것이다. 엔론이나 월드컴 같은 대기업들도 분명히 실적을 조작하고 있었지만 증권거래위원회의 조사 표적이 되지 않았다. 증권거래위원회가 할 일은 사실 간단했다. 단지 기업이 주주들에게 밝힌 실적과 국세청에 신고한 내용을 비교하기만 하면 됐다. 양쪽 내용에 큰 차이가 있으면 회계부정 또는 탈세, 아니면 둘 다일 것이기 때문이었다. 1996~2000년에 수많은 기업들에서 주주들에게 밝힌 실적과 국세청에 보고한 내용 사이에 큰 차이가 있었다. 엔론은 주주들에게 순이익이 18억 달러라고 발표했으나 국세청에는 10억 달러의 손실을 냈다고 신고했다. 월드컴은 주주들에게 160억 달러를 벌었다고 밝혔지만 국세청에 신고한 이익은 10억 달러에도 못 미쳤다.

제너럴 일렉트릭의 대변인은 실적 조작을 했다는 비난을 받자 점잔을 빼며 "실적이란 원래 보기 좋게 다듬어져야 한다"고 말했다. 제너럴 일렉트릭은 사실 특별대우를 받았다. 금융사기 사건 중에는 금융분야 언론들이 부정을 폭로하고 그에 따라 증권거래위원회가 조사에 나선 경우가 많았다. 엔론과 월드컴은 언론의 보도로 인해 파산으로 내몰렸고, 두 회사의 임원들은 처벌됐다. 그러나 제너럴 일렉트릭은 안전지대에 있었다. 언론 매체들은 1994년 이후 제너럴 일렉트릭이 자본이익의 시기를 조정하고 구조조정 비용 및 준비금을 임의로 주무른다는 보도를 잇달아 내보냈지만, 증권거래위원회는 이 회사나 그 임원들에 대해 한번도 기소하지 않았다.

스톡옵션

돌이켜 보면 1990년대 중후반의 기업파산 사태에 중요한 원인이 된 것은 스톡옵션이었다. 앞 장에서 얘기했듯이 스톡옵션이 유행하게 된 것은 법규 개정 덕분이었다. 법규개정에 따라 기업 임원들의 보수에 대해 100만 달러까지만 세금공제 혜택이 주어졌지만, 스톡옵션을 비롯해 실적에 따른 보수에 대해서는 세금공제 상한규제의 예외가 인정됐다. 아울러 회계규정은 기업이 임원에 대해 스톡옵션을 사실상 공짜로 부여할 수 있게 돼 있었다.

임원보수 연구의 권위자인 케빈 머피 교수에 따르면 제조업체 경영자들이 부여받은 스톡옵션 규모는 1992년부터 1996년까지 두 배로 늘어났다. 1996년에 노동자들의 평균 급여액 대비 최고경영자들의 평균 보수액 비율은 1990년 이전에 비해 3배로 높아졌다. 여기에 스톡옵션까지 포함하면 1996년도 기업 최고경영자들의 평균 보수는 일반 노동자들의 급여 수준에 비해 210배나 됐다.

스톡옵션을 옹호하는 주장도 많다. 대표적인 옹호론은 스톡옵션이 경영자와 주주의 이해관계를 일치시켜 준다는 것이다. 그러나 스톡옵션은 오직 한쪽 방향에서만 이런 이해관계의 일치를 실현할 뿐이라는 점을 간과해서는 안 된다. 경영자가 부여받는 스톡옵션의 가치는 좀처럼 하락하지 않지만 주주들에게는 이런 보호막이 없다. 주주와 경영자가 동시에 이익을 얻는 것은 주가가 오를 때뿐이다. 경영자는 손해 볼 일이 거의 없으므로 더욱 적극적으로 도박에 나서게 된다. 이는 센던트 같은 기업에서 주가가 떨어지자 경영진에 대해 스톡옵션의 행사가격을 조정해준 것을 보면 잘 알 수 있다. 기존의 스톡옵션 만기가 다가오기 전에 스톡옵션을 추가로 부여함으로써 경영자가 기존 스톡옵션을 일부 현금화할 기회를 제공받기도 했다.

스톡옵션이 아닌 회사 주식을 가진 경영진은 주주들과 공동운명체가 된다. 좋은 때든 나쁜 때든 마찬가지다. 하지만 스톡옵션을 가진 경영진은 자신의 몫이 안전하기 때문에 주주들과의 이해관계 연계가 줄어든다. 주주와 스톡옵션을 가진 경영자의 입장 차이는, 배가 침몰할 때 그 배와 운명을 같이하는 선장과 하나뿐인 구명정 또는 헬리콥터를 타고 탈출할 수 있는 선장의 차이와 같다. 경영진과 주주의 이해관계를 일치시키는 최선의 방법은 둘 다 같은 구명정에 태우는 것이지만, 스톡옵션은 그렇게 하지 못한다.

일부 경제학자들은 최고경영자들이 너무 리스크를 기피한다면서, 그들에게 스톡옵션을 부여함으로써 더욱 과감히 위험을 짊어지도록 해야 한다고 주장했다. 이런 주장은 투기를 더욱 부추기는 것이다. 엄청난 스톡옵션이 10년 정도의 만기로 부여되는 일이 없었던 1990년대 중반 이전에도 수많은 경영자들이 숱한 위험을 감수했다. 월터 포브스, 딘 번트록, 앨 던랩, 마틴 그래스 등이 바로 그런 사례들이었다. 스톡옵션은 주가가 폭락할 때 최고경영자들을 더 무모한 행동으로 내몰 수 있다.

기업이 진정으로 최고경영자를 분발하게 하려면 경제적으로 스톡옵션보다 훨씬 더 이치에 맞는 두 가지 방법이 있다. 그 중 하나는 경영자의 실적에 따라 옵션을 주지 말고 주식을 주는 것이다. 잭 웰치가 받은 수억 달러어치의 '처분제한 주식'이 좋은 예다. 웰치가 받은 주식에는 몇 년간 시장에 팔 수 없다는 조건이 붙어 있었다. 이런 주식은 형식상 스톡옵션의 이점을 갖추고 있으면서도 주식의 가치, 즉 기업의 가치를 떨어뜨릴 수 있는 위험에 대해 경영자가 좀더 심사숙고하도록 한다.

다른 하나의 방법은 최고경영자에게 스톡옵션을 부여하되 경쟁기업의 실적 등 뭔가 기준이 될 만한 지표에 기반해 부여하는 것이다. 이렇게 하면 최고경영자가 상황이 좋을 때 운 좋게도 최고경영자 자리에 앉아있다는 이유만으로 스톡옵션의 혜택을 받는 게 아니라 경영실적이 시장평균 이익률을 상회하는 경우 그 보상으로 스톡옵션의 혜택을 받게 된다.

많은 기업들이 처분제한 주식을 지급했지만, 스톡옵션을 제외하고 기업들이 발행한 주식 중에서 최고경영자들이 보유한 주식의 비중은 1990년대 중반 내내 감소했다. 그리고 연동옵션(indexed option), 즉 회사 주가가 다른 회사들의 주가에 비해 얼마나 좋아졌는가에 따라 그 혜택이 좌우되는 스톡옵션을 지급한 기업은 1000개 기업 중 단 1개사 꼴에 지나지 않았다.

왜 그랬을까? 납득이 가는 단 하나의 이유는 법규에 있었다. 위에서 제시한 두 가지 대안이 이론상으로는 통상적인 스톡옵션보다 더 낫지만, 일반적인 스톡옵션과 달리 실적형 스톡옵션은 기업의 비용으로 처리된다. 즉 공시돼야 하는 것이다. 이는 1972년에 제정된 회계규정이 확정 가격의 옵션만을 예외로 인정했기 때문이다.

스톡옵션에는 또 다른 결함이 있다. 주식의 가치를 희석시켜 떨어뜨린다는 것이다. 주가가 상승할 때 경영진이 스톡옵션을 행사하면 주식의 수가 늘어나게 되고 주주들의 지분은 그만큼 줄어들게 된다. 기업은 이렇게 주식가치가 떨어진 사실을 재무제표에 공시해야 한다. 물론 많은 기업들이 경영진의 스톡옵션 행사로 늘어난 주식만큼을 시장에서 매수해 주식 가치의 하락을 최소화하려고 한다. 하지만 이런 주식 매수가 완전한 해법은 아니다. 더 쓸모 있는 사업에 투자해야 할 현금을 주식 매수 비용으로 지출하게 되거나 매수 비용 조달을 위한 차입을 하게 되어 재무구조가 나빠질 수도 있기 때문이다.

스톡옵션은 매우 비싼 보상 방식이다. 왜냐하면 시장에서 평가되는 주가를 기준으로 볼 때 기업이 경영자에게 스톡옵션을 지급하는 데 드는 비용은 경영자 자신이 그 스톡옵션의 가치에 대해 평가하는 금액보다 훨씬 크기 때문이다. 이성적인 최고경영자라면 같은 100만 달러라도 스톡옵션으로 부여받기보다는 다양한 형태의 자산이나 현금으로 갖고 싶어 할 것이다. 최고경영자 스스로가 100만 달러의 가치가 있다고 여길 만큼의 보상을 하고자 한다면 기업은 100만 달러의 현금을 주거나 200만 달러어치의 스톡옵션을 줘야 할 것이다.

왜 그럴까? 최고경영자는 자신이 경영하는 기업에 많은 것을 쏟아 붓는다. 그는 자신의 명성, 여러 가지 다른 보상, 그리고 연금 등을 기업에 건다. 그래서 스톡옵션에 집중된 보상은 자신이 받을 수 있는 것 중 가장 덜 중요한 보상으로 받아들이게 된다.

현대 금융이론에서 중요한 철칙 중 하나는 다양한 자산들로 구성된 포트폴리오가 한 가지로 통일된 자산보다 더 가치있다는 것이다. 분산된 포트폴리오는 그만큼 변동성에 잘 견디기 때문이다. 최고경영자들 역시 분산된 다양성에 가치를 둔다. 최고경영자들은 대개 자신이 받은 스톡옵션의 가치를 시장가격의 절반 수준으로 잡는다는 조사 결과가 있다. 거꾸로 말해 기업이 경영자에게 스톡옵션을 줄 때는 현금으로 지급할 때보다 비용이 두 배가 든다는 것이다.

스톡옵션의 또 다른 역설적인 점은, 이미 부유해서 새로운 리스크를 기꺼이 감수할 여력이 있는 최고경영자들에게 주로 그 혜택이 돌아간다는 것이다. 이미 부유한 최고경영자는 그들보다 재산이 부족한 중산층 최고경영자에 비해 위험을 더 많이 즐기고, 스톡옵션에도 더 많은 의미를 둔다. 이런 점도 포트폴리오 이론으로 설명할 수 있다. 부유한 경영자는 자신의 전체 보유 자산 가운데 일부만을 스톡옵션 형태로 보유하게 되지만, 그렇지 못한 중산층 경영자는 자기 자산 중 훨씬 더 높은 비중이 스톡옵션에 집중돼 있다.

머피 교수는 이런 예를 들었다. A라는 최고경영자는 보유 자산 가운데 90%가 스톡옵션에 묶여 있다. 이에 비해 B라는 경영자는 A와 똑같은 양의 스톡옵션을 갖고 있긴 하지만, 그 스톡옵션의 비중은 자기 재산 전체의 절반에 지나지 않는다. 이 경우 A가 스스로 평가하는 스톡옵션의 단위당 가치는 B가 생각하는 스톡옵션의 가치에 비해 5분의 1에 지나지 않는다는 것이다. 따라서 기업은 부자 경영자를 고용할수록 스톡옵션을 그만큼 덜 줘도 된다는 것이다.

스톡옵션의 문제점은 이 외에도 얼마든지 더 들 수 있다. 스톡옵션에는 배당이 지급되지 않기 때문에 스톡옵션을 많이 받은 최고경영자들은 배당을 줄이려고 한다. 실제로 1990년대에 상장기업들의 배당 지급액이 현저하게 줄어들었다. 그 전에는 주식 투자로부터 얻는 이익 중 배당이 차지하는 비율이 4분의 3이었다. 기업이 사업을 잘하고 있다고 과시하려면 애널리스트들의 실적 전망치에 맞추려고 장부상 이익을 늘릴 게 아니라 현금배당을 많이 줘야 했다. 물론 배당이 줄어든 데는 배당소득에 대해서는 세금이 부과되기 때문이라는 또 다른 이유가 있었다. 하지만 이는 1990년대에 새로 생긴 제도가 아니었다.

1990년대에 부여된 스톡옵션의 가장 큰 문제점은 그 가치를 제대로 산정하기가 어려웠다는 점이다. 이 시기에 부여된 스톡옵션은 대부분 만기가 길었고, 이 때문에 블랙-숄스 모델을 비롯한 옵션가치 평가모델을 적용하기가 힘들었다. 부여된 스톡옵션의 83%가 10년 만기였고, 게다가 몇 년 동안은 이를 현금화할 수 없다는 조건이 붙어 있었다. 이런 통계는 당시 경영자들 대부분의 스톡옵션 만기가 뱅커스 트러스트나 살로먼 브라더스가 가치 산정을 제대로 하지 못했던 옵션 상품의 만기보다도 두 배 이상 길었다는 뜻이다.

옵션 평가모델은 만기가 길수록 정확한 결과를 내놓기 힘들다. 이는 무엇보다 여러 가지 변수들, 특히 핵심 변수인 변동성이 시간이 지나면서 크게 변하기 때문이다. 몇 년 동안 스톡옵션의 현금화를 금지시킨 제약조건도 옵션 평가모델에 반영하기가 매우 어렵다. 기업 임원에게 부여된 스톡옵션의 실제 가치를 산정해본 결과 블랙-숄스 모델로 구한 금액의 절반 정도밖에 안 되는 경우가 많았다.

기업들에게 스톡옵션을 비용으로 반영하게 하려던 회계기준위원회의 방침에 반대한 조지프 리버맨 상원의원 등의 주장은 이런 점에서 일면 일리가 있는 것이었다. 그들은 바로 스톡옵션의 가치를 제대로 평가하기가 힘들다는 것을 반대의 이유로 내세웠다. 컨설턴트들은 기업 이사회에 스톡옵션의 가치를 아주 폭넓게 제시한다. 일반적인 조건의 스톡옵션 가치를 주가의 3분의 1 정도로 잡는 사람들도 많다. 이렇게 가치 평가에 확실한 기준이 없는데도 경영자들에게 스톡옵션을 부여하는 것은 무책임한 결정이 아닐까?

어쨌든 최고경영자들에게 부여된 스톡옵션은 엄청난 규모였다. 주당 60달러인 주식 100만주를 스톡옵션으로 지급했다고 할 때 위의 계산법을 따르더라도 총 가치는 2000만 달러에 이른다. 월터 포브스, 딘 번트록, 앨 던랩, 마틴 그래스 등은 각각 스톡옵션 수백만 주씩을 챙겼다. 이들뿐만 아니었다. 1990년대 중후반에 기업 경영자들에게 부여된 스톡옵션 규모는 급팽창했고, 그에 비례해 부정도 불사하겠다는 강한 유혹이 그들에게 찾아왔다.

기업 경영자들에게 스톡옵션을 마구잡이로 주지 않았다면 1990년대 중후반의 기업의 부정행위들이 일어나지 않았을지도 모른다. 이 시기에 벌어진 일들은 세 가지로 요약할 수 있으며, 이는 부인할 수 없는 사실이다. 첫째, 1990년대 초 법규의 변화가 기업의 최고경영자들에 대한 전례 없는 규모의 스톡옵션 부여를 낳았다. 둘째, 이렇게 부여된 스톡옵션의 가치는 기업이 몇 년간에 걸쳐 실적을 부풀리고 손실을 감출 경우 크게 늘어났다. 셋째, 많은 기업들이 실제로 회계부정을 저질렀다.

금융공학의 재부상

스톡옵션이 확산되면서 1994년 사태 이후 잠시 동면상태에 있던 금융 신상품들이 다시 살아났다. 장외 파생상품 시장이 확대되기 시작했고, 그와 함께 기업 경영자들이 그동안 써왔던 단순한 회계조작이 아니라 생각지도 못했던 복잡한 수법으로 파생상품을 이용하는 장난을 칠 가능성이 더욱 커졌다.

그때까지 주요 회계 스캔들에서 파생상품이 등장하지 않았던 이유 중 하나는 회계조작에 연루된 최고경영자들이 파생상품 자체를 제대로 이해하지 못했다는 데 있다. 월스트리트의 유력 잡지인 〈리스크(Risk)〉는 "어느 회사든 최고경영자들은 재무부서나 트레이딩 부문에서 취급하는 파생상품의 속성에 대해 이해하지 못하고 있다"고 지적했다.

1990년대 초반의 파생상품 스캔들은 주로 하급 직원들에 의해 저질러졌다. 이런 스캔들의 범인들은 뱅커스 트러스트, 퍼스트 보스턴, 살로먼 브라더스의 영업직원과 트레이더, 그리고 깁슨 그리팅스와 프록터 앤드 갬블의 하위직 재무 담당자 등이었다. 이들 가운데는 파생상품이 뭔지를 제대로 아는 사람들이 적지 않았다. 그러나 그 후 최근의 회계 스캔들은 주로 최고경영자들에 의해 저질러졌지만 그들은 대부분 파생상품에 대해 무지했다.

파생상품이 확산되기 시작한 지 몇 년이 지났는데도 기업의 경영진은 금융공학에 대해 잘 알지 못했다. 1996년의 주요 회계법인 간부들은 대부분의 기업 이사회 멤버들이 자사가 얼마나 위험에 노출돼 있는지에 대해 그저 피상적으로만 아는 데 불과했다고 증언했다. 1994년 사태에 대한 대응으로 대부분의 기업 이사회가 파생상품에 대한 대책을 마련하기로 했지만 실제로 진전된 것은 별로 없었다. 전통적인 방식의 기업 감사는 금융 리스크를 산정하는 데 쓸모가 없었고, 감사 담당자들은 무엇을 점검해봐야 하는지조차 모르는 경우도 있었다. 기업의 이사들은 시정절차나 통제의 문제를 건드렸다가 나중에 질 수도 있는 책임을 피하려고 했다.

세계적인 대기업의 이사들도 다를 게 없었다. 애트나, 다우 케미컬, 제너럴 일렉트릭 등의 이사들은 파생상품으로 인해 새로이 생겨난 위험에 대해 별로 관심을 기울이지 않았다. 제너럴 일렉트릭의 이사인 바버라 스코트 프레이스켈은 1996년 〈파생상품 전략(Derivatives Strategy)〉이라는 잡지와의 인터뷰에서 "파생상품에 대해 전체 이사회를 열어본 적이 없다"고 말했다. 제너럴 일렉트릭이 파생상품에 엄청난 돈을 투자하면서 잃기도 했다는 점, 또 그 자회사인 GE 캐피털이 몇 년간 파생상품 거래를 했다는 점을 감안하면 충격적인 발언이었다.

시카고 상품거래소의 전 회장으로 10여 개 대기업의 이사로 활동하고 있는 클레이튼 유터는 이사들이 새로운 금융 기법에 대해 거의 논의해본 적도 없고 이해하지도 못한다는 사실을 인정했다. "기업 이사회에 참석해 보면 재무담당 임원이 위험관리 문제에 대해 어떤 설명을 해도 다른 이사들이 그것을 논박하는 모습을 거의 본 적이 없다." 그러니 그토록 많은 최고경영자들이 스톡옵션으로 1억 달러씩 한몫 챙겨서 나갔던 것도 이상할 게 없었다.

기업 이사들은 자신들이 할 일이란 업무절차가 제대로 지켜지고 있는지 점검하는 것 정도이고, 나머지는 다른 사람들이 다 알아서 할 일이라고 생각했다. 이렇게 하는 것이 합리적인 태도라고 여겼다. 그러나 그들은 이런 태도를 취함으로써 결과적으로 주주들이 부당하고 공개되지 않은 위험에 노출되지 않도록 하는 책임을 실무 경영진과 회계사들에게 넘기고 말았다. 그런데 바로 이런 이들이 전례 없는 회계부정을 저질렀다.

사실 초기의 회계부정도 그 배경에 금융 신상품이 도사리고 있었음을 보여주는 흔적들이 있다. CUC와 HFS의 합병으로 탄생한 센던트가 맨 처음

했던 일을 예로 들 수 있다. 센던트는 '펠라인 프라이즈(FELINE PRIDES)'
라는 괴상한 이름의 새로운 금융상품을 10억 달러어치나 발행했다. 이 펠
라인 프라이즈를 매입한 이들은 몇 달 뒤 센던트와 관련된 소송에 휘말리
면서 이 회사 스캔들의 또 다른 희생자가 된다.

미로처럼 복잡한 펠라인 프라이즈의 속성은 미국 금융시장의 현실에
대해 심각한 의문을 제기하는 것이었다. 펠라인 프라이즈라는 이름은 '신
축적 주식연계 교환가능 증권(Flexible Equity-Linked Exchangeable
Securities)'과 '상환가능 증액배당 우선주 증권(Preferred Redeemable
Increased Dividend Equity Securities)'의 머리글자들을 이어붙인 일종의 약
자다. 이런 긴 이름의 약자가 탄생한 과정은 몇 년 사이 금융시장이 얼마나
몰라보게 바뀌었는지를 보여준다. 펠라인 프라이즈의 혈통은 마치 구약성
서에 나오는 가계도와 비슷하다. 그 혈통을 따라가다 보면 미로 속에서 길
을 잃은 고양이가 된 듯한 기분이 든다.

이런 설명이 복잡하고 다소 낯설게 들린다면, 그저 다음과 같은 사실
만 기억해두면 된다. 2002년에 일반 투자자들 대부분이 다만 한 주씩이라
도 그 주식을 갖고 있을 만했던 대부분의 공개기업들은 바로 이 펠라인 프
라이즈와 비슷한 유형의 금융상품을 활용했다.

다시 풀어서 설명해 보자. 기업은 자본과 부채로 구성된다. 자본은 기
업을 소유하는 주주들이 갖고 있는 주식이다. 부채는 기업에 돈을 빌려준
채권자들의 것이다. 자본과 부채를 합하면 기업이 투자할 수 있는 총자본
이 된다. 부채는 기업 자본구조의 맨 밑바닥에 있고, 자본은 맨 윗부분에 있
다. 채권자들은 정기적으로 이자를 받고, 만기가 되면 원금을 돌려받는다.
주주들은 배당금을 받고, 기업의 가치가 늘어나면 그에 따른 주가차익을
얻는다.

그런데 자본과 부채를 합성한 우선주가 태어났다. 우선주는 자본처럼

만기가 없지만, 정해진 이자가 지급된다는 점에서는 채권과 같다. 우선주 중에는 소유자가 원하면 특정한 날짜에 보통주로 전환되는 종류도 있다. 그런가 하면 누적 배당금을 받는 우선주도 있다. 이것은 어떤 해에 배당금이 지급되지 않으면 그것이 쌓여 있다가 나중에라도 반드시 지급돼야 하는 종류다. 따라서 배당금 지급 여부를 기업이 알아서 그때그때 결정하는 보통주와는 다르다. 그래서 우선주는 기업의 자본구조에서 중간, 즉 부채보다는 위이고 자본보다는 아래에 위치한다.

문제는 우선주의 법적 지위다. 부채와 자본에 대한 법이 따로 있다면 우선주는 어디로 분류돼야 할까? 부채에 대한 이자에는 세금공제 혜택이 주어지지만, 주식에 대한 배당금에는 세금공제 혜택이 주어지지 않는다. 기업은 우선주 보유자에 대한 배당금을 세금 목적으로 공제할 수 있을까? 1장에서 상세히 설명한 것처럼 금융시장에 결정적인 영향력을 행사하는 신용평가회사는 우선주를 어떻게 다룰까? 신용평가회사들은 기업에 대한 등급 평가를 할 때 부채와 자본의 비율에 주목한다. 그런데 우선주는 자본인가 부채인가? 회계규정은 이것을 어떻게 다루고 있는가? 애널리스트들도 기업들을 비교할 때 재무제표상 부채와 자본의 비율을 따진다. 과연 우선주는 어느 쪽으로 분류해야 맞는가?

투자은행의 금융공학 전문가들은 이런 문제를 해결하는 데 수완이 좋다. 금융공학 전문가들은 세금공제 혜택을 받는 동시에 신용등급을 좋게 받는 데도 유리하고 재무제표상 부채 비율도 낮출 수 있는 새로운 형태의 우선주를 고안해냈다. 이 창의적인 금융공학 전문가들은 먼저 보통주가 두 부분으로 구성돼 있다는 사실에 주목했다. 그것은 바로 배당금 부분과 주가변동 부분이다. 그들은 이 두 가지를 따로 나눠 보통주 신탁회사에 넣었다. 이는 마치 모기지를 이자와 원금으로 나눈 것과 같았다. 이어 신탁회사는 두 개의 증권을 발행한다. 그 중 하나는 배당금과 시세차익의 일부를 받는 보수적인 증권이고, 다른 하나는 시세차익만 전부 가져가는 좀더 위험한 증권이다. 미국은 물론 유럽과 일본에서도 이런 방식이 활용됐다. 그리고 이런 신탁회사 중에서 가장 유명했던 곳은 1980년대에 활약한 아메리쿠스 트러스트였다.

모건 스탠리는 1988년에 '퍽스(PERCS)' 라는 증권을 만들었다. 이 증권은 아메리쿠스 트러스트가 취급한 증권 중 보수적인 부분을 근거로 만들어진 것이었다. 퍽스라는 이름은 '주식상환 누적우선 주식(Preferred Equity-Redemption Cumulative Stock)' 의 약자다. 이 증권은 보통주 배당금보다 더 많은 누적 배당금을 받을 수 있다는 점에서 우선주와 닮았다. 그러나 퍽스는 3년 뒤에 특정한 절차를 밟아 보통주로 자동 전환된다는 점에서 일반적인 우선주와 달랐다.

예를 들어 주가가 50달러 이하일 때 퍽스 한 주가 보통주 한 주로 전환되고, 50달러를 초과하면 그보다 한 주 이하로 전환되는 식이었다. 퍽스의 가치가 올라가는 것을 일정 수준 이하로 제한하기 위해서였다. 퍽스를 매입한 사람은 사실상 3년 뒤에 그 기업의 주식을 매입하겠다고 약속한 셈이었다. 퍽스 매입자는 주식의 가격이 상승할 경우 얻을 수 있는 시세차익에 대한 권리를 3년짜리 콜 옵션으로 팔 수 있었다. 이런 점에서 뱅커스 트러스트의 앤디 크리거가 만졌던 상품들과 비슷했다. 기업은 투자자로부터 3년 만기 콜 옵션을 매입하고, 대신 그 투자자에게 3년간 누적 배당금 형태로 이익을 돌려준다.

퍽스는 이처럼 매우 복잡해서 금융에 숙달된 기업이나 전문 투자자들만 이용해야 했다. 그러나 최초의 퍽스 거래자는 1988년 7월 에이본 프러덕츠라는 제조업체였다. 에이본의 보통주 주식은 24달러 선까지 하락했지만, 그럼에도 회사는 여전히 주당 2달러씩 배당금을 지급했다. 에이본은 배당금을 1달러로 내리고 싶었으나 그렇게 하면 투자자들의 원성을 사게 되고 주가는 더 떨어질 게 분명했다. 이때 번쩍 떠오른 아이디어가 있었다. 그것은 바로 보통주를 픽스와 바꿀 수 있게 하는 것이었다. 픽스는 여전히 2달러의 배당금을 지급했지만, 3년 뒤에는 보통주로 전환되는 것이었다.

그러나 픽스가 보통주로 전환되는 기준가격이 이후 3년간 계속 떨어졌고 배당금을 받을 기회도 날아가 버렸다. 그러나 이 같은 방법은 단순히 배당금을 1달러로 줄이는 것보다는 훨씬 미묘한 것이었다. 투자자들은 불평하지 않았다. 에이본의 보통주가 3년 뒤에 32달러 밑으로 떨어졌으면 픽스의 보통주 전환 비율은 1 대 1이 됐을 것이다. 그렇지 않다면 이 비율은 더 낮아진다.

회사측은 몇 가지 제도상의 이점을 누렸다. 신용평가회사들은 픽스를 채권이 아닌 자본으로 분류했고, 에이본의 회계사도 마찬가지였다. 반면 픽스 배당금은 세금공제 혜택을 받지 못했다. 세금 혜택이 없는 픽스는 별로 인기가 없었다. 그 정도는 그다지 참신한 것도 아니었다. 투자자들은 여전히 주가가 잘 올라가 주는 보통주나 좀더 안전한 채권을 선호했다.

픽스의 가장 큰 이점은 발행기업이 자금을 빌리면서도 부채비율을 높이지 않아도 된다는 것이었다. 적어도 신용평가회사들은 그렇게 봐줬다.

1990년대 초반에 부채가 많아 경쟁기업보다 신용등급이 낮았던 시티코프, 제너럴 모터스, K마트, RJR 나비스코, 시어스, 테네코 등이 픽스를 발행했다. 신용평가회사들은 이들 기업의 채무 부담이 단기적으로 늘어난다는 사실에는 별다른 주의를 기울이지 않았고, 픽스를 부채로 포함시키지 않은 채 신용등급을 평가해줬다. 기업들은 픽스를 발행해 신용등급을 좋게 받을 수 있었기 때문에 기꺼이 많은 수수료를 지불했다. 덕분에 모건 스탠리는 픽스를 70억 달러어치나 거래한 데 힘입어 1991년도 순이익이 전년보다 두 배나 늘어났다.

그 다음은 1993년 살로먼 브라더스 차례였다. 살로먼이 이 해에 만든

'덱스(DECS: Dividend Enhanced Convertible Stock)'라는 증권은 픽스를 한 번 더 비튼 것으로, 투자자들에게 가격상승 메리트를 추가로 제공하는 것이었다. 픽스에는 두 개의 전환 가격대가 있었다. 주가가 일정한 가격보다 낮으면 투자자는 픽스 한 주당 보통주 한 주를 받고, 높으면 한 주 미만의 보통주를 받는다. 투자자가 받는 몫은 상한이 정해져 있었던 것이다. 그런데 덱스는 제3의 높은 가격대를 추가해 주가가 그 가격대로 올라가면 보통주를 더 많이 받게 한 것이다.

예를 들어 살로먼은 아메리칸 익스프레스의 데이터 처리 전문 자회사인 퍼스트 데이터의 덱스 거래를 중개했다. 덱스 100주를 산 사람의 3년 뒤 주식전환 비율은 3개의 가격대 중 어디에 주가가 위치하느냐에 따라 달랐다. 37달러 미만, 37달러 이상 45달러 미만, 45달러 이상이 바로 그 세 가지 가격대였다. 주가가 37달러 미만일 때는 100주를 받는다. 37달러와 45달러 사이면 이보다는 더 적은 주식을 받는다. 주가가 이 가격대에서만 움직이면 전환가치의 기준이 37달러에 맞춰진다. 가령 주가가 40달러로 오르더라도 덱스 한 주당 37달러 가치만큼의 주식만 받게 된다. 그러나 주가가 45달러이면 82주의 보통주를 받는다. 주가가 45달러를 넘어 그 이상으로 오르더라도 전환비율은 달라지지 않고 계속 82주만 받게 된다. 이처럼 제3의 가격대가 설정됐다는 점이 덱스가 픽스와 다른 점이었다.

아메리칸 익스프레스와 퍼스트 데이터는 덱스 발행으로 여러 가지 제도상 혜택을 누렸다. 첫째, 신용평가회사들은 퍼스트 데이터가 발행한 덱스에 대해 아메리칸 익스프레스와 같은 높은 신용등급을 줬다. 아메리칸 익스프레스가 첫 3년간 배당금을 지불하기로 약속했기 때문이다. 게다가 신용평가회사는 덱스를 자본으로 분류했다. 둘째, 살로먼은 3년간 지불되는 돈에 대해 세금공제 혜택을 받았다. 이 돈은 픽스로 치면 배당금이지만, 덱스에서는 이자였다. 다른 말로 하면 감세를 위해 덱스를 부채로 분류했던 것이다. 셋째, 회계사들은 덱스를 재무제표의 부채나 지불의무 항목에 넣지 않았다. 다들 덱스를 부채로 부르고 있었지만 회계사들은 그렇게 처리하지 않았던 것이다.

살로먼은 규정을 피하기 위해 자본도 되고 부채도 되는, 일종의 금융 카멜레온을 만들어낸 셈이었다. 〈인베스트먼트 딜러스 다이제스트〉라는 잡지는 1993년에 아메리칸 익스프레스의 덱스를 '올해의 최고 거래'로 선정했다. 살로먼은 무려 2600만 달러의 수수료 수입을 챙겼다. 이 금액은 1989년 RJR 라비스코의 합병 이후 최대 규모가 될 뻔했던 210억 달러 규모의 벨 애틀랜틱의 텔레 커뮤니케이션스 인수를 살로먼이 중개하면서 받기로 했던 수수료와 같은 액수였다.

연준이 금리를 인상하고 금융시장에서 전체적으로 손실을 보는 기업이 늘어나고 있던 1994년에 모든 대형 투자은행들은 살로먼의 기발한 창조물을 모방하기 바빴다. 메릴 린치는 프라이즈를 만들었고, 골드먼 삭스는 에이시즈(ACES: Automatically Convertible Enhanced securities)를, 리먼 브라더스는 일즈(YEELDS: Yield Enhanced Equity Linked Securities), 베어 스턴스는 칩스(CHIPS: Common Higher Income Participation Securities)를 내놓았다. 한동안 월스트리트에서는 수학 실력보다 이처럼 이상한 약어를 만들어내는 능력이 더 중요하게 여겨졌다.

그 후 2년간 월스트리트는 이들 창조물을 거래해 상당한 수수료를 챙겼다. 덕분에 기업들도 수십억 달러를 조달하면서 신용등급도 올리고 세금은 세금대로 줄이고 부채 비율은 낮추는 일석사조의 효과를 거뒀다. 기업들은 3단계로 나뉜 주식 가격대에 따라 채무가 변하는데도 이를 재무제표에 반영하지 않았다.

1996년 증권거래위원회의 회계사들은 메릴 린치가 AMBAC라는 회사의 프라이즈 발행을 주선한 건을 조사한 뒤 이 같은 회계처리에 대해 의문을 제기했다. 이들은 메릴 린치의 임원들에게 AMBAC이 프라이즈에 관련돼 지출되는 비용을 재무제표에 반영해야 한다고 말했다. 두 회사의 거래는 깨졌다.

골드먼 삭스는 밉스(MIPS: Monthly Income Preferred Securities)를 내놓았다. 이는 회계 목적을 위해서는 자본으로, 절세를 위해서는 부채로 분류할 수 있는 것이었다. 밉스를 가장 많이 발행한 회사는 엔론이었다. 엔론은 1996년에 밉스의 세금처리 문제를 놓고 미국 국세청과 분쟁을 벌여 승리하기도 했다.

1997년에 메릴 린치는 프라이즈에 펠라인식 변형을 가해 거의 완벽에 가까운 물건을 만들었다. 메릴 린치는 기업에서 자체적으로 프라이즈를 발행하는 게 아니라 특수 목적의 신탁회사를 만든 다음, 이 신탁회사를 통해 본래의 프라이즈를 닮은 증권을 발행하도록 했다. 신탁회사는 증권을 투자자들에게 팔아 거둔 돈을 기업에게 준다. 이 증권은 자신이 발행한 증권에 대한 신탁회사의 채무와 같은 가치를 지닌다.

즉 신탁회사는 단순히 중개자일 뿐이었다. 현금은 매입자에서 신탁회사를 거쳐 기업으로 들어갔고, 채무는 기업에서 신탁회사를 거쳐 투자자들에게 전달됐다. 원리는 본래의 프라이즈와 비슷했다. 투자자들의 요구에 맞춰 몇 가지 사소한 장치가 덧붙여졌고 만기가 5년으로 연장된 정도가 달랐다. 1997년 3월 메릴 린치는 첫 번째 펠라인 프라이즈 거래를 MCN 에너지 그룹과 했다. 증권 발행을 위해 MCN 파이낸싱Ⅲ라는 특별목적회사를 중간에 내세운 방식이었다. 이 신종 합성증권은 세금공제 혜택을 받으면서 자기자본으로 분류돼 신용 등급을 받는 데도 유리했고 기업의 재무제표에 채무로 반영되거나 주식 가치를 떨어뜨리지도 않았다.

센던트의 대대적인 회계 조작 사건이 알려지기 몇 주 전인 1998년 2월 25일 센던트는 펠라인 프라이즈 2600만 주의 공모 청약을 받는다고 발표했다. 가격으로 치면 10억 달러에 이르는 대규모였다. 향후 5년간 연 6.45%에 이르는 배당금을 받을 수 있고, 이후 정해진 절차에 따라 센던트의 보통주로 자동 전환되는 것이었다. 센던트 역시 신용평가나 감세 등의 이점이 많았다. 센던트로의 통합 당시 HFS측 간사은행이었던 메릴 린치는 펠라인 프라이즈를 만들어냈을 뿐만 아니라 이의 최대 인수자였다. 이 발행 건은 적자투성이 사업으로 몰락 직전이었던 센던트로서는 마지막 몸부림과 같은 것이었다. 펠라인 프라이즈는 부채를 늘리거나 신용등급의 강등을 피하려던 센던트가 찾아낸 방법이었다.

센던트가 붕괴 직전 펠라인 프라이즈를 발행했다는 점은 두 가지 측면에서 의미가 있다. 첫째, 이 신종 금융상품이 비로소 세상에 잘 알려지게 됐다. 곧 관련 소송이 줄을 이었고 증권거래위원회 회계사들, 신용평가회사들, 그리고 국세청의 전문가들까지 이 신종 금융기법에 대해 다시 면밀히 살펴보기 시작했다. 가벼운 잽 한방이 조용히 있던 고양이를 화들짝 놀라게 한 것이다.

둘째, 센던트의 펠라인 프라이즈 발행 건으로 인해 투자은행의 다양한 내부업무 사이에 심각한 이해의 충돌이 있다는 게 드러났다. 특히 이 충돌은 금융상품이 복잡해질수록 더 심해질 것이라는 점도 분명히 보여줬다. 메릴 린치는 HFS가 센던트로 통합될 당시 HFS의 자문사였고, 동시에 CUC에 대한 실사작업도 했다. 또 센던트가 발행한 펠라인 프라이즈를 만들어 이를 인수하면서 센던트에 대한 실사작업도 벌였다. 게다가 메릴 린치의 중개인들은 센던트의 주식을 팔고 있었고 메릴 린치의 애널리스트들은 센던트의 주식을 추천했다.

메릴 린치는 이처럼 다양한 부문에서 막대한 수수료를 받았다. 오렌지카운티가 파산할 때 파생상품 판매 창구이자 채권 인수자로, 또 청산 담당까지 다양한 역할을 맡았던 것과 같다. 이랬으니 메릴 린치가 센던트의 회계조작 사실을 밝혀내지 않았다고 해서 놀랄 일은 아니었다.

1990년대 중반에 미국에서 일어난 금융 스캔들은 회계사와 투자은행의 역할 충돌이라는 문제, 또 감독당국이 과연 이들을 감독할 능력이 있는가 하는 심각한 의문을 제기했다. 대형 회계법인들은 나중에 부정으로 판명된 회계 처리를 승인해줬다. 일급 투자은행들은 기업이 이 같은 부정을 저지르는 과정에서 적극적으로 자문을 해줬다. 1998년 규제당국은 결국 몇 건의 회계부정을 단속하지만 더욱 복잡한 회계부정에는 대체로 눈을 감았다. 고도의 금융부정은 처벌받지 않는다는 메시지를 시장에 던져준 셈이다.

그러는 동안 금융혁신은 탈규제라는 유화적이고 안락한 조건 속에서 몸집을 키우면서 시장 전체로 확산되고 있었다. 이 금융 신상품들은 이제 미국 국경 밖으로 나갈 태세였다. 그곳에서는 아무도 그것이 몰고 올 여파에 대해 준비가 안 돼 있었다. 그러나 머지않아 그것들은 고향으로 되돌아오게 된다.

3막

확산

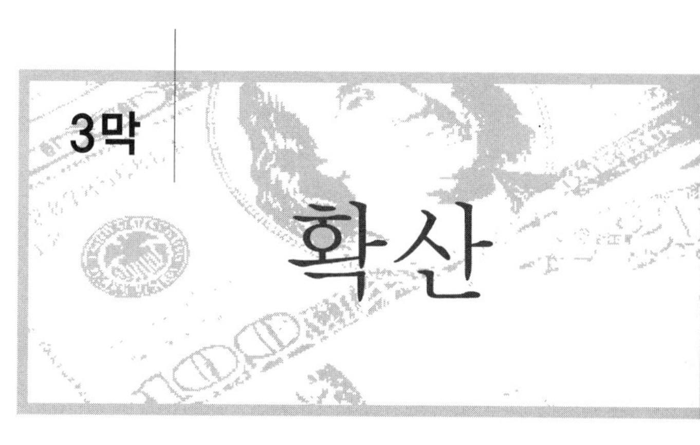

8장

도미노 현상

국제 금융위기

프랑스계 은행인 소시에테 제네랄의 슈퍼볼 파티는 미국 금융시장 참여자들에게 자신들이 외롭지 않다는 것을 확인시켜 주는 자리였다. 1992년부터 이 은행의 트레이더들은 프로 미식축구 결승전이 열리는 슈퍼볼 선데이에 수백 명의 고객들과 함께 뉴욕 맨해튼 에퀴터블 빌딩의 파생상품 트레이딩룸에 모였다. 이 방은 고객들의 취향에 맞게 설계됐다. 바닥에는 미식축구 경기장처럼 인조잔디가 깔려 있었고 흰색 줄까지 그어져 있었다. 몇 개의 대형 TV 스크린들이 슈퍼볼 경기를 중계했다.

여기서도 파생상품 거래가 이뤄졌다. 그 거래 방법은 27페이지짜리 책자에 설명돼 있었다. 파생상품은 어느 팀이 몇 점 차로 이길 것인지와 연동된 것이었다. 트레이더들은 그 해 결승에 진출한 워싱턴 레드스킨스가 10점 차로 승리하는 데 돈을 거는 옵션 상품을 살 수도 있었고, 레드스킨스의 상대팀인 버펄로 빌스가 경기 시작 후 몇 분 만에 리드를 잡을 것인지를 놓고 선물 매매를 하기도 했다.

줄무늬 심판 복장을 한 프랑스인 직원들이 파생상품 거래 규칙을 설명해주었다. 옵션 트레이더들은 빨간색, 흰색, 파란색 줄무늬가 있는 덧옷을 입었고, 선물 트레이더들은 핑크색 덧옷을 입었다. 트레이더들의 거래에 10만 달러 이상의 돈을 거는 참가자들에게는 호위 롱, 로저 스터벅, 월터 페이튼 등 명예의 전당에 이름을 올린 풋볼 스타들이 조언을 해주었다.

이런 도박이 적법한 것이냐는 질문에 소시에테 제네랄의 옵션 판매 책임자는 다소 거만한 표정을 지으며 "신용등급이 트리플 에이(AAA)인 프랑스 은행이 조금이라도 도박의 소지가 있는 일을 하겠느냐"고 반문했다. 이 은행은 유럽에서는 럭비 국제경기, 일본에서는 스모 경기를 놓고 파생상품을 거래하는 행사를 각각 계획하기도 했다.

소시에테 제네랄의 슈퍼볼 파티는 금융시장의 축소판이었다. 세계 각국에서 참가해 그 규모가 '글로벌' 했고, 거래 속도가 아주 빨랐으며, 대담하게 리스크를 감수하는 거래들이 이뤄졌다. 미국계 은행이 아닌 다른 나라 은행이 이런 행사를 벌였다는 점에서 나름대로 의미가 있었다. 매년 파티가 열릴 때마다 참가자들은 거래를 하는 틈틈이 잇따라 일어나는 국제 금융위기에 대해 이야기를 나눴다.

금융위기는 그 파괴력이 점점 더 거세지고 있었다. 슈퍼볼 경기가 열리기 직전인 1994년 12월 20일 멕시코 페소화 붕괴가 기업의 재무 책임자들을 강타했다. 연준의 금리인상 충격에서 이제 막 벗어난 상태에서 멕시코 페소화 위기가 닥치자 기업 재무 책임자들은 정신이 없었다. 이듬해인 1995년에는 파생상품 트레이더인 닉 리슨이 10억 달러의 손실을 낸 것 때문에 233년의 전통을 지닌 영국의 은행 베어링스가 문을 닫아야 했다.

1997년에는 태국 중앙은행이 자국 통화인 바트화 방어 노력을 포기해야 했고, 아시아 여러 나라의 통화 가치가 폭락했다. 1998년에는 러시아와 브라질의 금융시장 혼란이 국제적 위기로 번져 전 세계 시장을 한순간에 얼어붙게 했고, 국제 금융시장은 그 후 침체의 늪에 빠졌다. 그 와중에 롱텀 캐피털 매니지먼트가 단 몇 주일 만에 투자자들이 맡긴 돈을 모두 날려버렸다. 존 메리웨더와 살로먼 브라더스 출신의 명민한 금융인들이 운영해오면서 최고의 헤지펀드라는 평판을 듣던 롱텀 캐피털의 파산은 시장을 경악케 했다.

금융혁신과 파생상품이 일련의 위기를 일으킨 배경이었다. 규제받지 않는 금융상품은 번식력이 강했다. 규제의 손길이 닿지 않는 금융상품들이 문제를 일으켰을 뿐 아니라 그 부작용을 증폭시켰다. 멕시코와 아시아의 통화위기는 통화 관련 상품에 돈을 걸었던 많은 기업과 투자펀드들에게 엄청난 손실을 입혔다. 그 상황은 마치 미국 연준의 금리 인상으로 금리 투기꾼들이 초토화됐던 것과 비슷했다. 닉 리슨은 싱가포르와 일본에서 역외 파생상품을 거래하다가 위기를 맞았고, 롱텀 캐피털은 1조 달러 이상의 파생상품을 보유하고 있다가 당했다.

일련의 국제 금융위기는 세 가지 중요한 깨달음을 남겼다. 첫째 깨달음은, 위기에 몰린 투자자와 기업들을 구제해온 각국 정부의 정책이 투자자들에게 과도한 위험을 감수하도록 부추겼다는 것이다. 멕시코와 동아시아 정부들의 구제조치와, 뉴욕연준이 개입된 롱텀 캐피털에 대한 민간 구제금융은 투자자들로 하여금 더욱 위험한 투자에 나서도록 했다. 어려움에 처하면 정부가 나서서 구해줄 것이라고 믿게 됐기 때문이었다. 이처럼 각종 구제금융은 투자자들 사이에 '도덕적 해이(moral hazard)' 현상을 만연시켰다.

두 번째 깨달음은, 국경을 넘나들며 이뤄지는 거래의 리스크를 제대로 파악하고 감시하기가 더욱 힘들어졌다는 점이다. 베어링스와 롱텀 캐피털이 망한 것은 각자 자사의 거래 리스크가 얼마나 큰지를 올바로 파악하지 못했기 때문이었다. 롱텀 캐피털이 자랑하던 첨단의 리스크 관리 모델도 실제로는 잘 가동되지 못했다. 하물며 일반 투자자들이 라틴 아메리카나 동아시아에서 발생한 통화 가치 폭락과 같은 특정한 리스크에 자신들이 얼마나 노출돼 있는지를 제대로 알기를 바랄 수는 없었다.

세 번째 깨달음은, 금융 파생상품이 이미 사방에 널리 퍼져 있으나 대부분 규제를 받지 않는 상태이며, 시장 참여자들은 점점 더 국가나 지역별로 법규가 다른 점을 활용하거나 새로운 시장에 존재하는 새로운 리스크를 활용한 투자를 하기 위해 최신 금융공학을 사용하고 있다는 점이다.

1994년에 영국의 경제주간지 〈이코노미스트〉는 "돈이 많은 기업이나 부유층이 촘촘한 금융시장 규제 체제를 피하려고 금융혁신을 주도하는 경우가 많다"고 지적했다. 이 같은 금융혁신으로 인해 1990년대 중후반에 금융시장에 대한 규제당국의 통제력은 많이 느슨해졌다. 중앙은행들은 장외 통화 파생상품으로 공격해오는 투기세력의 기세에 눌려 무력해졌다. 입법당국이 투기세력을 규제하는 법을 만들면 투기세력은 다른 곳으로 활동무대를 옮겼다.

어느 한 지역에서 위기가 일어나면 그것이 다른 지역으로 확산되곤 했지만 그 확산의 방향이 어느 쪽인지 미리 알 수가 없다고 감독 당국자들은 고백했다. 금융시장 규제를 강화해야 한다는 입장을 갖고 있던 브룩슬리 본 상품선물거래위원장이 기존의 규제조치들이 실제로 효과가 있는지를 정부에서 한번 조사해볼 필요가 있다고 제안을 한 적이 있다. 그러자 로비스트들과 의회 의원들, 그리고 앨런 그린스펀 연준 의장과 로버트 루빈 재무장관 등이 일제히 그를 겨냥해 조용히 입 다물고 있으라고 충고했다.

파생상품은 시장과 시장을 서로 긴밀히 묶어놓았다. 파생상품의 이런 역할이 금융시장에 많은 이점을 가져온 것이 사실이다. 국제적인 금융거래의 비용도 낮췄다. 아무도 이런 점들을 부인하지 않는다. 그러나 이와 동시에 파생상품은 시스템 전체가 무너질 가능성도 열어놓았다. 어느 한 부문이나 시장에 위기가 발생하면 마치 도미노처럼 몇 개의 다른 부문이나 시장이 잇따라 쓰러졌다. 그러자 규제당국자와 시장참여자들 사이에 시스템 붕괴 위험(systemic risk)에 대한 우려가 커졌다. 시스템 붕괴 위험이란 '금융시장의 전염병'을 의미한다. 앨런 그린스펀도 롱텀 캐피털이 쓰러질 때 금융시장이 벼랑 끝까지 갔었다고 털어놓았다

유럽과 아시아의 금융혁신

금융혁신은 미국에 국한되지 않았다. 영국 런던은 유럽에서 파생상품 거래의 중심지 구실을 했고, 수익성 면에서 뉴욕에 근접해 있었다. 런던 금융시장은 미국보다 효율적인 금융감독 체제의 덕을 많이 봤다. '금융감독'이라는 주방에 너무 많은 요리사가 있다고 본 영국 정부는 감독조직을 통합해 일원화했다. 영국 법원도 시장에 대해 언제 방임하고 언제 매를 들고 개입할 것인지를 잘 알고 있는 것 같았다.

런던 시장은 1990년의 위기를 딛고 살아남았다. 미국의 오렌지 카운티와 같은 지방자치단체인 런던의 해머스미스 앤드 풀햄은 당시에 이자율 변동으로 인한 리스크를 관리하는 차원을 넘어 순전한 거래 목적으로 72건의 이자율 스왑을 벌였다. 이 사실은 곧 사법당국에 의해 들통 났다. 법원은 이 거래가 인가 없이 이뤄진 것이며 지방자치단체는 그 같은 거래를 할 권한도 없으므로 스왑 거래는 당연히 무효라는 판결을 내렸다. 이 거래에 수억 달러가 물린 은행들은 법원의 판결에 당황했다. 하지만 법원의 판결은 시장에서 어디까지가 합법인지를 알도록 분명한 경계선을 그어준 것이었다. 이 판결 이후 런던 시장에서는 금융회사들이 금융상품을 팔 때 고객이 그 금융상품을 살 자격이 있는지에 세심한 주의를 기울이게 됐다.

영국 금융당국은 미국 감독당국보다 파생상품 거래에 대해 관대하지만 구조화 채권과 같은 복잡한 파생상품들의 적절성에 대해 까다로운 태도를 취하고 있다. 미국 법과 영국 법 모두 금융회사가 금융상품을 팔 때는 매입자가 그 상품에 대해 충분히 알고 있는지 따져보고 '적절하지 않은' 금융상품은 팔지 말도록 규정하고 있다.

예를 들어 모건스탠리가 통화와 연계된 구조화 채권을 이탈리아 고객에게 판 데 대해 영국의 판사가 부적절한 상품 판매라고 판결한 경우도 있었다. 이 판결로 모건스탠리는 손해를 본 것은 물론 벌금까지 물어야 했다. 이 판결이 특히 미국에서 주목받았던 것은, 문제가 된 모건스탠리의 통화 연계 구조화 채권인 '펄스(PERLS: Principal Exchange Rate Linked Securities)'가 미국의 다른 어느 파생상품들보다도 단순한 것이었기 때문이다. 미국 감독당국은 한 가지 규정을 모든 상황에 적용하는 반면, 영국 감독당국은 전문적인 파생상품 딜러들이 참여하는 시장과 미숙한 투자자들이 참여하는 시장을 구분해 규정을 적용한다는 게 확인된 셈이었다.

그러나 검찰이 금융부정을 형사 처벌하는 데 소극적이라는 점은 영국이나 미국이나 마찬가지다. 영국의 기네스(Guinness) 사건은 미국의 드렉셀과 마이클 밀켄 사건과 비슷한 것이었다. 기네스라는 회사의 주가를 조작한 이 사건은 미국 밖에서 일어난 증권 관련 형사 재판으로서는 최대 규모였다.

이 재판은 마이클 밀켄이 미국에서 실형을 선고받은 1990년 바로 그 해에 열렸다. 재판에서 어니스트 손더스를 비롯한 영국의 유명한 사업가 4명이 주가조작에 공모했다는 혐의가 인정됐다. 이들은 디스틸러스에 대한 인수합병 제의를 더욱 매력적으로 보이게 할 생각에서 기네스의 주가를 인위적으로 끌어올렸다. 재판 과정에서 쟁점이 된 사안들은 런던 시장에서 볼 수 있는 다른 새로운 금융거래들에 비해 간단한 것들이었지만, 재판은

113일이나 이어졌다.

마이클 밀켄과 어니스트 손더스 사이에는 묘한 유사점이 있다. 두 사람 다 언론으로부터 난도질을 당했고, 장기 징역형에 처해졌다. 그러나 둘 다 조기에 출소했고, 중병에 걸렸지만 기적적으로 회생했다. 밀켄은 암에 걸렸다가 나았고, 손더스는 알츠하이머 진단을 받고 감옥에서 풀려난 뒤 건강을 놀랍게 회복했다. 손더스는 유사 치매로 진단받았지만, 영국 언론들은 그것은 엄살이었다고 주장했다. 또 하나의 공통점이라면, 1990년에 두 사람이 형사처벌을 받은 뒤로는 미국에서나 영국에서나 금융부정 혐의로 형사처벌을 받은 사람이 거의 없었다는 점이다.

국제결제은행(BIS) 등 유럽에 본부를 둔 국제 금융기구들은 금융시장을 구획함에 있어 영국 관행을 따르고 있다. 이들 국제 금융기구는 주로 대형 은행과 파생상품 딜러들에 초점을 맞추면서 일하고 있다. 국제결제은행의 바젤위원회는 주요 은행들이 보유하고 있는 파생상품 포지션에 관한 보고서를 발행한다. 1993년 7월에는 세계 30개국 전문가들로 구성된 파생상품 연구팀인 G-30(Global Derivatives Study Group of Thirty)이 파생상품 거래 관행에 관한 보고서와 함께 권고안을 국제결제은행에 제출했다. 하지만 이는 스왑 계약이 강제성을 갖는지 여부 등 주요 파생상품 딜러들이 부딪히는 문제들에 관한 권고안이었다. 투자자들과 시장의 일반적인 관심사에 대한 것은 아니었다.

일본의 감독당국은 분산돼 있는데다 제 역할을 제대로 하지 못하고 있다. 막강한 재무성(옛 대장성)과 중앙은행인 일본은행이 금융감독의 관할권을 나눠 갖고 있다. 그러나 '모프(MOF: Ministry of Finance)'로 불리는 재무성이 지배권을 행사하고 있다. 누구든 새로운 파생상품을 취급하려면 재무성의 사전승인을 받아야 한다. 이에 따라 금융회사들은 일반적인 파생상품 거래에 대해 승인을 받아 놓은 뒤 재무성 몰래 새로운 파생상품을 끼위 넣는 편법을 쓰기도 한다.

일본 재무성은 자국의 금융회사들에 대해서는 엄격히 통제하면서도 외국계 금융회사들에 대해서는 거의 신경을 쓰지 않는다. 이로 인해 외국계 은행들이 일본 파생상품 시장을 장악하고 있다. 외국계 금융회사들은 재무성의 난센스 같은 규제를 피하기 위해서라면 고액의 수수료도 아까워하지 않고 내는 일본 금융회사와 기업들에게 파생상품을 팔고 있다.

일본 금융회사들이 법규를 피하고 이익 조작을 할 수 있도록 도와준 대표적인 이들은 뱅커스 트러스트와 퍼스트 보스턴에 포진해 있던 앨런 휘트의 영업사원들이었다. 1994년에는 살로먼 브라더스와 모건 스탠리를 비롯한 대부분의 다른 은행들도 그 같은 거래에 나서기 시작했다. 잭 웰치가 키더 피바디를 매각할 때 키더의 세일즈맨들은 한 쪽이 연 20% 수익을 얻으면 다른 한쪽은 20% 손실을 보게 돼있는 파생상품을 일본에서 팔았다. 이 상품을 매입한 일본 기업은 20%의 수익은 장부에 반영하면서 20%의 손실은 숨길 수 있었다. 이는 명백한 회계부정이었다. 다른 외국계 은행들도 이와 비슷한 거래를 했다.

상황이 이랬으니 1990년대 초반부터 일본에서 파생상품으로 손실을 보는 피해자들이 발생한 것은 당연했다. 1992년에 로열 더치셸의 일본 현지법인인 쇼와셸 세키유의 재무부서 간부였던 후지타 유키후사는 파생상품 거래로 11억 달러의 손실을 냈다. 가시마 오일은 통화 파생상품 거래에서 15억 달러를 잃었다. 도쿄증권은 1994년 11월 3억 2500만 달러의 파생상품 거래로 인해 회사 가치의 3분의 1에 해당하는 손실을 보았다.

연준의 1994년 금리 인상은 미국 내 투자자들뿐만 아니라 외국에도 파장이 미쳤다. 특히 아시아 지역의 타격이 컸다. 인도네시아 한 곳에서만 수십 개 기업들이 금리와 연계된 파생상품 거래를 하다 수백만 달러를 잃었다. 여기엔 인다 키아트, 인도스먼트 퉁갈 프라카사, 트지위 키미아, 다르말라 등 대규모 그룹들도 포함됐다. PT 아디미트라 라야프라타마, PT 다르말라 사크티 세자테라는 두 회사를 합쳐 1억 달러 이상을 날렸다. 말레이시아의 부동산 개발 및 보험, 자전거 제조 업체인 베르자야 그룹은 앨런 휘트가 설립한 퍼스트 보스턴의 자회사인 크레디 스위스 파이낸셜 프러덕츠(CSFP)와 복잡한 파생상품 거래를 하다가 1400만 달러를 잃었다. 베르자야는 이 손실 때문에 CSFP와 분쟁을 벌었는데, 이는 깁슨 그리팅스가 뱅커스 트러스트와 벌인 소송과 비슷했다. 퍼스트 보스턴은 베르자야가 입은 손실 가운데 절반을 물어내는 조건으로 소송을 봉합했다. 일부 중국 회사들도 스왑 거래를 벌이다 1억 달러 이상을 잃자 리먼 브라더스와 메릴 린치 등 거래 파트너들에게 대금 지급을 거부했다. 대만의 화교은행도 스위스 유니언 뱅크(UBS)와 CSFP가 개발한 '파이브 퀀토스(5 Quantos)' 라는 이름의 스왑 상품을 샀다가 2000만 달러를 잃었다.

유럽의 은행과 기업들도 손실을 보았다. 유럽의 대형 은행들은 수백만 달러를 잃었다. 구조화 채권과 모기지 파생상품을 놓고 고객들과 법정 다툼도 벌여야 했다. 영국 제약회사인 글락소 홀딩스는 구조화 채권 및 모기지 파생상품 거래에서 1억 달러가 넘는 손실을 봤다. 영국 미디어기업인 칼튼 커뮤니케이션스는 뱅커스 트러스트로부터 구조화 채권을 샀다가 손실을 입었다. 독일의 바닥재 생산업체인 발삼은 여러 독일 은행들로부터 약 10억 달러를 빌려 금리 파생상품과 통화옵션을 거래했다가 투자금 대부분을 잃었다. 그나마 이들 경우는 1994년 연준의 금리인상이 초래한 국제 금융위기 이전에 일어난 일들이었다.

유럽에서는 이미 1993년에 독일의 대기업인 메탈게젤샤프트(Metallgesellschaft)가 원유 파생상품 거래에서 14억 달러를 잃은 사건으로 인해 파생상품이 얼마나 위험한 것인지가 널리 알려져 있었다. 메탈게젤샤프트 사건은 '위험을 줄이는 헤지' 와 '고수익을 노려 위험 부담을 늘리는 투기'를 구분하는 것이 얼마나 어려운지, 그리고 미래에 에너지 시장에 어떤 문제가 발생할 것인지를 보여줬다. 캘리포니아 전력사태와 엔론 사태의 전조였다고도 말할 수 있다. 그러나 안타깝게도 메탈게젤샤프트 사건이 던져준 이런 메시지를 바로 알아차린 사람은 거의 없었다.

　　메탈게젤샤프트는 다른 에너지 관련 기업들처럼 원유 또는 원유 관련 제품의 가격 변동에 노출돼 있었다. 원유 가격이 하락하면 더 싼 값에 원유를 살 수 있었지만, 그 대신 정제된 제품을 팔아서 벌어들이는 이익도 줄어들었다. 반대로 유가가 올라가면 원유 구입비용은 늘어나지만 제품 판매수익은 커졌다. 그래서 이 회사에게 가장 큰 위험 요소는 원유의 구매시점 가격과 정제된 제품의 판매시점 가격 사이의 차이가 얼마나 되느냐는 것이었다.

　　1990년대 초반에 독일의 정유회사 메탈게젤샤프트의 미국 법인은 수백만 배럴의 원유 제품을 향후 10년간 고정된 가격에 판매하기로 하는 계약을 맺었다. 이 거래는 투기였을까 헤지였을까? 한편으로 보면 이 장기계약은 헤지였다. 고정가격을 확정했기 때문이다. 그러나 다른 한편으로 보면 이 거래는 새로운 위험을 초래하는 것이었다. 왜냐하면 유가가 상승할 경우 이 회사는 원유 구입비용을 더 많이 지출해야 하지만 추가 비용만큼의 추가 판매수입은 올릴 수 없게 됐기 때문이다. 메탈게젤샤프트는 유가 상승의 위험을 피하기 위해 뉴욕상품거래소(NYMEX)에서 단기 원유 선물을, 장외시장에서 장기 원유 파생상품을 각각 매입했다. 이런 거래는 헤지였을까, 투기였을까?

　　1993년 말이 되자 유가가 떨어지기 시작했고, 메탈게젤샤프트는 단기 원유 선물 거래에서 손실을 보기 시작했다. 이론상으로 이 회사는 원유 제품을 고정 가격으로 판매하기로 한 거래에서 손실분을 메울 수 있었다. 고정가격은 시장가격보다 더 올라가 있었다. 그러나 단기 원유 선물 거래의 손실이 불어나면서 이 회사는 수억 달러를 당장 지불해야 했다. 반면 장기 고정가격 판매 계약에서 수익을 내려면 몇 년을 더 기다려야 했다. 결국 1993년 12월 17일 독일 본사 경영진은 미국 법인의 헤징 거래에 대한 통제권을 넘겨받고, 보유 중이던 단기 선물을 팔기 시작했다. 엄청난 손실이 발생했다. 1994년 1월까지 이 회사가 입은 손실은 10억 달러를 넘었다.

이 독일 정유사가 파생상품 거래에서 실패한 것은 누구 책임인가? 헤지 전략이라는 것은 실제로는 투기에 불과한 것인가? 전문가들의 의견은 엇갈렸다. 시카고대학 경제학 교수로 파생상품은 규제를 우회하기 위한 상품이라고 주장해온 머튼 밀러와 크리스토퍼 컬프는 메탈게젤샤프트의 거래는 헤지였으며 합리적인 것이었다고 주장했다. 두 사람은 오히려 이 회사 경영진이 헤지 전략을 중도에 포기한 것을 비난했다. 반면 존 파슨스와 안토니오 멜로는 메탈게젤샤프가 과도한 헤지 전략을 씀으로써 투기적으로 됐던 것이라고 단정했다.

미국 감독당국은 메탈게젤샤프트에 대해 미국계 기업이 비슷한 일을 저질렀을 때보다 강도 높은 제재를 가했다. 이는 통상적인 처리 방식이었다. 외교적인 마찰만 발생하지 않는다면, 각국의 금융당국은 대개 자국 기업보다 외국 기업을 더 가혹하게 처벌한다. 미국의 상품선물거래위원회는 메탈게젤샤프트의 미국 현지법인이 불법적인 선물 거래를 벌이면서 관리도 제대로 하지 못했다는 이유로 250만 달러의 벌금을 부과했다.

당국의 감독을 받는 선물 계약에 대해서는 증권처럼 상품선물거래위원회에 신고하거나 신고 의무를 면제받아야 한다. 선물을 거래하는 기업들은 적절한 인력도 갖춰야 한다. 이런 규제는 선물 거래와 관련된 여러 당사자들을 보호하기 위한 장치였다. 몇몇 의회 의원들은 메탈게젤샤프트에 대한 위원회의 처벌을 비판하고 나섰다. 이 같은 비판은 전직 상품선물거래위 위원장이자 당시 엔론 이사로 있던 웬디 그램이 보였던 것과 같은 반응이었다.

　캘리포니아주와 이 주의 전력회사들도 메탈게젤샤프트와 같은 처지에 몰려있었다. 전력 매입에 관한 장기 계약에 따른 비용과, 전력 소비자들에게서 받는 당장의 수입 사이에 불일치가 발생했던 것이다. 단기 전력요금에 대해서는 법적 상한선이 그어져 있었기 때문에 캘리포니아주는 장기 전력매입 계약을 맺어 두지 않으면 전력 요금이 상승할 경우 대처할 방법이 없었다.

　처음에 캘리포니아 주정부는 헤지를 해놓지 않았다가 전력 요금이 상승하는 바람에 수십억 달러의 손실을 보았다. 전력 요금이 상승한 배경에는 에너지 회사들의 시장가격 조작이 있었다. 이에 따라 캘리포니아 주정부는 여러 전력 생산업체들과 장기 스왑 계약을 맺어 장기 전력매입 가격을 고정시켰던 것이다.

　메탈게젤샤프트와 캘리포니아 사태는 어느 한 회사나 기관이 헤지 거래를 잘 통제한다는 것이 얼마나 어려운 일인지를 보여주었다. 에너지 파생상품 시장에서 10억 달러나 그 이상의 돈을 잃는 것이 얼마나 쉬운 일인지도 이 두 사건으로 확인된 셈이다.

　독일 중앙은행은 1993년 10월 "파생상품 거래는 연쇄반응을 일으키면서 전체 금융시스템을 위험에 빠뜨릴 수 있다"고 경고했다. 1994년에 독일, 네덜란드, 벨기에의 감독당국은 다수의 파생상품 거래 회사들을 상대로 몇 건의 기소를 했다. 더 심각한 문제가 터질 위험성을 줄여보려는 시도였다. 1995년 1월 네덜란드 중앙은행의 빔 도이센베르흐 총재는 "파생상품을 취급하는 회사는 파생상품의 활용과 위험에 대해 철저한 통제력을 갖춰야 한다. 첨단무기를 어린이 손에 맡겨선 안 된다"고 말했다. 이처럼 유럽의 감독당국들은 금융혁신이 몰고 온 위험을 분명히 알고 있었다. 그러나 그들도 1994년 12월에 터진 금융위기에는 무방비 상태였다.

멕시코 사태

1994년 여름과 가을에 미국, 유럽, 특히 일본의 금융회사와 기업들은 멕시코 자산에 돈을 쏟아 붓고 있었다. 이미 멕시코 중앙은행이 외환시장에서 상당한 압박에 시달리고, 국내의 정치적 긴장마저 높아지던 때였다.

당시 멕시코의 상황을 이해하려면, 먼저 이 나라의 환율제도와 멕시코 중앙은행의 역할에 대해 알아야 한다. 멕시코는 페소화의 가치를 주로 시장의 수요공급에 의해 움직이도록 하면서도, 필요할 경우에는 중앙은행이 외환시장에 개입했다. 중앙은행은 페소 가치가 낮다고 생각하면 시장에서 페소를 사들이고, 반대로 높다고 여겨지면 페소를 파는 방식으로 환율을 관리했다. 멕시코 중앙은행은 '환율대'를 정해 놓고 시장 환율을 그 안에서 유지하겠다는 태도를 취했다. 환율대의 폭은 시간이 흐를수록 확대됐다.

예를 들어 환율대가 달러당 3.0~3.5페소 수준이라고 가정해 보자. 이는 환율이 3.0페소 수준으로 하락하면 중앙은행이 얼마든지 찍어낼 수 있는 페소를 내다팔고 달러를 산다는 뜻이었다. 중앙은행이 3.0을 방어하려고 하는 한 시장 환율은 결코 3.0페소 아래로 떨어지지 않는다. 마찬가지로 환율이 3.5페소에 근접하면 중앙은행은 비축된 달러를 파는 대신 페소를 사들였다. 중앙은행이 달러당 3.5페소를 지키려고 하는 한 시장 환율은 3.5를 넘어설 수 없었다.

몇 년간 페소의 가치는 가장 고평가된 지점, 즉 달러당 3.0페소에 머물러 있었다. 멕시코의 이런 '강한 페소' 정책은 외국인 투자자들을 끌어들이는 데 유리했다. 페소화 가치가 높으면 외국인 투자자들은 환차손을 입지 않으면서도 멕시코 정부의 채권이나 주식에 투자할 수 있기 때문이었다.

그러나 시간이 흐르면서 페소 가치는 바닥 지점, 즉 달러당 3.5페소 쪽으로 움직이기 시작했고 이에 따라 중앙은행은 페소를 사고 달러를 팔아야 할 상황이 됐다. 페소 가치의 하락에는 여러 가지 요인들이 작용했다. 가장 중요한 요인은 멕시코의 물가상승률과 이자율이 미국보다 높다는 점이었다. 이 차이를 이용해 돈을 벌려는 투자자들은 달러로 돈을 빌려 페소 표시 자산에 투자했다. 만약 멕시코 중앙은행이 환율대를 정해 놓지 않았다면, 투자자들은 페소 가치가 하락할 경우 손실을 입을 수 있었다. 그러나 멕시코 중앙은행이 환율 지지를 공언했으므로 투자자들은 마음 놓고 멕시코에서 돈을 벌 수 있을 것이라고 확신했다.

문제는 달러당 3.5페소라는 환율도 고평가된 수준이었다는 점이다. 환율이란 결국 두 나라의 물가상승률 차이에 따라 결정되기 마련이다. 소비자물가지수가 인플레이션의 지표라면 통화 가치는 물가의 지표다. 멕시코의 물가가 오르면 당연히 페소 가치는 떨어지게 된다. 가령 멕시코의 밀 값이 미국의 밀 값보다 높아지면 사람들은 미국의 밀을 사려고 할 것이다. 그러면 달러에 대한 수요가 늘어나 페소에 대한 달러의 가치가 상승하게 된다. 밀이 아닌 다른 상품과 서비스들도 마찬가지다. 즉 멕시코의 높은 물가는 페소의 가치 하락 압력으로 작용하게 된다는 얘기다.

1990년대 초 멕시코의 인플레이션은 매우 심각했고, 이는 페소 가치에 하락 압력으로 작용했다. 그러나 멕시코 중앙은행은 달러당 3.5페소 이상으로 환율이 올라가는 것을 용납하지 않겠다고 공언했다. 1994년에는 투자 펀드들이 멕시코 정부가 발행한 단기 채권을 수십억 달러어치 매입했다. 그 가운데는 미국 달러와 연계된 정부 채권인 테소보노스(Tesobonos)가 기록적인 물량을 차지하고 있었다. 이 때문에 멕시코 정부는 투자자들에게 상환해줄 달러를 사기 위해 수십억 페소를 내다팔아야 했다. 게다가 멕시코 중앙은행은 페소를 3.5의 환율에 팔기를 원하는 사람들로부터 사들이기 위해 수십억 달러가 필요했다.

고평가된 페소화는 언제 터질지 모르는 시한폭탄이었고, 멕시코 중앙은행이 페소 가치를 언제까지 지탱할 수 있을지 의문이었다. 그러나 이 같은 상황을 모두 알고 있었을 월스트리트의 애널리스트들은 1994년 내내 멕시코 경제에 대해 낙관적인 전망을 쏟아냈다. 많은 투자자들이 그들의 말을 믿고 위험을 무시한 채 멕시코에 계속 돈을 쏟아 부었다. 핫머니로 불린 이들의 돈은 두 자릿수의 대단한 수익률을 내는 멕시코 관련 펀드로 대거 흘러 들어갔다. 아무도 멕시코 자산에 대한 투자가 지닌 위험을 깊이 들여다보지 않았다.

사실 많은 투자자들은 자신이 투자한 펀드가 멕시코 페소에 대해 베팅을 하고 있다는 사실도 몰랐다. 피델리티나 얼라이언스 캐피털 매니지먼트 등 미국의 주요 뮤추얼펀드들은 구조화 채권과 옵션 등 페소와 연계된 파생상품을 대거 매입해 보유하고 있었지만, 이에 따른 리스크를 자세히 공개하지 않았다. 얼라이언스의 대표적인 펀드들 가운데 하나인 '북미정부채 펀드(North American Government Income Fund)'의 투자자산 중 20%는 페소 표시 채권에 들어가 있었다. 결과적으로 미국의 뮤추얼펀드들이 멕시코 사태로 가장 큰 손실을 입게 돼 있었다.

멕시코의 은행과 기업들은 새로운 금융기법을 활용해 실적을 조작하고 세금과 규제를 피하고 있었다. 방코 세르핀, 바나멕스 등의 멕시코 은행들은 퍼스트 보스턴과 살로먼 브라더스가 개발한 채권 담보부 증권(CBO)과 유사한 파생상품들을 거래했다. 투자 실패로 인한 손실을 장부에 반영하지 않으면서 돈을 빌리기 위한 방법이었다.

멕시코의 국영 개발은행인 나치오날 피난시에라는 메릴 린치와 5억 달러 규모의 '프라이즈(PRIDES)'를 거래했다. 이것은 멕시코의 주요 통신 기업인 텔레포노스 드 멕시코의 주식으로 4년 뒤에 자동으로 전환되는 증권을 매각하는 거래였다. 이 거래로 메릴 린치는 상당한 수익을 올렸지만, 나치오날 피난시에라의 재무제표는 도저히 이해하기 힘들 정도로 엉망이 돼 버렸다.

상황을 종합해 보면, 멕시코의 금융위험은 대부분 수면 아래 숨어있었다. 때문에 1994년 12월 20일 멕시코 정부가 환율 지지 정책을 포기한다고 선언한 순간 대부분의 사람들은 충격을 받았다. 페소 가치는 이런 정부 발표 직후 15%나 폭락했다. 멕시코 페소에 투자해 놓고 있던 미국인 투자자들에게는 1987년의 뉴욕증시 폭락보다도 더 심각한 상황이었다. 페소 가치는 그 후 몇 주간 더 폭락해 50% 수준으로 내려앉았다. 세계 곳곳의 투자자들이 모두 수십억 달러를 날렸다.

많은 월스트리트 금융회사들은 또 하나의 위험에 노출돼 있었다. 대출과 파생상품 거래 등으로 관계를 맺고 있었던 멕시코의 기업 및 금융회사들이 무너질 경우 월스트리트 금융회사들의 손실은 더욱 커지게 돼 있었다. 경제학자인 루디거 돈부시는 "미국의 주요 금융회사들이 멕시코 사태가 발생하기 직전에 고객들에게 페소 연계 파생상품을 팔면서 뒤로는 멕시코 자산을 처분했다"고 비난했다. 그러나 미국 금융회사들이 멕시코와 관련된 위험을 모두 털어내지는 못했다.

페소가 폭락한 시점은 미국 금융당국이 1994년 초 금리인상 사태의 파장을 막 극복한 시점이었다. 로이드 벤슨 재무장관은 또 한번의 위기가 닥치자 평정심을 잃었고, 미국 투자자들이 패닉 상태에 빠지지 않을까 걱정했다. 그는 즉각 아서 레비트에게 전화를 걸어 "증권 거래소를 열지 말았으면 합니다. 열지 마세요"라고 말했다. 후에 레비트는 풋내기 기관장으로서 재무장관의 말에 머리카락이 곤두설 정도였다고 당시 상황을 회고했다. 하지만 그는 호흡을 가다듬고 "글쎄요. 그건 너무 심각한 조치인데요. 좋은 생각이 아닌 것 같습니다"라고 응답했다.

결국 전임 골드먼 삭스의 공동회장이자 당시 전미 경제위원회 의장인 로버트 루빈이 벤슨 재무장관을 진정시켰고, 미국 증시는 휴장하지 않았다. 7년 뒤 아서 레비트는 "나의 경험, 당시 사태의 돌발성, 로이드 벤슨의 극적인 태도를 모두 고려했다. 어떤 일이 있어도 증시를 휴장하겠다는 결정은 결코 하지 않았을 것"이라고 회상했다.

개인투자자들은 패닉에 빠지지 않았다. 처음엔 자신들이 얼마나 잃었는지도 몰랐기 때문이었다. 페소 가치의 폭락으로 인한 손실은 그 전의 이자율 관련 손실과 마찬가지로 공개되지 않았다. 케미컬 뱅크의 한 트레이더는 멕시코 페소를 거래하다가 7000만 달러를 잃었고, 위스콘신주 투자위원회의 한 펀드 매니저는 대부분 페소와 연계된 파생상품 거래에서 9500만 달러를 잃었다. 자동차 부품에서 어린이 장난감용 전동장치 등을 만들어 멕시코에 수출하던 많은 미국 제조업체들도 페소 가치 폭락으로 피해를 봤다. 가령 마텔은 페소 폭락사태 발생 2주 만에 2000만 달러 이상의 환차손을 입었다고 밝혔다.

앞서 1980년대에 발생했던 멕시코 위기 때는 미국 감독당국이 멕시코 정부와 은행들에 무슨 문제가 있는지를 자세히 파악할 수 있었다. 당시 미국 감독당국은 멕시코 정부와 은행들의 자산과 부채 기록을 들여다보고 즉시 위험이 뭔지를 간파할 수 있었다. 그러나 그동안 세계는 한층 더 복잡해졌다. 금융감독 당국이 그 범위와 위험도를 파악하기 힘든 신종 금융상품들이 광범위하게 거래되기에 이르렀다. 각종 회사와 상품들, 그리고 시장들끼리 서로 어떻게 연결돼 있는지 파악하기 어려웠다. 피해 규모는 일단 수백억 달러 정도로 추정됐지만, 실제 피해액이 이보다 얼마나 더 커질지는 아무도 알 수 없었다.

월스트리트는 미국 정부에서 멕시코에 대해 긴급자금을 지원해야 한다고 주장하며 로비에 나섰고, 클린턴 정부 관리들, 특히 로버트 루빈은 이런 주장을 지지했다. 클린턴 대통령은 의회에 자금지원을 승인해 줄 것을 요청했다. 그러나 의회가 별다른 관심을 보이지 않자 클린턴은 독자적인 행동에 나섰다. 1995년 1월 31일 클린턴은 멕시코 위기는 "특이하고 긴급한 경우"라면서, 성격이 모호한 '환율안정기금(Exchange Stabilization Fund)'을 이용해 멕시코에 특별자금을 지원할 것이라고 밝혔다. 의회에서는 극히 일부 의원들만이 공동성명을 내 대통령의 결정을 뒷받침했다.

미국의 환율안정기금은 1934년 뉴딜 정책의 일환으로 조성된 것으로, 외환시장에서 달러 가치를 보호하기 위해 재무부가 지출할 수 있는 돈이었다. 그러나 클린턴의 조치는 달러 가치를 부양하자는 게 아니었다. 달러 가치는 오히려 페소에 비해 올라가 있었다. 정확히 말하자면 그는 멕시코 정부에 돈을 빌려줌으로써, 미국 투자자들이 그 대부분을 보유하고 있는 멕시코 채권이 디폴트되는 것을 막자는 것이었다.

몇몇 의원들은 의회의 승인도 없이 정부가 환율안정기금의 돈을 외국에 제공한 데 대해 불만스럽게 생각했다. 의원들은 하버드대학 교수 출신의 재무부 관료인 로렌스 서머스 등 클린턴 정부 관리들이 페소 폭락 이전에 이미 멕시코에 문제가 있다는 사실을 알고서도 자신들에게 알리지 않았다고 비난했다. 그들은 또 대통령이 의회의 동의도 구하지 않고 멕시코에 돈을 빌려주는 것은 헌법 위반이라면서 환율안정기금 사용을 막으려고 했다. 이런 의원들의 주장은 근거가 있는 것이었다. 미국 헌법은 '정부 금고에 대한 통제권'을 의회에 부여하고 있고, 환율안정기금의 설립에 관한 법에는 해외에 수십억 달러를 빌려줘도 된다는 내용이 들어 있지 않았다.

그럼에도 불구하고 미국 정부는 1995년 2월 21일 멕시코 정부에 최대 200억 달러를 지원한다는 데 합의했다. 미국이 일단 선불로 돈을 주고 멕시코는 향후 분할 상환한다는 조건이었다. 대신 멕시코는 외국인 투자자들에 대해 문호를 더 개방하고, 미국은 그 이행 상황을 봐가며 자금을 지원하기로 했다. 미국이 이런 조건으로 멕시코에 지원한 자금은 130억 달러 수준이었다.

가장 놀라운 사실은 멕시코에 대한 지원자금에 낮은 이자율을 적용한 점이었다. 미국 정부는 "미국 재무부가 자금 조달에 들인 비용만큼, 다시 말해 재무부 채권 이자율 수준만큼만 이자를 물면 된다"는 조건으로 자금을 빌려주기로 했다. 멕시코는 우선 1995년 3월 14일에 연 7.4%로 30억 달러를 빌려갔다. 멕시코 위기가 발생하기 직전의 달러 표시 차입 금리는 이보다 높았다. 위기 직후에는 달러 표시 금리가 40%까지 치솟았다. 다시 말해 클린턴 정부는 신용카드회사가 악성 채무자에게 일시적으로 낮은 금리를 적용하는 것처럼 멕시코에 좋은 조건으로 돈을 빌려준 것이다. 정상적인 이자율과 비교하면 수십억 달러에 이르는 비용을 감수한 셈이었다.

그 후 멕시코는 애초 예정보다 3년 이른 1997년에 빌린 돈을 다 갚았고, 클린턴은 자신의 멕시코 지원 정책이 현명했다고 자랑할 수 있었다. 이때는 로버트 루빈이 재무장관이 돼 있었고, 로렌스 서머스는 차관 자리에 올라 있었다. 미국 행정부는 멕시코에 대한 차관으로 5억 8000만 달러를 벌었다고 주장했다. 그러나 이는 시장금리를 밑도는 수익률이었다. 그러나 미국 언론들은 대부분 재무부의 주장을 그대로 받아들여줬고, 재무부 관리들은 어깨가 으쓱해졌다. 당시 서머스는 루빈에게 "재무부 채권 금리의 1% 조건으로도 지원 합의를 했을 것"이라고 농담을 던지자, 루빈은 "래리(서머스의 애칭)! 당신이 어떻게 협상을 하든 기꺼이 당신과 몫을 나눠가질 거야"라고 화답했다고 전해진다.

클린턴 행정부는 멕시코에 대한 구제금융 과정에서 근본적인 문제에 눈을 감아버렸다. 멕시코 구제금융은 그동안 별 생각 없이 멕시코에 돈을 쏟아 부은 투자자들에게 일정한 메시지를 보냈다. 구제금융은 모럴 해저드를 낳는 것이었다. 시장이 붕괴하면 정부가 보험회사의 역할을 떠맡아 개입할 것이라고 믿게 된 투자자들은 반드시 베팅 규모를 키우게 돼있다. 룰렛 게임을 하는 도박꾼이 자신이 손해를 보면 정부가 보상해줄 것이라고 믿게 될 때 어떤 행동을 하게 될지를 생각해보면 된다. 멕시코 구제금융은 결국 전 세계 투자자들로 하여금 불투명한 위험을 점점 더 많이 감수하면서 더욱 더 공격적인 투자에 나서도록 만들었다. 이는 마치 1980년에 미국 연방예금보험공사가 저축대부조합들을 도박꾼으로 만들었던 것과 같았다.

많은 경제 전문가들은 멕시코 구제금융에 대해 매우 비판적이었다. 그들은 모럴 해저드는 시장을 왜곡한다면서, 그런 사태는 가능한 한 피해야 한다고 주장했다. 폴 크루그먼은 과연 미래에도 구제금융이 통할 것인지에 대해 의문을 제기했다. 멕시코가 기한 내에 돈을 갚았다고 해서 다른 나라들도 그럴 것이라고 생각해서는 안 된다는 것이었다. 그는 "멕시코 위기를 해결하는 과정에서 클린턴 행정부는 운이 좋았던 편"이라면서 한 가지 경고를 빼놓지 않았다. "그러나 모두 다 자기 자신도 앞으로 그처럼 운이 좋을 것이라고 생각한다면 오산이다." 어쨌든 그 다음 차례로 시험대에 오른 것은 영국 금융당국이었다.

불량배 트레이더

흔히 닉 리슨(Nick Leeson)으로 불리는 니콜라스 윌리엄 리슨은 불량배 파생상품 트레이더가 될 것 같지 않아 보이는 사람이었다. 그는 활기 없는 런던 교외지역인 워트포드에서 고등학교를 다녔고, 대학진학 자격시험을 치렀지만 수학 과목에서 낙제점을 받았다. 그는 대학에 진학하지 못했고, 비즈니스 스쿨에도 들어가지 못했다. 친구들은 그를 "축구 같은 평범한 것만 좋아하는 보통 아이"였다고 기억했다.

별 볼일 없는 이력에 비추면 운이 좋게도 그는 어떤 회사의 말단 경리직원으로 취직했다. 몇 년 뒤인 1989년 그는 베어링스로 자리를 옮겼다. 바로 앨런 휘트가 퍼스트 보스턴에 영입돼 런던에 파생상품 회사인 CSFP를 설립하기 직전이었다. 베어링스는 영국에서 역사가 가장 오랜 유서 깊은 은행으로, 여왕부터 유명 기업들까지 고객으로 확보하고 있었다. 그러나 리슨은 밑바닥에서 출발해야 했다. 그에게 주어진 일은 후선에서 거래 내역을 관리하는 일이었고, 그래서 그는 두각을 나타내지 못했다.

얼마 뒤 베어링스는 그를 싱가포르로 보내 파생상품 거래에 대한 잡다한 지원업무를 보도록 했다. 베어링스의 싱가포르 사무실은 인력이 많지 않았고, 그 덕분에 리슨은 간단하면서 이익도 별로 남지 않는 트레이딩 업무도 맡게 됐다. 싱가포르와 일본 오사카에서 거래되는 닛케이 225 선물계약 사이의 미세한 가격 차를 이용해 이익을 남기는 거래였다.

싱가포르 쪽의 가격이 더 낮으면 리슨은 그걸 샀다가 오사카에 팔았고, 거꾸로 오사카 쪽의 가격이 더 낮으면 반대로 거래했다. 이런 차익거래는 그다지 위험하지 않았고 높은 숙련도도 필요하지 않았다. 살로먼 브라더스는 이미 오래 전에 해봤던 거래였다. 퍼스트 보스턴을 비롯한 다른 은행들은 닛케이 225 지수를 이용해 이보다 더 위험도가 높은 거래를 하고 있었다. 리슨이 하는 일을 주의 깊게 감독할 필요는 없어 보였다. 실제로 베어링스는 그렇게 하지 않았다.

한번은 리슨의 조수 여직원이 20여 개의 선물계약을 하면서 실수를 저질렀다. 선물을 사라고 했는데 반대로 팔았던 것이다. 이로 인해 3만 달러의 손실이 발생했다. 리슨은 이 손실을 메우기 위해 선물시장에서 도박에 나섰다. 결과는 성공이었다. 아무도 왜 그가 그런 거래를 하는지 물어보지 않았고, 대담해진 그는 더 자주 도박에 나섰다.

그러나 불행하게도 그는 그다지 훌륭한 트레이더가 아니었다. 애초 회사가 허용한 저위험 차익거래의 궤도에서 벗어나면 벗어날수록 그의 손실은 더욱 커졌다. 시간이 갈수록 리슨은 베팅 규모를 키웠고, 심지어 옵션에까지 손을 댔다. 그는 일본 시장의 가격변동폭이 좁게 유지될 것이라는 데 돈을 걸었으나 실패했다. 1994년 말에 그는 2억 8500만 달러의 손실을 안고 있었다.

일단 이 손실은 감춰야 했다. 그는 '#88888'로 표기되는 오류계정 속에 손실을 낸 거래들을 감췄다. 이 오류계정은 베어링스의 다른 컴퓨터 네트워크에 연결돼 있지 않았다. 키더 피바디의 조지프 제트의 손실처럼 리슨의 손실도 베어링의 불완전한 회계시스템 덕분에 상당기간 노출되지 않았다. 상사는 그에게 트레이더 업무와 후선지원 업무라는 두 가지 일을 맡겼다. 덕분에 리슨은 트레이더 일을 하면서 자신의 거래 기록도 스스로 관리할 수 있었다.

베어링스의 간부들은 리슨이 낸 2억 8500만 달러의 손실이 숨겨져 있다는 사실을 알아채지 못했다. 장부만으로는 오히려 싱가포르 사무실의 어떤 사무직원이 1994년에 약 3000만 달러를 벌어들인 것으로 돼 있었다. 이는 베이링스 은행 전체 이익의 20%나 되는 금액이었다. 소량의 선물계약을 하던 리슨의 거래 규모는 수만 건으로 늘어났다. 그의 거래 금액은 싱가포르 시장 전체의 닛케이 225 선물 거래액 중 절반에 가까운 수십억 달러에 이르렀다.

베어링스의 경영진은 리슨이 어떻게 엄청난 돈을 벌어들였는지는 자세히 알지 못했지만 어쨌든 기뻐했고, 그에게 두둑한 보상금을 주기로 했다. 리슨이 받게 될 1994년도 보너스는 전년도 월급의 세배가 넘는 68만 달러였다. 이때 그의 나이는 겨우 28살이었다.

베어링스의 금융상품 책임자인 론 베이커는 리슨을 자랑스러워했다. 전 세계 베어링스 지사들에서 수백 명의 간부들이 모인 연말회의 자리에서 그는 리슨더러 연설을 하라고 권유했다. 그의 거래 전략을 간단히 소개해 주라는 뜻이었다. 조지프 제트가 키더 피바디에서 했던 대로 해보라는 것이었다. 1994년 12월 9일 베이커는 회의 참석자들에게 리슨을 이렇게 소개했다.

"여기 닉 리슨은 여러분들 대부분이 잘 알고 계신 대로 싱가포르 지사를 이끌고 있습니다. 싱가포르 지사는 여러분 모두가 본받아야 할 곳입니다. 여러분은 닉으로부터 그가 어떻게 해냈는지 듣게 되겠지만, 나는 여러분이 닉의 실적에 대해 생각해보고 그의 업적을 따라갈 수 있는 아이디어를 내놓기를 바랍니다. 그렇게 되면 베어링스는 파생상품 부문에서 가장 성공적인 실적을 올릴 수 있을 것입니다."

아닌 게 아니라, 리슨이 정말로 어떻게 했는지는 그로부터 얼마 지나지 않아 누구든 분명히 알게 됐다. 리슨은 연말회의가 열리고 있던 바로 그 순간에 일본 주식에 대해 수만 건의 콜 및 풋 옵션을 매도했다. 일본 증시가 크게 움직이지 않을 것이라는 데 수십억 달러의 돈을 건 것이다. 만약 일본 증시가 안정적이라면 그는 옵션에서 상당한 이익을 얻을 수 있었고, 그렇게 되면 그동안 숨겨놓은 손실의 늪에서 빠져나올 수 있었다. 그러나 그가 아무런 헤지도 하지 않은 채 옵션을 거래한 것은 너무나 위험한 행위였다. 위험을 즐긴 뱅커스 트러스트의 앤디 크리거도 이런 행위는 피했다.

1995년 1월 17일 진도 7.0이 넘는 강진이 일본 고베 지역을 강타했고, 그에 따라 주가가 폭락했다. 리슨의 옵션 포지션 가치는 급락했고, 그는 베팅에 더 적극적으로 나섰다. 본전은 되찾아야 한다는 절박한 심정으로 판돈을 두 배로 늘렸다. 그는 닛케이 225 지수 선물을 매입했다. 일본 증시가 반등할 것이라는 쪽에 돈을 건 것이다. 엄청나게 판돈을 늘리는 데 대해 다른 트레이더들이 의아해 하자 그는 조지 소로스를 대신해 베팅에 나서는 것이라고 변명했다. 하지만 실제로 소로스는 리슨과 반대로 베팅했고, 일본 증시가 폭락함으로써 3억 2000만 달러의 돈을 벌었다.

일본 증시는 2월 초에 반짝 회복세를 보였다. 리슨은 몇억 달러만 더 만회하면 되는 정도가 됐다. 이 시점에 그의 포지션을 보면 70억 달러는 일본 증시가 회복된다는 쪽으로, 220억 달러는 일본 채권 값이 하락한다는 쪽으로 걸어 놓고 있었다. 기대하는 방향으로 시장이 조금만 움직여 준다면, 그는 순식간에 수렁에서 벗어날 수 있었다.

그러나 일본 증시가 다시 가라앉고 채권 값은 상승하게 되자 리슨의 도박은 끝장이 났다. 그의 엄청난 베팅 금액을 감안하면 손실 규모가 10억 달러 부근에 그쳤다는 게 오히려 놀라운 일이었다. 그는 아내와 함께 보르네오 섬으로 날아가 코타 키나발루라는 휴양지의 한 호텔방에 몸을 숨겼다. 두 사람은 텔레비전을 통해 베어링스가 붕괴했다는 뉴스를 들었다.

베어링스의 고위 임원들은 2월 23일 싱가포르의 그 사무직원이 모두 14억 달러의 손실을 냈다는 것을 알고 경악을 금치 못했다. 은행의 자본금보다도 많은 돈이었다. 불과 이틀 전에 임원들은 리슨의 거래를 바(VAR; Value At Risk) 방식으로 평가한 보고서를 받았다. 바는 특정한 투자 포트폴리오가 최악의 경우 얼마나 손실을 볼 수 있는지 통계적으로 평가하는 기법이다. 보고서는 리슨의 투자에 대해 '0'으로 평가했다. 리슨의 매수 포지션은 모두 매도 포지션과 정확하게 일치했다. 그렇다면 리스크가 거의 없는 차익거래가 이뤄지고 있다는 얘기였다.

베어링스의 회계시스템은 리슨의 투기적 베팅을 잡아내는 데 완전히 실패한 셈이었다. 경영진이 직접 리슨에게 어디서 갑자기 3000만 달러를 벌었는지 정확히 얘기하라고 단단히 물어보기만 했어도 리슨의 도박에 대한 진실을 알게 됐을 것이다. 그러나 그들은 그렇게 하지 않았다. 몇달 뒤 리슨이 데이비드 프로스트와의 인터뷰에서 이렇게 말한 것도 따지고 보면 무리가 아니었다. "회사의 업무를 장악하고 있어야 할 베어링스의 핵심 인사들은, 내가 보기에 업무의 기본적인 것조차 모르고 있었다."

공교롭게도 사건이 터지기 몇 달 전, 푼돈에도 벌벌 떠는 베어링스는

5만 달러짜리 컴퓨터 회계 프로그램을 사지 않기로 결정했다. 이 프로그램은 지속적으로 트레이더들의 포지션을 추적할 수 있는 것이었지만, 베어링스 경영진은 너무 비싸다는 이유로 구매를 포기했다.

영국은행 관리들은 베어링스 사태에 대해 알게 되자 몇몇 주요 은행가들을 만나 의견을 들었다. 그러나 멕시코에 대한 미국 정부의 구제금융 과정을 지켜봤던 영국은행은 1995년 2월 26일 현명하게도 베어링스를 법정관리 방식으로 처리하기로 했다. 결국은 ING 그룹이 이 부실 은행을 단 1파운드에 매입했다.

리슨은 독일 프랑크푸르트로 도망갔으나 경찰에 붙잡혔고, 싱가포르 경찰이 체포영장을 팩스로 보냈다. 그는 싱가포르로 압송돼 재판에서 6년 6개월 형을 선고받고 수감됐다. 여기서 우리는 교훈을 하나 얻을 수 있다. 미국에서는 금융 범죄를 저질러도 되지만, 싱가포르에서는 함부로 그래선 안 된다는 것이다. 리슨은 감옥에서 자서전을 펴냈고, 1999년 미라맥스가 〈불량배 트레이더(Rogue Trader)〉라는 제목으로 이를 영화화했다. 리슨으로서는 워트포드에서 시작해 참으로 먼 길을 걸어온 셈이었다.

1995년 3월 5일 미국 텔레비전 프로그램인 '60분'이 베어링스와 파생상품을 다룬 내용을 방영하자, 월스트리트의 전투적인 로비스트인 마크 브리켈과 증권거래위원회의 아서 레비트 위원장이 뭔가 방어하는 듯한 반응을 보였다. 브리켈은 찰리 로즈가 진행하는 PBS 방송 프로그램에 나와 베어링스의 몰락은 파생상품과 별 관련이 없다고 주장했다. 그런가 하면 아서 레비트는 남아프리카공화국에서 기자에게 전화를 걸어와 "다시 말하지만 베어링스 사건은 파생상품 문제와 별 관련이 없다. 그들은 단지 하찮은 것들만 거래했다"고 말했다. 그러나 이들의 말은 이치에 맞지 않아 보였다. 베어링스는 분명히 여러 가지 유형의 옵션과 선물 거래를 하다가 돈을 잃었다.

브리켈과 레비트는 베어링스 파산 사건의 의미를 자신들의 입맛에 맞게 규정하려고 했다. 이는 파생상품에 몰리는 관심의 초점을 흩뜨리고, 그저 외국에서 일어난 금융 스캔들 정도로 격하시키려는 태도였다. 언론과 감독당국이 파생상품에 대한 불안심리를 조성하지 않도록 하려는 의도였다. 이들의 주장은 해외의 잇따른 금융 재앙은 상품 자체에 문제가 있어서 발생한 것이 아니라 해당 은행들의 내부통제가 제대로 이뤄지지 않았기 때문에 발생한 것이라는 얘기였다. 즉 상품 자체의 위험보다는 사기 행위가 더 문제였다는 것이다.

그러나 이런 주장은 사기와 위험이 서로 상승작용을 한다는 점을 무시한 것이었다. 간단히 말해, 파생상품은 금융 부정을 더 쉽게 저지를 수 있게 한다. 1990년대 중반에 미국 이외의 나라들에서 일어난 금융 혼란은 대부분 파생상품을 비롯한 새로운 금융상품들과 관련이 있었다. 이는 단지 우연의 일치가 아니었고, 베어링스 사건과 비슷한 사건의 사례들은 얼마든지 더 들 수 있다.

영국의 내셔널 웨스트민스터 뱅크는 옵션 거래를 하는 과정에서 간부들이 그 가치를 제대로 평가하지 못해 8000만 달러가 넘는 손실을 봤다. 이는 뱅커스 트러스트와 살로먼 브라더스가 가치 산정에 곤란을 겪었던 것과 비슷했다. 독일 최대의 은행인 도이체 방크는 트레이더들을 느슨하게 감독하다가 1500만 달러의 손실이 발생하자 1995년 3월 트레이더들을 대거 해고했다. '최고의 팀'으로 불릴 만큼 똑똑했다던 스위스 유니언 뱅크의 주식 파생상품 부서는 장기 주식옵션 거래를 하다 2억 4000만 달러를 날렸다.

같은 시기에 일본의 스미토모 은행과 다이와 은행도 복잡한 파생상품 거래를 벌이다 10억 달러 이상의 손실을 냈다. 두 회사 모두 불량배 트레이더가 상관 몰래 엄청난 돈을 베팅했다. 여기에는 여러 명의 월스트리트 트레이더들도 연루됐던 것으로 알려졌다.

스미토모 은행은 그때까지의 파생상품 손실로서는 최대 규모인 26억 달러의 손실을 봤다고 밝혔다. 이 은행의 수석 트레이더였던 하마나카 야스오가 회사에는 알리지도 않고 구리 선물에 베팅했다가 일을 냈다. 스미토모 사건은 그 거래 내용이 매우 복잡하게 얽혀 있었고, 치열한 법정 분쟁으로 이어졌다. 선물거래위원회가 스미토모를 시세조종 혐의로 기소했다. 그밖에도 이 은행에 대해 무수한 소송이 제기됐다.

JP 모건과 스미토모 사이에 자금 대차에 관한 분쟁이 벌어지기도 했다. 스미토모는 JP모건이 하마나카에게 부외거래 방식으로 돈을 빌려줌으로써 불법 거래를 계속할 수 있게 했다면서 소송을 제기했다. 결국 JP 모건은 1억 2500만 달러를 스미토모에 지급하면서 이를 무마한 것으로 알려졌다. JP 모건은 나중에 엔론에도 비슷한 방식의 대출을 해준다. 스미토모는 하마나카가 연평균 2000건 정도의 부당한 거래를 10년간 계속하면서 서류와 서명을 위조해 거래 승인을 받은 것처럼 꾸몄다는 혐의로 하마나카를 고소했다. 하마나카는 법정에서 문서 위조와 구리 가격 조작 혐의가 인정돼 8년형을 선고받고 도쿄의 한 감옥에 수감됐다. 메릴 린치도 시세조종에 가담한 혐의로 기소돼 1500만 달러의 벌금을 물었다.

다이와 은행에서는 이구치 도시히데라는 인물이 닉 리슨과 비슷한 역할을 했다. 하지만 이구치의 부정이 드러나기까지는 리슨의 경우보다 4배나 더 오랜 시일이 걸렸다. 이구치는 1984년 다이와 은행의 뉴욕지점에서 미국 재무부 채권 거래에 손을 댔다가 20만 달러의 손실을 봤다. 그 후 그는 이때의 손실을 메우기 위해 11년 동안 3만 건에 이르는 불법 거래를 벌였다.

이구치는 역사상 최악의 트레이더였다고 할 수 있다. 그는 1984년부터 1995년까지 하루평균 50만 달러씩을 까먹어 총 손실액이 11억 달러에 달했다. 그가 자신의 손실을 은폐한 수법은 간단했다. 손해를 보면서 채권을 판 내용은 장부에 기록하지 않았다. 따라서 아무도 채권이 팔리고 있다는 사실을 몰랐다. 왜냐하면 리슨처럼 이구치도 거래를 기록하는 지원업무까지 직접 맡고 있었기 때문이다. 다이와가 매입한 채권은 모두 뱅커스 트러스트에 예탁되고 있었다. 이구치는 뱅커스 트러스트의 회사 표시가 찍혀 있는 서류용지를 몇 장 구하고 그것을 이용해 거래 내용을 위조했다. 닉 리슨이 자신의 포지션을 위조했던 것과 같았다.

미국 금융감독 당국은 10번이나 다이와 은행 뉴욕지점에 대해 조사를 벌였으나, 이구치의 손실은 찾아내지 못했다. 이구치의 거래는 미국 정부가 발행한 간단한 금융상품을 이용한 것이었는데도 감독당국은 감쪽같이 속았다. 다이와가 1993년 연준에 거짓 보고를 한 사실이 적발되는 등 여러 차례 분명한 위험신호가 있었는데도 알아차리지 못했던 것이다. 사정이 이러하니, 복잡한 파생상품이 끼어 있는 곳에서 어떤 일이 벌어지고 있는지를 누가 짐작이나 할 수 있겠는가.

이구치는 불량배 트레이더가 될 만한 사람이 아니었다. 닉 리슨처럼 그도 정식으로 금융 교육을 받은 사람이 아니었다. 일본 고베에서 살던 그는 미국 미주리주 스프링필드에 있는 사우스웨스트 미주리 주립대학으로 유학을 갔다. 사우스웨스트 미주리는 금융부문 과정보다는 교정이 오자크스 호수 바로 옆에 있다는 점으로 더 유명한 학교였다. 그는 심리학과 미술을 전공했고, 응원단 활동도 했다. 그는 1975년에 이 대학을 졸업한 뒤 자동차 딜러로 일하다 닉 리슨처럼 다이와 은행의 뉴욕 현지법인에 후선 업무지원직으로 입사했다.

이구치의 경우는 다이와의 다른 직원들에 비해 별달리 특이한 이력의 소유자가 아니어서 채용상의 문제점이 있었던 것으로 보이지 않지만, 소토우데 모하마드의 경우는 달랐다. 소토우데는 여러 가지 금융 스캔들에 긴밀히 연루됐던 인물이었는데도 다이와는 그를 채용했다. 소토우데가 다이와로 옮기기 전에 다녔던 JP 모건은 소토우데의 모기지 파생상품 거래 내역에 대해 월말평가를 실시한 결과 5000만 달러가 맞지 않는다는 것을 발견하고 그에게 사직 권고를 했던 것으로 알려졌다. 모기지 파생상품은 애스킨 캐피털 매니지먼트와 워스 브런트젠을 파멸케 했던 바로 그 위험천만한 금융상품이었다. 그러나 1992년 다이와가 소토우데를 모기지 파생상품 담당 수석 트레이더로 영입했을 때 다이와의 모기지 부문 책임자인 앤드류 스톤은 "우리 회사에는 특별한 배경과 업무 경력을 가진 사람이 많기 때문에 그의 이력이 특이한 것이 아니다"라고 말했다.

이구치는 1995년 7월 30페이지에 달하는 자술서를 직속상관에게 제출했다. 그는 "손실을 메우기 위해 11년 동안 노력했으나 실패했고, 내 삶은 이제 죄의식과 두려움, 기만으로 가득차게 됐다"고 밝혔다. 이런 자술서를 받아 본 그의 상관들은 어떤 태도를 취했을까? 그들은 손실을 계속 은폐하려고 했다. 그들만 그런 게 아니었다. 일본 재무성 관리들 역시 사실을 알게 되고도 미국 금융당국에 그것을 숨겼다.

그러나 몇 달 뒤 미국 감독당국은 사태를 전말을 알게 됐고, 마치 보복이라도 하듯 다이와와 이구치를 기소했다. 이구치는 4년형을 선고받았고, 리슨처럼 감옥에서 자신의 경험을 책으로 써냈다. 《고백(The Confession)》이라는 이 책에서 그는 다이와의 다른 트레이더들도 불법적인 거래를 벌였다고 주장했다. 또 다이와의 미국 현지법인 간부들은 자신이 손실을 낸 사실을 일본 본사 경영진이 모르게만 해준다면 자신을 보호해주겠다고 약속했다고 밝혔다. 다이와는 결국 3억 4000만 달러의 벌금을 내는 것으로 이 지저분한 사건을 종결시켰다. 미국에서 일어난 금융 부정사건에 대한 벌금으로는 사상 최대 금액이었다.

동아시아

베어링스, 내셔널 웨스트민스터, 도이체 방크, 스미토모, 다이와 등 각 나라의 최고 금융회사들에서 금융부정 사건이 벌어진 것은 해당 국가 정부들에게 당혹스러운 일이었다. 그러나 내셔널 웨스트민스터와 도이체 방크는 물론 베어링스와 다이와조차 1990년대의 동아시아 정부와 기업들보다는 내부통제가 엄격한 회사들이었다. 인도네시아, 말레이시아, 필리핀, 태국의 기업 경영진들은 수십억 달러를 빌려 부동산 등 거품에 휩싸인 사업에 쏟아 부었다.

이들 나라 정부는 멕시코 정부가 페소를 강제로 부양했듯이 각기 자국 통화를 억지로 지탱해줌으로써 금융회사와 기업들의 차입을 부추겼다. 예를 들면 태국 정부는 자국 통화인 바트의 가치를 고수할 것이라고 공언했다. 태국 정부는 몇몇 다른 나라 통화와 연계된 바스켓 제도로 움직이는 바트의 가치를 고평가된 수준에 묶어두려고 했다. CSFP의 앨런 휘트가 1990년대 초중반에 판매한 바트 연계 구조화 채권은 바로 태국의 이 같은 바스켓 제도의 허점을 이용한 것이었다.

세계의 개인투자자들은 1997년까지도 이들 '아시아의 호랑이' 나라에 투자해 얻을 수 있는 높은 수익률에 취해 있었다. 그러나 일부 트레이더들은 동아시아 지역 기업들의 투자사업에 대해 의구심을 갖기 시작했고, 동아시아 정부들이 자국 통화의 고평가 상태를 더 이상 유지할 수 없을 것이라고 내다봤다. 그래서 트레이더들은 장외 파생상품을 이용해 동아시아 지역 통화 가치가 하락한다는 쪽에 수백억 달러를 걸었다. 결국 태국 정부는 1997년 7월 2일 바트 부양을 포기한다고 선언했다. 바트는 멕시코 페소가 3년 전에 그랬던 것처럼 하루 만에 15%나 폭락했다. 동아시아의 다른 나라 통화들도 곧 그 뒤를 따랐다.

동아시아 지역 기업에 투자한 사람들은 미국이나 영국의 주주들이 누리는 것과 같은 보호 장치가 없다는 사실에 주의를 기울이지 않았다. 그들은 대개의 경우 민사소송을 제기할 수 없었다. 동아시아의 증권감독 시스템은 비효율적이었다. 이 지역 기업의 이사회는 경영진을 감시하는 데 거의 무력했고, 기업에 대한 인수합병의 위협도 미미했다. '법의 지배'라는 기준으로 국제 순위를 매겨보면 동아시아 국가들은 늘 최하위로 처졌다.

투자자 보호 장치가 약한 원인 중 하나는 동아시아 기업들의 족벌경영 체제에 있었다. 인도네시아 재벌 기업의 주식 수백만 주를 매입했다 하더라도, 그것은 미국이나 영국에서 어느 가족 기업의 주식을 한 주 사는 것이나 다름없었다. 즉 인도네시아 기업에 투자해 돈을 벌 수는 있지만 얼마나 벌 게 될지는 전적으로 그 기업을 소유한 가문이 결정했다. 외부 주주들이 아무리 뭉쳐도 족벌경영 기업에 거의 아무런 영향도 미칠 수 없었다. 법적인 보호 장치가 비교적 잘 갖춰진 나라들에서도 사정은 마찬가지였다.

인도네시아, 필리핀, 태국에서는 각각 10여 개 가문이 그 나라 전체 기업들 가운데 절반 이상을 지배했다. 인도네시아의 수하르토 가문은 417개 상장 및 비상장 기업을 지배했다. 가문의 친척이나 사업 파트너는 물론 가문 내 어린 아이까지 회사의 소유주가 됐다. 필리핀의 마르코스 가문은 필리핀 전체 주식 가치의 5분의 1을 차지하고 있었다. 상호출자 방식으로 관계 기업들을 묶어놓은 일본의 '게이레츠(系列)' 체제에 대해 비판하는 전문가들이 많지만, 다른 동아시아 국가들에 비하면 그래도 일본의 기업 소유 체제가 훨씬 더 분산돼 있었다.

이렇다 보니 동아시아 기업 경영진들은 회사의 투자 현황에 관한 정확한 정보를 공개하지 않는 경우가 많았다. 기업들은 악성 대출이나 실패한 부동산 투자를 몇 년씩 숨기면서 더 많은 돈을 빌렸다. 자금 차입 방법이 놀랄 만큼 무모한 경우도 있었다. 인도네시아와 태국의 기업어음 시장에서는 편지봉투 뒷면에 끼적거려 만든 수표와 채권이 거래되기도 했다. 그럼에도 동아시아 지역에 외국인 투자가 늘어나면서 주식 가치는 상승했다. 하지만 주식 가치의 바탕이 되는 기업의 실적 가치는 오히려 하락했다.

이런 부자연스러운 상황이었음에도 동아시아에 자금이 계속 유입됐다. 왜 그랬을까? 간단한 설명은 경제사학자인 찰스 킨들버거의 이론에서 찾을 수 있다. 킨들버거는 금융위기의 일반적인 전개과정이 열광, 패닉, 붕괴라는 3단계를 거친다고 주장했다. 당시 투자자들은 그 가운데 첫 단계인 열광의 상태, 다시 말해 비이성적인 낙관에 빠져들었던 것이다. 1990년대 중반에 동아시아 지역에 투자한 뮤추얼펀드들은 연평균 두 자리 수 이상의 수익률을 올렸다. 이 같은 고수익은 다시 새로운 자금의 유입을 불러 주가를 점점 더 높였다.

주가가 하락할 것이라는 데 베팅하기가 어려웠던 점도 당시 동아시아 시장의 비효율성에 한 가지 원인으로 작용했다. 아무리 현명한 투자자라도 주가가 하락한다는 방향으로 투자한다는 것은 기술적으로 어렵고 비용이 많이 드는 일이었다. 게다가 위험하기까지 했다.

동아시아에서는 미국에서보다 주식을 공매도하기가 훨씬 어려웠다. 고평가된 게 명백해 보이는 주식이라도 그 주가가 하락할 것이라는 데 베팅했다가는 단기적으로는 돈을 잃기 십상이었다. 특히 돈 많고 영향력도 있는 가문이나 정부가 단기적으로 주가를 띄우기도 하는 상황이었다. 결과적으로 현명한 투자자들 대신 광적인 투자자들이 시장을 좌우하면서 주가를 올렸고, 그에 따라 증시는 일단 고평가 추세를 유지했다.

그러나 이런 설명은 부분적인 답일 뿐이다. 왜냐하면 현명한 투자자들, 다시 말해 주요 헤지펀드와 투자은행들 역시 동아시아 지역에서 주가 하락 쪽에 돈을 걸기는커녕 주식을 더 사들였기 때문이다. 왜 똑똑한 투자자들까지 실적이 별로 좋지 않은 동아시아 지역의 기업과 정부들에 돈을 빌려주면 이익을 올릴 수 있을 것이라고 생각했을까? 이 대목에서 중앙은행 이야기를 하지 않을 수 없다.

만약 태국의 이자율이 15%라면, 미국인 투자자는 미국에서 5%의 이자율로 돈을 빌린 다음 그 돈을 태국으로 가져가서 그곳 기업에 빌려주는 것만으로도 금리차인 10%포인트만큼의 이익을 올릴 수 있다. 단 한 가지 조건이 있는데, 그것은 태국의 통화 가치가 떨어지지 않아야 한다는 것이다. 설사 일부 채권에 대해 채무자가 디폴트 선언을 하더라도 태국 중앙은행이 환율 방어만 잘 해준다면 태국에 투자한 자금 전체에서 돈을 거둬들이는 데는 큰 지장이 없다. 이런 식의 자금운용 방법은 캐리 트레이드(carry trade)로 불렸다. 이는 1990년대 초반에 미국에서 많은 투자자들이 이자가 싼 단기 자금을 빌려 비싼 장기 이자를 받고 빌려주거나 투자했던 것과 비슷했다. 동아시아의 캐리 트레이드는 1991년 말레이시아에서 처음 시작됐고 1993년에 태국과 인도네시아로 확산됐다.

캐리 트레이드가 많이 늘어난다 하더라도 그 내용이 투자자들에게 공개되고 감독당국에 제대로 보고만 된다면 문제될 게 별로 없었다. 그러나 당시 동아시아 지역에서는 여신과 대출에 제약이 가해지고 있었기 때문에 캐리 트레이드의 대부분이 장외 파생상품 시장에서 이뤄졌다. 한 군데로 정보가 모아져 모니터 되지 않았고, 기업들은 관련 거래 내용을 회계장부에 기록하지 않았다. 때문에 동아시아 국가와 기업들이 도대체 얼마나 많은 돈을 빌렸는지를 전혀 알 수 없게 됐다. 어떤 특정 기업이 막대한 돈을 빌렸다가 갚지 못할 처지에 몰려도 그런 사실을 알기 어려웠고, 정부가 보유 외환을 다 써버려 더 이상 통화 가치 방어를 할 수 없게 되는 시점이 언제가 될지도 알 수 없었다.

이 즈음 동아시아 지역의 파생상품 거래 내역은 과거 몇 년 전보다도 더 철저하게 숨겨졌다. 은행들이 새로운 변형을 가한 맞춤형 파생상품 거래를 했기 때문이다. 그것은 바로 특별목적회사(SPE; Special Purpose Entity)라는 것을 활용한 거래였다.

특별목적회사는 특정한 거래를 하기 위해 특별히 만들어진 회사나 신탁을 말한다. 특별목적회사는 파생상품과 마찬가지로 선하게 쓰일 수도 악하게 쓰일 수도 있는 것이다. 특별목적회사는 인도네시아에서 발전소를 건설하기 위해서 필요했고, 기업이 리스 방식으로 설비자산을 구입한 뒤 그 지분을 신규 투자자들에게 배분하는 데도 필요했다. 그러나 쓸모없는 자산을 이용해 허위 실적을 만들어 이익을 꾸며내거나 손실과 부채를 은폐하고 회계보고서에서 여러 가지 위험 요소들을 없애는 데도 특별목적회사가 요긴하게 활용됐다.

투자은행들은 1990년대 초반에 구조화 채권을 거래하거나 통화스왑 거래를 벌임으로써 다른 기관투자가들이 환율에 다양하게 베팅할 수 있게 했다. 이런 투자은행들의 상품은 뱅커스 트러스트가 동아시아 지역 투자자를 비롯해 다양한 투자자들에게 팔았던 것과 같다. 그런데 구조화 채권이나 스왑은 투자은행으로서는 상당한 위험을 감수해야 하는 것이었고, 투자자가 거래의 내용에 대해 잘 아는 적격자인지도 살펴야 했다.

미국 연방 감독당국은 뱅커스 트러스트가 복잡한 스왑 상품을 미숙한 고객에게 팔았다는 이유로 고소한 바 있었다. 그러나 미국의 법규가 고객 보호와 관련해 어디까지 규제하는지는 불분명했다. 구조화 채권이나 스왑을 매입한 투자자들은 민사소송이 벌어질 경우 그런 상품을 판매한 은행들이 자신들의 손실에 책임을 져야 한다고 주장했다. 투자자들은 적격성 판정에 대해 이의를 제기하기도 했고, 은행 측이 약속이나 의무를 제대로 이행하지 않았다고 비난하기도 했다. 이런 분쟁이 일어날 경우 미국에서는 투자자에게 유리한 조건으로 합의가 이뤄지는 경우가 많았고, 영국에서는 투자자들이 승소하는 경우도 있었다. 특별목적회사를 활용하면 은행들이 이 같은 문제점을 피할 수 있었다.

특별목적회사는 세금이나 정보공시 의무를 피하는 데도 활용됐다. 특별목적회사는 케이먼 군도나 저지 섬, 라부안 등의 조세피난처에 많이 세워졌다. 이런 지역들은 오래 전부터 불법 마약거래나 돈세탁에 이용돼왔고, 그 과정에서 금융제도가 구축된 곳들이다. 간단히 말해, 은행은 자신과 투자자 사이에 특별목적회사를 만들어 놓음으로써 상세한 거래 내용들을 감출 수 있다. 게다가 이전의 파생상품 거래에서 부닥쳤던 여러 가지 문제들도 특별목적회사를 통해 피할 수 있었다.

1990년대 중반에는 은행들의 거래 사슬이 하도 복잡하게 얽혀서 거래의 여러 당사자들이 각기 어떤 역할을 맡는지를 설명하기조차 힘들 정도가 됐다. 이론적으로는 은행이 여전히 금융상품의 매도자였지만 그 거래의 흐름을 보여주는 서류나 도표에 나타나는 은행의 역할은 미미했다. 매수자는 오직 특별목적회사하고만 직접적으로 거래할 뿐 은행과는 아무런 거래 관계가 없게 된다. 결과적으로 은행은 거래에 대해 아무런 책임도 없다고 주장할 수 있게 된 것이다.

예를 들어 매수자는 특별목적회사와 스왑 거래를 하고, 특별목적회사는 제3의 다른 법인과 스왑 거래를 하며, 이 다른 법인이 은행과 스왑 거래를 하는 식이었다. 만약 이 거래의 결과가 안 좋게 돼 매수자가 소송을 걸면, 은행은 이미 몇 차례의 실제 소송에서 내세웠던 주장을 되풀이했다. 즉 은행은 매수자와 아무런 관계도 갖고 있지 않기 때문에 그 어떤 계약이나 의무도 위반하지 않았다는 주장을 하는 것이다. 내용상으로는 은행이 매도자이지만 서류상으로는 특별목적회사의 스왑 거래 상대방이 될 뿐이다. 매수자의 스왑 거래 상대방은 은행이 아니라 특별목적회사가 된다. 게다가 이 모든 내용들은 개별 거래에 직접 관여한 당사자가 아니면 알 수 없다.

1997년 초반 태국의 많은 채무자들이 사실상 디폴트 상태라는 소문이

나돌자 눈치 빠른 일부 투자자들은 포지션을 바꿔 바트가 하락하는 쪽에 베팅을 걸었다. 그러나 미국 은행들은 특별목적회사를 이용해 바트와 연계된 파생상품을 계속 팔았다. 1997년 5월 태국의 몇몇 대기업들이 바트를 내다팔고 달러를 대거 사들이기 시작했다. 부채를 감당할 만큼 충분한 달러를 갖고 있다고 과시하려는 것이었다.

바트의 평가절하 압력이 커지자 태국 중앙은행이 장외 파생상품 시장에 뛰어들어 바트 지지에 나섰다. 태국 중앙은행은 1997년 5월 8일과 9일 단 이틀 사이에 바트에 대한 선물 계약을 60억 달러 어치나 팔았다. 순 외환 보유액의 약 20%에 해당하는 금액이었다.

선물계약을 판 뒤 몇 주 지나지 않아 태국 중앙은행은 보유 중이던 달러 잔액 260억 달러 전부를 주고 그 결제를 해야 했다. 이렇게 해서 태국 중앙은행에는 더 이상 바트를 지탱해줄 돈이 남아 있지 않게 됐다. 환율과 주식시장이 붕괴하는 게 불가피해졌다. 바트 가치가 절하되면 주가도 뒤따라 하락할 수밖에 없는 상황이었다. 왜냐하면 태국 기업들이 가치가 떨어진 돈으로 부채를 갚아야 했기 때문이다.

만약 투자자들이 이 모든 사정을 다 알았다면 1997년 5월에 태국에 대한 투자 자산을 모두 내다팔았을 것이다. 그러나 태국의 기업들은 물론 중앙은행도 파생상품 거래 규모에 대해 정보 공개를 하지 않았고, 투자자들은 너무 늦게 실제 사정을 알게 됐다. 그러나 그때도 투자자들은 특별목적회사를 내세운 파생상품 거래에 대해서는 알지 못했다.

신용평가회사들은 투자자들에게 동아시아의 금융 문제들에 대해 경고하지 않았다. 미국의 오렌지 카운티가 파산할 것이 분명해지고 나서야 이 카운티의 신용등급을 내렸던 전력을 떠올리게 하는 행태였다. 경고는커녕 바트가 폭락한 뒤에도 몇 달 동안이나 무디스와 에스앤피는 태국 정부 채권에 대해 A등급을 유지했다. 에스앤피는 8월까지 태국을 '요주의 대상'

410

에 올리지 않았고, 10월 말까지도 태국의 신용등급을 내리지 않았다.

태국 중앙은행이 7월 2일 바트 방어를 포기하자, 투자자들은 태국뿐 아니라 동아시아 지역 전체에서 유사한 사태가 빚어지지 않을까 걱정하기 시작했다. 아니나 다를까 인도네시아, 필리핀, 말레이시아는 비슷한 곤경에 처했고, 몇 주 견디다가 자국 통화 방어를 결국 포기했다.

뱅크 네가라(Bank Negara)로 불리는 말레이시아 중앙은행은 외국인 투자자들이 파생상품 투기를 하는 바람에 사태가 벌어졌다고 비난했다. 이 은행은 분명히 위기의 배경을 알고 있었다. 왜냐하면 그 자신도 통화 투기로 수십억 달러를 벌기도 했고 잃기도 했기 때문이다. 말레이시아 중앙은행은 심지어 앤디 크리거의 파생상품 거래에도 끼어들어 한몫 벌었던 것으로 알려졌다. 말레이시아의 비난은, 앤디 크리거와 뉴질랜드 중앙은행 사이에 벌어졌던 전투의 복사판인 듯 보였다. 다만 한 가지 다른 점이라면 그 규모가 수십억 달러에서 수백억 달러로 커졌다는 것뿐이었다.

미국이 장악하고 있는 국제통화기금(IMF)은 태국에 170억 달러, 인도네시아에 420억 달러의 구제금융을 지원했다. 멕시코 사태 때와 같이 모럴 해저드를 재연시켰던 것이다. 인도네시아, 말레이시아, 필리핀, 태국의 경제는 멕시코처럼 곧 회복됐다. 투자자들은 신속히 돌아왔다. 돌아온 투자자들은 모두 다시 위험에 처해도 구제될 것이라는 확신을 품고 있었다.

롱텀 캐피털

존 메리웨더가 세운 롱텀 캐피털 매니지먼트(LTCM; Long-Term Capital Management)는 헤지펀드의 롤스로이스로 통했다. 이 펀드에 돈을 맡기는 데 들어가는 비싼 수수료를 감안하면 적절한 별명이었다.

롱텀 캐피털은 연 2%를 수수료로 받았는데, 이는 헤지펀드 업계의 평균 수수료 수준에 비해 두 배였다. 게다가 모든 수익에서 25%를 더 뗐다. 최소 투자액은 1000만 달러였다. 투자자는 3년간 투자금을 빼낼 수 없었다. 회사 이름에 '롱텀'이 들어가게 된 것은 바로 이 때문이었다. 며칠 단위로 자금을 운용하는 다른 펀드들과 달리 롱텀 캐피털은 자금을 장기적으로 운용하기로 했고, 그래야 금융시장의 폭풍우를 피할 수 있다고 생각했다. 안 좋은 상황이 몇 달간 지속된다 하더라도 장기적으로는 수익을 낼 수 있다는 것이었다.

롱텀 캐피털은 금융계의 최고 인재들로 진용을 짰다. 그 면면을 보면 존 메리웨더 외에 옵션 이론으로 1997년도 노벨 경제학상을 받은 로버트 머튼과 마이런 숄스, 머튼의 제자로 연준 부의장을 지낸 데이비드 멀린스, 전 이탈리아 재무부 고급 관료, 살로먼 브라더스에서 메리웨더가 이끌던 차익거래 팀원들로 짜여졌다. 이런 막강한 진용을 갖췄으니 투자자들이 제 발로 롱텀 캐피털을 찾아온 것도 무리가 아니었다. 뉴욕대학의 교수이자 금융 분야의 주목할 만한 책 몇 권을 낸 로이 스미스는 "이런 종류의 투자자들은 인맥과 깔끔한 일처리, 그리고 슈퍼스타를 선호하기 마련"이라고 말했다.

롱텀 캐피털 사람들 역시 자신들이 슈퍼스타임을 잘 알고 있었다. 어느 날 아침에 열린 회의 석상에서 보험회사인 콘세코(Conseco)의 파생상품 책임자인 앤드류 초우가 금융시장에 경쟁이 심한 상황에서 롱텀 캐피털이 높은 수익을 낼 수 있을지 의문이라고 지적했다. 초우는 마이런 숄스에게 "롱텀 캐피털이라고 해서 시장에서 특별히 돈을 벌 수 있는 비정상적 상황은 있을 수 없다고 생각한다"고 말했다. 그러자 숄스는 "당신 같은 사람들이 존재하는 한 우리는 계속 돈을 벌 것"이라고 맞받아쳤다. 콘세코는 결국 롱텀 캐피털에 투자하지 않기로 했지만, 투자할 사람들은 넘치고도 남았다. 1994년 초까지 메리웨더는 15억 달러를 끌어들였다.

　게다가 월스트리트의 주요 은행들이 롱텀 캐피털에 수십억 달러를 빌려주었다. 그것도 대개 담보도 요구하지 않는 파격적인 조건이었다. 개인 투자자가 주식이나 채권을 담보로 돈을 빌리려고 할 때는 빌리는 금액의 최소 50% 이상에 해당하는 물량을 담보로 맡겨야 했다. 헤지펀드도 몇 퍼센트 정도는 담보를 잡혀야 했다. 그러나 월스트리트는 스타의 출현에 들떠 롱텀 캐피털에게만 담보를 면제하는 특별대우를 해준 것이다. 이류 증권사인 베어 스턴스의 최고경영자인 제임스 케인은 롱텀 캐피털에 매혹됐다. 베어 스턴스는 롱텀 캐피털의 거래결제 회사가 됐고, 케인은 개인 돈 1300만 달러를 롱텀 캐피털에 맡겼다. 그는 단 한번도 만난 적이 없는 메리웨더에게 홀딱 넘어갔다.

　롱텀 캐피털은 연준이 금리를 기습적으로 인상한 직후인 1994년 2월 24일에 첫 거래를 했다. 롱텀 캐피털은 고객들에게 돌린 투자안내서에서 자사는 무엇이든 할 것이며, 자사의 투자전략은 변동성이 심하다고 경고했다. 투자안내서는 '상대가치 거래(relative-value trade)' 니 '수렴거래(convergence trade)' 니 하는 생소한 용어들로 가득했다. 수렴거래란 상대적으로 일시 저평가된 자산을 매입하고 고평가된 자산을 판 뒤 양쪽의 가격이 수렴할 때까지 기다리는 투자 방식이었다.

　이런 투자 방식은 거의 확실히 이익을 낼 수 있다는 게 롱텀 캐피털의 설명이었다. 롱텀 캐피털은 그 실례로 살로먼 브라더스의 차익거래팀이 했던 거래를 몇 건 소개하면서, 자신들은 새로운 전략을 선보일 것이지만 그 내용을 미리 구체적으로 공개할 수는 없다고 밝혔다. 투자안내서에서 롱텀 캐피털은 편향 베팅(directional bet)도 할 수 있다고 밝혔다. 기회라고 판단되면 언제든 막대한 금액을 베팅할 것이라는 얘기였다. 그러면서도 노골적인 투기는 하지 않을 것이라고 덧붙였다.

데이비드 멀린스는 이렇게 말했다. "그러나 우리가 편향 투자가인 것은 아니다. 우리는 시장이 움직이는 방향으로 무리하게 차입투자를 하지는 않는다. 우리는 1~2년 앞을 내다보는 장기투자를 할 것이다. 투자기간 중 헤지의 조건들을 미세하게 조정하기는 할 것이다. 그러나 이런 조정은 고도의 조사와 분석에 근거를 두고 할 것이다. 우리는 여러 가지 증권들을 종합하는 첨단의 가치 평가 모델을 갖고 있다. 우리가 기대하는 수익률은 연 10% 정도다. 이는 무모한 목표가 전혀 아니다." 롱텀 캐피털은 투자안내서에서 전 세계 주요 금융회사들과 전략적 제휴관계를 맺을 계획이라고 밝혔고, 이 작업에서는 멀린스가 핵심적인 역할을 맡게 된다.

롱텀 캐피털은 거래 첫 달에는 손실을 봤다. 하지만 1994년 4월에는 이익을 냈고, 그 이후로는 4년 연속 환상적인 이익 행진을 했다. 1994년의 시장 혼란에도 불구하고 롱텀 캐피털은 투자 이익을 남겼다. 애스킨 캐피털 매니지먼트와 워스 브런트젠이 헐값에 내던진 모기지 파생상품을 대거 사들이고, 일시적으로 폭락한 채권 가격이 평상적인 수준으로 되돌아올 것이라고 보고 채권도 대량 매입한 덕분이었다. 월스트리트에 끔찍한 해였던 1994년 2월 하순부터 12월 말까지 10개월여 동안 롱텀 캐피털은 무려 28%의 이익률을 기록했다.

1995년에 롱텀 캐피털은 상상할 수 있는 모든 종류의 금융상품들을 다 다루기 시작했다. 일본의 옵션과 주식에 대한 차익거래도 했고, 서로 다른 시장에서 서로 다른 가격에 팔리는 동일 기업의 주식 가격이 결국 같아질 것이라는 데 베팅을 하기도 했다. 프랑스 국채와 독일 국채의 시세 차이가 확대될 것이라는 데도 베팅했고, 미국 스왑 상품의 금리가 재무부 채권 금리에 비해 너무 높다는 점을 이용한 베팅도 했다. 심지어는 영국 정부가 발행한 장기 채권에 대해서도 내기를 걸었는데 장외시장에서 파생상품을 활용해 거래에 나섰기 때문에 롱텀 캐피털의 거래 금액이 이 채권 시장의 전체 규모를 넘어서기도 했다. 롱텀 캐피털의 총 거래 규모는 100억 달러에서 250억 달러 수준이었다. 이는 앤디 크리거가 뱅커스 트러스트에서 벌였던 거래 규모에 비해 10배나 되는 것이었다.

롱텀 캐피털은 이전에 살로먼 브라더스가 했던 것처럼 일본 전환사채와 연계된 싸구려 옵션 상품을 매입한 적이 있다. 오래 보유하고 있으면 약간의 이익을 바랄 수 있는 상품이었다. 그런데 1995년 1월 고베 지진이 일어나면서 시장의 변동성이 50%나 급증하면서 이 옵션의 가치가 폭등했다. 공교롭게도 이 지진은 일본 주식에 베팅한 닉 리슨에게는 파멸을 안긴 재난이었다. 노하우에다 운까지 따라줘서 롱텀 캐피털은 1995년에 59%의 이익률을 달성했다.

시간이 흐르면서 롱텀 캐피털은 투자은행들이 기피하는, 위험이 복잡하게 얽힌 거래도 하기 시작했다. 당시 금융업계에는 뱅커스 트러스트와 살로먼 브라더스가 자신들의 복잡한 투자 포트폴리오의 가치를 정확히 가늠하지도 못하고 있다는 괴담이 퍼지고 있었고, 투자은행 임원들은 트레이더들에게 그 같은 복잡한 거래는 정리하라는 지시를 내려놓고 있었다. 롱텀 캐피털은 이렇게 나온 매물들을 사들였다. 자사의 전문가들이 다른 누구보다도 그런 거래의 리스크를 잘 다룰 수 있다고 확신했던 것이다. 투자은행들은 복잡한 파생상품을 고객에게 계속 팔 경우 수수료를 자신들이 전부 갖지 않고 그 가운데 일부를 롱텀 캐피털에 떼어 주면서 거래에 내재된 복잡 미묘한 위험을 떠안도록 했다. 이렇게 해서 깁슨 그리팅스의 후예들은 자신도 모르게 롱텀 캐피털로부터 파생상품을 산 셈이 됐다. 월스트리트의 주요 투자은행들이 단지 중개자의 역할만 하게 된 것이다.

그러나 롱텀 캐피털이 큰 돈을 번 것은 전문성이나 운 덕분이 아니었다. 그보다는 중앙은행 및 정부 관리들과의 긴밀한 관계 덕분이었다고 해야 옳다. 금융당국 관리들은 여러 나라들의 법규와 감독관행의 차이를 이용해 돈을 벌 수 있다는 사실을 롱텀 캐피털에 일깨워줬다. 이런 식의 규제 아비트리지를 하는 데는 금융학 박사학위도 필요 없었다. 예를 들어 롱텀 캐피털은 표시 금리가 낮은 채권과 높은 채권이 경제적 가치가 같더라도 영국 세법이 이 둘을 따로 취급하는 틈을 파고들어 이익을 남기기도 했다. 일본에서는 중앙은행이 공매도를 규제하고 있었지만, 롱텀 캐피털은 일본 쪽 연줄을 이용해 채권을 공매도했다. 데이비드 멀린스가 말한 "고도의 조사와 분석이 필요한 거래"란 실제로는 바로 이런 것들이었다.

롱텀 캐피털은 이탈리아에서 많은 거래를 했다. 이는 롱텀 캐피털이 이 나라에 광범위한 네트워크를 갖고 있었기 때문이다. 롱텀 캐피털은 과거 이탈리아 재무부에서 채권을 담당했던 관리를 영입했다. 게다가 이탈리아 중앙은행은 롱텀 캐피털에 1억 달러를 맡겨 놓고 있었다. 이는 매우 이례적인 일이었다. 앨런 그린스펀 연준 의장이 연준의 돈을 외국 헤지펀드에 맡겼다고 생각해보라. 이런 이례적인 일이 가능했던 건 메리웨더와 멀린스가 이탈리아에 연줄이 많았고, 머튼이 이탈리아에서 높이 평가받는 인물이었기 때문이다.

때 맞춰 롱텀 캐피털이 500억 달러어치의 이탈리아 정부 채권을 매입한 것은 우연의 일치가 아니었다. 이 정도 금액이면 이 책에서 지금까지 소개한 그 어떤 거래보다도 규모가 큰 것이다. 롱텀 캐피털은 이탈리아 정부 채권 시장 중 한 부문의 25%를 장악하기도 했다. 게다가 이탈리아 정부가 외국인 투자자에게 베푸는 세금공제 혜택을 받았고, 이탈리아가 유럽 금융 시스템에 곧 가입할 것이라는 정보를 활용해 이익을 남기기도 했다.

롱텀 캐피털은 고객과 거래할 때도 감독규정의 허점을 활용했다. 롱텀 캐피털이 신규 투자를 받지 않던 1996년에 스위스 유니언 뱅크가 자사에 대한 지분투자에 관심을 보이자 마이런 숄스는 장외 옵션 거래를 고안해내 스위스 유니언 뱅크에 투자할 수 있는 길을 열어주는 동시에 자사의 합작 파트너들에게 절세 혜택을 볼 수 있게 해주었다. 이 거래가 성사됨으로써 스위스 유니언 뱅크는 롱텀 캐피털의 지분을 매입했고, 그 대신 7년 만기 옵션을 롱텀 캐피털의 합작 파트너들에게 팔았다. 이들 파트너는 나중에 옵션을 행사해 이익을 거둘 경우 그 이익이 장기 자본이득으로 분류돼, 고율의 개인소득세율보다 낮은 장기 자본이득세율을 적용받을 수 있게 됐다.

롱텀 캐피털에게는 1996년 역시 환상적인 해였다. 이 해의 수익률은 44%에 달했다. 투자자들의 자산은 이미 두 배로 늘어났다. 그 과정에서 이렇다할 위기의 순간도 없었다. 펀드 매니저들은 대개 '샤프 비율(Sharpe Ratio)'로 실적평가를 받았다. 샤프 비율은 펀드의 수익률을 위험도로 나눠 구한다. 유능한 펀드 매니저는 실적과 위험도가 똑같아 샤프 비율이 1이 된다. 이 비율이 2에 이르면 아주 탁월한 매니저라고 할 수 있으나, 오랫동안 이런 수치를 유지하기란 거의 불가능하다. 그런데 롱텀 캐피털은 설립 이후 3년간 평균 샤프 비율이 무려 4.35에 달했다.

1997년에 들어서자 몇 가지 안 좋은 조짐이 나타나기 시작했다. 이 해에 롱텀 캐피털은 투자자들에게 수수료를 제하고 17%의 이익률을 안겨줬을 뿐이다. 당시 롱텀 캐피털에는 박사가 25명 있었다. 하지만 이 같은 막강한 인력을 활용해 고도의 계량적인 차익거래를 하기보다는 통화와 주식에 대한 노골적인 도박에 치우치기 시작했다. 당시 마이런 숄스는 롱텀 캐피털이 통화와 주식 분야의 노골적인 도박에서 경쟁력이 있는지에 대해 의문을 제기하면서, 위험이 제대로 관리되고 있는지도 의심스럽다고 말했다.

롱텀 캐피털의 합작 파트너들은 투자 규모를 30억 달러 정도 줄이기로 했다. 법규와 감독관행의 차이를 이용하는 차익거래, 즉 규제 아비트리지를 할 기회는 한정된 것이었고, 이런 차익거래의 괜찮은 투자대상을 찾기가 갈수록 힘들 것이라고 우려했기 때문이다. 1997년 말 롱텀 캐피털의 자기자본은 약 47억 달러였다. 롱텀 캐피털은 이 자본을 이용해 1250억 달러를 빌리고 1조 2500억 달러의 파생상품 거래를 벌였다. 회사의 위험도를 측정하는 기준인 자기자본 대비 부채비율은 거의 27배에 이르렀다. 부채비율이 높다는 것은 레버리지, 즉 외부자금 활용도는 높지만 부채 상환에 그만큼 어려움을 겪을 수 있다는 뜻이었다.

투자 자금을 돌려받은 투자자들 가운데는 롱텀 캐피털이라는 선망의 펀드와 관계가 끊어진 데 대해 상심한 이들도 있었다. 그러나 롱텀 캐피털이 그때 어떤 일을 벌이려고 했는지를 세심하게 점검해본 사람이라면 위험신호를 알아차렸을 것이고, 따라서 상심할 필요가 없다는 생각을 했을 것이다. 실제로 몇몇 투자자들은 롱텀 캐피털에 전화를 걸어 나름대로 우려를 표시하기도 했다.

헤지펀드의 숫자는 1988년 이후 매년 20%씩 늘어났다. 1996년이 되자 그 수는 거의 5000개에 달했고, 그들이 굴리는 돈은 모두 3000억 달러나 됐다. 당연히 시장의 경쟁은 치열해졌고, 1급으로 인정받던 헤지펀드 경영자들조차 차익거래에서 이익을 내는 게 계속 가능한지에 대해 의구심을 품었다.

컴퓨터 과학자인 데이비드 쇼는 1988년 'DE 쇼'라는 헤지펀드를 설립했다. DE 쇼는 그 후 8년간 시장의 낮은 변동성에도 불구하고 연평균 18%의 수익률을 기록했다. 나중에 그는 "시장의 경쟁이 너무 치열해졌다"며 "만약 1996년이라면 헤지펀드를 설립하지 않았을 것"이라고 말했다.

맨발로 걸어 다니고 심오한 철학책을 즐겨 읽는 독특한 습관을 지녔던 빅터 니더호퍼라는 헤지펀드 매니저는 15년간 연평균 30%의 수익을 냈지만, 1997년에 1억 달러 이상의 투자자들의 돈을 다 날려버렸다. 니더호프는 먼저 동아시아 위기 때 5000만 달러를 잃었다. 그 뒤 그는 미국 증시가 하락하지 않을 것이라고 보고 풋옵션을 팔았다. 그러나 10월 27일 뉴욕증시가 하루 만에 7%나 급락하는 바람에 그는 남아있는 모든 것을 다 잃어버렸다.

헤지펀드는 정보 공개를 하지 않았기 때문에 헤지펀드에 돈을 맡긴 사람들은 자신의 투자 자금이 얼마나 큰 위험에 노출돼 있는지 알지 못했다. 롱텀 캐피털과 DE 쇼를 비롯해 대부분의 다른 헤지펀드들도 자신들의 자산운용 전략을 비밀로 유지해야 한다고 주장했다. 그렇게 하지 않으면 다른 펀드들이 자사의 투자전략을 모방하게 되고, 그러면 수익이 줄어든다는 것이었다. 정보가 공개된다고 해도 대부분의 투자자들은 복잡한 투자전략을 이해할 수도 없었을 것이다. DE 쇼의 한 고객 투자자는 "나는 내가 직접 굴리는 투자 자산에 대해서는 그것이 어떻게 돌아가는지를 안다. 하지만 데이비드에게 맡긴 돈은 도대체 어떻게 운영되는지를 알지 못한다"고 털어놓았다.

롱텀 캐피털 역시 마찬가지였다. 롱텀 캐피털은 거래를 여러 은행들에 나눠 함으로써 아무도 자사의 투자전략을 알 수 없게 했다. 예를 들어 어떤 거래의 한 부분은 이 은행과 하지만, 같은 거래의 다른 부분은 저 은행과 하는 식이었다. 투자자들에게는 어떤 전략을 쓰는지 거의 얘기하지 않았다. 특정 거래의 전체 현황에 대해서는 더더욱 말할 것도 없었다. 나중에 금융 시장에 관한 대통령 직속 연구팀은 이런 결론을 내렸다.

"금융회사들은 롱텀 캐피털의 리스크에 대해 완전히 알지 못했고, 이 회사가 파산할 경우 일어날 수 있는 시장 위험과 유동성 위험에 대해 제대로 생각해보지도 않았던 것 같다. 그들은 거래의 복잡성, 규모, 상호 관련성을 제대로 파악하지 못했고, 레버리지 효과는 커졌지만 기존의 리스크 관리 방식에만 계속 매달려 있을 경우 심각한 손실 사태가 빚어질 가능성도 있다는 점도 경시하고 있다."

그러나 롱텀 캐피털이 붕괴하기 전 몇 달간 대부분의 감독당국들은 규제를 기피하고 있었다. 애초 상품선물거래위원회는 롱텀 캐피털은 물론 많은 은행들도 취급하는 장외 파생상품에 대해 감독을 해야 할 필요성이 있다는 의견을 밝히려고 했다. 그러자 위에서 말한 금융시장에 관한 대통령 직속 연구팀이 회의를 열었고, 그 자리에 참석한 로버트 루빈 재무장관은 상품선물거래위원회의 움직임에 제동을 걸었다. "상품선물거래위원회는 장외 파생상품에 대해 감독할 권한이 없다"는 게 이유였다. 아서 레비트도 슬쩍 거들었다.

그러나 연방 법률이 상품선물거래위원회에 파생상품을 감독할 권한을 부여한 조항을 왜 적용할 수 없는지를 설명해 보라는 요구를 받은 루빈과 그의 자문위원들은 이렇다 할 법적 근거를 대지 못했다. 상품선물거래위원회는 그린스펀과 루빈의 반대에도 불구하고 과감하게 감독 방침을 발표하려고 했다. 위원회의 이런 계획에 대해 재무부의 한 관리는 "이거 안 되는데…. 메이저 은행들이 안 좋아 할 텐데"라는 반응을 보였다.

이론상으로는 롱텀 캐피털의 트레이더들이 리스크를 적절히 관리한다고 투자자들이 믿을 수만 있다면 투자자 보호를 위한 법규나 감독은 없어도 아무 문제가 없었다. 1998년 초에 롱텀 캐피털의 트레이더들은 바(VAR)를 평가하는 컴퓨터 모델을 이용해 자사 펀드의 위험 정도를 측정해 봤다. 과거 데이터를 활용해 최악의 경우 하루에 얼마나 잃을 수 있는지를 측정하는 이 모델은 95%의 신뢰도를 갖고 있는 것이었다. 이 모델을 돌려본 결과 롱텀 캐피털의 트레이더들이 최악의 경우 잃을 수 있는 돈은 회사 자기자본의 1%도 안 되는 4500만 달러에 불과했다. 이 수치대로라면 롱텀 캐피털이 단 하루 만에 자본금을 다 까먹으려면 우주의 생명보다 몇십억 배 더 긴 세월이 흘러야 했다.

그러나 롱텀 캐피털에는 불행하게도 바 모델은 위험 평가를 틀리게 한 것으로 드러났다. 롱텀 캐피털은 1998년 5월과 6월에 외국 정부 채권과 통화 시장에서 손실을 냈고, 이로 인해 이 회사의 바 모델은 신뢰할 수 없는 프로그램이라는 게 확인됐다. 이때 롱텀 캐피털은 16%의 손실을 냄으로써 처음으로 두 달 연속 손실을 기록했다.

트레이더들은 바 모델에 따라 하루 손실가능 금액을 4500만 달러에서 3500만 달러로 줄였다. 이는 펀드의 안전을 위한 조치였다. 그런데 이런 조치를 취해 매력도가 떨어지는 자산을 처분하고 나서 다시 바 모델로 보유 자산 재평가를 하자, 이번에는 하루 손실가능 금액이 1억 달러 이상으로 늘어났다. 마치 바 모델의 머리가 돌아버린 것 같았다. 그 원인은 트레이더들이 위험도 평가 과정에서 유동성 위험을 제대로 반영시키지 않았던 데 있는 듯하다. 유동성이 떨어진 시장은 유동성이 풍부한 시장보다 더 급속히 하락한다. 롱텀 캐피털의 노련한 전문가들이 이런 위험을 모델에 정확히 반영시키지 않았던 것이다.

살로먼 브라더스는 1998년 7월 아비트리지 그룹이 더 이상 수익을 내기 힘들다고 보고 이 차익거래팀을 해체했다. 그러나 롱텀 캐피털은 차익거래를 계속 한 것은 물론이고 차익거래팀으로 하여금 더욱 과감하게 거래에 나서도록 했다. 자사의 투자전략을 따라 하고 나선 다른 회사들로 인해 시장에서 이익을 내기가 점점 더 힘들어졌기 때문이다.

롱텀 캐피털은 특정 기업의 다른 기업 인수합병 계획이 성사되는가를 놓고 내기를 걸기도 했다. 어느 한 기업이 다른 기업을 인수하겠다고 발표한 시점과 그 인수합병이 완전하게 실현되는 시점 사이에는 피합병 예정 기업의 주식 가치가 합병 완료 후 피합병 기업 주주들이 받게 될 주식 가격과 미세한 차이를 보인다는 점을 이용하려는 것이었다. 롱텀 캐피털은 피합병 예정 기업의 주식을 사는 동시에 그 기업을 인수할 기업의 주식을 판 다음 두 가격이 수렴할 때까지 기다렸다.

그러나 실제로는 기다리기만 하면 되는 일이 아니었다. 그것은 그렇게 되길 기도해야 하는 거래였다. 인수합병 계획이 무산될 가능성도 있기 때문이다. 만약 인수합병 계획이 무산되면 피합병이 예정됐던 기업의 주가가 폭락하게 된다. 그렇기 때문에 어느 한 기업이 다른 기업의 주식을 주당 100달러에 매입해 그 기업을 인수합병하겠다고 발표한 뒤에도 피합병 예정 기업의 주가가 100달러보다 낮은 99달러에 거래되기도 하는 것이다.

인수합병이 성사되면 100달러에 거래될 것으로 기대하고 99달러에 주식을 사는 것은 인수합병이 무산될 리스크를 염두에 둔 거래이며, 이런 의미에서 '리스크 아비트리지(risk arbitrage)'라고 불린다. 본래 아비트리지, 즉 차익거래란 위험이 전혀 없는 거래인데 리스크 아비트리지는 반대로 리스크를 감수하는 거래라는 점에서 일종의 모순어법이라고 말할 수도 있다.

어쨌든 롱텀 캐피털은 리스크 아비트리지 전략을 채택했다. 롱텀 캐피털은 MCI 커뮤니케이션이 다른 기업에 의해 인수될 것이라는 쪽에 베팅을 해서 처음에는 1억 달러의 손실을 냈다가 결국은 잃은 돈을 되찾았다. 롱텀 캐피털은 처음에는 브리티시 텔레컴이 MCI를 인수할 것이라는 데 베팅했다가 이 인수 작업이 실패하자 월드컴이 MCI를 인수하는 쪽에 다시 베팅했다. 1998년 8월에는 텔랩스가 시에나를 인수하는 쪽에 큰 돈을 걸고 주가가 수렴하기를 기다리기도 했다.

롱텀 캐피털의 거래 궤적을 살펴보면 이 헤지펀드 회사의 성격이 얼마나 많이 변했는지를 금세 알 수 있다. 이 회사는 단순히 비슷한 가치를 지닌 서로 다른 금융자산들이 시간을 두고 같은 가격으로 수렴된다는 쪽에 베팅하는 데 그치지 않았다. 롱텀 캐피털은 차츰 투기에 나서기 시작했다. 기업 인수합병뿐 아니라 국제 금융시장 여기저기에 뛰어들었다. 러시아를 비롯한 신흥시장 채권에도 손을 댔다. 유럽의 여러 증시의 지수들을 활용한 옵션 상품도 만들어 팔았는데, 이는 닉 리슨이 일본에서 했던 것과 다름없는 노골적인 도박이었다.

옵션을 파는 것은 매우 위험하지만 그 수법은 비교적 단순하다. 옵션 매도자는 오늘 당장 돈을 받으며, 시장의 변동성이 계속 낮다면 그 돈을 유지할 수 있다. 그러나 시장이 급변하면 매도자의 손실은 무제한적으로 늘어난다. 옵션 매도는 빅터 니더호퍼, 그 전에는 닉 리슨이 절박한 심정으로 했던 거래 방식이다. 옵션 매도는 메리웨더와 그의 휘하 트레이더들에게 명성을 안겨준, 복잡하지만 고도의 계량적인 수치를 바탕으로 한 투자 전략과도 한참 거리가 먼 것이다. 이런 점에서 롱텀 캐피털이 계속 차익거래 기회를 갖기는 힘들 거라고 말한 콘세코의 파생상품 책임자 앤드류 초우의 생각이 옳았고, 그에게 퉁명스럽게 대했던 마이런 숄스는 결과적으로 사과해야만 했다. 롱텀 캐피털은 실제로 차익거래 기회를 계속 누리지 못했다.

1998년 8월 중순에 러시아는 일부 채무에 대해 디폴트를 선언하고 자국 통화 가치를 절하했다. 1994년 멕시코, 1997년 태국에서 벌어진 상황과 비슷했다. 수많은 헤지펀드들이 모두 합해 수십억 달러를 잃었다. 조지 소로스의 펀드가 20억 달러를 날려 가장 큰 피해를 입었다. 롱텀 캐피털이 러시아에서 입은 손실은 상대적으로 적은 편이었다.

러시아 사태는 다른 시장으로 파급됐다. 수많은 헤지펀드와 은행, 금융회사들이 빌린 돈으로 러시아 채권을 대량으로 사두었기 때문에 채무 상환을 위한 현금을 마련하기 위해 다른 보유 자산을 처분해야 했다. 그러나 불행하게도 당시 러시아 채권에 투자해 놓고 있었던 금융회사와 펀드들 대부분이 갖고 있던 다른 자산이라야 그 내용상 러시아 채권과 하나도 다를 게 없는 것들뿐이었다. 그들은 라틴 아메리카와 동유럽, 동아시아 지역의 채권과 주식에 물려 있었던 것이다. 금융판의 룰렛 게임에서 모두가 한 쪽으로만 베팅하고 있던 상황이었던 셈이다. 1990년대 초반에 투자자들이 이자율이 낮게 유지될 것이라는 데 베팅하고 있었던 것처럼, 1998년 당시에는 수많은 금융회사들이 한결같이 신흥시장에 도박을 걸어 놓고 있었다. 아시아 금융위기의 아픈 기억은 1년도 지나지 전에 이미 지워져 버렸던 것이다.

은행들은 헤지펀드들이 빌려간 돈을 갚지 못할까봐 전전긍긍하면서 추가 여신지원을 거부했다. 때문에 헤지펀드들은 보유하고 있던 자산을 그만큼 더 많이 내다팔아야 했다. 이로 인해 신흥시장으로 꼽힌 20여 개 나라들 가운데 절반의 나라에서 1998년 8월을 전후해 주가가 35% 이상 폭락했다. 브라질, 멕시코, 베네수엘라에서는 금리가 40~80%로 폭등했다. 이들 나라는 장기 채권시장이 형성되지 않았기 때문에 단기 투자자금이 썰물처럼 빠져나갔다. 멕시코 페소의 가치는 그동안 1994년의 절반 이하이긴 했으나 달러당 8페소 수준에서 안정돼 있었으나 이때 10페소 이상으로 올라갔다. 말레이시아 정부는 외환 거래를 통제하면서 자국 시장 방어에 나섰다. 한국은 대기업 집단인 재벌들의 차입을 제한했다. 헝가리, 폴란드, 체코의 시장도 무너졌다. 영국의 경제주간지 〈이코노미스트〉는 "전염병이 신흥시장에 확산되고 있다"면서 이 전염병에 "신흥시장 홍역"이라는 이름을 붙였다.

롱텀 캐피털의 컴퓨터 프로그램은 자사의 자산 포트폴리오가 다각화돼 있기 때문에 어느 한 부문의 손실은 다른 부문의 이익으로 만회된다는 계산 결과를 내놓고 있었다. 그러나 투자자들이 가장 안전한 자산으로 간주되는 미국 재무부 채권만 제외하고 그 밖의 다른 위험자산들로부터 일제히 필사적으로 빠져나오려고 하는 상황이 벌어지자 대부분의 시장들이 한꺼번에 멈춰버렸다. 메리웨더의 트레이더팀은 시장의 이런 상승작용을 미처 내다보지 못했다. 그들은 자신들의 투자 포트폴리오는 충분히 다각화돼 있기 때문에 안전하다고 생각했다. 마치 룰렛 게임에서 공이 7번 연속 검은색 구간에 멈춰 서도 문제가 없을 거라는 투였다. 그러나 상호 독립적이라고 여겼던 롱텀 캐피털의 모든 투자 자산들이 동시에 추락하는 상황이 눈앞에서 벌어졌다. 룰렛 공은 계속해서 검은 구간에 멈춰서고 또 멈춰서고 있었다.

8월 중순에 롱텀 캐피털은 여러 신흥시장의 채권들에서 손실을 입었다. 8월 20일에는 텔랩스와 시에나 사이의 인수합병이 결렬될 것이라는 애널리스트들의 전망이 나오는 바람에 1억 달러가 또 날아갔다. 그 다음 날인 21일에는 투자자들이 비교적 간단하고 안전한 금리 스왑 상품에서 돈을 빼내 가장 안전한 자산인 미국 재무부 채권으로 옮겨가는 바람에 이자율 추이에 베팅했던 롱텀 캐피털로서는 5억 5000만 달러를 잃어야 했다. 순식간에 손실률이 44%로 치솟았다.

이로 인해 롱텀 캐피털의 부채는 여전히 1000억 달러 수준이었지만, 자기자본 규모는 20억 달러 정도로 줄어들었다. 자기자본이 40억 달러일 때는 부채 부담을 어떻게든 감당할 만했다. 하지만 부채 대 자기자본 비율이 무려 50 대 1에 이르게 되니 외부 충격에 취약해질 수밖에 없었다. 이 때문에 롱텀 캐피털은 시장의 미세한 변화에도 민감한 영향을 받게 됐다. 그 전까지 롱텀 캐피털이 처했던 곤경이 100만 달러짜리 집을 팔려고 해도 살 사람이 없는 것과 같았다면, 이제는 98만 달러의 부채를 끼고 집을 팔려고 하는 것과 같았다. 위태로운 롱텀 캐피털의 자기자본은 얼마나 더 버틸 수 있을까? 존 메리웨더는 부채비율을 줄여보려고 새로운 투자자를 찾아 나섰으나 아무도 그에게 돈을 빌려주는 데가 없었다. 그는 급히 기존 투자자들에게 편지를 보내 러시아 사태로 인해 유동성에 문제가 생겼으나 회사는 아직 건재하다면서 안심시키려 했다.

다른 회사의 트레이더들은 롱텀 캐피털의 명줄이 끊어지려 한다는 사실을 눈치 채고, 이 펀드 회사가 망한다는 쪽으로 베팅하기 시작했다. 롱텀 캐피털의 위상을 떨어뜨리려는 의도에서였다. 이런 행동은 앤디 크리거가 뉴질랜드 중앙은행에서 자국 통화 방어를 오래 하지 못할 것이라는 쪽으로 베팅했던 것과 비슷했다. 한때 '변동성의 중앙은행'으로까지 불렸던 롱텀 캐피털이 이제는 어려움에 처한 여느 은행들과 마찬가지로 무더기 자금인

출 사태에 부닥쳤다. 인터뷰를 거의 하지 않던 존 메리웨더도 마이클 루이스 기자와 만나 "우리가 묶여 있다고 시장에서 알고 있는 바로 그 거래들 때문에 우리는 어려움에 처해 있다"고 말했다. 롱텀 캐피털에 물린 투자자들은 투자금을 회수할 수 없는 상황이었다. 하지만 과거 롱텀 캐피털의 화려한 출발에 매혹됐던 은행들은 대출금 회수를 고려하기 시작했다.

마지막 일격은 9월에 가해졌다. 거의 모든 시장의 변동성이 불꽃을 튀기듯이 급속히 확대되면서, 롱텀 캐피털이 주로 프랑스와 독일의 주가지수를 갖고 벌인 장기 주식옵션에서 엄청난 손실이 발생했다. 세계의 모든 시장이 얼어붙었고, 롱텀 캐피털은 거의 모든 거래에서 돈을 잃었다. 9월 21일 롱텀 캐피털의 거래자산 가치는 10억 달러 밑으로 떨어졌다. 부채 대비 자기자본 비율은 100 대 1 이상으로 치솟았다. 시장이 조금만 움찔해도 상황은 더 나빠지게 돼 있었다.

이때 연준이 나섰다. 롱텀 캐피털이 파산하면 전 세계적으로 연쇄적인 디폴트 사태가 발생해 금융시스템 전체가 마비될 것으로 우려한 연준이 은근한 압력 행사에 나섰고, 그 결과 롱텀 캐피털의 채권자들이 뉴욕연준 사무실에 모였다. 이에 앞서 그린스펀은 롱텀 캐피털 사태가 자신이 경험한 것 중 최악의 재난이라고 말했다. 로버트 루빈 재무장관은 "전 세계가 50년 만에 최악의 위기를 겪고 있다"고 말했다. 그러나 미국 정부는 롱텀 캐피털에 정부 자금을 지원하고 싶지 않았고, 대신 은행들을 얼러 자금지원에 나서도록 했다.

억만장자 워런 버핏 등에 의한 롱텀 캐피털 인수 작업이 추진돼 거의 이뤄질 뻔 하다가 무산되기도 했다. 그 직후인 1998년 9월 23일 파격적인 조건으로 돈을 빌려줬던 은행들을 포함한 14개 주요 은행들이 롱텀 캐피털의 지분 90%를 넘겨받는 대신 36억 달러를 지원하기로 합의했다. 금융당국에서 압력을 가해오고 있던 상황인데다 확산되는 국제 금융위기 앞에서 은행장들은 달리 선택할 여지가 없었다. 그러나 아무튼 이런 사태가 벌어지게 된 건 믿어지지 않는 일이었다. 아무도 이런 사태를 내다보지 못했다.

많은 전문가들은 미국 금융당국이 또다시 구제금융에 나섰다며 비난했다. 그러나 이런 비난보다 금융당국에 더 곤혹스러웠던 것은, 나중에 그린스펀이 털어놓았듯이 당시 연준이 할 수 있는 일이란 금융회사 대표들이 모일 장소를 제공하고 간식으로 쿠키를 준비하는 것 외에는 없었다는 점이었다. 이는 1998년 9월 29일에 열린 연방공개시장위원회(FOMC) 회의록에 잘 나타나 있다.

"롱텀 캐피털이 관리하는 자산에 발생한 심각한 문제를 민간 부문에서 해결하도록 하는 데서 뉴욕연준이 중재 역할을 맡았다. 연준이 할 수 있는 역할에는 한계가 있었다. 롱텀 캐피털이 갖고 있던 포지션의 규모나 그 성격에 비춰 이 펀드 회사의 갑작스런 파산은 그렇지 않아도 불안정한 금융시장을 더욱 혼란에 몰아넣고 미국을 비롯한 각국 경제에 타격을 줄 것으로 보였다. 이런 사정을 감안해 뉴욕연준은 롱텀 캐피털의 위기를 민간 부문에서 더 매끄럽게 해결할 수 있다고 보고 민간 금융회사 당사자들을 한 자리에 모이게 했다."

기특하게도 금융감독 당국은 이전에 실시했던 다른 구제금융이 초래했던 모럴 해저드를 인식하고 거기서 다소 교훈을 얻은 것으로 보였다. 그래서 롱텀 캐피털 사태에는 간접적으로만 개입했고, 정부 자금이 월스트리트 은행들이나 메리웨더의 회사에 지원되지 않았다.

메리웨더와 그의 부하 직원들은 자리를 유지했지만, 그들이 보유하고 있던 롱텀 캐피털 지분은 모두 잃었다. 롱텀 캐피털은 1998년에 보유자산 가치의 90%를 연기처럼 날려버렸다. 그 가운데 신흥시장 붕괴 때문에 입은 손실의 비중은 10%도 되지 않았다. 손실 중 13억 달러는 옵션 매도에서, 16억 달러는 몇 년 전 살로먼 브라더스가 전체 이익의 87%를 올렸던 수렴거래에서 발생했다.

위험 관리의 실패

멕시코에서 베어링스, 동아시아, 그리고 롱텀 캐피털에 이르기까지 1990년대 중후반의 국제 금융위기는 점점 더 복잡해지고 파장이 미치는 범위도 더욱 넓어졌다. 세계 금융시장은 생각보다 더 긴밀히 통합돼 있다는 게 확인됐다. 러시아에서 말썽이 생긴 것 때문에 미국의 헤지펀드가 파산할 정도였다. 슈퍼볼 파티에서 투자자들이 얘기할 게 많아졌다. 누가 그 파티를 열었든 사람들이 이구동성으로 묻는 질문은 "도대체 어디에 돈을 베팅할 수 있느냐"였다.

금융회사와 기업들이 신종 금융상품들 덕분에 리스크를 효율적으로 관리할 수 있게 됐다는 점은 누구도 부인하지 않는다. 하지만 그런 상품들은 금융위기의 빈도와 강도를 더욱 높여 놓았다. 그렇게 된 이유 중 하나는 파생상품이 시장 깊숙이 숨어 있었기 때문이다. 전문가들은 그동안 금융시장에 일어난 변화가 좋은 것인지 나쁜 것인지를 놓고 논란을 벌이고 있으나, 이에 대한 정답은 아직 정해지지 않았다. 앞으로도 시장은 계속 변화할 것이고, 투자자들과 금융당국은 새로운 리스크와 변수들에 부닥치게 돼 있다.

규제완화를 강력히 주장하는 사람들도 시장 참여자들이 자신의 리스크를 제대로 관리하지 못하고 있다는 사실은 인정했다. 미국의 대통령 직속 금융시장 조사단은 새로운 규제법규를 제안하는 데까지 나아가지는 못했지만, 월스트리트가 리스크 관리에 실패했다는 비판은 내놓았다. 이 조사팀은 롱텀 캐피털 사태에 관해 미국의 주요 은행들이 좋은 시절에 자기만족에 빠져 있었다고 비난하고, 롱텀 캐피털의 교훈을 잊지 말라고 경고했다. 조사팀은 '추가로 채택 가능한 조치'로 연방 당국에 의해 규제되는 법인과 연계돼 있지 않은 파생상품 딜러들에 대한 직접적인 감독을 제시했다. 마치 머리 위에 항상 매달아 놓아 긴장을 늦출 수 없게 하는 '다모클레스의 칼'과 같은 감시자가 필요하다는 얘기였다. 그러는 동안에도 대형 투자은행들의 파생상품 거래는 미국 법률의 통제권 밖에 계속 머물러 있었다.

이처럼 당국의 감독을 받지 않는 금융회사들은 또 다른 롱텀 캐피털 사태를 부를 가능성이 높았다. 대형 투자은행은 여러 가지 측면에서 롱텀 캐피털과 닮았다. 투자은행들의 부채 대비 자기자본 비율의 평균치는 롱텀 캐피털과 비슷한 27 대 1이었다. 게다가 이 비율은 부외거래로 분류되는 파생상품 관련 부채나 장부상 분기말 이전에 해소되는 대출금은 빠진 것이었다. 스왑 역시 자산이나 부채로 기록되지 않았다. 투자은행들은 모두 똑같은 거래를 하고, 똑같은 리스크 평가모델을 사용했다. 롱텀 캐피털이 내보낸 트레이더들을 투자은행들이 채용했던 데서 이런 점을 잘 알 수 있었다.

지금까지 발생한 국제 금융위기들은 시장 참여자들이 자신이 떠안고 있는 리스크가 얼마나 되고, 어떻게 관리해야 하는지를 잘 모른다는 사실을 분명히 보여줬다. 투자 펀드들은 멕시코나 태국이 안고 있던 리스크를 제대로 파악하지 못했다. 베어링스의 임원들은 닉 리슨이 거래한 내용에 대해 낌새조차 알아채지 못했다. 가장 심각했던 문제는 롱텀 캐피털의 트레이더들이 제 역할을 하지 못하는 어리숙한 컴퓨터 프로그램에 의존했다는 점이다. 대통령 직속 조사팀이 금융회사들을 상대로 어떻게 리스크를 관리하는지에 관해 조사한 적이 있는데, 그 결론은 경악할 만한 것이었다. 이 결론은 롱텀 캐피털에 관한 조사팀 보고서의 부록에 이렇게 첨부됐다.

"금융회사들의 위험관리 모델은 회사가 보유하고 있는 모든 자산을 망라하고 있지 않다. 이 모델은 가장 위험성이 높다고 생각되는 상품들 위

주로 돼 있다. 그 외 신용에 민감한 거래들은 앞으로 추가로 모델에 포함시키겠다는 계획만 있다. 바 모델로 보유상품 전체의 위험한도가 얼마인지를 계산하고 그것을 감시할 능력이 없는 회사들도 있다. 몇몇 회사는 파생상품과 외환 거래에 대해서만 리스크 관리를 할 뿐 환매조건부 거래나 모기지에 바탕을 둔 증권과 선물 거래는 리스크 관리에서 제외하고 있다. 이처럼 위험노출 정도를 제대로 평가하지 못하면 시장의 변동성이 크게 높아질 경우 신용위험을 턱없이 낮게 평가할 위험이 있다."

달리 말하면 오랜 기간의 데이터를 기반으로 95% 신뢰수준에서 위험도를 평가한다는 바 모델에 의한 위험평가 시스템을 갖추고 있는 회사도 자사의 리스크를 제대로 파악하지 못하는 게 현실이라는 얘기였다. 사실 바 모델은 위험한 것이다. 이 모델은 실제 상황에서 발생하는 구체적인 리스크를 무시하고 과거의 가격 동향에 지나치게 의존하도록 함으로써 잘못된 안도감에 젖어들게 한다. 이 모델이 실제로 위험을 되레 가중시킨 경우도 있었는데, 그것은 모든 트레이더들이 똑같이 잘못된 방식으로 리스크를 평가하도록 이 모델이 유도했기 때문이었다. 똑같은 평가 대상에 대해 바 평가치가 14배까지 차이가 나는 경우도 있었다.

리스크 관리는 과학이라기보다 예술에 가깝다. 리스크는 단순히 바 모델이 계산해내는 숫자로 압축될 수 없는 복잡한 것이다. 롱텀 캐피털의 바 모델은 이 헤지펀드 회사의 하루 최대 손실 가능액이 수천만 달러대이며, 회사의 수명은 우주보다 더 길 것이라고 계산했다. 애스킨 캐피털 매니지먼트의 바 수치는 이 회사가 파산하기 직전까지도 겨우 1500만 달러에 그쳤다. 베어링스의 바 평가치는 제로(0)였다.

그러나 롱텀 캐피털이 파산한 뒤에도 미국 금융회사들의 80% 이상이 여전히 바 모델을 95%의 신뢰도로 활용하고 있다고 밝혔다. 금융회사들은 1998년에 좀더 정교한 컴퓨터 모델을 살 기회가 있었다. 이 컴퓨터 모델은

1994년만 해도 박사 인력들이 동원돼야 했던 작업을 프로그램화한 것이었다. 게다가 이 모델은 마이크로소프트의 엑셀과 같은 컴퓨터 스프레드시트 프로그램에 연결하기만 하면 되는 것으로, 가격도 불과 몇천 달러에 지나지 않았다.

그러나 금융회사와 기업들은 바 모델을 계속 사용했다. 그들은 뱅커스 트러스트의 바 모델 프로그램을 이용하면서 100만 달러씩이나 냈다. 이 모델은 찰리 샌포드가 몇 년 전 뱅커스 트러스트에 도입한 '위험조정 자본수익률(Risk Adjusted Return on Capital)' 이라는 개념에 바탕을 둔 것으로 'RAROC 2020' 라고 불렸다. 1997년 늘 동작이 굼뜬 신용평가회사들은 JP 모건이 개발한 크레디트매트릭스(CreditMatrics)라는 모델을 채택했다. 이 모델은 오랜 기간 동안 축적된 데이터와 위험노출가치 평가치를 바탕으로 위험도를 평가하는 것이었다. 바, RAROC 2020, 그리고 크레디트매트릭스는 이름은 멋지게 들리지만 모두 다 과거의 위험과 수익 측정치를 비교하는 것에 지나지 않았다. 대통령 직속 금융시장 조사단은 이들 모두에 대해 심각한 결함이 있는 모델이라고 지적했다.

왜 그토록 많은 금융회사들이 결함 덩어리인 이런 모델들을 사용했을까? 이 물음에 답을 하려면 다시 한번 법규 얘기를 해야 한다. 더 좋은 모델이 있다는 것을 모르고 그저 바 모델이 마음에 들어 채택한 금융회사들도 있다. 그러나 대형 금융회사들이 바 모델을 사용한 주된 이유는 규제당국이 그것을 사용하도록 의무화했기 때문이다. 그래서 금융회사들이 이 모델을 사용한다는 사실을 회계보고서에 적극적으로 알리기도 했던 것이다. 당국이 임원진에 대한 스톡옵션 보상 정책을 내놓음으로써 결과적으로 최고경영자들 사이에 배금주의 문화를 조성했듯이, 이번에는 고의가 아니었더라도 바 모델의 사용을 유도함으로써 기업들이 자신의 리스크를 제대로 관리하지 못하도록 조장한 셈이었다.

1997년 1월 28일 증권거래위원회는 기업들이 파생상품에 대한 정보를 좀더 자세히 공개하도록 하는 규정을 채택하면서 그 방법으로 세 가지 중 하나를 선택하게 했다. 제시된 세 가지 가운데 가장 쉬운 방법이 바로 바 모델을 활용해 정보를 공개하는 것이었다. 국제결제은행을 비롯한 국제 금융 감독 당국들도 이 모델의 사용을 권장했다. 연준도 마찬가지였다. 이런 상황이었기 때문에 기업들이 앞 다퉈 이 모델을 채택했던 것이다.

앨런 그린스펀은 더 많은 규제 조항을 마련하는 데 대해 반대했다. 그는 공식적으로는 금융사기를 막는 법을 도입하는 데 찬성했지만, 사석에서는 금융사기 방지를 위한 추가적인 법규 도입이 불필요하다는 본심을 드러냈다. 그는 연준 건물 안에 있는 의장 전용 식당에서 고위 당국자들과 점심을 먹으면서 "나는 금융부정을 막기 위해 추가적인 입법이 필요하다고 생각하지 않는다"며 "따라서 금융부정 문제에 대해 합의가 이뤄지지 못할 것"이라고 말했다. 그린스펀은 과거에 1차산품을 거래하는 일을 하면서 금융부정 단속법은 필요하지 않다는 생각을 하게 됐다고 말했다. 그는 "시장이 스스로 알아서 부정행위를 적발해낼 수 있다"고 말했다. 어떤 규제도 없이 그저 시장의 경쟁에 맡겨두면 충분하다는 것이었다. 그렇게 하면 아무도 부정에 연루됐다는 평판을 듣는 사람과는 거래를 하지 않으려 할 것이라는 설명이었다.

막강한 권한을 지닌 그린스펀이 새로운 규제법규 도입에 강력한 반대 의견을 피력한 것으로 미루어 새로운 금융규제는 시장의 논리에 바탕을 둘 것처럼 보였다. 감독 당국은 금융회사들이 자사의 리스크에 대해 충분한 자본적 대비를 하고 있는지를 각자 자사 실정에 맞는 모델을 사용해 알아서 평가하도록 허용했다.

은행들은 그때까지 대출금에 대해 1달러당 8센트를 준비금으로 쌓아야 했다. 이 규정 아래서는 모든 금융회사들이 대출만 할 경우에는 감독하기 쉽다. 그러나 은행들은 점점 더 복잡한 거래를 하고 있고, 이제는 자기자본 규정을 지켜야 하는 금융회사에 은행들만 있는 게 아니다. 증권사는 '인버스 IO' 채권에 대해 얼마나 많은 자기자본을 적립해야 할까? 저당권 담보부 증권의 한 부분을 갖고 있는 보험사는 어떻게 해야 하나? 은행이 롱텀 캐피털과 같은 헤지펀드와 거래한 복잡한 스왑은 어떻게 처리해야 할까? 모두 어려운 문제다.

감독 당국은 새로운 상품이 나올 때마다 특정한 새로운 법규를 만드는 것은 모래밭에 줄을 긋는 것과 같이 효과가 없다고 생각했다. 노련한 금융 고수들이 법규의 적용을 피할 수 있는 구멍은 얼마든지 찾아내기 때문이다. 그래서 감독 당국은 아예 시장에 위임해서 금융회사들이 스스로 자신에 맞는 위험평가 모델을 마련하도록 했다. 그 모델에 흠이 있든 없든 최소 자본 규정을 지키고 있는지를 금융회사 스스로 평가하도록 한 것이다. 실제로 당국이 할 수 있는 일도 그리 많지 않았다. 한 당국자는 "1년에 11만 2000달러를 주면서 어린 아이도 10번은 만들 수 있는 모델을 관리하는 인력을 채용할 수는 없다"고 말했다.

이런 문제들을 일반 투자자들이 이해하기란 쉽지 않았다. 설사 투자자들이 기업의 재무제표를 면밀히 살펴서 그 기업의 부채비율이나 파생상품 거래 내역을 파악하고 바 측정치를 본다 하더라도 그 기업의 전체상을 정확히 알진 못할 것이다. 월스트리트 은행들도 자신이 투자한 내역에 대해 감을 잡지 못하고 리스크가 얼마인지도 몰랐다. 롱텀 캐피털과 같은 노련한 헤지펀드도 불량 컴퓨터 모델을 쓰다가 파산했다. 이런 지경에서 일반 개인투자자들에게 무얼 바랄 수 있겠는가? 1994년에 길디 긴 기업의 연례 보고서를 읽는 것이 무의미한 일이었다면, 이제는 기업의 이름과 웹사이트 주소 이상 더 알려고 하는 것은 쓸데 없는 일 같아 보인다.

이런 낙담스런 상황에서, 게다가 각종 국제 금융위기 속에서 기업들이 인터넷 또는 신기술과 관련된 투기적 벤처 사업에 몰두하는 게 오히려 합리적인 것처럼 보인다. 기업에 대해 투자를 한다고 해봐야 '회계조작을 하는 기업'이나 '리스크를 제대로 관리하지 못하는 기업' 외에는 투자할 기업이 없다면, 전혀 새로운 사업이나 신생기업에 대한 투자에 매력을 느낄 수밖에 다른 도리가 없지 않은가. 갓 상장한 신생 기술기업의 주식이 거래 첫날 몇 배씩 뛰고 그 후에도 계속 오르니, 이런 주식을 누가 사지 않겠는가.

프랭크 쿼트론

흔히 '프랭키'로 불리던 프랭크 쿼트론(Frank Quattrone)은 비슷비슷한 2
층짜리 작은 집들이 다닥다닥 붙어있는 거리에서 자라났다. 필라델피아 남
부의 노동계급이 사는 곳이었다. 그곳은 영화 '로키'를 촬영한 곳이기도
하다.

영화에서 주인공 로키 발보아는 헤비급 챔피언을 따기 위해 쿼트론의
집 근처 거리에서 달리기 훈련을 하고, 필라델피아 미술관의 72개 계단을
뛰어오른다. 그에 맞먹는 노력으로 쿼트론은 골치 아픈 고등학교 시험과
대입 학력고사를 통과하고 와튼 장학금을 따냈다. 와튼은 마이클 밀켄 찰
리 샌포드, 앨런 휘트, 앤디 크리거가 다녔던 학교다. 와튼을 졸업한 쿼트론
은 2년간 뉴욕의 모건 스탠리에서 투자은행가로 일했다. 그 후 그는 캘리포
니아주 팔로알토로 가서 스탠퍼드 대학의 경영대학원 마친 후, 다시 모건
스탠리로 돌아왔다. 이번에는 모건 스탠리의 캘리포니아 지사에 배치됐다.
그의 사무실은 스탠퍼드 대학에서 멀지 않은 곳에 있었다. 이때는 1983년

이었다.

당시 실리콘 밸리에서는 젊은 촌뜨기 기술자들이 앞 다투어 회사를 창업하고 있었다. 그들 중에는 스탠퍼드 대학 출신이 많았다. 그들이 시스코니 넷스케이프니 하는 이상하고 낯선 회사 이름을 내걸었다.

쿼트론은 그들과 잘 어울렸다. 그는 수백 명의 젊은 창업자들과 친구처럼 지내며 조언을 해주기도 했다. 쿼트론은 월스트리트의 은행가이면서도 값비싼 정장 대신 그저 그런 스웨터를 입었고, 고객들을 즐겁게 해주려고 가라오케에서 비틀스의 노래를 부르기도 했다. 실리콘 밸리의 젊은이들은 그렇게 행동하는 그를 좋아했다.

쿼트론은 똑똑하면서도 색다른 구석이 있었다. 그의 검은 머리카락은 숱이 많았고, 얼굴에는 구레나룻이 무성했다. 이런 그의 모습은 월스트리트 은행가의 전형적인 용모와는 다소 거리가 멀었다. 리스폰드닷컴(Respond.com)의 최고경영자인 윌 클레멘스는 "그의 인상은 마치 내 차를 견인해 가려는 사람 같았다"고 말했다.

실리콘 밸리의 많은 신생 기업들이 쿼트론에게 일을 맡겼고, 모건 스탠리는 1990년에 그를 상무로 승진시켰다. 이 해에 모건 스탠리는 시스코의 기업공개(IPO)를 주선했다. 1995년에는 쿼트론이 넷스케이프의 기업공개를 맡아 처리했다. 소프트웨어 업체인 넷스케이프는 인터넷 접속 프로그램인 넷스케이프 네비게이터를 개발한 회사였다. 이 회사의 기업공개는 인터넷 붐의 개막을 알리는 상징적인 사건이었다. 그때까지 모건 스탠리는 첨단기술 관련 시장에서 큰 비중을 차지하고 있었고, 쿼트론은 1년에 1000만 달러를 벌었다.

쿼트론은 존 맥 모건 스탠리 회장과 업무통제권을 놓고 몇 차례 논쟁을 벌였다. 모건 스탠리의 기술기업 담당 애널리스트가 쿼트론의 고객 기업들 가운데 한 곳에 대해 매수 의견이 아닌 유보 의견을 제시한 일로 인해 그와도 몇 차례 다퉜다. 쿼트론은 결국 1996년에 모건 스탠리를 떠나 도이체 방크의 투자은행 부문인 도이체 모건 그렌펠로 직장을 옮겼다. 도이체 방크는 그가 요구한 모든 것을 다 제공했다. 그는 모건 스탠리에서보다 더 많은 부하 직원, 더 많은 이익 배분, 그리고 애널리스트들에 대한 통제권까지 요구해 관철시켰다.

쿼트론은 도이체 방크에서도 성공을 거뒀고, 그의 엉뚱한 업무 스타일도 계속됐다. 인터넷 서점 아마존닷컴의 기업공개를 위해 그가 만든 제안서는 그야말로 두툼한 한 권의 양장본 책과 같았다. 도이체 방크는 아마존닷컴의 기업공개 일을 따냈고, 그 외에도 다른 많은 기업들로부터 일감을 얻어냈다.

쿼트론은 로키 발보아처럼 만족을 모르는 슈퍼스타였다. 연간 급여가 2000만 달러로 늘어났음에도 그는 다른 회사로 옮길 것을 생각했다. 1998년에 자신이 도이체 방크를 떠날 것이라는 소문이 돌자 쿼트론은 고객들에게 "우리는 남을 것이다. 우리를 믿어 달라"는 내용의 편지를 보내기도 했다. 그러나 그 직후 그는 도이체 방크를 그만두고 앨런 휘트의 회사인 CS 퍼스트 보스턴으로 자리를 옮겼다. 그는 도이체 방크에서 자기와 같이 일하던 최고의 인력들을 데리고 갔고, 훨씬 더 강력한 권한과 더 많은 보수를 받았다.

CS 퍼스트 보스턴에서 쿼트론은 첨단기술 기업들의 기업공개 시장을 장악했다. CS 퍼스트 보스턴은 기술기업들의 기업공개에서만 7억 1800만 달러의 수수료로 벌었다. 이는 다른 어느 투자은행보다도 많은 것이었다. 그러나 나중에 드러난 사실이지만, 놀랍게도 이 액수는 공시된 수수료 수입만을 집계한 것이었다. CS 퍼스트 보스턴의 기업공개 수수료 수입 전체는 이보다 훨씬 더 컸다. 쿼트론 덕분에 CS 퍼스트 보스턴은 2년 만에 기술 분야 투자은행 순위가 19위에서 1위로 올라섰다.

쿼트론은 그 자신만의 독특한 영업 비법을 구사했다. 인트라웨어
(Intraware)라는 기업으로부터 일을 따낸 과정이 그 좋은 예다. 이 회사의
최고경영자인 피터 잭슨은 "기업공개를 해야 하는데 투자자들을 유인하는
일 때문에 마치 내가 노새가 된 느낌"이라고 불평했다. 이를 전해 들은 쿼
트론은 곧바로 다음날 아침에 살아있는 노새를 인트라웨어의 사옥 로비로
배달시켰다. 노새에는 CS 퍼스트 보스턴에 일을 맡기면 된다고 권유하는
메모가 붙어 있었다. 인트라웨어는 결국 기업공개 일을 쿼트론에게 맡겼
다. 나중에 잭슨은 쿼트론이 보낸 노새가 "그 일에 영향을 미쳤던 것 같다"
고 털어 놓았다.

쿼트론은 자신이 아닌 다른 사람이 각광을 받으면 신경이 곤두서는 성
격이었다. 쿼트론이 이사회 멤버로 있던 크로스월즈 소프트웨어라는 회사
의 창업자 겸 최고경영자인 카트리나 가네트라는 38살의 호주 출신 여성이
나름대로 마케팅으로 잔재주를 부린 적이 있다. 그녀는 잡지 〈배너티 페어〉
와 〈뉴요커〉에 검은색 간이 야회복을 입은 유혹적인 포즈로 등장했다. 이
는 총 100만 달러짜리 광고 캠페인의 일환이었다. 쿼트론은 이에 발끈했다.
그는 이 캠페인에 대해 미리 보고받지 못했다고 항의하면서 이사회에서 사
임해 버렸다.

1990년대 후반에 쿼트론은 월스트리트에서 가장 많은 보수를 받는 사
람이었다. 당시 그의 연봉은 1억 달러였던 것으로 알려졌다. 물론 다른 투
자은행 임직원들의 보수도 그에 비해 많이 처지는 편은 아니었다. 월스트
리트의 금융회사들은 1990년대 후반에 모두 수백억 달러를 벌어들였고, 그
가운데 대략 절반가량을 임직원들에게 급여로 지급했다. 기업공개를 한 기
술기업들의 주식을 산 헤지펀드 매니저들이 주가 급등 덕분에 투자은행 임
직원들보다 더 많은 돈을 벌기도 했다. 이들이 벌어들인 돈은 과거 앤디 크
리거가 1988년에 받은 보너스 300만 달러는 하찮은 금액으로 보일 정도였

다. 1990년대 후반에 누군가가 만약 600만 달러의 보너스를 받았다면 사람들이 어떻게 생각했을까? 금융업계의 한 베테랑은 이렇게 말했다. "그 정도는 흔히 많은 돈이라고 생각할 정도는 아니었다. 5000만 달러 정도는 벌어야 부자로 꼽혔다. 이 바닥에서는 많은 사람들이 그 정도 돈은 갖고 있었다. '우리 회사에 600만 달러를 버는 사람이 있다'고 해도 놀라는 사람은 없었을 것이다."

그러나 투자자들은 월스트리트의 투자은행 사람들만큼 좋은 실적을 내지 못했다. 안타깝게도 기술주 열풍은 그 끝이 좋지 않았다. 2002년까지 기업공개된 인터넷 회사의 99%가 상장 첫날의 종가보다 나중에 주가가 더 떨어졌다. 절반 이상은 주가가 1달러 미만으로 폭락했다. 그렇게 인터넷 기업에 투자했지만 사라져버린 수천억 달러에다 통신기업에 투자됐던 대략 1조 달러 가량의 돈이 1990년대 후반에 허공으로 날라 가버렸다. 통신산업에서 일하던 사람들 가운데 약 50만 명가량은 일자리를 잃었다.

지금 대부분의 투자자들은 1990년대 후반의 상황을 잘 안다. 하지만 기술주 붐과 그 파산이 그 전의 금융시장 변화와 얼마나 긴밀하게 연결된 것이었는지에 대해서는 아는 사람이 별로 없다. 당시 거품의 책임은 투자자들의 탐욕과 은행가들의 타락에 있었다는 생각을 누구나 하기 쉽다. 그러나 얘기가 그렇게 간단하지 않다. 인간의 '본성'은 변한 게 없다. 변한 것은 인간의 '행위'였다. 그리고 당시 인간 행위의 변화는 그 전 10년간 진행된 금융시장의 구조와 관련 법규의 변화에 대한 자연스런 대응이었다.

세 가지 그룹의 사람들이 상승작용을 했다. 투자자들, 투자은행가들, 그리고 기업 경영자들이 핵심적인 연결고리가 됐다. 투자자들은 점점 더 큰 위험으로 자신들을 내모는 유혹에 굴복했고, 회계보고서가 갈수록 복잡해지는 가운데 회사가 실제로 돈을 벌고 있느냐는 점은 중요하지 않다고 판단했다.

이런 생각에서 투자자들은 너도나도 수익이 나지 않는 회사의 주식도 사려고 달려들었다. 투자은행 사람들은 기업과 투자자들을 부추겼다. 그들은 투자자들의 요구와 시장규제 완화 추세에 부응했고, 부정행위가 처벌될 가능성이 낮다고 생각했다. 이 때문에 그들은 기업들로 하여금 주식을 마구 찍어내도록 하고, 그 대가로 두둑한 수수료 수입을 챙겼다.

프랭크 쿼트론과 그의 동료들이 나쁜 짓을 했던 것은 아니다. 그들은 그저 사냥이 끝난 사자 떼 중 가장 힘센 놈들과 마찬가지로 새로운 환경에 적응하는 데 가장 능숙했을 뿐이다. 젊은 기업 경영자들은 기만적인 관행에 젖어들었다. 그들은 불과 몇 년 전에 센던트를 비롯한 여러 기업들에서 그들의 선배들이 했던 것과 같은 관행을 반복했다. 다만 테크놀로지라는 새로운 환경 속에서는 사기 행위와 단순한 과대선전을 구별해 내기가 이전보다 어려웠다. 그들이 스톡옵션을 공짜로 넉넉하게 받을 수 있었던 반면 기만적인 사기 행위를 할 경우 처벌받게 될 확률은 낮았다는 점을 고려하면 그들의 행태가 오히려 당연했다고 말할 수도 있다.

요약하자면 '닷컴 시대'는 투자자들이 잠깐 제 정신을 잃은 변칙적인 시기였던 게 아니다. 탐욕에 가득 찬 몇몇 투자은행 사람들과 기업 임원들이 '띄운 뒤 내다 파는 음모'를 했기 때문에 거품이 생겼던 것도 아니다. 그 시대는 이전 시기에 이뤄진 시장과 법규의 변화들이 자연스럽게 만들어낸 불가피한 결과였을 뿐이다. 그 시대의 거품에는 투자자들, 월스트리트 은행가들, 기업 경영자들 모두가 참여했다. 물론 그들이 챙긴 인센티브를 감안할 경우에는 그들의 행태를 양해하기 힘들지만, 그렇다 하더라도 그런 행태들은 결코 놀랄 만한 일은 아니었다.

그 이유는 이렇다.

기술주 공모 열풍

시장이 더 복잡해지면서 개인들은 경제학자 존 메이너드 케인스가 말한 시장의 '동물적 본능(animal spirits)'에 중독됐다. 여러 국제적 긴급구조 조처들은 투자자들로 하여금 더 많은 위험을 지게 한 자극요인들 가운데 최근의 사례였을 뿐이다. 1990년대 이전 20여 년 동안 개인투자자들은 줄곧 시장에서 자금을 빼냈다. 그러나 1991년에 주가가 30%나 급등하자 개인투자자들이 주식을 다시 사기 시작했다.

그로부터 몇 년 뒤에는 미디어, 특히 금융시장에 대한 취재와 보도의 영역을 넓힌 텔레비전 네트워크인 CNBC가 개인투자자들에게 주식 구입 붐을 부추겼다. 개인들은 변덕에서부터 유행, 친척이나 동료의 조언, 인터넷 채팅방에 이르기까지 온갖 정보에 의존해 투자를 하기 시작했다. 하루 종일 빈번하게 주식 거래를 한 데이트레이더들은 대부분 돈을 잃었다. 하지만 많은 사람들이 데이트레이딩으로 시간을 보냈다. 투자자들은 기업들의 재무제표를 꼼꼼히 읽기보다는 점점 더 투기적인 투자에 나서기 시작해 인터넷 서점이나 무선전화기 회사 등의 주식을 사들였다.

시간이 지나면서 점점 더 많은 사람들이 투자 전문가가 됐고, 주가와 금융지표들을 비교하는 데 많은 시간을 쏟았다. 몇 년 전만 해도 넷스케이프라는 회사 이름이나 기업공개라는 말을 들어본 적이 있는 투자자가 거의 없었지만, 이제는 누구나 넷스케이프의 기업공개에 대해 알게 됐다. 심지어는 10대 테니스 스타인 안나 쿠르니코바와 프로 미식축구 선수인 섀넌 샤프도 찰스 슈왑의 텔레비전 광고에 나와 주가수익비율(P/E Ratio)을 논하기에 이르렀다. 온라인 중개업체 E * 트레이드는 항문에서 돈이 나오는 응급환자를 등장시킨 광고를 했다. 이 광고를 누가 잊을 수 있겠는가?

1990년대에 주식에 투자한 사람들은 거의 대부분 돈을 벌었다. 당시는 2차대전 이후 가장 긴 상승장이 펼쳐지고 있었다. 그 10년간 일어난 여러 가지 금융사고들은 투자자들의 삶과는 동떨어진 것처럼 여겨졌다. 오렌지 카운티가 파산을 하고, 프록터 앤 갬블이 몇억 달러의 손실을 입고, 베어링이 파산했다고 한들 그게 나와 무슨 상관이란 말인가? 센던트와 웨이스트 매니지먼트에 몇몇 나쁜 자들이 있다고 해서 속 썩일 일이 무엇인가? 무엇 때문에 국제 금융위기들에 대해 걱정해야 하나?

1990년대의 여러 금융위기들에 대해 긴급구제 조처가 취해졌고, 이는 투자자들로 하여금 과도한 위험을 감수하도록 부추겼다. 모건 스탠리의 이코노미스트들은 〈사태는 멕시코에서 시작됐다〉는 글에서 "시장과 투자 스타일의 상호관계에 대한 우리의 분석 결과 멕시코에 대한 긴급지원이 전 세계 투자자들의 확신을 키우는 한 요인이었고, 미국 경제의 강력한 팽창과 결부돼 1990년대 후반 성장시장의 불을 댕겼다"고 지적했다. 여기저기서 여러 가지 재앙이 일어날 수는 있었지만, 길게 보면 사람들이 주식시장에서 떠날 수 없는 상황이었다. 주식시장과 관련된 각종 수치들은, 제러미 시겔이 1994년에 《오래 갖고 있을 주식》이라는 책에서 얘기한 것처럼 역사를 통틀어 주식이 만성적으로 저평가돼 왔다고 말하는 듯했다.

1999년에도 같은 추세가 이어졌다. 미국 대기업 주가지수인 S&P 500에 속하는 주식들에 대한 투자는 연평균 16% 이상의 이익을 내주었다. 만약 1984년에 7만 5000달러를 투자한 사람이 계속 주식을 갖고 있었다면 1999년 말에는 이 돈이 100만 달러로 불어났을 것이다.

이런 점들을 고려할 때 당시에 투자자들이 이성적으로 행동했던 것일까? 이런 질문에 대한 하나의 답변은 '산업혁명에 맞먹는 기술혁명이 일어났기 때문에 주가가 높아지는 게 당연하다'는 것이다. 100여 년 전에 철도가 사업 환경을 혁명적으로 변화시켰던 것처럼 새로이 등장한 인터넷과 통신수단들이 기록적인 기업 이익으로 연결되는 것은 자연스럽다는 것이다.

그러나 이와 다른 견해도 있다. 당시 투자자들은 단지 병적인, 다시 말해 '비이성적인 열광' 의 상태에 있었다는 것이다.

양쪽 견해 모두 그것을 뒷받침할 만한 증거가 있다. 부정할 수 없는 현실은 소비자들이 새 기술, 특히 무선전화와 인터넷을 점점 더 많이 사용하고 있었다는 점이다. 그러나 수백 개의 통신회사들이 시장에서 경쟁하는 가운데 그 시장이라는 것이 뒷받침할 수 있는 회사는 예전의 철도산업의 경우와 마찬가지로 소수의 선두 업체들에 국한되는 것이었다. 온라인으로 소비자들을 상대하는 사이트의 등장이 획기적인 변화이든 아니든, 수백 개의 그런 사이트들이 모두 다 돈을 벌 것이라고 생각하기는 어려웠다.

투자자들이 상승장에서 주식을 사려고 달려들 때 몇몇 전문가들은 '투자 열풍' 으로 보는 두 번째 견해가 왜 옳은지를 설명하려고 노력했다. 대니얼 카네만, 리처드 탈러, 아모스 트베르스키는 실험을 통해 사람들이 자신의 능력을 과대평가하고, 소유 주식의 가치를 과대평가하고, 시야가 짧고, 탐욕스러울 뿐 아니라 때때로 남 좋은 일만 한다는 사실을 보여줬다.

이 실험은 1960년대 이후 폴 새뮤얼슨이나 유진 파머와 같은 권위 있는 학자들이 내놓은 '효율적 시장 이론' 의 아성에 대한 공격이었다. 한 세대가 넘도록 기업과 정부 지도자들은 시장이 효율적이고 주식 가격도 합리적으로 매겨진다고 배웠고, 이런 배움에 근거해 1980년대 이래 규제를 없애는 방향으로 금융시장을 다뤄왔다. 그러나 시장이 급등하는 상황에서 제시된 새로운 연구 결과들은 시장에 대한 그 같은 선험적 가정이 잘못임을 보여주었다.

처음에 금융 이론가들은 새로운 연구 결과들을 무시했다. 그것들은 합리성에 바탕을 둔 효율성 이론과 같은 수학적 엄밀성이 없기 때문에 제 아무리 증거들을 나열했더라도 아직은 이론이 되지 못한 단순한 진술일 뿐이라는 것이었다. 그리고 일부 투자자들이 비합리적이라고 하더라도 현명한 투자자들이 값이 잘못 매겨진 주식을 사고파는 '차익거래' 를 하는 시장에서는 주식의 가격이 틀림없이 '합리적으로' 매겨진다는 게 그들의 주장이었다.

몇몇 새로운 실험 결과들이 보여준 것처럼 80%의 운전자가 스스로 평균 이상의 운전 기량을 갖고 있다고 생각한다거나, 대부분의 도박꾼들이 자신이 이미 따 놓은 돈으로 게임을 할 때는 더 큰 위험을 감수한다는 것이 사실일 수는 있다고 금융 이론가들은 인정했다. 그러나 그 같은 사례에서 나타나는 것과 같은 비합리적인 행태도 금융시장에서는 문제가 될 게 없다고 그들은 주장했다. 현명하고 합리적인 투자자들이 비합리적인 투자자들과의 거래에서 돈을 벌게 되면서 차익거래의 기회는 차차 없어지고, 결국은 주식 값이 제 자리를 찾아간다는 것이었다.

안드레이 쉴라이퍼(Andrei Shleifer)를 비롯한 몇몇 경제학자들이 비합리적인 인간 행태에 대한 실험 결과들을 수학적으로 표현해냄에 따라 비합리적인 투자에 대한 연구는 '행태금융론(Behavioral Finance)' 이라는 이름과 더불어 일정한 신뢰도를 얻게 됐다. 행태금융론은 차익거래의 존재를 중시하는 주장들에 대한 반론이었다. 롱텀 캐피털 매니지먼트의 트레이더들이 발견했던 것처럼, 주식이 제값대로 평가될 때까지 싸게 사서 비싸게 파는 차익거래에는 한계가 있었다. 주식을 공매도하는 데 따르는 어려움과, 투자자의 비합리성이 얼마나 오래 지속될지를 예측하기란 거의 불가능하다는 문제점 등이 차익거래에 대한 제약요인으로 작용했다.

행태금융론자들은 차익거래에 따르는 제약조건들을 수학으로 표현했다. 이론상으로는 차익거래가 장기적으로 가격을 움직이겠지만, 단기적으로는 비합리적인 투기자들이 주식 가격을 얼마든지 움직일 수 있기 때문에 필연적으로 위험이 존재하게 된다고 그들은 결론을 내렸다. 즉 비합리적인 투자자들이 이성을 회복할 것이라는 데 내기를 거는 현명한 투자자들은 대단히 오랫동안 기다려야 할지 모른다. 잘 알려진 케인즈의 말을 빌리자면 "장기적이라는 말은 지금의 일들에 대해서는 잘못된 지침이다. 장기적으로 우리는 모두 죽는다."

행태금융론은 금세 일군의 지지자들을 얻게 됐다. 규제되지 않는 금융시장은 위험을 효율적이고 공정하게 배분하지 못한다고 지난 10여 년간 줄기차게 주장해온 일부 금융 전문가와 증권 전문가들도 행태금융론을 지지했다. 이들은 위험이란 뜨거운 감자와 같아서, 그것을 오래 손에 들고 있기 어려운 사람에게 계속 떠넘겨진다고 주장했다.

마틴 메이어(Martin Mayer)에 따르면 규제되지 않는 금융시장에서 차입자가 빚을 갚지 않을 위험을 뜻하는 '신용위험'은 위험을 평가할 줄 아는 은행으로부터 그렇게 할 줄 모르는 투자자들로 이전된다. 미국 증권거래위원회의 시장감독 책임자였던 윌리엄 헤이먼은 "제조업에서는 가장 훌륭하면서도 가장 비용이 적게 드는 생산공정을 갖춘 가장 똑똑한 친구에 의해 시장가격이 정해진다. 그러나 증권시장에서는 잃을 돈을 가장 많이 갖고 있는 가장 어리석은 사람에 의해 시장가격이 정해진다"고 말했다. 근본적으로 바로 이런 생각들이 행태금융론이었다.

행태금융론을 뒷받침하는 강력한 증거들이 1995년 8월 9일부터 쌓이기 시작했다. 이 날은 바로 프랭크 쿼트론이 10억 달러대의 넷스케이프 기업공개를 한 날이었다. 인터넷 접속 소프트웨어 회사인 넷스케이프는 원래 주당 13달러에 주식을 팔려고 했다. 그러나 투자자들이 이 주식을 사려고 안달을 하자 쿼트론과 모건 스탠리는 최초 공모주 가격을 28달러로 올리고 발행 주식 수도 50% 늘렸다.

넷스케이프의 기업공개 당일 시장에 격랑이 일었다. 공모 가격은 28달러였지만, 사려는 수요가 너무 많아 주당 71달러에 거래가 시작됐다. 불과 몇 주 전 예상됐던 가격에 비해 5배나 되는 높은 가격이었다. 8월 9일 아침까지만 해도 쿼트론과 그의 동료 은행가들은 공모주 매각을 통해 넷스케이프에 10억 달러를 조달해 줄 계획이었다. 그러나 이날 거래가 절정에 달했을 때 공모주 총 가치는 30억 달러에 이르렀다. 오후 4시에 장이 마감됐을 때 그 가치는 다시 20억 달러로 내려갔지만, 애초 계획에 비해서는 107%나 증가한 수치였다. 이런 격렬한 변동은 현대 주식시장보다는 1920년대의 '무허가 중개소' 시절에 더 걸맞은 것이었다.

투자자들의 관심을 촉발시킨 넷스케이프의 기업공개는 수많은 의문들을 제기했다. 그 어떤 객관적인 기준에 비춰도 쿼트론이 넷스케이프의 최초 공모주 가격을 엄청나게 낮게 설정한 셈이었다. 역사적으로 볼 때 기업공개 첫날의 평균 주가 상승률은 6% 정도였고, 1990년대 초반에는 그 두 배 정도였다. 넷스케이프의 첫날 주가 상승률 107%는 새로운 기준을 제시한 셈이 됐다. 쿼트론이 이런 결과를 예측하지 못한 것은 실수였을까?

믿기지 않을지 모르지만 넷스케이프의 창업자인 짐 클라크는 최초 공모주 가치를 나중에 확인된 결과보다 10억 달러 이상 저평가한 데 대해 기분 나빠하지 않았다. 수천만 달러의 기업공개 수수료를 포기한 셈이 된 프랭크 쿼트론도 마찬가지였다. 이 기업공개 거래의 수수료는 표준적인 수준인 7%로 정해졌다. 애초부터 20억 달러 규모의 기업공개로 추진했다면 7%의 수수료는 금액으로 1억 4000만 달러가 됐을 테지만, 10억 달러 규모로 추진됐기에 수수료는 7000만 달러에 그쳤다.

쿼트론은 막대한 돈을 기꺼이 포기한 셈이었다. 그러나 그만 그랬던 것은 아니었다. 그 후에도 투자은행가들은 계속 기업공개 회사의 공모주 가치를 낮게 평가했고, 1999년에도 기업공개 첫날의 평균 주가 상승률은 70%였다. 기업 경영자들이 왜 투자은행가들이 최초 공모주 가격을 이렇게 낮게 설정하도록 놔두었는지에 대해서는 여러 가지 설명이 제시됐다. 경영자들이 젊고 경험이 부족해 불리한 협상을 했다는 설명도 나왔고, 돈이 많아서 그런 것에는 신경을 쓰지 않았다는 설명도 있었다.

그런가 하면 기업 내부자들은 기업공개를 한 날부터 180일 이내에는 자신이 보유한 주식을 시장에 내다 팔지 못하게 한 규제가 원인이었다는 설명도 나왔다. 매도제한 기간에 주가를 높은 수준으로 띄워 올리기 위해 최초 공모주 가격을 일부러 낮게 설정함으로써 시장의 열광을 불러일으키려 했던 것이라는 설명이었다. 이유가 무엇이었든 기업들은 기업공개를 할 때 주식을 가령 25달러에 한꺼번에 파는 대신 15달러에 몇 번이고 팔았다.

기업공개 이후 시장의 주가를 보면 거래 첫 해에는 계속 높은 수준에서 유지됐다. 과거에는 공개기업의 약 절반 정도만 주가가 거래 첫 해에 상승했다. 그러나 1995년에는 기업공개를 한 기업들의 주가가 더 많이 오르기 시작했다. 그 전형적인 예인 넷스케이프의 주가는 28달러에서 1995년 말에는 171달러까지 상승했다. 점점 더 많은 인터넷 기업들이 주식을 발행하고, 그것들의 가격이 배로 뛰고 다시 그 배로 뛰어올랐다. 앨런 그린스펀은 비합리적인 열광에 대해 경고했고, 몇몇 전문가들은 시장 거품을 피하라고 투자자들에게 조언했다.

효율적인 시장에서라면 이런 경고가 필요하지 않았을 것이다. 현명한 투자자들이 이런 주식들을 내다팔아 가격을 적정선까지 낮췄을 것이기 때문이다. 그러나 행태금융론이 예견했듯이 인터넷 주식 가격이 떨어진다는 데 내기를 걸었던 '현명한' 투자자들은 돈을 벌기는커녕 오히려 산 채로 잡아먹힌 셈이 됐다.

손에 들고 다니는 개인휴대단말기 팜파일럿을 만든 3Com의 자회사 팜을 예로 들어보자. 팜이 5%의 지분을 공개 매각할 당시 이 회사 주식의 95%는 3Com이 갖고 있었다. 그런데도 팜의 주식 가치가 3Com의 주식 가치보다 높았다. 부분이 전체보다 더 가격이 비싼 기이한 상황이 벌어졌던 것이다.

이런 비정상이 현실화한 데는 두 가지 요인이 작용했는데, 둘 다 행태금융론으로 설명될 수 있다. 첫째 요인은, 개인투자자들이 두각을 나타낸 팜의 주식을 사려고 몰려들어 터무니없는 가격에도 그것을 샀다는 점이다. 두 번째 요인은, 팜의 주가가 얼마 지나지 않아 다시 떨어질 것이라고 보고 그런 방향으로 투자해 주가를 적정 수준으로 떨어뜨릴 수 있는 현명한 투자자들이 실제로는 그렇게 할 수 없었다는 점이다. 이는 공매도를 제한하는 법규가 존재하고 있는데다 주식 유통물량이 많지 않았던 탓에 공매도를 하기가 어려웠기 때문이다.

그 결과 비정상인 상태가 오래 지속됐다. 행태금융론이 설명한 대로, 과도한 낙관론에 사로잡힌 투자자들이 팜의 주가가 오르기만 할 것이라고 기대한 편향성이 현명한 전문가들의 근거 있는 전망보다 주가에 더 결정적인 영향을 주었던 것이다.

넷스케이프의 기업공개 이후 CNBC 등 미디어 회사들이 기술기업 공모주에 대한 투자자들의 구입 욕구를 부추겼다. 아마존, 야후, 이베이는 물론 당시에는 그다지 잘 알려지지 않았던 개드죽스, 고투닷컴, VA 리눅스와 같은 기업들이 거의 매일 잇달아 시장에 나타났다. 〈뉴욕커〉의 존 캐시디는 "CNBC가 스스로 주식시장 붐을 만든 것은 아니지만 붐을 증폭시키고 지속시켰다. 생물학 용어를 빌리자면 CNBC는 투자의 전염병을 확산시키는 매개체 구실을 했다"고 말했다. 언론매체들은 기술기업 주식들의 대부분이 거래되는 나스닥을 뉴욕증시보다 더 많이 다루기 시작했다. 2002년에 이르면 상장주식 가지 총액 기준으로 나스닥의 규모가 뉴욕증시를 능가했다.

투자 광풍과 언론매체와 관련해 심란한 문제들 가운데 하나는 주식을 추천하는 증권 애널리스트들의 역할이었다. 많은 경제학자들은 애널리스트들이 주식시장을 효율적으로 만드는 데 핵심 역할을 한다고 주장했다.

투자자들은 예전에 회계사들을 신뢰했던 것처럼 이제는 증권 애널리스트들이 정확하고 풍부한 기업정보를 제공할 것이라고 보고 그들을 신뢰했다. 애널리스트들은 텔레비전에 정기적으로 출연하기 시작했으며, 많은 투자자들이 애널리스트들의 추천을 액면 그대로 따랐다. 그들이 어떻게 그러지 않을 수 있었겠는가?

1998년 12월 16일 연휴 쇼핑시즌에 CIBC 오펜하이머라는 이류 회사에서 일하는 33살의 무명 애널리스트 헨리 블로젯(Henry Blodget)이 아마존 닷컴 주가가 1년 안에 거의 두 배로 뛰어 400달러에 이를 것이라는 예측을 내놓았다. 아마존의 주가는 갑자기 243달러에서 289달러로 급등했다. 투자자들은 블로젯의 예측을 믿을 수밖에 없었다. 하지만 사실 그가 아마존에 대해 보고서를 만들기 시작한 것은 불과 두 달 전부터였다. 그가 아마존의 사업계획에 대해 특별한 직관력을 갖고 있었던 것도 아니고, 내부 정보를 알고 있는 것도 아니었다.

블로젯은 월스트리트의 전설적인 투자자 피터 린치보다는 미국 ABC 방송의 앵커였던 피터 제닝스에 더 가까웠다. 예일대 출신인 그는 깔끔한 용모에 말도 잘했다. 대부분의 투자자들에겐 이런 정도면 충분한 것으로 보였다. 그처럼 멋진 젊은이가 아마존 주식이 400달러의 가치가 있다고 말한다면, 250달러에 그 주식을 사는 것은 거저먹는 것이나 다름없다고 투자자들은 생각했다.

그날 블로젯은 50곳 이상의 언론매체로부터 전화를 받았고, 곧바로 CNBC의 고정 출연자가 됐다. 한달도 채 안돼 아마존 주가는 블로젯의 예측대로 400달러가 됐고, 이로써 그의 신뢰도는 입증됐다. 투자자들이 블로젯을 믿은 것이 정당했던 것으로 확인된 셈이었다. 그의 말을 듣고 아마존 주식을 산 많은 사람들이 돈을 벌었다. 블로젯은 아마존 주가 예측으로 얻은 명성을 활용해 1999년 메릴 린치로 직장을 옮기면서 봉급과 보너스를 합해 연봉 300만 달러를 보장받았다. 그는 훗날 아마존에 대한 자신의 예측을 회상하면서 "가솔린 통에 성냥을 그어대는 것과 같았다. 사실 나는 충격을 받았다"고 말했다.

블로젯의 예측이 현실화된 후 물꼬가 터졌다. 1999년부터 2000년 3월까지 인터넷 기업들의 공개가 봇물처럼 터져 나왔고, 나스닥의 상장주식 시가총액은 두 배로 커졌다. 블로젯은 텔레비전에 수백 번 출연해 주식을 추천했고, 그가 추천한 주식들의 주가는 대부분 상승했다. 나스닥 거래물량 중 데이트레이딩으로 거래된 비중은 15%로 확대됐고, 신생 인터넷 기업들의 주식은 데이트레이딩의 비중이 이보다 훨씬 더 높았다.

1999년 기업공개를 한 회사의 4분의 3이 첫 해에 주가 상승을 기록했다. 1999년에 기업공개를 한 모든 기업들의 공모주를 골고루 다 산 사람이 있었다면 그는 돈을 3배로 불렸을 것이다. 거래 첫날의 마지막 순간에 주식을 샀더라도 81%의 이익을 낼 수 있었다. 이들 기업은 모두 "사라"고 외쳐댄 애널리스트들의 지원을 받았다.

블로젯 외에도 몇몇 슈퍼스타급 애널리스트들, 예를 들어 모건 스탠리의 메리 미커(Mary Meeker)와 살로먼 브라더스의 잭 그루브먼(Jack Grubman) 등이 중요한 역할을 했다. 그루브먼에 대해서는 11장에서 좀더 자세히 다룰 예정이다. 이들은 거의 프랭크 쿼트론만큼 많은 급여를 받았다. 헨리 블로젯이 펫츠닷컴(Pets.Com) 주식을 사라고 할 때마다, CS 퍼스트 보스턴에서 프랭크 쿼트론과 함께 일하는 애널리스트들이 모기지닷컴(Mortgage.Com) 주식을 사라고 할 때마다, 그루브먼이 글로벌 크로싱이나 월드컴의 주식을 사라고 할 때마다 투자자들은 모두 귀를 쫑긋 세워 그들의 말을 듣고 그대로 따랐다. 애널리스트들의 예언은 종종 맞아떨어졌다. 아마도 2000년까지는 이들 애널리스트의 추천과 반대로 간 사람은 돈을 잃었을 것이다.

찰스 매케이는 1852년에 쓴 책《비정상적인 대중의 망상과 군중의 광기에 대한 회상록》의 서문에 이렇게 썼다. "예로부터 '사람들은 떼를 지어 생각한다'는 적절한 말이 있다. 사람들은 떼로 미쳐가지만, 정신을 차릴 때는 한 사람씩 천천히 제 정신을 찾는다." 1995년 8월부터 2000년 3월까지 거의 5년 동안 투자자들은 광기의 대열에 합류했다. 그들은 자신들이 벼랑으로 다가가고 있다는 사실을 알아차리지 못했다. 그러나 당시에 이미 앨런 그린스펀과 〈이코노미스트〉 등이 경고한 것처럼 벼랑은 코앞에 다가와 있었다. 그리고 2002년까지 대부분의 투자자들은 그 전의 광기 속에서 벌었던 돈을 모두 잃거나 그 이상을 잃었다. 기업들의 파산과 비리에 대한 뉴스를 되풀이 듣고서야 개인투자자들은 서서히 정신을 차렸다.

기업공개 책략

은행가들과 애널리스트들은 과거 회계사들을 타락시켰던 힘들, 다시 말해 기업 경영진의 압력, 져야 할 책임의 유한성, 소속 회사와 관련된 이익의 충돌 등으로 인해 타락했다. 투자자들은 알아차리지 못했지만, 이미 1990년대 중반에 월스트리트는 서투른 행태를 보이기 시작했다. 그 첫 번째 신호는 뱅커스 트러스트가 선도한 여러 가지 파생상품들의 실패였다. 그 뒤 기술주가 거래되는 나스닥 시장에서 일련의 스캔들이 발생했다. 1994년에 경제학자 윌리엄 크리스티와 폴 슐츠는 나스닥 시장 내 거래자들이 공모해 투자자들에게 높은 수수료를 물렸다고 밝혔다.

1995년 3월 모건 스탠리의 몇몇 시장 거래자들이 나스닥 옵션과 관련된 복잡한 수법을 통해 이익을 챙기려고 델컴퓨터, 노벨, 시베이스, 텔레커뮤니케이션스 등 몇몇 기술주의 시세를 조작한 것으로 알려졌다. 이 사건으로 인해 모건 스탠리는 나중에 100만 달러의 벌금을 부과 받았다. 공모에 연루된 시장 거래자들은 벌금형과 자격정지 조처를 받았지만 나중에 항소를 통해 벌금을 크게 줄일 수 있었다. 투자은행 직원들은 1992년 120억 달러에서 1997년 1500억 달러 규모로 늘어난 기술기업 관련 합병에 대해 상담을 해주었다. 그들은 기업합병과 관련해 피인수 기업의 주식에 대해 지불하는 가격 등이 적정함을 확인해주는 '공정성 의견' 을 써주는 데 인색하지 않았다. 당시 기술기업들의 합병은 재앙과도 같았던 1960년대 대기업들의 합병과 다를 게 없었는데도 그들은 공정하다는 의견서를 써주었던 것이다.

1990년대 후반에 투자은행들은 '기업공개 책략(IPO Scheme)' 과 '애널리스트 책략(Analysts Scheme)' 이라는 두 가지 책략을 써서 자사 고객과 투자자들에게 비용을 전가하면서 수십억 달러의 돈을 벌었다. 월스트리트는 이 두 가지 책략을 사용해, 투자자들에게 중요한 사실들을 숨겼다. 그것은 사실대로 알려질 경우 동물적 본능에 취해 있는 투자자들로 하여금 정신을 바짝 차리도록 할 만한 것이었다. 기업공개 책략의 핵심 인물은 프랭크 쿼트론이었고, 애널리스트 책략의 핵심 인물은 헨리 블로젯이었다.

기업공개는 월스트리트의 어느 회사에게든 기업 고객을 상대로 하는 업무들 가운데 가장 수지가 맞는 일이다. 그리고 기업에게 기업공개란 특별한 순간이다. 그 순간에 기업은 공개 금융시장에 진입한다. 돈과 시간, 땀을 투자한 기업 경영자나 벤처캐피털리스트들은 기업공개를 해야 수많은 개인투자자들로부터 돈을 거둬들일 수 있고, 나중에 그들의 보유 지분을 팔 수 있도록 대중적 시장을 조성할 수 있다. 기업공개 업무는 위험이 따를 뿐더러 다른 일상적인 일에 비해 많은 업무 부담을 수반하기 때문에 수수료가 높았다. 증권당국은 사기업과 공개기업을 분명히 구분하고 있고, 기업공개를 하는 기업에 대해서는 자사의 위험을 서술한 재무제표를 제출하도록 한다.

기업공개 수수료는 정확히 7%에 맞춰져 있었다. 이는 대부분의 파생상품 거래에 적용되는 수수료에 비해 10배 수준이며, 다른 어느 투자은행 업무의 수수료보다도 훨씬 높은 것이었다. 일부 경제 전문가들은 7%의 수수료율에 대해 의문을 제기하면서, 수수료율이 이렇게 높다는 것은 경쟁을 피하면서 높은 수익을 올리려고 투자은행들이 서로 담합했음을 보여주는 증거라고 주장했다. 경제학자들의 이런 의심은 올바른 것이었지만, 그들이 주장한 내용은 사실을 제대로 파악하지 못한 그릇된 것이었다. 실제로는 7%의 수수료란 최상위급 투자은행들이 기업공개로부터 벌어들이는 수입의 일부분일 뿐이었다. 이런 점이 바로 기업공개 스캔들로 이어졌다. 기업공개 스캔들이 어떻게 이뤄졌는지 몇 가지 사례를 들어 보자.

CS 퍼스트 보스턴은 1999년과 2000년에 어느 투자은행보다도 더 많은 기술기업 기업공개를 했다. 프랭크 쿼트론과, 비교적 소수로 구성된 그의 팀 덕분이었다. 한 예로 1999년 7월 CS 퍼스트 보스턴은 인터넷 업체인 개드죽스 네트웍스(Gadzoox Networks)의 기업공개에서 주간사회사 역할을 맡았다. 프랭크 쿼트론과 그의 팀이 개드죽스의 주식을 대중에 파는 일과, 기관투자가들에게 회사 내용을 설명하는 로드쇼에 대해 최우선적인 책임을 진 것이다. 그렇다고 해서 일리노이주의 소도시인 피오리아에 사는 몸집이 작고 나이 든 부인에게 전화를 걸어 주식매수 청약을 해달라고 부탁하는 일을 쿼트론이 직접 하지는 않았다. 이런 일은 CS 퍼스트 보스턴의 중개인들이 했다. 대신 쿼트론은 개드죽스라는 기업에 관한 그럴듯한 이야기를 만들었고, 중개인들은 주식을 그 이야기를 주식 파는 데 활용했다.

CS 퍼스트 보스턴은 개드죽스의 주식 340만 달러어치를 팔아야 했다. 가장 중요한 것은 이야기를 만들어내는 것이 아니라 어떤 수준에서 가격을 정하느냐 하는 것이었다. 쿼트론은 공모주 가격이 얼마나 돼야 한다고 개드죽스에 조언했을까? 기업공개로 벌어들인 돈에서 수수료를 빼고 남은 금액은 모두 기업공개를 한 회사로 들어간다. 때문에 개드죽스의 내부자들은 가능한 한 공모주 가격이 높기를 바랐다. 반면 CS 퍼스트 보스턴의 고객 투자자들은 이 회사의 공모주 가격이 가급적 낮기를 원했다. 그래야 공모주를 싸게 사서 나중에 비싸게 되팔아 이익을 올릴 수 있기 때문이었다. CS 퍼스트 보스턴은 갈등했다. 수수료율이 7%로 고정돼 있으니 공모주 가격을 높게 잡아야 수수료 수입이 커지겠지만, 팔아야 할 주식을 모두 다 팔려면 공모주 가격을 낮게 잡아야 하기 때문이었다.

과거의 예로 볼 때 공모주 가격은 거래 첫날 예상되는 가격보다 약간 낮은 수준으로 정해져왔다. 이에 따른 가격 차이를 '기업공개 할인(IPO discount)' 이라고 부를 수 있을 것이다. 이런 관행은 기업공개를 하는 회사, 투자은행, 그리고 고객 사이에 타협이 이뤄진 결과였다고 볼 수도 있다. 위에서도 언급했듯이 기업공개 할인의 폭은 과거에는 2~3% 정도였지만 1999년에 이르면 평균 70%로 커졌다. 이렇게 기업공개 할인폭이 커진 것은, 기업 쪽에서 자사 이익을 그만큼 포기하고 공모주를 인수하는 투자은행과 투자자들에게 보상을 베푸는 것처럼 보였다.

개드죽스의 기업공개는 첫날에 주가가 28달러에서 71달러로 뛴 1995년의 넷스케이프 기업공개의 복사판이었다. 1999년 7월 20일 CS 퍼스트 보스턴은 개드죽스 주식의 공모가격을 21달러로 정했다. 하지만 거래 첫날 종가는 74달러로 올라 무려 250% 이상의 상승률을 기록했다. 공모가격으로 이 주식을 산 행운의 투자자들은 모두 합쳐 1억 800만 달러 이상의 돈을 벌었다.

그럼에도 개드죽스의 기업공개는 CS 퍼스트 보스턴에게 그리 특별한 일도 아니었다. 이 투자은행은 바로 그 다음날 인터넷 음악 업체인 엠피3닷컴의 기업공개도 처리했다. 엠피3닷컴의 기업공개에서는 모두 720만 달러어치의 주식을 주당 28달러의 공모가격에 팔았다. 이날 엠피3닷컴의 종가는 63달러를 기록했고, 투자자들은 단 하루 만에 2억 5000만 달러의 이익을 올렸다.

이 두 건의 기업공개가 이뤄지는 동안 CS 퍼스트 보스턴의 일부 고객들이 이상한 행동을 하기 시작했다. 그들의 행동은 언론사 기자들과 증권 거래위원회에 기업공개 책략의 단서를 흘려줄 수 있는 종류의 것이었다. 개드죽스 주식 4000주와 엠피3닷컴 주식 1만 주를 사서 단 하루 만에 50만 달러 이상의 이익을 챙기게 된 한 고객이 발광이라도 한 듯 올스테이트, 코카콜라, 코노코, 필립모리스 등 아무런 연관성도 없는 다른 주식 수만 주를 거래하기 시작했다. 그것도 주당 1달러라는 매우 높은 수수료를 지급하면서 엠피3닷컴의 기업공개와 동시에 이런 거래를 했다. 개드죽스 주식 2500주, 엠피3닷컴 주식 5500주를 산 또 다른 고객은 서로 관련이 없는 회사들의 주식 1만 8000주를 거래하면서 CS 퍼스트 보스턴에 12만 4000달러의 수수료를 냈다. 그런가 하면 공모주 7200주를 받은 어떤 고객은 CS 퍼스트 보스턴을 통해 21만 주의 주식 거래를 하면서 마찬가지로 고율의 수수료를 지불했다. 이와 비슷한 사례들은 이밖에도 많았다.

게다가 CS 퍼스트 보스턴은 벤처캐피털 투자펀드들에 공모주를 배분했는데, 이들 투자펀드는 바로 그들의 최우량 기업 고객들을 CS 퍼스트 보스턴에 보내준 곳들이었다. 예를 들어 쿼트론과 가까운 테크놀로지 크로스오버 벤처스라는 회사는 1999년 VA 리눅스의 공모주 5만 주를 배정 받았다. 이 주식의 가치는 기업공개 당일 하루 만에 1000만 달러 이상 늘어났다.

CS 퍼스트 보스턴이 주간사회사 역할을 맡은 엘스티치오, OTG 소프트웨어, 셀렉티카 등 수많은 기업들의 공개에서도 같은 양상이 반복됐다. 가장 악명이 높은 사례는 1999년 리눅스의 기업공개였다. 기업공개 첫날 이 회사의 주가는 30달러에서 239.25달러로 뛰어올라, 거의 700%의 상승률을 기록했다. 어느 행운의 고객은 리눅스 주식 1만 3500주를 주당 30달러에 모두 40만 5000달러어치를 샀다. 이 고객이 산 주식의 가치는 첫날 종가로 320만 달러에 이르렀다. 은혜를 입었다고 생각한 이 고객은 즉시 200만 달러어치의 컴팩 주식 거래를 CS 퍼스트 보스턴에 맡기면서 수수료로 100만 달러를 줬다.

투자자들은 왜 이처럼 이상한 행동을 했을까? CS 퍼스트 보스턴의 고객들은 가격이 낮게 책정된 공모주를 사서 하루 만에 막대한 차익을 얻고는 관련 없는 다른 회사들의 주식 수십만 주의 거래를 CS 퍼스트 보스턴에 맡기면서 매우 높은 수수료를 건넨 것이었다. 주식거래 수수료율은 보통 주당 6센트였지만, CS 퍼스트 보스턴의 고객들은 주당 최고 3달러까지 수수료로 지급했다. 더구나 이런 고객들은 대개 CS 퍼스트 보스턴을 통해 산 주식을 곧바로 되팔았고, 사고팔기를 동시에 하는 경우도 많았다. 각각의 경우에 CS 퍼스트 보스턴에게 지불된 수수료는 고객이 공모주로 얻은 이익의 3분의 1 내지 3분의 2 수준이었다. 이렇게 받은 돈을 전부 합하면 그 금액은 CS 퍼스트 보스턴의 수수료 수입 총액 중 5분의 1을 차지했다.

고객들이 CS 퍼스트 보스턴에 고율의 수수료를 지급하는 형태로 공모주 제공에 대한 뇌물을 준 것이라고 증권거래위원회가 결론을 내리는 데는 그리 오랜 시간이 걸리지 않았다. 사실 CS 퍼스트 보스턴의 직원들은 그 같은 기업공개 수법이 순전한 뇌물수수 행위라는 데 대해 거의 의심하지 않았다.

CS 퍼스트 보스턴의 직원이 고객에게 자신은 기업공개 이익의 일부분을 초과 수수료 형식으로 돌려받기를 원한다고 말했다는 증거도 많이 드러났다. CS 퍼스트 보스턴은 고객들의 이익을 산정해 3 대 1의 비율로 그것을 나눌 것을 요구했다. 2000년 초 CS 퍼스트 보스턴의 고위 임원은 한 펀드 매니저에게 "당신은 3달러, 우리는 1달러를 갖는 거요"라고 말한 것으로 알려졌다. 다른 고위 임원은 한 고객에 대해 "4 대 1이라는 관대한 조건이 적용됐다"고 말하기도 했다. 심지어는 고객에게 그가 얻은 이익의 50%를 CS 퍼스트 보스턴에 되돌려줄 것을 요구하면서, 만약 그렇게 하지 않으면 앞으로 다시는 공모주를 받지 못할 것이라고 말한 직원도 있었다.

일부 고객들은 공모주 거래로 얻은 이익 중 무려 65%를 리베이트로 CS 퍼스트 보스턴에 건네라는 말을 들었다. 한 세일즈맨이 그의 상사에게 자기가 고객에게 이렇게 말했다고 보고했다는 것이다. "그가 생각하는 수수료는 우리 기대에 한참 못 미치며, 우리는 그에게 벌게 해준 돈의 65%를 기대한다고 말해줬죠. 당신은 우리에게 리눅스 건으로 빚을 지고 있다는 말도 했죠. 그 후의 다른 건들도 물론이고요. 그러고 나서 '수수료를 늘려주지 않으면 앞으로 그 어떤 주식 인수단에도 끼지 못할 것'이라고 경고했어요." 유난히 능란한 한 '세일즈맨'은 고객에게 이렇게까지 말했다고 한다. "좋습니다. 우리에게 기회를 달라고 아우성치는 다른 고객들도 있었지만 나는 당신에게 주식을 배분했어요. 그런데 거저 드린 것이나 다름없는 그 주식들로부터 아직도 별다른 회수가 이뤄지지 않고 있습니다. 이런 상황에서 당신에게 계속 공모주를 공급하는 게 이치에 맞는 것입니까? 아니면 주식 배분에 대해 곧바로 우리에게 돈을 지급하겠다는 다른 사람에게 그 주식을 줘야 할까요?"

'프랭크의 친구들'이라는 명의의 계좌를 통해 기업공개 공모주를 받은 고객들 가운데는 CS 퍼스트 보스턴에 투자은행 업무를 맡길 수 있는 위치의 기술기업 최고경영자들도 들어 있었다. 이런 식의 거래는 CS 퍼스트 보스턴에만 국한된 게 아니었다. 실제로 뒷날 투자은행가들은 그것이 업계의 관행이자 관례였다고 주장했다. 은행가들은 기업공개 공모주를 할당하는 것은 항공사가 마일리지를 주는 것과 별로 다를 게 없다고 생각했다. 여러 번 거래한 고객이라면 그만큼 보상을 하는 게 당연하다는 것이었다.

다른 산업분야에서 이런 정도로 협잡의 증거가 확보됐다면 정부 당국에서 얼마든지 기소 절차를 밟아 관련 회사의 문을 닫게 하고 범죄자들을 감옥으로 보낼 수 있을 것이다. 뇌물성 리베이트의 사슬에 대한 충분한 증거가 있었다. 피해자가 누구인지도 분명했다. 특혜를 받은 사람들에 비해 높은 가격으로 주식을 산 개인투자자들이 그 피해자였다. 그러나 증권거래위위원회는 직접 이 문제를 형사사건화 할 권한이 없었고, 필요하다면 검찰에 그렇게 하도록 설득해야 했다. 그러나 검찰은 복잡한 금융사건을 다루는 것을 별로 내켜하지 않았다. 불법 마약 거래, 건강보험 사기, 테러 사건 등 다른 분야에서 범죄 사건들이 홍수처럼 쏟아지고 있다는 점을 고려하면 검찰이 그런 태도를 보이는 것도 이해할 만했다.

CS 퍼스트 보스턴을 3년간 이끌어오고 있던 앨런 휘트는 증권거래위원회에 협조하지 않고 조사를 거부했다. 1990년대에 월스트리트에서 일한 사람이라면 누구나 정부가 복잡한 금융부정 사건을 형사사건화 하는 일이 거의 없다는 것을 잘 알고 있다. 게다가 CS 퍼스트 보스턴의 공격적인 사내 풍조를 감안하면, 그 직원들이 스스로 나쁜 짓을 했다고 생각했을 리가 없다.

앨런 휘트는 CS 퍼스트 보스턴에 그 같은 배금주의 문화를 조성했다. 그것은 그의 전 직장인 뱅커스 트러스트에도 만연된 것과 같은 종류의 문화였다. 휘트가 뱅커스 트러스트에서 일하던 시절 그의 상사였던 찰리 샌포드는 "다음은 뭐지?"라고 직원들을 끊임없이 닦달했다. 샌포드처럼 휘트도 종종 직원들에게 "당신은 오늘 하루 회사를 위해 얼마나 벌었나?"라고 물었다.

트레이더와 영업직원들을 감시하는 내부감찰 부서 직원들은 회사를 위해 돈을 버는 일을 하지 않았고, 따라서 그들은 경멸의 대상이었다. 그런가 하면 CS 퍼스트 보스턴은 다른 투자은행들보다 많은 이익을 벌어들인 직원에게는 많은 보수를 지급했다. 물론 우수한 직원들이 보수를 더 올려주지 않으면 회사를 떠나겠다고 으름장을 놓았던 것도 휘트가 그들의 보수를 올려줄 수밖에 없었던 한 가지 이유였다. 한 임원은 "이곳의 유일한 문화는 탐욕이다. 모두들 보너스가 얼마나 지급될 것인지를 듣는 날 단 하루를 위해 1년에 40주를 일한다"고 말했다.

휘트는 도박사 기질이 있는 사람이었다. 그는 1998년 CS 퍼스트 보스턴이 러시아에서 약 30억 달러의 손실을 보았을 때 쿼트론에게 도박을 걸었다. 그에게 이익의 일부를 배분하기로 하는 것은 물론 영업직원, 대언론 홍보요원, 조사 애널리스트까지 갖춘 그만의 영지를 허용했던 것이다. 쿼트론에 대한 휘트의 도박은 2001년까지는 성공적이었고, 그 덕분에 휘트의 개인 자산도 수백만 달러가 불어났다. 정부 당국 직원들이 냄새를 맡고 그의 주변을 살피기 시작했어도 그는 쿼트론에 대한 신임을 거두지 않았다.

휘트는 쿼트론에게 특별대우를 함으로써 이해관계가 상충하는 상황을 만들었다. 한 예로 휘트는 쿼트론과 그의 팀 직원들에게 1년에 2500만 달러씩 주고, 고객이 될 가능성이 있는 곳에 투자하도록 했다. 쿼트론은 1999년 6월에 몇몇 다른 투자 파트너들과 함께 인터위븐(Interwoven, Inc.)이라는 비공개 인터넷 소프트웨어 업체에 12만 6000달러를 투자했다. 4개월 뒤 이 회사는 기업공개를 했고, 쿼트론과 투자 파트너들은 주가가 최고점에 이르렀을 때 주식을 팔아 200만 달러 이상을 남겼다. 이는 힐러리 클린턴이 가축 선물거래로 번 것보다 더 많은 이익이었다.

증권거래위원회가 조사에 착수할 것이라는 정보가 흘러나오자 CS 퍼스트 보스턴은 쿼트론이 일하는 샌프란시스코 사무실의 스코트 부실리, 마이클 그룬왈드, 존 슈미트 등 3명의 주식중개인들에게 모든 탓을 돌리려 했다. CS 퍼스트 보스턴은 2001년 5월 1일에 낸 보도자료에서 쿼트론은 공모주 배분, 중개인 계좌, 수수료에 대한 감독 책임이 없다고 주장했다. 이는 쿼트론을 몇 년간 취재해온 〈월스트리트 저널〉의 랜덜 스미스 기자가 보도한 내용과 반대되는 것이었다. 스미스 기자는 쿼트론을 "모든 일을 통제하려는, 나서기 좋아하는 사람"으로 묘사했고, 그가 기업공개 업무의 모든 과정에 관여했다고 지적했다. CS 퍼스트 보스턴의 보도자료는 나중에 매사추세츠 주정부가 제출한 자료와도 상반되는 것이었다. 매사추세츠 주정부의 자료는 쿼트론이 조사 애널리스트들을 고용하거나 해고하고 그들의 급여를 결정하는 권한을 갖고 있었음을 시사하는 내용을 담고 있었다.

2001년 6월 CS 퍼스트 보스턴은 쿼트론과 그의 팀원들은 징계하지 않고, 샌프란시스코의 중개인 3명만 해고하는 조처를 취했다. CS 퍼스트 보스턴은 "광범한 내부조사"를 거쳐 중개인 3명을 해고한다는 결정을 내렸으며 "당국에 이 같은 우리의 조처를 알렸다"고 발표했다. 그러나 이들 3명은 사실은 단지 심부름꾼에 불과한 이들이었다. 스코트 부실리는 신참 직원이었고, 마이클 그룬왈드는 리먼 브라더스에서 갓 스카우트돼온 직원으로서 CS 퍼스트 보스턴의 관행을 따랐을 뿐이었으며, 존 슈미트는 보수적이고 사무적인 영업 관리자로서 상사와 회사 고문변호사로부터 업무처리 능력이 뛰어나다고 인정받는 이였다. 이들 세 명이 회사 전반에 걸치는 계획을 지휘했다는 주장은 거의 설득력이 없었다.

증권업자들의 자율규제 조직인 전미 증권업협회(NASD)는 기업공개 책략에 대한 조사에 들어갔고, CS 퍼스트 보스턴은 121페이지 분량의 변론 자료를 제출했다. 이 자료에서 CS 퍼스트 보스턴은 자사의 수수료율 3%가 상대적으로 높은 것일지는 모르지만 과잉 수수료율의 최저 기준인 5%보다는 낮다고 주장했다. 이 자료는 비밀리에 전미 증권업협회에 제출됐으나 〈월스트리트 저널〉의 수전 풀리엄과 랜덜 스미스 두 기자가 복사본을 입수해 보도했다.

이 자료에서 CS 퍼스트 보스턴은 기업공개 책략에 대해서는 기본적으로 인정했으나, 그것이 규정과 관행에 어긋나지는 않는다고 해명했다. 이 자료의 내용을 인용해보자. "규제당국의 그 어떤 지침서나 예규, 규정, 사례, 연설문을 봐도 고객이 CS 퍼스트 보스턴에 많은 액수의 수수료를 자발적으로 지급하는 것을 금지하는 문구를 발견할 수 없다. 어느 고객이 많은 액수의 수수료를 자발적으로 지급한다는 것은, 그가 공모주를 배당받을 만큼 우수한 고객임을 입증해주는 것일 뿐이다."

거기에는 또 이런 구절도 있었다. "우수고객에게 혜택을 주는 관행은 증권업계와 일반 투자자들 사이에서는 전혀 새로운 게 없으며 비밀도 아니다." CS 퍼스트 보스턴은 마치 10대들이 써먹는 것과 같은 유치한 자기변호의 논리를 댄 것이다. 다시 말해 모두들 다 그렇게 한다는 것이었다. 기업공개 공모주를 할당 받을 만큼 우수하지 않은 보통의 고객들은 상대적으로 푸대접을 받았음을 뒤늦게 알게 되자 기분이 상했다.

CS 퍼스트 보스턴의 대주주인 크레디 스위스의 루카스 뮤엘레만 회장은 앨런 휘트가 당국의 조사에 대응하는 방식에 대해 불만스러워했다. 휘트는 온 세상의 모든 규제당국과 마찰을 빚고, 통제의 세부사항이나 규정에 따르는 것 따위에는 별로 주의하지 않았다. 크레디 스위스는 CS 퍼스트 보스턴의 기업공개 책략을 더 이상 용인할 수가 없었다. 뮤엘레만은 임원들에게 "지금까지 우리가 다소 부주의했던 것 같다. 이제는 더 이상 묵과할 수 없다"고 말했다. 이에 따라 앨런 휘트는 2001년 7월에 파면됐다.

휘트의 후임자는 존 맥(John Mack)으로, 몇 년 전 프랭크 쿼트론과 모건 스탠리의 업무통제 문제를 놓고 다투다가 그에게 패한 적이 있는 인물이다. 맥은 아침 일찍 임원회의를 소집해 존 벨루시가 주연으로 나온 영화 〈애니멀 하우스〉를 보여주는 방법을 써서 앨런 휘트가 CS 퍼스트 보스턴에 형성시켜 놓은 문화를 깨뜨리려고 했다. 그는 "이 회사는 카우보이에게 관대한 전통이 있다. 하지만 나는 카우보이를 싫어한다"고 말했다.

예상대로 맥은 회사의 준법 관련 부서를 집중적으로 강화했다. 그는 즉시 게리 린치를 고용했다. 게리 린치는 과거에 마이클 밀켄을 기소한 검사였고, 잭 웰치를 위해 조지프 제트의 키더 피바디 손실 사건에 대한 보고서를 썼던 인물이다. 그는 CS 퍼스트 보스턴의 상임고문 겸 이사회 멤버로 선임됐다. 맥과 린치는 CS 퍼스트 보스턴의 기업공개 책략에 대해 검찰이 형사 기소를 한다면 회사가 살아남기 힘들 것이라고 생각했다. 아서 앤더슨이 형사 기소를 당하고 완전히 명이 끊어졌던 것처럼 말이다. 린치는 기업공개 책략과 관련된 문제를 즉시 종결시키는 일을 떠맡았다.

2001년 9월 11일의 테러사태와 엔론의 몰락 이후 기업공개 협잡극은 언론의 관심에서 벗어나 신문의 1면에서 사라졌다. 10월 3일 맥과 쿼트론은 미주리주 캔자스시티에서 스테이크를 먹으며 이야기를 나눴다. 이 대화의 상세한 내용은 알려지지 않았으나, 두 가지 결론이 내려진 것은 확실했다. 첫째, 맥은 쿼트론에게 거액의 보수를 포기하도록 설득했다. 둘째, 쿼트론과 CS 퍼스트 보스턴은 기업공개 건에 대한 조사 문제를 가능한 조용하면서도 빨리 매듭짓는다는 것이었다. 그러고 나서 쿼트론은 회사에서 다른 일을 맡든가, 아니면 회사를 그만두기로 했다.

게리 린치는 사건 해결을 위한 협상을 능숙하게 해냈다. 당국의 공문서에서 가장 중요한 혐의들이 빠졌다. 대신 CS 퍼스트 보스턴은 고객으로부터 추가로 받은 돈을 '기업공개 수수료'가 아닌 일반적인 '수수료'로 잘못 분류했다는 기술적인 혐의만 적용됐다. 이를 돌려 말하면 CS 퍼스트 보스턴이 만약 기업공개 수수료로 65%를 받았다고 사실대로 공시하기만 했다면 법률적으로는 아무런 하자가 없었다는 얘기다.

검찰은 CS 퍼스트 보스턴에 대한 형사 소추를 포기했다. CS 퍼스트 보스턴에 부과된 벌금 1억 달러는 쿼트론의 1년치 급여에 해당하는 금액이며, 이 회사가 그 전 해에 기술기업들로부터 받은 수수료에 비해서는 아주 작은 금액에 불과했다. 린치는 2002년 1월에 이 사건을 매듭짓는 서류에 기분 좋게 서명했다.

언론은 이 사건이 증권당국의 중대한 승리로 귀결된 것처럼 묘사했지만, 지나가는 구경꾼 입에서도 이런저런 비판들이 쏟아져 나올 상황이었다. 폴 모저의 스캔들로 인해 살로먼의 회장 직을 물러나야 했던 존 구트프로인트는 은둔 상태에서 나와 모습을 드러내면서 CS 퍼스트 보스턴 사건의 종결 처리에 대해 불만을 나타냈다. 그는 "당황스럽다"면서 "그 정도 벌금은 가벼운 꾸지람 정도밖에 안 된다"고 말했다. 그가 1992년에 사임한 뒤 살로먼은 이보다 더 많은 벌금을 부과 받았었다.

263개 회사의 투자자들이 모두 1000건 이상의 민사소송을 제기했다. 이들 민사소송 사건은 존 맥에게 골치 아픈 일이었다. 하지만 1990년대 중반의 법률 개정이 이미 이 같은 소송의 진행을 어렵게 만들었고, CS 퍼스트 보스턴은 그 덕을 보게 된다. CS 퍼스트 보스턴은 기업공개 수수료 수입이 100% 가까이 줄어듦에 따라 곤란을 겪었다. 그러나 그것은 주로 시장 전반이 위축된 데서 비롯된 것이었다. CS 퍼스트 보스턴은 2002년 상반기에는 심플렉스 솔루션스라는 회사 단 한 곳의 기업공개를 맡아 340만 달러를 버는 데 그쳤다. 이 금액은 프랭크 쿼트론의 1주일치 수입에 불과한 것이었다.

몇몇 논평가들은 프랭크 쿼트론을 '1990년대판 마이클 밀켄'이라고 불렀다. 둘 사이에 몇 가지 닮은 점이 있긴 했으나, 그런 비교는 밀켄에게 불공정한 측면도 있었다. 둘 다 와튼을 졸업했고, 회사에서 고속 승진해 최고의 자리에 올랐으며, 엄청난 급여를 받았다. 밀켄이 1980년대의 기업 사냥과 인수 열풍의 상징이었던 것과 비슷하게, 쿼트론은 인터넷 주식과 관련된 광기를 상징했다. 쿼트론이 실제로 밀켄에 필적하는 인물이었는지는 모르지만, 밀켄에 대한 처벌이 매우 가혹했던 데 비해 쿼트론에 대한 조처는 아주 관대한 것이었다는 점은 분명하다.

애널리스트 책략

애널리스트들과 관련된 책략은 기업공개 책략과 밀접한 연관성을 갖는 것이었지만, 설명하기는 훨씬 쉽다. 세 단어면 족하다. "부추겨라. 그리고 팔아라(Pump and Dump)." 투자은행의 증권 애널리스트들은 과도하게 낙관적인 보고서들을 통해 특히 최근 공개된 기업들의 주가를 띄웠다. 개인투자자들은 그들의 허풍을 믿었고, 기업 내부자들이 주식을 못 팔게 돼 있는 180일의 보호예수 기간에 주가는 높은 수준을 유지했다. 보호예수 기간이 끝나면 기업 내부자들이 보유 주식을 마구 팔아치웠다.

항상 이런 식이었던 것은 아니다. 1990년 이전만 해도 애널리스트는 존경받는 직종이었고, 투자자들은 애널리스트가 내놓는 보고서의 질이나 그 의견의 독립성을 높이 평가했다. 애널리스트들은 투자자들에게 언제 주식을 살 것인지에 대해서 뿐만 아니라 이보다 더 중요한 것, 즉 언제 팔 것인지도 말해줬다. 금융부정을 들춰내는 일을 오늘날에는 대부분 기자들이 하지만, 10년 전에는 증권 애널리스트들이 했다.

시장이 보다 효율화되고 정보유통이 더욱 빠르고도 저렴해지면서 애널리스트들이 더 가치 있는 정보를 생산해내기가 어렵게 됐다. 투자자들은 이미 시장가격에 반영된 정보를 담은 애널리스트의 보고서에 돈을 지불하려 하지 않았다. 결과적으로 애널리스트들은 뭔가 다른 방식으로 정보의 부가가치를 만들어내야 한다는 압박을 받았다. 그것은 애널리스트로서 자신이 담당하는 기업들로부터 투자은행이 일감을 따낼 수 있도록 돕는 방식이었다.

1990년대에 모건 스탠리의 고참 간부였던 클레이턴 로르바흐는 사내에 회람시킨 메모에서 "애널리스트에 대한 보상은 그가 등급을 매기는 기업들이 얼마나 많은 사업기회를 모건 스탠리에 갖다 줬느냐에 연동시켜야 한다"고 제안했다. 로르바흐는 애널리스트들도 A부터 C까지 등급이 매겨져야 한다고 말했다. 모건 스탠리가 이 제안을 공식적으로 채택하지는 않았다. 이해관계의 충돌을 낳을 게 분명했기 때문이었다. 그러나 이 회사의 애널리스트들은 자신들의 보수가 사실상 그 같은 등급을 근거로 지급됐다고 전했다. CS 퍼스트 보스턴을 포함해 대부분의 월스트리트 회사들도 이와 비슷하게 투자은행 업무와 조사 업무를 연계시키는 제도를 채택했다.

이런 연계 체제는 10년간 비밀로 묻혀있었으나, 마침내 시장이 붕괴되고 애널리스트들이 자신의 죄를 고백하게 되면서 겉으로 드러났다. 2002년 〈뉴욕 타임스〉의 그레첸 모겐슨은 대여섯 명의 애널리스트들을 설득해 익명으로 사실을 말하도록 했다. 그들은 "우리는 애널리스트라기보다 마케팅 기계였다"고 털어놓았고, 애널리스트들이 받는 보수는 자신들이 끌어온 투자은행 쪽 일감에 비례한다고 말했다. 〈월스트리트 저널〉의 찰스 가스패리노는 "매 거래마다 그 순이익의 1~3%, 애널리스트가 명백히 수입을 올리는데 도움이 된 경우에는 그 수입의 8.5%를 애널리스트에게 보상한다"는 내용의 문건을 폭로했다. 아예 "투자은행 업무와 연관된 보상을 받게 된다"고 쓰인 문건도 있었다.

은행업무 담당자와 고객들은 애널리스트들에게 압력을 가해, 그들이 주가에 부정적이거나 논란이 될 만한 논평을 하지 않도록 했다. 예를 들어 키더 피바디가 조지프 제트의 손실로 인해 파산하기 직전에 이 회사에서 애널리스트로 일했던 데이비드 코러스가 델컴퓨터의 현금거래에 대해 의문을 제기하자 델은 키더 피바디를 고소하겠다고 위협했고, 코러스를 애널리스트 미팅에 참석하지 못하도록 했다

이럴 정도였으니, 1998년 5월 퍼스트콜의 조사 결과 애널리스트들이 발표하는 의견의 3분의 2 정도가 '매수'나 '적극 매수', 3분의 1 정도는 '계속 보유'였고, '매도' 의견은 단지 1%에 그쳤다는 사실도 놀랄 일이 아

니다. 이와 달리 1990년에는 애널리스트들이 '매도' 의견을 '매수' 의견보다 15배나 더 많이 냈다. 애널리스트들이 특별히 악한 의도를 가졌던 것은 아니다. 그들은 단지 긍정적인 의견에 대해서는 금전적인 보상을 해주고 부정적 의견에 대해서는 처벌을 하는 보상체계가 들어서고 강화됨에 따라, 이런 보상체계에 부응했을 뿐이다. 애널리스트들은 마치 좋은 습관들이기 교육을 받는 어린아이처럼 등급 평가를 뻥튀기하는 데 익숙해졌다.

게다가 재무제표가 갈수록 복잡해지면서 애널리스트들은 그것들을 면밀히 들여다볼 시간을 갖지 못하게 됐다. 이는 일반 투자자들도 마찬가지였다. 1990년대 말에 이르면 아무리 노련한 애널리스트라도 기업에서 낸 연례 보고서를 자세히 살펴보려면 최소한 하루가 필요했다. 그러나 애널리스트들은 보통 1사람당 15개 이상의 기업들을 다뤘고, 하루의 대부분을 투자자나 고객과 전화통화를 하거나 회의를 하는 데 들였다. 그러니 손쉬운 방법으로 기업 쪽의 자사 이익 추정치를 그대로 받아들이고, 거기에 '매수' 의견을 붙이곤 했던 것이다.

1998년이 되자 대부분의 투자은행가들은 유명한 애널리스트만 있으면 자신들이 사업기회를 갖는 데 도움이 된다는 걸 깨달았다. 프랭크 쿼트론은 CS 퍼스트 보스턴에 들어와 "우리는 모건 스탠리와 경쟁하지 않는다. 우리는 메리 미커와 경쟁할 것"이라고 강조했다.

인터넷 분야를 전문으로 다루던 애널리스트 메리 미커는 잡지 〈인스티튜셔널 인베스터〉의 애널리스트 순위에서 늘 최상위에 올려졌다. 〈인스티튜셔널 인베스터〉는 펀드 매니저들의 투표로 애널리스트들을 평가해 순위를 매겼고, 이는 마치 〈유에스 뉴스 앤 월드 리포트〉가 대학과 대학원들의 순서를 매기는 방식과 같았다. 전문가들은 〈인스티튜셔널 인베스터〉의 순위 매기기 방식을 비판했다. 하지만 이것은 참고할 수 있는 순위들 가운데 가장 믿을 만하면서도 간단한 것이었고, 개인투자자들도 이 순위를 신뢰했다. 프린스턴 대학이 랭킹 1위임을 내세워 학생들을 유치했던 것처럼 메리 미커는 〈인스티튜셔널 인베스터〉의 순위 덕분에 투자자들의 인기를 모았다.

정상급 애널리스트가 되려면 기업과도 우호적인 관계를 맺어야 했다. 기업 임원들은 자신이 선호하는 애널리스트에게만 선택적으로 특정한 정보를 알려주고 일반 대중에게는 그 정보를 알리지 않는 경우가 많았다. 또 기업에서 어떤 새로운 정보를 공개적으로 발표하기 전에 자사가 선호하는 애널리스트들을 위한 자리를 따로 마련해 그들로 하여금 예상치를 조정할 기회를 줌으로써, 그들이 마치 마술처럼 기업 이익 발표 내용을 정확히 예견하도록 배려해 주기도 했다.

간단히 말해 기업들은 자신이 주식을 내다 팔기 전에 애널리스트들이 주가 띄우기를 해주길 바랐다. 주가가 오르는 동안에는 이런 수법이 투자자들에게 해를 입히지 않았다. 애널리스트가 '사라' 고 말할 때 그 애널리스트는 적어도 단기적으로는 투자자들에게 좋은 조언을 해준 셈이라고도 말할 수 있었다.

어쨌든 과거와 크게 달라진 점은, 이제는 거짓말을 하는 게 기업이 아니라 애널리스트들이라는 것이었다. 몇 년 전에도 애널리스트들은 센던트, 웨이스트 매니지먼트, 선빔, 라이트 에이드 등의 경영실적에 관한 수치를 비교적 정확히 예측했다. 그러나 그때는 기업이 애널리스트와 투자자들에게 거짓말을 했다. 투자자들은 기업에 대해서는 믿지 않더라도 애널리스트들에 대해서는 신뢰했다.

기업 임원들을 사로잡았던 탐욕이 이제는 애널리스트들에게도 점차 퍼져나갔다. 기업 최고경영자들과 투자은행가들이 연간 수천만 달러씩 돈을 번다면 애널리스트들이라고 그러지 말란 법이 있는가? 그러려면 기업의 등급을 실제보다 더 높게 매겨주고, 애널리스트 자신이 일하는 은행과 거래하도록 그 기업을 설득하기만 하면 됐다. 이렇게 은행 업무와 애널리스트의 일을 연결시키는 것만으로 1000만 달러 이상의 보너스를 달라고 요구할 수 있었다. 그리고 그렇게 해도 문제될 일은 거의 없었다. 형사상 책임질 일도 없어 보였다.

만약 자신이 발표한 예측이 어긋나더라도 "나는 진짜로 그 기업을 믿었고, 기업의 실적이 나의 예측을 밑돈 것을 보고 놀랐다"고, 아니 "충격을 받았다"고 우기기만 하면 되는 일이었다. 게다가 연방 규제당국은 애널리스트들을 감시하는 데는 관심이 없었다. 전통적인 경제이론에서 말하는 대로 애널리스트들은 금융시장에 중요한 서비스를 제공하는 사람들이라는 게 당국의 시각이었다.

애널리스트들은 그러나 뉴욕의 검찰총장 자리에 엘리어트 스피처(Eliot Spitzer)가 앉아있다는 사실을 간과했다. 금융시장에 대해서는 연방 정부의 증권당국이 1차적인 관할권을 갖고 있지만, 주 당국에게도 금융부정에 대해 기소할 수 있는 권한이 주어져 있었다. 뉴욕의 연방 검찰과 주 검찰은 수십 년간 관할권 다툼을 벌이면서도 서로 협의해 병행수사를 벌이곤 했다. 맨해튼 연방 검찰이 한 사건을 맡으면, 뉴욕 지방 검찰은 다른 사건을 맡는 식이었다.

그런데 이번에는 그런 협의가 없었다. 스피처는 정치적 야심을 갖고 있었고, 증권거래위원회의 새 위원장인 하비 피트(Harvey Pitt)가 이끄는 연방 당국은 적극적으로 많은 사건을 맡으려고 하지 않았다. 피트는 유능한 변호사였지만, 대형 회계법인과 월스트리트의 은행들을 대표했던 과거 경력으로 인해 생긴 이해관계의 상충을 고려해 소극적인 태도를 보였다. 이는 스피처에게 기회를 줬다.

스피처는 헨리 블로젯이 소속된 메릴 린치를 비롯한 몇몇 월스트리트 은행들에게 애널리스트들의 이메일 기록을 제출해 달라고 요구했다. 아마존의 주가 전망으로 유명해진 블로젯은 2001년 한 해에 1200만 달러의 보수를 약속받고 메릴 린치의 수석 인터넷 애널리스트로 일하고 있었다. 블로젯은 애널리스트들 사이에서 가장 인기 있는 인터넷 담당이었고, 메릴 린치는 이토이즈, 익사이트앳홈, 인포스페이스, 인터넷 캐피털 그룹, 아이빌리지, 펫츠닷컴, 쿼카 스포츠, 웹밴 등 인터넷 기업들과 주목할 만한 거래를 많이 했다. 말할 것도 없이 이들 기업은 실적이 좋지 않았고, 수많은 제소를 당했다.

스피처는 기업 경영진에게 전염됐던 탐욕이 증권 애널리스트들에게도 번졌음을 보여주는 문건들을 공개했다. 간단히 말해 이메일이 명백한 증거물이었다. 스피처는 이들 이메일에서 일부 내용을 발췌하고 그것들을 이용해 작성한 진술서를 뉴욕 법원에 제출했다. 투자자들은 신문에서 그 내용 가운데 일부를 다시 발췌해 편집한 것을 읽었다. 나머지 내용은 신문에 싣기에 적당하지 않았다. 그러나 긴 분량의 이 진술서는 메릴 린치의 애널리스트들이 어떻게 일했는지를 명백히 보여주는 강력한 기소장이었다. 다른 회사들도 마찬가지라면 증권평가 시스템은 전체적으로 썩어있는 게 분명했다.

대부분의 다른 투자은행들처럼 메릴 린치는 1등급에서 5등급까지의 증권평가 시스템을 갖고 있었다. 1-1 등급이 가장 높고, 그 다음은 1-2, 1-3 등의 순서였다. 1등급과 2등급은 대체로 긍정적인 평가였고, 3등급은 중립이었다. 메릴 린치의 인터넷 기업 담당자들은 4등급이나 5등급은 절대로 매기지 않았다. 대신 그런 회사의 주식은 아예 평가대상 목록에서 지워버렸다.

메릴 린치 직원들의 이메일은 애널리스트들이 개인적으로는 형편없다고 본 주식도 대외적으로는 높게 평가하는 발표를 했음을 보여주었다. 가령 중립인 3등급을 매긴 주식에 대해 개인적으로는 '쓰레기' '쓸모없는 것’ ‘가격이 훨씬 더 떨어질 것’이라고 평가했다. 긍정적인 2등급으로 매긴 주식에 대해 ‘똥’이니 ‘쓰레기 같다’느니 하는 말이 반복됐다. 공개적으로 2-1등급이었던 인터넷 캐피털 그룹은 ‘5등급으로 가는 중’인 것으로 표현됐다. 메릴 린치가 최상위인 1-1등급을 매긴 인포스페이스가 이메일에서는 ‘투기주’나 ‘폭발물’로 지칭됐다.

진술서가 제출된 직후인 2002년 4월 8일 메릴 린치는 “이메일의 내용은 단지 일련의 대화 중 한 부분이며, 결론이 아닌 특정 시점의 한 시각일 뿐”이라고 주장했다. 메릴 린치의 대변인은 투자자들에게 이메일을 전체 문맥에서 떼어낸 채 보지 말라고 주의를 환기시키면서 스피처의 주장을 반박했다.

그러나 만약 투자자들이 이메일을 문맥 속에 넣고 읽었다면 메릴 린치는 더욱 불리한 처지로 내몰렸을 것이다. 인터넷 캐피털 그룹에 대해 ‘5등급으로 가는 중’이라고 한 이메일 내용을 들여다보자. 메릴 린치는 사내에서 헨리 블로젯이 “이 회사 주식은 어디까지 떨어질지 모르겠다”고 했을 때도 긍정적인 2등급을 유지했고 ‘최상위 10대 기술주’ 목록에 유지했다. 이 주식이 200달러에서 15달러로 폭락하자 블로젯은 상위 등급을 유지시키라는 압력에 화가 나서 “부수적인 사업에 어떤 결과를 낳는가와 상관없이 우리는 우리가 생각하는 대로 주식을 평가하겠다”고 위협했다.

메릴 린치가 공개적으로는 1-1등급으로 매겼으나 이메일에서 ‘투기주’나 ‘폭발물’로 언급된 인포스페이스를 보자. 이 회사의 주가가 80%나 떨어진 상황에서도 블로젯은 상위 등급을 유지하라는 압력을 받았다. 그는 이 주식에 대해 “많은 회의론이 제기되고 있다”면서 “나는 이것 때문에 죽을 지경”이라고 했다. 왜 그랬을까? 인포스페이스는 다른 인터넷 회사 고투넷(Go2Net)을 10억 달러 이상에 매입할 계획이었고, 고투넷을 대리한 메릴 린치의 투자은행업 부문은 이 거래가 성사되면 막대한 수수료를 얻게 돼 있었기 때문이다. 거래가 이뤄진 뒤 블로젯은 결국 평가등급을 내렸다.

가장 비난받을 만한 사례는 아마도 고투닷컴(GoTo.Com)의 경우일 것이다. 고투닷컴은 인터넷 검색 업체였고, 지금은 오버추어 서비시스(Overture Services)로 이름이 바뀌었다. 1999년 메릴 린치는 고투의 기업공개 일을 따지 못했고, 메릴 린치의 애널리스트들은 이 회사 주식에 대해 등급을 매기지 않았다. 2000년 메릴 린치는 다시 고투에서 투자은행 일감을 따내려고 했고, 이를 위해 헨리 블로젯의 주식 평가를 당근으로 제시했다. 그해 9월 고투는 마침내 메릴 린치에게 유럽 지역의 몇 가지 일감을 주기로 했고, 메릴 린치는 블로젯이 앞으로는 고투를 다룰 것이라고 약속했다. 한 펀드 매니저가 블로젯에게 "수수료 외에 고투에서 어떤 것이 흥미로운가" 라고 묻자, 그는 "아무것도 없다"고 대답했다.

메릴 린치가 고투에 대한 기본적인 조사 보고서를 처음부터 준비하는 데는 시간이 많이 걸릴 것이 뻔했다. 그래서 고투 임원들은 자료와 코멘트를 제공하고 초안 수정작업까지 해줬다. 그들은 심지어 특정 부서의 자료를 통째로 제공하기까지 했다. 메릴 린치의 신참 리서치 애널리스트인 커스텐 캠벨은 고투가 2003년 전에 흑자전환을 할 것인지 의문시된다며 3등급 정도는 가능하다는 의견을 낸 뒤 고투의 임원들과 다퉜다. 고투 임원들은 2002년에 수익을 낼 것이며 2등급을 받아야 한다고 주장했다. 캠벨은 블로젯에게 이메일을 보내 자신은 고투 임원들을 위한 매춘부가 되고 싶지 않다고 말했다.

10년 전이라면 캠벨은 정확한 등급 평가에 집념을 보였다는 이유로 존경을 받았을 것이다. 그러나 2000년에 그는 괜한 걱정거리나 불러일으키는 말썽꾸러기일 뿐이었다. 그는 이렇게 불평했다. "우리는 사람들이 돈을 잃게 하고 있다. 나는 그게 싫다. 토드(고투의 최고 재무담당자)가 우리에게 화내는 상황을 우리가 피하기 때문에 존 스미스와 메리 스미스 부부가 퇴직연금 손실을 보고 있다.” 그는 또 “우리가 회사로부터 독립적이라는 건 순전한 거짓말” 이라고 불만을 터뜨렸다. 그러나 아무도 이런 캠벨의 불평과 불만을 들으려 하지 않았다. 고투는 높게 잡아야 3-2등급이라는 그의 의견을 뒷받침하는 이도 없었다.

그러는 동안 고투의 주식은 10달러 밑으로 떨어졌다. 10달러 미만으로 떨어진 주식에 대해서는 새로운 등급을 매길 수 없다는 법규에 부닥친 메릴 린치가 어떻게 할지 궁리하는 동안 또 한 가지 볼 만한 일이 벌어졌다. 블로젯은 예일대 학력을 으스대면서 “10달러가 되기를 기다리는 것은 오지 않을 고도(Godot)를 기다리는 것” 이라고 말했다. 1월 10일 주가가 잠시 10달러를 기록하자 블로젯은 즉시 고투를 평가 대상에 올리면서, 캠벨이 추천한 것보다 높은 3-1등급을 부여했다.

캠벨이 메릴 린치에 몇 달 더 있다가 떠난 뒤 블로젯은 고투의 등급을 2-1로 올렸고, 주가는 20% 상승했다. 블로젯은 고투의 신주 발행을 위해 추진한 로드쇼를 지원할 투자은행가 그룹에 합류했다. 메릴 린치는 이 건의 주간사회사가 되고 싶어 했다. 주간사회사가 된다는 것은 거액의 투자은행업 수수료 수입을 의미했다.

고투가 메릴 린치 대신 CS 퍼스트 보스턴과 프랭크 쿼트론 쪽으로 기울고 있다는 암시를 주자 블로젯은 발끈했다. 그는 즉각 고투를 2-1에서 그 밑으로 등급을 깎아내릴 준비를 했다. 메릴 린치의 은행업무 담당자 한 사람은 “헨리 블로젯은 이 회사 주가가 바닥 근처일 때 관심을 환기시켜 주가를 끌어올리는 데 주도적 역할을 했을 뿐만 아니라 등급을 올렸으며 뉴욕에서 투자자들과 메릴 린치 영업팀간 만남을 조직해 주가를 급상승시켰다” 면서 고투에 불만을 토로했다.

블로젯의 한 부하 직원은 메릴 린치가 고투 주식의 내재가치 평가 결과에 따라 등급을 내릴 것임을 설명하는 내용의 서류를 작성하기 시작했다. 이는 고투의 주가가 너무 많이 올랐다는 뜻이었다. 그는 "1990년대 중반 이후 주식의 내재가치에 근거해 평가등급을 내린 기억이 없다"고 지적했다. 고투의 등급 하향 조처는 고투가 주간사를 최종 결정할 때까지 유보됐다. 2001년 6월 6월 아침에 고투는 CS 퍼스트 보스턴을 주간사회사로 지정한 기업공개 관련 서류를 당국에 제출했다. 몇 시간 뒤 헨리 블로젯은 고투의 등급을 3-1로 내릴 것이라고 통보했다.

그로부터 몇 달 뒤 블로젯은 200만 달러 규모로 알려진 퇴직수당을 받고 메릴 린치를 떠났다. 그리고 메릴 린치는 결국 1000만 달러의 벌금을 물고, 리서치 방식을 개선하기로 합의했다. 2002년 후반에도 많은 대형 투자은행들과 애널리스트들은 자신들이 매긴 높은 등급들이 결과적으로는 틀렸을 수 있지만 법적으로는 잘못된 게 없다고 계속 주장했다. 예를 들어 모건 스탠리의 애널리스트인 메리 미커는 어떤 부정행위로도 고발되지 않았다. 그는 비록 인터넷 기업 붐이 한창일 때처럼 1000만 달러 수준은 아니겠지만 2002년에도 거액의 보너스를 받았을 것이다.

최고경영자들

기술 거품으로 돈을 챙긴 마지막 그룹은 바로 기업의 최고경영자들이었다. 1999년의 최고경영자들이라고 해서 몇 해 전의 최고경영자들과 다를 바가 없었다. 그들은 모두 법규가 바뀜으로써 창출된 인센티브를 좇았다.

경영자 보수에 관한 법규는 스톡옵션 부여를 계속 조장했고, 수백만 주의 스톡옵션을 받은 기업 최고경영자들은 장기적으로는 회사의 건강을 해칠 것이라는 걸 뻔히 알면서도 단기적으로 주가를 올릴 궁리를 했다. 증권 관련 소송에 제한을 둔 조처는 기업 경영자들과 그들이 고용한 회계사와 은행가들을 책임성에서 격리시켰다. 이런 상황에서 기술기업들이 센던트, 선빔, 웨이스트 매니지먼트, 라이트 에이드 등의 선례를 좇아 재무제표 조작에 적극적으로 나선 것은 의외가 아니었다.

런아웃 앤 호스피부터 WR 그레이스까지, 리벤트부터 야후까지, 루슨트부터 내비건트까지, 마이크로스트래티지부터 제록스까지 신경제형 금융 부정 사례들이 많았다. 이들 기업의 문제가 그 전의 부정행위들과 다른 특징을 갖는 한 증권거래위원회의 변호사들은 그것들을 단순한 문제로 취급하려고 했다. 즉 증권거래위원장인 아서 레비트가 1999년에 '숫자들(Numbers)'이라는 제목의 연설에서 그 개요를 밝힌 단순한 부정행위 유형들 가운데 하나로 그것들을 애써 격하시키려고 했다.

마이크로스트래티지(MicroStrategy, Inc.)를 예로 들어보자. 이 회사는 1998년에 기업공개를 하고 고공비행을 했다가 2001년에 추락한 숱한 기업들 가운데 하나다. 마이크로스트래티지는 마이클 제리 세일러와 산지브 반살이 대규모 데이터베이스 분석을 해야 하는 기업들에게 필요한 소프트웨어를 공급하는 기업으로 공동 창업했다. 그들이 만든 소프트웨어 제품은 성공적이었고, K마트와 NCR 코퍼레이션 등 많은 기업 고객들이 확보됐다.

마이크로스트래티지의 주가에 얽힌 이야기는 흥미롭다. 헨리 블로젯이 아마존에 대한 예측을 내놓기 6개월 전인 1998년 6월 마이크로스트래티지는 주당 6달러에 기업공개를 했다. 주가는 첫날 75%나 뛰었다. 엄청난 상승임에 틀림없지만, 당시로선 평균에 불과했다. 1년 이상에 걸쳐 주가는 10달러에서 18달러 사이를 오르락내리락 했다. 1999년 10월 주가가 갑자기 탄환처럼 질주하기 시작했다. 한달이 채 안돼 두 배가 되고, 12월 중순에는 110달러까지 올랐다. 인터넷 거품이 절정에 달했던 2000년 3월에 마이크로스트래티지의 주가는 333달러를 기록했다. 그러나 그 다음부터 주가가 꺼지기 시작해 2002년 여름에는 다시 기업공개 때와 같은 6달러로 돌아갔다.

이 주식의 갑작스런 붐과 붕괴는 증권거래위원회의 주의를 끌었다. 그러나 재밌게도 1999년 10월부터 시작된 주가 급등에 걸맞은 이익의 급격한 증가는 보고되지 않았다. 오히려 마이크로스트래티지는 주가가 급등한 1999년 4분기에 이전 분기보다 적은 순이익을 올리는 데 그쳤다고 보고했다. 이전에는 순이익이 1997년부터 천천히, 그러나 순탄하게 늘어나고 있었다. 달리 말하면 마이크로스트래티지의 주가는 단순한 회계부정이 아닌 다른 요인들에 의해 움직였다는 얘기가 된다. 공격적인 애널리스트들이 한 요인이었을 수 있다. 하지만 레비트는 이런 설에 대해 조사할 생각이 애초부터 없었다.

대신 증권거래위원회는 마이크로스트래티지가 분기 말에 회계장부를 조작하곤 했다는 정도의 간단한 사건으로 몰아갔다. 위법행위들 가운데 몇몇은 매우 사소한 것들이었다. 예를 들어 마이크로스트래티지는 1999년 9월 30일에 끝나는 분기에 어느 한 계약으로부터 1750만 달러의 수입을 올렸다. 그 다음 날인 10월 1일 오전까지 계약서가 서명되지 않았음에도 장부에 소급해 기입한 것이다. 500만 달러짜리의 한 계약은 2000년 1월 3일에 서명됐지만 장부에는 1999년 12월 말에 끝나는 분기에 기록됐다. 그리고 1999년 4월 2일에 체결된 100만 달러짜리 계약은 1999년 3월 31일에 끝나는 분기에 속하는 것으로 기재됐다. 이런 것들은 이익 조작의 작은 사례들일 뿐이었다. 증권거래위원회는 2000년에 다른 어느 회사를 뒤졌어도 어디서나 비슷한 문제점을 발견했을 것이다.

증권거래위위원회는 좀더 중대한 혐의를 뒷받침할 만한 증거를 몇 개 찾아냈다. 센던트와 마찬가지로 마이크로스트래티지도 서비스 계약으로 들어오는 수입은 시간이 흐름에 따라 분할해서 장부에 반영해야 함에도 그 모두가 선불된 것처럼 기록했다. 이 같은 회계조작 덕분에 마이크로스트래티지는 1998년과 1999년에 실제로는 손실을 보고 있었지만 장부에는 이익을 낸 것으로 기록했다. 증권거래위원회의 수사관들은 이런 사건에는 익숙했기 때문에 일 처리를 빨리 했다. 2000년 12월 14일 마이크로스트래티지의 최고위 임원들은 개인당 35만 달러씩의 벌금을 내는 데 합의함으로써 사건을 종결시켰다.

이런 식으로 처리됨에 따라 마이크로스트래티지에 대한 조사는 다른 기술기업들의 회계부정 사건들과 마찬가지로 사소한 사건이 돼버렸다. 마이크로스트래티지 간부들은 가벼운 처벌을 받는 데 그쳤다. 다만 증권거래위원회는 그들에게 몇 가지 개선 조처를 취하도록 압박했고, 이것으로 기업의 부정에 대해 또 한번의 승리를 거뒀다고 주장할 수 있었다. 의회에서 증권거래위원회의 자금지원 요청을 다룰 때 증권거래위원회는 바로 이 사례를 또 하나의 승리 사례로 의회에 제시했다. 이와 관련된 전략으로 증권거래위원회는 전국에 걸쳐 일련의 인터넷 부정 일제단속 작업에 들어가, 인터넷을 각종 기만적인 술책에 이용하는 사람들에 대해 법률을 적용하는 조처를 취했다.

증권거래위원회가 이처럼 간단하고 밝혀내기 쉬운 부정행위들만 문제 삼음에 따라 기업 경영자들은 두 가지 메시지를 전달 받았다. 첫째, 대담한 회계부정은 처벌받지만, 그 처벌의 강도는 약하다는 것이었다. 비슷한 사건에 연루된 다른 기술기업들의 간부들과 마찬가지로 마이크로스트래티지의 간부들도 형사 처벌은 받지 않았고, 감옥에 가지도 않았으며, 부과된 벌금도 그들이 받은 스톡옵션의 변동폭에 비하면 미미한 수준이었다. 둘째, 좀더 복잡한 부정행위는 처벌받게 되지 않을 것 같았다. 아서 레비트는 오직 숫자를 바꾸는 정도의 가장 쉽고 평범한 수법, 다시 말해 수십 년간 기업 경영자들이 써온 수법만을 언급했다. 아서 레비트가 그의 임기 내내 경시했던 더 복잡한 금융수단과 관련된 부정은 분명히 처벌 대상에서 빠져 있었다.

닳고 닳은 기업들은 갖가지 유형의 스왑과 특별목적회사, 그리고 신용 파생상품으로 불리는 새로운 금융수단 등을 활용해 공시되지 않는 위험을 떠안았고 손실은 감췄다. 고의적으로 그런 것은 아니었겠지만 증권거래위원회는 극히 소수의 노골적인 회계부정만 감시하고 있다는 메시지를 보냄으로써, 보다 능숙한 기업들로서는 재무제표를 충분히 복잡하게만 조작할 수 있다면 그렇게 해도 괜찮다는 신호를 받은 셈이 됐다.

엔론과 글로벌 크로싱이 무너진 뒤에는 그 같은 복잡한 수법들이 금융시장에서 일상적으로 보고 듣는 일이 됐지만, 마이크로스트래티지 경우에는 그 이상의 복잡한 구석을 암시하는 요소가 있었다. 그것은 증권거래위원회가 '기타 회계 문제들'이라고 이름붙인 혐의들 속에 묻혀 있었다. 마이크로스트래티지는 500만 달러어치의 소프트웨어를 맞교환한 시베이스와의 거래를 500만 달러의 매출로 장부에 기록했다. 그런 맞교환을 장부에 매출로 기입하는 것은 불법이었을까? 맞교환한 소프트웨어를 실제로 사용하거나 다른 누군가에게 팔기 전에는 매출로 잡지 말았어야 했다는 게 증권거래위원회의 주장이었다. 그러나 그런 규칙은 다른 스왑, 가령 천연가스를 몇 년간 공급하기로 한 계약이나 광섬유 용량을 몇 년간 교환하기로 한 약정에는 어떻게 적용될까? 미래에는 이러한 숨은 거래들이 단순한 회계부정보다 훨씬 더 큰 손실을 주주들에게 입힐 것이다.

기업 경영자들은 기술기업 붐이 일 때 다른 방식으로도 이익을 챙겼다. 특히 구경제 부문의 기업 최고경영자들은 자사의 이익 증가율을 높이기 위해 기술기업을 사들이기 시작했다. AT&T, 월드컴, 글로벌 크로싱 등은 통신 인프라에 엄청난 투자를 했다. 엔론과 같은 전통 기업들은 자신들도 인터넷 기업들처럼 기업가치를 높게 평가받을 자격이 있다는 것을 보여줄 요량으로 인터넷 기반을 갖춘 기업으로 변화하기 시작했다.

엔론과 같은 기업들은 또 벤처개피털 자회사를 만들어, 프랭크 쿼트론이 CS 퍼스트 보스턴에서 했던 것처럼 신생 기업에 투자하는 데 이용했다. 예를 들면 엔론과 월드컴은 1999년 4월 6일 살로먼 브라더스를 주간사회사로 삼아 기업공개를 한 리듬스 넷커넥션스의 초기 투자자였다. 월드컴의 최고경영자인 버나드 에버스는 이 회사의 기업공개 당시 주가인 21달러에 공모주를 받은 행운아들 가운데 한 명이었다. 이 주식의 가격은 거래 첫날에 229% 올랐다. 월드컴은 리듬스 넷커넥션스에 3000만 달러를 투자해 8.6% 지분을 확보했고, 엔론도 비슷한 수준의 투자를 했다.

숙취

아서 레비트는 증권거래위원장으로 있던 마지막 몇 년간 주로 회계부정을 공격함으로써 시장의 고장난 부분을 고치려고 했다. 증권거래위원회는 이 시기에 몇 가지 잘 고안된 조처들을 취했다.

증권거래위원회는 1998년에 재무보고서를 평이한 영어로 작성할 것을 요구하기 시작했고, 기업들에게 문법에 관한 도움을 주기 위해《평이한 영어 편람(Plain English Handbook)》을 웹사이트에 게시해 놓기도 했다. 1999년에는 기업들에게 더 많은 정보를 공시할 것을 요구하고, 기업 경영자들이 회사의 재무적 결과들에 대해 의도적으로 허위진술하는 행위를 금지하는 규정을 제정했다. 기업의 규모에 비해 규모가 작거나 중요하지 않은 수치들이라고 해도 허위진술은 용납하지 않겠다는 것이었다. 그 전에는 기업들이 수입이나 이익의 5% 미만인 사항은 그것이 중요하지 않다고 하면서 공시에서 누락시켰다. 그러나 증권거래위원회는 "5%든 몇 %든 어떤 숫자를 기준으로 삼는 건 회계규정이나 법규에 전혀 근거가 없다"고 밝혔다.

2000년에 증권거래위원회는 '공정 공시(Fair Disclosure)'의 머리글자를 딴 'FD 규정(Regulation FD)'을 만들었다. 이 규정은 기업들이 증권 애널리스트들에게만 선택적으로 정보를 제공하는 행위를 금지했다. 줄여서 '레그 에프디(Reg FD)'로 불리는 이 규정에 따르면, 기업 경영자들은 중요한 정보를 공개하고 싶다면 모든 사람들에게 동시에 알려야 한다.

그러나 이런 변화는 기껏해야 화장에 불과했다. 재무제표가 읽기 쉬워지지도 않았고, 정확해지지도 않았다. 새로 제정된 증권거래위원회의 규정을 어긴다 해도 처벌이 솜방망이였기 때문이다. 기업 경영자들은 완전공시의 규정인 레그 에프디를 무시하거나, 오히려 정보 공개를 기피하는 구실로 이 규정을 활용했다. 게다가 이 규정은 증권 애널리스트들이 담당했던 한 가지 긍정적인 기능, 즉 기업들로부터 달리 얻기 힘든 정보를 입수하는 행위를 불법화했다. 기업들에 관한 정보의 질이 떨어지기 시작한 건 당연한 결과였다.

아서 레비트가 증권거래위원장으로서 한 마지막 일은 2000년 '1차산품 선물 현대화 법'이 제정되도록 한 것이었다. 무엇보다 이 법은 장외 파생상품 거래는 규제의 대상이 아니라는 점을 분명히 했다. 특히 에너지 파생상품에 대해서는 규제 대상에서 제외한다는 조항이 명시됐다. 이 조항은 필 그램 상원의원의 강력한 지지를 받았다. 그의 부인 웬디는 1993년에 처음으로 스왑을 규제대상에서 제외했고, 그 후 엔론의 이사회 멤버로 계속 일해 왔다.

파생상품에 관한 법안을 의원들과 그 참모들이 입안했다고 생각한 사람이라면, 의회가 '1차산품 선물 현대화 법안'을 검토 중일 때의 하원 농업위원회 사무실 풍경에 놀랐을 것이다. 당시 그곳에서는 의회 사람들이 아니라 국제스왑파생상품협회(ISDA)의 로비스트인 마크 브리켈이 법안의 중요한 부분들을 작성하고 있었다. 입법 절차는 흔히 소시지 만드는 작업에 비유돼 왔다. 파생상품의 경우에는 소시지 제조업자들이 실질적으로 법안을 작성했다. 의회의 역할은 단지 금융 로비스트들의 어깨 너머로 그걸 들여다보고는 고개를 끄덕이는 것뿐이었다.

금융시장은 진지한 감독체계가 없는 상태에서 광기의 시기로 들어섰다. 동물적인 본능이 시장을 지배했다. 바텐더가 술 취한 손님에게 "이게 마지막 잔"이라고 제지하는 대신에 무제한으로 공짜 술을 주는 것과 같았다. 2000년 3월까지 금융시장에는 떠들썩한 파티가 벌어졌다. 대부분의 개인투자자들에게는 안타까운 일이었지만, 그들은 파티에 마지막으로 도착했다. 증권 애널리스트, 은행가, 회계사, 기업 경영자들이 이미 그들의 잔을 비운 지 한참 뒤였다. 조지 부시 대통령이 나중에 말한 대로 '숙취'가 시작됐다.

엔론이 투자자들의 첫 번째 두통거리로 기다리고 있었다. 엔론은 원유와 가스를 다루던 평범한 회사에서 에너지와 첨단기술 분야의 세계적인 거대기업으로 성장하면서 금융시장의 총아로 떠오른 기업이었다. 엔론은 자신이 무너지는 과정에서 금융시장에 대한 투자자들의 생각을 바꿔놓았다. 물론 이런 투자자들의 생각 변화가 타당한 이유들에 의해서만 이뤄진 것은 아니었다.

엔론 붕괴에 얽힌 자세한 내막을 이해하는 사람들은 별로 없었다. 엔론이 망할 때 투자자들이 보여준 반사적인 행태도 그들이 투자의 대상으로서 엔론의 장점들에 대해 이성적인 판단을 했다기보다는, 알코올 중독자가 다시는 술을 마시지 않겠다고 맹세하는 모습과 더 비슷했다. 그럼에도 엔론의 붕괴는 여러 가지 국제적인 금융위기나 닷컴 거품의 파열보다도 더 확실하게 1990년대의 들뜬 시장이 끝났음을 알리는 핵심 신호였다.

엔론 스캔들

2002년에 대부분의 사람들은 엔론 사태의 기본적인 내용은 알고 있었다. 대학교수 스타일의 창업자 케네스 레이(Kenneth Lay), 자유시장 컨설턴트인 제프리 스킬링(Jeffrey Skilling), 성마른 금융 고수인 앤드류 패스토우(Andrew Fastow) 등 서로 다른 세 사람이 어떻게 작은 천연가스 회사를 미국에서 7번째로 큰 회사로 바꿔놓았는지 알고 있었고, 그 과정에서 엔론의 주주와 종업원들, 특히 12억 달러 이상을 빼낸 내부자들이 어떻게 큰 돈을 벌었는지도 알고 있었다. 대부분의 사람들은 엔론의 끔찍한 파산 과정과 수천 명의 직원 해고, 엉망이 돼버린 퇴직 프로그램, 정치 헌금을 둘러싼 논쟁도 알고 있었고, 심지어는 클리프 박스터의 자살과 레베카 마크의 성생활 등 엔론 경영자들의 사생활까지 알고 있을 정도였다.

그러나 그 정도 얘기로는 만족스럽지 않았다. 왜냐하면 단지 몇몇 거래나 사람들에 초점을 맞추다보니 중요한 내막들이 무시됐고, 엔론 사태를 전체적인 관점에서 볼 수도 없었다. 엔론 사태가 주주와 종업원들을 파멸로 이끈 건 사실이지만, 과연 이 사태가 특이하고 갑작스러웠던 것일까? 엔론 사태는 금융부정이 몰고 온 폭풍우였을 뿐 금융시장의 전체적인 건강성에는 별다른 영향을 주지 않았을까? 그게 아니라면 엔론 사태는 금융 위험과 탐욕이라는 빙산의 일각으로서, 공개기업들이 중병에 걸려 있다는 것을 보여주는 징조였을까? 이런 질문들에 답하려면 1980년대 이후의 주요 금융시장 변화 과정에 엔론이 어떻게 적응했는지를 알아야 한다.

간단히 말하자면 15년 전이라면 엔론 사태 같은 일은 일어날 수 없었다. 엔론 사태는 금융혁신, 통제력의 상실, 금융시장의 탈규제 등이 확산되면서 일어난 일이었다. 엔론의 경영자들은 아서 앤더슨과 월스트리트 은행 회계사들의 도움을 받아 복잡한 금융수단을 활용했고 이익을 조작했으며 감독을 피했다. 엔론의 주주들은 회사 경영자들에 대한 통제력을 잃었고 경영자들은 종업원, 특히 재무부서 간부들과 거래담당 직원들에 대한 통제력을 잃어버렸다. 게다가 엔론은 새롭게 규제가 풀린 에너지 및 파생상품 시장에서 사업을 벌였는데, 이 시장의 참여자들은 시장의 도덕률에 의해서만 제약을 받았다. 2001년까지 현대 금융시장은 워낙 급변했고, 엔론은 완전히 새로운 경기장에서 새로운 경기에 맞게 새롭게 다진 몸으로 뛰어야 하는 선수와 같았다.

엔론의 간부들은 월스트리트 은행가들의 위험한 전략과 기업 최고경영자들의 기만적인 관행을 결합했으며, 이런 결합은 투자자들이 미처 상상하지 못한 방식으로 이뤄졌다. 1년여에 걸쳐 집요하게 이어진 언론의 추적 감시, 의회 청문회, 정부의 조사에도 불구하고 이 회사가 한 거래의 대부분은 그 수법의 실체가 드러나지 않았다.

엔론의 붕괴 과정을 파헤치기 위해 구성된 특별위원회는 몇 달간 관련 문건들을 검토하고 핵심 관련자들을 인터뷰했다. 하지만 특별위원회가 낸 200페이지짜리 보고서는 엔론의 수천 개 합자회사들 가운데 단지 소수 몇 개의 회사들만 다루는 등 스스로의 불완전함에 관한 단서로 가득 차 있었다. 의회는 수십 차례 청문회를 열었으나 거죽을 건드리는 정도에도 못 미쳤다. 믿기 힘든 일이지만 엔론이 파산한 뒤 회사의 임원들조차 연례 보고서를 작성하는 데 필요한 세부사항들을 파악할 수 없었다. 이들은 프라이스워터하우스쿠퍼스(PricewaterhouseCoopers)에서 파견된 회계사 팀의 도움을 받고서도 자산과 부채를 제대로 파악할 수 없었다.

엔론의 거래들을 자세히 들여다보면 3가지 중요한 결론에 이르게 되는데, 셋 다 이 회사에 대해 사람들이 흔히 갖고 있던 상식과 배치된다.

첫째, 사실상 엔론은 파생상품 거래를 하는 회사였지 에너지 회사가 아니었으며, 그 누가 예상했던 것보다 훨씬 많은 리스크를 안고 있었다. 마지막 순간에 엔론은 차입 비율이 고도로 높은 월스트리트의 투자은행보다 더 변동성이 컸지만, 이런 사실을 알아차린 투자자는 거의 없었다.

둘째, 파생상품 거래라는 엔론의 핵심 사업은 사실 수익성이 매우 높은 것이어서 핵심 당사자들이 이 사업에 대해 잘 알고 있었다면 엔론은 분명 살아남았을 것이었다. 그러나 2001년 후반에 엔론은 자승자박의 처지가 됐다. 돈을 못 벌어서가 아니었다. 엔론 경영자들이 자신들이 하는 사업의 위험성을 감추기 위해 파생상품을 이용했다는 사실을 알게 된 기관투자가들과 신용평가회사들이 엔론을 포기했기 때문이었다.

셋째, 장부에 반영되지 않는 부외 합자회사 및 지금은 악명이 높아진 특별목적회사(SPE)와 관련된 거의 모든 거래에서 엔론은 법규의 자구에 충실히 따랐다. 이런 거래들은 주주들에게 비용을 떠넘기면서 엔론의 소수 직원들에게 혜택을 돌리는 것이긴 했지만 엔론의 재무보고서를 통해 공시됐다. 공시된 내용은 자의적으로 취사선택된 모호한 것이었지만, 그래도 그것만이라도 꼼꼼히 읽은 사람이라면 엔론이 벌인 자기거래의 기본적인 내용들을 이해했을 것이고, 최소한 엔론 주식을 사기 전에 몇 가지 질문을 던지라는 경고를 받았을 것이다. 엔론과 그의 회계사 및 은행가들이 이익을 부풀리고 손실을 숨기는 행위에 적극적이었지만, 이런 행위를 그들만한 것이 아니었다. 수십 개의 다른 기업들도 완전히 같은 종류의 거래를 했고, 그 중 일부는 엔론과도 이런 거래를 했다. 이들 기업은 모두 자신의 거래가 상식에서 벗어난 부분은 있을지 몰라도 법률적으로는 아무 문제가 없다고 강력히 주장했다.

종합해 볼 때 다른 기업들에 비해 엔론은 전반적으로 수익성이 높고, 경영 상태도 좋았으며, 법을 준수하는 회사였다. 그렇다고 엔론이 기업 행위의 모범을 보였다는 뜻은 아니며, 분명히 그렇지는 않았다. 그러나 이런 각도에서 엔론을 보는 것은 엔론 사태가 어떻게 일어날 수 있었는지를 설명해준다.

언론은 엔론 사태를 놓고 10년 만의 기업 스캔들이라고 보도했지만, 진실을 말하자면 엔론은 뱅커스 트러스트, 오렌지 카운티, 센던트, 롱텀 캐피털 매니지먼트, CS 퍼스트 보스턴, 메릴 린치, 그리고 엔론 사태 직후에 파산한 월드컴과 글로벌 크로싱을 포함한 다른 많은 기업들에 비해 욕할게 더 많지 않았다. 그리고 엔론의 거래는 불법적인 것이 아니었고, 정확히 말하자면 불법도 합법도 아니었다.

엔론 사태가 거창한 이야기가 된 것은 그 자체로서가 아니라, 지난 15년간 진행된 법률과 기업 문화의 변화가 비난 받아 마땅한 행위를 어떻게 해서 법 외부의 행위로 전환시켰는지, 그리고 그렇게 함으로써 여건을 참작하면 전혀 문제될 것이 없는 행위로 전환시켰는지를 보여주는 한 상징이었기 때문이다.

켄 레이

켄(케네스) 레이는 휴스턴대학 야간과정에서 경제학 박사학위를 받았고, 에너지 산업 분야에 취직해 고속 승진했다. 그는 여러 회사를 옮겨 다녔고, 멕시코만을 가로질러 루이지애나주와 플로리다주를 연결하는 천연가스관 공사 등 전통산업 분야의 프로젝트들에서 전문성을 쌓았다.

1985년 레이는 마이클 밀켄의 회사인 드렉셀 번햄 램버트의 도움을 받아, 오마하에 본사를 둔 세계적인 천연가스 회사 인터노스에 자신의 회사인 휴스턴 내추럴 가스를 23억 달러에 넘기려고 했다. 이 거래는 1980년대의 기준에서 보면 중간 규모의 합병이었으나, 켄 레이로서는 자신의 경력에 가장 큰 기회였다.

그는 합병회사의 경영자로 선임됐고, 회사 이름은 엔테론(Enteron)이 될 예정이었다. 그런데 다행스럽게도 마지막 순간에 누군가가 '엔테론'은 '동물의 창자'라는 뜻을 갖고 있다고 지적했고, 그 즉시 회사 이름은 엔테론에서 엔론(Enron)으로 줄여졌다. 당시 이 회사 대변인은 "엔론이라는 이름에는 우리가 부여하는 의미 외에 다른 의미가 없다"고 강조했다.

엔론을 전통 기업에서 에너지 상품을 거래하는 더 활력 있고 수지맞는 기업으로 바꾸기 위해 레이는 컨설팅 회사 매킨지 앤드 컴퍼니의 파트너인 제프리 스킬링에게 도움을 청했다. 하버드 경영학석사(MBA) 학위를 따고 런던의 한 투자은행에서 일한 경험이 있는 스킬링은 레이보다는 세련된 사람이었다. 그는 엔론이 새로운 에너지 시장에서 어떻게 이익을 창출할 수 있는지에 대해 훌륭한 조언을 해줬다. 두 사람 다 탈규제와 자유시장의 신봉자였고, 서로 가까운 친구가 됐다. 레이는 드렉셀의 마이클 밀켄에게도 도움을 청했다. 밀켄은 합병에 관한 조언을 해주었고, 엔론이 1억 8000만 달러의 정크본드를 파는 것도 도와줬다. 8명이 일하는 드렉셀의 휴스턴 사무소에게 엔론은 최대 고객이 됐다.

통화옵션 트레이더인 앤디 크리거가 살로먼 브라더스에서 첫 직장생활을 할 때 엔론은 뉴욕의 발할라에 '엔론오일'이라는 회사를 설립하고, 이 회사를 통해 원유 거래 사업을 시작했다. 1985년부터 1987년까지 이 회사를 운영한 루이스 보게트와 토머스 마스트로에니 두 사람은 크리거가 통화옵션으로 번 금액에 가까운 수익을 원유 거래에서 올렸다고 보고했다. 뱅커스 트러스트의 찰리 샌포드가 크리거를 고용한 뒤 그에게 거래의 밑천으로 수억 달러를 주고 거래를 맡길 때 켄 레이는 보게트와 마스트로에니에게 같은 식으로 일을 맡겼다. 두 사람에게 설정된 거래의 한도는 원유 1200만 배럴이었으며, 그 가치는 크리거가 부여받은 거래 한도액의 3분의 1에 해당하는 것이었다. 엔론이 월스트리트의 은행이 아니라 중간 규모의 에너지 회사였다는 점을 감안하면 대단한 거액이었다.

켄 레이가 과거에 하던 지저분하고 단조로웠던 파이프라인 사업과 비교하면 트레이딩은 그에게 꿈에 그리던 일이었고, 미국 기업세계의 상류층에 진입하는 기회이기도 했다. 그는 1985년과 1986년에 에너지 트레이더들에게 모두 1250만 달러의 성과급을 줬다. 이는 같은 기간에 앤디 크리거가 지급한 금액에 크게 뒤지지 않는 수준이었다.

찰리 샌포드가 크리거의 거래 이익에 대해 좋지 않은 소식을 듣기 몇 달 전에 켄 레이는 엔론오일에서 자신이 문제점을 하나 안고 있다는 사실을 발견했다. 1987년 10월 주식시장이 붕괴할 때 레이는 보게트와 마스트로에니가 원유 8000만 배럴의 포지션을 갖고 있음을 알아차린 것이다. 이는 그들에게 부여된 거래 한도의 거의 7배에 이르고 북해 전체에서 생산되는 원유 생산량의 3개월치에 해당하는 것이었으며, 무엇보다 레이가 생각한 엔론오일의 거래능력 한도보다 훨씬 더 컸다. 레이는 두 사람이 엔론으로부터 수백만 달러를 빼돌렸다는 사실도 알게 됐다.

보게트와 마스트로에니의 수법은 엔론이 10년 뒤에 활용할 금융거래 구조의 전조였다. 두 사람은 파나마에 '스피트(SPIT)'라는 약칭으로 알려진 4개의 회사를 설립하고, 이들을 통해 엔론과 거래했다. 이는 훗날 앤디 패스토우가 엔론과 거래하기 위해 몇 개의 합자회사를 만든 것과 같은 방식이었다. 두 사람은 스피트 회사들을 이용해 엔론의 거래 중 상당한 부분을 숨기고, 자금을 자신들의 계좌로 들어가게 했다. 스피트 회사들은 '리그 오일(Rigoil)'로 불리는 런던의 중개상에게 수수료를 과도하게 지급했고, 그 가운데 일부는 두 사람에게 리베이트로 돌아왔다. 두 사람은 엔론으로부터 모두 500만 달러 이상을 빼돌렸다.

그러나 진짜 타격은 엔론 간부들이 8000만 배럴의 원유 포지션을 줄이는 과정에서 일어났다. 포지션 축소 과정에서 대략 1억 4000만 달러의 손실이 발생했고, 이는 그 해 수익을 송두리째 까먹고도 남을 금액이었다. 자칫하면 회사가 망할 수도 있었다. 1987년은 금융부정 행위가 아직은 엄한 처벌을 받을 때였고, 젊고 거친 기질의 연방 검사인 제임스 코미가 금융부정 사건들을 맡았다. 그는 15년 뒤에 전례 없이 늘어난 금융부정 사건들에 대한 조사를 책임진 연방검찰 책임자인 맨해튼 검찰총장이 됐다. 보게트는 1년 형, 마스트로에니는 2년의 집행유예에 400시간 사회봉사 형을 받는 데 그쳤지만, 코미는 어쨌든 법원에서 유죄판결을 얻어냈다.

엔론의 명성은 훼손됐으나, 그건 잠깐이었다. 하지만 엔론의 첫 3년간 회계보고서들이 거짓임이 드러났다. 그럼에도 엔론은 뱅커스 트러스트나 메릴 린치와 좋은 관계를 유지했다. 하긴 이 두 투자은행들도 1987년에 각각 자체 트레이딩 스캔들로 인해 엔론보다도 더 많은 돈을 잃었다. 투자자들은 엔론이 낸 손실을 중요시하지 않았고, 그 탓을 일부 불량배 트레이더들에게 돌렸다. 엔론의 핵심 에너지 사업은 여전히 건전해 보였고, 켄 레이는 스캔들에서 오히려 긍정적인 측면을 발견하기까지 했다. 그는 "우리는

기존 사업 분야에서만이 아니라 다른 어느 사업 분야의 그 어떤 기업보다
도 더 우수한 위험 관리 및 통제 체제를 갖추게 됐다"고 말했다. 2001년까
지 켄 레이는 스스로 말한 것처럼 경험을 통해 정말 많이 배웠다.

레이에게는 통제체제를 갖추는 것 외에 몇 명의 새로운 인재가 필요했
다. 1990년에 레이는 몇 달 사이에 새로운 인재들을 얻었다. 그의 경력에서
가장 중요한 두 건의 스카우트를 한 것이다. 그에게 스카우트된 인재는 바
로 제프리 스킬링과 앤디 패스토우였다.

36세인 스킬링은 매킨지를 떠나 엔론의 금융부문 책임자가 됐다. 노
스웨스턴 대학 경영학석사인 패스토우는 시카고의 콘티넨털 뱅크를 그만
두고 엔론에 합류했다. 콘티넨털 뱅크에서 그는 시장에 막 확산되던 새로
운 구조화 금융 기법을 사용했다. 스킬링은 에너지와 관련해 새로이 형성
되는 시장에 초점을 맞추면서 현대 기업은 물적 자산보다 지식 자본에 바
탕을 두고 운영될 수 있다는 점을 보여줌으로써 엔론을 혁신적으로 바꿀
계획이었다. 패스토우는 에너지에 대해서는 잘 몰랐지만, 자신의 창의성과
구조화 금융에 대한 전문성을 활용하고 싶어 했다. 스킬링과 패스토우는
서로 친구가 됐고, 곧바로 켄 레이의 이너서클에 합류했다.

엔론의 변신

스킬링과 패스토우는 상업은행과 투자은행 10여 곳과 밀접한 관계를 맺었
고, 은행가들과 정기적으로 만났다. 1990년대 초반에 뱅커스 트러스트, 퍼
스트 보스턴, 살로먼 브라더스가 새로운 금융상품을 만들어냈을 때 엔론은
그 사실을 금세 알았다. 엔론은 특히 시티뱅크, JP 모건, 체이스 맨해튼 등
상업은행들과 긴밀한 관계를 유지했다. 이들 상업은행은 당국이 규제를 풀

자 그동안 투자은행만 하던 거래 분야에 공격적으로 뛰어들고 있었다.

　　대부분의 다른 석유회사들처럼 엔론은 주요 은행, 회계법인, 법률회사의 지원을 받아, 유전 개발과 원유수송관 건설 등의 사업을 벌이기 위한 합자회사들을 만들었다. 엔론이 아닌 바로 이들 합자회사가 돈을 빌리고 자산을 구매하고 리스를 비롯한 각종 계약을 맺었다. 엔론이 직접 거래를 하는 대신 합자회사를 이용한 데는 여러 가지 이유가 있었다. 엔론은 합자회사는 물론 신탁회사나 주식회사 등 다른 법인들도 활용함으로써 '비소구금융(non-recourse financing)' 방식으로 자금 운영을 할 수 있었다. 비소구금융 방식을 취함으로써 엔론은 합자회사의 자산을 근거로 자체 사업 자금을 차입할 수 있었지만, 해당 합자회사의 투자자들은 차입금에 대한 상환의무 이행을 엔론에 요구할 권리가 없었다.

　　게다가 엔론이 합자회사에 대한 투자지분을 50% 미만으로 유지하기만 하면 회계규정상 엔론은 그 합자회사의 자산과 부채를 자사 장부에 합산하지 않아도 됐다. 즉 부채는 엔론이 아닌 합자회사에 속하는 것이었다. 따라서 엔론의 회계보고서에는 그 같은 부채가 대차대조표가 아닌 주석에만 나타날 뿐이었다. 이런 식으로 장부에서 많은 부채가 제외됨에 따라 엔론은 실제보다 더 건전한 회사로 비쳤고, 덕분에 신용평가회사들로부터 높은 신용등급을 얻을 수 있었다.

　　엔론은 역외 특별목적회사들을 활용해 스왑을 비롯한 여러 가지 장외파생상품 거래를 했다. 이런 방식의 거래도 엔론으로 하여금 회계장부에 부채로 기재하지 않고도 돈을 빌릴 수 있게 했다. 예를 들면 엔론은 1986년에 체이스 맨해튼과 함께 유럽의 규제자유 지역인 저지 섬에 마호니아라는 회사를 설립했고, 1992년 이 회사를 이용해 스왑 거래를 했다. 체이스는 마호니아를 실질적으로 지배했고, 따라서 사실상 엔론은 체이스와 스왑 거래를 한 것이었다. 그러나 마호니아는 법률적으로 독립돼 있었기에 체이스는 그 부채에 대한 상환 책임을 지지 않았으며, 이에 대해 2001년에 뜨거운 논쟁이 벌어지기도 했다.

처음에 엔론이 마호니아와 벌인 거래는 세금을 줄이기 위한 것이었다. 그러나 몇 년 뒤 엔론은 마호니아와 선불스왑(prepaid swap) 거래를 통해 수십억 달러의 자금을 차입했다. 선불스왑에 대해서는 뒤에 자세히 살펴본다. 이 거래는 체이스가 주선했고, 체이스와 JP 모건이 합병한 뒤에는 JP 모건체이스가 이 일을 넘겨받아 관리했다.

엔론의 거래가 점점 더 복잡해짐에 따라 스킬링과 패스토우는 레이로부터 권한을 넘겨받았다. 스킬링은 전 세계를 다니면서 투자자들을 상대로 엔론의 새로운 사업 개념들을 설명했고, 패스토우는 휴스턴에 머물면서 다양한 재무상 문제들의 실무적인 처리를 담당했다.

레이는 산업계와 정계의 거물들과 친분을 두텁게 하며 인맥을 쌓기도 했다. 그는 1992년 휴스턴에서 열린 공화당 전당대회에서 의장을 맡았고, 조지 부시와 연단 상석에 나란히 앉았다. 부시가 1992년 선거에서 패배한 뒤에도 레이는 부시 가문과 긴밀한 관계를 유지했고, 부시 정부 때의 각료 2명과 부시의 참모 1명을 고용하기도 했다. 부시의 아들들은 엔론을 위해 로비스트의 역할을 해주었다. 쿠웨이트에서는 닐 부시와 마빈 부시가, 아르헨티나에서는 조지 부시가 엔론을 위한 로비 활동에 나섰다. 부시 행정부의 상품선물거래위원장이던 웬디 그램은 엔론의 사업에 중요한 부분이 될 장외 파생상품에 대해 규제를 면제해주는 조처를 밀어붙였고, 그로부터 불과 몇 주일 뒤에 레이는 엔론의 이사 자리를 그녀에게 줌으로써 보답했다.

1993년에 엔론은 파생상품 시장에 활발히 참여했고, 미국의 거의 모든 기업과 투자펀드, 정부 조직들과 거래했다. 깁슨 그리팅스가 복잡한 스왑 상품을 뱅커스 트러스트로부터 사고, 오렌지 카운티가 구조화 채권을 메릴린치로부터 사고, 존 메리웨더가 롱텀 캐피털 매니지먼트로 투자자들을 끌어들일 때 엔론도 나름대로 복잡한 거래를 준비하고 있었다. 훗날 엔론 파산의 원인으로 지목되는 이 거래는 '제디(JEDI)', 즉 '공동 에너지 개발투자 합자회사(Joint Energy Development Investments Limited Partnership)'를 통한 것이었다. 이 합자회사에는 캘리포니아주 공무원들의 연금기금인 캘퍼스(CalPERS)가 엔론과 동등한 조건의 파트너로 참여했다. 엔론과 캘퍼스는 각각 2억 5000만 달러씩을 투자해 이 합자회사를 공동 지배했다.

다른 합자회사들과 마찬가지로 제디도 엔론의 재무제표에 반영되지 않았다. 이번에도 잘 통하는 설명이 제시됐다. 제디에 대한 엔론의 지분율은 단지 50%에 그치고 있기 때문에 회계규정상 엔론은 제디의 자산과 부채를 자사 재무제표에 합산할 필요가 없다는 것이었다. 대신 제디와 관련된 몇 가지 수치들만 연차보고서의 각주에 포함됐다.

효율적 시장 이론에 따르면 엔론의 연차보고서의 어느 부분에 제디에 관한 사항이 기재되느냐는 중요하지 않다. 연차보고서의 어느 곳에든 기재돼 공시되기만 하면 제디의 가치가 엔론에 플러스 요인이든 마이너스 요인이든 엔론 주가에 반영될 것이기 때문이다. 달리 말하면 어느 곳에 기재되든 현명한 투자자들은 그렇게 기재된 수치를 보고 엔론 주식을 사거나 팔 것이며, 엔론의 주가는 정확히 엔론의 주당 기업가치와 같아질 것이라는 게 효율적 시장 이론의 설명이었다. 그러니 제디를 각주에 묻어놓는 데 대해 엔론의 경영자들이 양심의 가책을 느낄 필요도 전혀 없다. 이렇듯 효율적 시장 이론은 복잡한 금융거래에서도 법조문을 자구대로 지키기만 하면 된다는 식의 풍조를 확산시켰다. 그 이상의 일은 할 필요가 없었다.

효율적 시장 이론을 주장하는 사람들에게 엔론은 훌륭한 홍보 포스터 모델이었다. 엔론은 규제가 없어진 새로운 시장에서 수익성이 높고 유연하며 효율적으로 운영되는 기업이었다. 롱텀 캐피털 매니지먼트에서 일한 경제학자 마이런 숄스는 옵션가치 평가에 관한 연구로 노벨 경제학상을 수상한 뒤 1997년 12월 9일 스웨덴 스톡홀름에서 강연을 했다. 강연에서 그는 금융회사들과의 경쟁에서 살아남을 수 있는 두 개의 기업으로 제너럴 일렉트릭과 엔론을 꼽았다. 그는 "금융상품은 고도로 전문화되고 있어서 대부분의 경우 제도화한 시장에서 그것을 거래하기란 거래 자체가 불가능할 정도로 비용이 많이 든다"고 말했다. 숄스에 따르면 규제에서 벗어나 있는 엔론의 에너지 파생상품 장외거래는 제도화된 증권 거래를 언젠가 대체할 새로운 모델이었다.

엔론은 제너럴 일렉트릭만큼 능숙하고 공격적이었다. 두 회사 모두 1990년대 중반에 미국 밖에서 급성장하고 있었다. 당시는 금융위기의 징후가 멕시코와 동아시아 등지로 확산되던 때였다. 엔론은 수십억 달러를 빌려 브라질의 발전소에서부터 영국의 수자원 회사에 이르기까지 해외 벤처 사업들에 쏟아 부었다. 결국 엔론은 그 가운데 많은 돈을 잃게 된다.

엔론이 미국 이외 지역에서 벌인 연쇄 거래는 미국에서 막 발달하고 있던 구조화 금융 거래만큼 복잡했다. 예를 들면 엔론의 유럽 지사인 엔론 유럽(Enron Europe)은 1996년에 골드먼 삭스와 JP 모건의 지원을 받아 한 발전소의 지분을 손빔이라는 기업에 팔았고, 손빔은 그것을 다시 스트래티직 머니 매니지먼트라는 네덜란드 회사에 팔았고, 스트래티직 머니 매니지먼트는 지분을 확보한 발전소의 자산을 담보로 트리플 에이 등급의 채권을 발행해 한 은행에 팔았다.

그런가 하면 앤디 패스토우가 만든 한 복잡한 구조화 금융 거래에서 엔론은 말린이라는 합자회사를 통해 엔론의 자회사인 애틀랜틱 워터 트러스트에 투자했고, 애틀랜틱 워터 트러스트는 다시 웨섹스라는 영국 수자원 회사의 설비 대부분을 소유하고 있는 아주릭스라는 자회사에 투자했다.

패스토우는 〈CFO 매거진〉이라는 잡지와 한 인터뷰에서 이 거래에 대해 이렇게 우쭐댔다. "우리가 한 일은 이런 겁니다. 먼저 신탁회사를 만든 다음 엔론의 주식을 발행해 그 신탁회사에 넘겼고, 신탁회사는 자본시장에 나가 신탁된 주식을 담보로 잡히고 차입을 했습니다." 달리 말하면 엔론은 제3자로부터 빌린 돈으로 해외투자를 한 게 아니라 자사 주식으로 해외투자를 한 셈이었다. 이는 매우 평범한 것이었고 법률의 자구에서 벗어나는 것도 아니었지만 회계규정의 정신과는 반대되는 것이어서 논란이 될 만한 거래 기법이었다. 그러나 패스토우가 〈CFO 매거진〉 독자들을 안심시키기 위해 말한 대로 엔론으로서는 걱정할 게 없었다. 패스토우는 "우리는 그것을 주석에 밝혔고, 따라서 투자자들과 신용평가회사들은 모든 걸 다 이해할 수 있을 겁니다."

1994년과 1995년에는 증권소송에 대한 제한, 기업 경영자들에 대한 인센티브로 스톡옵션을 활용하는 데 대한 규제 완화 등 다양한 규제의 완화 및 폐지라는 법규의 변화가 있었다. 이 같은 법규 변화는 엔론의 경영자들이 회계규정을 악용하도록 유혹했고, 이 회사의 배금주의 문화를 더욱 부추겼다.

엔론은 미국 증권법을 적용받지 않으면서 금융 거래를 하기 위해 1994년에 규제가 없는 터크스 케이커스 제도에 엔론 캐피털(Enron Capital LLC)이라는 법인을 만들었다. 1996년에는 연방 에너지규제위원회가 에너지 시장에 대한 규제를 풀기 시작했다. 켄 레이와 다른 에너지 회사들의 로비가 먹혀들었던 것이다. 엔론이 법률의 한계선 주변에서 점점 더 많은 사업을 벌이게 되면서 법규 자체가 점점 더 대수롭지 않은 것으로 여겨졌다.

대부분의 엔론 경영자들은 대량의 스톡옵션을 받았고, 이는 단기간에 회계상 이익을 올린 데 대한 보상이었다. 스톡옵션은 적게는 연간 기본급의 5%가 주어졌지만, 최고경영자에게는 수십만 주까지 지급됐다. 엔론은 센던트, 웨이스트 매니지먼트, 선빔, 라이트 에이드 등 경쟁 기업들보다 훨씬 더 많은 스톡옵션을 경영자들에게 주었다. 전부 합하면 엔론의 경영자들은 스톡옵션으로 모두 10억 달러 이상을 벌었다.

엔론의 위험관리 매뉴얼은 회계규정이 현실과 어긋나더라도 회계규정을 자구 그대로 준수하라고 직원들에게 가르쳤다. 매뉴얼에는 이렇게 적혀 있었다. "보고서에 기록하는 수입은 회계의 규정과 원칙에 따른다. 그 결과가 현실과 맞지 않을 수도 있다. 그러나 기업 경영자의 실적은 실제 경영 상태가 아니라 회계상 수입으로 측정된다. 따라서 엔론의 위험관리 전략은 경제적 실적보다는 회계에 기준을 맞춘다." 다시 말해 엔론의 경영자들은 어떤 결정을 할 때 그 결정이 실제로 어떤 경제적 결과를 낳을지 보다는 회계장부에 어떤 영향을 주는지에 초점을 맞추도록 권장됐다. 회계공시보다 실질적인 경제효과가 회사에 더 중요한 경우의 위험 문제를 다룰 때도 엔론은 같은 기준을 적용했다.

엔론이 국제적인 사업을 늘려 나가고 그에 따라 이사회 구성이 국제화하면서, 엔론의 경영자들에 대한 기존 사내 감시체제의 효율성이 점점 더 떨어졌다. 영국 하원의 여당 원내총무와 에너지 장관을 지낸 존 웨이크햄 경은 엔론이 영국 클리블랜드주의 티스사이드에 영국 최대 규모의 발전소를 짓도록 허가했던 사람이다. 그런데 그는 엔론의 자문위원 겸 이사로 영입됐고, 그가 자문위원으로서 받는 돈이 이사로서 받은 급여보다도 더 많았다.

엔론 이사회가 구성한 5인 감사위원회도 감시자다운 감시자들로 채워졌다고 보기 어렵다. 감사위원 중 홍콩 항룽그룹의 로니 찬 회장과 브라질 보자노 그룹의 임원인 파울로 페라즈는 미국 밖에서 살았고, 미국의 회계규정에 대해 아는 게 거의 없었다. 전 상품선물거래위원장인 웬디 그램은 엔론으로부터 정치헌금과 자선기부금을 받은 사람이었다. 워싱턴에 있는 그녀의 조직인 '자유시장 정책단'은 엔론으로부터 5만 달러를 받았고, 켄 레이가 설립한 재단으로부터도 1만 달러를 받았다. 그녀의 남편으로 텍사스주 상원의원인 필 그램은 엔론으로부터 모두 9만 7350달러의 헌금을 받았고, 웬디 그램의 동료이자 JP 모건의 로비스트인 마크 브리켈이 조성한 자금도 받았다. 그러니 〈배런스〉라는 신문이 그램 부부를 '미스터 앤드 미시즈 엔론(Mr. And Mrs. Enron)'이라고 불렀다 해서 이상할 게 없다. 텍사스 대학의 앤더슨 암센터 소장인 존 멘델손도 엔론의 감사위원이었는데, 그는 엔론이 이 암센터에 160만 달러를 기부한 데서 간접적인 혜택을 입은 사람이라고 볼 수 있었다.

감사위원장으로 선임된 로버트 재딕은 스탠퍼드 대학 회계학과의 존경받는 명예교수였다. 그는 회계에 대한 전문지식을 갖고 있었으나, 자신이 감독하고 통제해야 할 엔론 경영자들이 내놓는 복잡한 공시 사항들의 문제점을 제대로 파악하지 못했다. 재딕은 엔론으로부터 받은 스톡옵션으로 거의 100만 달러를 벌었다. 1980년대에 스탠포드 대학 비즈니스 스쿨의 학장이었다는 그의 이력을 감안한다 해도 회계학 교수 신분으로는 너무 많은 돈이었다.

무엇을 하든 상관없다는 식의 엔론 내부 분위기는 제프 스킬링과 앤디 패스토우에겐 이상적인 환경이었다. 스킬링은 1997년 사장 겸 최고운영책임자(COO)로 승진하면서 켄 레이에 이어 확실한 2인자의 자리를 굳혔다. 패스토우는 1996년 수십 건의 금융거래를 통해 회사에 50억 달러 이상의 자금을 조달해주었고, 그 뒤 레이는 그를 금융부문 수석 부사장으로 승진시켰다. 이로써 패스토우는 35세라는 가장 젊은 나이로 레이의 이너서클 멤버가 됐다. 이제 엔론은 거대 다국적 기업이 됐음에도 놀랍게도 최고재무책임자(CFO)를 두지 않고 있었다. 레이는 곧바로 최고재무책임자 자리를 만들고 거기에 패스토우를 앉혔다.

스킬링과 패스토우에게 실권을 쥐어줌으로써 전보다 훨씬 자유롭게 된 레이는 회사 밖에 있는 자신의 사회적, 정치적 서클로 관심을 돌렸고, 친구인 조지 부시 텍사스 주지사에 대한 로비에 나섰다. 레이와 스킬링이 자리를 함께 하는 것은 대개 대중에게 보여주기 위한 것이었다. 예를 들어 두 사람은 엔론 본사 건물 앞거리에 특별히 마련된 농구 코트에 점심시간에 들르기도 했는데, 이는 그곳에서 연습을 하는 농구팀 '휴스턴 로케츠'의 선수들과 어울리다가 사진기자들을 위해 포즈를 취해주기 위한 것이었다.

엔론은 회사 이미지를 바꾸기 시작했다. 1997년에 제프 스킬링은 대대적인 새 광고 캠페인 계획을 공개했다. 슈퍼볼 TV 광고 시간을 대거 확보해 활용하고, 나중에 '구부러진 E'로 불리게 되는 새로운 회사 로고를 도입하는 내용이었다. 스킬링은 이 광고 캠페인에 대해 "엔론을 대기업들 가운데 가장 덜 알려진 기업에서 맥도널드, 코카콜라, 아메리칸 익스프레스와 같이 세계에서 가장 유명한 기업들 가운데 하나로 도약시키는 과정의 시작"이라고 말했다. 엔론은 '휴스턴 아스트로스' 야구장의 이름을 바꿀 권리를 산 뒤 그 이름을 '엔론 필드'로 바꾸기도 했다.

인터넷 기업공개 시장이 달아오르자 엔론은 닷컴 기업처럼 보이려고 애썼고, 기술과 인터넷에 미래를 걸기 시작했다. 휴스턴 시내 중심가에 있는 엔론 본사의 여기저기에 설치된 TV 화면에서는 엔론의 주가가 점멸했고, 사옥 엘리베이터 안에는 직원들의 사기를 진작시키기 위한 방송이 시작됐다. 사내 체육관이 설치됐고, 회사에서 보조금을 주면서까지 스타벅스 커피숍도 유치했다. 엔론은 미국에서 가장 일하기 좋은 회사들 가운데 하나로 꼽혔다. 특히 주가가 상승하는 중이었기 때문에 퇴직자에 대한 대우도 좋았다. 젊은 임원들은 매년 많은 보너스와 점점 더 많은 스톡옵션을 받았다. 엔론의 주차장에서는 포르셰와 베엠베 승용차를 점점 더 많이 볼 수 있었다.

엔론이 경영자들에게 막대한 스톡옵션을 보장한 것은 그들로 하여금 주주들의 돈으로 투기적인 벤처 투자에 적극 나서도록 부추겼다. 1998년 엔론은 1600만 주에 가까운 스톡옵션을 임직원들에게 나눠주었다. 이렇게 지급된 스톡옵션의 규모는 1999~2000년에 두 배 이상으로 늘어나, 엔론 전체 발행주식의 5%에 이르렀다. 엔론의 자체 평가에 따르면, 만약 이런 스톡옵션들이 재무제표에 비용으로 반영됐다면 엔론의 이익은 거의 10%나 줄어들었을 것이다. 엔론에게는 다행스러운 일이지만, 의회는 스톡옵션을 비용으로 반영하게 하자는 법안을 기각했다. 게다가 스톡옵션은 일반 주식과 달리 손해 날 일은 없고 오로지 이익만 내주는 것이었다. 때문에 스톡옵션은 그것을 보유하게 된 임직원들로 하여금 주주들이 감당할 수 없는 수준까지 위험을 짊어지도록 하고, 일반 주식 보유자들에 대한 배당금 지급액을 가급적 줄이도록 하는 유인으로 작용했다.

엔론은 이렇게 스톡옵션을 부여하는 동시에 미래에 자사주를 사들이기 위한 파생상품 거래 계약도 체결했다. 지급되는 스톡옵션 물량을 나중에 감당할 수 있도록 자사주를 미리 확보해 두자는 것이었다. 이 같은 자사주 선물 매입은 당장의 현금 지급이 필요 없다는 점만 제외하면 공개 주식 시장에서 현금을 주고 주식을 되사는 거래와 같은 것이었다. 게다가 선물 매입은 실제로 주식을 사는 것이 아니라 장외 파생상품을 사는 것이기 때문에 재무제표에 그 내용을 공시할 필요도 없었다. 자사주를 미래에 사기로 하는 계약을 체결함으로써 엔론과 그 경영자들은 회사의 귀중한 현금을 전혀 사용하지 않고도 자사 주식에 대해 막대한 규모의 은밀한 베팅을 한 셈이었다.

운이 없게도 1997년부터 엔론은 대부분의 베팅에서 실패해 수십억 달러의 손해를 봤다. 첫째, 엔론은 인터넷 관련 기업들에 투자하기 위해 벤처 캐피털을 만들고, 자사의 거래 기능을 인터넷에 구축하는 방법으로 인터넷에 베팅을 했다. 둘째, 엔론은 자사의 주된 전문분야인 천연가스와 전력 파생상품을 거래하는 데 그치지 않고 통신산업에서 사용되는 광섬유 용량으로, 심지어는 날씨를 바탕으로 하는 기후 파생상품으로 거래분야를 확대해 갔다. 셋째, 엔론은 직원들이 엔론과 거래하는 새로운 합자회사를 만들거나 그런 회사에 투자하는 것을 허용하고, 자사 재무제표를 조작하는 데 이런 합자회사들을 활용했다. 결과적으로 엔론은 이 세 가지 베팅에서 삼진 아웃을 당했다.

엔론에 얽힌 거대한 역설은 이런 실패한 결정들에도 불구하고 천연가스와 전력 파생상품 거래라는 엔론의 핵심 사업들이 다른 실패한 사업들을 상쇄할 만큼 돈을 벌어주었다는 데 있다. 엔론은 파산하기 전 몇 년 동안 수십억 달러의 이익을 냈다. 1999년 8월까지 엔론은 원유와 천연가스 생산 분야에서 완전히 손을 뗐다. 대신 엔론은 천연가스와 전력의 장기 파생상품 수십억 달러어치를 거래함으로써 돈을 벌었다. 이런 거래들은 향후 10여 년 동안의 어느 시점에 다양한 종류의 에너지 상품을 사거나 팔기로 약정하는 방식으로 이뤄졌다.

엔론의 트레이더들은 10여 년 전 엔론 오일에서 루이스 보게트와 토머스 마스트로에니가 했던 것보다 더 위험한 투기적 포지션을 취했다. 발달하고 있는 에너지 시장에서 엔론 트레이더들의 위상은 몇 년 전 앤디 크리거가 갖고 있었던 위상과 같았다. 다시 말해 장기 에너지 계약을 위한 제도화된 시장이 없는 상황이었기에 엔론 트레이더들은 그들보다 미숙한 시장 참여자들을 상대로 해서 시장의 비효율성을 활용해 엄청난 돈을 벌었다. 엔론의 주주들은 이런 거래의 위험성에 대해 그다지 걱정할 필요가 없다는 얘기를 들었다. 왜냐하면 켄 레이가 엔론 오일을 통해 거래의 위험에 관해 깨달은 바가 있었고, 따라서 그가 내부통제 체제를 적극적으로 강화해왔기 때문이라는 것이었다.

경영진의 관점에서 볼 때 엔론의 파생상품 거래가 지니는 문제점은 그런 거래를 아무리 성공적으로 잘한다 해도 파생상품 거래 회사는 시장에서 높은 평가를 받지는 못한다는 것이었다. 투자자들은 일반적으로 시장은 효율적이고, 트레이더들이 상당한 위험을 질 때에만 그런 거래가 큰 돈을 번다고 생각했다. 간단히 말해 투자자들은 위험이 큰 거래를 하는 회사를 높이 평가하지 않았다. 주가수익률(PER)을 보면, 일반적인 기술기업은 60 이상이었지만 파생상품을 거래하는 회사는 10 내지 15에 불과했다.

경영진은 회사의 이익이 늘어나는 것은 기술 부문에서 잘하고 있기 때문이지 파생상품 거래에서 나오는 이익 때문이 아닌 것처럼 보일 필요가 있었다. 이렇게 해야 회사의 주가를 최대한 끌어올릴 수 있기 때문이었다. 엔론이 파생상품 거래 회사가 아니라 기술기업인 것처럼 보이는 만큼 주가는 더 올라갈 것이고, 그래야만 경영자들이 갖고 있는 스톡옵션의 가치도 더 커지게 돼 있었다.

엔론은 파생상품 거래를 감추면서 점점 더 새로운 기술사업들로 관심을 옮겨갔고, 그 과정에서 기술투자 기업으로서의 새로운 자기 정체성과 파생상품 거래 회사라는 실제 모습 사이의 갈등이 감당하기 어려울 정도로 커졌다. 기술기업으로서의 엔론은 새로운 투자와 기반시설 확보를 위해 수십억 달러를 차입해야 했다. 그러나 파생상품 거래 회사로서의 엔론은 부채는 낮게, 신용등급은 높게 유지해야 했다. 이런 갈등은 마침내 엔론을 파열시키게 된다.

제디와 츄코

1990년대 후반에 엔론의 벤처투자 펀드인 엔론 캐피털은 신생 기술기업들에 투자하기 시작했다. CS 퍼스트 보스턴에서 프랭크 쿼트론이 고객들이 새로 만든 기업들이 기업공개를 하기 전에 그 신생 기업들의 지분을 사들인 것과 같은 방식이었다. 예를 들어 1998년 3월 엔론은 리듬스 넷커넥션스(Rhythms NetConnections)에 1000만 달러를 투자했다. 리듬스 넷커넥션스는 인터넷 서비스 회사로 넷스케이프의 잠재적 경쟁업체였고, 이 회사의 기업공개는 인터넷 붐의 시작을 알리는 계기였다.

리듬스 넷커넥션스와 교섭에 나선 엔론 쪽 창구는 켄 해리슨(Ken Harrison)이었다. 해리슨은 엔론이 막 인수한 에너지 회사인 포틀랜드 제너럴의 최고경영자였다. 그는 엔론 이사회 멤버로 새로 선임됐고, 엔론이 리듬스 넷커넥션스를 인수한 직후에는 리듬스 넷커넥션스의 이사로도 선임됐다. 그는 몇 년 전 포틀랜드 제너럴이 상당한 지분을 가진 에너지 회사인 본네빌 퍼시픽과 관련된 대형 금융부정 사건의 피고인이었다.

이러한 경력을 감안할 때 그는 감독자의 역할을 맡기에 적격이었다. 본네빌 퍼시픽은 수억 달러를 조달해 사업을 벌였고, 회계장부에 반영되지 않는 수법으로 이익을 조작하다가 파산했다. 나중에 엔론도 이와 똑같은 일을 저지른다. 포틀랜드 제너럴은 해리슨이 최고경영자로 있을 때 본네빌 퍼시픽 사건을 해결했다. 켄 레이와 켄 해리슨이 둘 다 고통스러운 금융 스캔들을 겪었다는 점을 고려하면 엔론은 최소한 리듬스 넷커넥션스에 대해 그와 비슷한 수법을 쓸 것 같진 않았다.

엔론은 리듬스 넷커넥션스의 주식을 주당 2달러 미만의 가격으로 샀다. 1999년 4월 6일 리듬스 넷커넥션스는 살로먼 브라더스를 통해 기업공개를 하면서 일반 투자자들에게 주당 21달러로 공모주를 공급했다. 거래 첫날 종가는 69달러였다. 1990년대 후반에 이뤄진 기업공개임을 감안해도 대단한 폭등이었다.

엔론은 1000만 달러를 투자해 그 35배의 돈을 벌었다. 룰렛 게임에서 숫자 한 개를 맞추는 내기에서 이긴 것과 같은 횡재였다. 엔론은 일시에 3억 달러의 이익을 벌었다. 이는 전년도 이익의 거의 절반에 가까운 금액이었다. 물론 월드컴과 그 최고경영자였던 버나드 에버스는 기업공개에서 이보다 더 많은 돈을 벌었다. 이 이야기는 다음 장에서 좀더 자세히 다룰 예정이다.

그러나 막대한 장부상 이익은 엔론을 곤란한 상황으로 몰아넣었다. 엔론은 이 이익을 곧바로 실현할 수 없었다. 엔론은 리듬스 넷커넥션스의 내부자였기 때문에 180일 동안의 보호예수 기간 중에는 주식을 팔지 못하게 돼 있었다. 그러나 설사 엔론이 주식을 팔 수 있었다 하더라도 그렇게 하고 싶지 않았을 것이다. 왜냐하면 엔론이 투자자들에게 보여주고 싶은 것은 기술투자를 통해 꾸준히 성장하는 모습이지, 투기적인 인터넷 주식에 투자해 일시에 3억 달러의 이익을 거두는 모습이 아니기 때문이었다. 증권 애널리스트들과 신용평가회사들은 단 한 번의 투기 이익이 아닌 영업상의 꾸준한 이익 증가를 요구했다. 엔론의 주가를 끌어올리는 것은 탄탄한 이익구조이지 룰렛 게임으로 수억 달러를 버는 것이 아니기 때문이었다.

공동 에너지 개발투자 합자회사(JEDI, 제디) 관련 거래 등을 통해 구조화 금융에 대한 창의적인 기량을 갈고 닦은 앤디 패스토우가 그 해법을 갖고 있었다. 문제 해결의 로드 맵은 패스토우가 1997년에 제디에 대한 캘퍼스의 지분을 넘겨받기 위해 벌인 거래에서 나왔다. 당시 캘퍼스는 제디의 지분 절반을 갖고 있었고, 이런 이유로 엔론은 제디를 회사 장부에 반영하지 않았다. 그런데 캘퍼스가 엔론에게 "제디에 대한 지분을 인수해가지 않으면 그 속편 격인 제디 투(JEDI II)에 투자하지 않겠다"고 고집을 부렸다.

패스토우는 캘퍼스 대신 새로 만든 합자회사인 츄코 인베스트먼트 (Chewco Investments L.P.)를 제디에 대한 투자 파트너로 삼는 방안을 제시했다. 츄코라는 이름은 영화 〈스타워즈〉에 나오는 우키족 인물의 이름인 츄바카에서 따온 것이었다. 그런데 이런 이름은 어리석은 선택이었다. 츄코와 제디는 서로 독립적인 회사여야 하는데 두 회사의 이름을 동일한 영화에서 따온 셈이 됐기 때문이다. 그러나 어쨌든 츄코는 제디의 지분과 통제권을 50%만큼 갖게 돼 있었고, 그러면 엔론은 제디를 장부 밖에 놔둘 수 있었다.

　제디 및 츄코와 관련된 거래의 수법은 그동안 널리 알려졌지만, 어떻게 그런 거래가 가능했는지는 제대로 알려지지 않았다. 독립적인 자금원을 찾는 것은 창의적인 금융 전문가들이 10년 이상 매달린 문제였다. 독립적인 자금원을 갖고 있어야 회사가 부채를 장부에서 빼돌릴 수 있기 때문이었다. 이 문제는 원래 리스 거래에서 제기된 것이었고, 1997년에 이르면 거의 모든 금융자산에서 같은 문제가 나타났다. 이런 맥락에서 엔론도 츄코를 독립적인 투자자로 내세웠던 것이고, 이런 엔론의 시도는 모호한 법규가 어떻게 새로운 금융상품에 예기치 못한 돌연변이를 일으키는지를 보여준 대표적인 사례다. 이 문제에 대한 해답에는 특별목적회사(SPE)도 관련된다.

　1980년대에 항공사들은 비행기를 차입금으로 사지 않고 장기로 임대하는 방식을 취했다. 만일 이런 리스 거래의 상대편이 임대 비행기의 가치와 관련된 위험을 상당 부분 부담하는 경우라면 항공사에 대해 비행기의 가치 전체를 자산으로 기록하게 하고 리스 계약에 따라 빚진 부분만큼을 부채로 장부에 기록하도록 하는 것이 공정하지 않게 비쳤을 것이다. 따라서 이런 경우에는 리스 자체가 장부에 반영되지 않았다.

　그러나 만약 리스 거래의 상대편이 위험을 거의 부담하지 않음으로써, 항공사가 법률적으로는 그 비행기를 임대했지만 실질적으로는 비행기를 소유하는 상황이라면 어떻게 될까? 회계사가 어떤 리스든 장부에서 누락시키는 것을 허용할 경우에는 기업들이 너도나도 리스에 나설 것이고, 투자자들은 리스 자산의 실제 소유 회사는 어디이고 빌린 회사는 어디인지를 알지 못하게 될 것이다.

　　회계기준위원회의 '현안 전담팀(EITF; Emerging Issues Task Force)'
은 리스회사들에게 지침을 주기 위해 'EITF 90-15' 라는 권고안을 발표했
다. 권고안 'EITF 90-15' 에서 이 태스크포스는 "리스의 잔어 위험 중 적어
도 3% 이상을 기업의 외부자가 부담한다면 그 기업은 해당 리스를 회계장
부에 반영하지 않아도 된다"고 밝혔다. 이 권고안은 그 후 '3% 룰' 로 불리
게 되며, 기업들은 이 기준을 리스뿐 아니라 다른 거래들에도 적용하기 시
작했다. 예를 들어 기업들은 외부자가 3% 이상을 소유하고 있는 합자회사
와의 거래도 장부에 기재할 필요가 없다고 주장했다. 몇몇 창의적인 재무
담당자들은 그런 논리가 기존의 합자회사에 적용된다면, 아예 새로운 합자
회사를 만들고 그 지분의 3% 이상을 외부자에게 팔면 그 합자회사와 관련
된 자산과 부채를 장부에서 제외시킬 수 있지 않느냐고 주장했다.

　　증권거래위원회는 3% 룰이 일률적인 기준이 되는 데 대해 불만이었
다. 5%면 안 되는 이유는 무엇인가? 위험한 거래에 대해서는 높은 비율을,
덜 위험한 거래에는 낮은 비율을 적용하는 것은 왜 안 되는가? 이런 의문들
이 제기됐음에도 증권거래위원회의 담당 부서는 1991년에 3% 룰을 인가하
는 지침서한(guidance letter)을 채택했다. 다만 "사실과 상황에 따라서는
더 높은 비율의 투자가 필요할 수도 있다"는 단서가 붙었다.

　　3% 룰은 이처럼 모호하게 인가 아닌 인가를 받아서 마치 법처럼 되어
버렸다. 3% 룰을 규정한 진짜 법률은 제정된 게 없었고, 증권당국에서 3%
룰을 뒷받침하는 명쾌한 선언을 한 적도 없었다. 관련 거래를 하는 당사자
들은 민간 법률회사들의 해석을 근거로 EITF 90-15와 증권거래위원회의
1991년도 지침서한을 인용하면서 자산과 부채를 회사 장부에서 제외시키
는 것이 적절하다고 주장하곤 했다.

　　3% 룰은 수조 달러에 달하는 구조화 금융 거래에 대한 근거로서는 불
안정한 것이었지만, 실질적으로 그 같은 거래를 뒷받침했다. 모기지와 자

동차 대출을 포함한 다양한 채권과 채무를 재구성하는 데 특별목적회사를 적극 활용하려고 했던 기업들에게는 3% 룰이 그들의 장부에서 부채를 떨어내는 데 충분한 근거가 돼 주었다. 특별목적회사들은 대개 3% 룰에 맞춰 97%의 부채와 3%의 자본으로 구성됐다. 3%에 해당하는 주식은 독립적인 외부자의 소유여야 했지만, 해당 거래와 관련이 있는 다른 법인이나 자선 신탁에 의해 소유되는 경우도 적지 않았다. 특별목적회사가 점점 일반화되어 가면서 금융회사들은 '독립적인 외부 투자' 라는 조건까지 배제하려고 했다.

츄코에 대한 외부 투자자들은 엔론으로부터 독립적이지 않았다. 하지만 3% 룰 자체는 자구대로 지켜졌다. 엔론은 바클레이스 뱅크와 엔론의 직원인 마이클 코퍼, 그리고 그의 동업자들과 관련이 있는 합자회사들의 투자를 합해 3%의 외부 투자를 만들었다. 이들 투자는 엔론이 상환 보증을 위한 현금 담보를 제공했기 때문에 실제로는 투자라고 할 만한 위험 부담을 한 게 없었고, 마이클 코퍼가 엔론의 직원이었다는 점에서 사실 독립적이지도 않았다. 그러나 새로운 금융시장 문화에서는 사실이란 중요하지 않았다. 중요한 것은 3% 룰의 형식적인 요건을 충족시키는 것이었다. 바클레이스와 합자회사는 형식상 츄코를 지배했다. 이런 형식적인 요건으로는 그들의 돈은 외부 지분투자로 분류됐다. 하지만 그들의 돈은 위험에 노출된 투자가 아니었다.

이런 식으로 해서 엔론은 적어도 츄코가 외부에 지배권을 보유한 투자자를 갖고 있다고 주장할 수 있었다. 이런 주장은 갈대처럼 빈약한 것이었지만, 다른 기업들도 특별목적회사와 관련해 이른바 외부 투자자를 활용했던 점을 감안하면 전적으로 타당한 것이었다. 게다가 어떤 특정한 거래가 특별목적회사와 관련된 법규에 맞는지 여부를 가리는 것은 엔론의 책임이 아니었다. 그것은 엔론의 감사법인인 아서 앤더슨의 몫이었다.

제디와 츄코에 대한 엔론의 회계 처리를 승인해준 아서 앤더슨의 결정은 논란에 휩싸였다. 나중에 앤더슨은 만약 엔론이 바클레이스의 대출에 대한 담보의 내용과, 마이클 코퍼 및 그의 동업자들이 한 역할에 관한 자세한 정보를 공개했으면 다른 결정을 내렸을 것이라고 주장했다. 그러나 당시에 앤더슨은 츄코가 특별목적회사의 자격을 갖추었다고 엔론에게 자문해 주었고, 엔론은 이런 자문에 근거해 제디를 재무제표에서 계속 제외하면서 이 회사에 대한 50%의 지분을 주석에 기재하는 데 그쳤다.

이 복잡한 거래의 요점은 간단했다. 엔론은 제디에 대한 외부 투자자들 가운데 하나를 다른 투자자로 바꿨다. 그리고 그렇게 함으로써 제디는 엔론의 회계장부 밖에 계속 존재하게 됐고, 엔론은 여러 다양한 에너지 투자를 하는 데 제디를 계속 활용할 수 있게 됐다.

제디와 츄코가 관련된 엔론의 거래들은 나중에 많은 개인투자자들을 공포에 떨게 했다. 하지만 사실대로 말하자면 그런 거래들은 합법적이라고 주장될 만한 것이었고, 특별히 기묘한 것도 아니었다. 그 내용은 대부분 공시됐고, 대체로 보아 엔론의 붕괴와는 관계가 없었다. 엔론의 재무제표 각주에는 제디와 츄코에 관한 중요한 사항들이 충분히 기재됐고, 그것을 읽은 투자자자라면 누구든 거기서 경고를 받았을 것이다. 설사 엔론이 제디를 재무제표에 포함시켰더라도 엔론의 이익은 연간 10억 달러에 이르렀을 것이고, 장부상 부채도 적정한 수준에 머물렀을 것이다. 실제로 엔론이 나중에 재무제표 작성 방식을 고쳐 제디를 포함시켰을 때 그 영향은 엔론의 엄청난 파생상품 거래에 비하면 미미한 수준이었다.

엔론의 재무제표가 부정확했던 가장 큰 이유는 엔론이 법을 어겼기 때문이 아니었다. 그보다는 게임의 규칙이 너무 많이 바뀌는 바람에 기업들이 경제 현실과 반드시 일치하지는 않는 허구의 회계적인 현실을 만들어내는 게 가능하게 됐다는 데 가장 큰 이유가 있었다.

제디와 츄코를 이용한 거래를 한 뒤에도 패스토우는 영화 〈스타워즈〉 테마를 유지하면서 '엔론 캐시 넘버 투(Enron Cash Co. No. 2)'와 같은 이상한 이름, 또는 '오비원 홀딩스(Obi-I Holdings LLC)나 케노브(Kenobe Inc.)와 같이 더 기발한 이름을 붙인, 한층 더 복잡한 거래에 나섰다. 패스토우는 구조화 금융에서 탁월한 재능을 보였다. 1999년 그는 최고재무책임자로서 뛰어난 실적을 인정받아 상을 하나 받았는데, 이 상을 수여한 주최 측은 그의 '기발한 금융기법'을 높이 샀다.

엘제이엠과 랩터스

패스토우는 스스로 새롭게 발견한 자신의 전문성을 다시 유감없이 발휘했다. 그는 리듬스 넷커넥션스에 대한 투자로 엔론이 벌어들인 3억 달러의 이익금을 어떻게 활용할 것인지에 관한 로드 맵을 작성했고, 이것을 통해 개인적인 이득도 손쉽게 거뒀다. 패스토우는 엘제이엠(LJM)이라는 자신의 새로운 합자회사를 구석구석 챙겼다. 엘제이엠이라는 회사 이름도 사실 그의 부인과 두 딸의 이름을 따서 지은 것이었다. 패스토우가 엘제이엠에 직접 관여하면 증권법상 엔론은 패스토우의 관여 사실을 공시하게 돼 있었음에도 패스토우는 그렇게 했다.

츄코의 경우에는 직접 관련된 사람이 패스토우가 아니라 마이클 코퍼로 돼 있었다. 왜냐하면 코퍼는 하급 직원이어서 규정상 그를 공시할 필요가 없었기 때문이었다. 코퍼와 그가 관련된 합자회사들은 12만 5000달러의 명목상 외부 투자자금으로 1000만 달러를 벌었다. 패스토우의 입장에서는 그 자신이 아니라 부하인 코퍼가 그 모든 돈을 다 번 것으로 해야 할 이유가 없었다.

패스토우는 엘제이엠이 엔론 자산의 구매자, 엔론의 신규 투자시 파트너, 엔론의 위험 헤지에 도움이 되는 파생상품 거래의 상대방 등으로서 큰 가치가 있을 것이라고 엔론 이사회를 설득했다. 패스토우는 또 이사회에 대해 엘제이엠 거래에서 얻게 될 이익 중 일정 부분을 자신이 가져갈 수 있게 해달라고 요구했다. 이익의 충돌을 가져올 우려가 있음에도 패스토우는 이런 요구를 내세웠다. 시시콜콜 따지지 않는 엔론 이사회는 엘제이엠 거래들에 대해 엔론 간부들이 주의 깊게 감시해야 한다는 최소한의 요건만 단 채 패스토우의 제안을 승인했다. 이사들은 나중에 '엘제이엠 투(LJM2) 코인베스트먼트'라는 이름의 비슷한 합자회사도 승인했다. 당시만 해도 그들은 패스토우가 이들 합자회사로부터 4500만 달러 넘게 벌어들일 것이라고는 전혀 생각하지 못했다.

엘제이엠과 엘제이엠 투라는 두 개의 엘제이엠 합자회사에 관한 자세한 내막은 엔론의 주주들에게 알려지지 않았다. 하지만 두 합자회사에 외부 투자금 대부분을 대준 월스트리트 회사들은 알고 있었다. 엘제이엠은 단 2인의 외부 투자자가 각각 750만 달러씩 투자한, 비교적 작은 합자회사였다. 두 외부 투자자는 CS 퍼스트 보스턴이 설립한 합자회사 '이아르엔비(ERNB Ltd.)'와 영국 은행인 내셔널 웨스트민스터가 설립한 합자회사 '캠프시'였다. 패스토우는 자신의 돈 100만 달러도 투자했다. 이렇게 해서 1999년에 엘제이엠에 대한 투자금 1600만 달러가 모아졌다.

엘제이엠 투는 엘제이엠보다 20배 이상 큰 회사로, 금융시장에서는 다들 알 만한 투자자들로부터 모두 수억 달러의 외부 투자금을 유치했다. 엘제이엠 투의 외부 투자자 명단에는 메릴 린치와 같은 투자은행들, JP 모건 체이스과 같은 상업은행들, AIG와 같은 보험회사들, 맥아더재단과 같은 자선기관들, 아칸소 교원연금 같은 퇴직기금들이 들어있었다. 또 오펜하이머 뮤추얼펀드의 전 회장인 레온 레비, 실리콘 밸리의 유명 변호사인 존 프리

든리치, 뉴욕의 헤지펀드 매니저인 잭 내시와 같은 갑부들과 메릴 린치의 직원 96명도 포함됐다.

엘제이엠은 외부 투자금 1600만 달러를 활용해 2억 7600만 달러어치인 엔론 주식 340만 주를 살 수 있는 권리를 샀다. 물론 엘제이엠은 2억 7600만 달러어치의 엔론 주식을 실제로 사들일 현금은 갖고 있지 않았고, 따라서 대금을 분할 지급하기로 계약했다. 엔론은 엘제이엠이 매입 권리를 산 자사 주식을 4년간 팔지 못하게 하는 제한을 두었다. 이런 제약 때문에 해당 주식의 시장가치는 원래 가치의 60% 밖에 인정받지 못했다. 그러나 이처럼 제한을 둠으로써 결과적으로 가격이 할인된 것은 엘제이엠에게 엄청난 횡재였다. 엘제이엠이 엔론 주식을 4년 동안만 보유하면 시장에서 엔론 주가가 전혀 변하지 않더라도 엘제이엠이 살 권리를 확보한 주식의 가치는 지급한 대가보다 40% 늘어나게 돼 있었다.

그 다음 엔론은 엘제이엠 및 그 자회사인 스왑서브(Swap Sub)와 몇 건의 파생상품 거래를 했다. 이들 파생상품 거래는 리듬스 넷커넥션스에 대한 엔론의 지분투자가 안고 있는 위험을 헤지한다는 명목으로 이뤄졌다. 엔론은 여전히 6개월 간의 보호예수 규정에 묶여 리듬스 넷커넥션스 주식을 팔 수 없었지만, 향후 5년 동안 리듬스 넷커넥션스의 주가가 56달러 아래로 떨어지면 540만 주를 팔 수 있는 풋 옵션을 스왑서브로부터 사는 데는 아무런 문제가 없었다. 이 풋 옵션은 엔론의 투자에 대한 보험이나 마찬가지였다.

이 같은 거래는 엔론과 엘제이엠 양쪽 모두에 이익이 되는 것처럼 보였다. 엔론은 그 이득의 일부를 리듬스 넷커넥션스와 분리시켰다. 보호예수 기간이 끝나자 엔론은 스왑서브와의 거래 관계를 해소했고 풋 옵션도 취소했다. 그러나 이때 엔론은 풋 옵션의 가치를 계산하면서 마치 그 주식에 아무런 제한도 없는 것으로 가정한 채 계산했다. 그 덕분에 엘제이엠과 스왑서브는 제한 없는 가격을 적용받아 높은 가격에 풋 옵션의 대가를 받았다. 다시 말해 엘제이엠은 엔론이 들어올 때도 나갈 때도 돈을 벌었다. 아서 앤더슨은 엔론으로 하여금 이런 계산법을 적용하도록 허용해줌으로써 엔론의 돈이 엘제이엠에게 넘어가도록 도왔다. 아서 앤더슨은 그 다음부터는 제한된 가격을 적용해 거래를 하도록 요구했다.

이 모든 거래들은 본질적으로 엔론의 자기거래였다. 왜냐하면 엘제이엠이 엔론에게 돈을 지급할 수 있을지 여부는 엘제이엠이 처음에 엔론으로부터 넘겨받아 계속 주요 자산으로 보유해온 340만 주의 엔론 주식에 대한 권리의 가격에 달려 있었기 때문이다. 즉 엔론 주식의 가격이 떨어지면 엘제이엠 보유 자산의 가격도 떨어지고, 그러면 엘제이엠은 엔론에게 빚진 돈을 갚을 수 없을 것이다.

기업이 자사주를 이용해 이익에 영향을 주는 행위를 회계규정이 금하는 이유가 바로 여기에 있다. 경제적인 관점에서 볼 때 그런 식의 거래는 속임수다. 그런데도 아서 앤더슨은 엔론이 엘제이엠 합자회사들을 독립된 회사들로 취급하고 엘제이엠과의 거래를 장부에서 누락시키는 것을 눈감아줬다. 물론 형식적으로 엔론은 자사주를 활용한 게 아니라 자사주를 미래에 받을 수 있는 권리인 파생상품을 활용했다.

리듬스 넷커넥션스 거래는 엔론이 엘제이엠 및 엘제이엠 투와 벌인 수십 건의 거래들 가운데 하나였을 뿐이다. 엔론이 엘제이엠 및 엘제이엠 투와 한 거래에는 다양한 자산, 부채, 주식, 대출, 파생상품의 거래는 물론 풋 옵션과 콜 옵션의 거래도 포함돼 있었다. 엘제이엠 합자회사의 투자자들에게도 이런 거래들 가운데 달콤한 것들이 많았다.

예를 들어 1999년 엔론은 기업 대출들로 이뤄진 포트폴리오를 사서 그것을 대출채권 담보부 증권(CLO; Collateralized Loan Obligation)으로 재구성했다. 대출채권 담보부 증권은 채권 담보부 증권(CBO; Collateralized

Bond Obligation)과 유사한 거래로, 퍼스트 보스턴과 살로먼 브라더스가 개척한 것이다. 엔론은 그러나 위험도가 높은 CLO를 살 구매자를 찾지 못했고, 결국 이 증권은 엘제이엠 투에 매각됐다. 나중에 이 거래의 가치가 떨어지자 엔론은 다시 원래 제 가격을 다 치르고 되샀다.

패스토우가 고용한 직원 몇 명도 엘제이엠 거래에 관여했다. 엔론의 재무 담당자인 벤 글리산과 패스토우를 위해 일한 엔론의 변호사 크리스티나 모돈트는 휴스턴의 배타적인 친목모임의 이름을 딴 사우샘프턴 플레이스라는 합자회사에 각각 5800달러씩 투자했다.

사우샘프턴 플레이스는 엘제이엠 합자회사들과 몇 건의 수상쩍은 거래를 했다. 사우샘프턴 플레이스는 CS 퍼스트 보스턴과 내셔널 웨스트민스터의 엘제이엠 지분을 사들이고, 엘제이엠 투의 대출 채무를 일부 갚아줬다. 사우샘프턴 플레이스는 그 과정에서 엔론의 지원을 받았고, 마이클 코퍼의 성 머리글자인 K자를 붙인 사우샘프턴의 자회사 사우스햄튼K를 활용했다. 사우샘프턴 플레이스는 대단히 많은 돈을 벌었고, 불과 1년 만에 글리산과 모돈트에게 그들의 지분에 대한 몫으로 100만 달러씩을 줬다. 이들의 연간 이익률은 1만 6000%가 넘었다. 이익률이 이 정도라면 외부 투자자를 찾는 게 어려울 이유가 없다.

패스토우의 구조화 금융 거래는 그 발전의 마지막 단계로 '랩터스(Raptors)'라고 불린 4개의 합자회사들로 이어졌다. 랩터스라는 이름은 영화 〈주라기 공원〉에 나오는, 고도로 진화한 공룡인 '랩터'의 복수형이다. 엔론의 간부들은 〈스타워즈〉를 버리고 〈주라기 공원〉을 선택한 게 틀림없었다. 4개의 합자회사들에 '랩터스'라는 이름을 붙인 것은 적절해 보였다. 4개의 랩터들은 엘제이엠 투와 사슬처럼 다양하게 얽힌 연쇄 거래를 하는데 이용됐다. 랩터들의 거래에는 도저히 이해할 수 없는 복잡하고 다양한 파생상품 거래들이 포함돼 있었다. 엔론이 2001년도의 연차보고서를 얼른 발표할 수 없었던 주된 이유도 여기에 있었다.

예를 들자면 어느 한 랩터의 거래에서는 엔론이 밴쿠버의 제지회사인 카푸스 인터스트리스의 지분을 넘겨받는 대신 이 회사에 자금 대여를 해주고, 엔론은 이렇게 손에 넣은 카푸스 인더스트리스의 지분을 SE 선더버드에 팔았다. 그런데 SE 선더버드는 블루 헤론이라는 기업이 지배하고, 블루 헤론은 화이트윙 어소시에이츠가 지배하고, 화이트윙 어소시에이츠는 에그레트가 지배하는 회사였다. 이 모든 회사들은 엔론이 작성한 2001년도 연차보고서에 등장한 3000개의 관계회사 명단에 포함돼 있었다. 그러나 엔론이 무엇을 하고 있는지를 투자자들이 알 수 있을 만큼 자세한 설명은 거기에 적혀있지 않았다.

랩터들은 엘제이엠 투를 자신들의 외부 투자자인 것처럼 보이게 만드는 기발한 수법으로 3% 룰을 맞췄다. 사악하고 복잡한 계략이었다. 먼저 엔론은 엔론의 주식을 근거로 한 파생상품을 공여하는 방식으로 랩터들에 투자했다. 다만 랩터 스리(Raptor III)의 경우에는 뉴파워 컴퍼니라는 기술기업의 주식이 이용됐고, 엔론은 이 기술기업이 기업공개를 하기 전인 2000년 10월에 그 주식을 사놓았다. 그 다음 엘제이엠 투는 4개 랩터들에 각각 3000만 달러씩을 투자하고, 나중에 3000만 달러의 원금과 1100만 달러의 이자를 돌려받기로 약정했다. 그리고 랩터들은 엔론에 풋 옵션을 팔아, 엔론이 자신의 지분을 랩터들에 팔 권리를 줬다. 엔론은 이 풋 옵션을 사는 대가로 각 랩터에 4100만 달러씩을 주었고, 랩터들은 이 돈을 엘제이엠 투에 넘겨 각각 3000만 달러의 원금과 1100만 달러의 이자를 상환해야 하는 의무를 다했다. 애초 엘제이엠 투가 각 랩터에 투자한 3000만 달러의 돈은 각 랩터에 그대로 남았다.

엘제이엠 투의 투자자들은 따지고 보면 사실 투자자가 아니었다. 그들이 투자한 자금은 전혀 위험 부담이 없었고, 단지 3% 룰을 맞추기 위해 잠시 그 자리에 있었을 뿐이다. 그들의 3000만 달러는 엔론을 통해 재빠른 이동을 했고, 그 과정에서 1100만 달러를 챙겼다. 3000만 달러를 엘제이엠 투에게 빌려주겠다는 의사 표시만 한 대가로 1100만 달러를 벌어들인 것이다. 하루아침에 35%가 넘는 높은 수익률을 달성한 셈이었다.

랩터에 대한 회계처리는 아서 앤더슨 안에서 뜨거운 논란 거리였다. 아서 앤더슨의 파트너인 칼 배스는 "랩터는 실체가 없다"면서 엔론은 거래 내역을 밝혀야 한다고 주장했다. 엔론의 회계 책임자인 리처드 코지가 배스에 대해 불평하자 앤더슨은 2001년 3월 배스를 엔론팀에서 제외해 버렸다. 엔론과 아서 앤더슨은 랩터에 남아 있는 3000만 달러의 '외부 투자'가 특별목적회사(SPE) 규정에 맞는다는 결론을 내렸다.

엔론은 자사 자산의 가치를 부풀리는 데 랩터들을 이용했다. 자사 자산 중 일부를 터무니없이 높은 가격으로 랩터에 팔고는, 남아 있는 대부분의 다른 자산도 그와 같은 높은 가격을 그대로 적용해 재평가하는 수법이었다. 엔론은 다른 합자회사들에 대해서 했던 것처럼 이들 거래의 세부 사항들을 일부 재무보고서의 주석에 공시했다. 공시의 서술 방식은 매우 복잡했다.

예를 들어 2000년도 연차보고서 49페이지의 16번 주석을 들여다보면 다음과 같은 문구를 볼 수 있다. "2000년에 엔론은 '다크 파이버(dark fiber)'의 재고 중 일부를 특수관계자에게 3000만 달러의 현금과 추후 분할 상환될 7000만 달러의 채권을 받고 팔았다. 엔론은 이 거래로 총 6700만 달러의 이익을 올렸다." 이 문구를 세심히 읽은 사람이라면 엔론이 특수관계자와 벌인 거래의 성격에 대해 매우 우려했을 것이고, 엔론이 새로 진출한 통신사업에서 정말로 돈을 벌고 있는지 미심쩍어 했을 것이다.

세부 내용까지 알아야만 걱정이 되는 것은 아니었겠지만, 좀더 자세히 말하면 엔론이 재무보고서 주석에서 거론한 '특수관계자'는 엘제이엠 투였다. 그 핵심은 엔론이 '다크 파이버'라는 것을 3000만 달러의 현금과 7000만 달러의 채권 등 모두 1만 달러에 팔고, 거기서 6700만 달러를 벌었다는 것이다. 즉 엔론은 스스로 3300만 달러로 평가한 것을 그 3배의 가격에, 그것도 특수관계자에게 팔았다는 것이다.

'다크 파이버'란 엔론이 광대역 사업에 진출하면서 새로 거래하기 시작한 통신상의 권리를 말하는 것이다. 엔론의 광대역 사업은 다양한 기업들이 설치한 4000만 마일 이상의 광섬유 케이블을 통해 데이터를 전송할 수 있는 권리를 거래하는 것이었다. 이 케이블망은 극히 일부분만 켜져 있었다. 여기서 '켜져 있다'는 표현은 인터넷 데이터를 전달하는 데 필요한 광파(光波)를 전송할 수 있는 상태라는 뜻이다. 케이블의 대부분은 업그레이드가 필요한 상태였고, 이 때문에 몇 년 전에 설치됐지만 활용되지 않아 광파를 보내지 않고 있는 잉여 케이블은 '어둡다'는 뜻의 '다크' 파이버로 불렀다. 누구든 짐작할 수 있겠지만 '다크 파이버'의 이용권에 가치를 매긴다는 것은 매우 어려웠다.

어떤 사업에서든 단기 투자를 해서 가치를 3배로 늘리는 건 쉽지 않다. 특히 어려운 상황에 처해 있던 당시의 통신산업에서는 특히 그랬다. 엔론이 다크 파이버를 황당하게 높은 가격에 판 게 분명했다. 그렇다면 결론은 둘 중 하나다. 엔론이 별로 쓸모도 없는 자산을 사줄 봉을 잡았거나, 엔론이 엘제이엠 투와 뭔가 의심스러운 이면 거래를 은밀하게 했던 게 분명하다.

그런데 앤디 패스토우와 엘제이엠 투가 봉이 아니었던 건 확실하다. 엘제이엠 투가 다크 파이버를 과도하게 높은 가격에 사게 된 것은, 엔론이 엘제이엠 투의 투자자들에게 엔론 주식을 추가로 줌으로써 손실을 벌충해 주기로 하는 손실보전형 파생상품 계약을 체결해 주었기 때문이다. 다시 말해 다크 파이버의 가격이 실제 가치 이상으로 매겨진 수준에서 그 아래로 떨어져도 엔론이 그에 따른 손실을 보전해 줄 것이기 때문에 엘제이엠 투의 투자자들은 걱정할 필요가 없었다.

이런 거래는 다크 파이버와 관련된 경제적 위험을 엔론이 계속 떠안는다는 것을 의미했다. 2000년에 다크 파이버의 가격이 급락하자 엔론은 엘제이엠 투에 자사 주식을 더 주어야 할 처지가 됐다. 그 전에 다크 파이버를 팔아 챙겼던 엔론의 장부상 이익은 다시 사라질 상황이었다. 그러나 엘제이엠 투는 츄코나 제디와 마찬가지로 특별목적회사였고, 따라서 엔론은 손실보전형 파생상품 거래에서 발생한 손실을 장부에 밝히지 않아도 상관없었다. 이 손실은 엘제이엠 투 내부에 감춰진 채로 남았고, 엔론은 엘제이엠 투와 과도하게 높은 가격으로 한 거래에서 얻은 이익만 장부에 기록했다. 이렇게 해서 엔론과 엘제이엠 투는 투자자들이 어떤 방향으로 보든 엔론이 수익이 좋은 것처럼 보이게 하는 마법을 부렸다.

엔론이 손실보전형 파생상품 거래들에서 지급하기로 약정한 자사주 규모는 전부 합해 40억 달러어치 정도였다. 엔론의 주가가 최고점 부근일 때는 이로 인한 부담이 엔론 발행주식 중 몇 퍼센트 수준에 불과했다. 그러나 주가가 떨어지는 경우에는 엔론이 합자회사들에게 더 많은 자사주를 건네줘야 하기 때문에 엔론 주주들의 보유주식 가치가 크게 희석된다. 왜냐하면 이 거래는 특별목적회사와의 파생상품 거래이기에 규제를 받지 않는 것이었고, 따라서 엔론은 그 거래의 내역을 회계보고서에 밝힐 필요가 없었다.

엔론과 엘제이엠 투의 다크 파이버 거래는 마치 마술과 같이 공정한 시장가격에 따라 이뤄진 것처럼 보였고, 엔론은 남아있는 다른 다크 파이버의 가치를 평가하는 데 이렇게 비친 가격을 그대로 적용했다. 엔론은 엘제이엠 투에 다크 파이버를 판 거래가 시장의 다른 거래들과 하나도 다를 게 없는 것처럼 가장할 수 있었다. 다른 측면에서 보자면 엘제이엠 투는 엔론의 다크 파이버 재고에 대해 높게 설정된 가격을 정당화시켜줬고, 엔론은 그렇게 부풀려진 가격을 적용해 자사 자산의 가치를 높일 수 있었다.

엔론이 이런 수법으로 엘제이엠 투에 다크 파이버 한 단위를 실제 가치의 3배인 30달러에 팔았다고 가정해 보자. 이 경우 엔론은 아직 팔지 않고 남겨둔 다크 파이버도 한 단위당 30달러의 가치가 있다고 주장할 수 있게 된다. 만약 엔론의 다른 자산들이 다크 파이버처럼 평가하기 어려운 것들로 구성돼 있다면 엔론은 엘제이엠 투와의 거래에서 설정된 '시장가격'을 근거로 자사 자산들의 가치를 부풀릴 수 있다.

이런 식의 가치 평가는 법률적으로는 용인될 수 있지만 경제적으로는 터무니없는 것이다. 엔론은 장부에 기재한 허구의 이익을 상쇄시키기 위해 결국은 손실을 인식해 장부에 반영해야 할 것이다. 그러나 그렇게 해야 할 때가 되기 전까지는 엔론의 위험관리 매뉴얼에 나온 것처럼 실제 경제 상황보다 회계상 숫자가 더 중요한 것이었다.

엔론과 엘제이엠 투의 거래에서 뻥튀기된 다크 파이버의 가격은, 엔론이 미국 서부지역 전화시장을 장악하고 있던 퀘스트 커뮤니케이션스(Qwest Communications)와 훨씬 더 큰 5억 달러 규모의 다크 파이버 스왑 거래를 할 때도 적용됐다.

2001년 2분기에 엔론은 통신산업에 대한 어설픈 투자로 손실을 입는 것을 피하기 위해 특수관계의 합자회사가 아닌 다른 실제 기업에 다크 파이버를 파는 협상에 들어갔다. 그러나 퀘스트 및 글로벌 크로싱과 벌인 협상은 깨졌다. 그런데 2001년 3분기 말에 퀘스트는 얼마간이라도 장부에 수입으로 기록할 수 있는 거래를 해야 하는 절박한 처지에 빠졌다. 퀘스트는 9월 10일에 이익 예상치를 5억 달러만큼 줄였고, 9월 말에는 이렇게 낮춰 잡은 이익 예상치도 실현하지 못할 게 확실시됐다.

3분기의 마지막 날인 2001년 9월 30일에 엔론과 퀘스트는 스왑에 합의했다. 퀘스트는 솔트레이크시티와 뉴올리언스를 잇는 회선을 포함한 엔론의 다크 파이버 3억 800만 달러어치를 사기로 했다. 대신 엔론은 퀘스트의 일부 회선을 1억 9600만 달러에 사기로 했다. 퀘스트가 4000명의 직원들을 해고한다는 계획을 발표한 지 얼마 되지 않은 시점에서, 그것도 자사의 주된 고객들이 거주하는 지역에서 멀리 떨어진 뉴올리언스에서 5500마일의 유휴 회선이 왜 필요했는지는 불분명했다. 그러나 퀘스트가 이런 거래를 왜 했는지는 분명했다. 퀘스트는 엔론이 지불한 8600만 달러를 3분기 수입으로 기장했다. 엔론은 퀘스트에 대한 다크 파이버 판매에 따른 수입을 그 전에 엘제이엠 투와 했던 거래와 마찬가지로 장부에 기재했다. 그것은 기괴하게도 몇 년 전 마이크로스트래티지가 한 스왑과 비슷했다.

엔론과 퀘스트 두 회사의 회계감사를 담당한 아서 앤더슨은 이 같은 회계처리를 승인했고, 엔론과 퀘스트는 들어온 현금은 전혀 없는데도 시장가격으로 포지션을 기록해 장부상 이익을 냈다. 두 회사는 거래와 관련된 비용을 그 이후의 분기에 장부에 반영하려고 했던 것 같으나 둘 다 그 때까지 살아남지 못하게 된다. 2002년 말에 퀘스트는 다른 스왑 거래들을 더 해서 장부상 이익을 더 많이 줄였다. 엔론과 퀘스트 사이의 스왑은 '이익은 의견이고 현금은 사실'이라는 한 회계학 교수의 충고가 어떤 의미인지를 잘 보여주는 것이었다.

엔론온라인

회계상 숫자는 엔론온라인(EnronOnlne)과 엔론 에너지 서비시스(EES; Enron Energy Services)의 경우에 특히 중요했다. 엔론의 관계회사인 이들 두 기업은 매출과 이익을 내고 있는 것처럼 보였지만 실제로는 손실을 보고 있었다.

　엔론온라인은 모든 상품을 전산으로 거래하기 위한 엔론의 인터넷 기반체제 구축과 운영을 담당한 회사였다. 엔론의 특별목적회사들은 공시 내용을 봐도 이해하기 어려웠던 반면 엔론온라인은 투명했다. 엔론온라인은 장부외 거래가 전혀 없었다. 엔론온라인은 정말로 모든 것이 회계장부에 반영됐고, 심지어는 수입으로 잡지 않아도 될 만한 것들까지 장부에 수입으로 기재됐다.

　엔론온라인 아이디어는 단순한 것이었다. 다양한 상품과 파생상품을 거래할 웹사이트를 만들고 고객들로 하여금 그것을 사용하게 한다는 것이었다. 엔론은 웹사이트를 이용해 구매자와 판매자를 연결시키려 했다. 마치 거래소와 같이 웹사이트를 운영하자는 것이었다. 그러나 모든 온라인 거래의 상대방이 엔론이라는 점이 거래소와 달랐고, 이 점만 제외하면 이베이의 상품거래 체제와 같았다.

　엔론은 엔론온라인을 통해 이루어진 많은 거래들을 장부에 매출(수입)로 기재했다. 그러나 구매자가 지불한 돈은 직접 판매자에게 갔다. 엔론온라인을 통한 이런 매출이 바로 엔론을 〈포천〉 선정 500대 미국 기업들 가운데 7위로 올라서게 했다. 〈포천〉이 500대 기업을 선정하는 기준은 매출액이기 때문이었다. 그러나 대부분의 전문가들은 매출은 진정한 기업 규모 측정에 적절하지 않으며, 오히려 이익이나 주식 가치가 더 나은 기준이 된다고 지적하고 있다. 엔론온라인의 껍데기뿐인 매출이 없었다면 엔론은 그동안 알려진 것보다 훨씬 더 작은 회사로 인식됐을 것이다.

　엔론온라인은 엔론의 여성 임원인 루이스 키친(Louise Kitchen)의 머리에서 나왔다. 키친은 업무시간이 끝난 저녁과 밤에 영업, 법률, 기술 부서의 핵심 직원들과 함께 인터넷 플랫폼을 개발하는 일을 했다. 엔론의 사내 풍조를 감안하면 키친이 왜 엔론온라인 작업을 비밀스럽게 진행했는지 이해가 된다. 엔론에는 배금주의 문화가 만연해 있었고, 공격적이고 욕심 많은 간부들은 남의 좋은 아이디어를 훔쳐 자기 것으로 만들려고 했다. 그래서 키친과 같은 간부가 새로운 사업을 추구하려면 혼자서 그렇게 해야 했다. 키친은 거래 시스템에 대한 특허를 자신의 이름으로 획득함으로써 스스로를 보호하고자 했다.

엔론온라인을 정식으로 출범시킬 준비를 다 마치기 2~3주 전에야 키친은 스킬링에게 그 내용을 이야기했다. 키친의 아이디어에 홀딱 반한 스킬링은 그것을 마치 자기가 생각해낸 것인 양하면서 1999년 11월 29일 엔론온라인을 출범시켰다. 그로부터 1년 반 뒤에 엔론온라인 사이트가 100만 번째 거래 기록을 세우자 스킬링은 뿌듯한 표정으로 말했다. "인터넷의 힘을 이용하면 우리의 사업모델을 새로운 시장들로 넓혀가는 데 무한한 가능성을 갖게 된다고 믿는다."

엔론의 다른 많은 거래들처럼 엔론온라인도 미국 금융규제의 영역 밖에서 움직였다. 엔론온라인은 법률을 적용받지 않았다. 왜냐하면 엔론온라인의 웹사이트에서 이뤄지는 모든 거래는 거래 당사자 사이의 '쌍방계약'으로 간주됐기 때문이다. 게다가 이런 식으로 장외에서 거래되는 파생상품은 2000년 12월 필 그램 상원의원이 관여한 가운데 의회를 통과한 새 법률 덕분에 규제의 대상에서 제외됐다. 이 법률은 웬디 그램이 1993년에 밀어붙인 파생상품에 대한 규제완화 조처를 더욱 확고히 했다.

엔론이 규제되지 않는 웹사이트를 만들어 에너지 파생상품 거래를 하도록 미국 법률이 허용했다는 사실은 엔론의 정치적 영향력을 보여주는 것이었다. 다른 금융수단으로 엔론과 똑같은 거래를 한 다른 기업들에 대해서는 검찰이 기소를 하던 상황이었다. 2002년에 깁슨 그리팅스를 담당했던 뱅커스 트러스트의 영업직원 미첼 바스케스가 바로 그 같은 웹사이트를 만들자 연방 규제당국이 그의 웹사이트를 폐쇄시켰던 사실을 우리는 이미 6

장에서 살펴봤다.

소수의 시장 참여자들 사이의 오랜 관계에 바탕을 둔 거래망은 너무 비용이 많이 든다는 논리가 엔론온라인을 뒷받침했다. 그에 비해 엔론온라인은 개방적이고 투명한 시장이며, 비용이 적게 들고 비교적 공정하다는 것이었다. 엔론온라인의 웹사이트에서는 누구든 언제나 어떤 규모의 구매나 매도 주문도 낼 수 있고, 그 모든 거래의 내용이 웹사이트에 게시된다는 것이었다.

그러나 이런 논리는 결함을 지니고 있었다. 거래망이 투명할 경우 그 거래망은 붕괴하는 경우가 많다. 다양한 연구 결과들에 따르면 전자거래망은 사람이 운영하는 거래소보다 비용이 더 많이 들며, 현명한 거래자나 투자자들은 자동화가 덜 된 거래체제를 선택할 수만 있다면 그런 거래체제를 선택한다. 예를 들어 깨끗하고 전산화가 잘 된 도쿄증시는 시끄럽고 늘 야단법석인 뉴욕증시보다 거래비용이 더 많이 든다. 게다가 도쿄에서든 뉴욕에서든 다량의 주식을 팔려고 하는 능숙한 투자자들은 증권거래소를 이용하지 않고 월스트리트의 은행을 통해 사적으로 은밀하게 거래하기를 선호한다. 컴퓨터와 인공지능 기술의 발달에도 불구하고 사람이 직접 관여하는 거래망이 가장 잘 작동되는 듯하다. 심지어 인터넷 경매 사이트인 이베이도 사람들 사이의 직접적인 상호작용을 허용했다.

게다가 엔론온라인이 성공하고 거래비용을 낮춘다 해도 그것이 엔론에게 어떻게 이익을 내주는지가 불투명했다. 만약 엔론온라인에서 이익이 난다면 그것은 엔론의 거래 업무를 상업화한 결과이기 때문에 수익성 있는 다른 거래 기능을 위축시키는 것이었다. 거래매출은 더 많이 올릴 수 있겠지만, 거래이익은 줄어들 것으로 보였다.

그럼에도 엔론온라인 아이디어는 괜찮아 보였고, 투자자와 애널리스트들은 그 아이디어를 마음에 들어 했다. 엔론의 직원들은 엔론온라인의 유연성을 강조했다. 엔론온라인의 간부였던 마이크 매코넬은 프레젠테이션에서 찰스 다윈의 말을 인용했다. "살아남는 건 가장 강한 종이나 가장 영리한 종이 아니라 변화에 가장 잘 적응하는 종이다."

엔론온라인은 자신이 활용할 수 있는 힘과 지능을 충분히 다 활용하지 못했다. 엔론은 별달리 진지한 생각도 없이 엔론온라인 모델을 천연가스 거래에 처음 사용했고, 그 다음에는 그것을 그대로 다른 모든 상품의 거래에 적용했다. 웹사이트에 링크를 추가하기만 하면 되는 방식이었다. 트레이더들은 원유에서 철강과 플라스틱에 이르기까지 시카고의 여러 거래소들에서 이미 거래돼온 상품들로 거래 대상을 넓혔다. 기존 거래소들보다 엔론온라인이 유리했던 점은 정부의 규제에서 벗어나 있다는 사실 뿐이었다. 당연히 엔론온라인의 매출은 증가했지만 이익은 줄어들었다. 그러자 트레이더들은 더 많은 거래이익을 가져다 줄 에너지 소비자들에 대한 서비스, 광섬유 대역, 기후 파생상품 등 색다른 시장들을 찾아 나섰다.

기후에 대한 온라인 베팅은 나중에 언론매체들로부터 엔론의 거래가 얼마나 모호했는지를 보여준 사례라는 조롱을 받았다. 그러나 사실 그것은 엔론이 성공을 거둔 몇 안 되는 사례들 가운데 하나였다. 간단히 말해 기후 파생상품은 일정한 기간 동안의 날씨 변화를 맞추는 데 베팅하는 것으로, 이미 장외에서 암암리에 거래되고 있었다. 이런 거래는 처음에는 정신 나간 짓으로 보였지만, 사실은 중요한 경제적 기능을 수행했다. 농업, 레저, 보험, 여행 등 많은 산업들이 날씨 때문에 안게 되는 위험이 많았다. 기후 파생상품은 그 전에는 헤지할 수 없었던 위험들을 헤지할 수 있게 해주었다.

엔론은 전혀 표준화되지 않았던 기후 관련 거래의 계약을 표준화하는 데 선도적인 역할을 했다. 기후 관련 거래 계약들은 최저온도나 최고온도, 강우량이나 강설량, 강물의 유량이나 폭풍의 움직임, 체감 온도 등을 베팅의 대상으로 삼았다. 만약 8월에 휴스턴의 기온이 섭씨 38도 이상으로 올라간다는 데 내기를 걸고 싶은 사람이 있다면 그는 엔론과 그런 거래를 할 수 있었다.

엔론은 5000건 이상의 기후 파생상품 거래를 했으며, 그 가치는 모두 45억 달러가 넘었다. 대단한 수치였다. 하지만 엔론의 기후 파생상품 사업은 엔론온라인의 다른 사업들과 마찬가지여서, 매출은 늘었지만 시장에 경쟁자가 많아지면서 이익이 줄어들었다.

이이에스(EES)로 더 잘 알려진 엔론 에너지 서비시스는 엔론온라인보다 훨씬 더 실망스러웠다. 이이에스는 개인이나 기업 고객의 에너지 효율을 높임으로써 에너지 비용을 줄여주는 사업을 벌였다. 예를 들면 이이에스는 전구의 사용법을 바꿔 연간 100만 달러의 비용을 줄여주는 계약을 기업과 체결할 수도 있었다. 이 같은 계약이 체결되면 이이에스는 그 계약에서 나올 수입 전부를 곧바로 매출로 잡았다. 이는 파생상품에 대한 시가평가 회계가 '현금과 관련된 사실' 보다 '이익과 관련된 의견' 을 더 중시한다는 것을 보여준 사례였다.

이이에스의 거래에 대해 이처럼 미리 가치를 평가하기란 당연히 쉽지 않았다. 이이에스의 직원들은 자신들이 과대평가했거나 과소평가한 오류를 수정하는 일을 반복해야 했다. 이이에스는 이 같은 애로를 단기적으로는 이익이 되도록 활용했다. 한 트레이더의 말로는 이이에스 간부들은 이익이 되는 계약의 가치를 과소평가한 것을 발견하면 엔론의 재무제표에서 해당 수치를 바로잡아 이익을 늘렸다. 그러나 손해가 되는 계약의 가치를 과대평가한 잘못을 발견하면 장부의 해당 수치를 바로잡지 않고 별도로 기록해 두기만 했다. 이이에스의 손실은 점차 늘어갔으나 감춰졌다. 한 정보원에 따르면 이이에스는 2001년에 7억 달러의 손실을 봤다.

이이에스는 켄 레이가 '우리의 사업 분야뿐 아니라 그 어느 산업 분야의 어떤 기업에 비해서도 우수한 위험 관리 및 통제 체제' 를 갖추겠다고 한 약속을 어떻게 어겼는지를 보여준 사례다. 다른 지역의 트레이더들이 거래의 세부사항을 기술한 100쪽짜리 팩스를 보내왔고, 그 수치들은 수작업으로 마이크로소프트 엑셀 프로그램에 입력됐다. 엑셀은 그런 데 사용하라고 만들어진 프로그램이 아니지만, 2000년까지 엔론은 이 프로그램으로 수십억 달러를 운영했다. 한 전직 직원에 따르면 이런 방식의 거래 처리 체제는 너무나도 비효율적이었다. 어떤 거래의 청구서들을 보내는 데 모두 1만 달러 이상이 들기도 했고, 새 고객들에게 고지서를 보내는 데 한 장당 7달러나 들었다. 통상적인 에너지 고지서 비용에 비해서는 매우 높은 수준이었다.

어이없게도 투자자와 증권 애널리스트들은 엔론온라인과 이이에스에 대해 계속 좋은 점수를 줬다. 엔론의 2000년도 연차보고서는 두 회사의 사업 내용을 눈에 띄게 강조했다. 엔론의 경영자들에게 두 회사는 중요했다. 왜냐하면 주주들은 거래회사보다 기술기업의 가치를 더 높게 평가하기 때문이었다. 그러나 현실은 이와 반대로 신규 사업들은 적자였고, 파생상품 거래에서 나오는 막대하지만 숨겨진 이익이 그 같은 신규 사업들을 지탱했다. 앤디 크리거가 실제로는 통화 가치가 오르는 데 베팅하고서는 마치 통화 가치 하락에 베팅을 한 것처럼 속였던 것과 마찬가지로 엔론은 실제로는 파생상품 거래 회사였음에도 기술기업인 것처럼 행세했다.

이익 조작

엔론이 거의 모든 신규 사업들에서 낸 손실의 합계액이 수십억 달러에 이르렀지만, 그것이 엔론에 치명적인 것은 아니었다. 왜냐하면 엔론은 북미 지역의 천연가스 및 전력 파생상품 거래에서 손실을 만회하고 있었기 때문이다. 엔론은 2000년에 거래 부문에서 10억 달러 이상의 이익을 냈다고 공시했다. 그러나 실제로 트레이더들은 이렇게 공시된 것보다 더 많은 돈을 벌고 있었다. 진짜 수치를 알긴 어렵겠지만, 몇몇 정보원들이 확인해준 바에 따르면 엔론은 2000년과 2001년에 거래 분야에서 수십억 달러를 벌었다. 엔론이 파산한 2001년에도 거래에서 벌어들인 이익은 38억 달러나 됐던 것으로 추정된다.

사실 엔론은 파생상품 거래에서 워낙 많은 돈을 벌고 있었다. 따라서 이 회사의 트레이더들은 몇 년 전 센던트 등의 기업들이 했던 것과 반대로 했다. 센던트 등은 이익이 실제로 확정되기 몇 년 전에 그 이익을 미리 계상했지만, 엔론의 트레이더들은 엄청나게 큰 규모로 발생하는 이익의 규모를 줄이려고 그들의 계정을 조작했다. 엔론의 고위 간부들이 이런 사실을 알고 있었는지, 아니면 당시 투자자들에게 엔론은 기술기업이지 거래회사가 아니라고 강조하고 다니던 켄 레이와 제프 스킬링을 트레이더들이 속였던 것인지는 아직도 명확하지 않다.

엔론의 트레이더들이 보고하는 이익 규모를 줄이려고 했던 데는 몇 가지 이유가 있었다. 한 가지 이유는 거래에서 얻은 이익을 고전 중인 다른 사업부문의 이익으로 돌려서 회사 전체의 이익 수치를 관리하려는 것이었다. 또 하나의 이유는 거래부문의 이익 규모를 기간별로 평준화함으로써 엔론의 이익이 안정적인 것처럼 보이게 하려는 의도였다.

그러나 2000년 말인 그 당시 상황에서 이익 규모를 줄이려고 했던 가장 중요한 이유는 캘리포니아 에너지 위기에 있었다. 주정부 관리들은 엔론이 에너지 시장을 조작함으로써 캘리포니아주를 희생시키면서 이익을 내고 있다고 주장했다. 만약 엔론이 2000년도에 막대한 거래부문 이익을 그대로 공시했다면 이 같은 주정부 관리들의 비난은 더욱 거세어졌을 것이다.

전체적으로 엔론은 캘리포니아 에너지 위기가 한창이던 2000년 말과

2001년 초에 걸쳐 거래 이익을 15억 달러나 줄였다. 엔론 내부의 거래 기록은 2000년 12월 중 3일 동안 10억 달러 이상의 손실을 낸 적이 있고, 그 가운데 5억 5000만 달러는 단 하루에 발생한 손실이었던 것으로 돼있다. 이러한 손실이 시장의 변동성으로 인한 진짜 손실이었는지, 아니면 준비금 조작을 통해 꾸며낸 손실이었는지는 아직도 분명치 않다. 어느 쪽이었든지 그 같은 거래 이익의 단기간 진폭은 어느 기업에서도 전례가 없는 규모였다. 엔론의 트레이더들이 어떻게 이익을 감추었는지에 관한 이야기는 엔론 스캔들에서 가장 덜 알려지고, 제대로 이해되지 못한 부분이다.

엔론의 마지막 몇 년간 휴스턴 본사 6층에 있는 메인 트레이딩 룸은 통상적인 월스트리트 회사들의 트레이딩 룸만큼 시끌벅적하지 않았다. 그 이유는 그곳이 맨해튼이 아니라 느긋한 분위기의 텍사스였으며 그들의 실적이 매우 좋았다는 데 있었다.

엔론의 트레이더들이 그들의 여비서에게 추파를 던지거나 먹기 시합을 벌였다는 소문은 사실이었다. 그들은 스포츠 게임에 내기를 걸었고, AC/DC 등 하드록 밴드 음악을 즐겼다. 그들은 무자비하게 거래 이익을 추구했고, 비싼 자동차를 몰았던 것도 사실이다. 그러나 엔론 고유의 남성적인 분위기는 억제됐다. 트레이더들은 카키와 파란색 셔츠를 유니폼처럼 입는 등 캐주얼 복장을 했고, 트레이딩 룸에서 가볍게 공 던지기 놀이를 하기도 했다.

직원들의 사기는 높았고, 보수도 괜찮았다. 그들은 월스트리트 회사들에서처럼 피에 굶주린 듯 계략을 짜낼 필요도 없어 보였다. 어느 한 트레이더가 큰 햄버거 10개 먹기 내기를 하다 실패하고 구토를 하자 모두들 그 친구에게 정말로 미안해했다. 잘 훈련된 월스트리트 트레이더라면 그 정도는 쉽게 해냈을 것이다.

'라보' 라는 약칭으로 불린 존 라보라토(John Lavorato)는 엔론에서 열심히 일하는 트레이더들 가운데 한 명이었다. 나이는 30대 초반이었고, 키는 평균보다 조금 작았다. 몸매는 축구선수 출신답게 단단했고 머리카락은 적갈색이었다. 그는 시선을 늘 어딘가에 고정시켰지만 사실은 신경과민에 따른 안면경련증이 있었고, 말을 할 때면 셔츠 깃을 만지작거리는 버릇이 있었다. 라보가 자신의 거래 업무에 대해 신경과민이었다는 사실을 다른 트레이더들은 전혀 눈치 채지 못했다. 그는 캐나다에서 거래 업무를 성공적으로 수행함으로써 능력을 인정받아 휴스턴으로 옮겨왔고, 엔론에서 최고의 수익을 내는 트레이더들 가운데 한 명이 됐다. 그는 수백만 달러의 보너스도 받았다.

동료 트레이더들에 따르면 라보는 엄청난 이익을 내면 그 이익을 미래를 위한 준비금으로 쌓아두었다. 그는 어느 날에는 순이익이 제로(0)가 됐다가도 갑자기 수백만 달러의 이익을 내곤 했다. 다른 트레이더들은 이런 그의 실적 변동에 별로 놀라지 않았다. 라보가 갑자기 큰 이익을 냈다고 해도 그들은 그저 어깨를 으쓱하며 "그래요? 라보가 또 뭔가를 하고 있는 모양이죠 뭐"라고 말했다.

나중에 엔론은 물론 다른 기업들도 트레이더들이 준비금을 쌓아두는 행위는 일반적인 관행이라고 주장했다. 2003년 초에도 엔론의 거래 관행에 대한 조사가 계속되고 있었지만, 라보나 다른 트레이더들의 부정 혐의가 입증될 것인지는 명확하지 않았다. 사실 라보만 그랬던 건 아니었다. 엔론의 수많은 트레이더들이 나중을 대비해 그들이 낸 이익을 숨겼다.

그 주된 동기는 기간별로 이익 실적을 평준화시켜 안정적인 거래 실적을 내는 것처럼 보이게 하려는 것이었다. 이익이 날 때 그것을 숨겨뒀다가 실적이 나쁜 분기에 마술처럼 수백만 달러를 이익으로 꺼내놓는 것이다. 일정한 이익을 꾸준히 내는 트레이더는 위험 단위당 이익을 더 많이 내는 것으로 평가돼 많은 금액의 보너스를 받을 수 있기 때문이었다. 일정한 이익을 꾸준히 내는 것은 같은 이유에서 시장에서도 높게 평가됐다.

엔론이 거래의 위험도를 측정하는 데 주로 사용한 지표는 바(VAR)였다. 바는 하루 동안의 모든 거래에서 벌거나 잃을 수 있는 최대 금액이 얼마인지를 95%의 통계적 신뢰도 수준에서 측정한 수치로 표시된다. 2000년에 엔론은 바가 6600만 달러라고 밝혔다. 이를 달리 말하면 투자자들은 엔론이 거래일의 95%에 해당되는 날들에는 6600만 달러를 넘는 이익이나 손실은 내지 않는다고 기대할 수 있다는 것이다.

그러나 바는 과거 데이터에 바탕을 둔 지표여서 실제 위험을 과소평가하는 경향이 있다. 바를 사용했던 롱텀 캐피털 매니지먼트의 파산은 바로 이런 한계를 보여준 사례였다. 더욱 문제였던 것은 엔론이 산정한 바는 자사 트레이더들이 안정적인 수익 실적을 유지하기 위해 조작해 보고한 이익 수치들에 근거를 둔 것이었다는 점이다. 실제 거래의 변동성은 보고된 것보다 훨씬 더 컸다. 트레이더들은 그들이 보고한 바 수치보다 더 많은 돈을 벌거나 잃은 경우가 많았다. 2000년의 어느 한 날을 보면 트레이더들이 하루에 모두 5억 달러를 벌었고, 2000년 12월 12일에는 5억 5000만 달러의 손실을 냈다.

엔론의 트레이더들이 이익을 조작하는 데는 '신중유보(Prudency Reserve)' 계정의 사용과 '선물곡선(Forward Curve)'의 조작이라는 두 가지 방법이 기본적으로 활용됐다.

일부 트레이더들은 이익을 숨기기 위해 '신중유보'라는 가공의 준비금 계정을 만들어 놓고 운영했다. 엔론의 파생상품 트레이더들은 자신의 거래 손익을 스프레드시트에 기록했다. 어떤 거래에 대해서는 이익 모두를 한 칸에 기입하지 않고 두 칸에 나눠 적어두었다. 첫 칸은 실제로 거둔 이익 가운데 트레이더가 바로 엔론의 이익으로 반영하려는 부분이고, 나머지 금액은 신중유보라는 이름을 붙인 두 번째 칸에 기입했다. 파생상품 트레이더가 1000만 달러를 벌었다고 가정해보자. 이 트레이더는 그 가운데 900만 달러는 당해 분기의 이익으로 기재하지만, 나머지 100만 달러는 신중유보 칸에 기입한다. 한 트레이더가 수백만 달러의 준비금을 신중유보 칸에 갖고 있는 경우도 있었다.

엔론의 신중유보 준비금은 경제적 사실을 보여주는 것이 아니었고, 애시당초 그럴 의도로 운영된 것도 아니었다. 신중유보 준비금은 장기적으로 손익을 분식하는 데 쓰일 부정자금이었다. 이익 중 신중유보 칸에 기재된 금액은 장래에 발생하는 손실을 상쇄하는 데 사용됐다. 그것은 본질적으로 트레이더들이 불안한 내일에 대비해 여축해둔 돈이었다. 신중유보 준비금은 특히 장기 파생상품 계약에 효과적이었다. 왜냐하면 장기 파생상품은 계약기간 내 특정 시점에서 그 가치가 얼마가 되는지를 가치 평가하기가 더 어려웠기 때문이다. 장기파생 상품에 대해 신중유보 준비금을 쌓아둔 트레이더는 향후 몇 년간의 손실에 대비할 수 있었다.

운이 좋게도 신중유보 준비금 가운데 일부는 실제로 제 역할을 다했다. 어느 한 분기에는 목표 달성을 위해 실제 거둔 이익보다 훨씬 더 많은 이익을 장부에 계상해야 했던 트레이더들이 그동안 쌓아뒀던 신중유보 준비금 전액을 다 빼내어 목표치에 맞췄다.

불확실한 앞날에 대비한다는 게 반드시 나쁜 생각인 것도 아니고, 엔론의 파생상품 트레이더들이 스스로 나쁜 짓을 하고 있다는 생각을 하지 않았을 수도 있다. 신중유보 준비금이 적절하게 쓰였다면 거래 상대방으로부터 받지 못할 수도 있는 이익의 비중을 정확히 측정하는 지표가 될 수도 있었다. 그러나 엔론은 신중유보 준비금을 그런 용도로 사용하지 않았다. 트레이더들은 오히려 거래 포지션의 변동성과 그 현재가치에 대해 허위정보를 보고했고, 그렇게 함으로써 투자자들을 오도했다. 엔론 트레이더들의 이런 관행은 재무제표의 가장 큰 목표, 즉 투자자들에게 회사의 위험에 대한 정확한 정보를 제공한다는 목표를 왜곡시켰다.

신중유보 준비금을 사용하고 있다는 사실을 엔론에서 누구 누구가 알고 있었는지는 여전히 분명하지 않다. 트레이더들은 엔론의 회장이었던 그레그 월리도 이런 관행을 알고 있었다고 말했다. 엔론의 최고회계책임자였던 리처드 코지는 이사들에게 신중유보 준비금에 대해 알려줬다고 주장했지만, 이사들은 레이 및 스킬링과 마찬가지로 그에 대해 알지 못했다고 말했다. 트레이더들이 이익을 숨기고 있다는 것을 레이와 스킬링이 몰랐다면, 두 사람은 엔론의 미래 이익이 신규 기술사업 분야 등 다른 영역에서 나올 것이라고 진정으로 믿었을지도 모른다. 그러나 다른 한편으론 레이와 스킬링이 거래 부문에서 막대한 이익이 나오는 것을 알지 못했다면, 그들이 주장했던 대로 2001년의 2분기와 3분기에도 엔론이 이익을 낼 것이라는 생각을 어떻게 할 수 있었을까?

엔론의 트레이더들이 파생상품 포지션을 허위보고하는 데 사용한 두 번째 수법인 선물곡선 조작은 신중유보 계정 운영보다는 덜 대담한 것이었지만 여전히 의혹투성이로 남아있다. 간단히 말하면 엔론의 트레이더들은 미래에 상품을 인도하기로 한 날짜들과 그러한 거래의 가격들을 짝 지운 그래프인 선물곡선을 허위로 그림으로써 허구의 이익을 보고했다.

예컨대 천연가스 파생상품을 취급하는 트레이더는 몇 주 뒤나 몇 달 뒤, 또는 몇 년 뒤에 인도되는 천연가스를 사기로 약정할 수 있었다. 1년 뒤에 천연가스를 살 수 있는 계약의 가격은 1년짜리 선물 시세이고, 10년 뒤에 살 수 있는 계약의 가격은 10년짜리 선물 시세다. 어떤 특정한 천연가스 계약의 선물곡선은 이런 만기별 선물시세들을 모두 모아놓은 그래프다. 이런 선물곡선은 그 어떤 파생상품의 거래에도 매우 중요한 역할을 한다. 마치 금리가 미래에 받게 될 돈의 오늘 가치를 좌우하는 것처럼 선물곡선은 파생상품 계약의 오늘 가치를 좌우하기 때문이다. 파생상품을 거래하는 다른 여느 회사들과 마찬가지로 엔론은 선물곡선을 손익 산정에 활용하는 위험관리 및 가치 평가 체제를 갖추고 있었다.

일부 시장에서는 선물곡선이 조작되기 쉬웠고, 또 어떤 곳에서는 그렇지 않았다. 가령 뉴욕상품거래소(NYMEX)에서 거래되는 단기 천연가스 계약의 선물곡선은 누구나 볼 수 있도록 매일 공시됐다. 트레이더가 뉴욕상품거래소의 거래를 허위로 표기하지 않았는지를 확인하고 싶은 사람은 신문만 보면 됐다. 반면 6년 이상으로 만기가 긴 천연가스 계약은 장외시장에서 불투명하게, 그리고 드물게만 거래됐다. 몇 년 전 뱅커스 트러스트나 살로먼 브라더스 같은 월스트리트 은행의 트레이더들이 파생상품 가격을 허위로 산정하고도 발각되지 않았듯이, 엔론의 트레이더들은 장기 천연가스 상품에 대해 같은 허위 산정을 했다. 엔론의 몇몇 선물곡선들은 잘못 그려진 상태로 3년이나 유지되기도 했다.

게다가 엔론의 천연가스 트레이더들은 각자가 낸 이익에 따라 보수를 받았다. 이는 그들이 손실을 감추기 위해 선물곡선을 허위로 표시하도록 하는 충분한 이유로 작용했다. 신중유보 준비금과 선물곡선은 몇 가지 측면에서 동일한 동전의 양면이라고 할 수 있다. 돈을 번 트레이더는 그 다음 해 이익으로 그것을 써먹기 위해 지금의 이익을 줄이려고 신중유보 준비금을 쌓았다. 손실을 본 트레이더는 손실을 상쇄할 이익을 만들어내기 위해 선물곡선을 허위로 표시했다. 몇몇 트레이더들은 이런 허위 계상으로 인한 손익의 편차가 10억 달러 이상이라고 얘기했지만, 허위로 계상된 금액이 실제로 얼마였는지는 여전히 알 수 없다.

어떤 경우에는 예전에 센던트 직원들이 스프레드시트에 허위의 숫자를 쳐 넣은 것처럼 트레이더들이 시장 상황과 다른 선물곡선을 수작업으로 입력했을 수도 있다. 좀더 복잡한 거래라면 트레이더가 거래의 가치를 평가하는 컴퓨터 모델의 전제가 되는 변수들을 조정해 거래의 가치가 더 올라가도록 하기도 했다. 복잡한 컴퓨터 모델은 특히 조작에 활용되기가 쉬웠다. 이런 점은 1994년 모기지 파생상품의 가치 평가를 위해 그 같은 컴퓨터 모델을 활용했던 애스킨 캐피털 매니지먼트가 파산하면서 드러난 사실이다.

일부 트레이더들은 심지어 자신들의 거래 이익을 줄이기 위해 신중유보 준비금뿐 아니라 선물곡선도 허위로 표시했다. 예를 들어 이미 대단한 이익을 거뒀기 때문에 추가로 이익을 내봐야 성과급이 늘어날 것 같지 않다고 생각한 어느 트레이더는 그 해의 이익 규모를 줄이고 이익금의 일부를 수익 전망이 불확실한 다음 해로 넘겼다.

아서 앤더슨의 엔론 감사인들은 엔론의 선물곡선들을 주의 깊게 들여다보지 않았다. 그들은 선물곡선을 그저 주어진 것으로 여기고, 거래 가격이 매일 어떻게 변했는지만 체크했다. 심지어 그들은 엔론의 트레이더가 선물곡선을 3센트나 이동시킨 사실도 잡아내지 못했다. 3센트의 이동은 얼핏 대단찮게 보일지 모르지만, 이 정도의 조작만으로도 거래 이익은 2000만 달러나 달라졌다.

이렇게 조작된 가치 평가 방법과 허위의 손익 기입은 조직적이었고 1997년부터 몇 년간에 걸쳐 계속됐다. 1990년대 후반에 공개기업 직원들 다수가 그랬던 것처럼 엔론의 파생상품 트레이더들은 직접적으로는 경영진으로부터, 간접적으로는 엔론 담당 애널리스트들로부터 분기별 이익 목표를 달성해야 한다는 압력을 심하게 받고 있었다. 엔론의 위험관리 매뉴얼은 그들에게 회계장부상 수치가 경제적 사실보다 더 중요하다고 가르쳤다. 그러니 당시 트레이더들이 허구의 회계장부상 숫자를 맞추기 위해 실제 경제적 손익을 조작한 것은 놀랄 일이 아니었다. 덕분에 엔론 주가는 계속 상승했다.

에너지 위기 활용전략

엔론은 2000년 캘리포니아 에너지 위기 때 막대한 이익을 공시하지 않으려고 했다. 하지만 이 해 엔론이 거둔 거래이익 중 대부분은 캘리포니아주가 있는 서부지역의 트레이더들이 낸 게 아니었다. 엔론의 트레이더들은 북동부 지역에서 더 많은 이익을 냈고, 그 밖의 다른 지역에서도 수억 달러의 이익을 냈다. 그럼에도 엔론 간부들로서는 엔론이 캘리포니아의 곤경을 이용해 이익을 취하지 않았다고 인식되는 게 중요했다.

신중유보 준비금으로 이익이 이월됐음에도 캘리포니아 에너지 위기가 최악의 상태였던 2000년 4분기에 엔론의 이익은 전 분기에 비해 3분의 1이나 늘어났다. 제프 스킬링은 2001년 1월 22일의 콘퍼런스콜에서 애널리스트들에게 "캘리포니아 상황은 엔론의 4분기 실적에 별다른 영향을 미치지 않았습니다. 반복해도 될까요. 캘리포니아의 상황은 엔론의 4분기 실적에 거의 영향을 주지 않았습니다"라고 말했다. 하지만 그의 말을 곧이곧대로 믿으려는 사람은 거의 거의 없었다.

미국 전역의 엔론 트레이더들이 캘리포니아 에너지 위기를 활용하는 거래전략으로 이익을 취했다는 사실은 1년여 뒤에 드러났다. 트레이더들의 캘리포니아 위기 활용 전략이 '죽음의 별(Death Star)'이니 '뚱보 소년(Fat Boy)'이니 하는 이름으로 불렸다는 사실도 드러나 엔론의 기업 이미지를 깎아내렸다. 그러나 전문가들은 그런 거래전략들이 전적으로 합법적이었다는 결론을 내렸다. 예컨대 엔론의 트레이더들은 캘리포니아의 전력을 가격이 더 비싼 다른 주에 내다 팔았다. 그들의 이런 거래로 캘리포니아 안의 전력 공급이 부족한 것처럼 보이게 되자 가격이 올랐다. 엔론의 트레이더들은 캘리포니아의 전력을 사서 다른 주에 팔았다가 되사서 캘리포니아에 높아진 가격을 받고 팔았다.

엔론의 트레이더였던 티모시 벨든은 이 같은 시장조작 혐의로 2002년 10월에 고소됐고, 법무부는 2002년 말까지 여러 명의 트레이더들을 면직시켰다. 캘리포니아주 관리들은 엔론 트레이더들의 수법에 공포감을 나타냈고, 탐욕스러운 그들을 비난했다. 그러나 탐욕스러움은 바로 트레이더들이 돈을 받는 대가로 그래야 하는 태도였다. 또 그들이 전력 거래로 이익을 냈던 것은 캘리포니아 주법, 특히 주내 전력공급 가격에 상한선을 둔 법률 조항에 의해 창출된 기회를 활용한 결과였다.

허술한 규제 체제가 불법적인 행위를 허용한 것은 아니었지만, 그 토양은 마련해준 셈이었다. 엔론의 한 트레이더는 이렇게 말했다. "당신이 차를 팔려고 하는데 캘리포니아주가 차 가격에 상한선을 설정한 상황과 같다. 당신은 '이 차는 상한선보다 값이 더 나가는 것이다. 상한선의 3배의 가격에 이 차를 사겠다는 친구가 네바다주에는 있다' 고 생각할 것이다. 네바다로 가서 차를 파는 것을 막는 법규는 캘리포니아주에 없다. 그렇다면 당신은 어떻게 하겠는가? 그냥 참고 캘리포니아주에서 차를 팔고 말까? 천만의 말씀이다."

회계 놀음에도 불구하고 엔론의 트레이더들은 회사가 망하기 바로 직전까지도 장부상 막대한 이익을 유지했다. 한 정보원에 따르면 제프 스킬링이 사임한 2001년의 첫 여덟 달 동안 엔론이 북미 지역에서 올린 거래 이익은 29억 달러나 늘었다. 몇몇 정보원들은 엔론이 2001년에 천연가스 파생상품에서만 10억 달러 이상의 수익을 올렸다고 확인해줬다. 존 아놀드라는 이름의 트레이더는 2001년에 무려 7억 5000만 달러의 이익을 올렸다. 이는 앤디 크리거가 뱅커스 트러스트에 벌어준 돈의 3배에 가까운 금액이다. 흥미롭게도 아놀드가 낸 이익의 대부분은 2001년 3분기에 발생했다. 당시는 엔론이 투자자들의 신뢰를 잃기 시작하면서 주가가 추락하고, 에너지 위기가 진정됨에 따라 캘리포니아 에너지 가격도 떨어지고 있을 때였다.

아놀드는 운이 좋게도 가격이 떨어질 것이라는 데 수십억 달러를 걸었던 것이다.

2001년 10월 이후 은행들이 엔론의 트레이더들에게 대출 연장을 기피하면서 엔론의 거래 업무가 결국 흔들리기 시작했다. 엔론이 파생상품 거래 부문을 스위스 은행인 UBS에 팔았을 때 엔론은 트레이더들이 사들인 수십억 달러어치의 파생상품을 갖고 있었다.

2001년에 500만 달러의 보너스를 받은 존 라보라토는 UBS의 거래부문 운영을 맡기 위해 엔론을 떠났다. UBS에서도 그는 엔론에서만큼 좋은 실적을 냈다. 엔론이 파산신청을 하고 파생상품 트레이더들이 모두 떠나간 뒤에도 엔론이 갖고 있던 파생상품들은 꾸준히 이익을 냈다. 한 정보원에 따르면 엔론이 파산한 뒤인 2002년 7월에도 이 회사에는 자그만치 60억 달러의 현금이 있었다. 회사는 죽었지만, 그 심장은 계속 건강하게 뛰고 있었다는 얘기다.

이렇게 막대한 거래 이익에도 엔론은 결국 파산할 수밖에 없었다. 언론매체들이 엔론을 집중 취재했지만 이 회사의 붕괴 속도를 따라잡기 어려웠다. 회사 내부자들에게도 그 마지막 며칠 동안의 기억은 선명하지 않다.

마지막 지푸라기

2001년 10월 23일은 휴스턴 전체가 비교적 조용한 날이었다. 해리스 카운티의 공무원들은 다가오는 선거에 대비해 2500만 달러를 주고 도입한 새로운 전자투표 시스템의 시험가동을 성공적으로 마쳤다고 발표했다. 엔론 필드에서는 야구팀인 휴스턴 애스트로스의 감독을 맡고 있다가 바로 전 주에 사임한 래리 디어커 감독의 후임자를 선발하기 위한 면접을 진행하고 있었다. 디어커 감독은 이 팀을 5년 동안에 4번이나 내셔널리그 중부지역 우승 팀으로 이끈 뒤 사임했다.

그 날은 9.11 테러가 발생한 지 6주가 지난 시점이었고, 휴스턴의 180만 시민들은 나쁜 뉴스에 둔감해져 있었다. 텍사스주 방위군 사무실은 서류더미에서 백색 가루가 발견된 뒤 폐쇄됐다. 그러나 이에 대해 긴장한 사람은 거의 없었고, 백색 가루는 확인 결과 탄저균에 음성 반응을 보였다. '염려하는 과학자 동맹(Union of Concerned Scientists)'은 사람들이 오랫동안 기다린 보고서를 발표하면서 향후 50년간 기온이 7도 정도 올라갈 것이라고 전망했다. 그러나 기온이 섭씨 38도나 되는 여름을 또 한 차례 겪은 휴스턴 시민들 가운데 누구도 휴스턴이 더 더워질 수 있다고 믿지 않았다.

그런 가운데 스미스 거리 1400번지에 있는 엔론 본사에선 큰 혼란이 벌어지고 있었다. 켄 레이에겐 종말의 시작이었다. 레이는 이날 오전 내내 투자자 및 애널리스트들과 전화회의를 하면서 최근의 몇 가지 문제들에 대해 설명하려고 했다. 몇 달 전에 열린 직전 전화회의에서 투자자들은 엔론의 재무상태를 둘러싼 의문점들에 대해 캐물었다. 제프 스킬링은 하이필즈 캐피털 매니지먼트의 리처드 그루브먼이라는 애널리스트에게 이렇게 답변했다. "글쎄, 좋은 질문을 해줘서 너무 고맙네, 이 멍청한 친구야"라고 대답했다. 스킬링은 8월에 개인적 이유를 들어 사임했다. 이젠 켄 레이가 투자자와 애널리스트들의 공격을 받고 있었다.

전화에 귀를 대고 있던 많은 사람들에게 그동안 엔론은 견고한 실적을 내는 투자처였다. 날아오르던 인터넷 주식들이 2000년에 거의 바닥으로 추락했지만, 엔론의 주가는 1999년보다 두 배 이상으로 올라 있었다. 엔론 주가는 2000년 8월에 사상최고가인 90.56달러를 기록했고, 그해 말 80달러로 마감했다.

그런데 캘리포니아 에너지 위기가 일어났고, 2001년 여름이 되자 엔론의 주가는 절반으로 떨어졌다. 캘리포니아 관리들은 바가지 가격에서부터 전력가격 조작까지 모든 것을 엔론 탓으로 돌렸다. 스킬링은 사임하기 직전 화난 항의자들에게 둘러싸였고, 그 중 한 명이 스킬링의 얼굴에 파이를 던졌다. 많은 투자자들은 캘리포니아 사건이 엔론 주가 하락의 가장 큰 원인이라고 생각했다. 캘리포니아주 당국이 엔론의 전력계약 몇 건을 인수했고, 전력을 사고파는 거래를 하는 사람들이 적어졌다. 이 모든 상황은 엔론의 이익 감소를 초래할 것으로 여겨졌다.

투자자들은 엔론이 캘리포니아 사건에도 불구하고 천연가스와 전력 파생상품 거래로 기록적인 이익을 내고 있다는 사실을 알지 못했다. 그 해 여름에 몇 명의 애널리스트들은 마침내 엔론의 연차보고서 중 여러 특수관계자들과의 거래에 대한 미심쩍은 공시 내용에 관심을 집중시켰다. 그들은 몇 달 전부터 패스토우와 그의 합자회사들이 바로 그 특수관계자들이며, 패스토우가 엘제이엠 합자회사들의 실적에 연동해 보수를 받았다는 공시에 주목했다. 2000년과 2001년에 엔론이 공개한 문건을 주의 깊게 읽은 사람이라면 누구라도 패스토우의 개입 사실과 그의 급여에 대해 기술한 대목을 봤을 것이다.

분노한 애널리스트들은 패스토우를 합자회사로부터 몰아내고, 엘제이엠 및 엘제이엠 투와의 관계를 끝낼 것을 엔론 측에 요구했다. 레이는 엔론의 법률자문 회사인 빈슨 앤드 엘킨스(Vinson & Elkins)에게 이 문제에 관해 조사를 해달라고 요청했다. 빈슨 앤드 엘킨슨은 2001년 10월 15일 엔론의 고문변호사에게 보낸 편지에서 "우리 쪽의 사전 확인을 거쳐 공시된 사실들은 독립적인 자문기관이나 감사인에 의한 더 광범위한 조사를 할 필요성이 없다"고 통보했다. 변호사들에 따르면 엔론의 행위는 합법적이었다.

그 다음날인 10월 16일 화요일에 엔론은 엘제이엠 합자회사로부터 패스토우를 몰아내고 합자회사들과의 거래를 조기에 종결하는 데 따르는 3500만 달러의 비용을 부담하겠다고 발표했다. 엔론은 또 그동안 광대역, 소매 전력, 수자원 부문 투자에서 낸 10억 1000만 달러의 손실을 회계장부에 반영하겠다고 밝혔다. 이 발표는 투자자들에게 끔찍한 뉴스였다. 엔론 주가를 급락시킬 만했다.

그러나 이날 엔론 주가는 오히려 2% 정도 올라갔다. 눈치 빠른 투자자들은 엔론의 10억 달러의 손실 기장에 관한 발표에 별로 신경을 쓰지 않았다. 엔론 주가는 수요일에도 별로 움직이지 않았고 거래도 평온했다. 가장 늦게 잡아도 이때 엔론 주가는 엘제이엠 합자회사들과의 10억 달러의 손실 비용과 관련된 정보를 반영했어야 옳다. 정보가 알려지면 시장이 반응하는 데 그렇게 많은 시간이 걸리지 않는다. 효율적인 시장에서는 몇 분간이 일생과도 같다. 대부분의 뉴스는 몇 초 만에 주가에 반영된다. 그러나 엔론의 경우엔 시장이 뉴스에 즉시 반응하지 않았다. 폭풍우 전의 적막이 이틀이나 지속됐다.

마침내 목요일인 10월 18일 엔론 주가는 통제 불능으로 고꾸라지기 시작했다. 엔론 주식의 거래량은 두 배로 늘었고, 주가는 29달러로 미끄러졌다. 금요일엔 거래량이 세 배로 늘어났고, 주가는 3달러 더 떨어졌다. 월요일엔 3640만 주의 엔론 주식이 거래됐다. 이는 엔론 역사상 하루 최대 거래량으로, 금요일의 거래량보다 두 배 이상 되는 물량이었다. 종가는 20달러 안팎으로 9개월 전의 4분의 1이었다.

이처럼 광란의 거래가 일어나고 주가가 곤두박질한 원인은 무엇이었을까? 엔론은 월요일에 투자자들에게 부분적인 답변을 해줬다. 증권거래위원회가 엔론과 엘제이엠 합자회사들 사이의 거래에 대해 비공식적인 조사를 한다는 사실을 공개한 것이다. 투자자들은 '비공식적인 조사'라는 말에 공포감을 느꼈다. 증권거래위원회가 캐기 시작했다니 뭐가 나올지 누가 알겠는가? 켄 레이는 정치적 해결을 모색했다. 엔론 간부들이 딕 체니 부통령의 참모들과 면담했고, 레이는 그의 친구인 도널드 에반스 상무장관과 전화통화를 했다. 그러나 나중에 두 사람은 엔론 문제에 대해 논의한 적이 없다고 주장했다.

아무것도 도움이 안 됐다. 레이는 10월 23일 전화회의를 여는 것밖에 다른 선택의 여지가 없었다. 회의가 시작되자 전화회의 참석자들은 몇 달 만에 90달러에서 35달러대로 추락하는 등 벼랑 끝에 선 엔론 주가에 대해 레이가 할 수 있는 일이 무엇인지, 그 대책을 물었다.

그동안 엔론 주식에 대해 매수 의견을 냈던 애널리스트들은 투자자들보다 더 심란한 심정으로 전화를 듣고 있었다. 2001년 10월에도 17명의 엔론 담당 애널리스트들 가운데 16명이 강력매수나 매수 추천을 했다. 당시 애널리스트들은 자기 회사에 수지맞는 투자은행 업무를 맡겨주는 기업에 대해서는 부당하게 매수 추천을 해준다는 비난에 직면해 있었다. 이런 점을 감안한다면, 이날 엔론의 전화회의에 참석한 애널리스트들은 자신들의 담당 회사인 엔론이라는 기업에 대해 각자 제대로 된 정보를 갖고 있었다는 데 대한 확신을 하고 싶었을 것이다.

주가가 올라갈 때는 애널리스트들이 줄곧 매수 의견을 내도 문제시하는 사람이 없었다. 그러나 주가가 떨어지는 상황에서는 당국은 물론 투자자들도 눈을 치켜뜬다. 이제 애널리스트들은 과거보다 철저한 감시를 받게 된 것이다. 몇 명의 애널리스트들은 이미 해고됐고, 뉴욕 검찰총장인 엘리어트 스피처는 여러 명의 애널리스트들과 그들의 회사에 대한 조사에 착수했다. 스피처는 메릴 린치에서 수거한 이메일들이 범죄 혐의를 입증한다는 내용의 진술서를 제출할 예정이었다. 애널리스트들은 자신들이 엔론에 대해 매수 의견을 낸 것이 정확했다는 확신을 갖게 되길 바랐다. 사실 애널리스트들의 평가가 사리에 맞는 면도 있었다. 엔론 주가가 몇 달 전과 같이 80

달러였다면 모르겠지만, 20달러로 떨어진 상황에서는 엔론 주식에 대해 적극적인 매수를 추천할 만했다.

전화회의에서 레이는 엔론의 최고재무임원이 엔론과 거래를 하는 합자회사를 운영한 것은 '이익 충돌' 의 소지가 있다고 인정했다. 레이는 그러나 엔론은 주주의 이익이 침해되지 않도록 보장하는 절차를 만들었고, 임직원들은 그것을 엄격하게 지켰다고 해명했다. 그는 "엘제이엠과 엔론 사이에 만리장성(Chinese Wall)이 가로놓여 있었다"고 말했다. 또 엔론은 합자회사와 거래할 의무가 없으며, 합자회사와의 거래는 정말로 엔론에 최선의 이익이 되는 경우에만 했다고 주장했다.

'만리장성' 이라는 말을 들은 애널리스트들은 마치 최후의 지푸라기를 놓친 듯했다. '만리장성' 은 최근 몇 년간 월스트리트 투자은행들이 이해 당사자들 사이의 이익 충돌이 일어날 수 있는 사업을 수행할 때 스스로를 변호하는 데 이용해온 표현이다. 예를 들어 애널리스트는 업무상 알게 된 기업의 비밀정보를 같은 회사의 투자은행 부문 직원에게 말하지 않게 돼 있었다. 누군가를 '만리장성을 넘어 오게' 했다면, 그것은 중대한 사건이었다. 만리장성을 넘어온 사람이 있다면 그는 회사나 거래와 관련된 비밀을 알 자격을 획득한 것이기 때문이었다. 그러나 이 만리장성의 실제 높이는 18인치에 지나지 않는다고 은행 직원들은 말했다. 이는 〈이것이 스파이널 탭이다(This is Spinal Tap)〉라는 영화에 나오는 영국의 고대 거석 유적인 스톤헨지의 모형물에 빗대 만리장성을 비꼬는 말이었다.

'만리장성' 이라는 표현을 동원한 레이의 변명은 오히려 엔론의 합자회사와 투자활동 전반에 대한 의구심을 불러일으켰다. 애널리스트들은 엔론이 부분적으로 소유한 화이트윙과 애틀랜틱 워터 트러스트 등 다른 특별목적회사들에 대해 물었다. 엔론의 간부들은 전화회의 참석자들에게 엔론은 정상적인 경영에 필요한 자본을 충분히 확보하고 있다고 말했다. 그러면서도 신용평가회사들이 엔론의 부채 등급을 낮출 위험을 경고했다. 신용평가에 대한 언급은 그게 단 한 마디 말이라도 항상 사람들을 긴장케 하는 것이어서 그의 설명은 특히 애매하게 표현됐고, 오히려 이 때문에 그것이 마치 일련의 연쇄적 사태를 불러올 도화선인 것처럼 들렸다. 추궁을 당한 레이는 결국 전화회의 참석자들에게 증권거래위원회의 조사 때문에 엘제이엠 합자회사들에 대해 그가 말할 수 있는 범위가 제한받고 있다고 말했다.

앤디 패스토우에게 합자회사들에서 손을 떼도록 하라고 요구했던 바 있는 애널리스트들이 이번엔 레이에게 패스토우의 목숨을 요구했다. 골드만 삭스의 애널리스트인 데이비드 플레이셔는 엔론의 신뢰성이 심각한 의문에 부닥쳐 있다고 말했다. 그는 레이에게 엔론의 거래들이 공명정대했음을 투자자들에게 해명하기 위해 그의 권한으로 할 수 있는 모든 일을 하라고 말했다. 그는 "나는 그 모든 거래들의 복잡한 내막을 이해할 수 있을 만큼 충분한 공시가 이뤄지지 않았다고 본다"고 말했다. 휴스턴에 있는 시몬스 앤드 컴퍼니 인터내셔널의 애널리스트인 제프 디테르트는 "나는 전화회의에서 좀더 많은 정보를 얻기를 원했지만 그렇지 못했다"고 말했다. 그밖의 다른 많은 이들도 엔론 쪽의 설명이 충분치 않다고 느꼈다.

전화회의가 끝날 때쯤에는 켄 레이가 완전히 진실한 태도를 취하지 않고 있다는 게 확실해졌다. 레이는 자신과 이사회 멤버들은 최고재무책임자인 패스토우에 대해 "최고의 신뢰와 믿음"을 계속 갖고 있다고 말했다. 그러나 미심쩍어 하는 애널리스트들에게 이 말은 마치 죽음의 키스 소리처럼 들렸다. 패스토우가 그 해 말까지 엔론에 살아남으리라고 생각한 이는 아무도 없었다. 실제로 레이는 바로 그 다음날 패스토우를 해고했다.

신용등급 강등

10월 23일 회계법인 아서 앤더슨의 휴스턴 사무실은 더욱 법석이었다. 앤더슨에게 엔론은 휴스턴에서 가장 중요한 고객이었다. 엔론은 2000년 한 해에만 5200만 달러의 수수료를 앤더슨에 지급했다. 그 가운데 절반 이상은 감사 서비스에 대한 보수가 아니라 자문료였다. 두 회사의 관계는 매우 긴밀했고, 엔론의 수석감사인 리처드 코지를 비롯한 많은 엔론 임직원들이 앤더슨 출신이었다. 엔론의 위험관리 담당 간부를 지낸 이는 "회사에서 뭔가 문제점을 지적하려고 하면 반드시 앤더슨 출신 간부를 건드려야 했다"고 말했다.

앤더슨은 엔론에 대한 업무의 초점을 최근 수년간 크게 변경해왔다. 10년 전만 해도 앤더슨은 엔론에 대해 감사 업무를 수행하는 데 그쳤고, 그 밖에는 별로 하는 일이 없었다. 앤더슨은 엔론과 독립적이었고, 엔론에 대한 다른 업무를 해서 돈 받을 일이 없었기 때문에 투자자들은 앤더슨이 엔론의 회계보고서를 매우 꼼꼼하게 조사할 것이라고 믿었다. 투자자들은 엔론은 믿지 못하더라도 앤더슨만큼은 믿었다.

그러나 앤더슨은 몇 년간에 걸쳐 엔론을 포함한 기업 고객들에 대한 자문 업무를 늘리면서 독립성을 점점 잃어왔다. 2000년까지 감사 업무는 시들해졌고, 일 자체도 매우 지루한 것으로 인식됐다. 연례 감사는 수천 시간을 끈질기게 매달려야 하는 일이었다. 반면 자문, 특히 엔론과 같은 혁신적 기업에 대한 자문은 일 자체도 화려하고 수익률도 높은 것으로 인식됐다.

켄 레이가 전화회의에서 애매모호한 거미줄을 치고 있을 때 앤더슨의 직원들은 서류 분쇄기를 마구 돌리고 있었다. 앤더슨의 엔론 감사팀장인 데이비드 던컨(David Duncan)은 회의를 소집해 엔론과 관련된 서류를 빨리 처리하도록 했다. 이 작업은 서류를 완전히 인멸해버리는 정도였고, 던컨의 비서가 "이제 그만 하라"는 메모를 돌린 11월 9일까지 계속됐다. 그 짧은 기간에 앤더슨은 수천 건의 이메일을 지웠고, 분쇄된 문서들로 가득 찬 쓰레기 봉지들을 치웠다.

앤더슨은 문서 분쇄가 "회사의 다른 간부와 협의 없이 이뤄졌다"고 발표하는 등 던컨을 고립시키려 했다. 던컨은 앤더슨의 간부들 중에는 아무도 자기를 도와줄 사람이 없을 것이라고 생각했던지 2002년 1월 15일 앤더슨이 자신을 해고하기 직전에 적어도 6상자 이상의 서류들을 집으로 옮겨 놓았다. 그 상자들 안에는 수사관들이 다른 데서는 찾을 수 없었던 중요한 서류들이 들어 있었다.

결국 검찰은 던컨의 증언이 앤더슨을 기소하는 데 쓸모가 있을 것으로 보고 던컨에게 거래를 제안했다. 그가 공무집행 방해 혐의를 인정하고 앤더슨에게 불리한 증언을 해준다면 징역형을 면할 수도 있는 관대한 판결을 법원에 요청하겠다는 것이었다. 긴 심리 끝에 휴스턴 법원은 던컨의 증언을 근거로 삼아 앤더슨에 공무집행 방해죄를 적용하는 판결을 내렸다.

10월 31일 켄 레이는 텍사스 주립대학 법대 학장인 윌리엄 파워스에게 엔론의 이사 직을 제의하면서, 엔론의 손실에 대한 특별 조사위원회를 맡아달라고 요청했다. 파워스는 법조계에서 존경받는 유명한 인물이었다. 파워스는 윌리엄 맥루카스를 기용했다. 그는 증권거래위원회 법규집행 부서 책임자 출신이며, 끈질긴 수사로 재판에서 이긴 기록을 많이 갖고 있었다.

이와 함께 레이는 부시 행정부의 여러 관리들에게 그동안 자신에게 신세진 것을 갚으라면서 도움을 요청했다. 그는 부시의 선거자금 모금조직의 하나인 214명의 '파이어니어들(Pioneers)'의 일원으로 10만 달러 이상을 모아 전달했고, 선거가 끝난 뒤 취임할 때까지 부시에게 자문을 해주기도 했다. 10월과 11월에 레이는 폴 오닐 재무장관, 돈 에반스 상무장관, 앨런 그린스펀 연준 의장, 로버트 맥티어 댈러스연준 총재에게 전화를 걸었다. 그레그 윌리 엔론 사장은 롱텀 캐피털 매니지먼트에 대한 민간 긴급구조 금융에 관여했던 피터 피셔 국내금융 담당 차관에게 몇 번 전화를 했다. 그러나 아무도 엔론을 도와주려고 하지 않았다. 11월 6일 엔론 주가는 10달러 밑으로 떨어졌다.

이때 엔론의 생존 여부에 관건이었던 것은 투자적격 신용등급을 유지할 수 있느냐였다. 엔론은 가장 최근의 연차보고서에서 "투자적격 등급의 유지는 충분한 유동성 확보는 물론 사업 전체의 성공에 매우 중요하다"고 밝혔다. 신용등급의 하향조정은 엔론에게 이중의 타격을 가할 것이 분명했다. 신용등급이 투자부적격 등급으로 떨어지면 다음 두 가지 상황이 발생할 것으로 예상됐다.

첫째, 대부분의 금융회사들이 추가 대출을 해주지 않을 게 뻔했다. 그렇게 되면 차입비용이 늘어나는 데 그치는 일이 아니었다. 투자부적격 등급으론 어떤 금리로도 필요한 만큼의 돈을 빌릴 수 없게 된다.

둘째, 엔론의 대출 중 많은 부분에 신용등급 연계 조건이 붙어 있었기 때문에 신용등급이 떨어지면 향후 몇 년간으로 설정됐던 상환 만기가 앞당겨지게 돼 있었다. 구체적으로 투자부적격 등급이 되면 즉시 갚아야 할 돈이 엔론은 6억 9000만 달러였고, 엔론의 여러 합자회사들도 39억 달러를 즉시 상환해야 했다. 악화하고 있던 엔론의 재무상태에 비추어 그 같은 부담은 감당할 수 없는 것이었다. 엔론의 운명은 신용평가회사들의 손에 달린 셈이었다.

2000년 초 무디스는 엔론의 장부외 거래에 대해 철저하게 재검토하고, 그 결과를 바탕으로 엔론의 등급을 재조정했다. 그러나 무디스는 엔론의 신용등급을 낮추지 않고 오히려 한 단계 더 올려 Baa1을 주었다. 이는 무디스의 신용등급 체계에서 투자적격 등급 중 가장 낮은 Baa3보다 두 단계 높은 등급이었다. 무디스는 신용등급 연계 조항을 문제 삼지 않았다. 그것은 엔론에만 해당되는 사항이 아니라는 이유에서였다. 엔론을 포함한 대부분의 기업들이 대개 이런 연계 조항을 갖고 있고 그것을 회계보고서에 공시하지 않지만, 신용평가회사들은 그것을 잘 알고 있었다.

엔론이 캘리포니아 에너지 위기, 제프 스킬링의 사임, 앤디 패스토우에 관한 폭로, 엔론의 추가 비용 수십억 달러 기장 발표, 그리고 10월 23일의 끔찍했던 전화회의 직후 패스토우의 해고 등을 겪는 과정에서 3개 신용평가회사들은 모두 엔론을 주의 깊게 지켜봤다. 게다가 엔론의 주가가 80달러에서 10달러 밑으로 떨어졌는데도 3개 신용평가회사들은 모두 엔론의 부채에 대해 투자적격 등급을 유지했다.

11월 초 시티그룹과 JP 모건체이스는 각각 엔론에 대해 추가로 10억 달러씩 담보대출을 제공하기로 했다. 은행들은 어려운 갈림길에 놓였다. 엔론에 선불스왑 거래를 통해 빌려준 80억 달러가 모두 위험해졌기 때문이었다. 결국 그들은 롱텀 캐피털 매니지먼트에 대해 그랬던 것처럼 엔론에 돈을 더 쏟아 부어야 했다.

멕시코에 긴급 지원을 하고 롱텀 캐피털 매니지먼트가 무너질 당시 재무장관을 지낸 시티그룹의 로버트 루빈 공동회장은 재무부의 피터 피셔에게 전화를 걸어 신용평가회사들에게 엔론의 신용등급을 깎아내리지 말고 다른 대안을 찾도록 부탁할 것을 요청했다. 루빈은 "이것이 최상의 아이디어는 아닐지 모르지만…"이라는 말로 피셔와의 전화통화를 시작했던 것으로 알려졌다. 하지만 피셔는 그의 요청을 거부했다.

2001년 11월 8일 엔론은 수정한 회계보고서를 증권 당국에 제출했다. 4년간에 걸쳐 이익이 거의 6억 달러만큼 과다 계상됐다는 내용이었다. 그 범인으로는 엔론이 이익을 부풀리기 위해 이용한 제디, 츄코, 그리고 엘제이엠 합자회사들이 지목됐다. 합자회사들의 거래에 대한 특별위원회의 조사 과정에서 엔론은 결국 숨겨진 손실 가운데 일부를 드러내야 했다. 언론들은 그 수치에 놀라움을 감추지 못했다. 그러나 엔론의 이익은 손실을 반영해 하향 수정된 뒤에도 상당한 규모였고, 부채도 감당할 만한 수준이었다. 수정된 수치로도 엔론은 별 어려움 없이 살아남을 수 있는, 수익성 있는 회사였다.

그러나 회계보고서가 수정됐다는 사실로 인해 엔론은 투자적격 등급 평가를 받기에는 부적절하다는 점이 분명해졌다. 엔론의 등급은 한 단계나 두 단계 정도 하향 조정돼야 마땅했다. 이 정도의 하향 조정만으로도 엔론의 트레이더들이 돈을 빌릴 수 없게 되고 결국 엔론은 망하게 돼 있었다. 동작이 굼뜬 신용평가회사들은 뭔가 반응을 보이든지, 아니면 스스로 명성을 깎아 내리는 위험을 감수하라는 무언의 압력을 받고 있었던 셈이다.

그러나 엔론은 거의 20년 동안 신용평가회사들에게 많은 수수료 수입을 올리게 해주었다. 신용평가회사 간부들은 엔론의 신용등급을 내려 이 기업을 파산에 이르도록 할 생각이 없었다. 오히려 그들은 엔론의 '얼마 안 남은' 신용도나마 그대로 유지해주는 데 신경을 썼다. 자칫하다가는 신용평가회사들 스스로가 규제당국에 의해 처벌을 받을 수도 있었고, 당국이 신용평가 시장에 새로운 경쟁자의 진입을 허용하는 빌미를 줄 수도 있었다.

과거 데이터에 비춰보면 투자적격 등급 중 최저 등급에 해당되는 기업이 12개월 안에 갚아야 할 부채가 갚지 못하게 될 확률은 0.33%였다. 이런 확률은 엔론의 실제 상황에 비해 너무 낮은 것이라고 본 무디스는 엔론의 신용등급을 투자부적격 등급으로 내리는 방안을 검토하기 시작했다.

엔론의 경쟁기업들 가운데 하나인 다이너지(Dynergy) 쪽의 요청이 없었더라면 무디스는 이때 엔론의 등급을 낮췄을 것이다. 레먼 브라더스의 리처드 풀드 사장을 비롯한 다이너지의 투자은행가들도 엔론의 등급 하향 조정에 반대했다. 다이너지는 11월 9일 엔론의 부채에 대해 투자적격 등급을 유지해준다면 엔론과 합병하는 데 동의할 것이라는 뜻을 무디스에 전했다. 그 표면적인 명분은 합병이 이루어질 경우 엔론의 재무구조가 개선돼 빚을 갚을 수 있게 된다는 것이었다. 그러나 사실 신용평가회사들은 다이너지의 신용등급도 곧 내리려던 참이었다.

무디스는 엔론의 신용등급 하향조정을 발표하려고 했으나, 발표를 한 시간도 채 남겨놓지 않은 시점에 다이너지의 요청을 받아들여 엔론에 투자적격 등급 중 최저 등급을 부여하기로 했다. 무디스의 양보를 얻어낸 다이너지의 최고경영자 찰스 와트슨은 바로 그날 절박한 처지의 켄 레이와 합병에 합의했다. 엔론의 생명은 실낱같이 이어졌다.

10일 뒤인 11월 19일 엔론은 3분기 이익을 다시 수정했고, 주가는 10년 만의 최저치로 떨어졌다. 엔론은 등급이 하향조정됐으면 갚았어야 할 부채 6억 9000만 달러의 상환기일을 몇 주 더 연기할 수 있게 됐으나, 그 같은 상환기일 연기가 투자자들을 안도하게 하지는 못했다. 엔론 주가는 3달러로 떨어졌다.

엔론이 회계보고서를 분식하기 위해 파생상품 거래를 한 내용이 드러나자 신용평가회사들도 어쩔 수 없었다. 거기엔 JP 모건체이스 및 시티그룹과 거래한 80억 달러의 선불스왑(prepaid swap), 그리고 연말에 회계상 이익을 더 늘리기 위해 시행된 몇 건의 거래가 포함돼 있었다. 선불스왑 거래에서는 은행들이 엔론에 돈을 미리 지급하고, 엔론은 그 원리금을 분할상환하기로 약속했다. 은행들은 이런 선불스왑 거래를 하는 데 특별목적회사를 활용했다. 예를 들어 JP 모건체이스는 몇 년 전에 저지 섬에 설립한 마호니아라는 특별목적회사를 이용했다. 엔론과 그 회계사들은 선불스왑과 전통적인 대출 사이에는 상당한 형식상 차이가 있기 때문에 스왑을 장부에 기재하지 않았다고 주장했다.

뒤에 상원 조사팀이 엔론이 거래한 선불스왑의 세부 내역을 밝혀내자

의원들은 격분했다. 상원의원 칼 레빈은 JP 모건체이스의 간부들을 신문하면서 그들이 선불스왑에 대한 책임을 져야 한다고 요구했다. 그는 "그건 단지 두 은행으로부터의 대출인데, 몇 번의 거래들로 은폐된 것이다. 그런 거래들은 가짜이지 진짜가 아니다"라고 말했다.

그런 거래들은 비록 가짜였을지는 모르지만, 일반적인 관행이었으며 분명히 합법적이었다. 수많은 기업들이 선불스왑을 이용해 부외 대출을 받았다. 일반 투자자들 가운데는 선불스왑에 대해 들어본 적이 있는 사람이 거의 없었다. 하지만 펠라인 프라이즈(Feline Prides)를 비롯한 다른 구조화 금융 거래들과 마찬가지로 선불스왑도 기업들 대부분이 이용하고 있었다. 그런 거래들은 경제적 사실과는 맞지 않는 것이었지만, 회계기준이 지배하는 기업 현실에서는 경제적 사실에 맞고 안 맞고는 아무래도 상관없었다.

JP 모건체이스는 선불스왑이 부채를 숨기는 데 이용될 수 있다면서 그것을 권유했다. 1998년 11월 체이스의 한 직원은 이메일에서 "부채를 애널리스트들의 눈에 띄지 않게 숨길 수 있기 때문에 엔론은 이런 거래 방식을 좋아한다. … 엔론은 거래 과정에서 생기는 다른 부채들 속에 문제의 부채를 묻어둘 수 있다"고 했다.

체이스는 한 마케팅 문서에서 이런 거래들에 대해 "대차대조표에 친화적"이라면서 "채무를 이연수익이나 장기에 걸쳐 상환해도 되는 거래로 바꾸어 회계장부를 보기 좋게 해주는 매력적인 방법"이라고 설명했다. 체이스는 또 세법의 관점에서 그런 거래는 일종의 대출로 취급될 것이라고 했다. 체이스의 한 직원이 동료 직원에게 "엔론에서 수십억 달러의 선불스왑을 한 것을 알고 놀랐다"는 내용의 이메일을 보내자, 그 이메일을 받은 직원은 "입 닥치고 이메일을 지우라"는 답장을 보냈다.

JP 모건체이스는 선불스왑에 대해 적극적으로 변호했고, 체이스의 한 대변인은 "그것은 일반 회계규정에 일치하는, 전적으로 합법적인 거래"라고 말했다. 사실 JP 모건체이스는 에퀴터블 리소시스, 커-맥기, 피지 앤드 이, 드봉 에너지, 도미니언 리소시스, 듀크 에너지, 필립스 퍼트롤리엄 등 다른 기업들과도 선불스왑을 거래했다.

시티그룹도 선불스왑에 적극적이었다. 시티그룹은 윌리엄스, 엘 파소, 미란트, 다이너지, 아메리칸 일렉트릭 파워, 릴라이언트 에너지 등과 선불스왑 거래를 했다. 엔론도 시티그룹과 48억 달러의 선불스왑 계약을 맺었다. '루스벨트' 라는 이름으로 불린 한 거래에서 엔론은 천연가스 스왑의 일부로 시티그룹이 선불한 5억 달러에 대한 상환 약속을 구두로 했다. 엔론은 나중에 약속을 지켰고, 이 거래는 대출로 분류됐다. 나중에 의회 조사팀은 시티그룹이 엔론에 돈을 선불하기로 했으며 "선불된 금액을 단순한 부채로 재분류하도록 계약서에 명기할 필요는 없다"는 내용의 이메일을 수거해 공개했다.

엔론이 80억 달러의 대출금을 영업상의 현금흐름으로 분식했던 것을 감안하면, 엔론은 신용평가회사들이 투자적격 등급을 부여하면서 생각했던 것보다 훨씬 더 많은 부채를 안고 있었던 게 분명했다. 실제로 나중에 엔론이 제출한 파산 신청서류를 들여다본 조사관들은 250억 달러의 부채를 더 발견하게 된다.

엔론은 악명 높은 특별목적회사 외에도 많은 구조화 금융 거래에 관여했지만, 신용평가회사들은 그 가운데 아무 것도 파악하지 못했다. 예를 들면 1999년 12월에 엔론은 발전기를 실은 나이지리아 바지선들에 대한 지분을 급히 팔려고 했다. 처음에는 아시아의 한 투자자에게 이를 팔려고 했으나 협상에 실패했다. 엔론의 임원인 제프리 맥마흔은 다른 구매자를 찾기 위해 발 벗고 나섰다. 1999회계연도 말 이전에 이 거래로 이익을 내기 위해서였다.

맥마흔은 메릴 린치에 접근했다. 메릴 린치가 바지선의 지분을 살 경

우 엔론이 2000년 6월 이전에 그 지분을 다시 사들일 것이라고 앤디 패스토
우가 구두로 약속했고, 메릴 린치는 이 약속을 받아들여 바지선 지분을 사
기로 했다. 비록 엔론이 나중에 바지선 지분을 되살 것이라고 한 약속대로
엘제이엠 투가 2000년 6월에 그것을 실제로 다시 사들이긴 했지만, 엔론이
증권을 은행에 넘겨 놓고 그 이익을 장부에 기록한 것은 불법이었다.

그러나 엔론은 바지선 지분을 되산다는 약속을 문서로 한 적은 없었
고, 메릴 린치는 이 거래가 '위험을 수반한 실질적인 거래' 라고 변호했다.
메릴 린치는 "우리는 우리의 명성을 훼손할 거래라는 점을 알면서도 그런
거래에 개입한 적이 없다"고 주장했다. 이 바지선 건과 같은 거래가 여러
건 있었다.

이런 사실을 알게 된 신용평가회사들은 마침내 엔론이 그들이 생각했
듯이 투자적격 등급을 받을 만한 회사가 아니라고 판단했다. 신용평가회사
들은 11월 28일 엔론 부채의 신용등급을 투자부적격 등급으로 내림으로써
엔론에 치명타를 가했다. 등급 하향조정이 이뤄진 지 불과 몇 분도 안돼 엔
론의 주가는 3달러에서 1달러로 떨어졌다. 주가 하락률로 볼 때 엔론 사상
최대의 폭락이었다. 이 날은 무디스, 에스앤피, 피치 IBCA 등 3개 신용평가
회사들이 엔론의 신용등급을 내린 것 말고는 다른 중요한 뉴스가 없었다.
투자부적격 등급으로 떨어진 엔론은 자본시장과 차단됐고, 이로 인해 거래
활동을 계속 해나갈 수 없었다. 신용평가회사들은 펜대를 한 번 놀린 것만
으로 엔론을 죽음으로 내몬 셈이다.

신용평가회사들은 엔론과 합병할 예정이던 다이너지 역시 비슷한 부
외 거래를 시티그룹과 했다는 사실을 알지 못했던 것으로 보인다. 당시 다
이너지도 간신히 투자등급을 유지하는 상태였다. 다이너지가 시티그룹과
한 부외 거래 중에 '프로젝트 알파' 라는 이름의 거래가 있었다. 이 거래는
다이너지가 자사 현금흐름을 부풀리기 위해 한 것이었고, 다이너지는 시티

그룹 및 엔론의 법률 자문회사이기도 한 빈슨 앤드 엘킨스에 모두 3300만 달러라는 거액을 수수료로 지불했다. 다이너지는 파생상품에서 얻은 이익을 시가로 평가해 장부에 기재했지만 사실은 아직 받지 못한 돈이었다.

기업들은 장부상 이익이나 부채를 조작하는 데 파생상품을 이용할 수 있지만, 기업의 수익성을 평가하는 데 핵심 요소인 영업 현금흐름을 바꾸는 데 파생상품을 이용할 수는 없다는 게 전문가들 대부분의 의견이었다. 그러나 다이너지는 전문가들의 이런 의견이 틀렸음을 입증했다. 프로젝트 알파는 다이너지의 실제 영업에는 아무런 영향도 미치지 않았으나, 이 회사의 영업 현금흐름이 늘어난 것으로 회계장부에 기록할 수 있게 했다.

다이너지는 프로젝트 알파의 몇 가지 측면들을 연차보고서에 기술했으나, 누구라도 이해할 수 있을 정도로 상세하게 기술하지는 않았다. 훗날 투자자들이 왜 다이너지도 파산했는지에 대한 이유를 파악해 보려 했을 때도 프로젝트 알파에 대해서는 상세히 알려고 하지 않았다. 그들은 그저 복잡한 금융거래를 한 에너지 기업 엔론을 그 전형적인 선례로 들 뿐이었다.

2001년 11월만 해도 다이너지의 복잡한 거래는 아직 알려지지 않았고, 다이너지는 엔론과 연계되어 자사도 끌려 내려가는 상황을 피하려고 했다. 다이너지 간부들은 신용평가회사들이 엔론의 등급을 깎아내린 것을 알게 되자 즉각 합병 추진을 중단했다. 파트너가 없어진 엔론은 핵심 영업에 필요한 지불을 제외한 다른 모든 지불을 중단해야 했다. 이제 신용이 좋지 않은 엔론은 아무데서도 돈을 빌릴 수 없었다. 엔론은 투자적격 등급과 투자부적격 등급의 경계선 바로 위 등급에서 10년 이상을 살아오다가 이 경계선 바로 아래 등급에서 최후를 맞았다.

파산 신청

엔론의 천연가스 파생상품 트레이더였던 매트 맥그래스(Matt McGrath)에게 엔론의 마지막 며칠간은 놀라움과 충격의 연속이었다. 다른 많은 트레이더들처럼 맥그래스도 2001년 엔론에 많은 돈을 벌어 주었다. 그러나 회사가 돌아가는 것을 봐서는 보너스를 많이 받을 수 없을 것 같았다. 보너스는 보통 이듬해 1월이나 2월이 돼야 지급되지만, 맥그래스는 그때까지 남아있게 될 것 같지 않다고 생각했다. 엔론은 오래 버틸 수 없을 것 같았고, 다른 트레이더들과 마찬가지로 맥그래스도 다른 일자리를 알아보기 시작했다.

신용평가회사들이 엔론의 등급을 낮추자 모든 거래가 중단됐고, 엔론의 첨단 트레이딩 룸은 활기를 잃어버렸다. 많게는 9대까지 컴퓨터 모니터들을 앞에 놓고 거래에 열을 올리던 트레이더들이 이제는 할 일이 없었다. 당시 엔론의 트레이딩 룸을 방문한 사람이라면 캐주얼 차림의 남녀 젊은이들이 검은색 가죽의자에 등을 기대고 앉아 텔레비전 낮방송이나 지켜보는 모습이 눈에 들어왔을 것이다. 농담하는 사람은 거의 없었고, 먹기 시합을 하거나 여직원에게 추파를 던지는 사람도 없었다. 수십 개의 직통선이 연결된 트레이더들의 전화들에서는 전혀 벨 소리가 울리지 않았다. 공 던지기 놀이를 하거나 AC/DC 음악을 듣는 사람도 전혀 없었다.

트레이딩 룸보다 2층 아래인 4층에서 일하는 직원 몇 명이 금요일 아침에 분위기를 살려보려고 생맥주 몇 통을 주문했다. 엔론에서의 마지막 날이 될지도 모를 그 날을 기념하자는 것이었다. 맥주는 오전 10시께 배달됐고, 1회용 컵이 돌려졌다. 6층의 트레이더들도 내려와 참석했다.

맥그래스가 생맥주를 한잔 한 뒤 6층으로 돌아가자 여배우 앨리 시디 스타일의 머리를 한 매력적인 여자가 등 뒤에서 그를 멈춰 세우고 속삭였다. "이봐요, 회의실에서 당신을 만나고 싶어요. 내가 직통전화로 신호를 보낼 테니 전화기 옆에서 기다려요." 맥그래스는 잠시 헷갈렸으나, 그 여자가 인사부 직원일 거라는 생각이 들었다. 맥그래스는 자신이 해고되는 게 아닌가 싶었다.

몇 분 뒤 전화가 울렸다. 그 여자는 "트레이딩 룸 뒤편 복도를 따라와요. 그리고 왼쪽 마지막 방문을 노크하세요. 내가 문을 열어주면 들어오시면 돼요." 맥그래스는 여자의 말대로 복도를 따라 갔다. 고참 트레이더 존 라보라토의 유리로 덮인 사무실을 지나쳤다. 복도는 밝고 공기가 잘 통했으며, 유리로 된 출입문과 창문들이 양쪽으로 늘어서 있었다. 그는 이 복도 안으로 그렇게 깊숙이 들어와 본 기억이 없었다. 복도의 맨 끝 왼편에 검은색 나무로 만들어진 문이 굳게 닫힌 방이 하나 있었다. 그 문은 트레이딩 룸이 있는 층에서는 유일한 비밀 공간으로 들어가는 문인 것 같았다. 맥그래스는 그 방 안에 들어가 본 적이 없었다.

문을 열자, 히코리 나무로 만들어지고 다리 20개가 달린 회의용 원형 탁자와 그 탁자를 둘러싼 여러 개의 검은색 가죽의자들 외에는 텅 빈 방이 눈에 들어왔다. 탁자 위에는 2장의 서류가 놓여 있었다. 여자는 맥그래스에게 그 서류를 읽어보고 서명하라고 말했다. 하나는 비밀을 지키겠다는 서약서였다. 엔론에 대해 알고 있는 어떤 정보도 발설하지 말라는 것이었다. 다른 하나의 서류는 맥그래스가 그동안 보았던 그 어떤 수표보다도 영(0)이 더 많이 적힌 수표였다. 그는 재빨리 서류에 서명하고 수표를 챙겨 들고는 곧바로 은행으로 달려갔다. 은행에 다녀온 그는 동료들이 있는 곳으로 가서 자신에게 무슨 일이 있었는지를 말해주었다. 그의 말을 들은 트레이더들은 각자 자기 전화기 옆에 앉아서 몇 시간이고 전화벨이 울리기를 기다렸다.

엔론은 2001년에 좋은 실적을 올린 소수의 에너지 파생상품 트레이더

들에게 모두 5500만 달러의 보너스를 통상적인 지급일 이전에 미리 주기로
했다. 엔론은 이 보너스를 '이직방지 상여금' 이라고 불렀고, 이 보너스를
받은 트레이더들에게 몇 달간 더 남아 달라고 부탁했다. 사실 엔론으로서
는 1급 트레이더들이 회사에 남아 있어야 했기에 가능하다면 계약을 맺어
서라도 그렇게 하고 싶었다. 그래야 거래 부문의 운영을 계속 해나가다가,
제값을 받고 그것을 다른 회사에 팔 수 있기 때문이었다. 트레이더들이 없
으면 엔론의 거래 부문은 사실상 아무런 가치도 없는 것이었다.

'이직방지 상여금' 이 불과 몇 달 뒤에 트레이더들에게 지급될 예정이
던 연례적인 연말 보너스와 금액이 같다는 사실을 알아차린 사람은 거의
없었다. 둘 사이에 차이가 있었다면 그것을 빨리 주었다는 점뿐이었다. 엔
론이 보너스를 앞당겨 지급한 것은 겉으로는 트레이더들로 하여금 좀더 오
래 남아있도록 하기 위한 것으로 보였지만, 사실은 엔론의 자금이 바닥나
고 있기 때문이기도 했다.

트레이더들은 거액의 보너스를 받을 만했다. 존 라보라토는 500만 달
러, 2001년에 회사를 위해 7억 5000만 달러를 벌어준 존 아놀드는 800만 달
러의 보너스를 받았다. 2001년에 트레이더들은 엔론에 모두 수십억 달러라
는 기록적인 이익을 내주었고, 엔론이 일련의 잘못된 자문에 따라 관련 당
사자들 사이에 이익이 충돌하는 방식의 투자에 나섰다가 잘못돼 허덕일 때
회사의 목숨을 지켜주었다.

그러나 엔론이 5500만 달러의 보너스를 서둘러 지급하고 난 다음에 파
산 신청을 한 것이 합법적이었는지는 분명치 않다. 그 같은 막판 지출은 법
률상 대개 허용되지 않는 것이었다. 트레이더들이 돈을 받자마자 은행으로
달려갔던 것도 바로 이 때문이었다.

현대 금융시장의 파생상품 트레이더들이 정말 훌륭한 사람들인지 미
심쩍은 사람이라면 11월 30일에 엔론에서 일어난 일들을 들여다보기만 했

으면 충분했을 법하다. 당시는 90달러까지 올랐던 엔론 주가가 불과 몇 센트로 떨어진 시점이었다. 수천 명의 직원들이 일자리를 잃었다. 또 다른 수천 명은 자신의 퇴직연금이 허망하게 날아가 버리는 것을 무력하게 지켜봐야 했다. 그들은 10월과 11월에 엔론 주식을 팔 수 없었다. 엔론이 퇴직연금 기금 운영자를 바꾸면서 직원들의 퇴직 프로그램을 일시 중단시켰기 때문이다.

그 금요일 오후에 몇 명의 1급 파생상품 트레이더들은 한명씩 차례로 불려가 회사 쪽과 비밀 면담을 했다. 그들은 3개월만 더 회사에 남아주고 회사의 비밀을 지킨다는 데 동의하는 대가로 7자리 숫자의 수표를 보너스로 받았다.

이틀 뒤인 12월 2일은 일요일이었지만 엔론에겐 바쁜 날이었다. 회사는 파산 신청을 했고, 4000명의 직원들을 해고했다. 또 합병계약 파기를 이유로 다이너지에 대해 100억 달러의 소송을 제기했고, JP 모건체이스와 시티그룹으로부터 15억 달러의 자금을 더 빌렸다. 껍데기뿐인 회사의 영업활동을 계속 가동해 보려는 의도에서였다. 놀랍게도 엔론이 거래해온 두 대형 은행은 이 회사가 파산 상태임에도 돈을 대주었다.

결국 엔론은 거래 부문을 스위스 유니온뱅크(UBS)에 팔았다. 관련 라이선스 약정들에 따르면 UBS는 엔론이 갖고 있던 많은 하드웨어와 소프트웨어들을 포함해 엔론의 모든 자산을 넘겨받았지만 부채는 전혀 떠안지 않았다. 가격은 0달러였다. UBS는 한 푼도 안 주고 엔론의 거래 부문을 인수해 간 것이다. 6년 전 ING가 베어링스 뱅크를 인수한 가격에 비하면 영국 돈으로 1파운드가 적은 금액이었다.

누구 탓이었나

엔론의 붕괴는 수많은 소송, 정부 당국의 조사, 형사 기소를 불러왔다. 그러나 의문이 남았다. 엔론과 직접 관련된 당사자들이 정말로 엔론의 붕괴에 책임이 있는 사람들이었을까?

2002년 1월에 물러난 켄 레이는 엔론의 부정행위에서 많은 금전적 이익을 챙겼다. 그는 총 1억 4400만 달러어치의 엔론 주식을 팔아 현금화했다. 레이는 또 엔론으로부터 대출을 받았고, 텍사스의 공문서에 따르면 레이의 가족 몇 명은 2000년 말과 2001년에 100만 달러짜리 집을 여러 채 샀다. 텍사스에는 형사 처벌에 부수되는 벌금을 징수하기 위한 몰수의 대상에서 주택을 제외해주는 법조항이 있었다.

하지만 검찰이 레이와 그의 가족들에 대한 고소를 계속 끌고 갈 수 있을 것 같지는 않았다. 레이가 비록 엔론을 망가뜨린 거래들에 직접 관련된 것은 아니었지만, 엔론을 거래 부문에 초점을 두는 회사로 만든 것은 바로 레이였다. 레이는 특히 엔론의 합자회사들에 대해 자세히 알게 된 2001년 8월 이후 엔론의 사업들에 더욱 깊숙이 관여하고 투자자들 앞에 나섰던 것 같다. 그러나 그 때에도 레이는 엔론 안에서 무슨 일이 벌어지고 있는지를 제대로 이해하고 있지는 못한 것 같다.

제프 스킬링도 엔론의 부정행위에서 이득을 취했다. 스킬링은 7600만 달러어치의 주식을 팔아 현금화했다. 그가 2001년 8월 14일에 사임한 게 정말로 '개인적인 이유' 때문이었는지 의심하는 사람들도 있었다. 그러나 스킬링은 최고경영자가 된지 불과 6개월 만에 사임했다. 그 짧은 기간에 그가 놀랄 만한 새로운 정보들을 많이 알게 되고, 그 때문에 사임하게 됐으리라고 생각하긴 어렵다. 게다가 스킬링은 최고경영자가 되기 몇 년 전부터 이미 엔론을 실질적으로 경영해 왔고 적절히 업무에 관여했다.

스킬링은 엔론의 거래들에 대해 몇 달간 세밀히 재검토한 뒤에도 여전히 엔론의 재무제표는 정확했으며, 엔론의 다양한 장부외 거래들은 회계규정이 허용하는 것들이라고 생각했다고 의회에서 증언했다. 이 같은 스킬링의 증언은 그의 진심을 표현한 것으로 들렸다. 그가 사임할 당시에 막대한 규모에 이르렀던 엔론의 거래 이익에 관한 한 그의 말은 옳았다. 특별목적회사에 관한 그의 증언은 정확했으며, 엔론의 관행이 경제적으로는 이치에 닿지 않았더라도 완전히 합법적이었다.

앤디 패스토우도 엔론의 부정행위에서 직접 이득을 챙겼다. 2년 만에 패스토우는 3000만 달러어치의 주식을 팔고, 엘제이엠 합자회사에서 4500만 달러를 벌었다. 패스토우는 2001년 7월에는 마이클 코퍼가 엔론을 그만둔 직후 그에게 엘제이엠 합자회사들에 대한 자신의 지분을 팔았다. 패스토우는 아주 적은 시간만 엘제이엠 합자회사들에서 일한다고 이사회에서 말한 적이 있으나, 실제로는 합자회사들과 엔론의 거래를 다루는 데 아주 많은 시간을 투자했던 것 같다.

소식통들에 따르면 레이와 스킬링, 그리고 엔론의 이사들은 패스토우가 합자회사들로부터 얼마나 많은 돈을 벌었는지를 알고는 깜짝 놀랐다. 그러나 금융회사들 가운데 자사와 관련된 합자회사들과 자사 직원이 거래하는 것을 허용하는 곳이 많았다. 메릴 린치의 직원 96명이 엘제이엠 투에 투자자로 관여한 것도 월스트리트의 기준으로 볼 때 특이한 일이 아니었다. 게다가 패스토우는 엔론에서 최고의 보수를 받는 사람도 아니었다. 만약 그가 엘제이엠 합자회사들로부터 보상을 받는 것을 엔론 이사회가 동의하지 않았다면, 그는 엔론을 그만두고 어디든 다른 회사로 가서 그만한 돈을 벌었을 것이다.

더욱 중요한 점은, 패스토우가 받은 보상이 특별목적회사 거래의 불법성이나 패스토우 본인의 범법 의도를 보여주는 증거가 아니라는 것이다.

패스토우는 특별목적회사와 관련된 각종의 거래들로 인해 기소됐고, 그가 리베이트를 받았다는 증언이 나온다면 치명타를 입었을 것이다. 그러나 패스토우가 만든 대부분의 특별목적회사들에 관한 한 그는 게임의 규칙 안에서 일을 했던 게 확실하다. 문제는 그 게임의 구조와 목적이 썩어 있었다는 데 있다.

엔론에서 고액의 보수를 받았던 고위 임원들 가운데는 엔론의 대규모 실패들에 직접적으로 관련돼 있었지만 그동안 덜 알려진 사람들이 있다. 에너지 소매서비스 회사인 엔론 에너지 서비시스와 실패한 닷컴기업 중 하나인 뉴파워 홀딩스를 경영한 루 페이는 2억 7000만 달러어치의 엔론 주식을 팔았다. 나중에 육군 장관이 된 엔론 에너지 서비시스의 부회장 토머스 화이트는 1년에 550만 달러를 벌었고, 엔론이 파산하기 전 몇 달 동안 1200만 달러어치의 주식을 팔았다. 포틀랜드 제너럴의 최고경영자를 지냈고 리듬스 넷커넥션스의 이사였던 켄 해리슨은 7800만 달러어치의 주식을 팔았다. 엔론의 실패한 사업들에 관한 한 이들 3명은 레이와 스킬링만큼 책임이 있는 사람들이었다.

제너럴 일렉트릭의 최고경영자를 지낸 잭 웰치는 엔론이 파산한 뒤 이 회사의 손실은 트레이딩 문화 탓이라고 지적하고, 자신의 휘하에서 일어나고 조지프 제트가 관련됐던 키더 피바디 스캔들에 엔론을 비유했다.

"나는 엔론에서 일어난 일은 그곳 사람들이 자기도 이해하지 못하는 문화 속으로 걸어 들어갔다고 생각한다. 문화는 중요하다. 자신이 이해하지 못하는 문화에서는 일이 엉망이 될 뿐이다. 우리는 문제가 된 문화가 작은 규모였다는 점에서 운이 좋았다. 우리는 문화에 문제가 있는 사업 부문을 팔고 빠져나왔다. 산 채로 탈출한 셈이다. 만약 그게 좀더 컸다면 우리를 잡아먹었을 것이다. 엔론에서는 문화에 문제가 있는 사업이 핵심 사업보다 더 커졌고, 결국 그것이 그들을 잡아먹었다."

그러나 사실 웰치는 거꾸로 알고 있었다. 엔론의 문제는 트레이딩 문화에 있었던 게 아니다. 엔론은 처음부터 트레이딩 회사였고, 트레이딩은 수익성이 좋은 사업이었다. 웰치는 엔론에 대해 "사람들이 작업복 차림에 스패너를 든 사람들이 파이프라인이나 전기, 가스 등을 공급하던 회사에서, 사람들이 멜빵바지를 입고 1000만 달러의 급여를 받는 트레이딩 회사로 바뀌었다"고 말한 적이 있다. 이 말은 웰치가 엔론에 대해 잘못된 이미지를 갖고 있었음을 보여준다.

엔론의 트레이더들은 1000만 달러씩 벌지도 않았고 멜빵바지를 입지도 않았다. 예를 들어 당시 27세였던 존 아놀드는 엔론에 7억 5000만 달러를 벌어주고 800만 달러라는 최고액의 급여를 받는 트레이더였지만 어느 면으로 보나 조용하고 앞에 나서려 하지 않는 성격의 수학 고수였다. 그는 동료들보다 단지 좀더 우수한 트레이더였으며, 더 많은 상여금을 받을 만했다. 이런 트레이더들이 엔론의 붕괴에 대해 가장 큰 책임이 있는 사람들이 아니었다. 트레이딩이 아닌 다른 사업 부문을 운영했던 경영진의 책임이 가장 크다. 그들이 벌인 비트레이딩 사업들은 죄다 실패했다. 그들이 바로 큰 돈을 들고 달아난 사람들이었다.

엔론의 은행가와 변호사들은 엄밀히 말해 칭찬받을 만한 행동을 한 것은 아니었다. 하지만 그들에게 많은 책임을 묻기는 어렵다. 엔론은 자사 사업의 여러 금융적 측면과 관련해 은행들이 해준 일의 대가로 수억 달러의 수수료를 지불했다. 은행들에 지불된 수수료에는 파생상품 거래와 관련된 수수료도 들어있었고, 선불스왑으로 포장된 대출에 대한 수수료도 들어 있었다. 그러나 은행이나 법률회사들 가운데 그 어디서도 파생상품과 관련된 엔론의 문제점을 투자자들에게 지적해주지 않았다. 엔론의 은행가들은 심각한 이익의 충돌에 직면했고, 그 중 많은 이들이 엔론의 합자회사에 투자하기까지 했다.

2001년 10월까지 엔론을 다룬 17명의 증권 애널리스트들 가운데 16명이 엔론에 대해 강력매수나 매수 추천 의견을 냈던 것도 잊지 말아야 한다. 엔론은 자사 고문변호사의 전 직장인 법률회사에 1000만 달러 이상의 수수료를 지급했다. 이 법률회사는 파생상품이나 특별목적회사와 관련된 엔론의 문제점을 바로잡거나 공시하도록 하지 않았다. 그러나 은행가와 변호사는 회계사가 아니어서 그들에게 회계상 실수의 책임을 묻기 어렵다. 그들이 틀을 짠 거래들은 회계상 관점에서 의심스러운 점이 있으나 금융적으로나 법적으로는 정당했다.

엔론의 재무제표에 대해 감사를 하는 일과, 파생상품 거래에 대한 엔론 경영진의 내부통제에 대해 평가하는 일은 아서 앤더슨의 책임이었다. 대부분의 사람들은 엔론의 몰락을 앤더슨 탓으로 돌렸다. 심지어는 2001년 1월 엔론 문제를 놓고 토론을 벌이기 위해 앤더슨 사람들이 회의를 열었을 때 엔론의 부당행위에 대해 앤더슨 쪽에서 책임을 져야 하는지도 모른다는 말을 최고감사인이 하기도 했다. 그러나 토론 끝에 그들은 엔론의 외부감사를 맡는 데 그 같은 위험이 따르더라도 엔론은 고객으로서 가치가 있다는 결론을 내렸다. 엔론은 워낙 큰 고객이기 때문이라는 것이었다.

그러나 앤더슨에게 책임을 묻는 것 역시 어려운 문제다. 앤더슨은 엔론의 2000년도 연차보고서에 확인 서명을 할 때 1998년부터 2000년까지 엔론의 내부통제 체제에 대해 전체적으로 승인한다는 입장을 밝혔다. 앤더슨은 복잡한 거래들에 대한 엔론의 자체 가치산정 결과를 독립적인 입장에서 더 잘 검증할 수 있었을 것이다. 엔론의 의심스런 거래에 관한 대부분의 정보는 비록 이해하기 어렵긴 했지만 엔론 재무제표에 기재돼 있었다. 엔론의 2000년도 연차보고서는 파생상품 관련 자산과 부채가 그 해에만 5배로 늘어났다고 밝혔다. 이 정도라면 보고서를 읽는 누구도 정신을 바짝 차리게 할 일이었다.

앤더슨은 공무집행 방해죄로 유죄판결을 받았다. 앤더슨에게 증권부정 혐의를 씌우기는 어려웠을 것이다. 엔론 몰락에 대한 앤더슨의 책임을 주장할 수 있는 가장 강력한 논거는 달리 있었는데, 그것을 제대로 짚어낸 사람은 거의 없었다. 엔론의 재무제표만 들여다봐도 이 회사의 임직원들이 통제에서 벗어나고 있는 게 분명했는데도 앤더슨은 이 회사의 내부통제가 적절하다는 의견을 얼마든지 내준다는 태도를 취했다는 게 바로 그것이다.

투자자, 검찰, 원고쪽 변호사, 의원 등은 엔론의 몰락에 직접 관련된 여러 집단들을 비난했다. 그러나 현실에서는 이런 직접 관련 집단들 가운데 어떤 집단을 꼭 집어내어 탓하기가 어려웠다. 그들 모두는 아니겠지만 대부분은 부정혐의로 처벌될 가능성이 없어 보였다.

가장 비난받아 마땅한 자들은 엔론 밖에 있었다. 엔론의 신용등급을 올려줬다가 마지막에 카펫을 걷듯이 등급을 내린 신용평가회사들, 엔론의 공시 자료들을 꼼꼼히 읽지 않은 투자자들, 그리고 의원과 규제당국자들이 바로 그런 이들이었다. 의원과 규제당국자들은 엔론이 자사의 거래를 합리화하는 데 이용한 법규를 제정했고, 그 법규가 몇 년간 기업 및 금융 문화를 왜곡하는 것을 방치했다. 그 결과로 엔론이 비난받아 마땅한 거래들을 할 수 있게 된 것이다.

시장과 기업

엔론은 10년간에 걸친 금융시장 발전의 정점이었다.

첫째, 엔론의 금융수단은 하도 복잡하고 그 거래들은 대부분 법의 한계에 살짝 걸치는 식으로 설계된 것들이었기에 엔론을 이해하는 사람이 거의 없었다. 엔론의 회계사나 은행가들도 엔론의 재무상황에 대해 정확한 그림을 그릴 수 없었다. 둘째, 엔론의 지배와 소유가 너무 분리돼 있었기에 자기 이익 위주로 움직이는 엔론의 경영진을 주주들과 이사회가 멈추게 하기도, 효과적으로 감시하기도 어려웠다. 셋째, 에너지와 파생상품 시장을 포함해 엔론이 참여한 시장들은 대개 규제가 폐지된 상태였다. 어떤 기업의 임원, 회계사, 은행가든 투자자를 오도한다고 해서 처벌을 받을 것이라는 생각을 하지 않았다. 검찰이 복잡한 금융부정을 처벌한 적이 없기도 했지만, 그들의 활동들은 법규의 자구에 완전히 부합하는 것이기 때문이기도 했다.

엔론은 미국 기업의 모습을 재창조했다. 천연가스뿐만 아니라 전력, 플라스틱, 금속, 대역폭, 환경오염 등을 거래한 것은 물론 날씨에 대해 복합적인 베팅을 하는 등 상상할 수 있는 모든 상품을 거래했다. 엔론은 이들 거래를 인터넷으로 옮겼고, 엔론의 트레이더들은 100만 건 이상의 거래를 온라인으로 했다. 2001년에 엔론의 가치는 AT&T를 초월했고, 엔론의 최고위 임원들은 휴스턴에서 부유한 저명인사 대접을 받았다. 엔론의 하급 직원들도 부유하기는 마찬가지였다. 거액의 스톡옵션을 받은 많은 엔론 직원들이 백만장자가 됐다. 엔론 주가가 급등하던 상황에서는 백만장자가 더 많이 탄생할 것 같았다. 엔론이 본사 건물에 '세계 최고의 에너지 기업에서 세계 최고의 기업으로' 라고 적힌 현수막이 내걸었을 때도 그것이 허풍만은 아닌 듯했다.

그런데 휙! 하고 엔론은 사라져 버렸다. 10월 23일 켄 레이가 전화회의를 열 때만 해도 엔론은 단지 사소한 위기를 맞은 것처럼 보였다. 그러나 그로부터 파산 신청을 하기까지 불과 몇 주도 안 걸렸다.

시장에 대한 엔론의 관점은 노벨 경제학상을 받은 로널드 코스 (Ronald H. Coase)가 50년 전에 처음 제기한 중요한 질문, 즉 "시장이냐, 기업이냐" 는 질문을 환기시켰다. 코스에 따르면 시장과 기업은 사업을 하는 데 서로 대체 가능한 두 가지 방식이다. 어떤 물건이든 시장에서 살 수도 있고 기업에서 만들 수도 있다. 합리적인 경제행위자는 비용이 적게 들고 더 효율적인 방식을 택한다. 누군가가 물건을 만들어야 하지만, 그 사람이 반드시 기업조직 안에 있어야 하는 것은 아니다. 달리 말하자면 서비스나 물건을 시장에서 사는 것보다 기업에서 만들고 공급하는 게 더 저렴해야만 기업이 존재하게 된다는 것이다.

1990년대에는 시장이 기업을 지배할 것이며, 신경제에서 요구되는 변화의 속도와 규모를 기업이 더 이상 따라가지 못할 것이라는 믿음이 팽배했다. 엔론은 이런 믿음의 결정적인 표현이었다.

그러나 엔론에게는 기업에 대한 시장의 승리는 상처뿐인 영광이었다. 기업구조 안에서 엔론이 사업을 계속 해나가기에는 비용이 너무 많이 드는 상황이 됐다는 게 엔론 파멸의 한 원인이었다. 시장의 비용에 비해 기업의 비용에는 건물, 컴퓨터, 종이 클립뿐만 아니라 인간의 행위에 수반되는, 정말 현실적인 대리인 비용도 포함된다. 엔론의 경우 이런 대리인 관계들 속에 너무 많은 이익의 충돌이 있었고, 개인적인 이익을 추구하도록 자극하는 유혹이 너무 많았으며, 주주들에게 세부 내막을 숨기기 위해 합자회사와 특별목적회사 등 다른 기업조직들을 이용할 수 있는 방법들이 너무 많았다. 이런 것들은 모두 한 개의 기업조직에서 너무 많은 활동을 하다보니 생겨난 비용이었다. 결국 엔론은 로널드 코스의 질문에 대한 정답이 점점 더 '시장' 이 되어감을 보여주는 증거가 됐고, 이런 정답은 엔론과 같은 기업들에겐 죽음을 알리는 조종이었다.

엔론의 사업들 가운데 일부는 이익을 냈다. 하지만 그 사업들이 거대하고 비용이 많이 드는 하나의 기업조직 안에 함께 들어 있었다는 사실은 엔론의 운명을 예고하는 것이었다. 역설적이게도 이런 결론은 제프 스킬링이 1990년 엔론에 들어온 뒤부터 입에 달고 다녔던 얘기와 실질적으로 정확히 일치했다.

스킬링은 엔론이 무거운 자산은 버리고 시장의 중개자로서 돈을 버는 데 집중해야 한다고 주장했다. 그는 트레이더들이 사고파는 제품을 만들기보다는 제도화한 시장에서 거래하는 개인과 조직들로부터 이익을 뽑아내는 데 초점을 맞추어야 한다고 주장했다. 시장의 중개자 역할을 맡아 에너지 파생상품을 거래한 것을 포함해 시장에 초점을 맞춘 점에 한해서는 엔론은 성공작이었다. 그러나 공시를 모호하게 하면서 거래하고 특수관계 회사들과의 거래를 만들어냄으로써 시장을 버렸다는 점에서는 엔론은 실패작이었다.

엔론이 망하고 나서 몇 달 동안 다른 기업들의 주주들은 특히 복잡한 금융거래를 감시하는 데 수반되는 비용 때문에 금융 거래를 제외한 기업구조가 너무 고비용 구조가 됐다고 판단했다. 그런 기업들, 즉 글로벌 크로싱, 월드컴, 아델피아, 타이코 등은 엔론처럼 망했다. 거의 망할 뻔한 다른 기업들도 있다.

다음 세대의 시장은 다양한 기업구조들 안에서 이익이 상충하는 관계들의 거미줄망을 풀어내는 노력에 의해, 그리고 엔론처럼 단지 존재하기 위해 너무 많은 비용이 들어가는 기업들을 찾아내어 그런 기업들을 피해가는 노력에 의해 규정될 것이다.

많은 언론인들이 엔론 사태는 지난 10년 중 가장 대단했던 기업 이야기라고 평했다. 시간이 지나면서 투자자들은 엔론 사태는 투자의 실전 무대가 얼마나 많이 변했는가라는 더 큰 이야기를 처음으로 대중에게 알린 것일 뿐이라는 점을 깨달았다. 전통 제조업체였던 엔론은 현대 시장에 완벽하게 들어맞게 디자인된 회사, 즉 첨단기술과 트레이딩에 초점을 맞추고 전통적인 금융의 언어로는 설명하기 곤란할 정도로 복잡한 금융 기능을 갖춘 날렵한 회사로 변신했다.

두 자리 숫자의 이익 증가율 행진이 도대체 왜 끝났는지 그 이유를 알고 싶은 투자자들이 엔론의 간부들을 희생양으로 삼은 건 그럴 법한 일이었다. 그러나 엔론은 단지 몇 명의 나쁜 사람들에 관한 이야기가 아니었다. 그랬다고 믿는 사람이 있다면 그는 엔론의 붕괴와, 그 뒤를 잇게 되는 훨씬 더 큰 일련의 파산 사태들을 잇는 중요한 연결고리를 놓칠 것이다.

11장

뜨거운 감자

케빈 베이컨 게임

1994년 초반의 금리 급등이 주요 기업과 기관들이 벌인 수백 건의 파생상품 투기를 표면에 드러냈듯이, 엔론의 붕괴는 세계 주요 기업들에 만연해 있던 위험 요소들과 기만적인 관행들을 까발렸다. 2002년에는 신문을 읽는 투자자라면 누구라도 아델피아부터 월드컴에 이르는, 그리고 아나다르코에서 제록스에 이르는 금융 스캔들들을 알았을 것이다.

2002년 말께는 복잡한 거래와 엄청난 손실에 대한 이야기들이 하도 넘쳐나 투자자들의 귀에는 그것이 마치 금융의 백색소음처럼 들렸을 것이다. 평균적으로 하루에 한 회사가 재무제표를 수정해 발표했다. 몇 주일마다 한 번씩은 10억 달러대의 기업 파산을 알리는 뉴스가 터져 나왔다. 엔론에 이어 글로벌 크로싱(Global Crossing), 월드컴(WorldCom)의 스캔들에 대한 의회의 조사가 끊임없이 방송으로 중계됐다.

처음에 정부 관리들은 기업 임원과 회계법인들을 비난했다. 엔론의 제프리 스킬링은 공개적으로 공격을 받았다. 월드컴의 버나드 에버스를 비롯한 기업의 최고경영자를 지낸 이들은 자신에게 불리한 진술을 거부할 권리를 보장한 미국 수정헌법 5조에 호소했다. 아서 앤더슨은 공무집행 방해죄로 유죄판결을 받았고, 프라이스워터하우스쿠퍼스는 감사인의 독립성 보장을 규정한 법률을 위반한 혐의로 기소됐다. 의회는 부정행위에 관련된 기업 최고경영자에 대한 처벌과 회계법인에 대한 감시를 강화하는 조처를 취했다.

시간이 흐르면서 초점은 최고경영자와 회계법인들에서 월스트리트로 옮겨졌다. 이는 주요 은행들, 특히 시티그룹과 JP 모건체이스가 다양한 사기극에 깊이 관여했던 게 분명히 드러났기 때문이다.

금융 부정과 조작은 아주 넓은 범위에 걸쳐 저질러졌다. 다이너지, 엘파소, 윌리엄스와 같은 에너지 회사들은 앤디 패스토우가 엔론에서 했던 것과 같은 복잡한 금융거래를 했다. 글로벌 크로싱이나 월드컴과 같은 통신회사들은 장부를 조작한 사실이 드러난 뒤 파산했다. 금융회사들은 희생자이면서 동시에 공범자였다.

주요 은행들 가운데 하나인 PNC 파이낸셜은 장부외 거래를 남용하고 2001년도 실적을 50% 이상 부풀렸다는 이유로 증권거래위원회의 고소를 당했으나 이를 화해로 종결시켰다. 아일랜드계 대형 은행인 올퍼스트 파이낸셜의 한 불량배 트레이더는 단기간의 파생상품 거래에서 7억 5000만 달러를 잃었다. 이는 베어링스의 닉 리슨이 낸 손실에 맞먹는 규모였다. 비슷한 사례들이 계속 이어졌다.

이런 회사들은 서로 밀접히 연결돼 있었고, 엔론은 그 거미줄망의 중심부에 있었다. 그 전 10년간에 걸쳐 금융계는 할리우드보다도 훨씬 더 근친상간적인 곳이 되었다. 영화배우 케빈 베이컨을 중심으로 해서 할리우드 배우들이 서로 얼마나 긴밀한 관계인지를 보여주었던 이른바 '케빈 베이컨 게임' 과 같은 상황이 금융계에 펼쳐졌다. 이 게임에서는 케빈 베이컨이 출연한 영화에 같이 출연한 배우는 1차 관계, 케빈 베이컨과 같은 영화에 출연했던 제3의 배우와 영화 출연을 같이 한 배우는 2차 관계인 것으로 본다.

이 게임에 비유하면 2001년에 엔론과 1차 및 2차 관계에 있던 기업들 명단은 주요 기업과 금융회사들 대부분을 망라하고도 남았다. 엔론은 글로벌 크로싱이나 월드컴과 같은 기업들과 수상쩍은 거래를 했다. 엔론의 간부들은 AT&T부터 유틸리티 회사에 이르기까지 많은 기업들을 엔론의 이익관리 전략에 끌어들였다. 엔론은 시티그룹, JP 모건체이스, 메릴 린치 등 유명 은행들과도 거래를 했는데, 이들 은행은 거의 모든 공개기업들과 거래관계를 갖고 있었다.

가장 악명 높은 거래는 에너지와 통신 분야의 일류 기업들이 했다. 거기엔 여러 기업들이 연쇄적으로 스왑 계약을 체결하는 방식의 의심쩍은 왕복 스왑 거래도 포함됐다. 이런 거래들 가운데 상당수는 월스트리트의 일류 은행들이 주선했고, 5대 회계법인이 보호막이 돼주었다. 그 중 어떤 것들은 이익 수치는 건드리지 않고 회사의 수입만을 뻥튀기했고, 어떤 것들은 이익을 부풀렸다.

엔론 합자회사들의 거래와 마찬가지로 이런 스왑 거래들도 대부분 합법적이라고 주장될 만한 것들이었지만, 경제적 사실이나 상식과는 어긋나는 경우가 많았다. 투자자들은 어떤 기업이 이런 거래를 했음을 눈치 채게 되면, 그 거래가 법정에서 어떤 판정을 받을 것인지는 상관없이 그 기업의 주식을 투매했다.

그 전의 금융 스캔들에서처럼 막대한 손실은 주로 장외 파생상품 거래와 관련해 발생했다. 거기엔 기업이 은행으로부터 대출과 흡사한 선불금을 받지만 그것을 상환해야 하는 의무는 장부에 부채로 기재하지 않는 선불스왑도 있었다. 통신회사 광섬유망의 일정 대역을 장기간 사용할 수 있는 권리, 즉 회선영속사용권(IRU; Indefeasible Rights of Use)의 스왑 거래도 있었다. IRU 스왑은 엔론이 거래한 장기 에너지 파생상품과 비슷했고, 남용되기 쉽다는 점도 같았다. 또 월스트리트의 은행들이 창출해낸 특별목적회사들이 손실과 연루되는 경우도 늘어났다.

다양한 기업들의 실패한 거래에 관한 뉴스가 계속 이어짐에 따라, 주식시장이 특히 채권시장이나 파생상품 시장에 비해 비효율적임을 보여주는 증거들도 더 많이 쌓였다. 주식시장은 개인투자자자들이 활동하는 곳인데 비해 채권시장이나 파생상품 시장은 숙련된 기관투자가들이 지배하는 곳이니 그럴 만도 했다. 어떤 기업에 대해 나쁜 뉴스가 전해지면, 먼저 금융회사들이 보유하고 있던 그 기업의 채권이나 파생상품을 재빨리 팔아치우거나 그 기업이 악화하는 쪽으로 베팅을 했다.

이 때문에 나쁜 뉴스가 나올 경우 채권과 파생상품이 먼저 타격을 받고, 주식시장은 그 다음으로 천천히 반응했다. 개인투자자들은 자기가 들고 있는 주식을 팔아야 한다는 점을 느리게 깨달았고, 이로 인해 주식시장이 무너지는 움직임은 마치 슬로모션의 영상물처럼 보였다.

예를 들어 엔론의 최고경영자인 제프리 스킬링이 사임한 것은 큰 뉴스였으나, 바로 그날 개인투자자자들이 떠받치는 주식시장에서는 엔론 주가가 별다른 움직임을 보이지 않았다. 이와 달리 같은 날 엔론의 채무불이행에 대비한 파생상품 계약의 가격은 18%나 치솟았다. 주식시장은 결국 파생상품 시장을 뒤따라갔고, 2002년 8월까지 엔론 주가는 4분의 1 이상 떨어졌다. 이 같은 엔론 주가의 하락은 1990년대의 주가 상승으로 쌓아올린 7조 달러 이상의 기업가치를 날려버렸다. 그것은 미국 한 가구당 70만 달러에 해당하는 손실이었다.

어떤 경우에나 다 그랬던 것처럼 마지막 반응은 신용평가회사에서 나왔다. 신용평가회사들은 특정 기업에 대한 나쁜 뉴스들이 모두 다 나온 다음에야, 그것도 대개는 파산 신청을 하기 며칠 전에야 비로소 그 기업의 신용등급을 내리곤 했다. 그럼에도 투자자들은 계속 신용평가회사들을 믿었고, 감독당국 관리들도 신용평가회사들에 계속 의존했다.

1980년대 후반 이후 금융 관행의 변화를 긴밀하게 관찰해온 사람에게는 엔론의 붕괴가 사실은 놀랄 만한 일이 아니었다. 새로운 형태의 리스크와 기만들이 금융시장 구석구석에 스며들어 있었다. 금융상품은 점점 더 복잡하게 발전했고 회계사, 은행가, 경영자, 규제당국자, 변호사들을 포함해 그 어느 누구도 최소한의 통제도 할 위치에 있지 않았다.

신용 파생상품(credit derivatives)으로 불린 새로운 금융수단들 덕분에 은행들은 리스크를 다른 곳으로 떠넘기거나 재포장할 수 있었다. 그 결과 은행들은 더욱 안전해지고 수익성도 좋아졌다. 하지만 몇조 달러에 해당하는 위험은 금융시장의 어두운 구석으로 내던져졌다. 자신이 무엇을 사는 것인지도 모르는 채 주식 매입에 뛰어들었던 개인투자자들은 이제 새로운 금융수단들과 연관된 전례 없는 손실을 입었다. 그럼에도 개인투자자들은 자신들에게 손실을 초래한 새로운 금융수단들에 대해 여전히 이해하지 못했다.

예기치 못한 변화가 하나 일어났다. 뱅커스 트러스트의 어수룩한 전문가들부터 롱텀 캐피털 매니지먼트의 명석한 재주꾼들에 이르기까지 1990년대의 복잡한 수법들에 관여한 금융 고수들 가운데 다수는 와튼 경영대학원 출신이거나 금융 분야 박사학위를 갖고 있었다. 그러나 2000년대 초반의 주요 스캔들에 연루된 기업 경영자들은 금융 분야의 교육을 받지 않은 사람들이었고, 그들이 관여한 사업 분야의 경험도 많지 않았다.

글로벌 크로싱의 수장이었던 게리 위닉과 월드컴의 수장이었던 버나드 에버스는 둘 다 1960년대 후반에 대학을 나왔고, 처음에는 평범한 직장에 취직했다. 두 사람 모두 기업이나 금융에 대한 깊이 있는 훈련을 받지 않았다. 그리고 각각 글로벌 크로싱과 월드컴을 만나기 전까지는 통신산업에 대해 아는 게 거의 또는 전혀 없었다. 그럼에도 두 사람은 억만장자가 됐고, 통신산업의 리더 역할을 했다. 2002년에 이르면 그들은 10억 달러 이상의 금융부정 행위를 저지르는 데 와튼의 경영학 학위가 필요하지 않다는 사실을 보여주게 된다.

월스트리트의 은행가들에게 위닉과 에버스는 이상적인 고객이었다. 두 사람은 발랄하면서도 시시콜콜 따지지 않는 성격이었고, 그들에게 수백만 달러씩의 수수료를 지불했다. 두 사람이 경영한 회사는 각각 단순한 한 가지 아이디어를 토대로 만들어졌다. 글로벌 크로싱의 위닉은 대서양 밑을 가로지르는 통신망을 팔려고 했고, 월드컴의 에버스는 저렴한 장거리 통신 서비스를 제공하려고 했다. 이런 사업계획은 1990년대 후반의 주식시장 호황기에는 그럴듯해 보였다. 살로먼 브라더스의 저명한 애널리스트인 잭 그루브먼의 도움을 받아 두 회사의 주가는 급상승했다. 두 회사는 가격이 많이 오른 자사 주식으로 100개 이상의 다른 회사들을 사들였고, 그때마다 투자은행에게 막대한 수수료를 지불했다.

그들의 사업계획은 아주 단순해 텔레비전 뉴스에 삽입되는 인터뷰에는 알맞았을지 모르지만 기업의 장기적인 전략으로는 그다지 좋은 게 아니었다. 특히 두 회사가 그토록 많이 인수한 다른 기업들을 통합하는 데 수반될 어려움을 고려하면 기업의 장기 전략으로 좋은 평가를 받기 어려웠다. 그럼에도 통신산업이 무너지던 당시의 상황 속에서 글로벌 크로싱과 월드컴은 적어도 장부상으로는 좋은 실적을 유지했다. 두 회사의 이익은 애널리스트들의 예상치를 맞추었고, 매출은 계속 늘어났다.

2001년 후반에 투자자들이 결국 엔론에 대해 진실을 알게 되면서 글로벌 크로싱과 월드컴의 재무제표에 대해서도 의문을 품기 시작했다. 2002년에는 투자자들이 두 회사의 회계조작에 대해서도 알게 됐다. 이제 엔론은 더 이상 역사상 최대 규모의 파산 기업이 아니게 될 수도 있었다. 글로벌 크로싱과 월드컴의 주식을 산 투자자들이 두 회사를 조금이라도 더 깊이 살폈다면 게리 위닉과 버나드 에버스를 믿어도 되는지에 대해 다시 한번 생각해 보았을 것이다.

게리 위닉과 글로벌 크로싱

게리 위닉(Gary Winnick)은 뉴욕주 롱아일랜드에서 태어나 1969년에 롱아일랜드 대학의 CW 포스트 캠퍼스 경제학과를 졸업했다. CW 포스트 캠퍼스는 그로부터 10여 년 전 포스트 곡물회사 가문이 롱아일랜드에 사는 2차 대전 참전군인 출신들을 교육하기 위해 설립했다. 위닉은 이 학교를 사랑했다. 그는 대학시절을 회상하면서 "나는 진짜 롱아일랜드 사람이다. 나는 거기서 나서 자랐고, 그랬다는 게 매우 자랑스럽다. CW 포스트의 학창시절은 지금 나의 성공에 틀을 잡아줬다. 그 학교는 내 인생에 매우 중요한 부분으로 남아 있다"고 말한 적이 있다. 위닉 부부는 2001년에 CW 포스트에 1000만 달러를 기부했고 학교 쪽은 교육과 교내 문화 및 행정의 중심인 건물에 '게리 위닉 하우스'라는 이름을 붙였다.

이 대학을 졸업한 뒤 위닉은 매부가 운영하는 가게의 가구 판매원으로 직장생활을 시작했다. 1972년에 그는 첫 번째 기회를 만났다. 번햄 앤드 컴퍼니(Burnham & Co.)라는 뉴욕의 증권회사에 견습생으로 들어간 것이다. 위닉은 돈을 버는 일에 철저하게 매달렸다. 그리고 이 회사는 지능보다 신뢰와 충성을 더 많이 요구하는 곳이었다. 두뇌는 마이클 밀켄(Michael Milken)이라는 트레이더가 제공했다. 1977년의 합병으로 번햄은 드렉셀 번햄 램버트가 됐고, 위닉은 20명으로 구성된 밀켄의 뉴욕 거래팀에 처음부터 한 멤버로 참여하게 됐다. 1978년에 밀켄은 위닉을 포함해 잘 짜인 이 팀을 월스트리트에서 로스앤젤레스의 비벌리 힐스로 옮겼다. 그 후 7년간 위닉은 그 유명한 밀켄의 X자형 거래 데스크에서 밀켄과 나란히 앉아 일했다. 위닉은 무모했고 '허풍선이'로 불리기도 했지만, 믿을 만한 사람이었다. 그는 드렉셀의 전환사채팀장이 됐고, 이 팀은 전환사채 분야에서 업계의 선두에 나섰다. 밀켄의 이너서클 멤버들이 다 그랬던 것처럼 위닉도 수백만 달러를 벌었다.

위닉은 1985년에 드렉셀을 떠났다. 드렉셀이 금융부정으로 검찰 조사를 받기 직전이었으니 '최적의 시점'에 드렉셀을 떠났던 셈이다. 그러나 그는 고소당할 수도 있는 입장이었다. 그에 관한 드렉셀의 기록은 깨끗하지 않았다. 예를 들어 위닉은 망한 증권사인 루니 페이스와의 의심스러운 정크본드 거래에 관여했던 것으로 알려졌다. 그러나 드렉셀에서 그가 한 거래들에 관한 혐의는 1989년 12월에 모두 미결로 처리됐다. 그가 밀켄에 대해 불리한 증언을 하는 데 동의한 직후 검찰이 그에게 기소유에 처분을 내렸던 것이다. 그러나 검찰은 그를 실제로 증인으로 불러내지는 않았다. 당시 재판관이던 킴바 우드가 피고와 원고 양쪽에 시간제한을 두었던 것도 한 가지 원인이었다.

드렉셀에서의 오점 때문에 위닉은 주요 기업의 간부직을 맡을 수 없었다. 어쨌든 그때까진 그랬다. 대신 그는 퍼시픽 애셋 홀딩스라는 이름으로 자신의 투자회사를 설립하기로 결정했다. 밀켄도 이 투자회사에 거액을 투자했다. 〈비즈니스위크〉는 이 회사를 '작은 드렉셀'이라고 불렀고, 실제로 이 회사는 드렉셀과 끈끈한 관계를 유지했다. 위닉은 1980년대 후반부터 드렉셀과 다양한 금융거래를 했다. 그 중 하나로 위닉은 웨스턴 유니언을 인수하려고 했으나 실패했다. 당시 강도 높은 조사를 받고 있던 드렉셀과의 관계가 부분적인 원인으로 작용한 탓이었다. 웨스턴 유니언의 인수에 성공했더라면 위닉은 글로벌 크로싱에 합류하기 10년 전에 이미 통신회사를 운영하기 시작했을 것이다.

위닉은 글로벌 크로싱의 숨은 재주꾼으로 종종 평가됐지만, 사실 대서양 밑으로 통신망을 깐다는 구상은 그의 것이 아니었다. 실은 몇몇 사업 파트너들이 그렇게 제안했고, 위닉은 단지 자기 돈 1500만 달러를 투자하는 데 동의했을 뿐이다. 국제적인 통신망에 대한 수요가 커지고 있었다는 사실을 감안할 때 나중에 붙여진 '글로벌 크로싱(Global Crossing)'이라는 이름대로 '지구를 가로지르는 기업'을 만든다면 그 기업은 값어치가 나갈 것이라는 설득이 그의 마음을 움직였다. 그는 해저 케이블을 어떻게 설치하는지를 보여주는 교육용 비디오를 샀고, 결국 1997년에 글로벌 크로싱이 만들어졌다.

위닉은 관심을 보이는 사람이면 누구에게나 글로벌 크로싱 구상을 적극적으로 설명했다. AT&T의 소비자 및 소기업 부문 부사장을 거쳐 당시 뉴욕의 살로먼 브라더스에서 애널리스트로 일하고 있던 잭 그루브먼의 귀에도 이 구상의 메시지는 각별하게 들렸다. 글로벌 크로싱이라는 이름 자체가 매력이 있었고, 사업계획 내용도 그럴듯하면서도 흥미로운 것이었다. 그는 곧바로 투자자들에게 이 회사의 주식을 사라고 권유했다. 게다가 그루브먼은 자신이 위닉에게 가까운 조언자만 된다면 글로벌 크로싱으로 하여금 많은 기업인수를 하도록 하고, 글로벌 크로싱으로부터 투자은행 업무를 유치할 수도 있다는 점을 잘 알고 있었다.

그루브먼은 크게 성공을 거뒀다. 그는 글로벌 크로싱의 덕을 본 것을 포함해 1998년부터 2001년까지 모두 2000만 달러를 벌었다. 이는 CS 퍼스트 보스턴의 프랭크 쿼트론만 제외하면 월스트리트에서 그 누가 받은 것보다 많은 금액이었다. 살로먼은 그루브먼이 자사를 떠나 골드먼 삭스와 손잡는 것을 저지하기 위해 그에게 막대한 보너스를 주었다. 나중에 글로벌 크로싱이 기업공개를 할 때 파트너 회사들은 각각 수천만 달러대의 돈을 벌었다. 그루브먼은 살로먼에 돈값을 하는 사람임을 보여줬다.

살로먼을 비롯한 은행들에겐 통신기업에 대한 자문이 인터넷 기업의 기업공개를 하는 것보다 수지맞는 일이었다. 전체적으로 1998년부터 2001년까지 통신기업들은 월스트리트에 130억 달러를 수수료로 지불했다. 그 가운데 글로벌 크로싱이 4억 2000만 달러 이상을 지불했다. 이는 비슷한 규모의 다른 회사들이 지급한 수수료에 비해 20배가 넘는 금액이었다. 그리고 그 가운데 살로먼이 가져가는 몫이 가장 컸다.

살로먼은 1998년 8월 메릴 린치와 함께 글로벌 크로싱의 기업공개를 맡아 시행했다. 헨리 블로젯이 아마존닷컴 주가가 400달러를 돌파할 것이라고 예측하기 몇 달 전이었다. 투기적인 인터넷기업의 기업공개에 비하면 글로벌 크로싱은 진짜 확실한 물건이었다. 미주와 유럽 두 대륙이 통신망은 이미 포화상태였지만, 아직 서로 간의 연결은 안 돼 있었다.

글로벌 크로싱의 해저망이 아직 설치되지는 않았지만 그것은 향후에 얼마든지 설치될 수 있는 것이었다. 글로벌 크로싱의 기업공개는 성공적이었고, 회사 지분의 27%를 보유한 위닉은 갑자기 10억 달러 이상의 재산가가 됐다. 위닉의 친구들 가운데 많은 이들이 글로벌 크로싱의 경영에 관여했는데, 그들도 수백만 달러씩 벌었다. 그러나 물론 위닉이 가장 많이 벌었고, 분명히 그가 회사의 실권자였다. 그의 친구로 아르코의 최고경영자를 지낸 로드릭 쿡과 그가 표면상 공동회장이었다. 하지만 공식적인 직함으로는 위닉이 '회장'이었고, 쿡은 '공동회장'이었다.

글로벌 크로싱의 주식 가치가 모두 수십억 달러에 이르게 되자, 위닉은 회사 주식을 현금처럼 사용해 다른 회사들을 사들였다. 애널리스트들이 이런 기업매수 거래를 인정해주면 글로벌 크로싱의 주가는 더 올라갔다. 위닉은 매수 잔치를 계속해 수십 개의 통신업체들을 인수했다. 잭 그루브먼은 글로벌 크로싱의 기업 인수에 대해 조언을 해주고, 중요한 이사회에 참석했으며, 애널리스트로서 주가를 띄워주었다. 살로먼이 투자은행쪽 주간사회사 역할을 맡았다. 이런 일련의 기업 인수로 글로벌 크로싱은 대서양 해저에 광통신망을 까는 것 이상의 일을 했다. 다시 말해 가장 큰 육상 통신망도 확보했던 것이다.

이 같은 인수 활동으로 인해 글로벌 크로싱의 재무제표를 더욱 이해하기 어려워졌다. 센던트가 합병으로 자산 규모를 부풀렸듯이 수십 개 기업을 합병한 글로벌 크로싱도 자산 규모가 늘어났다. 투자자들이 많은 기업 인수 활동에 연관된 시스코나 글로벌 크로싱과 같은 기술기업들의 상세한 재무보고서를 해석하려면 애널리스트에 의존해야 했다. 가령 220억 달러에 이르는 글로벌 크로싱의 자산 가운데 거의 3분의 1은 '영업권'으로 장부에 기재돼 있었다. 영업권이란 글로벌 크로싱이 기업 인수를 위해 지불한 금액과, 그 기업이 인수되기 직전에 장부에 기재했던 자사 자산의 가치의 차액을 나타내는 회계 용어였다. 이런 영업권이 글로벌 크로싱의 자산 중 많은 부분을 차지한다는 점을 투자자들은 어떻게 이해해야 할까? 투자자들은 잭 그루브먼이 그 의미를 해석해 주기를 바랐고, 그루브먼은 당연히 글로벌 크로싱에 최상의 등급을 매겨주었다. 그루브먼 자신이 실질적으로 글로벌 크로싱의 기업인수 거래들을 주선했는데, 그가 그렇게 하지 않을 이유가 없었다.

그러는 동안 위닉을 비롯한 글로벌크로싱의 경영자들은 개인적으로 전례 없는 부수입과 금융소득을 얻었다. 글로벌 크로싱은 엔론을 베일에 싸이게 만들었던 특수관계자 거래에도 나섰다. 글로벌 크로싱은 위닉의 회사인 퍼시픽 캐피털 그룹의 자회사인 PCG 텔레콤에게 자문의 대가로 수입의 2%를 주기로 했다. 글로벌 크로싱은 또 재무담당 수석부회장의 아들이 경영하는 위드잇닷컴(Withit.com)이라는 인터넷 회사로부터 온라인 음성 전송 시스템을 사기로 했는데, 이 회사는 고객이 별로 없는 회사였다. 위닉과 관련이 있는 회사들이 개입된 수상쩍은 부동산 거래도 몇 건 있었다. 글로벌 크로싱은 세금을 피하기 위해 미국 밖에서 법인 등록을 했다. 이 때문에 글로벌 크로싱의 사실상의 본부는 로스앤젤레스에 있었지만, 회사의 주소는 버뮤다의 해밀턴에 있는 웨섹스 하우스였다.

내부자거래도 많았다. 게리 위닉은 주식을 현금화해 총 7억 3500만 달러를 챙겼고, 다른 내부자들은 45억 달러어치를 팔았다. 이는 엔론에서 비슷한 지위에 있던 사람들의 자사주 매각 금액에 비해 4배에 이르는 것이었다. 글로벌 크로싱의 주식을 초기에 샀다가 나중에 팔아 막대한 수익을 챙긴 이들 가운데는 조지 부시 전 대통령도 끼어있었다. 그는 글로벌 크로싱에서 연설을 해준 대가로 주식을 받았다. 민주당 전국위원회 의장을 지낸 테리 매컬리프는 1997년에 10만 달러를 투자해 글로벌 크로싱 주식을 사뒀다가 기업공개 뒤에 그것을 팔아 1800만 달러를 벌었다. 이들은 대부분 2000년 2월 글로벌 크로싱 주가가 최고점에 달했을 때 주식을 팔았다. 당시 글로벌 크로싱의 기업가치는 470억 달러로, 엔론과 거의 맞먹는 수준이었다.

1999년 엔론이 통신 분야로 사업 확장을 모색하고 있을 때 글로벌 크로싱과 엔론은 함께 할 수 있는 거래에 대해 협의하기 시작했다. 1999년 12월 엔론은 광대역 용량에 대한 첫 거래로, 뉴욕과 로스앤젤레스 사이에 새로 설치된 글로벌 크로싱의 광섬유망에 대한 월 단위 계약을 체결했다. 엔론이 무너지기 직전까지 두 회사의 관계는 유지됐다. 스킬링은 2001년 8월 사임하기 직전에도 위닉과 분기말 거래에 대해 협의했다.

글로벌 크로싱과 엔론은 타고난 짝이었다. 광섬유망은 천연가스 파이프라인을 따라 설치됐고, 이 점은 두 회사가 공동으로 사업을 하는 충분한 이유가 됐다. 엔론은 전통적인 사업보다는 금융 기법들에 더 관심이 있었고, 글로벌 크로싱의 임원들은 회사가 그 전에 이용했던 어떤 공학보다도 금융공학의 수익성이 더 좋다는 점을 금세 눈치 챘다. 두 회사의 거래는 점차 경제적 사실보다 회계상 수치에 초점이 맞춰져 갔다. 엔론의 위험관리 매뉴얼에 쓰여 있듯이 회계장부상 수치는 실적 평가에 가장 중요하게 이용되는 지표였다.

엔론은 글로벌 크로싱과 관계를 쌓아가는 한편 다른 기업들에게도 장부상 수입과 이익을 어떻게 창출하는지에 대해 자문을 해줬다. 예를 들어 2000년 7월 엔론 사람들은 AT&T를 방문해, 여러 가지 복잡한 구조화 금융 거래들에 대한 엔론의 전문성을 과시했다. 엔론의 매뉴얼은 대담했다. 엔론은 천연가스와 에너지 부문에서 갖고 있는 능력을 통신 부문에 그대로 옮겨 적용했다고 주장했다. 엔론은 "세계 최대의 대역 판매자 및 구매자가 될 것"이고 "세계 최대의 고급 광대역 전송서비스 회사"가 될 것이며 "광범위한 접속망을 갖춘 가장 열려있고 효율적인 네트워크"가 될 것이라고 밝혔다.

오랫동안 선도적인 통신기업의 지위를 유지해오던 AT&T에게는 엔론의 이런 주장들은 대담하게 들리는 것들이었다. 그러나 당시 AT&T는 죽어가고 있었다. AT&T의 마이클 암스트롱 회장은 회사의 사업부문들을 별도의 회사들로 쪼개어내는 분사도 추진해보고, 특정 사업부문의 실적만 반영되는 추적주(Tracking Stock)를 도입하는 등 여러 가지 금융적인 재주를 부려 보았으나 주가가 오르지 않았다. 엔론의 간부들은 AT&T가 보유한 고정자산들을 깔보았다. 엔론은 스왑으로 광섬유망을 쉽게 확보할 수 있다는 것이었다. 스왑으로 다른 회사의 광섬유 여력을 사용할 권리를 사면, 자체 통신망을 설치하느라 시간과 자원을 낭비하지 않고도 하룻밤 새 선두 통신업체가 될 수 있다고 그들은 주장했다.

엔론은 AT&T에 재무지표를 개선시킬 수 있는 여러 가지 복잡한 거래들을 제안했다. 제안된 거래들은 본질적으로 센던트를 비롯한 여러 다른 기업들이 했던 바와 마찬가지로 '미래의 이익을 빌려오는 방식'이었지만, 그 규모나 내용은 훨씬 더 강화된 것이었다.

그 중 한 가지는 AT&T가 자사의 광대역 통신망을 이용할 권리를 고객들에게 선불 조건으로 파는 영업 방식과 관련이 있었다. AT&T의 고객들은 통신망을 이용하는 시간만큼 요금을 내는 대신, 할인된 요금을 미리 내고 통신망을 이용하기로 하는 장기 계약을 AT&T와 맺을 수 있었다. 예를 들어 AT&T의 광대역 통신망을 20년간 이용하는 요금이 연간 500만 달러, 20년간 전체로는 1억 달러라고 하자. 그러면 고객은 매년 500만 달러씩 요금을 낼 수도 있지만, 20년간의 요금 전부를 미리 다 내겠다고 할 수 있고, 그럴 경우 선불 요금 지급액은 1억 달러가 아니라 예를 들어 4000만 달러라는 할인된 가격을 적용받는 식이었다.

엔론에 따르면 이런 선불 거래에는 문제가 있었다. 회계규정상 AT&T는 4000만 달러라는 선불 요금 수입을 20년에 걸쳐 고르게 반영해야 하기 때문에 1년에 200만 달러씩 밖에는 장부에 반영할 수 없다는 것이었다. AT&T가 20년간 광대역 서비스를 제공하려면 그 기간 동안에는 계속 비용이 발생한다는 점을 고려한다면 그렇게 하는 게 경제논리에 맞는 것이었다. 그런데 이에 대해 엔론은 AT&T가 20년 동안 매년 200만 달러씩이 아닌 500만 달러씩을 장부에 반영할 수 있게 해줄 수 있다고 제안했다.

어떤 방식으로 그게 가능한지 살펴보자. 엔론은 특별목적회사를 하나 만들고, 선불 조건으로 20년간 AT&T의 광대역 통신망 서비스를 이용하기로 한 고객으로 하여금 4000만 달러를 AT&T가 아닌 특별목적회사에 내도록 한다. AT&T는 이 특별목적회사와 장외 파생상품 거래를 해, 4000만 달러의 융자를 받고 이자는 20년간에 걸쳐 지불하기로 한다. 그 다음 엔론은 AT&T와 특별목적회사 양쪽과 파생상품 거래를 함으로써, 특별목적회사로부터 1년에 500만 달러씩 받아 AT&T에 넘겨준다.

복잡해 보이는 이런 연쇄거래의 내용을 따져보면 결국 AT&T가 자기 자신으로부터 돈을 빌리는 것이며, 그 과정에서 늘어난 돈, 다시 말해 매년 추가로 들어오는 300만 달러를 수입으로 잡는 것이다. 엔론에 따르면 AT&T는 매년 500만 달러를 특별목적회사로부터 받아 수입으로 잡고, 특별목적회사의 융자는 장외 파생상품이므로 장부에 기입할 필요가 없다는 것이다. 이 같은 파생상품 거래는 규제의 대상이 되지 않으며, 전통적인 회계 규정에서도 벗어나 있었다.

통신산업에 대한 투자와 어설픈 금융거래로 수십억 달러의 주주가치를 날려버린 AT&T에게도 엔론이 제안한 수법은 엄청난 것이었다. 그 같은 수법의 거래를 규제당국에서 탐지해낼 것 같지 않았고, 설사 탐지해 내더라도 그것이 뭔지를 이해하지 못할 게 분명했다. 하지만 AT&T는 엔론의 제안을 거절했다. 엔론은 AT&T에게 제안했던 것과 비슷한 내용의 거래를 루슨트, 오웬스 코닝, 심지어는 전기와 가스 등을 공급하는 유틸리티 회사들에게도 제안했던 것으로 알려졌다. 엔론이 AT&T에 제안한 방식은 엔론의 거래들 전체를 하나의 그림으로 압축해 보여준 것과 같았다.

글로벌 크로싱도 있었다. 엔론과 글로벌 크로싱이 첫 거래를 한 지 1년여 뒤인 2001년 3월에 두 회사는 장기 스왑거래를 시작했다. 겉으로 보기에 두 회사의 스왑은 광섬유망에 대한 거래였다. 엔론은 글로벌 크로싱의 광섬유망을 8년간 이용하는 대가를 지불하기로 했고, 글로벌 크로싱은 엔론으로부터 '네트워크 서비스'라고 불리는 것을 사기로 했다. 이 거래에 따라 엔론은 광섬유망 이용 대가 1700만 달러를 선불했지만, 글로벌 크로싱은 네트워크 서비스 구입 비용을 8년간 매달 지불하기로 했다.

실제로는 광섬유망 이용 대가와 네트워크 서비스 구입 비용이 거의 상쇄됐다. 다만 엔론이 글로벌 크로싱에 준 1700만 달러의 '융자'와, 글로벌 크로싱이 엔론에 매달 지불하기로 한 '이자'만 남았다. 글로벌 크로싱은 광섬유망 이용권 판매 수입은 장부에 기재했지만 '융자'는 채무로 기록하지 않았다. 엔론은 네트워크 서비스 판매로 500만 달러의 수입을 장부에 기록했지만, 글로벌 크로싱이 자사에 1700만 달러를 빚지고 있다는 사실은 기록하지 않았다. 통신망에 관련된 큰 금액의 거래를 했다는 기장은 두 회사 모두에 이로웠다. 이는 시티그룹과 JP 모건체이스가 엔론에 팔았던 80억 달러짜리 선불스왑 거래와 똑같은 것이었다. 다른 점이 있다면, 이번 경우엔 엔론이 스스로 은행 역할을 하면서 거래를 성사시켰다는 사실뿐이었다.

다른 비슷한 거래들과 마찬가지로 이 스왑 거래도 글로벌 크로싱이 특히 분기 말에 이익을 만들어내기 위한 것이었다. 엔론은 글로벌 크로싱이 이 스왑 거래를 재무보고서에 어떻게 기록했는지에 대해서는 책임이 없다는 입장이었다. 마치 월스트리트 은행들과 같은 태도였다. 한 엔론 임원은 "우리는 그들에게 탄알을 팔았다. 그것을 어디에 사용할 것인지는 그들 자신의 마음에 달려 있다"고 말한 것으로 알려졌다. 엔론 임원들은 이익을 만들어내는 데는 아무런 잘못도 없다고 주장하면서 글로벌 크로싱과 한 스왑 거래를 변호했다. "당시에는 모두가 자신의 실적 수치들을 부풀려 보고하고 있었다"는 것이다.

엔론과 이런 거래를 할 당시에 글로벌 크로싱은 다른 회사들과도 스왑 거래를 했다. 통신업계에서 회선영속사용권(IRU)으로 알려진 권리의 거래였다. IRU는 AT&T에서 만들어졌다. AT&T는 여러 통신기업 경영자들을 키워낸 곳이다. AT&T 출신 기업 경영자들은 IRU 스왑을 이용해 회사의 수입과 이익을 부풀렸다. AT&T 출신 통신기업 경영자로는 퀘스트의 최고경영자인 조지프 나치오, 글로벌 크로싱의 최고경영자들이었던 로버트 아눈지아타와 레오 힌더리 2세 등이 있었다. 살로먼의 애널리스트인 잭 그루브먼도 AT&T 출신이었다.

IRU 스왑은 두 통신기업이 각각 자사의 광섬유망 중 일부 대역에 대한 이용권을 서로 교환하는 것이었다. 한쪽에서 뉴욕의 회선을 이용하는 대신 캔자스주의 회선에 대한 이용권을 넘겨주는 방식이었다.

통신기업의 입장에서 볼 때 IRU의 매력은 회계상 이점에 있었다. 기업들이 스왑의 두 쪽을 다르게 취급할 수 있게 돼 있어서, 수입 쪽은 선불로 바로 장부에 반영하지만 비용은 이월할 수 있었다. 1999년 증권거래위원회는 기업들이 수입을 인식하는 방식을 표준화하기 위해 '스태프 회계고시 101호(Staff Accounting Bulletin No. 101)'를 발표했다. 이는 앨 던랩이 선빔에서 매출 실적을 늘리기 위해 밀어내기를 하는 방법으로 바비큐 그릴을 유통 채널에 떠넘겼던 것과 같이 1990년대 후반에 기업들이 투자자들을 기만한 수입인식 수법들을 막으려는 목적에 따른 것이었다.

이 회계고시는 언제 어떤 수입을 반영하고, 언제 어떤 비용을 분할 반영해야 하는지를 규정하는 내용을 담고 있었다. 회계고시의 내용은 길고 복잡했다. 그러나 글로벌 크로싱을 비롯한 기업들은 수입을 미리 반영하는 걸 정당화하기 위해 이 회계고시의 한 부분을 이용하는 동시에 비용을 분할 반영하기 위해서도 이 회계고시의 다른 부분을 이용했다. 글로벌 크로싱은 IRU로부터 곧 얻게 될 수입은 수입으로 즉시 반영돼야 하며 상환 목적으로 나가는 돈은 자본지출로 몇 년간에 걸쳐 분할 반영해야 한다고 주장할 수 있었다.

글로벌 크로싱의 회계부서 직원들이 모두 이런 해석에 동의한 것은 아니었다. 글로벌 크로싱의 재무담당 부사장인 로이 올로프슨(Roy Olofson)은 스왑에 내포된 양방향의 거래가 동등하게 취급돼야 한다는 생각을 갖고 있었다.

그러나 글로벌 크로싱이나 아서 앤더슨에서 그 같은 생각을 지지했던 일부 분위기는 2000년 5월 글로벌 크로싱이 조지프 페론(Joseph Perrone)을 재무담당 수석부사장으로 영입하면서 사라져 버렸다. 아서 앤더슨에 31

년간 근무해온 페론은 글로벌 크로싱에 대해 감사를 실시한 적이 있고, IRU를 어떻게 처리할 것인지에 관한 논의에 참여했으며, 글로벌 크로싱의 회계 관행에 대해 통제를 해야 한다는 제안을 하기도 했다.

위닉은 엄청난 보너스와 100만 달러어치에 해당하는 50만 주의 스톡옵션으로 페론을 구슬렀다. 게다가 회사 설립 후 첫 번째 대규모 계약을 글로벌 크로싱과 체결한 위트잇닷컴이라는 인터넷 회사의 대표는 바로 페론의 아들이었다. 페론이 글로벌 크로싱으로 자리를 옮긴 2000년에 아서 앤더슨은 글로벌 크로싱으로부터 감사 수수료로 230만 달러, 비감사 업무에 대한 수수료로 1200만 달러를 받았다. 놀랄 일도 아니지만 글로벌 크로싱의 경영진은 올로프슨보다 페론의 말에 귀를 더 기울였다.

올로프슨은 2000년 중반에 페론에게 직접 업무보고를 하기 시작했고, 두 사람은 곧바로 회계 방침을 놓고 충돌했다. 그러나 논쟁은 겨우 몇 달 만에 끝났다. 올로프슨이 폐암 진단을 받아 2001년 1월부터 휴가에 들어갔기 때문이다.

고양이가 떠나자 생쥐들이 활개 치기 시작했다. 글로벌 크로싱의 경영진은 2001년 1분기 말인 3월에 IRU 스왑을 활용해 수입과 이익을 창출해냄으로써 애널리스트들의 기대치에 실적을 맞추자고 제안했다. 글로벌 크로싱의 회계사들은 이 IRU 스왑에 참여하는 직원들이 스왑 거래 내용을 정확하게 기록해 적절한 회계처리가 이루어지기를 바랐다. 그들은 2001년 3월 8일 메모를 하나 돌렸다.

메모에는 이렇게 적혀 있었다. "이 구매를 자본리스와 선불 서비스로 분류하는 것이 글로벌 크로싱에 중요하다. 이 분류를 어떻게 하느냐는 비용이 우리의 에비타(EBITDA; Earnings Before Interest, Tax, Depreciation, and Amortization; 이자, 세금, 감가상각, 무형고정자산과 이월자산 상각 전 이익)의 산정에 영향을 주는 방식을 좌우하기 때문이다. 자본리스 비용은 에비타에서 제외되고, 서비스 비용은 에비타에 차감 항목으로 반영된다." 다시 말해 회계사들은 거래 비용이 즉시 비용으로 반영되기보다는 몇 번에 걸쳐 분할 반영되기를 원했던 것이다.

1억 달러짜리 IRU 스왑 계약 하나가 퀘스트라는 통신기업과 이뤄진 적이 있다. 퀘스트는 AT&T가 분할되면서 만들어진 여러 지역 벨(Bell) 회사들 가운데 하나인 유에스 웨스트에 대한 입찰에서 글로벌 크로싱을 누른 기업이었다. 퀘스트는 자체적인 IRU 스왑 기법을 사용했다. 2001년 첫 3분기 동안 퀘스트는 8억 7000만 달러어치의 용량을 팔고 8억 6800만 달러어치의 용량을 샀다. 구매의 상대방과 판매의 상대방은 동일한 회사였다. 이 스왑은 이처럼 왕복거래 형태였고, 퀘스트의 수입을 부풀리는 것 외에 다른 의미는 없었다. 1년 뒤인 2002년 7월 28일 퀘스트는 10억 달러 이상을 수정한 보고서를 내면서 이 거래의 수입을 부적절하게 반영했다고 인정했다.

한편 글로벌 크로싱은 다른 회사들과도 IRU 스왑 거래를 했다. 2001년 5월 업무에 복귀한 올로프슨은 글로벌 크로싱이 2001년 1분기에 내놓은 재무제표에 대해 우려를 나타냈다. 올로프슨은 페론에게 글로벌크로싱이 수입과 순익 목표를 달성하기 위해 불법적인 분기말 스왑을 했다고 지적했다. 글로벌 크로싱은 자사의 스왑 가치를 산정하는 연구를 벌인 끝에 글로벌 크로싱의 통신망에 실제로 추가되는 것은 전체 스왑 계약 중 20% 이하에 불과하다는 결론을 내렸다. 즉 글로벌크로싱은 실제 사업상으로는 별로 쓸모가 없는 스왑 거래를 하고 있었다는 것이다.

그런데도 글로벌 크로싱은 IRU 스왑 거래를 계속했고, 그에 따른 수입은 선불된 것으로 바로 반영하고 지출은 분할해 여러 기간에 걸쳐 천천히 반영하는 방식의 회계처리를 계속했다. 올로프슨에 따르면 글로벌 크로싱이 2001년 상반기에 올린 32억 달러의 수입 중 7억 2000만 달러가 불법적인 스왑 거래에서 나온 것이었다. 올로프슨은 또 18개의 스왑 계약들 가운데

13개가 분기의 마지막 이틀 동안 체결됐다고 주장했다. 글로벌 크로싱이 분기별 기대치를 맞추기 위해 허구의 이익을 꾸미기 위한 막판의 수단으로 IRU 스왑을 이용한 것으로 보인다는 얘기였다.

2001년 8월 6일 엔론의 직원인 세론 왓킨스가 켄 레이에게 회사의 회계 관행에 대해 경고한 바로 그 때 올로프슨은 39세 된 글로벌 크로싱의 법률고문이자 최고윤리책임자(Chief Ethics Officer)인 제임스 고튼에게 5페이지짜리 서한을 보냈다. 회사가 잘못된 회계 관행에 물들어 있다고 경고하는 내용이었다. 이 편지는 세론 왓킨스가 켄 레이에게 보낸 것과 비슷했고, 다뤄진 주제도 비슷했다. 고튼은 글로벌 크로싱의 외부 법률자문 변호사와 협의한 뒤 회사는 이미 그런 회계 관행을 알고 있었다는 내용의 답장을 보냈다. 그리고 그는 며칠 뒤 '개인적인 사유'를 들어 사임했다. 글로벌 크로싱의 고위 경영자들은 올로프슨의 편지를 감사인들과 이사회에 전달하지 않았다. 올로프슨은 2001년 11월에 해고됐다.

글로벌 크로싱이 2002년 2월 4일자로 낸 보도자료에 따르면 글로벌 크로싱은 파산 신청을 한 뒤인 2002년 1월 29일 〈로스앤젤레스 타임스〉가 올로프슨의 편지가 있다는 사실을 보도할 때까지는 아서 앤더슨이나 감사위원회에도 그 편지의 내용을 알리지 않았다. 올로프슨이 이 편지를 보낸 것은 그가 해고되기 3개월 전이었다. 그런데도 글로벌 크로싱은 훗날까지도 올로프슨의 당시 주장은 불만 많은 '전 직원'의 폭언쯤으로 폄하했다.

올로프슨이 자신을 해고한 데 대해 글로벌 크로싱과 게리 위닉을 상대로 법적인 분쟁을 벌였다. 그러나 올로프슨이 스스로 글로벌 크로싱의 회계부정을 들춰낼 필요는 없었다. 의회 조사관들과 검찰이 그 같은 회계부정 사실을 밝혀냈기 때문이다. 또 올로프슨이 한 말들은 상당 부분이 글로벌 크로싱의 공시 자료에도 분명히 나오는 것들이었다. 이런 사실은 글로벌 크로싱의 당시 연차보고서만 읽어봐도 알 수 있다.

글로벌 크로싱의 2000년도 연차보고서를 주의 깊게 들여다 본 사람이라면, 29페이지에 3억 5000만 달러가 '판매형 리스 수입'이라는 항목에 잡혀 있었다는 사실을 놓치지 않았을 것이다. '판매형 리스 수입'이란 글로벌 크로싱이 광섬유 용량 스왑과 관련해 사용한 용어였다. 그러나 이 수입에 대응되는 비용은 전혀 없었다. 대신 32페이지에 이런 설명이 있었다. "감가상각 및 무형고정자산과 이월자산 상각(Depreciation and Amortization) 항목에는 판매형 리스 회계의 조건을 충족하는 기판매 용량에 수반되는 비현금 비용이 포함된다." 다시 말해 2000년에 글로벌 크로싱은 이 거래의 수입을 선불로 반영했고 수반되는 비용은 분할 반영했다. 이런 회계처리는 로이 올로프슨의 진술과 일치하는 것이었다.

글로벌 크로싱은 이런 회계처리 수법을 계속 쓰는 게 불안했던 것으로 보인다. 이는 2001년도 글로벌 크로싱의 분기별 서류가 마치 '이상한 나라'에서 온 것처럼 묘한 구석이 있었다는 점에서 알 수 있다. '판매형 리스 수입' 항목이 갑자기 사라졌다. 대신 다른 통신기업들과 마찬가지로 글로벌 크로싱의 수입과 지출 금액이 전체적으로 줄어들었고, 투자자와 애널리스트들에 대해 '현금 수입(Cash Revenue)'에 초점을 맞춰달라고 요구했다. 현금 수입은 회사의 실제 수입에 IRU 스왑으로부터의 수입을 더한 것으로 정의됐다. 따라서 현금 수입은 사실 현금도 아니었고, 수입도 아니었다. 그러나 이에 따른 추가 금액은 그 규모가 대단히 커서, 2001년 2분기에는 5억 5100만 달러에 이르렀다.

그런 다음 글로벌 크로싱은 현금 수입으로 기재된 숫자를 이용해 '조정된 에비타(Adjusted EBITDA)'라는 또 다른 허구의 회계 항목을 만들어 냈다. 조정된 에비타는 회계상 이익을 가리키는 에비타에 '기판매 용량의 비현금 비용'과 '이연된 수입의 변동분 중 현금 부분'을 더해 계산한 것으로 돼 있었다. 즉 글로벌 크로싱의 조정된 에비타는 IRU 스왑에서 나온 선불 수입을 포함한 회사 전체의 수입 금액이었지만, 비용은 분할 반영하는 것으로 처리됐다. 이것도 올로프슨의 진술과 일치했다.

통신산업 담당 애널리스트들은 IRU와 관련된 특이한 회계수법을 알고 있었다. 그들은 글로벌 크로싱이 비용을 선불로 한꺼번에 반영하는지 또는 분할 반영하는지, 이 회사가 가공의 조정된 에비타를 사용하는지에 신경 쓸 이유가 없었다. 그보다는 글로벌 크로싱이 실제로 무엇을 하고 있는지, 그리고 무엇이 가치가 있는 것인지를 알아야 했고, 그러고 나서 투자자들에게 그 주식을 사라고 추천하든 말든 해야 했다.

효율적 시장에서라면 어수룩한 투자자들이 글로벌 크로싱의 주가를 끌어올리면 현명한 투자자들이 나서서 그 주식을 팔아치움으로써 주가를 정확한 가격으로 만들 것이다. 그러나 글로벌 크로싱의 주식이 거래된 시장은 효율적 시장이 아니었던 듯하다. 그 시장은 글로벌 크로싱의 아이디어를 좋아했지만 IRU가 뭔지도 모르고 글로벌 크로싱의 재무서류를 읽어보려 하지도 않는 투자자들이 지배하는 시장이었다. 글로벌 크로싱의 과장된 기업가치와 투자자들의 비이성적인 매수 열기가 주가를 끌어올렸다. 글로벌 크로싱의 주가가 떨어진다는 쪽으로 베팅하는 투자자가 있었다면, 그는 실상을 올바로 파악한 현명한 투자자였을지는 모르지만 고속 질주하는 열차를 가로막는 형국이었다.

글로벌 크로싱의 임원들은 파국이 오기 전에 갖고 있던 주식을 내다팔려고 법석을 떨었고, 회사는 잇달아 단명으로 끝난 최고경영자들에게 전례 없는 보상을 해주었다. 게리 위닉은 먼저 1998년 4월 잭 스캔런에게 360만 주의 스톡옵션을 주면서 최고경영자 직을 맡겼다. 그 다음엔 AT&T의 임원이었던 로버트 아눈지아타가 1999년 2월 계약금조의 보너스 1000만 달러와 400만 주의 스톡옵션을 받았고, 리오 힌더리는 7개월간 최고경영자로 재직하면서 200만 주의 스톡옵션을 받았다. 2000년 10월에 위닉은 메릴 린치의 투자은행가 출신으로 새로 최고경영자에 선임된 토머스 케이시에게 일곱 자리 숫자의 급여 및 보너스, 200만 주의 스톡옵션에 800만 달러의 융자까지 제공했다. 800만 달러의 융자금은 나중에 다 탕감되기까지 했다. 그러나 케이시는 1년도 못돼 그만뒀다. 그러자 위닉은 존 레지어에게 케이시와 같은 조건에 350만 달러의 영입 보너스, 700만 달러의 융자, 300만 주의 스톡옵션을 추가로 제시하면서 유혹해 그를 끌어들였다.

흥미로운 것은 이들 최고경영자들이 글로벌 크로싱에 영입될 때 제시받은 거액의 보수 조건에 마음이 홀려 그 가운데 스톡옵션을 언제 실현할 수 있는지를 제대로 살피지 않았다는 점이다. 케이시의 고용계약에서는 스톡옵션 지급일 표기가 하나 누락됐다. 이 때문에 그는 당시 수백만 달러의 가치가 있었던 44만 주의 스톡옵션을 받을 수 없게 됐다. 이런 실수를 글로벌 크로싱 안에서 누군가가 알고 있었는지 여부는 분명치 않다. 케이시의 스톡옵션이 어떻게 처리됐든지 간에 5명의 최고경영자들이 거쳐 가는 동안 개인투자자들이 내내 글로벌 크로싱에 흥미를 계속 갖고 있었다는 점은 돌이켜볼 때 참으로 어처구니없는 일이었다.

IRU 스왑에서 나온 허구의 이익은 그걸 대체해줄 실제 수입이 없으면 무한정 계속될 수 없는 것이었다. 켄 레이가 애널리스트 및 투자자들과 운명적인 전화회의를 하기 3주 전인 2001년 10월 4일 글로벌 크로싱은 애널리스트들의 이익 추정치에 비해 실적이 미달됐다고 발표했다. 글로벌 크로싱이 IRU 스왑의 수입과 비용을 어떻게 회계처리했는가에 관한 소문이 퍼지자 투자자들은 이 회사의 주식을 내던졌다. 엔론의 붕괴가 나쁜 선례로 작용했고, 가슴을 졸이면서 엔론을 지켜봤던 투자자들은 미련 없이 글로벌 크로싱 주식을 팔아치웠다.

파국은 갑작스럽게 닥쳤고, 글로벌 크로싱은 엔론이 파산 신청한 지 두 달도 채 안 된 2002년 1월 28일 파산 신청을 했다. 글로벌 크로싱은 공개

기업으로서의 짧은 생애를 마감했다. 기업공개를 한 날부터 파산 신청일까지는 불과 4년에 지나지 않았다. 글로벌 크로싱은 시작할 때와 마찬가지로 끝날 때도 내부자들을 잘 보살펴주었다. 마지막의 두 최고경영자들에게 1800만 달러의 융자를 탕감해주었고, 엔론과 마찬가지로 파산 신청을 하기 직전에 고위 간부들에게 모두 수백만 달러를 지급하도록 조처했다.

게리 위닉은 별로 고통을 겪지 않았다. 1999년 〈로스엔젤레스 비즈니스 저널〉은 위닉을 '60억 달러의 재산을 갖고 있는 로스앤젤레스 최고의 부자'라고 보도했다. 이제 그는 그 정도의 부자는 아니게 됐지만, 여전히 〈포브스〉 선정 미국 내 400대 부자에는 포함되고 있다. 그는 빌 게이츠보다는 못하지만 도널드 트럼프보다는 더 부자다. 그리고 여전히 비벌리 힐스에서 산다. 그는 바브라 스트라이샌드가 사는 곳에서 가까운 4000만 달러짜리 집에서 살고 있다. 그는 이 집에 차 100대를 수용할 수 있는 새 주차장을 만들까 생각하고 있다고 한다.

위닉은 회장 시절이었던 2000년에 글로벌 크로싱의 해상 서비스 부문을 러시아 잠수함 쿠르스크 구조에 동원해준 적이 있다. 이제 그는 더 이상 이런 기부 활동에 글로벌 크로싱의 자산을 쓸 수 없게 됐지만, 여전히 개인적으로는 적극적인 자선 활동을 하고 있다. 위닉은 민사상 책임과 형사상 처벌을 피할 수 있을 것으로 보인다. 그의 모교인 CW 포스트는 아직도 그의 지원을 소중히 기리고 있다. 게리 위닉 하우스는 엔론필드와 달리 그 이름을 오래 유지해나갈 것이다.

버나드 에버스와 월드컴

버나드 에버스(Bernard Ebbers)는 캐나다의 앨버타주에 있는 에드먼턴에서 어린 시절을 보낼 때부터 농구선수가 되고 싶었다. 그는 1950년대 후반 고등학교에서 선수로 활약했으나 대학 특기생 장학금을 제시받지는 못했다. 그는 앨버타 대학에 들어갔으나 1년간 공부보다는 점프슛 연습을 더 많이 하면서 보내다가 퇴학당했다. 에버스는 에드먼턴에서 여름 휴가철에 전화국 임시직원으로 일하기도 했고, 상품 배달차량 기사 일을 하기도 했다.

몇 년 뒤 그는 마침내 농구를 할 수 있는 곳을 찾았다. 그곳은 미시시피 침례교연합회 부설 미시시피 대학이었다. 이 대학은 미국에서 '성격 형성' 분야에서는 상위 100위권에 늘 들어가는 학교였다. 미시시피 대학은 에버스가 원하던 바로 그런 곳이었고, 그는 1967년에 이 대학의 체육교육과를 졸업했다.

그러나 미시시피 대학 졸업장은 게리 위닉에게 CW 포스트 대학 학위가 그랬던 것처럼 버니 에버스에게 큰 도움이 되지 않았다. 에버스는 미시시피에서 1년간 고교 농구팀 감독을 맡았고, 그 다음엔 작은 의류공장을 운영했다. 그는 몇몇 친구들을 설득해 미시시피주의 한 작은 마을의 모텔과 레스토랑에 함께 투자했다. 그는 비용을 절감하는 방법으로 사업을 키워 몇 개의 모텔들을 잇달아 사들였다. 그러나 대학 졸업 후 16년이 지난 뒤에도 그는 수십억 달러대의 갑부와는 거리가 멀었다.

켄 레이가 휴스턴에서 기업의 승진 사다리를 타고 올라가고 있던 1983년의 어느 날 에버스는 미시시피주 해티스버그의 한 커피숍에서 친구 머레이 월드론, 윌리엄 렉터와 함께 AT&T의 분할에 대해 토론을 벌이고 있었다. 이들은 대형 전화회사에서 장거리 전화 서비스를 사다가 작은 지역회사들에 팔면 돈을 벌 수 있겠다는 데 의견이 통했다. 그 커피숍의 한 여자 종업원이 그들의 대화를 듣고 있다가 "회사 이름을 '롱 디스턴스 디스카운트 서비시스(Long Distance Discount Services, LDDS)'로 붙이는 게 어떠냐"고 제안했다. 그들은 그녀의 제안을 받아들여 엘디디에스(LDDS)를 설립했다. 에버스는 1985년 호텔 사업을 접고 이 회사의 최고경영자가 됐다.

게리 위닉과 마찬가지로 에버스도 적극적인 세일즈맨이었다. 그러나 위닉과 달리 그는 절약형이었고, 그의 검소한 태도는 장거리 전화 비용을 아끼려고 하는 기업 고객들에게 좋은 인상을 줬다. 이후 10년간 엘디디에스는 일반인과 기업체들을 골고루 고객으로 확보했고, 몇몇 소규모 장거리 전화회사를 인수하면서 덩치를 키워나갔다. 에버스가 그 전에 호텔들을 잇달아 사들이던 것과 비슷했다. 1995년이 되자 엘디디에스는 이미 장거리 전화 서비스를 저렴하게 제공하는 회사로 자리를 잡았다. 버니 에버스는 해티스버그의 커피숍 여자 종업원이 크게 생각하지 않고 제안했던 엘디디에스라는 회사 이름은 이제 뭔가 미흡하다고 생각했다. 그는 회사 이름을 월드컴(WorldCom)으로 바꿨다.

게리 위닉처럼 에버스도 수십개 기업들을 인수하면서 월드컴을 조금씩 조금씩 키워갔다. 또 위닉처럼 잭 그루브먼 및 살로먼 브라더스와 친해졌다. 그는 그루브먼으로부터 조언을 들었고, 살로먼을 회사의 주거래 투자은행으로 삼았다. 그루브먼은 월드컴의 간부들과 특별할 정도의 긴밀한 관계를 맺었다. 증권 애널리스트는 담당 기업의 임원회의에 참석할 수 없게 돼 있음에도 그루브먼은 월드컴의 3개 임원회의에 참석했다. 그는 임원회의에서 월드컴이 계획 중인 사업들에 대해 자기 의견을 밝히기도 했다. 애널리스트로서 그의 도움 덕택에 월드컴 주가는 급등했고, 그러자 에버스는 더 큰 회사들을 인수하려고 했다. 월드컴은 다른 기업들의 인수 및 기타 투자은행 업무에 대한 수수료로 살로먼에 모두 8000만 달러를 지불했다.

1997년에 월드컴은 그루브먼의 주장을 받아들여 에버스 생애 최고의 거래가 될, 그리고 미국의 기업 인수합병(M&A) 역사상 최대 규모의 거래가 될 엠시아이(MCI) 인수를 제안했다. 언론에서 열띤 취재에 착수했고, 롱텀 캐피털 매니지먼트 등의 펀드 매니저들은 월드컴의 엠시아이 인수가 성공할 것인지를 놓고 베팅을 하기도 했다. 엠시아이 인수가 성사되면 월드컴은 곧바로 미국 내 2위의 장거리 전화회사가 될 것이었다. 그러면 회사 이름이 일반 사람들의 입에 친숙하게 오르내리게 될 것으로 기대됐다. 사실 1990년대 후반에 투자자들은 그동안 통신시장을 지배해온 AT&T보다 월드컴에 대해 오히려 더 많이 알게 됐다. 월드컴은 미국에서 5번째로 많은 사람들이 주식을 갖고 있는 회사가 됐다. 주식시장에서 평가된 기업가치는 1150억 달러로 AT&T의 두 배에 이르렀다. 그리고 2000만 가구가 월드컴의 장거리 전화 서비스를 이용했다.

그러나 월드컴의 상부 경영진을 보면 아직은 이 회사가 주요한 다국적 기업이라고 믿기 어려운 형편이었다. 가수 브리트니 스피어스가 엔터테인먼트 산업의 창조물이듯이 월드컴은 월스트리트의 작품이었다. 그리고 잭 그루브먼이 명색뿐인 이 회사의 최고경영자를 떠받쳐주고 있었다. 에버스는 월드컴의 재무 상태에 대해 스스로 이해하지 못해, 그루브먼에게 절대적으로 의존했다. 회사의 실적에 대해서는 최고재무책임자인 스코트 설리번(Scott Sullivan)이 하는 말을 그대로 받아들였다.

설리번은 오스위고에 있는 뉴욕 주립대학에서 줄곧 A학점만 받은 영리한 사람이었고, 회계와 합병에 대해서도 잘 알 만한 사람이었다. 그러나 복잡한 금융공학에 대해서는 앤디 패스토우와 같은 훈련을 받지는 못했고 경험도 없었다. 마이런 숄스가 노벨상 수상 기념연설에서 칭찬한 엔론과는 딴판으로 월드컴의 금융 업무는《완전 백치를 위한 금융 및 회계 가이드》라는 책 수준이었다.

여러 측면에서 금융에 대한 월드컴의 접근방식이 보여준 단순함은 엔론을 훨씬 능가했다. 월드컴은 엔론과 마찬가지로 리듬스 넷커넥션스가 기업공개를 하기 전에 이 회사에 투자했는데, 투자 금액이 엔론의 3배였다. 당시 월드컴이 3000만 달러를 주고 산 넷커넥션스의 지분 8.6%는 주가가 최고치일 때 거의 10억 달러의 가치에 육박했다. 2001년에는 리듬스 넷커넥션스의 자산 대부분을 사들였고, 그 내용이 월드컴의 재무제표에 반영됐다. 이에 따라 투자자들은 월드컴과 리듬스 넷커넥션스의 관계에 대해 알게 됐고, 월드컴은 굳이 합자회사 방식을 이용해 그에 따른 이익을 감추려고 하지 않았다. 이 이익은 나중에 손실로 반전됐고, 월드컴은 손실을 그대로 재무제표에 밝혔다.

월드컴의 재무제표는 이해하기 쉽고 투명해 보였다. 2001년에는 통신산업 경기가 하락세로 돌아섰고, 많은 투자자들이 월드컴의 수입이 줄어들 것으로 예상했다. 월드컴은 손실을 감추거나 이익을 부풀리는 데 이용할 만한 부외 파생상품 또는 특별목적회사를 갖고 있지 않았다. 월드컴의 경영진은 엔론처럼 정교한 기법을 구사하거나 글로벌 크로싱처럼 IRU 스왑을 활용할 만큼 똑똑하지 않았다. 에버스와 설리번은 회사가 고전하고 있다는 사실을 인정해야 할 것 같았다.

궁지를 벗어나기 위해 스코트 설리번은 회계 분석을 했는데, 그 수법은 센던트가 수입과 지출의 숫자들을 다시 써넣은 것보다도 더 단순했다. 설리번은 2001년과 2002년 1분기에 영업계정의 비용 일부를 자본계정으로 옮겨놓았다. 영업계정은 임금이나 광고비 등 영업상의 일상적인 경비를 기록하는 계정이고, 자본계정은 빌딩 신축 등 장기 프로젝트에 대한 투자를 기록하는 계정이었다. 자본지출은 시간을 두고 분산되는 반면 영업비용은 즉각 발생하는 것이기 때문에 영업계정의 비용을 자본계정으로 옮기는 것은 현재의 지출을 미래로 넘기는 방식으로 현재의 비용을 줄이는 것이었다. 비용 지출이 적어지면 월드컴은 그만큼 많은 이익을 낼 수 있고, 실제로는 회사가 내리막길에 있더라도 목표 수치를 맞출 수 있게 된다.

비용 항목에는 다른 통신회사들에게 그들의 통신망을 이용하는 대가로 지급하는 '회선비용(line costs)'도 포함돼 있었다. 경제적인 관점에서 보면 회선 비용은 통신망 가설비용과 구분하기 어려웠다. 엔론의 경우가 잘 보여주었듯이 통신기업의 입장에서는 자체 통신망을 깔 수도 있지만, 다른 회사의 통신망을 이용할 수 있는 권리를 살 수도 있었다. 그러나 회계적인 관점에서는 회선비용은 분명히 영업비용이므로 비용이 발생한 바로 그 분기에 월드컴의 수입에서 차감돼야 하는 것이었다. 회계학을 배우는 학생이 만약 회선비용을 몇 년간에 걸쳐 분할 반영하는 자본지출로 분류했다면 그는 낙제 점수를 받았을 것이다. 회선비용과 통신망 가설비용이 어째서 같은 것인지를 구구하게 설명해도 낙제 점수를 피할 수 없을 것이다. 그러나 월드컴이 5분기에 걸쳐 계속 했던 것은 정확하게 바로 그런 것이었다.

설리번이 비용을 미래로 이연시키려고 애쓰던 2001년 5월에 월드컴은 미국 역사상 최대 규모인 119억 달러의 기채 계약을 체결했다. 이 계약을 중개한 간사 투자은행은 JP 모건체이스, 그리고 놀랄 일은 아니지만 시티그룹의 한 부문인 살로먼이었다. 월드컴의 회계감사 법인인 아서 앤더슨과 마찬가지로 두 투자은행도 월드컴에 대해 실사 작업을 충분히 했다. 그러나 월드컴이 이미 2001년 1분기에 7억 7100만 달러의 회선비용을 영업계정에서 자본계정으로 옮겼다는 사실은 아무도 잡아내지 못했다. 아무리 설리번이 혼자 은밀하게 한 일이었다 하더라도 최고의 은행과 회계법인들이 자신의 고객 기업에 대해 그토록 무지하고, 7억 7100만 달러나 되는 장부수정 사항을 알아채지 못했다는 것은 믿기지 않는 얘기였다.

신용평가회사들도 월드컴의 채권에 투자적격 등급 중에서도 높은 등급인 '에이 마이너스(A-)'를 부여하기 전에 광범한 조사를 벌였지만, 회선비용의 계정 변경 사실은 포착해내지 못했다. 사실 신용평가회사들은 증권거래위원회가 월드컴의 회계 관행에 대한 조사 방침을 밝힌 지 두 달 뒤, 그리고 버나드 에버스가 사임한 지 1주일 뒤인 2002년 5월 9일까지도 월드컴의 신용등급을 투자부적격 등급으로 낮추지 않았다.

월드컴이 대규모 기채 계약을 체결한 뒤에 수십억 달러의 비용을 같은 수법으로 숨긴 사실에 대해서도 아무도 눈치 채지 못했다. 이렇게 은폐된 비용은 2001년 2분기에 6억 1000만 달러, 3분기에 7억 4300만 달러, 4분기에 9억 3100만 달러, 2002년 1분기에 7억 9700만 달러였다. 그런데도 2002년 2월 6일 월드컴의 외부감사 법인인 아서 앤더슨은 월드컴의 회선비용 회계처리 절차를 검토한 결과 유효한 처리가 이뤄지고 있다는 판단을 내렸으며, 따라서 기존의 회계처리 절차에 대해 이의가 없다고 월드컴의 감사위원회에 보고했다.

그처럼 단순하면서도 금액은 무려 수십억 달러에 이르는 회계상 오류를 어떻게 해서 모든 감시자들이 한결같이 놓칠 수 있었을까. 아마 그들은 월드컴의 경영진이 그처럼 단순한 수법을 썼으리라고는 상상하지 못했을 수도 있다. 그게 아니라면 막대한 수수료에 눈이 어두웠던 것인지도 모른다. 또는 감시자들이 감시자로서의 역할을 아예 포기했던 것일까?

사실 JP 모건체이스는 물론 살로먼의 모기업인 시티그룹 등 월드컴과 거래한 은행들은 월드컴에 수십억 달러를 빌려주면서 그만큼 많은 수수료를 월드컴에서 지급받고 있었다. 은행들이 월드컴에 대해 계속 대출을 해주었다는 점을 미뤄볼 때 그들이 월드컴의 회계 부정에 대해 진짜로 알아차리지 못했던 것인지도 모른다. 그들이 만약 회계부정을 알고 있었다면 월드컴에 그 많은 돈을 빌려주었겠는가? 이런 의문에 대한 답은 신용스왑(credit swap)과 관련된다. 이에 대해서는 뒤에서 자세히 다룰 예정이다.

엔론과 글로벌 크로싱이 무너진 뒤 월드컴도 그들과 비슷한 거래에 관련돼 있다는 소문이 퍼졌다. 증권거래위원회는 월드컴의 재무 업무를 조사하기 시작했고, 월드컴이 버니 에버스에게 3억 6600만 달러를 몰래 대출해준 사실을 찾아냈다. 이는 글로벌 크로싱이 두 전직 최고경영자들에게 빌려준 돈의 20배나 되는 금액이었다. 에버스는 회사에서 대출받은 돈을 이용해 3달러 이하로 떨어진 월드컴 주식을 샀다. 회사가 실적이 부진해 수지를 맞추지 못할 것이라는 사실을 알지 못했던 모양이다. 이런 사실이 드러나자 월드컴 이사회는 에버스에게 사임할 것을 요구했다.

에버스는 갖고 있던 재산의 대부분을 잃었을 뿐 아니라 직업까지 잃었다. 다행히 그는 게리 위닉처럼 사치스런 생활을 하지는 않았다. 그는 에드먼턴 전화국의 여름 휴가철 임시직원에서 세계적인 거대 기업의 최고경영자로 올라섰음에도 검소한 습관을 유지했다. 미시시피주 브루크헤이븐에 있는 그의 집은 소박했다. 그는 바퀴덮개가 헐거워진 낡고 붉은 색의 포드 픽업을 몰았고, 수영을 하거나 맥주를 마시면서 가수 윌리 넬슨의 노래를 듣는 등 돈이 별로 안 드는 저비용 취미를 즐겼다. 만약 감옥에만 가지 않는다면 그는 재정적 손실에 잘 대처할 수 있을 것 같았다. 해고된 지 며칠 후 에버스는 지방 라디오 방송에 출연해 "울고 싶은 심정이다. 하지만 지금 나의 상황은 순간적인 것이라고 1000% 확신하고 있다"고 말했다.

월드컴의 부회장이었던 존 시지모어가 2002년 4월 29일 에버스의 후임으로 최고경영자가 됐다. 시지모어는 현명하게도 1억 달러어치의 월드컴 주식을 이미 팔아치운 뒤였다. 신용평가회사들은 버니 에버스가 해고된 것을 달가워하지 않았고, 즉시 월드컴의 신용등급을 투자 부적격 등급으로 내렸다. 이로써 월드컴도 파국이 멀지 않은 게 확실해졌다. 시지모어는 신용평가회사와 투자자, 애널리스트들을 달래기 위해 2002년 3분기 말까지의 재무제표에 대한 철저한 내부조사를 지시했다. 몇 주 뒤 그는 아서 앤더슨 대신 KPMG를 새 회계감사 법인으로 위촉했다. 그러나 그때까지도 월드컴 외부의 그 어느 누구도 오류투성이인 월드컴 회계장부의 실상을 자세히 알지 못했다.

스코트 설리번은 심각한 문제에 부닥쳤다. KPMG가 월드컴의 금융거래 내막을 들춰내는 데는 시간이 좀 걸릴 것으로 보였다. 그러나 월드컴의 내부 감사인인 신시아 쿠퍼가 회선비용의 회계처리에 대한 자체 조사를 시작했던 것이다. 그녀는 누군가가 회선비용을 영업계정에서 자본계정으로 옮겼다는 사실을 이미 밝혀냈다. 그 전에 엔론의 세론 왓킨스와 글로벌 크로싱의 로이 올로프슨이 그랬던 것처럼, 그녀도 10억 달러 이상의 회계 오류를 찾아내고 그것을 회사 내부에서 고발하려고 했다.

쿠퍼는 2002년 6월 11일 그동안 자신이 찾아낸 사실들을 들고 설리반과 대면했다. 쿠퍼에 따르면 이 자리에서 설리번은 지적된 문제들은 곧 바로잡혀질 것이니 조사를 연기해 달라고 부탁했다. 조사를 반드시 3분기 안에 끝낼 필요는 없지 않느냐는 것이었다. 그녀는 3분기가 아닌 2분기에 초점을 맞췄다. 설리번은 2분기 임시 재무제표를 제출해야 하는 정기 감사위원회와 이사회가 불과 사흘 뒤로 다가와 있는 상황에서 쿠퍼가 자기 주변을 사냥개처럼 킁킁대며 조사하고 다니는 것을 참을 수 없었다. 그는 회선비용에 대해 감사위원회 위원들에게 어떻게 해명해야 할지도 결정해야 했다.

쿠퍼는 설리번의 조사 연기 요청을 무시하고, 즉시 감사위원장인 맥스 보비트를 찾아가 만났다. 쿠퍼는 자신이 알아낸 사실들을 감사위원회에 보고하겠다고 보비트에게 말했다. 그러나 그는 그렇게 하는 것은 아직 이르다는 반응을 보였다.

6월 14일 감사위원회 회의에서 설리번은 월드컴의 2분기 재무제표는 매우 복잡할 것이며, 자신이 회선비용에 대해 계속 재검토하고 있다고 말했다. 위원들은 월드컴이 이익을 수십억 달러 이상 부풀렸다는 신시아 쿠퍼의 말에 그다지 주목하지 않았다.

그 다음 주에는 회의가 잇달아 열렸다. 6월 20일 설리번은 감사위원회에 회선비용의 회계처리 문제는 중대한 판단을 필요로 하는 것이었다고 설명했다. 자신의 판단으로는 회선비용이란 장기 계약에 수반되는 것인 반면 월드컴은 아직 그 계약으로 돈을 벌지는 못하고 있으므로, 비용을 몇 년간에 걸쳐 분할 반영하는 게 정당하다는 것이었다. 월드컴의 이사들은 설리번에게 며칠 더 여유를 줄 테니 그의 견해를 설명해주는 문서를 작성해줄 것을 요구했다. 이는 키더 피바디의 에드 세룰로가 조지프 제트의 미심쩍은 채권 거래 전략에 대해 문서로 설명해달라고 했던 것과 비슷한 조처였다.

월드컴의 이사들은 아서 앤더슨 쪽과도 접촉했는데, 그들은 설리번의 해명이 일반 회계규정에 어긋난다는 의견을 밝혔다. KPMG 쪽의 의견도 같았다. 앤더슨의 직원들은 회선비용을 자본계정으로 옮겨 기재한 사실을 알지 못했다면서, 투자자들은 월드컴의 2001년도 재무제표가 정확했다는 자사의 서면 의견에 의존해서는 안 된다고 말했다.

설리번의 입장에서 보면 회선비용의 분할 반영에 대한 그의 주장도 일리가 없는 것은 아니었다. 자체 통신망을 가설하기 위해 돈을 지출하는 것과, 그 대신 다른 회사의 통신망을 이용하기로 하고 그 대가로 돈을 지불하는 것은 어쨌든 경제적으로는 별 차이가 없었다. 이는 자동차를 일정 기간 빌려 타는 것과, 같은 기간 돈을 빌려서 자동차를 사는 것 사이에 차이가 없는 것과 같은 이치였다.

만약 다른 회사의 통신 회선을 빌리는 대가로 지급하는 돈을 '투자'로 보고 거기에서 향후 몇 년간에 걸쳐 수익을 얻을 수 있다면, 그에 대응하는 지출을 자본지출로 취급해 그 햇수만큼 분할 계상하는 게 이치에 맞는 것이었다. 이런 결론은 사실 회계의 기본 원칙 가운데 하나인 수입과 비용의 기간대응 원칙에도 합치하는 것이다. 만약 설리번이 주장한 대로 수입이 향후 수년간 발생한다고 하면 그에 대응하는 비용도 수년간 분할해 기록해야 하는 게 이치에 맞는 것이었다.

그러나 엔론의 위험관리 매뉴얼이 가르친 대로 경제적 사실은 반드시 회계규정과 일치하지 않는다. 일반회계기준(GAAP)이라는 것도 경제적 사실과는 거리가 있더라도 모든 기업과 그 직원들이 준수하기로 한, 다소 임의적인 규정들을 모아놓은 것이다. 만약 굳어진 기존의 회계 관행이 회선비용을 영업비용으로 취급해 당해 회계기간에 반영하도록 하고 있었다면, 그런 회계 관행과 달리 회선비용을 몇 년간에 걸쳐 분할 계상하는 것은 적절하지 않은 일이었다.

어쨌든 그렇게 계정을 변경한 결과는 엄청났다. 월드컴은 2001년도 이익을 105억 달러라고 이미 발표했었다. 그러나 누락시켰던 회선비용을 추가하면 2001년도 이익은 63억 달러로 줄어들게 돼 있었다. 이런 이익 수정은 엔론의 경우에 비해 5배나 되는 규모였다. 설리번은 이익 수정 발표를 한 바로 그날 해고됐다.

그 뒤에 이어진 상황들은 대부분 예측 가능한 것이었다. 첫째, 월드컴 주가가 추락했다. 둘째, 월드컴 사태의 기본적인 사실들을 모두가 알게 된 뒤에 신용평가회사들은 그제서야 월드컴의 신용등급을 내렸다. 셋째, 월드컴은 파산 신청을 했다.

잭 그루브먼은 마지막 순간까지 버티다가 월드컴이 회계부정을 시인하기 불과 며칠 전인 6월 21일에 처음으로 월드컴에 대한 부정적인 보고서를 냈다. 2002년 8월 2일에는 스코트 설리번과 그의 조수인 데이비드 마이어스가 수갑을 찬 사진이 〈뉴욕 타임스〉 1면에 실렸다.

며칠 뒤 월드컴은 또 다른 33억 달러의 회계상 실수를 발견했다고 밝혔다. 이번에는 미래의 비용 지출에 대비해 쌓는 준비금을 부풀렸다는 내용이었다. 이는 선빔이 1회성 비용을 과다 계상해 미래에 더 많은 수입으로 돌아오게 한 수법과 같은 것이었다. 2002년 말에 월드컴은 수십억 달러 규모의 또 다른 회계상 오류를 밝혔다. 손실은 밑 빠진 독에 물 붓기식으로 늘어났다.

그동안 엔론을 비롯한 수많은 기업 경영자들은 회계규정을 해석해야 할 일이 있을 때면 경제적 사실이나 이치에 어긋난다 하더라도 회계규정의 자구에 충실하게 해석했다. 그들은 이제 그렇게 하는 데 대한 획기적인 변명거리 하나를 얻게 됐다. 스코트 설리번과 같은 훌륭한 최고재무책임자가 회계 관행보다 경제적 사실을 따르려고 하다가 해고되고 처벌까지 받는다고 한다면 그 어느 기업 임원이 경제적 사실을 따르려고 법규의 자구에서 벗어나려 하겠는가?

월드컴의 몰락은 급작스럽기는 했지만 우연히 그렇게 된 것은 아니었다. 사업이 망가지고 애널리스트들의 이익 추정치에 실적이 못 미쳤기에 몰락한 것이었다. 또 설리번이 비록 지출은 수입이 발생하는 시기에 맞추기 위해 그 계상을 나중으로 미뤄야 한다고 주장했지만, 월드컴의 수입이 지연되기만 했던 것은 아니었다. 통신산업 자체가 상황이 어려워지면서 월드컴도 수입이 아예 발생하지 않게 됐던 것이다. 설리번이 법정에서 스스로 법적인 변호를 하기가 쉽지 않게 됐다.

월드컴의 붕괴는 검찰에 하나의 역설을 던졌다. 검찰이 기업 임직원의 범죄를 입증하려면 그들이 부정행위를 저지르겠다는 의사가 있었다는 증거를 제시해야 한다. 그러나 경제적 사실과 회계규정이 서로 괴리된다면 그러한 범의(犯意)를 가진 자는 어느 쪽인가? 회계규정을 경제적 사실보다 우선시한 쪽인가, 아니면 경제적 사실을 회계규정보다 우선시한 쪽인가?

신용 파생상품

월드컴의 파산 신청 서류에는 JP 모건체이스에 30억 달러 이상의 빚을 지고 있다는 사실이 기재돼 있었다. 시티그룹을 비롯한 다른 은행들도 월드컴에 이와 거의 비슷한 규모의 미회수 채권을 갖고 있었다. 은행들은 월드컴 외에 엔론과 글로벌 크로싱 등 파산한 다른 기업들에도 파산 이전에 많은 대출을 해주었다. 노련한 은행들이 서로 비슷하게 엉성한 기업들에게 수십억 달러씩을 빌려줬다가 물린 셈이다.

기업들의 채무불이행(디폴트) 규모는 2000년에 420억 달러로 신기록을 세웠다. 2001년에는 기업들의 디폴트 규모가 2000년에 비해 3배로 늘어나, 디폴트 선언을 한 기업 수가 200개가 넘었다. 그 가운데 통신기업은 9개 중 하나 꼴이었다. 글로벌 크로싱과 월드컴이 파산하기 전에도 이미 통신기업의 디폴트 비율이 높았다.

기업들의 파산과 디폴트 사태는 은행들에게 끔찍한 일이었을 것이다. 그렇다면 당시에 미국의 은행 시스템이 붕괴 위험으로 내몰렸을까? 정답은 '그렇지 않았다' 다. 그러나 왜 그렇지 않았는지, 그 이유를 아는 투자자는 거의 없었다. 그 이유를 알려면 금융시장에서 가장 최근에 일어난 혁신이자 월스트리트의 주요 은행들조차 충분히 이해하지 못한 신종 금융수단, 즉 '신용 파생상품(credit derivatives)' 에 대해 알아야 했다. 신용 파생상품은 정부 관리들이 증권소송에 제한을 가하고, 금융시장의 규제를 풀고, 기업 경영자들에 대한 보상 수단으로 스톡옵션을 만들어낸 1990년대 중반에 새로 떠올랐다.

신용 파생상품 분야의 선두 주자인 JP 모건체이스와 영국의 중앙은행인 영국은행에 따르면, 신용 파생상품 시장은 2002년에 이미 2조 달러 규모에 이르며, 성장 속도도 매우 빠르다. 신용 파생상품은 월스트리트의 주된 현금 수입원이 됐다. 2001년의 경우 은행들은 신용 파생상품을 사거나 팔아 10억 달러를 번 것으로 추정된다. JP 모건체이스는 어떤 달에는 현물 채권보다 신용 파생상품을 더 많이 거래하기도 했다.

신용 파생상품은 점점 더 복잡해진 금융 퍼즐의 마지막 조각이다. 신용 파생상품은 기업들의 채무불이행이 갈수록 늘어남에도 불구하고 은행들은 왜 계속 안전한지, 그러나 개인들은 왜 계속 위험에 노출돼 있는 것인지를 설명해준다.

신용 파생상품은 본질적으로 대출에 대한 보험처럼 특정 기업의 신용도에 베팅을 하는 것이다. 다른 많은 파생상품들처럼 신용 파생상품도 처음에는 뱅커스 트러스트와 CS 퍼스트 보스턴에 의해 개발됐고, 1990년대 초반에 주로 일본에서부터 거래가 시작됐다. CS 퍼스트 보스턴의 가장 똑똑하고 혁신적인 파생상품 전문가였던 존 크리스털은 1991년부터 신용 파생상품에 초점을 맞추기 시작했다. 그러나 1990년대 후반에 JP 모건이나 시티그룹과 같은 주요 상업은행들이 적극적으로 뛰어들기 전까지는 신용 파생상품이 널리 퍼지지는 못했다.

신용 파생상품에는 두 가지 기본형이 있다. 신용디폴트 스왑(CDS; Credit Default Swap)과 부채담보부 증권(CDO; Collateralized Debt Obligation)이다. 둘 다 엔론, 글로벌 크로싱, 월드컴을 비롯한 문제 있던 회사들의 붕괴가 낳은 파장을 이해하는 데 핵심적인 것이다.

가장 단순한 형태의 CDS는 대출과 보험을 결합시킨 것이다. 일반적인 대출에서는 은행이 차주에게 먼저 돈을 빌려주고, 차주는 그 돈과 이자를 나중에 상환하겠다고 약속한다. CDS는 돈이 미리 오가지 않는다는 점만 제외하면 대출과 비슷하다. 그리고 CDS 계약을 체결하는 양 당사자는 그들이 지정하는 제3의 차주가 대출금을 못 갚는 디폴트 상태에 빠지면 어느 한쪽이 그것을 대신 갚기로 약속한다. 즉 CDS 계약상의 지불 의무를 촉발시키는 원래의 대출은 보통 CDS 계약 자체의 양 당사자와는 관계가 없다.

예를 들어 시티그룹이 IBM에 제공한 대출을 놓고 뱅커스 트러스트와 일본 보험회사가 CDS 계약을 체결할 수 있다. 이런 CDS 거래에서 일본 보험회사는 IBM의 채무가 디폴트되지 않는 한 돈을 벌 것이라는 기대를 갖고 시티그룹에 대해 마치 대주와 비슷한 위치에 설 수 있다.

보통의 보험계약은 증권은 교통사고, 화재, 사망 등의 특정 사건이 발생할 것인지를 놓고 계약의 두 당사자가 베팅을 하는 것이다. 이와 비슷하게 CDS는 계약의 두 당사자가 어떤 특정 기업의 채무가 디폴트될 것인지 여부를 놓고 베팅을 하는 것이다. 디폴트된다는 데 베팅하는 쪽은 보험에 가입하는 사람과 같이 '보장(保障)을 사는 것(buying protection)'이고, 디폴트되지 않는다는 데 베팅하는 쪽은 마치 보험회사와 같이 '보장을 파는 것(selling protection)'이다. 베팅의 대상이 된 기업이 건강하게 유지돼 차입금 상환을 약속대로 하게 되면 보장을 산 쪽이 그것을 판 쪽에 마치 보험료를 내듯이 돈을 지불한다. 반대로 베팅 대상 기업이 차입금을 상환하지 못하게 되면 마치 보험회사가 가입자에게 보험금을 주는 것처럼 보장을 판 쪽이 그것을 산 쪽에 미리 정해진 액수의 돈을 지급한다.

은행들은 이런 CDS를 이용해, 자신들이 기업들에게 빌려준 돈을 되돌려 받지 못할 위험, 즉 신용위험을 스스로 껴안고 있지 않고 다른 곳으로 넘겼다. 은행들은 만약 어느 기업이 채무를 불이행할 경우에 해당 대출금을 원래 차주가 아닌 제3자로부터 지급받을 권리를 사두었다. 원하는 투자자들에게 대가를 지불하고 일종의 '신용보장(credit protection)'을 산 것이다.

CDS는 상업은행들에게는 이상적인 수단이었다. CDS를 이용하면 기존 대출채권에 대해 규제당국에서 부과하는 각종 비용부담을 줄이는 동시에 채권 회수가 안 될 위험을 떨어낼 수 있기 때문이었다. 연준은 1997년 6월에 발표한 지침을 통해 이 같은 비용부담 감소의 이점을 명확히 해주었고, 그 뒤 곧바로 아시아 위기가 발생하자 JP 모건이나 시티그룹 같은 은행들이 CDS 거래에 앞 다퉈 뛰어들었다.

1998년 러시아가 채무재조정(리스케줄링)을 선언함으로써 CDS가 한 차례 시험대에 올랐다. 기존 CDS 계약에서 사용된 용어들의 모호함 때문에 러시아의 채무재조정 선언을 디폴트로 봐야 할 것인지 여부가 논란거리로 부각됐던 것이다. 그 후 스왑 딜러들은 CDS 계약을 보다 엄격한 용어들로 체결하기 시작했고, CDS 시장은 빠른 속도로 성장하게 됐다. 2002년에는 은행들이 전 세계의 채무자들을 대상으로 한 수천억 달러의 CDS 계약을 체결했다. 바로 이런 CDS 시장은 은행들이 기업들에게 수천억 달러를 빌려주고도 안전했던 이유를 설명해준다.

예컨대 은행들이 월드컴과 관련해 벌인 CDS 거래 규모는 100억 달러 정도로 추정된다. 이는 은행들이 파산 절차에 들어간 월드컴에 대해 아직 미회수 채권을 갖고 있었지만, 그런 채권의 회수불능 위험을 제3자에게 팔아 넘겼다는 뜻이다. 따라서 은행들은 월드컴의 파산에 대해 걱정할 필요가 없었다. 월드컴에 대한 대출이 결국 상환되지 않아 손해를 보게 되더라도 그런 손해는 CDS 쪽에서 나오는 돈으로 메울 수 있었기 때문이다. 다시 말해 은행들은 월드컴과 관련된 리스크에서 벗어나 있었기 때문에 이 회사에 어떤 상황이 발생해도 안전했던 것이다.

엔론에 대해서도 약 800건, 80억 달러 규모의 CDS 거래가 있었다. 엔론에 대한 CDS 거래에는 JP 모건이 가장 적극적으로 뛰어들었다. JP 모건은 글로벌 크로싱과 K마트에 대한 CDS 거래도 적극적으로 했다. 그 결과 JP 모건은 엔론에 대출해준 자금 가운데 손실액을 4억 5600만 달러 수준으로 억제할 수 있었다.

시티그룹은 좀더 복잡한 방식이긴 했지만 엔론에 대한 대출의 위험 노출을 훨씬 더 잘 처리했다. 시티그룹은 2000년 8월부터 2001년 5월까지 일련의 특별목적회사들을 설립하고 그들로 하여금 트리플 에이 등급의 채권들을 보유하게 한 다음 엔론의 디폴트 여부에 좌우되는 특별한 종류의 신용 파생상품을 발행하게 했다. 엔론이 채무를 이행할 경우에는 특별목적회사의 투자자들은 트리플 에이 등급의 채권을 계속 보유하게 되고, 반대로 엔론이 채무 이행을 하지 않을 경우에는 시티그룹이 트리플 에이 등급의 채권을 회수하고 그 대신 엔론의 채권으로 바꿔 넣는 방식이었다. 시티그룹은 이런 방식으로 엔론에 대한 12억 달러 규모의 위험에 대한 헤지를 해두었다. 실제로 시티그룹은 2001년 12월 엔론이 디폴트를 선언했지만 아무것도 잃은 게 없었다. 이에 따른 손실은 시티그룹이 아니라 시티그룹의 특별목적회사들에 투자한 이들에게 떠넘겨졌다.

은행과 은행 규제당국의 입장에서만 생각한다면, 은행들이 CDS를 통해 리스크를 털어낸 것은 옳은 행동이었다. 기업 신용과 연관된 신용위험은 이제 더 이상 기업에 돈을 빌려준 은행들에게 있지 않게 됐다. 신용위험은 전 세계에 걸쳐 마치 뜨거운 감자처럼 손이 바뀌며 떠넘겨졌다. 그러나 은행들이 위험을 줄였다고 해서 수천억 달러의 손실이 사라진 것은 아니었다. 다른 누군가가 그 손실을 떠안았다. 그게 누구였을까?

CDS의 위험

은행가와 은행 규제당국자들은 위험을 은행에서 떼어낼 수 있다는 점에서 CDS에 환호했다. CDS가 생기기 이전에는 엔론같은 기업 하나가 무너지면 적어도 하나 이상의 대형 은행이 동시에 쓰러졌을 것이다. 엔론, 글로벌 크로싱, 월드컴이 동시에 파산했다면 아마도 은행산업 전체가 궤멸했을 것이다. 그러나 2001년과 2002년에 무수한 기업들이 몰락했음에도 은행들은 끄떡없었다.

2002년 4월 22일 앨런 그린스펀 연준 의장은 "신용 파생상품이 지난 몇 달간 엔론, 글로벌 크로싱 레일트랙, 스위스항공의 채무불이행으로 인한 손실을 효율적으로 분산시켰다. 아직 비교적 작지만 급속히 성장하고 있는 신용 파생상품 시장은 지금까지 잘 기능했다. 이 시장은 아주 새로운 것이어서, 신용도가 광범위하게 떨어지는 시기에 시험받아볼 기회가 없었다. 그러나 어쨌든 지금까지는 괜찮았다"고 말했다.

안타깝게도 CDS 시장은 불투명했고 규제의 대상도 아니었다. 특히 그 거래를 공시해야 한다는 규정이 없었기 때문에 위험이 도대체 어떻게 사라지는지를 자신 있게 말할 수 있는 사람이 없었다. 신용 파생상품을 거래한 은행들조차 이 시장에 누가 참여하고 있는지에 대해 의견이 크게 엇갈리는 형편이었다. 10년 전이라면 엔론이나 월드컴같은 회사가 돈을 빌릴 수 있는 데는 많아봐야 10여 개 기관에 불과했을 것이다. 그러나 이들 회사가 파산 신청했을 때 신청서류에는 수십 페이지에 달하는 채권자들 명단이 적혀 있었다. 하지만 이 명단에도 엔론과 관련된 CDS 거래 당사자들에 대한 정보는 거의 들어있지 않았다. 이는 엔론과 관련된 CDS를 거래한 당사자들이 그들끼리 서로 돈을 받을 수 있을 것인지에만 관심이 있었을 뿐 엔론 자체에 대해서는 관심이 없었기 때문이다.

1997년에 이미 금융업계의 전문가들은 신용 보장(credit protection)의 판매자, 즉 기업의 채무가 디폴트되지 않을 것이라는 데 베팅하는 기관투자가들이 CDS의 위험을 충분히 이해하지 못할 것이라고 경고했다. 뉴욕연준 의장을 지내고 골드먼 삭스에 들어가기 전에 파생상품에 대해 경고를 했던 제럴드 코리건은 신용 파생상품에 대해서도 조심스럽게 주의를 환기시켰다. "신용위험을 쪼개는 것은 좋은 일인 것 같다. 다만 신용위험 요소를 취하는 이들이 스스로 무엇을 하고 있는 것인지, 그리고 자신이 부담하게 되는 위험이 무엇인지를 알아야 한다는 전제조건이 충족돼야 한다." 파생상품 컨설턴트인 타냐 스타이블로 베더는 CDS의 가치 평가에 이용된 위험모델은 미래에는 유효하지 않을 수도 있는 과거의 채무 디폴트 자료에 근거한 것이라고 경고했다.

2002년에도 CDS를 거래한 기관투자가들 가운데 다수가 CDS와 관련해 자신이 떠안게 되는 위험에 대해 잘 알지 못하는 것으로 드러났다. 그들은 깁슨 그리팅스가 뱅커스 트러스트와 벌인 복잡한 스왑 거래에 대해 이해하던 수준 이상으로 CDS 거래를 이해하지 못했다. 신용 보장의 최대 판매자는 보험회사들이었으며, 그 중 일부는 미국 회사들이었지만 유럽과 일본의 보험회사들도 있었다. 생명보험회사들은 CDS가 하나의 자산인 것처럼 CDS에 투자했다. 손해보험회사와 재보험회사들은 신용위험을 일종의 부채로 떠맡았고, 그에 따른 지불 금액을 보험료인 것처럼 기재했다. 월드컴의 부채 350억 달러 가운데 3분의 1의 위험을 보험회사들이 떠안고 있었다는 추정도 있다. 연금기금과 일부 헤지펀드들도 CDS를 거래했다.

은행들과 마찬가지로 보험회사들도 CDS를 거래할 만한 동기를 갖고 있었다. 그것은 바로 법규의 제한을 피하는 문제였다. 보험회사들은 특히 그들의 투자를 제한하고 과도한 위험 부담을 떠안는 데 대해 불이익을 주는 법규를 피해가기 위해 CDS를 활용했다.

예를 들어 보험회사들은 CDS를 이용해 차입투자(leveraged investment)를 했다. 보험회사들은 법규로 대출이나 증권투자에 대해 한도 제한을 받았던 탓에 차입투자를 할 수 없었다. 그러나 이제 그들은 CDS는 법규가 적용되지 않는 금융수단이라고 주장하면서 이것을 차입투자에 활용했다. 10년 전에 일본의 보험회사들이 장외 옵션을 사기 위해 파생상품을 이용하면서 옵션은 법규 밖에 있는 것이라고 주장한 것과 같은 태도였다. 겉으로 보면 그들의 CDS 거래는 미국의 주요 대형 은행들과의 단순한 금융거래로 비쳤다. 따라서 보험회사와 JP 모건 사이의 CDS 거래 뒤에 엔론에 대한 투기적인 차입자본 투자가 있다는 사실을 금융당국에서 몰랐을 수도 있다.

은행규제당국은 은행들의 위험을 줄이고 은행 위기를 피하는 데 초점을 맞춤으로써, 결과적으로 신용위험이 은행들로부터 덜 규제되는 다른 기관들로 떠넘겨지게 했다. 금융감독 체계상 미국은 은행들을 별도로 규제하지만 영국은 은행과 비은행 금융기관들을 함께 취급했고, 이 때문에 영국의 금융당국은 미국의 금융당국에 비해 CDS의 위험에 대해 더 폭넓은 시야에서 분명히 간파하고 있었다. 이는 1990년대 중반에 나타난 다른 장외 파생상품들에 대해서도 마찬가지였다.

영국 금융감독청(British Financial Services Authority)의 하워드 데이비스 의장은 신용 파생상품에 대해 "규제되는 은행에서 덜 규제되는 보험회사로 위험을 떠넘기는 규제 아비트리지 차원으로 악용되고 있다"고 경고했다. 그는 또 "우리는 시장의 불안정성을 줄이는 게 아니라 오히려 더 많이 만들고 있는지도 모른다"고 말하기도 했다.

과거 대출채권 부실화로 고생했던 영국의 은행들은 어느 정도 상황이 호전됐지만 영국의 보험회사들은 그렇지 못했다. 2002년 기업들의 채무 불이행으로 인해 가장 큰 손실을 입은 곳은 프루덴셜(Prudential PLC.)이었다. 여기서 말하는 프루덴셜은 미국에 기반을 둔 프루덴셜이 아니라 150년 역사의 영국 보험그룹 프루덴셜을 가리킨다. 프루덴셜은 글로벌 크로싱을 비롯해 디폴트를 선언한 기업들과 관련된 포지션에서 5억 달러의 손실을 보았다고 밝혔다. 영국에서와 달리 미국에서는 어느 보험회사가 지급능력을 상실하더라도 외부자가 그런 사실을 분명하게 알기가 어렵다. 미국의 보험회사들은 주 보험위원회로부터만 감독을 받을 뿐이고, 연방 정부로부터 규제를 받는 증권회사나 은행들처럼 보유 자산 포지션을 시가평가해 밝히지 않기 때문이다.

엔론이나 제너럴 일렉트릭과 같은 비금융 기업들도 신용 파생상품 시장의 주요 참여자였다. 은행들이 위험을 덜어내려고 혁신적인 금융기법을 적극 활용한 1990년대에 일반 비금융 기업들도 점점 더 은행을 닮아갔다. 이 시기에 은행 시스템은 더욱 강력해졌지만, 이는 위험이 더 이상 은행들의 부담으로 유지되지 않았기 때문이다. 모건 스탠리의 추정에 따르면 2000년의 경우 전체 금융 활동의 3분의 1이 엔론이나 제너럴 일렉트릭 등 비금융 기업에서 이뤄졌다. 포드 같은 회사도 총 수입 중 6%를 금융 분야에서 거뒀다.

엔론이 파산한 뒤 2002년에는 제너럴 일렉트릭도 과연 건실한 것인지에 대해 심각한 의문이 제기됐다. 제너럴 일렉트릭은 2002년에 트리플 에이 신용등급을 받은 8개 기업 중 하나였지만, 신용평가회사들의 과거 행태를 고려할 때 그것만으로 안심할 수는 없었다. 그전 2년간에 걸쳐 제너럴일렉트릭의 주가는 절반이나 떨어져 기업가치가 3000억 달러나 줄어들었다. 제너럴 일렉트릭 주가의 이런 추락은 2001년 10월에 엔론이 하강세에 접어들면서 켄 레이가 전화회의를 가졌던 때와 비슷한 모습이었다. 게다가 제너럴 일렉트릭은 트리플 에이 등급이었지만 이 회사의 CDS는 기껏해야 더블 에이에 속하는 신용등급 중 낮은 등급에 그치고 있었다.

2002년 3월에 세계적인 선두 채권 매니저들 가운데 한 명인 핌코(PIMCO)의 빌 그로스가 더 이상 제너럴 일렉트릭의 단기 채권을 사지 않겠다고 밝혔다. 빚을 많이 지고 있는 제너럴 일렉트릭이 그 내용에 대해 거의 공시한 게 없기 때문이라는 것이었다. 제너럴 일렉트릭의 재무제표는 분명 미심쩍게 보였다. 제너럴 일렉트릭의 회계장부에는 '다른 모든 경상비용과 미지급 비용'이라는 항목에 140억 달러가 기재돼 있었다. 하지만 더그 스키너 미시간대 회계학 교수는 "그 안에 무엇이 들어있는지 도대체 누가 알겠는가"라고 말했다. 게다가 제너럴 일렉트릭은 센던트는 물론 글로벌 크로싱과 월드컴보다도 더 많은 연간 100개 이상의 기업들을 인수하면서 성장했다. 그처럼 인수를 통해 급성장한 기업이라면 그 안에서 정말로 무슨 일이 벌어지고 있는지 안다는 것은 불가능했다.

2002년 이전에는 투자자들이 잭 웰치를 신뢰했다. 그러나 이제 웰치는 사임했다. 게다가 제너럴 일렉트릭의 주가가 폭락과 〈하버드 비즈니스 리뷰〉 전 여성 편집장과의 유명한 연애사건으로 인해 웰치의 명성도 빛이 바랬다. 투자자들은 제너럴 일렉트릭을 전만큼 신뢰하지 않았다. 특히 금융 사업 부문이 불신의 대상이었다. 투자자들은 웰치의 이혼 절차 중에 공개된 문서를 통해 제너럴 일렉트릭이 그에게 수천만 달러의 퇴직금을 주었다는 사실을 알게 되자, 웰치가 제너럴 일렉트릭의 경영 실적에 대해 진실했는지에 대해서도 의혹을 품게 됐다. 그의 퇴직금 항목 중에는 투자자들이 받는 급여보다도 더 많은 금액의 와인 구입비도 들어있었다.

제너럴 일렉트릭은 사실상 두 개의 회사였다. GE 인더스트리얼(GE Industrial)이라고 부를 만한 비금융 산업 부문과 금융사업 부문인 GE 캐피털(GE Capital)이 바로 그것이다. GE 인더스트리얼은 전구, 비행기 엔진, 가스 터빈 등을 만드는 등 제너럴 일렉트릭이 텔레비전 광고를 통해 홍보한대로 '생활에 필요한 좋은 물건들'을 공급했다. 이에 비해 GE 캐피털은 돈을 빌리거나 빌려주는 일을 했고, 파생상품 거래도 활발히 했다. 대부분의 사람들이 알고 있는 제너럴 일렉트릭은 GE 인더스트리얼이었다. 그러나 제너럴 일렉트릭의 이익 창출을 이끈 엔진은 GE 캐피털이다.

GE 캐피털은 대공황 때 만들어졌다. 당시 GE 캐피털의 목표는 소비자들이 가전제품을 구입할 때 돈을 빌려준다는 소박한 것이었다. 그러나 2002년에 이르면 GE 캐피털은 사실상 어엿한 은행이 돼 있었다. GE 캐피털은 미국에서 단 두 개의 은행그룹을 빼고는 가장 많은 자산을 보유하고 있었고, 그 자산 규모는 12년 전인 1990년에 비해 6배로 커져 있었다.

제너럴 일렉트릭은 2002년에 발간한 2001년도 연차보고서에서 "회사의 정책 차원에서 제너럴 일렉트릭도 GE 캐피털도 파생상품은 거래하지 않으며, 파생상품 시장 조성도, 그밖에 다른 어떤 투기적 활동도 하지 않을 것"이라면서 투자자들을 안심시키려 했다. 그러나 같은 연차보고서의 주석에는 파생상품을 회계 처리하는 방식의 변경으로 인해 이익은 5억 200만 달러, 자기자본은 13억 달러가 줄었다는 내용이 적혀 있었다.

제너럴 일렉트릭이 연차보고서에서 밝힌 이익과 자기자본 수치의 수정은 엔론이 2001년에 수정했던 것과 거의 같은 규모였지만, 투자자들은 별로 신경을 안 쓰는 듯했다. 제너럴 일렉트릭은 주석에서 "이런 회계처리 방식의 변경은 현금과는 관계가 없으며, 경영진은 이것이 미래의 실적에도 별다른 영향을 미치지 않을 것이라고 생각한다"고 주장했다.

신용평가회사들은 제너럴 일렉트릭에 대해 계속해서 트리플 에이 신용등급을 부여했고, 빌 그로스는 이 회사에 대해 불신감을 내비친 몇 안 되는 사람들 가운데 하나로 남아야 했다. 다행히도 신용 파생상품 시장에서 제너럴 일렉트릭이 채무이행 불능 상태에 빠질 것으로는 보이지 않았다.

투자환경의 왜곡

몇몇 전문가들은 보험회사와 일반 기업들이 은행들로부터 신용위험을 떠안은 것은 그들이 은행보다 위험을 부담하고 관리하는 데 더 유리하다는 점을 보여준 것 아니냐고 주장했다. 만약 시장이 효율적이라면 뜨거운 감자는 문자 그대로 그것을 다루는 데 최적의 참여자에게 넘어갈 것이다. 이런 주장대로라면 엔론, 제너럴 일렉트릭, 그리고 프루덴셜은 기업 대출의 위험을 부담하고 모니터하는 데 월스트리트의 주요 은행들보다 나은 위치에 있을 것이다.

그러나 이런 주장에는 두 가지 결함이 있다. 첫째 결함은 CDS가 은행과 보험회사의 규제와 관련된 비용을 줄여준다는 점과 관계가 있다. 이런 규제 관련 비용 절감 효과로 인해 CDS 거래가 대상으로 삼는 대출에 대해 누가 더 잘 평가하고 모니터하는지와는 무관하게 거래의 쌍방이 다 이득을 보았다. 규제 관련 비용의 관점에서 보면 은행도 보험회사도 CDS를 활용해 비용을 줄였다. 게다가 CDS는 회계장부에 반영하지 않아도 되는 것이었기에 대출을 받은 일반 기업도 규제를 피해가는 편익을 누릴 수 있었다. 이보다 더욱 근본적인 둘째 결함은, 은행이 기업 대출을 모니터하는 데 있어서는 다른 누구보다도 최적의 위치에 있다는 점에 있다. 은행들은 기업에 대출을 해준 당사자이고, 그 기업에 대해 채권자와 채무자의 관계에 있게 되며, 다른 누구보다 그 기업의 전망을 주시하는 데 필요한 자료와 관련 직원에 더 쉽게 접근할 수 있었다.

은행들은 이처럼 신용위험을 모니터하는 데 더 나은 위치에 있었으면서도 신용위험의 많은 부분을 보험회사와 일반 기업들에 떠넘겼다. 1990년대 초반에 금리 리스크가 월스트리트에서 다른 부문으로 떠넘겨졌던 것처럼 이젠 신용위험이 그것을 감당할 능력이 가장 뒤떨어지는 부문으로 떠넘겨졌다. 그 범인은 또 다시 법규를 악용할 의도로 이루어진 금융혁신이었다.

저명한 금융 전문가인 마틴 메이어는 은행들이 갖고 있었던 가장 큰 힘, 즉 대출채권의 상태를 감시하는 능력을 CDS가 희생시켰다고 말했다. 보험회사들, 특히 미국 이외 지역의 보험회사들은 차입자의 공개된 재무제표를 들여다보는 것 이상으로 더 할 수 있는 게 없었다. 그들로 하여금 차입자를 모니터하도록 유도할 인센티브도 없었다. 왜냐하면 모든 CDS는 차입자의 전체 부채 가운데 작은 일부분에 불과하기 때문이었다.

게다가 신용위험을 은행으로부터 산 보험회사는 그것을 다른 기관에 넘길 수 있었고, 그 기관은 또 다시 다른 기관에 그것을 넘길 수 있었다. 이런 신용위험의 전가는 얼마든지 계속 이어질 수 있었다. CDS에 대해서는 공시 의무가 없었기 때문에 누가 최종적으로 특정 기업의 부채와 관련된 위험을 떠안게 되는지는 알 수 없었다. 결과적으로 그 뜨거운 감자를 손에 들게 된 이가 애초의 차입자를 관찰하기에 가장 적합한 위치에 있다고 가정하는 것은 거의 환상에 가까운 것이었다.

이렇게 해서 CDS는 시장 참여자들로 하여금 신용위험을 잘못 평가하게 했고, 그 결과 전 세계의 투자환경을 왜곡시켰다. 모니터되지 않는 차입자는 더 큰 위험을 떠안으려는 경향이 있었고, 은행들은 그런 차입자에 대한 대출에 점점 더 높은 금리를 적용했다. 경제에서 자본비용이 증가하면 기업들은 사업을 덜 벌이게 되고 경제성장도 위축된다. 뿐만 아니라 은행들이 대출과 연관된 위험을 지지 않았기 때문에 그들은 그렇지 않을 때보다 더 많은 대출을 하려는 유인을 갖게 됐다.

이에 대해 국제통화기금(IMF)은 "규제 아비트리지가 시장을 성장시키는 만큼 은행들은 그렇지 않을 때보다 더 많은 신용 사업을 하려고 하고, 그에 따르는 위험은 보험회사나 헤지펀드 등 규제를 덜 받거나 전혀 받지 않는 기관들에게 넘기려 할 것"이라는 결론을 제시했다.

또 영국의 규제당국은 CDS에 대해 "덜 숙련된 시장 참여자들로 인해 가격이 잘못 매겨질 위험이 있다"고 경고했다. 일류 신용 파생상품 전문가인 사티아지트 다스는 투자자들이 이런 금융수단에 대해 제대로 이해하지 못하고 있다면서 다음과 같이 우려했다. "주로 전문가 시장에서 이뤄지는 다른 금융상품들과 달리 신용 파생상품에 내재된 가장 무서운 점 가운데 하나는 그것이 수많은 거래들과 하나의 패키지로 묶여 상대적으로 작은 기관 또는 부유한 개인에게까지 팔린다는 것이다. 이런 점은 문제를 일으킬 가능성이 있다고 나는 생각한다."

CDS가 지닌 또 하나의 결정적인 문제점은 보험계약과 마찬가지로 CDS도 계약의 대상인 '채무불이행(디폴트)'을 어떻게 기술하느냐에 따라 계약에 따른 지급 여부가 좌우된다는 것이었다. 대출 약정은 보통 채무불이행의 수많은 표준적인 사례들을 구체적으로 나열한 긴 문서로 이뤄진다. 대출 약정은 수십 년간에 걸쳐 다양한 조건에서 축적된 경험을 바탕으로 진화해왔다. 이에 비해 CDS 계약은 당사자들이 채무불이행을 임의적으로 규정할 수 있는 여지를 많이 남긴 얄팍한 문서에 지나지 않았다. 차입자가 원리금 상환을 하지 못한 상황에서부터 채무자가 채무이행 불능 상태에 빠질 가능성이 있다는 보도가 신문에 난 상황에 이르기까지 다양한 상황을 채무불이행으로 간주할 수 있었다.

시간이 흐르면서 CDS 계약은 점점 더 표준화됐고, 특히 1998년에 러시아가 채무불이행 선언을 한 뒤에 은행가들은 CDS 계약서의 문구를 더욱 엄격하게 다듬었다. 그러나 CDS 거래 당사자들은 여전히 개별 거래마다 계약의 조건을 바꿀 수 있었고, 실제로 그렇게 바꿨다. 은행들은 고도의 고객 맞춤형 CDS를 만들려다가 뜻하지 않은 곤경을 자초하기도 했다. 간단한 문서만을 근거로 해서 수천억 달러 규모의 CDS 거래를 해보고 난 뒤에야 은행들은 비로소 그 기초가 되는 대출 약정서가 왜 그렇게 길고 상세하게 기술되었는지를 알게 됐다.

결과적으로 CDS 계약의 당사자들은 계약상의 지급의무가 발동됐는지 여부와 관련된 법률적 위험(legal risk)을 부담했다. 계약 당사자가 이미 나름대로 위험 헤지를 했다고 하더라도 하나의 CDS 계약에서는 지급 조항이 발동되는 반면 그 계약과 반대되는 다른 CDS 계약에서는 지급 조항이 발동되지 않는 상황에 부닥칠 수 있게 된 것이다.

아르헨티나가 일부 외채에 대해 채무재조정을 선언한 뒤 일부 채무는 이행하지 않고 일부 채무는 이행했을 때 JP 모건체이스가 부닥친 미묘했던 상황이 바로 이런 것이었다. 서로 다른 언어를 사용하는 상대방과 아르헨티나 관련 CDS 계약을 체결했던 결과였다. JP 모건체이스는 2002년에 아르헨티나에서 3억 5100만 달러의 손실을 냈다. 이 은행이 체결한 CDS 계약 중 어느 것에 얼마나 많은 돈이 물렸는지가 논란이 됐고, 이 논란은 2003년 초까지도 법정에서 계속되고 있었다.

CDS는 파산 절차를 크게 변화시켰다. 엔론, 글로벌 크로싱, 월드컴의 채무불이행은 어떤 채권자가 언제 상환을 받아야 하는지를 매우 불확실하게 만들었다. 시장 참여자들은 개별적인 계약을 맺음으로써 연방 법률에 의해 진행되는 파산 절차와는 별도로 먼저 상환을 받을 수 있는 장치를 해두려고 애썼다. 이런 그들의 노력이 성과를 낼지는 미지수다.

CDO와 합성 CDO

신용 파생상품의 두 번째 기본유형인 부채담보부 증권(CDO; Collateralized Debt Obligation)은 세계 경제에 더 큰 위험요소가 되고 있다. 표준적인 CDO는 은행 등 금융회사가 특별목적회사에 대출이나 채권 등 채권증서를 팔고, 특별목적회사는 그것을 쪼갠 뒤 각 조각들과 연계된 증권을 발행하는 방식이다. 이렇게 쪼개어진 조각들 가운데는 품질이 높은 것도 있지만, 상대적으로 품질이 나쁜 것도 있다. 품질이 가장 나쁜 것만 빼고 대부분의 조각들은 신용평가회사들로부터 투자적격 등급을 받을 수 있었다. 이렇게 만들어진 CDO의 규모는 2002년에 5000억 달러를 넘었다.

가장 최근의 금융혁신인 합성 CDO(Synthetic CDO)는 금융연금술의 최종판이라 할 만하다. 합성 CDO가 일반적인 CDO와 다른 점은 금융회사가 특별목적회사에 파는 것이 대출이나 채권이 아니라 CDS라는 것뿐이다. 즉 특별목적회사의 자산은 CDS가 된다. 따라서 합성 CDO의 근거가 되는 채권을 갖고 있는 기업은 합성 CDO 거래와는 아무런 관계가 없다. 그 기업은 아마도 자사의 채권을 갖고 합성 CDO라는 게 만들어졌다는 사실조차 모를 것이다. 특별목적회사의 투자자들은 물론 그 모기업 격인 금융회사도 합성 CDO의 근거가 되는 대출이나 채권을 만져볼 일이 없다.

합성 CDO가 기묘하고도 은밀하게 이뤄지는 부차적인 베팅인 것처럼 보일지 모르지만, 사실은 2002년에 기업 금융의 주축을 이뤘다고 말할 수 있다. 2001년에 은행들은 800억 달러어치의 합성 CDO를 만들어냈다. 2002 년에도 많은 금융회사들이 합성 CDO를 계속 거래했다. 엔론, 글로벌 크로싱, 월드컴 등 파산 기업들에 대한 채권도 합성 CDO의 기초 자산으로 활용됐다.

CDS가 위험을 알 수 없는 장소로 떠넘겨 옮겼다면, CDO는 그것을 다시 지하에 파묻었다고 볼 수 있다. 영국 금융당국의 하워드 데이비스는 "합성 CDO는 오늘날 금융시장에서 가장 독성이 강한 물질"이라는 한 투자은행가의 말을 전하기도 했다.

개념상으로 볼 때 CDO는 앞의 3장에서 설명했듯이 그전에 CS 퍼스트 보스턴이 개척한 CBO, 즉 채권담보부 증권(Collateralized Bond Obligation) 을 닮았다. CDO를 이해하기 위해 일반적인 회사채를 초콜릿 바에 비유해보자. 내용물을 중간 정도의 농도로 섞은 뒤 원하면 아몬드도 넣는다. 물론 소비자가 좋아하지 않는 인공 첨가물도 초콜릿 바에 고의 또는 실수로 들어간다.

그 다음 서로 다른 모양의 초콜릿 바 100개를 녹인 뒤 한 단지에 넣고 성분별로 재구성한다고 생각해보자. 어떻게 될까? 프랑스의 초콜릿 제품인 '메종 뒤 쇼콜라'를 잘라낸 것처럼 될 것이다. 그 단면은 케이크 장식에 사용되는 고급 가나쉬, 코코아와 우유 성분, 아몬드 몇 개, 그리고 구미는 안 당기는 나머지 찌꺼기 부분으로 구성돼 있을 것이다. 이런 각각의 부분을 따로따로 떼어 팔아 돈을 벌 수 있을까? 물론 그 가운데 품질이 고급인 조각을 사겠다는 사람은 분명히 있을 것이다. 하지만 품질이 낮은 그 나머지는 과연 누가 사려고 할까? 게다가 누군가가 애써서 여러 내용물을 섞어 초콜릿 바를 만들었다고 생각하면, 그것을 다시 분해한 조각들을 초콜릿 바보다 더 많은 돈을 내고 사 갈 사람이 있기나 할지도 의문이다.

어쨌든 이 비유에서 초콜릿 바가 기업의 부채라고 생각해보면 CDO가 뭔지를 알 수 있다. 은행은 100개의 서로 다른 채권들이나 CDS를 모아 포트폴리오를 만든 다음 이 포트폴리오를 구성요소의 품질에 따라 여러 가지로 다시 나누어 투자자들에게 판다. 이렇게 팔 수 있는 것은 일반적으로 세 가지로 나뉜다. 세 가지란 트리플 에이 등급의 상급 조각(senior tranche), 투자적격 등급이긴 하나 최상급 조각보다는 등급이 낮은 중급 조각(mezzanine tranche), 그리고 핵폐기물이라고도 불리는 하급 조각(junior tranche)을 말한다.

은행이 이런 식의 재구성을 통해 돈을 번다는데 그게 어떻게 가능한 것일까? 경제이론의 하나인 가격 무차별 법칙에 따르면 비슷한 자산은 비슷한 가치를 가져야 한다. 그렇지 않다면 누군가 상대적으로 싼 것을 사서 비싸게 팔아 무위험의 이익을 취하게 된다. 만약 은행이 기업의 부채를 다시 포장해 돈을 벌 수 있다면 기업 부채 시장이 비효율적이라는 얘기가 된다.

만약 포트폴리오 안에 들어있는 어느 한 기업 부채의 가격이 잘못 매겨졌다면 그 가격이 바로잡히도록 시장에서 거래가 일어났어야 하는 것 아닐까? 주식과 달리 채권이나 CDS의 공매도에는 제한이 없고, 게다가 기업 채권 시장과 CDS 시장에는 인터넷과 통신기업 주가를 끌어올렸던 광적인 개인투자자들이 거의 존재하지 않는다. 이런 시장에서라면 비효율성이 오래 유지되지 못할 것 같다. 그런데 왜 은행들은 재구성한 조각들의 합이 원래의 전체보다 더 크다고 생각하는 것일까?

그 한 가지 이유는 법규에 있었다. CDS와 마찬가지로 CDO도 대출을 대차대조표에서 제외하고 싶은 은행들에 의해 활용됐다. 이런 은행들의 태도는 과거 1989년에 마이클 밀켄의 고객 중 한 사람이던 프레드 카가 정크본드 포트폴리오를 재구성해서 법규를 피했던 것과 같다. 법규의 변경으로 이제 은행들도 증권업을 영위할 수 있게 되자 그들의 자본을 활용해 새로운 고객들을 끌어당기고 싶었던 것이다. 은행규제당국에서는 은행들에게 대출에 대한 준비 자본을 적립하도록 의무화하고 있었다. 만약 대출을 장부에서 제외할 수 있다면 그만큼의 자본을 다른 용도로 사용할 수 있었다.

또 하나의 이유는 영향력이 큰 신용평가회사들과 관계가 있다. 1970년대부터 규제당국은 현대 금융시장의 발전 속도를 따라잡기를 포기했다. 규제당국은 금융회사들이 어떤 증권을 사거나 팔 수 있는지에 대해 일일이 결정을 내리고 그런 결정을 규정화하는 대신 '신용등급에 의존하는 법규'를 만들었다. 이는 결국 구체적인 결정을 내리는 일을 신용평가회사들에게 넘긴 것이다.

이렇게 만들어진 법규로 인해 투자등급 채권과 투기등급 채권 사이에 가격 차이가 벌어졌음은 3장에서 살펴봤다. 드렉셀의 마이클 밀켄은 이런 비효율성을 간파하고 1980년대에 투기등급 채권을 매매해 이익을 남겼다. 신용평가에 관한 법규는 그때 이후 바뀐 게 없었고, 3대 신용평가회사들은 신용평가 시장에서 과점체제를 유지했다. 규제당국은 이 시장에서 경쟁 기업의 신설을 허가하지 않았고, 따라서 당연히 3대 신용평가회사들의 사업은 번창했다. 특히 무디스는 독립적인 신용평가회사이자 50억 달러 이상의 기업가치를 지닌 회사로 인정받고 있으며, 그 주식이 공개 주식시장에서 거래되고 있기도 하다.

그러나 신용평가회사들을 자세히 들여다본 사람이라면 그들이 정말로 중요한 일을 하고 있는 것인지 헷갈리지 않을 수 없다. 3개 회사의 애널리스트들은 우수한 사람들임에 틀림없지만, 후하게 봐줘도 최고의 인재들은 아니다. 최고의 애널리스트들은 은행들이 뽑아갔고, 그 다음으로 우수한 인재들은 투자펀드가 채갔다. 최근의 평가업무 실적에 비춰보면, 신용평가회사들은 아직 남아있는 직원들에게 일간 신문 경제면만 단순히 따라가게 했어도 더 나은 실적을 보여주었을 것이다. 신용평가회사들은 오렌지 카운티와 퍼시픽 가스 앤드 일렉트릭이 채무이행 불능 상태가 되기 직전에 이들에게 최고의 신용등급을 부여했고, 더 최근에는 엔론, 글로벌 크로싱, 월드컴에 상위 등급을 매겨 주고 이들 세 회사가 각각 파산 신청을 하기 직전까지도 그것을 유지했다.

부분들의 가치가 전체의 가치보다 더 크게 된 것도, 신용평가회사들이 기업 부채와 CDO의 조각들에 대해 부정확한 신용등급을 부여한 결과였다. 이 점을 보다 잘 이해하기 위해 신용평가회사가 단 두 개의 채권에 대해 A부터 F까지 신용등급을 매긴다고 가정해보자. 그리고 법규는 규제대상 기관투자가들에게 A등급이나 B등급의 채권만 살 수 있도록 제한을 둔다고 하고, 시장에는 A등급과 F등급의 두 가지 채권만 거래된다고 가정하자. 그러면 기관투자가들은 A등급 채권만을 살 수 있다.

그런데 어느 한 은행이 A등급 채권과 F등급 채권 등 두 채권을 CDO로 재구성해 하나의 조각으로 된 새로운 증권을 만들었다고 하자. 만약 신용평가회사들이 이 새로운 증권에 A등급과 F등급의 평균인 C등급을 주었다고 하면, 규제를 받는 기관투자가들은 그것을 사려고 하지 않을 것이다. 그러나 신용평가회사들이 새로운 증권의 신용등급을 B등급으로 올려준다면 어떻게 될까? 기관투자가들은 애초의 두 개 채권을 모두 다 살 수 있다. CDO라는 새 증권의 가격은 각각의 채권이 따로 거래될 때보다 평균적으로 더 올라갈 것이다. 왜냐하면 매수자가 더 많아질 것이기 때문이다. 수요가 많아지면 가격이 올라가는 법이다.

이 같은 논리는 수십 개의 채권들과 다양한 조각들로 구성된 훨씬 더 복잡한 구조에도 똑같이 적용될 수 있다. 본질적으로 신용평가회사들은

CDO의 조각들을 고평가해 줌으로써 부분들의 가격을 전체의 가격보다 더 높게 만들어주는 것이다. CDO의 가치를 평가하는 데 쓰인 컴퓨터 모델은 그 바탕이 되는 부채보다 CDO의 조각들을 더 높게 평가하는 것을 복잡한 방식으로 정당화하는 것일 뿐이다. 이런 컴퓨터 모델들 대부분은 사실 CDO 거래를 하는 은행들 스스로에 의해 만들어진 것이다.

이런 컴퓨터 모델들 사이에 존재했던 미세한 차이들에 대해서는 신용평가회사 직원들도 알지 못했다. 가령 합성 CDO 모델이 계산해낸 등급은 여러 변수들에 근거한 것이었다. 여러 변수들이란 다양성 점수, 등급평가 요소들의 가중평균치, 과잉담보의 정도 등이었다. 이런 변수들은 등급이 부여된 CDO 조각들이 어떤 시나리오에서 돈을 벌거나 잃게 되는지를 알 수 있게 했다. 은행 직원들은 CDO 거래가 돈을 벌게 해줄 것처럼 보이게 하도록 컴퓨터 모델을 조정할 수 있다고 사적인 자리에서 털어놓기도 했다. 어느 신용평가회사 직원이 이런 모델의 세부적인 내막을 알게 되면, CDO 거래를 하는 은행이 많은 돈을 주고 그를 스카우트해 갔다.

이런 인력 유출 때문에 신용평가회사들이 돈을 버는 데 방해받지는 않았다. 그들은 계속 돈을 잘 벌었다. 이는 신용평가회사들이 돈을 번 것이 그들 나름의 전문성 덕분이었거나 시장의 비효율성을 이용하는 특별한 전략을 갖고 있었던 덕분이 아니었음을 보여준다. 그들은 그저 규제를 받는 구매자들로 하여금 고위험 고수익 금융수단을 사도록 하는 뻥튀기 등급 평가술을 구사했을 뿐이다. 은행들은 이런 식의 신용평가 업무에 필요한 투입 자료들을 통제했고, 그들이 거래를 성사시키기 위해 무엇을 필요로 하는지를 신용평가회사들에게 사실상 지령한 것이나 다름없었다. 그러니 신용평가회사들로서는 직원이 빠져나간 빈 자리에 아무나 데려다 앉혀놔도 계속 돈을 버는 데는 전혀 지장이 없었던 것이다.

CDO에 의해 마법처럼 만들어진 가치는 다양한 거래 참여자들에게 나뉘졌다. 등급이 높은 CDO 조각을 산 사람은 그것과 비슷한 등급의 다른 채권을 산 사람에 비해 더 높은 수익률을 낼 수 있었다. CDO 거래를 주선한 은행은 수수료 수입을 올렸다. 등급이 낮은 CDO 조각을 산 사람은 시장에서는 달리 찾을 수 없는 새로운 종류의 투자를 할 수 있게 된 셈이다. 이처럼 등급이 낮은 CDO 조각을 사는 것은 기업 채권에 대한 고도의 차입투자(leveraged investment)로 볼 수 있었다. 왜냐하면 본질적으로 낮은 등급의 CDO 조각은 높은 등급의 CDO 조각으로부터 돈을 빌려 CDO에 대해 투자를 하는 것과 같기 때문이다. 등급이 낮은 조각은 위험하고 변동성도 크지만, 대신 고수익의 가능성을 갖고 있다.

물론 투자자들이 기업 채권들을 다양하게 분산된 포트폴리오 방식으로 사는 데는 타당한 이유가 있고, 금융혁신이 기업 쪽 차입자의 필요와 대부자의 필요 사이의 갭을 메워주기도 한다. 그러나 이런 목적을 충족하기 위해 굳이 CDO를 만들어낼 필요는 없었다. 투자자들은 자기 스스로 투자 포트폴리오를 분산시킬 수 있고, 투자펀드를 통해서도 그렇게 할 수 있다. 그리고 금융회사들은 차입자와 대부자의 요구가 서로 맞지 않을 경우 중개자의 역할을 아주 잘할 수 있음을 이미 입증했다.

그 대표적인 사례는 금리스왑이다. 금리스왑은 예컨대 고정금리로 돈을 빌리고 싶은 기업이 변동금리로 돈을 빌려주려는 대부자로부터 돈을 빌릴 수 있게 해주었다. 반면 CDO, 특히 합성 CDO는 그 어떤 경제적 기능에도 필요한 게 아니다. CDO가 정당화되는 것은 오로지 바보스러운 신용평가회사들과, 그들에게 의존하는 법규가 존재하기 때문이다.

만약 초콜릿 등급 평가회사가 있고 슈퍼마켓은 당국에 의해 승인된 초콜릿 제품만 구매할 수 있다는 법규까지 존재한다면 초콜릿에도 같은 일이 벌어질 것이다. 만약 사람들이 특정 배합 요소가 들어있는 초콜릿 바를 선호하도록 미국 식품의약청(FDA)이 유인 정책을 취하거나 재조합된 초콜릿 바에 대해 맘대로 높은 등급을 부여할 자격이 있는 등급 평가자가 존재한다면 초콜릿 바 회사는 CDO 거래 당사자들과 같은 왜곡된 행위를 하게 될 것이다.

CDO가 세계경제의 건강을 위협한다는 최초의 경고에는 아무도 주의를 기울이지 않았다.

제프 스킬링이 엔론에서 사임하기 두 달 전, 그리고 투자자들이 글로벌 크로싱과 월드컴의 회계부정을 알게 되기 훨씬 전인 2001년 7월 미국의 금융서비스 그룹인 아메리칸 익스프레스는 고수익 채권과 CDO에 대한 투자의 가치를 회계장부에서 줄여 잡기 위해 8억 2600만 달러를 세전 비용으로 반영할 것이라고 조용히 발표했다. 보통의 투자자들이 이 뉴스를 중요하게 생각하기에는 너무 내밀한 이야기로 들렸다. 언론들은 그 내용을 자세히 보도하면서, 여러 거래들에 포함된 정크본드에 주로 초점을 맞췄다. 논평가들은 아메리칸 익스프레스의 손실이 폭발적인 금융혁신이 불러온 부차적인 현상에 불과하다고 의견을 모으는 듯했다.

아메리칸 익스프레스는 노련한 금융회사였고, 8억 2600만 달러 정도의 손실은 쉽게 다룰 수 있었다. 외부자의 관점에서 보면 그 손실은 어떤 복잡한 회사 내부사정에서 비롯된 것으로 비쳤다. 그렇다면 회사 안의 누군가는 일이 어떻게 된 것인지 이해하고 있었어야 했다. 그러나 아메리칸 익스프레스의 회장인 케네스 체놀트는 그렇지 않았다는 놀라운 사실을 공개적으로 밝혔다. 그는 "회사가 그 투자의 위험을 이해하지 못했다"고 말했다. 이게 무슨 말인가?

아메리칸 익스프레스의 재무자문 부서 사람들은 1997년부터 CDO를 취급하기 시작했다. 그들은 등급이 높은 CDO 조각을 사고, 등급이 낮은 CDO 조각을 고객들에게 팔았다. 1998년 롱텀 캐피털 매니지먼트와 함께 채권시장이 무너지자 등급이 낮은 CDO 조각을 사는 사람이 없었고, 그같이 위험도가 높은 CDO 조각은 핵폐기물처럼 기피됐다. 등급이 낮은 조각을 살 사람이 없다면 아메리칸 익스프레스는 더 이상 CDO를 만들어낼 수 없었고, 이는 상당한 금액의 수수료 수입을 포기해야 한다는 의미였다.

이때 아메리칸 익스프레스는 큰 실수를 했다. 최소한 단기적으로라도 CDO 사업에서 발을 뺀다는 결정을 해야 했으나, 그렇게 하지 않고 CDO 사업을 계속하면서 등급이 낮은 조각을 자기 계정으로 사들이기 시작했다. 이렇게 해서 2001년 3월에 이르면 아메리칸 익스프레스는 수십억 달러어치의 CDO를 보유하기에 이른다.

불행히도 2001년에 몇몇 기업들이 채무에 대해 채무불이행을 선언했다. 그 가운데 몇 건은 이미 엔론 사태 이전에 발생했다. 이런 채무불이행 사태로 인해 아메리칸 익스프레스는 등급이 낮은 조각들에서 손실을 입었다. 게다가 이런 손실로 인해 아메리칸 익스프레스가 보유하고 있던 등급이 높은 조각들이 등급이 낮은 조각에 의한 보호를 받지 못하게 되어 그 가치가 떨어졌다. 케네스 체놀트가 문제가 생겼음을 깨달았을 때는 손실이 이미 8억 2600만 달러에 달했다. 손실액을 계산하는 데 사용된 컴퓨터 모델은 복잡한 것이었고, 적어도 체놀트의 말에 따르면 아메리칸 익스프레스는 그 컴퓨터 모델을 제대로 이해하지 못하고 있었다.

이렇게 해서 아메리칸 익스프레스도 하나의 긴 명단에 자기 이름을 올렸다. 즉 금융에 정통하고 똑똑하다고 여겨졌지만 실제로는 파생상품 투자의 위험과 그 가치가 얼마인지도 제대로 파악하지 못했던 회사들의 명단에 오른 것이다. 이 명단에는 아메리칸 익스프레스 이전에 뱅커스 트러스트, 살로먼 브라더스, 애스킨 캐피털 매니지먼트, 베어링스, 키더 피바디, 엔론 등이 이미 올라 있었다. 그들과 마찬가지로 아메리칸 익스프레스도 CDO에 대한 투자를 대차대조표에 반영하지 않았다.

아메리칸 익스프레스에게 그 결과는 발표된 것과 달리 끔찍했다. 체놀트는 몇 명의 재무담당 간부들을 해고했고, 자사가 민간기업으로서는 최대의 고용주였던 지역인 미네소타주 미니애폴리스에서도 직원 수백 명을 해고했다.

아메리칸 익스프레스의 문제점은 일부 전문가들로 하여금 이 회사 이외의 다른 기업들이 벌인 복잡한 금융거래에 대해서도 의문을 품게 했다. 주요 은행의 증권 애널리스트들은 부외 거래와 신용 파생상품에 관련된 회사들의 주식을 투자자들에게 계속 추천했지만, 몇몇 독립적인 애널리스트와 투자자들은 여러 다른 기업들에 대해 따끔한 질문을 던지기 시작했다. 파생상품 위험은 얼마나 되는가? 대규모 부외 부채를 갖고 있는 것은 아닌가? 재무보고서 각주에만 암시된 의심스러운 거래는 없는가? CDO 거래를 어떻게 이용했나? 특별목적회사(SPE)의 용도는 무엇인가? CDO나 SPE처럼 머리글자로 약칭되는 다른 위험물은 없는가?

이런 질문들은 몇 달 뒤 대규모 손실을 시인하게 될 엔론에 대해서도 제기됐다. 엔론은 신용 파생상품 시장의 주요 참여자였고, 여러 건의 CDO 거래를 하기도 했다. 사실 엔론은 최근의 연차보고서에서 CDO 거래 사실을 우쭐대며 밝혔다. 그러나 이 부분에 주목한 투자자는 거의 없었다. 엔론도 아메리칸 익스프레스처럼 CDO 거래에서 상당한 손실을 입고 있었지만 그것을 감췄다.

게다가 CDO 거래의 바탕이 되는 채권 및 CDS 관련 기업으로도 엔론은 글로벌 크로싱 및 월드컴과 함께 큰 비중을 차지하고 있었다. 예를 들어 에스앤피가 등급을 매긴 미국 내 CDO의 4분의 3 이상은 월드컴 채권을 포함하고 있었고, 무디스는 자사가 평가한 합성 CDO 중 58건이 월드컴의 위험에 노출돼 있다고 밝힌 바 있다. CDO와의 이런 관련성은 엔론도 마찬가지였다.

CDO에서는 등급이 낮은 조각이 해당 CDO의 최초 손실분을 흡수하지

만, 전체 CDO에서 등급이 낮은 조각들이 차지하는 비중은 그리 높지 않았
다. 일반적인 합성 CDO를 기준으로 보면 등급이 낮은 조각들의 비중은
CDO 전체의 포트폴리오 가운데 2~3%에 지나지 않았다. 그러나 어쨌든 완
충장치의 역할을 하는 등급 낮은 조각들이 다 없어져 버리면 등급이 높은
조각들이 모든 추가 손실을 떠안아야 한다. 일반적인 CDO는 많게는 100
개 기업들과 관련돼 있었다. 많은 기업들이 채무이행 불능 상태에 빠지면,
안전하다고 생각되던 등급 높은 수천억 달러어치의 조각들에서도 손실이
발생할 위험이 있었다. 월드컴의 경우 합성 CDO들에서 평균 1.2%의 비중
을 차지하고 있었다. 엔론과 글로벌 크로싱이 파산하고 유나이티트 항공과
유에스 항공까지 채무이행 불능 상태에 빠진다면 모두 5000억 달러어치 이
상의 CDO가 위태로워질 수 있었다.

신용평가회사들은 2002년에 CDO의 신용등급을 낮추려고 야단법석
을 떨었다. 이는 신용평가회사로서의 자기 신용도를 유지해 보려는 마지막
노력이었다. 그러나 의회에 좋은 인상을 주지는 못했다. 의회는 신용평가
회사의 역할에 관한 청문회를 열었고, 2002년 7월에는 기업 개혁에 관한 법
을 통과시키면서 증권관리위원회로 하여금 금융규제의 틀 안에서 신용평
가회사들을 어떻게 다뤄야 하는지에 대해 깊이 있는 조사를 하도록 했다.
증권거래위원회는 2002년 말에 10여 명의 전문가들로 조사팀을 구성했다.
하지만 법 집행과 관행이 실제로 변할지는 미지수였다.

계속되는 스캔들

일련의 금융 스캔들이 2002년 내내 이어지고 그 과정에서 기업들이 잇달아
파산했다. 그러나 파산한 기업들과 똑같이 위험한 거래를 한 기업들은 더

많이 있었고, 기만적인 금융거래 및 회계 관행은 줄어들지 않았다. 몇 가지 사례를 들어보자.

엔론이 한창 뜨거운 논란거리였던 2002년 1월에 메릴 린치와 시티그룹은 윌리엄스 컴퍼니스(Williams Companies)를 위한 10억 달러짜리 펠라인 프라이즈 계약을 주선했다. 펠라인 프라이즈는 3단계로 된 복잡한 전환증권으로, 일정 기간 뒤에는 반드시 주식으로 전환되는 것이었다. 이는 메릴 린치가 세무당국과 신용평가회사들로부터 법규상 유리한 대우를 받기 위해 고안해낸 것이었다. 15일 뒤 윌리엄스는 4분기 이익 실적 발표를 미룬 채 24억 달러의 부채를 추가로 발견했다고 밝혔다. 그러자 이 회사의 주가는 하루 만에 25%나 떨어졌다. 메릴 린치와 시티그룹이 실사 과정에서 부채가 과소 계상된 실수를 발견하지 못했다는 이야기였다.

엘파소(El Paso)가 2002년 1분기에 낸 이익 중 절반은 엔론과 비슷하게 여러 합자회사들과 거래를 한 데서 나온 것이었다. 엘파소의 이런 합자회사 거래는 '일렉트론 프로젝트'라는 이름으로 불렸다. 엘파소는 이런 거래를 통해 시장가격보다 높은 가격에 전력을 팔 수 있는 권리를 샀으나, 그로부터 나오는 이익을 몇 년에 걸쳐 회계장부에 분할 반영하는 대신에 계약 내용을 조작해 모든 이익을 일시에 반영했다.

엘파소는 이렇게 회계처리한 내역을 공개했다고 주장했다. 그러나 〈포천〉의 캐롤 루미스는 엘파소가 재무보고서의 각주에 달린 공시 내용을 가리켜 "복잡하게 뒤엉켜 있고 불가해하다"고 했고, 이런 지적을 부인하기는 어려웠다. 일렉트론 프로젝트에 관한 뉴스가 보도된 다음 날 엘파소의 주가는 25%나 떨어졌다.

다이너지는 엔론이 했던 것처럼, 미래에 전달될 특정 상품의 현재 가격을 표시해주는 선물곡선을 조작한 것으로 알려졌다. 이런 조작행위가 알려지자 다이너지의 주가는 곤두박질했다.

델 컴퓨터는 자사 주식에 대한 풋 옵션을 모건 스탠리 및 골드먼 삭스와의 장외 거래를 통해 팔았다고 밝혔다. 델의 주가가 절반으로 하락했을 때 바로 이 풋 옵션이 행사됐고, 델은 결국 30억 달러나 들여 6800만 주의 자사 주식을 사들여야 했다.

AOL 타임워너는 자사가 아메리칸 온라인의 광고 수입을 어떻게 회계 처리했는지에 대해 증권관리위원회가 조사를 벌인 사실을 발표했다. 이에 따라 AOL의 주가는 15% 하락해 4년 만의 최저치로 내려앉았다. 2002년 7월 초에는 AOL의 신용스왑 비용이 두 배가 됐는데도 에스앤피와 무디스는 240억 달러 규모의 AOL 채권에 투자적격 등급을 부여했다.

올퍼스트 파이낸셜의 볼티모어 사무실에 근무하던 36세의 트레이더 존 루스나크는 만기에 돈을 지불하게 될 가능성이 아주 높은 '깊은 내가격(deep in the money)'의 통화옵션을 시티뱅크, 뱅크 오브 아메리카, 도이체방크, 뱅크 오브 뉴욕 등에 급히 팔았다가 총 7억 5000만 달러의 손실을 봤다. 루스나크는 2002년 말에 금융부정 혐의를 인정했고, 2003년부터 몇 년간 징역을 살게 됐다.

PNC 파이낸셜은 페이직 원, 페이직 투, 페이직 스리(PAGIC Ⅰ, PAGIC Ⅱ, PAGIC Ⅲ)라는 기이한 이름의 특별목적회사들을 거느리고, 막대한 부외 부채와 수억 달러의 손실을 안고 있었다는 점에서 사실상 엔론의 복제판이었다. PNC 파이낸셜은 특별목적회사들과 관련된 문제가 불거져 증권거래위원회의 조사를 받았으나 운 좋게 벌금도 내지 않았다. 엔론에 관한 뉴스를 다루는 데 진력난 언론들은 페이직 건에 대해서는 취재하고 보도할 여력이 없었다.

아델피아 커뮤니케이션스(Adelphia Communications)는 특수관계자와의 거래 내역을 공시하지 않았다는 이유로 5명의 임원들이 체포됐다. 아델피아는 합자회사와 연계된 부외 부채를 적어도 27억 달러 이상 갖고 있었고, 이 회사의 대주주인 리거스 가문 사람들은 하이랜드 홀딩스라는 부외 관계회사의 보증으로 회사 자금을 빌려 아델피아 지분을 사들였다.

그런가 하면 제록스는 수입을 거의 20억 달러가량 과다 계상했다고 시인했다. 타이코 인터내셔널의 최고경영자인 데니스 코즐로우스키는 그림을 팔면서 100만 달러 이상을 탈세한 혐의로 고소되기 직전에 사임했다. 퀘스트 커뮤니케이션스는 사법 당국으로부터 조사를 받고 있다는 사실을 밝혔다. 심지어 대중적인 인기를 모은 최고경영자인 마사 스튜어트도 내부자거래에 연루됐다.

버니 에버스와 스코트 설리번은 막대한 이익이 거의 보장되는 초기 기업공개 주식을 받은 몇 안 되는 행운아들이었다. 두 사람은 월드컴과 엔론을 연결해준 리듬스 넷커넥션스를 비롯해 몇 개의 유망한 신생 기업들의 최초 공모주를 받았다. 리듬스 넷커넥션스는 인터넷 붐 속에서 월드컴과 엔론의 주가를 크게 흔들었고, 이에 따라 1999년과 2000년에 두 회사의 기업가치 중 10억 달러가 왔다갔다했다. 에버스는 리듬스 넷커넥션스가 기업공개를 하기 전에 이 회사의 주식을 받아서 1600만 달러를 벌었다. 리듬스 넷커넥션스 주식으로 그 정도의 큰돈을 번 기업 최고경영자는 에버스 말고도 4명이 더 있었던 것으로 알려졌다.

에버스는 또 리듬스 넷커넥션스가 기업공개를 한 직후에 수표로 50만 달러를 받았고, 그것을 설리번과 나눠 갖기로 결심했다. 그는 배서까지 한 수표를 설리번에게 넘겨주어 은행에 예금하도록 했다. 수표에는 리듬스 넷커넥션스의 보증도 돼 있었는데, 이런 보증은 설리번과 에버스가 리듬스 넷커넥션스와 연결돼 있음을 보여주는 것이었고, 살로먼과 엔론을 비롯한 다른 많은 당사자들도 관련된 것이었다. 이런 연관 관계는 나중에 그 사실을 알게 된 개인 투자가들을 실망시켰다. 부정행위의 사례는 이밖에도 많았다.

　주식시장이 붕괴했을 때 갑부 투자자 워런 버핏은 깨끗해 보이는 기업
들의 주식을 선별적으로 집중 매수했다. 그의 다음과 같은 조언은 최근 몇
년간의 금융시장 변화를 압축하고 있다. "내가 어떤 기업의 연차보고서를
들여다봐도 이해할 수 없다면, 그 기업은 내가 그것을 이해하기를 원치 않
는 것이다." 2002년에는 많은 기업들의 재무 관행은 너무 복잡해져서 고위
임원들도 그 세부 사항을 이해하지 못할 정도가 됐다. 버핏이 그런 기업들
에 손대려 하지 않았을 뿐 아니라 그런 기업의 경영자들이 자기 회사의 위
험에 대해 제대로 설명하지도 못했다면, 개인투자자들이 그런 회사의 주식
을 사기를 바라긴 어려웠다.

　단 한 가지 좋은 뉴스는, 은행들이 19세기와 20세기의 미국 시장을 물
들였던 은행 패닉에는 면역이 돼 있었다는 점이었다. 게다가 개인들은 은
행 예금에 겨우 1%의 이자만 붙는다 하더라도 은행 예금을 안전하다고 생
각했다. 그러나 나쁜 소식도 있었는데, 그것은 은행들이 이제는 더 이상 위
험의 주된 진원지가 아니라는 점이었다. 게다가 은행들은 대출과 관련된
위험을 스스로 부담하지 않게 됨으로써 그전에 비해 대출을 더 많이 하고
있었다. 그전에는 은행 시스템과 연결돼 있었던 위험이 이제는 보험회사,
일반 기업체, 연금기금, 그리고 일부 지방자치단체의 회계장부에 깊숙이 들
어앉게 됐다.

　글로벌 크로싱과 월드컴의 붕괴는 단순한 사람들의 단순한 술책에 의
한 것이었다. 그러나 금융시장은 더 이상 단순성을 용납하지 않게 됐고, 그
런 회사들과 관련된 위험은 이제 파악하기 힘든 방식으로 전가되거나 재구
성된다. 그러면서 위험은 신용 파생상품과 금융회사들을 통해 개인들에게
이전되나, 개인들은 자신이 어떤 위험에 노출되게 됐는지도 모른다. 투자
자들은 최근 일련의 파산 사태로 충격을 받았으나, 진짜로 공포를 안겨주
는 것은 개인투자자들이 주식시장에서 입은 손실보다 훨씬 더 큰 손실이

깊숙이 숨어있다는 것이다. 신용 파생상품으로 인한 손실이 어디에 숨어있는지를 알기까지는 많은 시간이 걸릴 것이다. 그때가 다가오면 금융시장에서는 아마 새로운 게임이 펼쳐질 것이다.

에필로그

개혁입법

전 골드먼 삭스 회장이자 의회에서 금융에 가장 밝은 존 코진 상원의원은 2002년 여름에 "금융시장 개혁을 위한 입법 조치는 그게 무엇이든 주가가 얼마나 떨어졌느냐에 그 성패가 달려있다"는 의견을 밝힌 바 있다. 주가가 떨어진 상황이 아니면 "그런 조처들은 내 어머니와 같은 일반인들이 이해하기 힘든 이슈가 될 것"이라고 그는 설명했다.

아닌 게 아니라 주가가 25%나 떨어지자 의원들은 개혁을 실행하라는 압력에 부닥쳤다. 특히 다가오는 11월 선거가 압력을 가해왔다. 2002년에 의회는 사베인스-옥슬리 법(Sarbanes-Oxley Act)라는 새로운 법률을 통과시켰다. 이 법은 금융부정에 대한 벌칙을 무겁게 했고, 기업 임원들에게 더 많은 독립성을 부여하도록 의무화했고, 불량배 회계사들의 기율을 강화할 새로운 위원회를 설치하도록 했다.

상원의원인 조지프 리버맨, 칼 레빈, 프레드 톰슨은 제멋대로인 신용평가회사들의 등급 판정에 대해 그동안 당혹감을 표시해왔다. 그들은 신용평가의 개선을 위해 무엇을 해야 하는지를 연구하도록 하는 조항을 법에 집어넣었고, 이에 따라 증권거래위원회가 연구에 착수했다. 그러나 이런 조처는 대체로 겉치레에 지나지 않았고, 금융시장의 근본적인 변화를 다루지는 못했다.

새 법이 한계를 갖게 된 한 가지 이유는 의원들과 그 스탭들이 시장이 어디서 어떻게 잘못됐는지를 잘 알지 못했다는 데 있다. 때문에 그들은 투자자 대중의 요구에 좌우됐다. 일반 투자자들은 그들이 입은 손실에 대해 누군가에게 책임을 씌우고, 기업 임원들 가운데 악당을 집어내 처벌하고, 회계사들에 대한 감시를 강화하기를 바랐다. 역사상 최장, 최대의 상승장이 끝나자 투자자들은 주식시장에서 7조 달러 이상의 돈을 잃었다. 정치인들은 이에 서둘러 대응하는 태도를 보였으나, 그들의 대응은 불충분했을 뿐 아니라 부적절하기도 했다.

2002년 후반에 시장은 5년 만의 최저치를 기록했고, 금융 스캔들은 수그러들 기미를 보이지 않았다. 회계법인과 월스트리트의 은행들은 기업공개 및 부외 파생상품과 관련된 분쟁을 서둘러 수습하려고 했다. 선빔의 앨 던랩, 타이코의 데니스 코즐로우스키, 심지어는 제너럴 일렉트릭의 잭 웰치에 이르기까지 과거에 사람들의 존경을 받던 최고경영자들이 비난을 받아야 했다. 그들의 명성은 영구히 손상됐다.

수사관들은 월드컴과 글로벌 크로싱, 그 밖의 의심스러운 거래에 관련된 기업의 간부들에 대한 기소를 계속했다. 10월 2일에는 엔론의 최고재무책임자인 앤디 패스토우가 기소됐다. 그의 기소가 앨런 그린스펀이 말한 '전염성 탐욕(infectious greed)'의 확산에 마침표를 찍는 것이 되기를 규제당국자들은 기대했다.

쟁점들

최근의 금융 스캔들은 오늘날의 핵심 쟁점들을 내포하고 있다. 그것은 법규를 피해가는 복잡한 금융수단들, 경영자나 주주들이 감시하지 못하는 불량배 직원들, 기업 간부들로 하여금 부정을 저지르도록 하는 유인들이다.

1929년 이후 시장 붕괴의 재발을 막기 위해 설계되고 1930년대에 발전된 낡은 금융규제 시스템은 현대 금융시장에는 더 이상 들어맞지 않는다. 금융 로비스트들의 압력에 따라 시장에 대한 규제를 없애려는 노력들은 일부 거래들에 대해서는 엄격한 법규의 도입으로 이어졌지만, 그 밖의 다른 거래들에 대해서는 아예 규제를 없앰으로써 혼돈스러운 현실을 만들어냈다. 그 결과 시장은 마치 스위스 치즈처럼 됐다. 법규를 회피하는 거래자들이 규제 시스템을 그 내부에서부터 잠식해감에 따라 규제되지 않는 빈 구멍들이 점점 더 커지고 있다.

1980년대 말 이후 전개된 시장, 법규, 문화의 변화로 인해 일반 투자자들과, 그들이 사는 주식을 발행한 기업들 사이의 정보와 거래능력 격차가 과거 어느 때보다 커졌다. 회계사, 은행가, 법률가들은 규제를 피하기 위한 용도로 파생상품을 계속 사용하고 있다. 기업 임원, 증권 애널리스트, 투자자들은 기업이 벌이는 사업의 경제적 사실보다는 분기별 회계적 이익 추정치에 더 신경을 쓰는 관행을 계속 유지하고 있다.

언론매체는 주식시장을 그 어느 때보다 밀착해 다루고 있다. 투자자들은 정보의 홍수 속에 있지만 정보의 옥석 가리기는 점점 더 못하고 있고, 특정 기업에 대해 진실을 말해줄 사람을 찾기도 어려워졌다. 지난 몇 년간 투자자들은 기술기업에 대한 허풍을 그대로 믿고 좇았고, 시장은 그런 투자자들의 변덕에 의해 좌우됐다. 이렇게 된 데는 주가가 떨어질 것이라는 쪽으로 베팅을 하는 데 제약이 있었던 점도 부분적인 이유로 작용했다. 보다 최근에는 투자자들의 분명치 않은 태도가 시장 전체적으로 4분의 1의 가치를 잃게 한 원인 중 하나가 됐다.

주식시장이 상승하든 하락하든 한 세대의 경제학자들이 기업과 정부 지도자들에게 가르친 것만큼 주식시장이 효율적이지는 않다. 때로는 시장이 새로운 정보에 아주 빨리 반응한다. 세계무역센터 빌딩에 첫 번째 비행기가 충돌한 직후 60초 사이에 독일의 주가는 5% 떨어졌다. 2002년 중에는 단 하루 만에 주가가 4분의 1이나 떨어진 주식이 많았다. 그러나 종종 시장은 천천히 반응한다. 그런 시장의 느린 반응은 기업에 관한 뉴스가 믿을 만한지에 대해 확신을 갖지 못하기 때문인 것처럼 보인다.

애널리스트들이 2001년에 엔론의 공개 문서들을 소화하는 데 여러 달이 걸렸다. 마찬가지로 투자자들이 변덕, 신화, 소문에 근거해 주식을 사는 행태를 버리는 데는 2002년 한 해의 거의 전부가 필요했다. 최근의 주식시장 붕괴는 슬로모션으로 일어났다. 한 번에 한 기업씩 차례로 무너졌다. 투자자들은 자신들이 사는 주식을 발행한 기업들을 안다는 게 사실상 불가능하다는 사실을 깨달았다.

최근 몇 년간 시장은 뱅커스 트러스트, 피앤지, 오렌지 카운티, 베어링스, 롱텀 캐피털 매니지먼트, 엔론 등의 손실을 견뎌냈다. 이들 기업의 붕괴가 투자자들 사이에 광범위한 패닉을 불러일으키지 않은 덕분이었다. 2002년에도 마찬가지였다. 투자자들은 당황했으나, 시장이 얼마나 비합리적이고 불투명한지를 알게 됐는데도 평정심을 잃지는 않았다. 규제당국자들도 침착했다.

그럴 수 있었던 한 가지 이유는, 은행들이 신용 파생상품을 이용해 자신들의 위험 부담을 줄임으로써 규제당국의 주된 걱정거리였던 금융 시스템 전체의 붕괴 위협이 제거됐기 때문이었다. 그러나 불행하게도 은행들은 신용위험을 보험회사와 일반 기업들에 떠넘겼고, 일반 기업들이 스스로 은행처럼 돼버렸다. 수십 년간 은행들을 안전하게 해준 법규와 감독기능은 이런 일반 기업들을 보호해주지 않는다. 투자자들이 만약 비은행 기업들이 드러나지 않게 지니고 있는 위험이 어떤 것인지를 알게 되면 패닉에 빠질 것이다.

2002년 금융 스캔들에 대응해 새로운 법을 통과시킨 의회는 더 이상의 조치를 취할 것 같진 않다. 대신 증권거래위원회가 앞으로 나서서 주된 역할을 할 것이다. 2002년 11월 4일 미국 대통령 및 상하원 동시선거 때까지 증권거래위원회 위원장은 하비 피트였다. 그는 그 전에 거의 모든 월스트리트 은행과 대형 회계법인들을 변호했던 사람이다. 증권거래위원장에 재임한 15개월간 상상할 수 있는 모든 정치적 실수를 다 저지른 그는 선거 당일 사임했다. 그는 조사받고 있는 기업 임원들을 만났고, 증권거래위원장의 보수를 늘리고 그 직위를 각료급으로 격상시키기 위한 법안을 통과시키려고 의원들을 상대로 로비를 벌였고, 언론인들이 스스로 무엇을 쓰는지도 모른다고 욕했고, 투자자들의 대변자인 존 빅스를 신설된 회계위원회 위원장 자리에 앉히려다가 회계법인들이 그가 너무 공격적이라고 불평하자 뒤로 물러섰고, 다시 윌리엄 웹스터를 회계위원회 위원장에 지명했으나 그가 회계부정으로 기소된 기업의 감사위원장이었다는 사실을 증권거래위원들과 백악관에 알리지 않았다.

웹스터를 회계위원회 위원장에 지명한 것을 마지막으로 피트는 더 이상 증권거래위원장 직을 지킬 수 없게 됐고, 결국 사임했다. 이로써 피트는 증권거래위원회 사상 두 번째로 중도 사임한 위원장이 됐다. 첫 번째 사례는 1973년 워터게이트 사건과 관련된 스캔들로 사임한 브래드포드 쿡이었다.

그러나 증권거래위원장 자리에는 피트 또는 그와 비슷한 이력을 가진 사람이 앉아있는 것이 시장에는 더 좋을 것이다. 아서 레비트가 별로 하는 일도 없이 7년 이상이나 증권거래위원장 자리에 앉아 있었던 것을 생각하면, 현대 금융의 복잡성을 이해하는 현명하고 확신에 찬 증권거래위원장이 증권시장에 매우 중요하다. 레비트는 정치적 수완이 뛰어났으나 대중적인 인기만큼 유능하지 못했다. 레비트는 증권거래위원장 직을 제시받고 실망했고 위원장 재직 중에도 소외감을 느꼈지만, 피트는 평생 증권거래위원장 자리를 바랐고 그 자리에 필요한 수완도 이상적으로 갖춘 사람이었다. 물론 여느 회사 변호사처럼 피트도 고객의 이익을 대변하는 '청부업자' 역할을 했다. 피트는 뱅커스 트러스트와의 복잡한 스왑 거래에서 돈을 잃은 깁슨 그리팅스에 대한 글에서 기업 경영진이 연방 증권규제당국의 감시망을 어떻게 피할 수 있는지를 조언하기도 했다.

피트는 분명히 정치적 수완이 없다. 하지만 그는 그 어떤 변호사보다 증권거래위원회의 역사에 대해 잘 알고 있었다. 그는 '증권거래위원회 역사협회(SEC Historical Society)'의 창설자다. 어디에서 은밀하게 증권 범죄가 시도되고 있는지를 그만큼 잘 아는 사람은 없다. 게다가 증권거래위원회가 시대에 뒤처져 폐기처분되지 않으려면 새로운 비전을 갖추어야 한다는 점을 그보다 잘 아는 사람은 없다. 피트는 여러 가지 실수를 저지르기는 했지만, 증권거래위원장 직에 가장 적합한 배경을 가진 사람이다. 그를 대체할 만한 사람을 찾기란 쉽지 않을 것이다.

여섯 가지 제안

규제당국자들과 투자자들은 금융시장에 대한 그들 자신의 생각을 재정립해야 한다. 다음 여섯 가지 제안은 혼란으로 점철된 지난 15년간의 금융시장 경험에서 얻은 교훈으로부터 도출된 것들이다.

결국 금융시장의 건강성은 믿을 만한 금융회사들과 새로운 방식의 규제가 투자자들과 기업 경영진 사이의 간극을 메워줄 수 있느냐에 달렸다. 그렇게 돼야 기업에 대한 소유와 지배의 분리에 따른 비용을 줄일 수 있고, 일부 기업 임원들이 주주들을 등쳐먹는 유인과 수단을 제거할 수 있다. 관점과 우선순위의 변화가 없다면 금융시장은 계속 벼랑 끝에서 흔들릴 것이다.

1. 파생상품을 다른 금융수단들과 똑같이 취급해야 한다.

지난 15년간 규제당국은 파생상품을 다른 금융수단들과 다르게 취급해왔다. 그러나 경제적 관점에서는 파생상품과 다른 금융상품들이 크게 다르지 않다. 이 두 가지를 다르게 취급하는 차별적인 법규는 규제 아비트리지를 조장해, 단순히 법규를 회피할 목적으로 증권 대신 파생상품을 이용하게 만들었다.

서로 비슷한 파생상품과 다른 금융수단을 달리 취급한 사례는 많다. 스톡옵션은 다른 보수 지급과 다르게 회계처리됐다. 선불스왑과 그 밖의 부외 거래들은 대출과 다르게 취급됐다. 장외 파생상품은 경제적으로 비슷한 다른 거래에는 적용되는 증권법규의 적용에서 면제됐다. 스왑은 그와 유사한 다른 증권과 다른 규제를 받았다. 이 모든 차별적 취급의 결과는 재무제표상 인식되는 비용과 경제적 사실 사이의 괴리로 나타났다. 다시 말해 기업이 재무제표에 반영하는 숫자 외에 불완전하거나 사람들을 오도하는 각주가 생겨났고, 각주로도 공시되지 않는 거래들도 많아졌다.

파생상품과 금융혁신은 거래 당사자들로 하여금 위험과 비용을 줄일 수 있게 해줌으로써 커다란 편익을 가져다 줬다. 이론상으로만 볼 때 주요 파생상품 딜러들 사이의 거래에 대해서는 특히 시장이 규제되지 않는 편이 더 나을 수도 있다. 그러나 다른 금융수단들과 경제적으로 동일한 파생상품들이 많다는 사실을 무시해선 안 된다.

앤디 크리거가 옵션 거래로 돈을 벌 수 있었던 데는 다른 트레이들이 그가 한 시장에서 파는 쪽이라고 생각하는 동안 그가 다른 시장에서는 사는 쪽에 서는 속임수를 썼던 것이 한 이유로 작용했다. 뱅커스 트러스트는 금리 지표들에 연동되는 아주 복잡한 거래인 스왑을 팔았다. CSFP의 구조화 채권은 실질적으로는 통화 베팅이었다. 살로먼의 아비트리지 그룹과 롱텀 캐피털 매니지먼트는 채권에 들어있는 값싼 옵션을 산 뒤 그와 동등한 옵션을 다른 시장에서 팔았다. 베어링스의 닉 리슨은 일본 오사카와 싱가포르에서 동일한 일본 주식에 대한 선물 지수를 사고팔았다.

문제는 비슷한 금융수단들이 서로 다르게 규제되면 시장의 거래 당사자들이 약한 쪽의 규제를 이용해 위험을 숨기거나 재무적 공시 내용을 조작하게 된다는 것이다. 증권은 규제 대상이나 그와 비슷한 파생상품은 규제 대상이 아니라면, 파생상품은 규제의 대상인 거래 당사자가 더러운 행위를 숨기는 암실이 된다. 이런 추세를 뒤집는 유일한 방법은 규제당국이 파생상품이냐 아니냐에 기준을 둘 게 아니라 어떤 금융수단이든 그 경제적 성격을 기준으로 해서 부정행위 금지, 공시 의무, 당국의 감독 등에 관한 모든 법규를 일관되게 적용하는 것이다.

개인투자자가 아닌 대규모 기관투자가들이 참여하는 시장이라고 해서 그런 시장에 대한 규제를 푼 것은 어리석은 일이었다. 결국은 기관투자가의 주주들처럼 개인투자자들이 위험을 떠안게 됐다. 기관투자가들의 경우는 그 규모나 자산의 크기가 관건이 되는 게 아니라 그들이 사는 파생상품을 파는 회사들에 대해 그들이 어느 정도 거래의 숙련도를 갖추고 있느냐가 관건이다.

깁슨 그리팅스와 피앤지의 사례가 보여주었듯이 거대 기업도 월스트리트의 은행들에 비하면 숲 속에서 길을 잃은 어린 아이처럼 될 수 있다. 숙련도나 정보의 격차가 존재하면, 중고차 시장에 레몬(Lemon), 즉 '불량 차'

들만 가득 차게 된다는 비유가 시사하듯 시장이 제 기능을 하지 못하게 된다는 것은 경제원칙으로 널리 받아들여지고 있다. 뱅커스 트러스트의 세일즈맨이 접근했을 때 피앤지가 무방비 상태였던 것은 아니다. 피앤지와 월스트리트 은행가들 사이의 숙련도와 정보의 격차를 고려하면 규제되지 않는 시장의 비용이 너무 컸던 것이다. 거래자격요건(Suitability)에 관한 법규도 애초부터 개인은 물론 기관과의 거래에도 적용되도록 만들어진 것이다. 은행가들은 그렇지 않다고 주장하고 법원도 그런 은행가들의 주장을 받아들이기도 하지만 이런 주장은 사실과 다르다.

파생상품 시장은 국제스왑파생상품협회(ISDA)로 대표되는 금융시장 로비스트들 덕분에 월스트리트 은행들에게 유리한 방향으로 기울어져 있다. 〈뉴욕 리뷰 오브 북스〉에 기고하는 금융 전문가인 제프 매드릭은 2002년 2월에 대중적인 압력이 정부 관리들로 하여금 파생상품에 적용되는 법규를 바꾸도록 할 것이라는 생각에 의문을 제기했다.

그가 옳았다. 존 코진 상원의원의 어머니와 같은 일반 사람들에게 파생상품이란 이해하기에 너무 어려운 것이라는 점도 매드릭의 의문을 뒷받침한다. 2002년에 다이앤 파인슈타인 상원의원이 에너지 파생상품도 그와 비슷한 다른 금융수단과 똑같이 취급해야 한다고 제안했을 때 ISDA는 대대적인 반격에 나섰다. ISDA는 엔론의 붕괴 과정에서 파생상품이 한 중요한 역할은 없다고 주장했다.

증권회사와 투자회사들은 2000년에 민주, 공화 두 정당에 1800만 달러 이상의 기부를 했다. 이는 법조계를 포함해 다른 어느 업계의 정치헌금보다 많은 금액이며, 기부금 순위 2위인 에너지 업계보다도 조금 더 많은 수준이다. 놀랄 일도 아니지만 파인슈타인의 제안은 완전히 무시됐다.

몇몇 소수의 정치인과 정부 관리들은 파생상품에 대해 우려를 표시했다. 조지프 리버맨 상원의원은 파생상품 규제의 필요성에 관한 공청회를 열겠다고 했고, 폴 오닐 재무장관은 파생상품 규제를 현대화해야 할 필요가 있다고 말했다. 오닐은 "이 문제에 관해 공정하게 말하면 법과 규제가 실제 관행보다 뒤처져 있다고 할 수 있다"고 말했다.

시장이 스스로 이런 문제들 가운데 일부를 해결할 것이라는 징조도 있었다. 일부 기업들은 자발적으로 스톡옵션을 비용으로 보고하는 게 좋겠다는 앨런 그린스펀 연준 의장의 충고를 따랐다. 그러나 그린스펀의 충고를 따른 기업들 대부분은 스톡옵션이 더욱 중요한 역할을 하는 첨단 기술기업이 아니라 일반 비기술 기업들이었다.

법규를 피하기 위한 파생상품 거래는 2002년에 잠시 위축됐다. 그러나 노벨상을 수상한 머튼 밀러가 말했듯이 법규가 파생상품을 유사한 다른 금융수단과 다르게 취급하는 한 법규를 지키느라 드는 비용을 피하기 위한 파생상품 거래는 계속될 것이다.

의회와 규제당국은 시장을 쪼개면 쪼갤수록 규제당국이든 기업 경영진이든 위험을 관리하기가 더 어려워진다는 점을 알아야 한다. 간단히 말해 전체 규모가 100조 달러를 넘는 파생상품 시장의 대부분은 법규를 피하기 위한 거래들로 인해 생긴 것이다. 규제가 많아져야 하는가 아닌가를 불문하고 이런 현상은 그 자체가 건전하지 못한 결과다.

2. 법규에서 기준으로 전환해야 한다.

위 문제와 비슷하면서도 연관된 또 하나의 문제는 지난 15년 동안 규제당국이 시장 참여자들에게 보다 명확한 거래 환경을 제공하기 위해 법규를 엄격하고 좁게 적용해 왔다는 점이다.

회계 규정은 무엇을 수입으로 계상할 수 있는지, 대차대조표의 부채에는 어떤 것들을 포함시켜야 하는지를 적시했다. 증권법규는 매 분기마다 특정한 정보를 공시하도록 했다. 공시 의무를 충족하기 위해서는 어떻게 해야 하는지에 대해서도 정교한 지침이 내려졌다. 예를 들어 특정한 투자들에 대해서는 바(VAR), 즉 하루 최대손실 가능금액을 공시해야 한다는 식이었다.

시장 참여자들은 이런 엄밀한 규정을 피해가는 것으로 대응했다. 그런 사례는 아주 많다.

살로먼의 폴 모저는 미국 재무부 채권 경매에 적용되는 35% 한도 규정을 자구대로 지키는 방법으로 사실상 그것을 회피하기 위해 고객들의 입찰을 조작했다. 그가 위장하지도 않고 대담하게 35% 이상을 입찰한 경우에만 감독당국이 문제 삼을 수 있었다. 오렌지 카운티의 로버트 시트론은 대규모의 금리 베팅을 하면서도 카운티의 투자지침을 어기지 않을 수 있었다. 왜냐하면 그는 트리플 에이 등급의 단기 구조화 채권만 사들였기 때문이다. 엔론은 '최소 3%'라는 지분 규제를 지키면서도 합자회사들을 장부 외에 유지하기 위해 외부 투자자들을 동원했다. 글로벌 크로싱은 IRU 스왑의 선불 수입을 장부에 기재하도록 한 회계규정을 따랐다.

구체적인 법규 때문에 엔론과 글로벌 크로싱을 수사한 검사들은 오히려 어려움을 겪었다. 두 회사가 법규에 대한 외부 감사인의 해석이나, 그렇게 해도 법규에 저촉되지 않는다는 법률고문의 조언에 따르기만 했다고 주장할 수 있었기 때문이다.

전체적으로 볼 때 구체적인 법규는 두 가지 예상치 못한 결과를 초래했다.

첫째, 법규가 구체적으로 무엇을 할 수 있고 무엇을 할 수 없는지를 적시함으로써 법규에 명백히 쓰여 있지 않은 행위를 한 사람이나 기업에 대해서는 법규가 안전한 도피처 기능을 해주었다. 법규에 구체적으로 적시해 금지하는 조항이 없다는 이유로 기업들은 선불 수입을 장부에 반영하고 부채는 장부 바깥으로 점점 더 많이 옮겼다. 아울러 기업들은 중요한 사실들의 공시를 회피하거나, 법규에는 들어맞지만 그릇된 공시를 하기도 했다.

예를 들어 엔론의 바(VAR) 공시는 워낙 모호하고 의심스러운 것이어서 이 회사가 2000년도 회계보고서에서 위험도를 잠정치보다 3배로 높이면서 이전의 바 모델은 올바로 기능하지 않았다고 밝혔을 때 투자자들이 놀라지도 않았다. 그런 것은 어쨌든 중요하게 여겨지지 않았다. 엔론의 바 공시가 법규상 의무사항을 충족하는 것 외에 어떤 다른 용도가 있다고 생각하지 않았기 때문이다.

둘째, 구체적인 법규는 돌에 새긴 것처럼 경직되면서 규제의 체제가 곧 낡은 것이 되고, 그에 따라 쓸모가 없게 됐다. 법규의 변화에는 많은 시간이 걸렸다. 회계기준위원회(FASB)는 스톡옵션 및 파생상품의 회계규정 변경에 대해 논의하는 데만 몇 년을 흘려보냈다. 반면 은행들은 매일같이 새로운 종류의 거래를 창조해냈고, 그에 따라 금융혁신은 매우 빠른 속도로 진행됐다. 협애하게 규정된 구체적인 법규는 오래 가지 못할 것이 뻔했다.

이런 문제점에서 이끌어낼 수 있는 교훈은, 시장 참여자들이 능숙하게 회피하거나 악용해온 협애하고 명시적인 법규 대신 '정직의 문화(a culture of honesty)'를 조장할 수 있는 좀더 폭넓은 '기준(standard)'을 마련해야 한다는 것이다. 가령 폭넓은 '남용 금지'라는 기준은 회계규정으로는 기술적으로 허용되더라도 경제적 사실과는 상반되는 정보는 기업에서 공시하지 못하도록 할 수 있다. 세계의 회계당국들은 수십 개 정도의 일반적 회계기준들을 발전시켜왔다. 이런 일반적인 회계기준들은 그것들을 표준으로 삼아 특정한 회계처리가 적절했는지 여부는 각 당사자가 스스로 판단하도록 한다는 개념에서 성립된 것이다. 증권거래위원회도 이런 회계기준의 선례를 따를 수 있다.

금융 행위자들로 하여금 특정 사항들에 대한 법규의 적용을 스스로 판단하도록 하는 것이 자칫하면 부정확한 재무보고를 부채질할 것으로 생각하기 쉽다. 회계사, 은행가, 변호사, 기업 경영자들이 지난 10년간 법규를 회피하기 위한 거래에 몰두해온 것도 사실이다. 많은 경우 그들은 금융시장의 전문적인 감시자가 아닌 흥정꾼이나 야바위꾼으로 행동했다. 그러나 그들이 그렇게 한 데는 협애하고 구체적인 법규가 보호막을 제공해준 것도 한 가지 원인으로 작용했다. 그들로서는 정직이라는 미덕을 위해 자신의 명성을 위험에 빠뜨릴 이유가 없었고, 대신 법규의 자구에 기댔다. 그러나 그들로 하여금 보다 일반적인 기준에 따르게 하면 공정성, 위험, 경제적 사실에 대한 그들 나름의 판단에 의존하지 않을 수 없게 된다. 게다가 일반적인 기준을 부과하면 그들이 한 거래가 나중에 조사를 받게 되어도 특정한 법규의 조항을 변명의 구실로 삼을 수 없게 된다.

몇 가지 사례를 들어보자. 특별목적회사에 대한 3% 룰은 그 자본의 3% 이상만 외부에서 투자하면 그 특별목적회사는 기업이 장부에 반영하지 않아도 된다는 규정이다. 2002년에 회계당국은 이 규정의 3%를 그 이상, 예를 들어 10%로 높이는 게 더 적절하지 않은가에 관한 논란을 벌였다. 그러나 이런 방식은 미끄러지기 쉬운 비탈길과 같은 함정이 있다. 일부 거래에는 9%가 더 적절할 수도 있다. 나중에 10%에 산입되는 것들을 규제해야 할 필요성은 생기지 않을까? 또 어떤 외부 투자자가 진짜로 독립적인가?

단순히 퍼센트의 수치만 바꾸는 것보다 더 나은 방법이 있다. 그것은 기업으로 하여금 특별목적회사의 자산과 부채 중 자사의 지분을 포함해 소유권과는 상관없이 모든 외부 투자자들의 지분 가치를 장부에 반영하도록 하는 기준을 만드는 것이다. 어느 기업이 만약 특정한 특별목적회사의 부채에 대해 자사는 왜 걱정하지 않는지를 투자자들에게 설명해주고 싶다면 재무보고서에 그런 내용의 주석을 달면 된다. 그러나 부채를 숨기는 것은 더 이상 특별목적회사를 이용하는 타당한 이유가 되지 못하게 해야 한다.

그 다음으로 금융회사들이 특정한 위험에 대비해 쌓아놓아야 하는 자본의 양을 산정하는 문제에 대해 제안돼있는 방안을 생각해보자. '2차 바젤협약 안(Basel II proposal)'으로 알려진 이 제안은 2005년에 채택될 예정이다. 이 제안은 규제당국으로 하여금 신용 파생상품 거래의 핵심적인 경제적 위험을 점검하도록 하는 조항에서 보듯이, 구체적인 규정과 일반적인 기준을 다 담고 있다. 그 가운데 두 번째 방식, 즉 경제적 사실에 바탕을 둔 일반적인 기준이야말로 법규 회피 거래를 위축시키고 금융회사들이 자기 위험을 적절히 산정하도록 고무할 것이다.

일반적인 기준을 채택한다면 기업들에게 재무제표를 인터넷에 공개하도록 할 수도 있다. 이 경우에는 지금과 같이 분기에 한 번씩만 특정한 재무적 결과를 발표하기보다 사업의 변화에 따라 인터넷 공시 내용을 수시로 갱신하도록 할 수 있다. 만약 회계보고서의 인터넷 공시를 더 자주 하거나, 부분별로 일주일 또는 한 달 등으로 갱신의 주기를 달리할 수 있다면 애널리스트와 투자자들이 분기말 수치에 대한 강박증을 떨쳐낼 수 있고, 분기별 실적 기대치를 충족시키는 문제와 관련된 이익의 충돌도 완화될 것이다.

재무보고의 맥락에서 폭넓은 기준을 사용한다는 발상은 새로운 게 아니다. 이미 1969년에 존경받는 판사였던 헨리 프렌들리는 '미국 대 사이먼 사건'으로 알려진 재판에서 회계사들이 일반회계기준을 기술적으로 잘 준수하더라도 공시된 내용이 주주들을 기만하거나 오도하는 것이라면 형사적인 처벌을 할 수 있다는 의견을 밝혔다.

이 재판에서 공개된 콘티넨털 벤딩이라는 회사의 연차보고서에 기재된 주석은 엔론이 2001년도 연차보고서의 주석 16조에 모호하게 기재한 내용과 비슷했다. 프렌들리 판사는 "객관적인 사실을 추구하는 회계사들이 어떻게 해서 충격적인 사실을 감출 의도가 명백한 주석을 달도록 했는지 배심원들이 당혹해 했다"고 말했다.

그러나 안타깝게도 사이먼 재판의 판결은 시장 참여자들에게 폭넓은 영향을 미치지 못했다. 피고들이 적은 금액의 벌금을 무는 데 그치고, 나중에 리처드 닉슨 대통령에 의해 사면까지 받았던 것도 그 영향력이 미미했던 이유로 작용했다. 그럼에도 불구하고 프렌들리 판사의 의견은 현대 금융시장의 혼란에 어떻게 대처할 것인지를 고민하는 규제당국자들에게 현명하고도 강력한 충고가 되고 있다.

3. 감시자들, 특히 신용평가회사들의 과점체제를 무너뜨려야 한다.

규제당국은 비록 고의는 아니더라도 금융시장을 타락시키는 법규를 만들곤 한다. 그 대표적인 사례는 회계법인, 법률회사, 은행, 신용평가회사 등 금융시장의 감시기구(gatekeeper institution)들에게 부여된 과도한 권한이다. 위험을 평가하고 공표하는 역할을 그동안 제대로 수행하지 못했다는 점을 생각하면 더욱 더 그들의 권한이 너무 크다는 생각을 하게 된다.

증권법규는 기업 경영진이 재무자료를 공표할 때 공격적인 태도를 보이도록 하는 유인을 갖고 있다고 전제하고 있다. 미국의 규제 체제는 기업 경영자들이 할 수 있는 것과 할 수 없는 것을 직접 구체적으로 정해놓기 보다는 감시기구들을 만들고 그들을 지원해왔다.

이런 감시기구들에게는 기업의 경영진과 주주들 사이에 불가피하게 발생하는 갈등을 감시하는 역할이 주어졌다. 아울러 미국의 규제 체제는 회계법인들이 진정으로 기업에 대한 감사를 실시하고, 법률회사와 은행들은 기업의 거래에 대해 제대로 심사를 하며, 신용평가회사들은 기업의 부채에 대해 적절하게 분석을 한다고 가정한다. 만약 이들 감시기구가 제 역할을 다 한다면 투자자들은 그들을 기업 경영진에 대해 중립적인 제3자로 믿을 수 있다.

법규는 기업들로 하여금 회계법인으로부터 재무제표를 공인받고, 은행더러 증권을 인수하도록 하고, 법률회사를 시켜 회사 문서를 검토하게 해 합법적이라는 의견을 말하게 하고, 신용평가회사에게서 채권의 신용등급을 평가받도록 의무화하고 있으며, 감시기구들은 이런 법규의 혜택을 크게 보고 있다. 뿐만 아니라 기업의 경영자들이 회사의 거래에 이들 감시기구를 관여시키면 자신들은 경영자로서의 책임을 면제받게 돼 있다.

감시기구들은 많은 학자들이 가정하는 것과 달리 평판만으로는 살아남을 수 없다. 경제학자들은 그동안 감시기구들이 자기 이익을 챙기기 위해 투자자들을 이용해 먹지는 않는다고 생각해왔다. 왜냐하면 어떤 감시기구가 그렇게 한다면 그의 평판은 훼손될 것이고, 그러면 아무도 그에게 일을 맡기지 않을 것이기 때문이라는 것이었다. 이런 견해는 길에 내버려진 20달러짜리 지폐를 보게 되기란 어렵다는 생각과 마찬가지로 순진하기 그지없는 것이다.

지난 15년간 감시기구들은 상상하기 어려울 정도로 명예롭지 못한 행태를 보였지만, 그들의 평판은 그다지 훼손되지 않았고 그들의 이익도 거의 타격을 받지 않았다. 감시기구들은 그들을 지원해주는 법규가 존속하는 한 앞으로도 계속 많은 이익을 누릴 것이다. 가령 신용평가회사들이 채무 불이행 사태 예측을 얼마나 형편없게 했느냐와 상관없이 기업들은 그들에게 등급 평가를 받기 위해 계속 돈을 줄 것이다. 왜냐하면 법규가 기업들에게 그렇게 하도록 의무화하고 있기 때문이다. 앨런 휘트와 CSFP에게 트리플 에이 등급을 받는 게 얼마나 중요했는지를 상기해 보면 무슨 이야기인지 알 것이다. 다른 감시기구들도 이보다는 조금 덜 하긴 하지만 역시 마찬가지다.

감시기구들의 기능 실패에 대한 하나의 가능한 대책은 부모가 버릇없는 아이를 길들이듯 그들을 처벌하고 개혁하는 것이다. 2002년부터 미국 정부는 회계사들의 행동에 제약을 가하고 아서 앤더슨을 처벌하는 것 등을 통해 그렇게 하려고 하고 있다. 그러나 각각의 사업 분야에서 감시기구들의 과점체제를 깨뜨리지 않는 한 그런 응징 방식은 실패하게 돼있다.

간단히 말해 지금 감시기구들에게는 기업 경영진을 감시해야겠다는 동기가 없다. 그들은 감시를 잘못 하더라도 평판과 명예가 깎일 일이 없다. 진입장벽이 너무 높다. 대부분의 기업 경영진은 메릴 린치, 언스트 앤드 영, 무디스보다 값이 싼 경쟁업체를 고용하려고 하지 않는다. 그렇게 하면 특정 거래에 대해 제대로 심사를 받았다고 해도 시장이 믿어주지 않을 것이고, 일류 감시기구를 고용하지 않았다는 이유로 그 회사의 증권은 투자자들 사이에서 인기가 떨어질 것이다. 다시 말해 규제 체제로부터 처벌을 받는 것이다. 검찰이 아서 앤더슨을 파산하게 한 조처는 앤더슨을 제외한 나머지 4대 회계법인의 몸값만 더 높여 놓았을 뿐이다.

신용평가회사들의 경우는 3개 업체만 당국의 규제업무상 필요한 업체로 승인을 받은 셈이다. 신용평가 업계의 진입장벽은 난공불락이다. 결국 좋은 평판을 잃을 수도 있다는 부담감만으로는 감시기구의 행태가 통제되지 않는다. 신용평가회사들은 금융 시스템의 구조가 그들의 서비스를 요구하게 돼있는 한 회사 이름이 좀 더럽혀지더라도 아무 상관없이 번창하게 돼있다. 기업으로 하여금 감시기구들을 반드시 고용하도록 의무화하고 있는 법규야말로 종종 제기돼온 질문, 즉 "감시기구들은 왜 그렇게 많은 돈을 버는가"라는 질문에 대한 답변이다. 이런 문제에는 두 가지 가능한 해법이 있다.

하나의 해법은 기업들로 하여금 감시기구, 특히 신용평가회사 이용을 의무화한 법규를 없애고, 증권 부정에 대한 책임의 범위를 넓히면서 단속도 강화하는 것이다. 이렇게 하면 기업이 재무제표의 경제적 사실을 왜곡하는 거래를 할 경우 그 기업에 대한 감시기구들에도 책임이 있다는 점이 분명하게 될 것이다.

이런 방안을 도입하려면 규제당국이 신용평가회사들에 의존하지 않도록 하고, 1990년대 중반에 증권소송에 대해 가한 제한을 철폐하는 일에 의회가 나서야 한다. 그래야만 금융 부정을 도와주고 부추기는 데 대해 감시기구들의 책임을 물을 수 있게 된다. 아울러 그 같은 변화가 일어나면 지난 10년간 제 역할을 하지 못한 회계사, 은행가, 변호사, 신용평가회사들이 밀려나고 그 빈자리를 새로운 기구들이 채우게 될 것이다.

또 하나의 가능한 해법은 감시자들이 단지 사적인 이익을 추구하는 대신 전문가로서 공공의 이익에 맞게 행동하도록 의무화하는 것이다. 회계사나 은행가들은 이 방안에 대해 코웃음 칠지도 모른다. 지난 10년간 세태가 프로페셔널리즘에서 개인적인 이익 추구로 바뀌었기 때문이다. 그러나 시장이 법규의 급진적인 변화 없이 개혁될 수 있으려면 감시기구들은 자신의 관행을 스스로 개선하고, 금융규제 체제에서 자신들에게 부여된 특별한 위상에 합당한 역할을 할 수 있다는 점을 보여줘야 한다. 그래야만 법규도 그들에게 부여한 특별한 지위를 유지해줄 수 있을 것이다.

합리적인 절충안으로 우선 신용평가 시장을 개방해 경쟁체제로 만드는 방안을 제시할 수 있다. 그리고 규제당국은 특정한 기관투자가가 어떤 채권을 살 수 있는지를 정하는 데 신용등급이 아닌 다른 구분 기준을 사용할 수 있다. 신용등급 대신 이용될 수 있는 대체물은 아주 많다. 가령 기업채권의 수익률을 그것과 비슷한 미국 재무부 채권의 수익률과 비교해 그 차이를 기준으로 삼을 수도 있고, CDS의 시장가격을 참고할 수도 있다.

신용평가회사들에 대한 개선대책 시행이 성과를 거둘 경우에는 그 외의 다른 감시기구들에 대해서도 각각 부여된 특별한 권한들을 없애는 방안을 검토할 수 있다. 어떤 경우에도 감시기구가 자신의 행동에 대한 책임은 회피하면서 법규로부터 이익을 취할 수 있도록 해서는 안 된다.

4. 복잡한 금융부정도 처벌해야 한다.

검찰은 복잡한 금융부정 혐의로 기업 경영자들을 재판에 회부함으로써 감시기구들의 부담을 일부 덜어주기도 했다. 복잡한 금융부정 사건은 기소하기가 쉽지 않았고, 정부는 지난 10년간 그런 사건들을 다루기를 피함으로써 사실상 기업 경영자들로 하여금 그 같은 부정행위를 저지르도록 유도했다.

일반적으로 사람들은 어떤 범죄행위가 도덕적으로 옳지 않다고 생각하거나 그로 인해 투옥될 가능성과 벌금 예상 비용이 이익보다 작지 않은 한 그 같은 범죄행위를 저지르기 쉽다. 금융시장에서는 어떤 행위가 도덕적으로 올바른지 그른지는 중요한 기준이 되지 않는다. 금융시장에서는 이익을 먼저이고, 평판은 행동을 제약하는 데 두 번째로만 고려될 뿐이다. 금융시장 참여자는 합리적인 경제행위자다. 그가 법규를 어기는 것은 사악한 사람이어서가 아니라 그렇게 하는 것이 경제적으로 합리적이기 때문이다. 만약 회계장부를 조작해서 얻게 될 이익이 상당한 반면 처벌을 받을 가능성은 거의 없다면 합리적인 행동 전략은 조작을 거듭하는 것이다.

처벌 받을 가능성이 높아지지 않는 한 추가적인 응징도 범죄의 억제에 그다지 효과가 없다. 2002년에 의회가 금융부정에 부과할 수 있는 형량의 한도를 두 배로 늘려 최고 징역기간을 20년으로 했지만 이런 조처가 금융시장에 별다른 영향을 주지 못한 것도 바로 그런 이유에서다. 복잡한 금융부정에 대한 낮은 유죄평결 확률을 감안하면 당시 의원들은 사형을 추가했어도 무방할 뻔했다. 2002년의 형사 사건들에서도 검찰은 시장 참여자들에게 복잡한 금융부정이 처벌될 가능성이 결코 없지 않다는 생각을 심어주지 못했다. 오히려 정부는 부정행위의 내용이 더 복잡해질수록 그 범죄자가 처벌될 가능성은 더 낮아진다는 메시지만 더욱 강하게 시장에 전달했다.

2001년의 금융재난 이후 첫 금융부정 처벌 사례는 아서 앤더슨을 공무집행 방해죄로 처벌한 것이었다. 정부는 아서 앤더슨을 죽였지만, 다른 회계법인들은 복잡한 거래에 대한 미심쩍은 회계처리를 승인해주는 데 좀더 신중해야 한다는 메시지로 그것을 받아들이지 않았다. 정부는 회계법인들에게 단지 서류보안에 더 신경을 쓰라는 시사만 한 꼴이 됐다.

게다가 정부는 앤더슨에 대한 재판에서 거의 패배할 뻔했다. 배심원들의 평결은 검찰에서 제시한 자료가 아니라 앤더슨의 변호사에게서 나온 내부 메모를 근거로 이뤄졌다. 금융부정에 관련된 그 누구도 앤더슨에 대한 평결로 인해 위축된 사람은 없었고, 게다가 항소심에서 무죄 평결인 내려질 가능성도 있었다. 앤디 패스토우에 대한 검찰의 기소도 리베이트 부정이라는, 비교적 입증하기 쉬운 혐의에 초점을 맞추었다. 이 역시 더 복잡한 금융부정에 관련된 누구에게도 경고를 보내지 못했다.

정부가 사진기자들 앞에서 아델피아와 월드컴의 직원들에게 수갑을 채움으로써 크게 보도되게 한 것도 적절한 메시지를 던지지는 못했다. 특히 월드컴의 간부들에 대한 처벌은 단순한 부정 혐의에 대한 것이었다. 거래 이익을 조작하거나 특별목적회사를 남용한 엔론의 경영진이 아니라 월드컴의 임원들을 처벌한 것은 마피아 두목을 잡는 대신 시골 동네의 마약 중독자를 감옥에 보낸 것이나 다름없었다.

안타깝게도 엔론의 거래에 적용된 법규에 비추면 여러 금융부정 사건의 피고인들은 회계사, 은행가, 변호사들의 승인 아래 법규를 지켰고 범죄 의도는 없었다고 충분히 주장할 수 있었다. 그래서 검찰은 힘겨운 싸움을 벌여야 했다. 역설적이지만 금융시장이 일반적인 기준이 아닌 고도로 구체적으로 규정된 법규에 의해 지배되는 한 검찰이 복잡한 금융부정 행위자들을 기소하고 유죄 판결을 얻어내기란 사실상 불가능하다.

650

5. 공매도를 장려해야 한다.

위와 같은 조처들을 취하는 데는 상당한 시간이 걸릴 것이다. 따라서 정보에 근거해 투자를 하는 명석한 투자자들이 주가 하락에 베팅할 만한 이유가 있다면 그렇게 하도록 허용하고 장려하는 조처를 규제당국은 즉각 취해야 한다. 이런 나의 제안은 통념에 반하는 것이다. 그러나 금융위기를 낳는 투기의 거품을 방지하는 최선의 방법은 거품이 생기려고 할 때 명석한 사람들이 금융자산 가치 하락에 베팅하도록 허용하는 것이다.

주가가 하락한다는 쪽으로 베팅하는 공매도자(short seller)들은 지난 수십 년간 오명을 뒤집어썼다. 일부 관리들은 공매도자들에게 2001년과 2002년 주가 하락의 책임을 씌웠다. 예를 들어 존 라팔스 하원의원은 2002년의 주가 폭락과 관련해 공매도자들을 비난하면서 하비 피트 당시 증권거래위원장에게 일시적으로라도 공매도를 금지시키라고 요구했다. 공매도자와 옵션 트레이더들이 2001년 9월 11일의 테러 직전에 주가 하락 쪽으로 베팅해 돈을 벌었다는 증거가 제시된 적이 있다. 물론 이렇게 제시된 증거에 대해서는 나중에 의문이 제기됐다.

그 같은 오명이나 책임론은 당치않은 것이다. 사실 따지고 보면 공매도는 법규상으로도 어렵고 비용도 많이 드는 거래 방식이었다. 공매도에 대한 이런 제약은 1990년대에 주가가 비이성적인 상승 편향을 계속 유지하는 데 한몫하기도 했다. 공매도를 하기 위해 빌려야 하는 주식이 공급부족 상태인 경우도 많았다. 뿐만 아니라 업틱 룰이라고 불리는 규제 때문에 직전 거래보다 높은 가격에서만 공매도를 할 수 있었다.

일부 약은 투자자들은 풋 옵션을 활용해 업틱 룰이라는 법규의 제약을 피해가는 방법을 사용했다. 가령 일부 헤지펀드들은 풋 옵션과 주식을 한꺼번에 산 다음 주식을 팔았다. 주식을 팔 권리인 풋 옵션은 만기에 그 보유자가 거의 항상 주식을 팔 수 있도록 거래조건을 조정할 수 있었기에 결과적으로 이런 헤지펀드들의 거래는 주식을 한 번 사서 두 번 파는 것이나 다름없었다. 트레이더들은 '탄환(bullets)' 이라고 불린 이런 거래 방식을 구사함으로써 주식을 빌릴 필요가 없었고 업틱 룰도 피할 수 있었다. 왜냐하면 이런 거래는 공매도와 경제적으로는 똑같은 것이었지만, 법규상으로는 공매도가 아니었기 때문이다. 그러나 이런 식의 탄환 거래는 복잡했고 비용도 많이 들었다.

1990년대 후반에는 주가가 떨어진다는 쪽으로 베팅한 많은 트레이더들이 돈을 잃었다. 인터넷 붐이 보여 주었듯이 투자자들이 떼로 몰려다닐 때는 그 앞을 가로막고 서는 것은 위험한 일이었다. 행태금융론의 최근 조사 결과가 확인해준 것처럼 주가는 흔히 비관적인 투자자들보다 낙관적인 투자자들의 거래를 더 많이 반영한다. 낙관론자들이 마침내 기업가치가 자신이 믿는 것보다 낮다는 사실을 알게 되어 갖고 있던 주식을 모두 팔아치움으로써 시장에서 주가가 곤두박질하기 전까지는 낙관론자의 영향력이 컸다.

주가가 더 정확해지도록 하는 한 가지 방법은 라팔스 하원의원의 제안과는 정반대로 하는 것이다. 그것은 바로 공매도를 더 쉽게 할 수 있도록 하는 것이다. 사실 의회도 그렇게 하려고 했다. 2000년 12월 의회는 미래에 주가가 어떻게 될 것인지에 베팅하는 파생상품인 '단일주식 선물(single-stock futures)' 을 허용하는 법을 통과시켰다. 공매도에 대해 적용된 제한은 단일주식 선물에는 적용되지 않았고, 이에 따라 투자자들은 주가가 하락하는 쪽으로 종전보다 더 쉽게 베팅할 수 있게 됐다.

그러나 단일주식 선물 거래의 실행은 위에서 내가 말한 첫 번째 제안, 즉 파생상품을 다른 금융수단들과 똑같이 취급해야 한다는 점과 관련된 문제들로 인해 장애에 부닥쳤다. 불행히도 단일주식 선물 거래에 부과된 증거금 제도가 다른 증권들의 거래에 대한 규제와 달랐다. 이 문제는 투자자가 얼마나 많은 돈을 빌릴 수 있는지와 관련된 것이었다. 규제당국은 단일 주식 선물 거래에 적용될 법규의 시행을 연기하고, 서로 다른 규정들을 어떻게 조화시킬 것인지를 검토했다. 단일주식 선물 거래는 마침내 2002년 후반에 시작됐다. 이것이 시장을 더 효율적으로 만들 것인지, 아니면 시장의 변동성을 더 크게 할 것인지는 미지수다.

투자자들로 하여금 주가 하락 쪽으로 베팅하도록 장려하는 또 다른 방법은 기업 내부자가 자기 회사에 관한 부정적인 정보를 외부자에게 알려주도록 허용하는 것이다. 흔히 부정적인 정보는 기업 내부에 밀봉된 채 남아 있으려는 경향이 있다. 과거의 한 대법원 재판에서 기업 내부자가 회사에 불리한 정보를 다른 사람에게 알려줄 때 어떤 경우에 불법이 되는지를 일일이 적시한 사례가 있었던 것도 부정적인 기업 내부정보의 외부유출을 막는 한 원인으로 작용해왔다.

이 재판은 1970년대에 레이몬드 더크스(Raymond Dirks)라는 증권 애널리스트가 대규모 금융부정에 연루된 에퀴티 펀딩이라는 기업에 관한 부정적이지만 정확한 정보를 자기 고객들에게 제공했다가 기소된 사건에 대한 것이었다. 더크스에게서 정보를 들은 고객들은 그 정보를 이용한 거래로 돈을 벌었다. 대법원은 더크스에게 무죄를 선고했다. 그 후 10여 년에 걸쳐 더크스는 주가가 하락하는 쪽의 베팅을 하면서 다른 사람들에게도 자기와 같이 거래를 하도록 권유했다. 더크스는 무죄 판결을 받았지만 이 재판 자체는 기업 내부자가 흘린 부정적인 정보를 바탕으로 투자를 하는 사람들에게 그림자를 드리웠고, 대부분의 시장 참여자들은 그런 거래를 기피했다.

더크스 재판에서 대법원은 스스로 의도한 것은 아니었지만, 어떤 기업의 부정적인 정보를 갖고 있는 내부자가 외부자에게 그 정보를 흘리지 않으면 주가가 왜곡된다는 점을 부각시켰다. 글로벌 크로싱의 신시아 쿠퍼,

월드컴의 로이 올로프슨, 엔론의 세론 와트킨스 등이 트레이더들을 포함한 외부자들에게 자기네 회사의 문제들에 관한 정보를 흘릴 수 있었다면, 그들 회사의 주식들은 즉시 더 낮고 정확한 가격으로 떨어졌을 것이다. 많은 투자자들은 돈을 잃었겠지만 시장의 주가는 더 정확해졌을 것이고, 투자자들은 몇 달간 최악의 시나리오를 생각하는 동안 겪었던 불확실성과 패닉을 피할 수 있었을 것이다.

투자자들의 패닉은 금융시장에 가장 대표적으로 위험한 요소라는 사실은 역사적으로 이미 입증됐다. 투자자들의 패닉은 아마도 기업 내부자들이 자사의 부정적인 정보를 남용하는 데 따르는 위험보다 훨씬 더 클 것이다.

그러나 증권 규제당국은 투자판이 최소한 공평하게 보이게 해야 한다는 강박관념에 사로잡혀 있었다. 이 때문에 증권거래위원회는 내부자가 부정적인 정보를 외부에 알리는 것을 허용하는 대신 오히려 그 반대 방향으로 갔다.

증권거래위원회는 2000년에 아서 레비트의 주도로 새로운 공정공시 규정(Reg FD)을 제정해 정보누설을 처벌하기로 했다. 내부자가 어떤 중요한 정보를 공중파 텔레비전 방송이나 전화회의를 통해 시장 전체에 동시에 알리지 않고 특정한 개인에게만 선택적으로 알려주는 것은 금지됐다. 당연히 공정공시 규정 아래에서 기업들이 자사 주가에 나쁜 뉴스를 투자자들에게 알리는 언론 설명회를 하지 않았다. 그 결과 부정적인 정보는 계속 기업 내부에 꽁꽁 감춰지고 있다.

규제당국은 이런 노선을 바꿔야 한다. 공매도자에 대해서는 주가 하락 쪽으로 베팅할 수 있도록, 부정적인 정보를 갖고 있으면서 그것을 기업 외부에 알리고 싶어 하는 내부자에 대해서는 그 정보를 흘려 개인적인 이익을 취하려는 게 아니라면 그렇게 할 수 있도록 허용돼야 한다. 어떤 것이 부정적인 정보이고, 어떤 것이 긍정적인 정보인지를 구분하기는 쉽다. 규제 당국은 이 둘을 똑같이 취급해선 안 된다.

6. 투자자들이 자신의 투자를 스스로 통제하고 감시하도록 해야 한다.

지난 10년간 투자자들은 주로 뮤추얼펀드를 비롯한 다양한 형태의 투자펀드를 이용해 금융시장에 대거 뛰어들었다. 50년 전에는 개인투자자의 97%가 주식을 직접 보유했지만, 지금은 대부분 뮤추얼펀드를 통해 간접적으로만 주식을 보유한다. 그러나 뮤추얼펀드를 통해서든 직접 주식 보유를 통해서든 많은 사람들이 투자전략을 짜고 적용할 때 자신이 투자한 주식의 발행 기업을 제대로 이해하는 데 필요한 조사는 하지 않는다.

현대 금융 환경을 생각하면 그런 수동적인 태도가 오히려 나을 수도 있다. 거래를 너무 자주 하거나 투자 종목을 고르려고 애쓰다가는 이익만 줄어들기 십상이다. 경제이론은 투자자들에게 시장의 모든 주식들을 골고루 한데 모아 구성한 분산형 포트폴리오를 단순히 사서 보유하는 저비용의 인덱스 펀드(Index Fund)에 투자하라고 권한다.

뮤추얼펀드들은 투자자들에게 손해만 안겨줬다. 대부분의 투자자들은 최고 실적을 내는 펀드를 찾았다. 하지만 그런 펀드의 매니저들은 거래를 너무 빈번히 하고 편입 종목도 자주 바꾸는데, 두 가지 행동 다 시간이 흐르면서 수익률을 깎아 먹는다. 인덱스 펀드도 그렇지만 '강화된 인덱스 펀드(Enhanced Index Fund)'로 광고되는 수많은 펀드들도 사실은 '위장된 뮤추얼펀드'이며, 일반적인 뮤추얼펀드와 다른 점은 자산 운영을 보다 적극적으로 한다는 것뿐이다. 그러나 적극적으로 운영되는 뮤추얼펀드들은 대부분 시장 평균보다 실적이 낮았다. 운영 방식이 고비용 구조이면서도, 일반적인 뮤추얼펀드에 비해 별다른 상대적 비교우위가 있는 것도 아니었기 때문이다.

지난 15년간의 실패가 보여준 것처럼 뮤추얼펀드 매니저들이 개인투자자들에 비해 투자 대상 기업들에 대한 조사나 이해를 더 잘 하는 것도 아니다. 대부분의 뮤추얼펀드 매니저들은 내부정보를 갖고 있지 않았고, 급변하는 차익거래 기회를 포착할 줄 아는 노련함도 없었다. 과거의 실적이 미래의 실적까지 보장하는 건 아니다.

사실 많은 연구 결과로는 과거에 실적이 가장 나빴던 뮤추얼펀드에 투자하는 것이 최상의 실적을 보인 뮤추얼펀드에 투자하는 경우보다 결과가 좋았다. 게다가 적극적으로 운영되는 뮤추얼펀드들은 펀드 매니저들에게 과도한 위험을 감수하게끔 하는 유인을 갖고 있다. 과거의 실적에 근거해 투자할 펀드를 고르는 사람은 자신이 생각하는 것보다 더 많은 위험을 떠안게 된다. 과거의 실적이 좋은 펀드들은 많은 경우 위험을 숨겼거나 회계부정에 연루된 회사에 투자했기 때문에 실적이 좋았던 것이다.

투자에 드는 비용이 저렴하고, 편입 종목이 다양하게 구성되며, 매수 후 장기보유 전략을 구사하는 인덱스 펀드나 상장지수펀드(ETF; Exchange-traded Fund)를 사는 것은 여전히 비교적 좋은 투자방법이다. 예를 들어 아메리칸 증권거래소에서 거래되고 흔히 '스파이더스(Spiders)'로 불리는 '에스피디아르 트러스트(SPDR Trust)' 는 에스앤피 500 지수의 움직임을 반영하는 상장지수 펀드다.

그러나 더 나은 대안도 있다. 투자자들이 제대로만 하면 이익도 더 많이 볼 수 있고, 중개하는 금융회사들이 기업 경영진을 더욱 효과적으로 감시하도록 유도하는 투자 방법이다. 그것은 아주 간단하다. 뮤추얼펀드를 사는 대신 20여 개 정도의 서로 다른 주식들을 직접 사서 보유하는 것이다. 20여 개의 주식을 동시에 보유하면 인덱스 펀드와 거의 같은 정도로 분산투자의 이점을 누릴 수 있는데다 인터넷 거래 서비스를 이용하면 수수료 부담이 적어 투자비용 측면에서도 경쟁력이 있다.

이 같은 직접투자 전략은 한 가지 커다란 이점을 갖고 있다. 직접투자를 하면 음침한 거래에 관련됐을 것 같은 기업의 주식을 피할 수가 있다. 가령 인덱스 펀드를 사면 제너럴 일렉트릭의 재무제표에 대해 꺼림칙한 생각을 갖고 있더라도 펀드를 통해 제너럴 일렉트릭 주식을 보유할 수밖에 없다. 그러나 직접 자신이 보유할 주식을 선택할 경우에는 원한다면 제너럴 일렉트릭 주식을 투자 대상에서 제외할 수 있다. 많은 개인투자자들이 이런 전략을 취해 특정한 주식을 기피한다면 문제가 있다고 생각되는 기업의 주식은 곤경에 빠지고 주가는 떨어질 것이다. 대부분의 개인투자자들이 뮤추얼펀드를 통해 시장 전체에 대해 수동적으로 투자한다면 주식들의 가격은 기업들에 대한 투자자들의 인식을 반영하지 못하게 된다.

게다가 투자자들이 뮤추얼펀드를 통한 수동적인 투자를 하는 대신 시간을 들여 제대로 기업들을 조사하면서 자신의 투자 포트폴리오에 포함시킬 주식을 고른다면 기업들로 하여금 그들의 사업에 대해 보다 솔직해지도록 유도할 것이다. 이럴 경우 중개하는 금융회사들은 투자자들에게 피해야 할 주식들이 어떤 것들인지를 조언해주기 시작할 것이다. 그러면 〈컨슈머 리포트(Consumer Reports)〉가 제공하는 좋은 소비재들의 명단과 같이 투자 포트폴리오에 포함시킬 가치가 있는 수십 개의 우량 주식들 명단이 어딘가에서 나올 것이다. 이 명단에서 제외된 기업들은 투자자와 중개 금융회사들에 대해 그 명단은 잘못된 것이며 자신들은 진짜로 믿을 만한 사업을 하고 있고 금융 거래도 투명하다고 설득하려고 할 것이다.

심지어는 여러 기업들이 뭉쳐 하나의 주식으로 증권거래소에 상장하고, 저희들끼리 정한 기준을 지키는지 서로를 감시하게 될 수도 있다. 이렇게 되면 투자자들은 뮤추얼펀드를 사는 대신 수십 개 주식들의 묶음과 같은 주식을 살 수 있게 된다. 정직한 최고경영자가 경영하고 우량한 사업을 벌이는 기업들은 분명히 있다. 투자자들이 투자결정을 할 때 기업들을 진지하게 조사하는 태도를 보인다면 좋은 기업들은 보상을 받고 나쁜 기업들은 벌을 받게 된다.

시장이 정말로 효율적이고 부정에 연루된 기업에 대해 주가 하락 쪽으로 베팅하는 사람들이 존재한다면 인덱스 펀드를 통해 시장 전체에 투자하는 것도 타당하다. 다만 부정에 연루된 기업들의 주가는 낮아질 것이다. 그러나 공매도에 제한이 있고 감시기구들이 제 역할을 다할 능력과 의지가 없다면 부정적인 정보가 주가에 영향을 미치지 않게 된다. 이런 상황에서는 시장 여기저기에 함정이 숨어있게 되고, 따라서 투자자들은 시장 전체에 투자하는 방식은 피하는 게 좋다. 대신 투자 분산의 정도를 낮춰, 재무제표를 가장 솔직하게 공표하는 수십 개의 기업들로 투자 포트폴리오를 구성하는 게 바람직하다.

한 가지 예로 엔론과 대형 뮤추얼펀드인 얼라이언스 캐피털 매니지먼트(Alliance Capital Management)에 대해 생각해보자. 얼라이언스는 64세의 포트폴리오 매니저인 알프레드 해리슨이 엔론에 대해 대규모 베팅을 하는 것을 허용했다. 해리슨은 주당 9달러에서 80달러까지의 가격으로 엔론 주식을 사들였다. 2001년에 얼라이언스는 엔론의 최대 주주가 됐다. 당시 얼라이언스가 보유한 엔론 주식은 4300만 주였고, 주가가 최고치였을 때 그 가치는 수십억 달러에 달했다. 그런데도 얼라이언스의 경영진은 엔론의 재무보고서에 기재된 주석 조항들을 깊이 들여다보지 않았고, 이 회사의 중요한 내막이나 의문에 대해 캐보지 않았다고 나중에 시인했다.

얼라이언스는 엔론이 파산 신청을 하기 이틀 전인 2001년 11월 30일에 엔론 주식을 주당 28센트에 팔았다. 이로 인한 막대한 손실은 얼라이언스의 뮤추얼펀드 투자자들에게 끔찍한 재난이었다. 그러나 재무적인 관점에서 보면 해리슨에게 그러한 손실은 별로 문제될 게 없었다. 얼라이언스는 2001년에 해리슨에게 200만 달러의 보수를 지급했다. 그 전 해에 그가 받은 보너스는 400만 달러 이상이었다. 투자의 대가로 인정받는 제임스 그랜트는 "4300만 주라는 투자도 선두 신탁업체가 주의를 기울일 만한 게 아니었다면 도대체 얼마나 더 투자했어야 했다는 말인가"라고 탄식했다. 얼라이언스는 지금도 여전히 최선의 뮤추얼펀드 운영회사들 가운데 하나로 간주되고 있다.

기업에 직접 투자하기를 겁내는 많은 투자자들이 얼라이언스처럼 적극적으로 운영되는 뮤추얼펀드에 투자한다. 그러나 이런 투자 전략이 먹혀들려면 펀드 매니저가 제 역할을 잘하고, 어떤 기적에 의해 그 펀드가 시장 평균을 능가하는 수익률을 내야 한다.

오늘날 주식 투자를 고려하는 개인이 선택할 수 있는 길은 세 가지다. 그것은 편입종목 변경 횟수가 적은 인덱스 펀드를 사는 방법, 주식에 대한 투자를 아예 회피하는 방법, 또는 직접 철저한 조사를 해본 뒤 업종이 다른 수십 종목의 주식들을 동시에 사는 방법이다. 이 세 가지 방법 가운데 궁극적으로 기업들에게 좀더 정직해지도록 압력을 가하는 것은 마지막 방법뿐이다.

개인투자자의 책임

앤디 크리거가 뱅커스 트러스트에서 기록적인 실적을 내고 그 결과로 뱅커스 트러스트가 재무제표를 조작한 지 15년이 지났다. 그동안 일종의 '금융 바이러스'가 시장 깊숙이 침투해, 전례 없이 높은 수준의 위험과 새로운 형태의 기만행위를 동시에 낳았다. 금융 바이러스는 먼저 월스트리트 은행가와 회계사들에게 감염됐고, 잠깐 동안의 잠복기를 거쳐 기업 경영자들과 투자자들에게 퍼졌다.

　금융 바이러스의 확산에 따른 전염병 발생에 대한 경고는 기업들의 연차보고서에 들어있었으나, 눈에 띄지 않게 주석에 숨어있었다. 기업 연차보고서 주석으로 기재된 특수관계회사와의 거래, 스톡옵션에 의한 보상, 부외 파생상품 등이 바로 그런 경고였다. 주석 사항들을 포함해 기업들의 연차보고서를 실제로 읽은 예리한 투자자가 있었다면 그는 최근의 재무적 파산들 가운데 상당수를 사전에 예측할 수 있었을 것이다. 반대로 만약 투자자들이 연차보고서를 꼼꼼히 들여다볼 것이라고 믿었다면 기업 경영자들은 여러 가지 거래를 할 때 좀더 신중했을 것이다.

　현대 금융시장은 엄청나게 복잡할지 모르지만, 그렇다고 해서 투자라는 비즈니스가 불가능하지는 않다. 궁극적으로 투자자는 실제 기업이 낸 이익 중 일부의 소유자다. 모든 공개기업의 재무보고서는 인터넷상에서 무료로 구할 수 있다. 컴퓨터를 이용해 이메일, 날씨, 운동경기 스코어, 뉴스를 볼 줄 아는 사람이면 누구나 기업의 재무보고서를 인터넷을 통해 손쉽게 다운로드할 수 있다. 증권거래위원회는 웹 사이트상의 에드가(EDGAR) 데이터베이스를 통해 기업들의 재무정보에 쉽게 접근할 수 있도록 함으로써, 투자자들이 그런 정보를 이용하도록 권장하고 있다. 만약 어떤 기업이 재무보고서에서 자사의 금융거래에 대해 평이한 말로 설명하지 못한다면, 그런 기업은 위험을 감수하고 투자할 가치가 없다고 보면 된다.

　오늘날 주식을 사고파는 개인들은 엄청나게 많다. 당신도 그 중 한 명일지 모른다. 그렇다면 당신도 이 새로운 금융시장의 변동성과 위험성에 한몫 했을 수 있다. 지금까지 읽어온 지난 15년간의 위험과 기만에 관한 이야기를 숙고해보고, 스스로에게 물어보라.

　나는 내가 주식을 산 기업의 연차보고서를 주의 깊게 읽어봤는가? 나는 그 기업이 무엇을 하는 회사인지, 고객은 누구인지, 어떻게 돈을 버는지를 정말로 이해하고 있는가? 나는 그 기업이 복잡한 금융수단에 얼마나 관련돼 있는지 알고 있는가? 나는 친구, 동료, 텔레비전 방송 해설자가 최근의 인기 주식을 추천할 때 그 추천을 받아들이기를 거부했는가?

만약 당신이 이 모든 질문에 다 "아니오"라고 답했다면 회계사들, 은행가들, 변호사들, 신용평가회사들, 기업 최고경영자와 이사들, 그리고 최근의 여러 가지 금융부정을 적출해내지 못한 규제당국들 외에 당신도 문제다. 바로 당신에게도 책임이 있는 것이다.

전염성 탐욕
−기만과 위험의 금융활극과 시장의 부패

지은이 | 프랭크 파트노이
옮긴이 | 이명재, 이주명

1판 1쇄 펴낸날 | 2004년 1월 26일
1판 7쇄 펴낸날 | 2009년 5월 20일

펴낸이 | 이주명
편집 | 문나영
디자인 | 예티
출력 | 문형사
종이 | 화인페이퍼
인쇄 | 한영문화사
제본 | 한영제책사

펴낸곳 | 필맥
출판등록 | 제300-2003-63호
주소 | 서울시 서대문구 충정로2가 184-4 경기빌딩 606호
이메일 | philmac@philmac.co.kr
전화 | 02-392-4491
팩스 | 02-392-4492

ISBN 89-954116-8-6 (03320)

* 잘못된 책은 바꾸어 드립니다.
* 값은 뒤표지에 있습니다.